高级微观经济学精要

约翰·G. 莱利（John G. Riley） 著
孙经纬 译

汉译经济学文库
Translated Economics Library

ESSENTIAL MICROECONOMICS

上海财经大学出版社

图书在版编目(CIP)数据

高级微观经济学精要/(美)约翰·G. 莱利(John G. Riley)著；孙经纬译. —上海：上海财经大学出版社，2021. 3

(汉译经济学文库)

书名原文：Essential Microeconomics

ISBN 978-7-5642-2506-3/F·2506

Ⅰ. ①高… Ⅱ. ①约… ②孙… Ⅲ. ①微观经济学 Ⅳ. ①F016

中国版本图书馆 CIP 数据核字(2016)第 160968 号

□责任编辑 黄 磊 袁 敏

□封面设计 钱宇辰

高级微观经济学精要

约翰·G. 莱利(John G. Riley) 著

孙经纬 译

上海财经大学出版社出版发行

(上海市中山北一路 369 号 邮编 200083)

网 址：http://www.sufep.com

电子邮箱：webmaster@sufep.com

全国新华书店经销

上海华教印务有限公司印刷装订

2021 年 3 月第 1 版 2021 年 3 月第 1 次印刷

787mm×1092mm 1/16 38 印张(插页：2) 830 千字

定价：198.00 元

图字:09-2013-74 号

Essential Microeconomics

John G. Riley

前　言

证明定理是件乐事，而找到令自己信服的方式理解定理为什么成立则让人着迷。我自己常从图形分析或从精心构造出的例子而非数学模型中学到很多东西，这也许是我享受教学的原因。从经济学理论中拎出一个观点，以能给学生全新的和深入的理解的方式阐释这个观点，让我满足。

写作此书的目的，是以清晰可信的方式回答"为什么"问题。一些教材试图面面俱到。本书不这样做。它只探讨价格理论和博弈论中最重要的理论，目标始终是对这些理论为什么成立，并给出有力的解释。

人们以不同方式学习。我记得自己曾激动地向罗伊·拉德纳(Roy Radner)展示我对他和乔·斯蒂格利茨(Joe Stiglitz)的一篇论文做出的图形解释。罗伊耐心地听着，然后微笑着说道："这很好，约翰，但是我从来搞不懂图形分析！"尽管有这种例外，但大部分人确实觉得清晰的图形分析十分有用。本书中有大量图形。但是，图形分析不能深入彻底。没有任何方式能取代"干中学"。由于这个原因，本书强调习题的作用。一些题目仅是解释有关观点，许多题目要求学生证明与课本中的定理有关的结论。我们提供了所有习题的答案：一半题目的答案在课本中，另一半题目的答案可以在网站 www. essentialmicroeconomics. com 中找到。

我受教于许多杰出经济学家。我最早的启蒙导师是坎特伯雷大学的伯特·布朗利(Bert Brownlie)。乔·斯蒂格利茨和杰拉德·德布鲁(Gerald Debreu)则是我职业早期阶段的两个风格迥异的教师，前者每堂课都讲述一篇刚出炉的论文，后者的教学纪律和清晰程度达到令人惊奇的地步。在麻省理工，我的教学与研究方法深受罗伯特·索洛(Robert Solow)的影响。后来，在加州大学洛杉矶分校(UCLA)，我与我最重要的导师杰克·赫舒拉发(Jack Hirshleifer)共同讲授关于不确定性的经济学分析。我们的教学风格迥异却能相互补充。在我加州大学洛杉矶分校近期的同事中，克里斯汀·黑尔维希(Christian Hellwig)与威廉·扎米(William Zame)对我影响很大。当然，我从合作者特别是埃里克·马斯金(Eric Maskin)那里学到了很多。

简 介

写作《高级微观经济学精要》的目的，是加深学生对微观经济学核心理论的理解。不同于其他教材，本书只探讨最重要的经济学理论而非面面俱到。

本书用三分之二的篇幅介绍价格理论，除标准均衡理论外，我们还深入探讨不确定性下的均衡、资本资产定价模型和套利定价理论；我们全面介绍跨时期选择理论，同时还阐述了连续时间模型（控制论）的基本内容。

本书用后三分之一的篇幅介绍博弈论，全面阐述了不对称信息模型。关于拍卖、信号揭示和机制设计等专题的介绍，只需要学生对数学有基本的而非很深入的理解。本书大量使用例题和图形以及数学推导来阐述相关问题。读者可以自己决定是否在掌握核心理论的同时了解理论模型的数学阐释。

解题是深入理解微观经济学的关键。本书包含大量习题（我们提供了所有习题的答案）。其中的大部分题目是让读者有机会应用所学到的经济学原理，其他题目则要求读者推广相关的理论模型。

为帮助读者复习本书中使用的数学知识，我们还提供了网络自学课程。

本书的写作角度和各章与附录的内容简介

大多数经济学教材把“所必需的数学知识”藏在附录中，但本书第一章便讨论最大化理论。要成为好的经济学家，必须具有同时从数学角度和从经济学角度思考问题的能力。用语言打比方，学生不仅需要用数学语言思考，还得像经济学家那样思考。培养这种双语技能是第一章的目标。每个学生都必须细致深入地理解第一章。通过学习接下来的四章内容，学生对最大化原理的理解和对价格在资源配置中作用的认识，将提升到新的水平。

现代经济学研究的很大部分是博弈论，但经济学的核心依然是价格理论。任何人，如果想成为好的经济学家，就必须理解价格理论的重要性和局限性。第二章探讨消费者的价格接受行为。与传统教材不同，本书从需求的价格弹性和收入弹性角度推导消费者行为的特征。在探讨了无时间因素模型后，我们将其推广，用它分析跨时期选择。从正式意义上来说，这种推广只是对无时间模型的重新诠释。但是，它没有触及期货市场、未来的现货市场和市场中介机构（如银行等）的作用。

第三章则在一个简单经济——消费者交换其拥有的商品禀赋的经济——中探讨了两个福利定理。在这种经济中，两个定理很容易证明。但是，为切实理解这两个定理，我们需要在只有两种商品和两个消费者的背景中探讨这两个定理。我们详细探讨了这种埃奇沃思经济。

第四章探讨企业行为。我们先分析在投入品市场上接受价格的单个企业的成本最小化问题，然后研究局部规模收益与最小平均成本之间的关系，分析在有许多个竞争企业时成本是如何影响产品的均衡价格的。入门教材通常假定企业在产品市场和投入品市场上都接受价格，并在此前提下，探讨市场均衡。我们则在深入分析投入品价格与成本之间的关系的前提下，探讨投入品价格变化如何影响企业的成本并因此影响均衡产品价格。

在规模收益递增假设下，效率要求由一个企业生产整个行业产量。所以，我们在第四章最后一节探讨垄断定价。垄断企业把产品价格提高至边际成本以上，从中获取垄断利润。如果商品的转售成本很高，垄断企业就有动机对不同买方群体制定不同价格。它还有动机随消费者的购买数量的变化而改变商品单价。一种简单的做法是两部分定价。消费者为产品或服务每月支付一笔接入费，同时为购买的每件商品支付商品的单价。法律一般禁止企业把某些类型的消费者排除在市场之外，但垄断企业依然有动机提供各种两部分定价方案。第四章最后讨论了企业如何选择利润最大化的两部分定价方案。[1]

第五章则在第三章的交换经济中增加了“企业”这一市场主体，探讨在什么条件下存在使所有市场出清的价格。我们随后拓展市场均衡模型，引入公共品与跨时期选择。最后，我们研究在市场层面上存在固定规模收益的经济。在这种经济中，产品价格决定于成本并因此决定于生产技术。我们探讨了这一经济中的均衡，分析了技术对均衡价格的影响。

大部分教材对消费者的跨时期选择着墨不多，而本书却相反。只涉及有限个时期的模型，在数学上，与无时间因素模型没有区别。但是，要得到有用的经济学结论，我们需要对各时期之间的联系做出很强的偏好和技术假定。为简化分析，我们常假定不存在最后时期，即时期数无限。第六章首先阐述为什么要做这样的假定，阐述有限时期模型与无限时期模型之间的联系。由于在跨时期分析中，我们可以使用离散时期模型，也可以使用时间为连续变量的模型，所以，第六章的另一个目标是介绍连续模型。为此，我们先探讨离散时间模型的极限形式，然后在连续时间模型中推导庞特利亚金最大值原理。

第七章探讨不确定性。在这里，商品不再仅用其特征和交货时间定义，同时也用自然状态（简单地说“状态”）定义。例如，保险公司承诺在自然状态为“心脏丧失功能”时提供手术资金。风险态度是不确定性条件下决策的核心。本章探讨如何区别不同的风险厌恶态度，分析在什么条件下我们能不借助消费者的风险态度而对各种概率分布进行排序。

第八章把标准均衡模型推广至金融市场。大部分教材通常只介绍阿罗-德布鲁（Arrow-Debreu）“完全市场”均衡，在这种均衡中，每种商品在每种自然状态中被交易。它是标准的无时间维度模型的直接推广。本章则把完全市场均衡作为起点，在此基础上，研究交易机会受限制时的均衡。我们先阐述在什么条件下证券市

---

〔1〕这里的目的是让读者了解“机制设计”，同时又不至于陷于复杂的技术细节中。

场交易能实现完全市场均衡结果，然后分析金融市场交易提供更有限的分散风险机会的模型，最后介绍资本资产定价模型和套利定价模型。

第九章介绍博弈论的基本概念。在博弈中，参与者的策略是纳什均衡策略，如果它们互为最优反应。要使用纳什均衡策略，参与者需要对所进行的博弈有深入的了解。本章详细讨论了“共同知识”这一重要却有争议的假定。

第十章介绍参与者拥有私人信息时的博弈理论。这种博弈通常有多个纳什均衡甚至存在均衡连续统。所有参与者都知道所要达到的均衡，但是，这一假定要求进一步深化共同知识假定。另外，博弈论学者设法精炼均衡的定义，以求得到唯一的精炼均衡。本章探讨了常用的精炼方法。本章最后一节探讨一类特殊的无限次重复博弈。在这种博弈中，策略是私人信息，但所有参与者都观察到与所采取的行动具有相关性的公共信号。

第十一章更深入地探讨包含私人信息的博弈。不同类型的参与者通常采取不同行动。如果每个参与者都使用自己的均衡策略，则每个人都没有动机模仿其他类型使用的策略。含有这一性质的策略具有激励一致性特征。私人信息模型的核心假定，是关于偏好的假定：偏好具有“单交叉性质”。这一假定显著简化了激励一致性所施加的限制。我们探讨单交叉性质的意义，然后将其应用于信号揭示理论中。本章最后在单交叉性质下探讨机制设计。为深刻理解求解方法，我们讨论了垄断企业在面对着有不同需求函数的买方时设计销售机制的问题。

第十二章应用机制设计原理研究拍卖与公共品生产，推导出各种拍卖类型的主要结论，然后用这一分析方法研究公共品的效率提供。在拍卖环境中，效率机制为机制设计者带来收入；公共品的有效率提供方式却给机制设计者造成损失。我们分析了造成这种差异的原因，证明了只有当卖方的保留价格为公共信息时，拍卖才既有效率，又能实现利润。

书末的3个附录涵盖了研究生微观经济学课程所需的数学知识。附录A介绍了单变量微积分的基础知识，探讨了凹函数和拟凹函数。附录B介绍向量映射，其中有一节内容介绍差分方程。附录C则介绍多变量约束条件下优化理论的基础知识。

关于微观经济学教学的思考

经济学建立在两个基本观点之上：经济中的每个人根据自己的偏好做出选择，整个经济的结果是均衡结果。所以，真正理解个人优化行为和价格均衡与博弈均衡概念的学生,已有能力进行经济学任意领域的研究工作。成功讲授微观经济学的关键,是使每个学生深入理解这两个观点。

这意味着要根据学生的数学基础表述和证明定理,但这只是起步,更重要的是通过展示如何用定理得到有用的结论而让定理变得生动有趣。因此,我认为课堂教学中的很大部分时间应该花费在应用和例子上。

以瓦尔拉斯均衡为例。理解两个福利定理和用不动点定理证明均衡的存在性固然十分重要,但是,只有通过研究埃奇沃思图和代表性消费者模型才能让学生理解一般均衡是如何影响经济结果的。一个重要的例子是国际贸易理论中的只有两种投入品和两种产品的规模收益不变模型,从这一模型中我们可以学到很多东西。另一个例子是通过状态索取权市场和证券市场交易,实现均衡风险分摊。这不过是证明新的模型在数学上等价。就是说,不涉及不确定性的所有定理都能够推广开来。重要的是用更简单的模型如资本资产定价模型,帮助学生理解在瓦尔拉斯均衡中风险如何分担。

为进一步强化学生从理论中获得见识的能力和应用理论的能力,课后作业应该全部以例题和应用为主。当然了,助教应该在授课教师没有阐述清楚的内容上为学生提供帮助。一旦达到这一目的,助教的工作就应该放在例题和应用上。

课本中提供了许多习题,在教材网站上还有更多习题。如果你愿意分享你认为有帮助的习题,请把它们发给我,我将有选择地添加到网站上并对您的帮助表示感谢。网站上还有每一章和附录的课件。我对这些课件还不是很满意,所以,我不能保证它们就是我下次讲授课程的方式,但它们最大限度地体现了我对如何讲授课程的思考。

相关网站

本书建有专门网站：www. essentialmicroeconomics. com。对教师而言，一个很大的挑战是学生的数学基础参差不齐。为缓和这些问题，我们在网站上提供了一个两部分解决方案。首先，网站中有网页专门提供微积分和线性代数的复习模块，学生可以通过这些模块检验自己的数学程度。每个模块都通过习题（主要是关于优化的题目）和大量提示，帮助学生完成每道题目。其次，网站中有网页提供"数学基础"课件。这些课件涵盖了附录 A、B 和 C 中的大部分内容。在加州大学洛杉矶分校，我们在为期两周的"暑期数学夏令营"中为学生讲授这些内容。成功学完第一部分中的模块和第二部分中的课件的学生，已为后续课程打下了坚实的基础。

这一网站还提供了每一章的课件。这些课件的目的是帮助教师或助教准备课程内容和为学生提供课程内容的总结。教材中有一半数量的习题的答案，但另一半数量的习题解答只能从网站上获取。对教材中的后半部分，网站上还提供了教材中没有涉及的内容、习题和其他网络材料的链接。欢迎读者提供更多有用的链接。

学生还可以使用"加州大学洛杉矶分校拍卖行"（UCLA Auction House）。这是个网上拍卖行，帮助读者了解竞标机制。在一系列不同拍卖环境中，学生有机会与采用均衡策略的一个或多个"机器人"一起竞标。欢迎教师提供关于更多拍卖方式的建议。

目　录
CONTENTS

第一章
价格和优化

1.1 支持价格

关键词:凸生产集和非凸生产集;价格激励;支持超平面定理

最大化自身利益是经济学的核心假定。因此,深入理解最大化理论是进行理论研究所必需的。其中,约束条件下的最大化理论对经济学研究极为重要。第一章就介绍这一理论。[1] 但是,我们不做纯粹数学探讨,而是把重心放在价格上。

我们首先讨论支持价格,分析如何用价格激励经济主体做出最优选择。除了这一作用外,支持价格还是约束条件下的最大化理论的核心概念。第 1.2 节将阐述这一概念,重点是数学模型背后的经济学原理。第 1.3 节探讨经济主体的最大收益如何受环境变化(即参数变化)的影响。第 1.4 节给出约束条件下最大值的必要条件的数学证明。第 1.5 节用例子演示如何应用最大值的必要条件。

一家工厂或企业,用 m 种投入品生产 n 种产品,投入品数量为 $z=(z_1,\cdots,z_m)$,产量为 $q=(q_1,\cdots,q_n)$。一个生产方案是一个投入-产出向量(z,q)。工厂经理必须在各个可行方案之间做选择。设 $Y\subseteq\mathbb{R}_+^{m+n}$是这家工厂的所有可行生产方案构成的集合,即它的生产集。

为简化符号,我们用负数表示投入品,定义生产向量为 $y=(y_1,\cdots,y_{n+m})=(-z_1,\cdots,-z_m,q_1,\cdots,q_n)$;表示为向量形式,即 $y=(-z,q)$。在这种表示方式下,企业的生产集为$Y\subset\mathbb{R}^{m+n}$。

如果价格向量为 $p=(p_1,\cdots,p_{m+n})$,工厂的总收入就为 $\sum_{i=m+1}^{m+n}p_iy_i$,总成本就为 $\sum_{i=1}^{m}p_iz_i=\sum_{i=1}^{m}p_i(-y_i)$,利润就为:

$$\pi=\sum_{i=m+1}^{m+n}p_iy_i-\sum_{i=1}^{m}p_iz_i=p\cdot y$$

---

[1] 附录中介绍了其他数学概念。

例题:生产函数与生产集

一家工厂的生产函数为 $q=4z^{1/2}$,就是说,在投入品数量为 z 时,工厂的最大产量为 $q=4z^{1/2}$。工厂的实际产量因此必须满足约束条件:$q\leqslant 4z^{1/2}$。生产集 Y 是由可行生产方案构成的集合,因此:

$$Y=\{(z,q)\mid z\geqslant 0,q\leqslant 4z^{1/2}\}$$

图 1.1-1a 画出了这个生产集。

这个生产集还有另一种等价表示形式:$Y=\{(z,q)\mid 16z-q^2\geqslant 0\}$。[1] 如果用负数表示投入品,则一个可行的生产方案是一个生产向量 $(y_1,y_2)=(-z,q)$,生产集于是为:

$$\Upsilon=\{(y_1,y_2)\mid -16y_1-y_2^2\geqslant 0\}$$

图 1.1-1b 中画出了这个生产集。

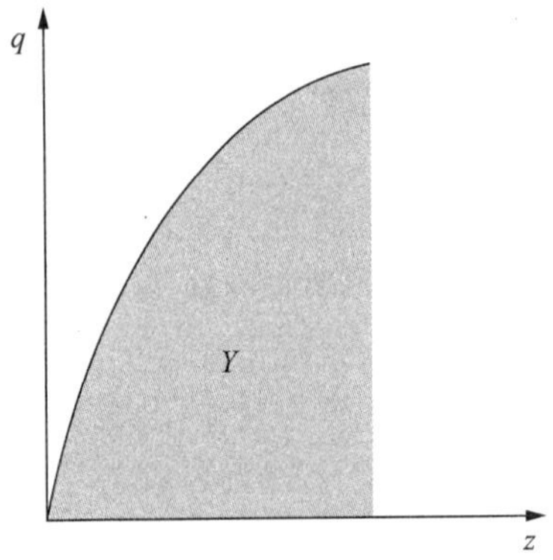

图 1.1-1a 生产集

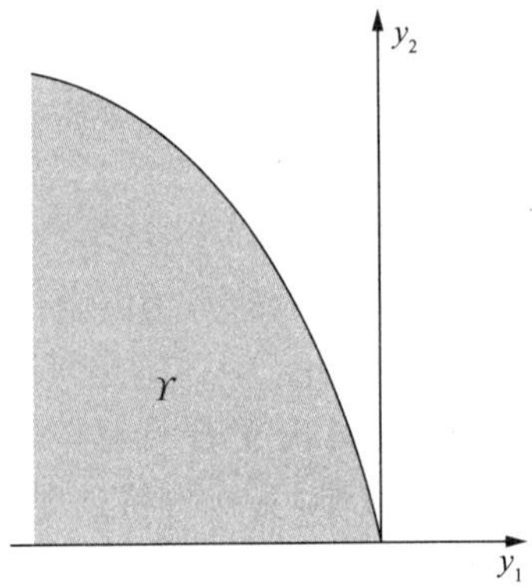

图 1.1-1b 生产集

生产效率

我们说,生产方案 y 是浪费的,如果在生产集中存在另一个生产方案,后者产量更大且投入更小。不浪费的生产方案具有生产效率。正式地说,生产方案 y 具有生产效率,如果不存在 $y\in\Upsilon$ 使得 $y>\mathrm{y}$。[2]

现在探讨价格和利润最大化能否激励企业选择有效率的生产方案。用数学语言说,我们要找到"支持"有效率的生产方案的价格。

设一家工厂使用一种投入品,生产一种产品。投入品价格为 p_1。生产集 Υ(这家工厂的所有可行生产方案构成的集合)如图 1.1-2a 所示。

给定投入品数量 y_1,最大产量为生产集边界上的点所包含的产量。在图上,这家工厂的边际生产率递减:随着投入品数量增加,产量增幅下降。生产集 Υ 因此是凸集,就是说,对集合 Υ 中任意一对生产向量 y^0 与 y^1,每个凸组合

[1] 在这一表示形式中,$z\geqslant q^2/16$。由于右边项为正数,所以,这一约束条件蕴含 $z\geqslant 0$。

[2] 在向量空间中,如果对所有的 j,$y_j\geqslant \mathrm{y}_j$,则 $y\geqslant \mathrm{y}$;如果同时存在某个 j 使得 $y_j>\mathrm{y}_j$,则 $y>\mathrm{y}$;如果对所有的 j,$y_j>\mathrm{y}_j$,则 $y\gg \mathrm{y}$。

$$y^\lambda=(1-\lambda)y^0+\lambda y^1, 0<\lambda<1$$

都是可行生产方案。

假设这家工厂属于一家大企业。企业规定工厂的目标产量为 y_2^0。工厂的产品是这家企业的中间品，要提供给企业内的“下游”工厂。从图 1.1－2a 上看，工厂经理的最优选择是购买 $z_1=-y_1^0$ 件投入品。如果投入品数量低于这一水平，目标产量就无法实现；如果投入品数量高于这一水平，则生产能力过剩。这里的问题是，如何激励工厂经理做出正确选择。假设企业对工厂产品规定了转移价格 p_2，工厂经理的奖金为工厂实现的利润：

$$\pi(y)=p_1y_1+p_2y_2$$

图 1.1－2a 中画出了 $\pi(y)$ 的两个等值集或者说两条等利润线。等利润线的陡峭程度为投入品与产出品的价格比 p_1/p_2。从图上看，这个比率太低，因为利润最大化的点位于 y^0 左上方。只要适当降低转移价格，企业就能得到想要的生产方案，见图 1.1－2b。就是说，正确的转移价格能为经理提供正确激励。

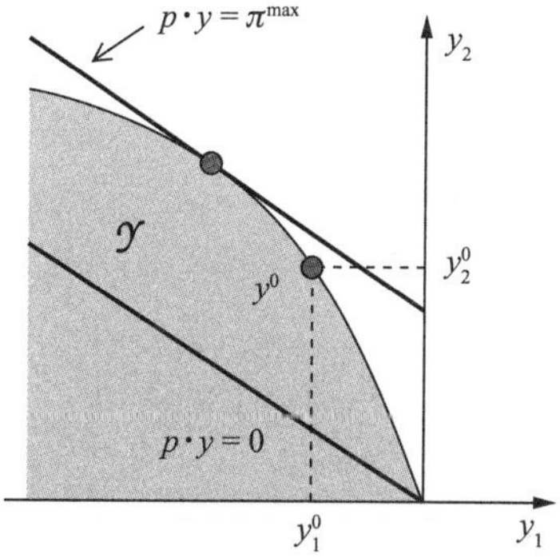

图 1.1－2a 转移价格太高

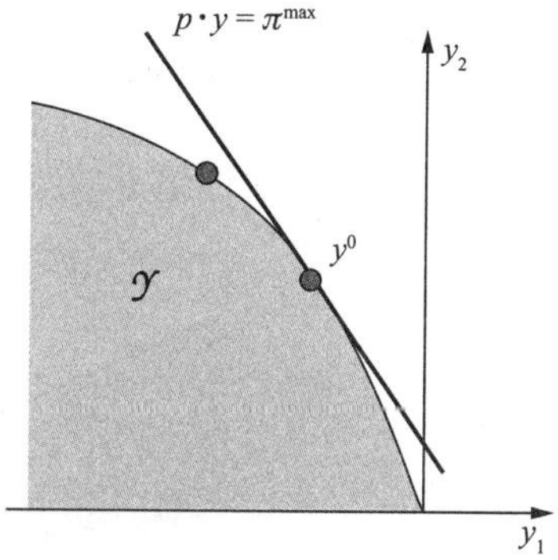

图 1.1－2b 最优转移价格

遗憾的是，这种方法并不始终管用。看图 1.1－3。设目标产量为 y_2^0。在图中，直线 $\{y|p\cdot y=p\cdot y^0\}$ 与生产集的边界在点 y^0 处相切。从图上还可以看到，工厂在 (y_1^0,y_2^0) 点实现的利润大于它附近的其他生产方案实现的利润。但是，这条直线位于零利润线 $p\cdot y=0$ 的左方，就是说，在这一生产方案上，工厂利润为负。在这种情况中，工厂经理不购买任何投入品，也不生产任何产品，却最大化自己的利润。

上述两种情况的区别是：在第一种情况中，生产集是凸集；在第二种情况中，生产集不是凸集。这告诉我们，只要生产集是凸集，企业就能用价格指导生产决策。

命题 1.1－1：支持超平面定理

如果 $\mathcal{Y}\subset\mathbb{R}^n$ 是非空凸集，y^0 位于 $\mathcal{Y}$ 的边界，则存在 $p\neq0$ 使得：

(1) 对所有的 $y\in\mathcal{Y}, p\cdot y\leqslant p\cdot y^0$；

(2) 对所有的 $y\in \text{int}\,\mathcal{Y}, p\cdot y<p\cdot y^0$。

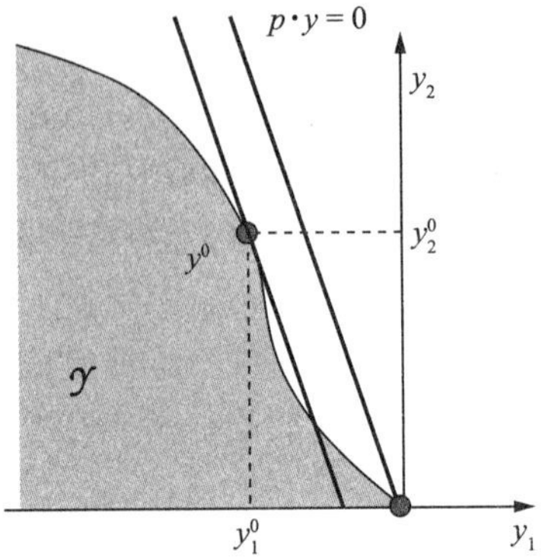

图 1.1－3　无最优转移价格

附录 C 给出了此命题的一般证明。我们看一种具体情况：设$\mathcal{Y}$是个上优集，即

$$\mathcal{Y}=\{y \mid g(y) \geqslant g(y^0)\}$$

只要函数 g 在点 y^0 的梯度向量不等于零，它在 y^0 的线性逼近就可以写为：

$$g(y)=g(y^0)+\frac{\partial g}{\partial y}(y^0) \cdot (y-y^0)$$

在两维空间中，这一线性逼近的图是切平面，见图 1.1－4。

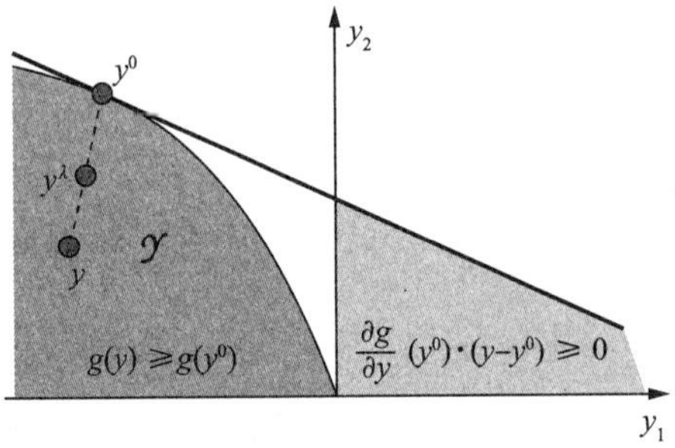

图 1.1－4　支持超平面

如果上优集$\mathcal{Y}=\{y \mid g(y) \geqslant g(y^0)\}$是凸集，则如图所示，$\mathcal{Y}$中所有的点都位于 g 的上优集中(即图中浅灰色区域与深灰色区域)。用数学表述为：

$$g(y) \geqslant g(y^0) \Rightarrow \frac{\partial g}{\partial y}(y^0) \cdot (y-y^0) \geqslant 0 \tag{1.1-1}$$

我们有下面的引理。

> **引理 1.1－2**
>
> 若$\mathcal{Y}=\{y \mid g(y) \geqslant g(y^0)\}$是凸集，则 $y \in \mathcal{Y} \Rightarrow \frac{\partial g}{\partial y}(y^0) \cdot (y-y^0) \geqslant 0$。

证明：在$\mathcal{Y}$中任取 y。$\mathcal{Y}$是凸集，所以，y^0 与 y 的所有凸组合都位于$\mathcal{Y}$中。就是说，对所有的 $\lambda \in (0,1)$，有：

$$g(y)-g(y^0)\geqslant 0 \Rightarrow g(y^\lambda)-g(y^0)\geqslant 0,\text{其中},y^\lambda=(1-\lambda)y^0+\lambda y$$

定义 $h(\lambda)\equiv g(y^\lambda)=g((1-\lambda)y^0+\lambda y)=g(y^0+\lambda(y-y^0))$，则对所有的 $\lambda\in(0,1)$，有：

$$\frac{h(\lambda)-h(0)}{\lambda}=\frac{g(y^0+\lambda(y-y^0))-g(y^0)}{\lambda}\geqslant 0$$

在 $\lambda\to 0$ 时，上式左边项的极限是 $h(\lambda)$ 在 $\lambda=0$ 的导数。因此，$h'(0)\geqslant 0$。对 $h(\lambda)$ 求导，得到：

$$\frac{dh}{d\lambda}(\lambda)=\frac{\partial g}{\partial y}(y^0+\lambda(y-y^0))\cdot(y-y^0)$$

令 $\lambda=0$，则：

$$\frac{\partial g}{\partial y}(y^0)\cdot(y-y^0)\geqslant 0$$ □

对上优集边界上的任意点 y^0，令 $p=-\frac{\partial g}{\partial y}(y^0)$。根据引理 1.1－2，对所有的 $y\in\Upsilon$，有：

$$p\cdot y\leqslant p\cdot y^0$$

命题 1.1－1 于是成立。

例题：生产两种产品的企业

某企业在生产中只使用一种投入品，它是可变投入品（如劳动力），使用量为 z。如果它用 z_2 数量的劳动力生产商品 2，用 z_3 数量的劳动力生产商品 3，它能生产 $y_2=2z_2^{1/2}$ 件商品 2 和 $y_3=z_3^{1/2}$ 件商品 3。就是说，要生产 y_2 件商品 2，投入品需求为 $\frac{1}{4}y_2^2$；要生产 y_3 件商品 3，投入品需求为 y_3^2。产出向量 (y_2,y_3) 对投入品的需求于是为 $\frac{1}{4}y_2^2+y_3^2$。定义 $y_1=-z$。由可行生产方案构成的集合为：

$$\Upsilon=\left\{y\,|\,g(y)=-y_1-\frac{1}{4}y_2^2-y_3^2\geqslant 0\right\}$$

生产方案 $y^0=(-25,8,3)$ 位于这一集合的边界。在 y^0，梯度向量为：

$$\frac{\partial g}{\partial y}(y^0)=\left(-1,-\frac{1}{2}y_2^0,-2y_3^0\right)=(-1,-4,-6)$$

函数 $g(y)$ 是三个凹函数的和，因此是凹函数（并因此是拟凹函数）。

定义 $p=-\frac{\partial g}{\partial y}(y^0)=(1,4,6)$。根据上述引理，平面 $\{y\,|\,p\cdot y=p\cdot y^0\}$ 是支持平面。这一结论很容易验证。在价格为 $p=(1,4,6)$ 时，企业利润为：

$$\pi(z)=-z_2-z_3+4(2z_2^{1/2})+6z_3^{1/2}$$

不难发现，在 $(z_2,z_3)=(16,9)$ 时，企业利润最大，利润最大化生产向量为 $y=$

(−25,8,3)。

如果向量 p 非负,支持超平面定理就有直接经济学意义。我们看生产集Υ。除假定生产集为凸集外,再增加一个假定。

> **免费处置**
> 对任意可行的生产方案 $y\in\Upsilon$ 和任意的 $\delta>0$,$y-\delta$ 是可行生产方案。

相对于 y,在生产方案 $y-\delta$ 中,产出向量更小,投入品向量更大。实现生产方案 $y-\delta$ 的一种途径是依照方案 y 生产,再按照 δ 增加投入品,再把多出来的产出和未使用的投入品扔掉。以这种方式得到的净生产向量便是 $y-\delta$。换句话说,如果我们能免费处置,这一假定便得到满足。

设生产集Υ是闭集,即它包含其所有的边界点。生产方案 $y^0\in\Upsilon$ 具有生产效率,如果没有其他可行方案 y 使得 $y>y^0$。就是说,y^0 在生产集的边界上。根据支持超平面定理,存在向量 $p\neq 0$ 使得对所有的 $y\in\Upsilon$ 有 $p\cdot(y^0-y)\geqslant 0$。根据免费处置假定,对所有的向量 $\delta>0$,$y^0-\delta\in\Upsilon$。令 $y^1=y^0-\delta$,则有:

$$p\cdot(y^0-y^1)=p\cdot\delta=\sum_{i=1}^{n}p_i\delta_i\geqslant 0$$

这一点,对所有的 $\delta>0$ 都成立。令 $\delta_i=1$ 且对所有的 $j\neq i$,令 $\delta_j=0$。则对每个 $i=1,\cdots,n$,$p_i\geqslant 0$。

如果 $0\in\Upsilon$,则根据支持超平面定理,$p\cdot y^0\geqslant p\cdot 0=0$。我们于是有以下结论。

> **命题 1.1-3:支持价格**
> 如果 y^0 是凸集Υ的边界点且免费处置假定成立,则存在价格向量 $p>0$ 使得对所有的 $y\in\Upsilon$,$p\cdot y\leqslant p\cdot y^0$。如果 $0\in\Upsilon$,$p\cdot y^0\geqslant 0$。

根据这一命题,如果生产集是凸集,我们就能用价格指导生产决策实现任何有效率的生产方案。

线性模型

现在探讨线性生产技术。我们将看到,理解线性模型是推导约束条件下优化问题的必要条件的关键。

一个企业使用 m 种投入品生产一种产品。设投入品数量为$(z_1,\cdots,z_m)$,产量为 q。这家企业拥有 n 家工厂。工厂 j 的活动规模如果为 x_j,它就能利用 $a_{ij}x_j$ 件投入品 $i(i=1,\cdots,m)$ 生产 $a_{0j}x_j$ 件产品。对 n 家工厂求和,得到总产量 $\sum_{j=1}^{n}a_{0j}x_j$ 和投入品 i 的总需求 $\sum_{j=1}^{n}a_{ij}x_j$。生产向量 $y=(-z,q)$ 是可行生产方案,如果它属于集合Υ:

$$\Upsilon=\{(-z,q)\mid x\geqslant 0,q\leqslant a_0\cdot x,Ax\leqslant z\} \tag{1.1-2}$$

由于所有的约束条件都是线性的,生产集Υ是凸集。如果$(-z,q)\in\Upsilon$,则对任意的 $\delta_0\geqslant 0$ 和 $\delta=(\delta_1,\cdots,\delta_n)\geqslant 0$,$(-z-\delta,q-\delta_0)\in\Upsilon$。就是说,免费处置假定得到

满足。

在企业只使用两种投入品且只拥有两家工厂时，生产集的形状如图 1.1－5 所示。后文中，我们将看到，这一生产集边界上的每个折痕，都是只有一家工厂在开工的生产方案。在两个折痕之间的平面上的每个点上，两家工厂都在开工。边界上的每个点都位于一个或多个平面上。就是说，对每个边界点，存在支持平面。我们首先证明，对一般线性模型，存在支持价格；然后概括从投入品向量 $\bar{z}$ 到效率产量 $\bar{q}$ 的映射所具有的特征。

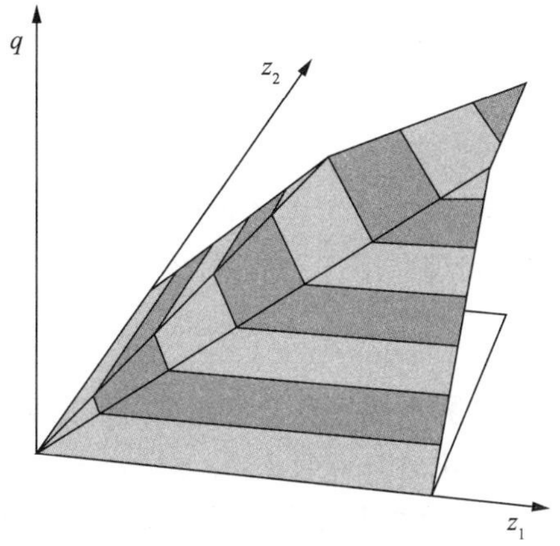

图 1.1－5　生产集

支持价格的存在

给定投入品向量 $\bar{z}$，设 $\bar{q}$ 是最大产量，[1]即：

$$\bar{q}=\max_{x}\{q=a_0\cdot x \mid \mathbf{A}x\leqslant\bar{z},x\geqslant 0\} \tag{1.1-3}$$

就是说，$(-\bar{z},\bar{q})$ 是生产集 Υ 的边界点。由于生产集 Υ 是凸集且免费处置假定成立，所以，存在正支持价格向量 (r,p) 使得对所有的 $(-z,q)\in\Upsilon$，有：

$$p\bar{q}-r\cdot\bar{z}\geqslant pq-r\cdot z \tag{1.1-4}$$

利用以下假定，我们证明产品的支持价格 p 肯定严格为正。

> **假定：可行集具有非空内点集**
> 存在 $\hat{x}\gg 0$ 使得 $\hat{z}\equiv\mathbf{A}\hat{x}\ll\bar{z}$。

定义 $\hat{q}=a_0\cdot\hat{x}$。根据上述假定，$(-\hat{z},\hat{q})\in\Upsilon$。根据支持超平面定理，有：

$$p\bar{q}-r\cdot\bar{z}\geqslant p\hat{q}-r\cdot\hat{z} \tag{1.1-5}$$

我们已经证明 $p\geqslant 0$。为证明 p 严格为正，我们让 $p=0$，设法找到矛盾结论。设

---

〔1〕 由于所有约束条件都为弱不等式，所以 X 是闭集。假定可行集 $X=\{x \mid x\geqslant 0,\mathbf{A}x\leqslant\bar{z}\}$ 是有界集，则 X 是紧集。因此，存在最大产量。

$p=0$。根据(1.1-5)：

$$r\cdot\bar{z}\leqslant r\cdot\hat{z}$$

由于$(r,p)>0$，如果$p=0$，则$r>0$。由于$\hat{z}\ll\bar{z}$，所以：

$$r\cdot\hat{z}<r\cdot\bar{z}$$

这与前一结论矛盾，所以，p不等于零。把式子(1.1-4)除以p，定义投入品的支持价格向量为$\lambda=r/p\geqslant 0$，则对所有的$(-z,q)\in\Upsilon$，有：

$$\bar{q}-\lambda\cdot\bar{z}\geqslant q-\lambda\cdot z \tag{1.1-6}$$

活动向量的特征

利用支持超平面定理，我们证明了存在正向量$(r,p)=(\lambda_1,\cdots,\lambda_m,1)$使得边界点$(-\bar{z},\bar{q})$实现最大利润。现在用这一结论，探讨在投入品向量为$\bar{z}$时，效率产量$\bar{q}$的特征。

> **命题1.1-4：生产集边界上的生产方案所满足的必要条件**
>
> 设$(-\bar{z},\bar{q})$是线性生产集边界上的点，即$\bar{q}=a_0\cdot\bar{x}$，$\bar{x}\in\text{argmax}_x\{a_0\cdot x\mid \mathbf{A}x\leqslant\bar{z},x\geqslant 0\}$。如果可行集的内点集非空，则存在支持价格向量$\lambda\geqslant 0$使得
>
> $$a_0'-\lambda'\mathbf{A}\leqslant 0 \tag{1.1-7}$$
>
> 其中，$\bar{x}$与λ满足"互补松弛性"条件：(ⅰ) $(a_0'-\lambda'\mathbf{A})\bar{x}=0$；(ⅱ) $\lambda'(\bar{z}-\mathbf{A}\bar{x})=0$。

证明：用矩阵符号改写(1.1-6)：对所有的$(-z,q)\in\Upsilon$，

$$q-\bar{q}-\lambda'(z-\bar{z})\leqslant 0 \tag{1.1-8}$$

我们看活动向量上的变化：$x-\bar{x}$。与这一变化相联系的投入品需求的变化为$z-\bar{z}=\mathbf{A}(x-\bar{x})$，产量的变化为$q-\bar{q}=a_0'(x-\bar{x})$。将这些变化代入式(1.1-8)，得到：

$$a_0'(x-\bar{x})-\lambda'\mathbf{A}(x-\bar{x})=(a_0'-\lambda'\mathbf{A})\cdot(x-\bar{x})\leqslant 0 \tag{1.1-9}$$

假设除第j个坐标外，x上的变化等于零。不等式(1.1-9)于是变为：

$$\left(a_{0j}-\sum_{i=1}^{m}\lambda_i a_{ij}\right)(x_j-\bar{x}_j)\leqslant 0 \tag{1.1-10}$$

如果$\bar{x}_j>0$，则无论$x_j-\bar{x}_j$取什么符号，不等式(1.1-10)肯定成立。因此：

$$a_{0j}-\sum_{i=1}^{m}\lambda_i a_{ij}=0$$

而当$\bar{x}_j=0$时，如果$x_j-\bar{x}_j$为正，不等式(1.1-10)肯定成立。因此：

$$a_{0j}-\sum_{i=1}^{m}\lambda_i a_{ij}\leqslant 0$$

综合这两个结论，有：

$$a_{0j}-\sum_{i=1}^{m}\lambda_i a_{ij}\leqslant 0,(a_{0j}-\sum_{i=1}^{m}\lambda_i a_{ij})\bar{x}_j=0$$

这一结果，对 $\bar{x}$ 的每个坐标都成立。我们于是可以把必要条件写为：

$$a'_0-\lambda'\mathbf{A}\leqslant 0,(a'_0-\lambda'\mathbf{A})\bar{x}=0$$

现在证明互补松弛性条件。根据定义：

$$\bar{q}\in\max_{x\geqslant 0}\{q=a_0\cdot x\mid \mathbf{A}x\leqslant\bar{z}\},\bar{x}\in\operatorname{argmax}_{x\geqslant 0}\{q=a_0\cdot x\mid\mathbf{A}x\leqslant\bar{z}\}$$

定义 $z^*=\mathbf{A}\bar{x}$。由于活动向量 $\bar{x}$ 可行，故 $\bar{z}-\mathbf{A}\bar{x}=\bar{z}-z^*\geqslant 0$。

根据支持超平面定理，有：

$$\bar{q}-\lambda' z^*\leqslant\bar{q}-\lambda'\bar{z}$$

调整这一不等式，得到 $\lambda'(\bar{z}-z^*)\leqslant 0$。但是，$\bar{z}-z^*\geqslant 0$ 且 $\lambda\geqslant 0$，因此，$\lambda'(\bar{z}-z^*)\geqslant 0$。综合这两个不等式，得到：

$$\lambda'(\bar{z}-\mathbf{A}\bar{x})=\lambda'(\bar{z}-z^*)=0$$ □

例题：两个工厂和两种投入品

一家企业拥有两家工厂。工厂 1 的运营如果保持在单位活动水平上，则能生产 $a_{01}=\frac{1}{3}$ 件产品，所需投入品向量为(1,1)；工厂 2 的运营如果保持在单位活动水平上，则能生产 $a_{02}=\frac{1}{2}$ 件产品，所需投入品向量为(4,1)。就是说，如果这两个工厂的活动水平向量为 x，则总的投入品需求为：

$$\mathbf{A}x=\begin{bmatrix}1&4\\1&1\end{bmatrix}\begin{bmatrix}x_1\\x_2\end{bmatrix}$$

在活动向量为 x 时，最大产量为 $q=a_0\cdot x=\frac{1}{3}x_1+\frac{1}{2}x_2$。

设全部的投入品向量为 $\bar{z}=(11,5)$。这个企业的最大产量是多少？

由于增加一件产品，工厂 1 需要增加三个单位的活动水平，因此每件产品对投入品的需求为：

$$\hat{z}^1=\begin{bmatrix}1&4\\1&1\end{bmatrix}\begin{bmatrix}3\\0\end{bmatrix}=\begin{bmatrix}3\\3\end{bmatrix}$$

工厂 2 的单位产品对投入品的需求为：

$$\hat{z}^2=\begin{bmatrix}1&4\\1&1\end{bmatrix}\begin{bmatrix}0\\2\end{bmatrix}=\begin{bmatrix}8\\2\end{bmatrix}$$

图 1.1－6 画出了这两个投入品向量。这两个投入品向量的任一凸组合也能生产出一件产品。就是说，连接 $\hat{z}^1$ 和 $\hat{z}^2$ 的直线是条产量相等的直线或者说是“等产量线”。由于约束条件都为线性，所以，生产集肯定为图 1.1－5 中的形状。

投入-产出向量$(\bar{z},\bar{q})$位于生产集边界上。由于生产集是凸集，存在支持价格。

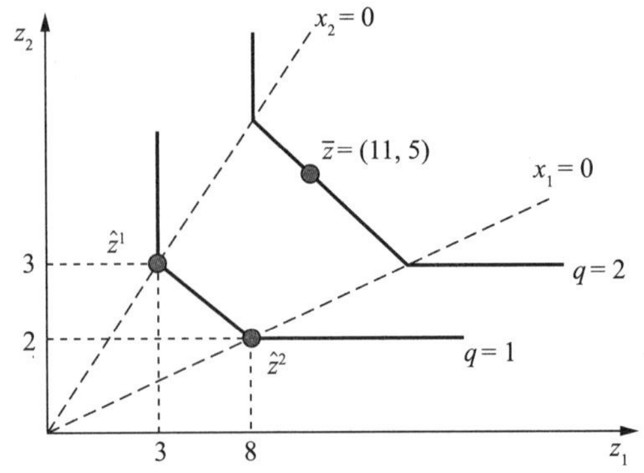

图 1.1-6　等产量线

就是说，存在产品价格 $p\geqslant 0$ 和投入品价格向量 $r\geqslant 0$ 使得对任意可行的向量(z,q)，$pq-r\cdot z\leqslant p\bar{q}-r\cdot\bar{z}$。

要支持工厂 1 的生产方案，工厂 1 增加 1 个单位的活动水平所实现的边际利润必须为零。即：

$$MR(x_1)-MC(x_1)=p\,\frac{1}{3}-(r_1 1+r_2 1)=0$$

同理，

$$MR(x_2)-MC(x_2)=p\,\frac{1}{2}-(r_1 4+r_2 1)=0$$

这两个式子左右两边同除以 p，得到：

$$MR_1-MC_1=\frac{1}{3}-(\lambda_1 1+\lambda_2 1)=0$$

$$MR_2-MC_2=\frac{1}{2}-(\lambda_1 4+\lambda_2 1)=0$$

解得：$\lambda_1=\dfrac{1}{18}$，$\lambda_2=\dfrac{5}{18}$。

这两个支持价格都严格为正，于是，根据互补松弛性特征，$\bar{z}-\mathbf{A}\bar{x}=0$，即：

$$\bar{z}-\mathbf{A}\bar{x}=\begin{bmatrix}11\\5\end{bmatrix}-\begin{bmatrix}1&4\\1&1\end{bmatrix}\begin{bmatrix}\bar{x}_1\\\bar{x}_2\end{bmatrix}=\begin{bmatrix}0\\0\end{bmatrix}$$

这个方程组的解为 $\bar{x}=(3,2)$。最大产量于是为 $\bar{q}=a_0\cdot\bar{x}=2$。

习　题

习题 1.1-1：支持超平面

(a) 求证：对所有的 $x>0$，函数 $U(x)=\sum_{i=1}^{n}\alpha_i \ln x_i$ 是拟凹函数。

(b) 对任意的 $\bar{x}>0$，推导这一函数穿过 $\bar{x}$ 的上优集的支持超平面的表达式。

(c) 设 $n=2$,用图形说明上述结论。

习题 1.1-2:CES 偏好的支持超平面

(a) 设 $\sigma>1$。求证:CES 效用函数 $U(x)=(x_1^{1-\frac{1}{\sigma}}+x_2^{1-\frac{1}{\sigma}})^{\frac{1}{1-\frac{1}{\sigma}}}$ 是严格拟凹函数。提示:证明效用函数 $u(x)=f(U(x))$ 是凹函数,其中,$f(U)=U^{1-\frac{1}{\sigma}}$。

(b) 设 $\sigma<1$。求证前一结论依然成立。提示:分析映射 $f(U)=-U^{1-\frac{1}{\sigma}}$。

(c) 对任意的 $\bar{x}>0$,推导这一函数穿过 $\bar{x}$ 的上优集的支持超平面的表达式。

习题 1.1-3:支持价格

一个企业的生产集为:

$$Y=\{(-z,q)\mid q\leqslant F(z)=z_1^{1/3}z_2^{2/3},z\geqslant 0\}$$

(a) 如果 $\alpha_1+\alpha_2\leqslant 1,z\geqslant 0,\alpha\gg 0$,则柯布-道格拉斯函数 $F(z)=z_1^{\alpha_1}z_2^{\alpha_2}$ 是凹函数。[1] 利用这一结论证明生产集是凸集。

(b) 求证:$(z,q)=(1,1,1)$ 位于 Y 的边界上。

(c) 求解支持价格向量。

(d) 设生产集为 $Y=\{y\mid g(y)=y_1y_2^2+y_3^3\leqslant 0,y_1,y_2\leqslant 0,y_3\geqslant 0\}$。把这一生产集与前一生产集进行比较,证明 $y^0=(-1,-1,1)$ 位于这一集合的边界上。什么样的价格向量支持这一生产方案?

习题 1.1-4:鲁滨孙·克鲁索经济

鲁滨孙独自居住于新西兰的一个海岛上。他的生产集为 $Y=\{(-z_1,y_2)\mid y_2\leqslant 16z_1^{1/3},z_1\geqslant 0\}$,他的禀赋向量为 $\omega=(32,0)$。他的偏好由效用函数 $U(x)=\ln x_1+\ln x_2$ 表示。

(a) 求他的最优投入品选择、最优生产方案与消费方案 x^*。

(b) 在图上画出他的生产集 Y 和集合 $Y+\omega$,标明最优生产方案和消费方案。解释下面这句话的含义:这一最优生产方案得到某个价格向量 $p=(p_1,p_2)$ 支持。

(c) 求解支持这一最优生产方案的价格向量。

(d) 画出这一支持价格向量、鲁滨孙的预算集与穿过 x^* 的无差异曲线。

(e) 解释为什么在鲁滨孙是价格接受者时,这一支持价格向量是瓦尔拉斯均衡价格向量。

习题 1.1-5:有三种商品的鲁滨孙·克鲁索经济

鲁滨孙的生产集为 $Y=\{(-z,y_3)\mid y_3\leqslant z_1^{1/3}z_2^{2/3},z\geqslant 0\}$,禀赋向量为 $\omega=(32,160,0)$。他的偏好由效用函数 $U(x)=\ln x_1+\ln x_2+\ln x_3$ 表示。

(a) 求解他的最优投入品选择、最优生产方案与消费方案 x^*。

(b) 求解支持这一最优生产方案的价格向量。

(c) 在这些价格上,鲁滨孙的预算集是什么?证明 x^* 是这一预算集中的最优点。

(d) 解释上述支持价格为什么是均衡价格。

习题 1.1-6:有四种商品的鲁滨孙·克鲁索经济

鲁滨孙的生产集为 $Y=\{(-z,y_3)\mid y_3\leqslant z_1^{1/3}z_2^{2/3},z\geqslant 0\}$,禀赋向量为 $\omega=(32,$

---

[1] 见附录 B。

160,0,16)。他的偏好由效用函数 $U(x)=\sum_{j=1}^{4}\ln x_j$ 表示。

(a) 求解他的最优生产方案与最优消费方案 x^*。

(b) 求解支持最优生产方案的价格向量(p_1,p_2,p_3),其中,$p_2=1$。

(c) 如果 x^* 是鲁滨孙在其预算集中的最优消费束,则商品 4 的价格是什么?提示:由于只有他一个人,所以鲁滨孙肯定消费其禀赋。

习题 1.1-7:线性技术

一个企业有两家工厂,使用两种投入品,生产一种产品。当工厂 1 的活动水平为 x_1 时,它使用 $4x_1$ 件投入品 1 和 $2x_1$ 件投入品 2,生产出 x_1 件产品。当工厂 2 的活动水平为 x_2 时,它使用 $3x_2$ 件投入品 1 和 $4x_2$ 件投入品 2,生产出 x_2 件产品。设 z_1 是投入品 1 的数量,z_2 是投入品 2 的数量。

(a) 画出至少能生产出一件产品时的投入品向量集。

(b) 假设投入品向量为 $z^0=(14,12)$。说明最大产量为什么是

$$q^0=\max_x\{x_1+x_2\mid x\geqslant 0,4x_1+3x_2\leqslant 14,2x_1+4x_2\leqslant 12\}$$

(c) 求解最大产量。

(d) 设(λ_1,λ_2)为支持价格。利用每个工厂的利润肯定为零的事实,求解这两个价格。

1.2 影子价格

关键词:影子价格;库恩-塔克条件;线性化最大化问题;约束限制;最大值的必要条件和充分条件

在介绍约束条件下的优化理论之前,我们从经济学角度探讨最大化问题的解应满足的必要条件。设最大化问题为:

$$\max_x\{f(x)\mid x\geqslant 0,b-g(x)\geqslant 0\}$$

我们把这一问题理解为利润最大化企业的决策问题。企业在满足非负约束条件 $x\geqslant 0$ 和资源约束条件 $g(x)\leqslant b$ 的前提下,生产产出向量 x。资源约束的简单例子是线性约束条件:生产一件产品 j 如果需要 a_j 件资源,则 $a\cdot x=\sum_{j=1}^{n}a_jx_j\leqslant b$。

设 $\bar{x}$ 是上述最大化问题的解。在 $\bar{x}$ 上,增加一件产品 j,对利润的直接影响为 $\dfrac{\partial f}{\partial x_j}$。但是,增加产品 j,需要耗用更多资源,因此,其他产品上要发生相反变化。增加 x_j,导致对资源的需求增加$\dfrac{\partial g}{\partial x_j}$。如果企业以市场价格 r 购买这些资源,则企业增加的成本为 $r\dfrac{\partial g}{\partial x_j}$。如果不存在资源市场,我们就引入影子价格 $\lambda\geqslant 0$,用它反映资源的机会成本。把资源的影子价格乘以所增加的资源需求$\dfrac{\partial g}{\partial x_j}$,便得到由于增

加 x_j 而增加的机会成本。增加一件产品 j 而增加的净收益为：

$$\frac{\partial f}{\partial x_j}(\bar{x})-\lambda\frac{\partial g}{\partial x_j}(\bar{x})$$

如果上式严格为正，企业就会增加产品 j 而增加利润。所以，$\bar{x}_j$ 为最优解的一个必要条件是：

$$\frac{\partial f}{\partial x_j}(\bar{x})-\lambda\frac{\partial g}{\partial x_j}(\bar{x})\leqslant 0$$

如果 $x_j>0$ 且所增加的净收益严格为负，企业就会降低产品 j 而增加利润。所以，$\bar{x}_j$ 为最优解的另一个必要条件是

$$\text{在 } \bar{x}_j>0 \text{ 时，}\frac{\partial f}{\partial x_j}(\bar{x})-\lambda\frac{\partial g}{\partial x_j}(\bar{x})\geqslant 0$$

这意味着除非最优解为零，否则，在最优解上，边际净收益为零。我们将上述必要条件归纳为：

$$\frac{\partial f}{\partial x_j}(\bar{x})-\lambda\frac{\partial g}{\partial x_j}(\bar{x})\leqslant 0;\text{在 } \bar{x}_j>0 \text{ 时，}\frac{\partial f}{\partial x_j}(\bar{x})-\lambda\frac{\partial g}{\partial x_j}(\bar{x})=0$$

由于 $\bar{x}$ 必须可行，所以 $b-g(\bar{x})\geqslant 0$。由于我们把 λ 定义为资源的机会成本，所以，如果有资源未被使用，λ 就为零。就是说：

$$b-g(\bar{x})\geqslant 0;\text{如果 } \lambda>0, b-g(\bar{x})=0$$

有个记住这些条件的简便方式。首先，把约束条件写为 $h(x)\geqslant 0$ 的形式，即这里的 $b-g(x)\geqslant 0$ 形式。然后，引入拉格朗日乘数或者说影子价格 λ。上述最大化问题的拉格朗日函数为

$$\mathcal{L}(x,\lambda)=f(x)+\lambda h(x)$$

一阶条件是对 $\mathcal{L}(x,\lambda)$ 的偏导数施加限制：

（ⅰ）对所有的 $j=1,\cdots,n$，$\frac{\partial \mathcal{L}}{\partial x_j}=\frac{\partial f}{\partial x_j}+\lambda\frac{\partial h}{\partial x_j}\leqslant 0$；如果 $\bar{x}_j>0$，则$\frac{\partial \mathcal{L}}{\partial x_j}=\frac{\partial f}{\partial x_j}+\lambda\frac{\partial h}{\partial x_j}=0$。

（ⅱ）$\frac{\partial \mathcal{L}}{\partial \lambda}=h(\bar{x})\geqslant 0$；如果 $\lambda>0$，则$\frac{\partial \mathcal{L}}{\partial \lambda}=h(\bar{x})=0$。

多约束条件

上面的优化问题只包含一个约束条件即使有 m 个形式为 $h_i(x)\geqslant 0$ 的约束条件，上述原理依然成立；拉格朗日函数为：

$$\mathcal{L}(x,\lambda)=f(x)+\lambda h(x)$$

只是 $\lambda=(\lambda_1,\cdots,\lambda_m)$ 是 m 个约束条件的影子价格向量，$h(x)=(h_1(x),\cdots,h_m(x))$ 是约束函数向量。一阶条件为：

（ⅰ）对所有的 $j=1,\cdots,n$，$\dfrac{\partial \mathcal{L}}{\partial x_j}=\dfrac{\partial f}{\partial x_j}+\lambda\dfrac{\partial h}{\partial x_j}\leqslant 0$；如果 $\bar{x}_j>0$，$\dfrac{\partial \mathcal{L}}{\partial x_j}=\dfrac{\partial f}{\partial x_j}+\lambda\dfrac{\partial h}{\partial x_j}=0$。

（ⅱ）对所有的 $i=1,\cdots,m$，$\dfrac{\partial \mathcal{L}}{\partial \lambda_i}=h(x)\geqslant 0$；如果 $\lambda_i>0$，$\dfrac{\partial \mathcal{L}}{\partial \lambda_i}=h(\bar{x})=0$。

凹最大化问题

最大化问题如果是凹的，也就是说，目标函数与所有约束函数都是凹函数，就很容易求解最大化问题。我们有如下命题。

命题 1.2-1：最大值的充分条件

如果 $f(\cdot)$ 与 $h_i(\cdot)$ 都是凹函数，$i=1,\cdots,m$，并且存在满足一阶条件的非负影子价格向量 λ 与非负的 $\bar{x}$，则 $\bar{x}$ 是

$$\max_{x\geqslant 0}\{f(x)\mid h(x)\geqslant 0\}$$

的解。

证明：由于 f 与 h 是凹函数，拉格朗日函数 $\mathcal{L}(x,\lambda)=f(x)+\lambda\cdot h(x)$ 是 x 的凹函数。于是，穿过任意点 $\bar{x}$ 的切超平面位于拉格朗日函数图的上方，即：

$$\mathcal{L}(x,\lambda)\leqslant\mathcal{L}(\bar{x},\lambda)+\frac{\partial \mathcal{L}}{\partial x}(\bar{x},\lambda)\cdot(x-\bar{x}) \tag{1.2-1}$$

设 $(\bar{x},\lambda)$ 满足一阶条件：如果 $\bar{x}_j>0$，则 $\dfrac{\partial \mathcal{L}}{\partial x_j}(\bar{x},\lambda)=0$；如果 $\bar{x}_j=0$，则 $\dfrac{\partial \mathcal{L}}{\partial x_j}(\bar{x},\lambda)\leqslant 0$。就是说，对所有的 $x_j\geqslant 0$，有：

$$\frac{\partial \mathcal{L}}{\partial x_j}(\bar{x},\lambda)\cdot(x_j-\bar{x}_j)\leqslant 0$$

这一结论对所有的 $j=1,\cdots,n$ 都成立，因此：

$$\frac{\partial \mathcal{L}}{\partial x}(\bar{x},\lambda)\cdot(x-\bar{x})\leqslant 0$$

而且，第 i 个约束条件起作用或者与第 i 个条件相对应的影子价格为零。因此：

$$\mathcal{L}(\bar{x},\lambda)=f(\bar{x})+\lambda\cdot h(\bar{x})=f(\bar{x})$$

把这些结论代入(1.2-1)中，得到：

$$\mathcal{L}(x,\lambda)=f(x)+\lambda\cdot h(x)\leqslant f(\bar{x})$$

由于对任何可行的 x，$h(x)\geqslant 0$，并且，影子价格向量为正，因此，对任何可行的 x，$f(x)\leqslant f(\bar{x})$。就是说，满足一阶条件的 $\bar{x}$ 是最优解。 □

有了这一命题，求解凹优化问题变得很容易。首先，写出一阶条件；其次，就哪些约束条件起作用和 $\bar{x}$ 中哪些坐标是正的做一些假定；最后，分析是否所有的一阶条件都成立。如果所有的一阶条件都成立，则 $\bar{x}$ 是优化问题的解。

例题 1

$$\max_{x}\{f(x)=\ln(1+x_1)+\ln(1+x_2)\mid x\geqslant 0,h(x)=2-x_1-x_2\geqslant 0\}$$

这里要看到，$\ln(1+x)$的二阶导数是负数。由于严格凹函数的和依然是严格凹函数，所以函数 f 是严格凹函数。因此，如果我们能找到满足一阶条件的某个$(\bar{x},\lambda)$，我们就能求得解。拉格朗日函数为：

$$\mathcal{L}(x,\lambda)=\ln(1+x_1)+\ln(1+x_2)+\lambda(2-x_1-x_2)$$

由于 f 是增函数，约束条件在最大值点起作用。设 $\bar{x}\gg 0$。一阶条件为：

$$\frac{\partial\mathcal{L}}{\partial x_1}=\frac{1}{1+x_1}-\lambda=0$$

$$\frac{\partial\mathcal{L}}{\partial x_2}=\frac{1}{1+x_2}-\lambda=0$$

$$\frac{\partial\mathcal{L}}{\partial\lambda}=2-x_1-x_2=0$$

根据前两个条件，$\bar{x}_1=\bar{x}_2$。代入约束条件中，得 $\bar{x}=(1,1)$。

图 1.2－1 中画出了可行集与 f 的穿过 $\bar{x}=(1,1)$的等值集。

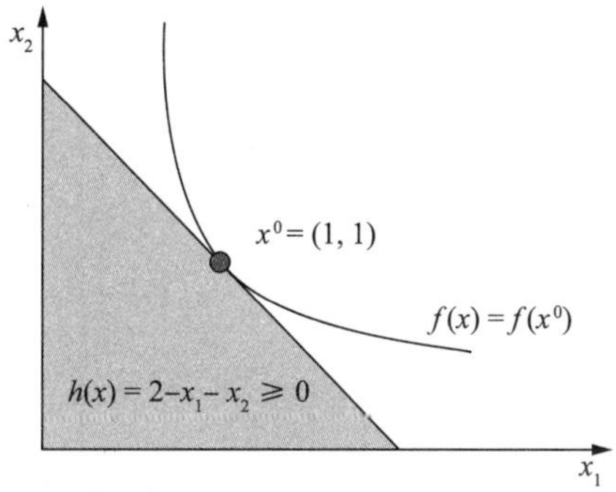

图 1.2－1　约束条件下的最大值

下一个例子指出，如果优化问题不是凹的，则我们对一阶条件的直观推导并不十分完整。下面例子中的可行集与目标函数与例题 1 完全相同，因此，最优解依然为 $\bar{x}=(1,1)$。但是，在最优点上，一阶条件不成立。

例题 2

设最大化问题为：

$$\max_{x}\{f(x)=\ln(1+x_1)+\ln(1+x_2)\mid h(x)=(2-x_1-x_2)^3\geqslant 0\}$$

拉格朗日函数为：

$$\mathcal{L}(x,\lambda)=\ln(1+x_1)+\ln(1+x_2)+\lambda(2-x_1-x_2)^3$$

对 x_j 求导且在 $\bar{x}=(1,1)$取值，得到：

$$\frac{\partial\mathcal{L}}{\partial x_j}=\frac{1}{1+x_j}-3\lambda(2-x_1-x_2)^2=\frac{1}{2}$$

一阶条件在最大值点不成立。

前述直观解释之所以在这里不成立，是因为约束函数的梯度$\frac{\partial h}{\partial x}$在最大值点

(1,1)上等于零。就是说,h 的偏导数不再反映稀缺资源的机会成本。

假设在最大值点 $\bar{x}$ 上第 i 个约束条件起作用,即 $h_i(\bar{x})=0$。这一约束条件在 $\bar{x}$ 上的线性逼近为:

$$h_i(\bar{x})+\frac{\partial h_i}{\partial x}(\bar{x})\cdot(x-\bar{x})=\frac{\partial h_i}{\partial x}(\bar{x})\cdot(x-\bar{x})$$

但是,只在梯度向量不为零时这个式子才是对约束条件的逼近。还存在另一种(极不可能出现的)情况:线性逼近不起作用。设最大化问题为:

$$\max_x\{f(x)=12x_1+x_2\,|\,h(x)=(2-x_1)^3-x_2\geqslant 0,x\geqslant 0\}$$

图 1.2－2a 中的阴影区域为这一问题的可行集。图中还给出了函数 f 的穿过 $\bar{x}=(2,0)$ 的等值集。从图上看,f 在点 $\bar{x}=(2,0)$ 上取得最大值。但是:

$$\frac{\partial\mathcal{L}}{\partial x_1}(\bar{x})=12-3\lambda(\bar{x}_1-2)^2=12$$

就是说,在最大值点上,一阶条件不成立。

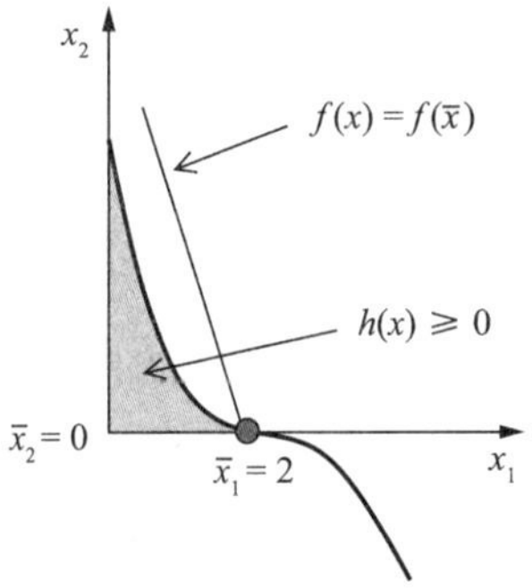

图 1.2－2a　原始问题

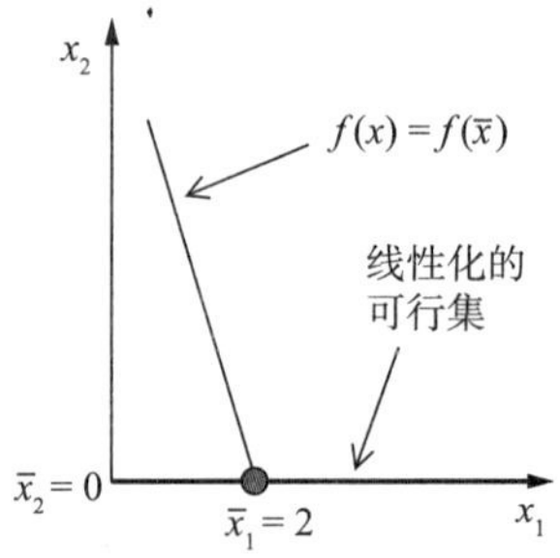

图 1.2－2b　线性化问题

之所以出现这种问题,是因为在对约束函数进行线性逼近时,得到的可行集与原始可行集大相径庭。在点 $\bar{x}$,梯度向量为$\frac{\partial h}{\partial x}(\bar{x})=(0,-1)$。约束条件 $h(x)\geqslant 0$ 在 $\bar{x}$ 点的线性逼近于是为:

$$\frac{\partial h}{\partial x}(\bar{x})\cdot(x-\bar{x})=\frac{\partial h}{\partial x_1}(\bar{x})\cdot(x_1-2)+\frac{\partial h}{\partial x_2}(\bar{x})\cdot x_2=-x_2\geqslant 0$$

由于 x 必须非负,所以,x_2 唯一可取的值是 $x_2=0$。因此,线性化的可行集为水平轴,见图 1.2－2b。这种情况中,线性化问题的解根本不是原问题的解。

这里要指出的是,这一例子相当特殊,因为其中的线性化约束条件所定义的可行集没有内点。第 1.4 节指出,只要线性化的可行集有非空内点集,上述关于一阶条件的直观解释即成立。

我们把在 $\bar{x}$ 上起作用的每个约束条件,替换为它们在 $\bar{x}$ 点的线性逼近。设 $\bar{h}_i(x)$是第 i 个约束条件的线性逼近,即:

$$\bar{h}_i(x)=h_i(\bar{x})+\frac{\partial h_i}{\partial x}(\bar{x})\cdot(x-\bar{x})$$

则线性化约束条件为：

$$\bar{h}_i(x)=h_i(\bar{x})+\frac{\partial h_i}{\partial x}(\bar{x})\cdot(x-\bar{x})\geqslant 0 \tag{1.2-2}$$

设集合 B 由在 $\bar{x}$ 上起作用的约束条件构成[1]，即：

$$B=\{i\mid i=1,\cdots,m,h_i(\bar{x})=0\}$$

对这些约束条件，$h_i(\bar{x})=0$。根据式(1.2-2)，线性化约束条件可写为：

$$\frac{\partial h_i}{\partial x}(\bar{x})\cdot(x-\bar{x})\geqslant 0,i\in B$$

上式要成为约束条件，梯度向量 $\frac{\partial h_i}{\partial x}(\bar{x})\neq 0$。

设集合 $\bar{X}$ 由满足这些线性化的起作用的约束条件的非负向量构成，即：

$$\bar{X}=\left\{x\mid x\geqslant 0,\frac{\partial h_i}{\partial x}(\bar{x})\cdot(x-\bar{x})\geqslant 0,i\in B\right\}$$

定义：约束限制(Constraint Qualification)

定义 X 为可行向量集，即 $X=\{x\mid x\geqslant 0,h_i(x)\geqslant 0,i=1,\cdots,m\}$。约束限制在 $\bar{x}\in X$ 上得到满足，如果：

（ⅰ）对在 $\bar{x}$ 上起作用的每个约束条件，梯度向量 $\frac{\partial h_i}{\partial x}(\bar{x})\neq 0$；

（ⅱ）由满足线性化的起作用的约束条件的非负向量构成的集合 $\bar{X}$，有非空内点集。

只要约束限制成立，前面得到的条件就是必要条件。我们将其概括如下。

命题 1.2-2：库恩-塔克条件(一阶条件)

设 $\bar{x}$ 是以下最大化问题的解：

$$\max_x\{f(x)\mid x\in X\},\text{其中},X=\{x\mid x\geqslant 0,h_i(x)\geqslant 0,i=1,\cdots,m\}$$

如果约束限制在 $\bar{x}$ 上得到满足，则存在影子价格向量 $\lambda\geqslant 0$，使得：

$$\left.\begin{aligned}&\frac{\partial\mathcal{L}}{\partial x_j}(\bar{x},\lambda)\leqslant 0,j=1,\cdots,n;\text{如果 } \bar{x}_j>0,\text{则}\frac{\partial\mathcal{L}}{\partial x_j}(\bar{x},\lambda)=0\\&\frac{\partial\mathcal{L}}{\partial\lambda}(\bar{x},\lambda)\geqslant 0,i=1,\cdots,m;\text{如果 }\lambda_i>0,\text{则}\frac{\partial\mathcal{L}}{\partial\lambda}(\bar{x},\lambda)=0\end{aligned}\right\}\text{库恩-塔克条件}$$

库恩和塔克最早概括了约束限制的特征，所以，一阶条件常被称为库恩-

〔1〕这种集合被称为指示集。

塔克条件。

说　明

由于$\bar{x}\geqslant 0$且$\lambda\geqslant 0$，库恩-塔克条件可以写为：

$$\frac{\partial\mathcal{L}}{\partial x_j}(\bar{x},\lambda)\leqslant 0,\bar{x}_j\frac{\partial\mathcal{L}}{\partial x_j}(\bar{x},\lambda)=0,\quad j=1,\cdots,n$$

$$\frac{\partial\mathcal{L}}{\partial\lambda_i}(\bar{x},\lambda)\geqslant 0,\lambda_i\frac{\partial\mathcal{L}}{\partial\lambda_i}(\bar{x},\lambda)=0,\quad i=1,\cdots,m$$

用向量表示，库恩-塔克条件可以写为：

$$\frac{\partial\mathcal{L}}{\partial x}(\bar{x},\lambda)\leqslant 0,\bar{x}\frac{\partial\mathcal{L}}{\partial x_j}(\bar{x},\lambda)=0$$

$$\frac{\partial\mathcal{L}}{\partial\lambda}(\bar{x},\lambda)\geqslant 0,\lambda\frac{\partial\mathcal{L}}{\partial\lambda_i}(\bar{x},\lambda)=0$$

对每个起作用的约束条件，如果约束函数是拟凹函数，约束限制就很容易验证。因为在这种情况中，切超平面是支持超平面。和上面一样，设B是由起作用的约束条件构成的指示集。根据引理1.1-2，对$i\in B$，只要$\frac{\partial h_i}{\partial x}(\bar{x})\neq 0$，则由满足所有起作用约束条件的向量构成的集合$X=\{x\,|\,x\geqslant 0,h_i(x)\geqslant 0,i\in B\}$是由满足线性化约束条件的向量构成的集合的子集，即：

$$X\subset\overline{X}=\left\{x\,|\,x\geqslant 0,\frac{\partial h_i}{\partial x}(\bar{x})\cdot(x-\bar{x})\geqslant 0,i\in B\right\}$$

我们将这一结论概括如下：

> **引理1.2-3**
>
> 对在点$\bar{x}$上起作用的每个约束条件，如果h_i是拟凹函数且$\frac{\partial h_i}{\partial x}(\bar{x})\neq 0$，则$X\subset\overline{X}$。

如果X有非空内点集，则线性化集$\overline{X}$有非空内点集。于是，有下面的结论：

> **命题1.2-4：约束集为凸集时的约束限制**
>
> 设可行集$X=\{x\,|\,x\geqslant 0,h_i(x)\geqslant 0,i=1,\cdots,m\}$有非空内点集。对在点$\bar{x}$上起作用的每个约束条件，如果约束函数$h_i$是拟凹函数且$\frac{\partial h_i}{\partial x}(\bar{x})\neq 0$，则在点$\bar{x}$上，约束限制得到满足。

在经济学的许多应用中，很容易验证这一命题的前提条件得到满足。

最后要指出的是，库恩-塔克条件只是最大值的必要条件。但在凹优化问题中，库恩-塔克条件既是必要条件也是充分条件。第1.4节指出，如果目标函数与约束函数都是拟凹函数，则库恩-塔克条件既是必要条件也是充分条件。

命题 1.2-5:最大值的充分必要条件

如果 f 与 h_i 是拟凹函数,$i=1,\cdots,m$,并且,库恩-塔克条件在点 $\bar{x}$ 上成立,并且,对每个起作用的约束条件,$\frac{\partial h_i}{\partial x}(\bar{x})\neq 0$,则 $\bar{x}$ 是以下优化问题的解:

$$\max_x\{f(x)\mid x\geqslant 0,h_i(x)\geqslant 0,i=1,\cdots,m\}$$

习　题

习题 1.2-1:她应该消费多少商品?

设某人所面对的优化问题为:

$$\max_x\{U(x)=\ln(a+x_1)+\ln x_2\mid 4x_1+x_2\leqslant 20\}$$

请分别在 $a=0$ 和 $a=6$ 时求解这一问题。

习题 1.2-2:消费者的选择

某个消费者有收入 I,其效用函数为 $U(x)=x_1^{\alpha_1}\cdots x_n^{\alpha_n}$,$\alpha>0$。价格向量为 p。

(a) 找到一个递增函数 f 使得 $u(x)=f(U(x))$ 为凹函数并因此为拟凹函数。

(b) 根据命题 1.2-4,在新的函数下,最大化问题的一阶条件既是必要条件也是充分条件。求解消费者的最优选择。

习题 1.2-3:多工厂企业

一个企业在 n 家工厂生产同一种产品。工厂 j 生产 q_j 件产品的成本为 $C_j(q_j)=\frac{1}{2\alpha_j}q_j^2$,其中,$\alpha_j>0,j=1,\cdots,n$。企业的目标是以最小的成本生产 q 件产品。

(a) 写出这一优化问题和相应的拉格朗日函数。证明一阶条件为 $q_j=\alpha_j\lambda$。

(b) 求证:$\lambda=\frac{q}{n\bar{\alpha}}$,其中,$\bar{\alpha}=\frac{1}{n}\sum_{h=1}^{n}\alpha_j$。

(c) 求每个工厂的总生产成本,借此求解整个企业的最小总成本。

(d) 求证:企业的边际成本为 $MC(q)=\frac{q}{n\bar{\alpha}}$。

(e) 问题(b)与问题(d)的答案相同。这是巧合吗?

习题 1.2-4:单约束条件下的约束限制

假设只有一个约束条件 $g(x)\geqslant g(\bar{x})$ 并且 $\bar{x}\cdot\frac{\partial g}{\partial x}(\bar{x})<0$。

(a) 求证:在点 $\bar{x}$,线性化集合有非空内点集;

(b) 求证:约束限制在 $\bar{x}$ 上得到满足。

1.3　包络定理

关键词:参数变化对最大值具有的直接效应和间接效应

在经济环境变化时，决策主体会通过重新优化而适应环境变化。这种重新优化，对他的收益（即他的目标函数）具有直接和间接效应。这意味着分析环境变化所产生的全部效应不是易事。对最大收益上的有限变化(finite change)，情况确是如此。但是，我们仍能推导出有关最大收益的变化率的一些结论。假设环境变化可以用参数 α 上的变化即 $\Delta\alpha$ 表示。我们将看到，它对决策主体的目标产生的直接效应为 $\Delta\alpha$ 阶，间接效应为 $\Delta(\alpha)^2$ 阶。因此，对参数的微小改变，间接效应可以忽略不计。我们首先来看一个例子。

例题：利润最大化企业

某企业的成本函数为 $C(q)$，它能以价格 p 出售任意数量的商品，利润因此为 $\pi=pq-C(q)$。假设可能的产量 $q\in Q=\{0,q_1,q_2\}$，就是说，这个企业只有三个产量水平可供它选择。

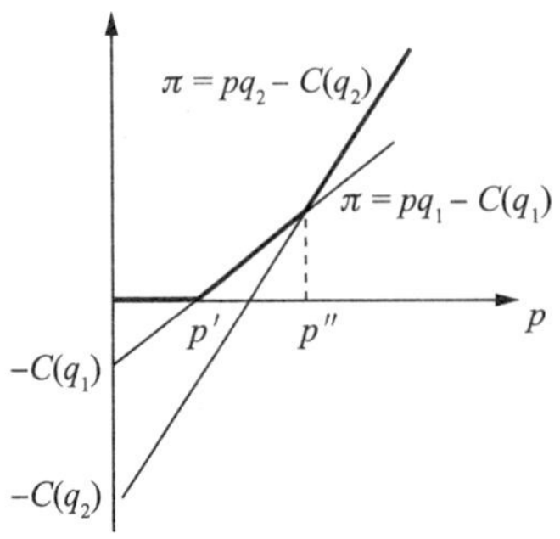

图 1.3-1　上包络线

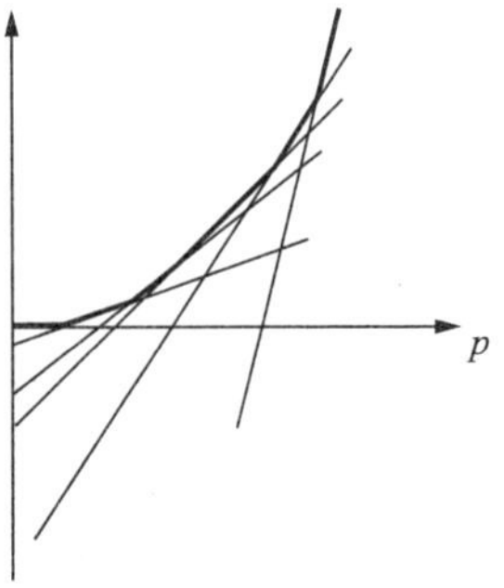

图 1.3-2　上包络线

在图 1.3-1 中，利润是产品价格的函数。在 $q=0$ 时，在所有价格上，企业利润都为零。在 $q>0$ 时，利润 $\pi=pq-C(q)$ 为一条直线，截距为 $-C(q)$，斜率为 q。在价格低于 p' 时，使利润最大的产量水平为零；在价格 $p\in[p',p'']$ 时，使利润最大的产量水平为 q_1；在更高价格上，使利润最大的产量水平为 q_2。图中的粗线段给出了最大利润，它被称为利润函数的上包络线。

在图 1.3-2 中，利润线的数量比图 1.3-1 多一倍，我们看到了此时的上包络线。直观地说，随着可能的产量水平之间的差趋于零，在极限意义上，包络线变为光滑曲线，其上的每个点位于一条产量固定的利润线上。就是说，随着产品价格变化，边际利润等于产量保持不变时的边际利润。

假设产量可以为任意实数。设利润最大化产量水平为 $q^*(p)$，它是以下问题的解：

$$\max_q\{\pi=pq-C(q)\}$$

设 $\Pi(p)$ 为最大利润，即：

$$\Pi(p)=pq^*(p)-C(q^*(p))$$

假设产品初始价格为 p^0，产量于是为 $q^*(p^0)$，利润为 $\Pi(p^0)$。我们分析在产量保持不变时，价格变化对利润的影响。价格上升一元钱，利润增加 $q^*(p^0)$。就是说，在产量保持不变时，利润为：

$$\pi = \Pi(p^0) + (p - p^0)\,q^*(p^0)$$

在图上,这一表达式为穿过点 $(p^0, \Pi(p^0))$ 的斜率为 $q^*(p^0)$ 的直线,见图 1.3-3。

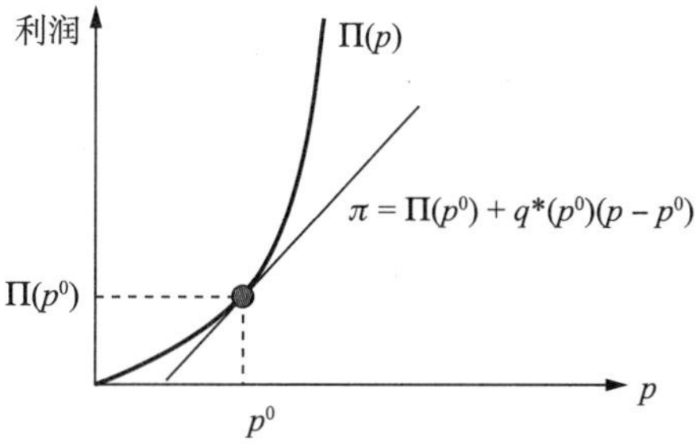

图 1.3-3　直接效应和总效应

图 1.3-3 画出了最大利润 $\Pi(p)$ 的形状。从图中可以看出,如果企业能改变产量,它的利润不可能降低。就是说,在任何价格上,$\Pi(p)$ 不可能在受产量约束的利润线下方。如果 $\Pi(p)$ 是光滑曲线,则在 p^0 上,$\Pi(p)$ 曲线与受产量约束的利润线有相同的斜率。即:

$$\frac{\partial \Pi}{\partial p}(p^0) = q^*(p^0)$$

这就是说,在分析参数变化对利润的一阶效应时,我们只需保持选择变量(即产量)固定而只探讨直接效应。直观地说,由于在最大值点上,增加产量所实现的边际利润为零,所以,相对于直接价格效应,产量变化所产生的间接效应很小并且在极限意义上为无穷小。用数学术语说,价格效应为一阶效应,产量效应为二阶效应。

图 1.3-4 画出了企业的边际成本曲线。企业接受价格,其边际收益曲线因此为水平线 $p = p^0$。假设产品价格上升到 $p^1 = p^0 + \Delta p$。设新的最优产量为 $q^1 = q^*(p^1)$。价格上涨所增加的利润为边际成本曲线左边阴影区域。这一利润变化大于产量固定为 q^0 时的利润变化 $q^0 \Delta p$ 小于 $q^1 \Delta p$。就是说,实际增加的利润满足下面的上、下界条件:

$$q^0 \Delta p \leqslant \Delta \Pi \leqslant q^1 \Delta p = q^0 \Delta p + \Delta q \Delta p$$

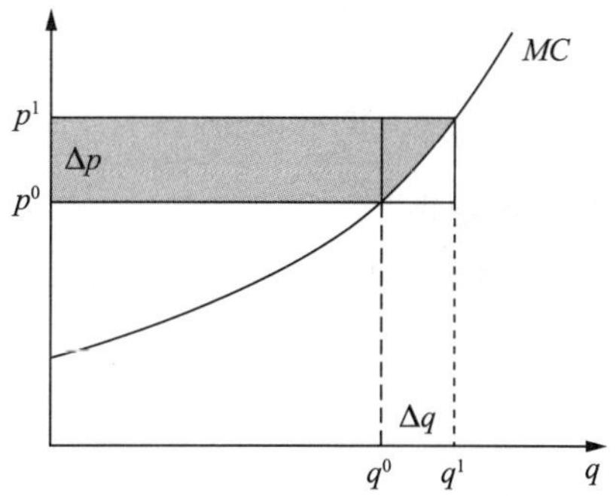

图 1.3-4　利润变化的上、下界

利润变化的上界和下界之间的差为 $\Delta q\Delta p$。由于 Δq 和 Δp 都很小，所以，可以把 $\Delta q\Delta p$ 看作是二阶差分。上式除以 Δp，得到：

$$q^0 \leqslant \frac{\Delta \Pi}{\Delta p} \leqslant q^0 + \Delta q$$

对上式取极限，只要利润最大化产量水平随 p 连续变化，最大利润的变化率仅为直接效应 $q^0 = q^*(p^0)$。

现在介绍包络定理。设优化问题为：

$$\max_x \{f(x,\alpha) \mid x \in X \subset \mathbb{R}^n\}$$

定义：

$$F(\alpha) = \max_x \{f(x,\alpha) \mid x \in X \subset \mathbb{R}^n\}$$

$F(\alpha)$是函数 $f(x,\alpha)$的最大值，称为值函数。直观地看，只要 f 是连续函数，则值函数也应是连续函数。假设两个人分别有参数 α 和 α'。如果这两个参数非常接近，则通过模仿第二个人的选择，第一个人能够实现与第二个人几乎相同的值；反之亦然。

命题 1.3-1：值函数的连续性

如果 X 是紧集[1]且 f 是连续函数，则 $F(\alpha) = \max_{x \in X}\{f(x,\alpha)\}$ 是连续函数。

证明：设在参数为 α^1 时，$x(\alpha^1)$是最优解；在参数为 α^2 时，$x(\alpha^2)$是最优解，则：

$$F(\alpha^2) = f(x(\alpha^2),\alpha^2) \geqslant f(x(\alpha^1),\alpha^2),\quad F(\alpha^1) = f(x(\alpha^1),\alpha^1) \geqslant f(x(\alpha^2),\alpha^1)$$

于是：

$$\begin{aligned} F(\alpha^2) - F(\alpha^1) &\geqslant f(x(\alpha^1),\alpha^2) - f(x(\alpha^1),\alpha^1) \\ F(\alpha^1) - F(\alpha^2) &\geqslant f(x(\alpha^2),\alpha^1) - f(x(\alpha^2),\alpha^2) \end{aligned}$$

合并这两个不等式，得到：

$$f(x(\alpha^1),\alpha^2) - f(x(\alpha^1),\alpha^1) \leqslant F(\alpha^2) - F(\alpha^1) \leqslant f(x(\alpha^2),\alpha^2) - f(x(\alpha^2),\alpha^1) \tag{1.3-1}$$

只要 f 随 α 连续变化，则当 $\alpha^2 \to \alpha^1$ 时，这一不等式中左边和右边的表达式都趋于零。就是说，$F(\alpha)$是连续函数。 □

对每个 α，最大化问题如果有唯一的最优解，就有下面的结论。

命题 1.3-2：最优解的连续性[2]

如果 X 是紧的、f 是连续函数且 $x(\alpha) = \text{argmax}_{x \in X}\{f(x,\alpha)\}$ 是唯一解，则 $x(\alpha)$是连续函数。

---

〔1〕 一个集合是紧的，如果它是闭的和有界的。

〔2〕 这是最大值定理的特殊情况。见附录 C。

证明:取收敛于 α^0 的列 $\{\alpha^t\}$,则有最优选择列 $\{x(\alpha^t)\}$。由于 X 是有界集,所以,存在收敛子列 $\{x(\alpha^s)\}$,设它的极限为 $\hat{x}$。见图 1.3-5。

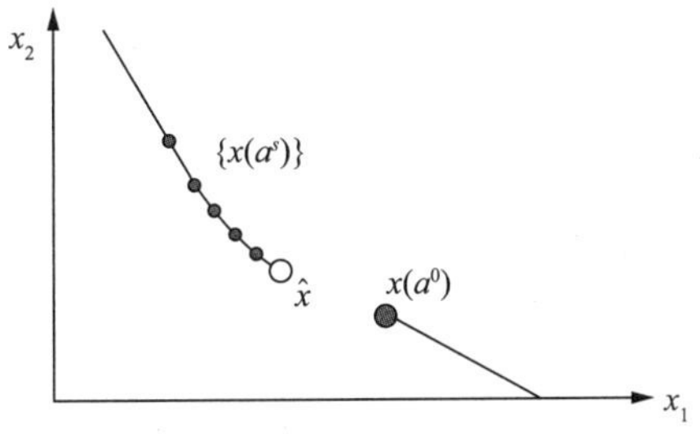

图 1.3-5 最优解的连续性

设在 α^0 上,函数 $x(\alpha)$ 不连续,即 $\hat{x}\neq x(\alpha^0)$。根据命题 1.3-1,F 是连续函数,因此:

$$F(\alpha^s)\to F(\alpha^0)=f(x(\alpha^0),\alpha^0)$$

其中,$F(\alpha^s)=f(x(\alpha^s),\alpha^s)$。由于 $(x(\alpha^s),\alpha^s)\to(\hat{x},\alpha^0)$,所以:

$$F(\alpha^s)\to f(\hat{x},\alpha^0)$$

因此,$f(\hat{x},\alpha^0)=f(x(\alpha^0),\alpha^0)$。但这不可能,因为 $x(\alpha^0)$ 是唯一的解。 □

根据以上两个命题,我们有下面的结论。这些结论在经济学理论中起着核心作用。

命题 1.3-3:包络定理 Ⅰ

如果 X 是紧集,f 连续可微,$x(\alpha)=\text{argmax}_{x\in X}\{f(x,\alpha)\}$ 是唯一解,则值函数

$$F(\alpha)=\max_{x\in X}f(x,\alpha)$$

可微并且

$$\frac{dF}{d\alpha}=\frac{\partial f}{\partial\alpha}(x(\alpha),\alpha)$$

证明:根据(1.3-1),有:

$$\frac{f(x(\alpha),\alpha')-f(x(\alpha),\alpha)}{\alpha'-\alpha}\leqslant\frac{F(\alpha')-F(\alpha)}{\alpha'-\alpha}\leqslant\frac{f(x(\alpha'),\alpha')-f(x(\alpha'),\alpha)}{\alpha'-\alpha}$$

取极限,在 α' 趋于 α 时,有:

$$\frac{dF}{d\alpha}=\frac{\partial f}{\partial\alpha}(x(\alpha),\alpha)$$ □

注意,这一结论的应用范围有些窄,因为在这个最大化问题中,只有目标函数受参数影响。施加略强假设,我们能得到类似结论,其中,目标函数和约束条件都受参数影响。

命题 1.3-4:包络定理Ⅱ

定义:

$$F(\alpha)=\max_{x\in X}\{f(x,\alpha)\mid h(x,\alpha)\geqslant 0, x\geqslant 0\}$$

其中,f 和 h 是连续可微函数。拉格朗日函数为:

$$\mathcal{L}(x,\lambda,\alpha)=f(x,\alpha)+\lambda h(x,\alpha)$$

设 $x(\alpha)$ 和 $\lambda(\alpha)$ 是这一最大化问题的唯一解且约束限制得到满足。假设隐函数定理适用,从而使得 $x(\alpha)$ 和 $\lambda(\alpha)$ 在 α^0 上连续可微。则:

$$\frac{dF}{d\alpha}(\alpha^0)=\frac{\partial\mathcal{L}}{\partial\alpha}(x(\alpha^0),\lambda(\alpha^0),\alpha^0)$$

证明:给定参数 α,在最优解上,$h_i(x,\alpha)=0$ 或者约束条件不起作用。在约束条件不起作用时,$\lambda_i(\alpha)=0$。于是:

$$\lambda(\alpha)h(x(\alpha),\alpha)=0$$

则:

$$\mathcal{L}(x(\alpha),\lambda(\alpha),\alpha)=f(x(\alpha),\alpha)+\lambda(\alpha)h(x(\alpha),\alpha)=f(x(\alpha),\alpha)\equiv F(\alpha)$$

设 $B=\{i\mid h_i(x(\alpha^0),\alpha^0)=0\}$。对任意 $i\notin B$,$h_i(x(\alpha^0),\alpha^0)>0$。由于 $x(\alpha)$ 是连续函数,所以存在 α^0 的 δ-邻域使得 $h_i(x(\alpha),\alpha)>0$。根据库恩-塔克条件,在这一邻域内,$\lambda_i(\alpha)=0$。于是,在这一邻域内,拉格朗日函数可以写为:

$$\mathcal{L}(x(\alpha),\lambda(\alpha),\alpha)=f(x(\alpha),\alpha)+\sum_{i\in B}\lambda_i h_i(x,\alpha)$$

因此:

$$\frac{dF}{d\alpha}(\alpha^0)=\sum_{j=1}^{n}\frac{\partial\mathcal{L}}{\partial x_j}\frac{\partial x_j}{\partial\alpha}+\sum_{i\in B}\frac{\partial\mathcal{L}}{\partial\lambda_i}\frac{\partial\lambda_i}{\partial\alpha}+\frac{\partial\mathcal{L}}{\partial\alpha}$$

对每个 $i\in B$,$\frac{\partial\mathcal{L}}{\partial\lambda_i}=h_i(x(\alpha^0),\alpha^0)=0$,所以,上式等号右边第二项等于零。对每个 j,$\frac{\partial\mathcal{L}}{\partial x_j}=0$ 或 $\frac{\partial\mathcal{L}}{\partial x_j}(x(\alpha^0),\lambda(\alpha^0),\alpha^0)<0$。由于 $x(\alpha)$ 与 $\lambda(\alpha)$ 是连续函数,如果 $\frac{\partial\mathcal{L}}{\partial x_j}(x(\alpha^0),\lambda(\alpha^0),\alpha^0)<0$,就存在 α^0 的 δ-邻域使得:

$$\frac{\partial\mathcal{L}}{\partial x_j}(x(\alpha),\lambda(\alpha),\alpha)<0$$

根据库恩-塔克条件,在这一 δ-邻域内,$x_j(\alpha)=0$,因此 $\frac{\partial x_j}{\partial\alpha}(\alpha^0)=0$。这就意味着 $\frac{\partial\mathcal{L}}{\partial x_j}(x(\alpha^0),\lambda(\alpha^0),\alpha^0)=0$ 或 $\frac{\partial x_j}{\partial\alpha}(\alpha^0)=0$。因此:

$$\frac{dF}{d\alpha}=\sum_{j\in J}\frac{\partial\mathcal{L}}{\partial x_j}\frac{\partial x_j}{\partial\alpha}+\frac{\partial\mathcal{L}}{\partial\alpha}=\frac{\partial\mathcal{L}}{\partial\alpha} \tag{1.3-2}$$

□

习　题

习题 1.3-1:利润的价格弹性

设一个接受价格的利润最大化企业面对的价格为 $p_1=10$,产量为 $q_1=100$,总成本为 600。

(a) 如果产量保持不变,则利润对价格的弹性 $\varepsilon(\Pi,p_1)=\frac{p_1}{\Pi}\frac{\partial\Pi}{\partial p_1}$为多少?

(b) 如果企业对价格变化做出最优反应,则利润对价格的弹性是多少?

(c) 这个企业看到一个新的机会,出售了 50 件第二种产品,价格为 $p_2=20$。产品 1 的产量则降低为 80 件。总成本上升到 1 000。我们有足够的数据算出 $\varepsilon(\Pi,p_1)=\frac{p_1}{\Pi}\frac{\partial\Pi}{\partial p_1}$吗?

习题 1.3-2:包络定理

要生产 q 件产品,某个利润最大化企业需要$\frac{1}{2}q^2$ 件投入品。设产品价格为 p,投入品价格为 r。

(a) 写出利润 $\pi(q,p,r)$的表达式。

(b) 求解利润最大化产量 q^*,并证明最大利润为 $\Pi(p,r)=\pi(q^*(p,r),p,r)=\frac{1}{2}\frac{p^2}{r}$。

(c) 求证:$\frac{\partial\Pi}{\partial p}=\frac{\partial\pi}{\partial p}(q^*,p,r)$,$\frac{\partial\Pi}{\partial r}=\frac{\partial\pi}{\partial r}(q^*,p,r)$。

习题 1.3-3:交叉价格效应

某企业的生产集为$\Upsilon=\{(-z,q)\mid h(z,q)\geqslant0\}$,它接受价格。给定投入品价格向量 r 和产品价格向量 p,企业的最大利润为 $\Pi(p,r)$。

(a) 利用包络定理证明 $\frac{\partial\Pi}{\partial p_j}=q_j$。

(b) 证明交叉价格效应对称,即$\frac{\partial q_i^*}{\partial p_j}=\frac{\partial q_j^*}{\partial p_i}$。

(c) 对投入品的价格变化,能否得到类似结论?

习题 1.3-4:角解情况中的包络定理

某个消费者的效用函数为 $U(x)=\ln(a+x_1)+\ln x_2$,收入为 I,价格向量为 $p=(p_1,p_2)\gg0$。

(a) 求证:如果同时消费两种商品,她的最优消费束为 $x(p,I,\alpha)=\left(\frac{I-p_1\alpha}{2p_1},\frac{I+p_1\alpha}{2p_2}\right)$。

(b) 写出最大效用 $F(\alpha)=U(x(p,I,\alpha))$ 的表达式，证明 $\frac{dF}{d\alpha}=\frac{2p_2}{I+\alpha p_1}$。

(c) 解释为什么在 α 很大时，$F(\alpha)=\ln\alpha+\ln\frac{I}{p_2}$；证明对所有的 $\alpha\geqslant 0$，F 连续可微。

1.4 约束条件下优化的基础知识[1]

关键词：线性规划基本定理；把最大化问题简化为线性问题；影子价格作为支持价格

在第 1.1 节，我们探讨了在凸技术下价格如何支持有效率的生产方案。在第 1.2 节，我们探讨了影子价格在推导最大值的必要条件上的作用。在本节中，我们用支持超平面定理为约束条件下的优化提供数学基础。

线性优化

我们首先探讨线性优化问题（线性规划问题）；其次通过探讨原始优化问题的线性逼近，来推导一般优化问题中的必要条件和充分条件。

我们看如下线性最大化问题：

$$\max_x\{q=a_0\cdot x\,|\,x\in X\subseteq\mathbb{R}^n\}$$

其中，$X=\{x\,|\,x\geqslant 0,\mathbf{A}x\leqslant z\}$，$\mathbf{A}$ 是 $m\times n$ 矩阵。我们假定集合 X 是有界集。于是，根据极值定理，存在解 $\bar{x}$。我们假定 X 有非空内点集。现在证明下面的结论。

> **命题 1.4-1：线性规划基本定理**
>
> 设 $\bar{x}$ 是 $\max_x\{q=a_0\cdot x\,|\,x\in X\subseteq\mathbb{R}^n\}$ 的解，其中，$X=\{x\,|\,x\geqslant 0,\mathbf{A}x\leqslant z\}$ 是有界集且有非空内点集。则存在影子价格向量 $\lambda\geqslant 0$ 使得：
>
> $$a_0'-\lambda'\mathbf{A}\leqslant 0 \tag{1.4-1}$$
>
> 并且，以下“互补松弛性”条件成立：
>
> $$(\text{i})\ (a_0'-\lambda'\mathbf{A})\bar{x}=0;\quad (\text{ii})\ \lambda'(z-\mathbf{A}\bar{x})=0$$
>
> 而且，这些条件不仅是必要条件也是充分条件。就是说，如果 $\mathbf{A}\bar{x}\leqslant z$，$a_0-\lambda'\mathbf{A}\geqslant 0$，并且互补松弛性条件得到满足，则 $\bar{x}$ 是线性优化问题的解。

这一命题中的必要性部分直接得自命题 1.1-4。虽然我们把线性模型解释为拥有 n 家工厂的一个企业的活动模型，但其中的正式分析适用于任意线性约

[1] 真正理解最大值的库恩-塔克必要条件背后的理论到底有多重要呢？打个比方。你有一个工具箱，里面有能切割钢板的钢锯。如果你只想切割钢板，则最优策略是学会使用钢锯而无需知道有关基础知识。但是，在长期里，如果你还想切割其他材料（如玻璃），你就应该对钢锯的工作原理有相当好的全面了解。因为这个原因，本章主要解释有关基础理论。但是，你可以在开始时跳过本节，在需要时再回到本节。

束下的优化问题。由于这一问题是线性的，所以是凹的。于是，根据命题 1.2－1，满足必要条件的 $\bar{x}$ 是最大化问题的解。也就是说，必要条件同时是充分条件。

非线性优化问题

我们首先探讨有线性约束和非线性目标函数的优化问题。由于约束是线性的，所以，可行集是凸的。

$$P:\max_{x}\{f(x)\mid x\in X\}$$

设 $\bar{x}\in\arg\max_x\{f(x)\mid x\in X\}$。设$\frac{\partial f}{\partial x}(\bar{x})\neq 0$。为证明库恩-塔克条件是必要条件，我们证明如果 $\bar{x}$ 是问题 P 的解，则它肯定是以下线性最大化问题的解：

$$\bar{P}:\max_{x}\left\{\frac{\partial f}{\partial x}(\bar{x})\cdot x\mid x\in X\right\}$$

否则，存在 $x^1\in X$ 使得$\frac{\partial f}{\partial x}(\bar{x})\cdot x^1>\frac{\partial f}{\partial x}(\bar{x})\cdot\bar{x}$，就是说：

$$\frac{\partial f}{\partial x}(\bar{x})\cdot(x^1-\bar{x})>0$$

见图 1.4－1。我们看 $\bar{x}$ 与 x^1 的所有凸组合，即：

$$x^{\mu}=(1-\mu)\bar{x}+\mu x^1=\bar{x}+\mu(x^1-\bar{x})$$

图中的点画线段给出了这些凸组合。

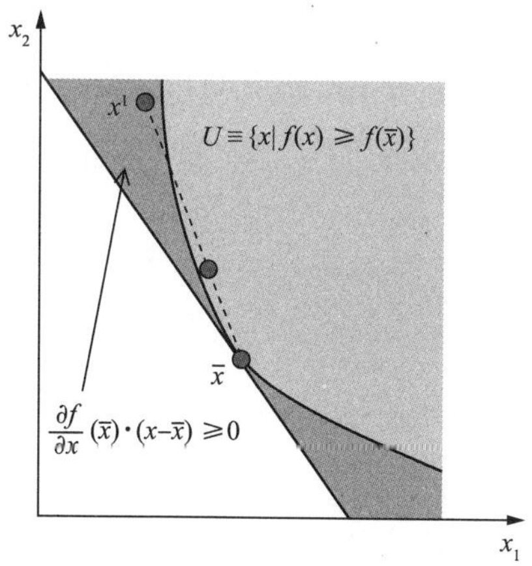

图 1.4－1　f 的上优集与$\frac{\partial f}{\partial x}$

超平面$\frac{\partial f}{\partial x}(\bar{x})\cdot(x-\bar{x})=0$ 与上优集 $U=\{x\mid f(x)\geqslant f(\bar{x})\}$ 相切。由于 x^1 满足$\frac{\partial f}{\partial x}(\bar{x})\cdot(x^1-\bar{x})>0$，在 μ 足够得小时，凸组合 x^{μ} 肯定位于 U 的内点集中。下面的引理明确了这一点。

引理 1.4-2

如果 $f\in\mathbb{C}^1$ 且 $\frac{\partial f}{\partial x}(\bar{x})\cdot(x^1-\bar{x})>0$，则对 $\bar{x}$ 与 x^1 的所有的凸组合 x^μ，在 x^μ 足够接近 $\bar{x}$ 时，$f(x^\mu)>f(\bar{x})$。

证明：定义函数

$$g(\mu)\equiv f(x^\mu)=f((1-\mu)\bar{x}+\mu x^1)=f(\bar{x}+\mu(x^1-\bar{x}))$$

于是，$g(0)=f(\bar{x})$，$g(1)=f(x^1)$。我们想证明对足够小的 $\mu>0$，$g(\mu)>g(0)$。为此，我们证明 $g'(0)>0$。根据 g 的定义：

$$g'(\mu)=\frac{\partial f}{\partial x}(x^\mu)\cdot(x^1-\bar{x})$$

在 $\mu=0$ 时，$g'(0)=\frac{\partial f}{\partial x}(\bar{x})\cdot(x^1-\bar{x})$。它严格为正。 □

我们证明了存在 $\bar{x}$ 与 x^1 的凸组合 x^μ 使得 $f(x^\mu)>f(\bar{x})$。根据构造，$x^1\in X$，并且，最大值点 $\bar{x}\in X$。由于可行集是凸集，$x^\mu\in X$。但这不可能，因为 $\bar{x}$ 是优化问题 P 的解。

一般非线性优化问题[1]

现在讨论一般非线性优化问题：

$P:\max\limits_{x}\{f(x)\mid x\in X\}$，其中，$X=\{x\mid x\in\mathbb{R}^n_+,h_i(x)\geqslant 0,i=1,\cdots,m\}$

假定所有函数连续可微。设 $\bar{x}\in\arg\max_x\{f(x)\mid x\in X\}$。如果 $\frac{\partial f}{\partial x}(\bar{x})=0$，库恩-塔克条件必然成立(见命题 1.2-2)，因为我们可以让影子价格向量等于零。设 $\frac{\partial f}{\partial x}(\bar{x})\neq 0$。为证明库恩-塔克条件是必要条件，我们证明：如果 $\bar{x}$ 是 P 的解，则它是以下线性化问题的解：

$$\bar{P}:\max_x\left\{\frac{\partial f}{\partial x}(\bar{x})\cdot x\mid x\in\bar{X}\right\}$$

其中，$\bar{X}=\left\{x\in\mathbb{R}^n_+\mid\frac{\partial h_i}{\partial x}(\bar{x})\cdot(x-\bar{x})\geqslant 0,i\in B\right\}$，$B$ 是在 $\bar{x}$ 上起作用的约束条件对应的指示集。

我们可以把线性优化的基本定理应用于这一线性化问题，得到库恩-塔克条件。

命题 1.4-3：必要条件

设 $\bar{x}$ 是

$$P:\max_x\{f(x)\mid x\in X\}$$

[1] 正式的推导类似线性约束条件下的推导，但得重复使用引理 1.4-1。初学时，你可以跳过证明部分。

的解，并且，以下约束限制得到满足：

$$(\text{i})\ \text{int}\bar{X}\text{ 是非空集；}\quad(\text{ii})\ \frac{\partial h_i}{\partial x}(\bar{x})\neq 0, i\in B$$

其中，B 是在 $\bar{x}$ 上起作用的约束条件对应的指示集。定义：

$$\bar{X}=\left\{x\in\mathbb{R}_+^n \mid \frac{\partial h_i}{\partial x}(\bar{x})\cdot(x-\bar{x})\geqslant 0, i\in B\right\}$$

则 $\bar{x}$ 是以下优化问题的解：

$$\bar{P}:\max_x\left\{\frac{\partial f}{\partial x}(\bar{x})\cdot x \mid x\in\bar{X}\right\}$$

证明：看图 1.4-2。设第 i 个约束条件起作用，则满足第 i 个线性化约束条件的向量构成的集合为：

$$\bar{X}_i=\left\{x\in\mathbb{R}_+^n \mid \frac{\partial h_i}{\partial x}(\bar{x})\cdot(x-\bar{x})\geqslant 0\right\}$$

线性化目标函数的穿过 $\bar{x}$ 的上优集为：

$$\bar{U}=\left\{x\in\mathbb{R}_+^n \,\middle|\, \frac{\partial f}{\partial x}(\bar{x})\cdot(x-\bar{x})\geqslant 0\right\}$$

我们假设命题不成立，推导出矛盾结论。如果上述命题不成立，则肯定存在 $\hat{x}$ 同时位于 $\bar{X}_i$ 与 $\text{int}\bar{U}$ 中。图 1.4-2a 和图 1.4-2b 画出了这种情况。

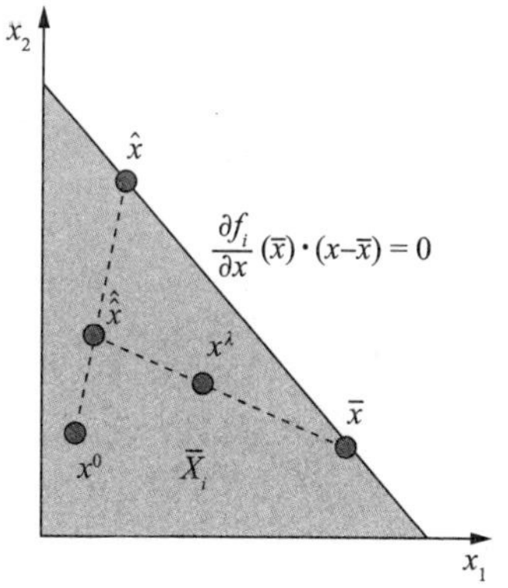

图 1.4-2a　线性化的第 i 个约束条件

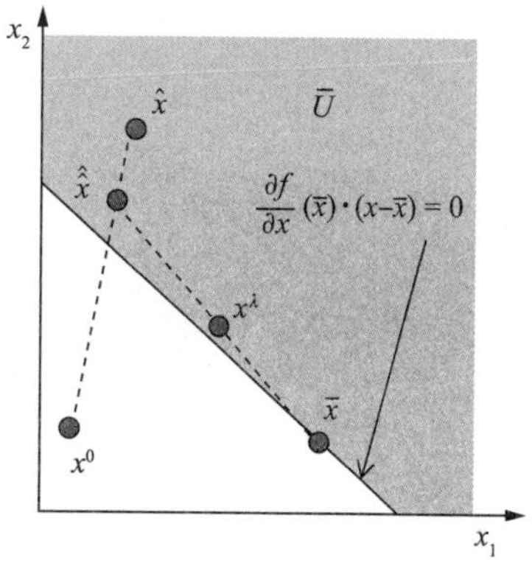

图 1.4-2b　线性化的上优集

看图 1.4-2a。由于线性化的可行集有非空内点集，所以，存在 $x^0\in\text{int}\bar{X}_i$。由于 $\bar{X}_i$ 是凸集，于是，如图所示，任意凸组合 $\hat{\hat{x}}=(1-\mu)x^0+\mu\hat{x}\in\text{int}\bar{X}_i$。

图中还给出了 $\hat{\hat{x}}$ 与 $\bar{x}$ 的凸组合 $x^\lambda=(1-\lambda)\bar{x}+\lambda\hat{\hat{x}}$。由于 $\hat{\hat{x}}\in\text{int}\bar{X}_i$ 且 $\bar{x}\in\bar{X}_i$，故对所有的 $\lambda\in(0,1)$，$x^\lambda\in\text{int}\bar{X}_i$。根据引理 1.4-2，对足够小的 λ，$h_i(x^\lambda)>h(\bar{x})=0$。这一点对每个起作用的约束条件都成立。

假设第 i 个约束条件不起作用，则 $h_i(\bar{x})>0$。由于 h_i 连续，故对足够小的 λ，

$h_i(x^\lambda)>0$。我们于是证明了对足够小的 λ，$x^\lambda\in X=\{x\in\mathbb{R}^n_+ \mid h_i(x)\geqslant 0, i=1,\cdots,m\}$。

现在证明存在 μ 与 λ 使得 $f(x^\lambda)>f(\bar{x})$。看图 1.4－2b。由于 $\hat{x}\in\text{int}\bar{U}$ 并且 $\bar{U}$ 是凸集，所以，对足够接近 1 的 μ，$\hat{\hat{x}}=(1-\mu)x^0+\mu\hat{x}\in\text{int}\bar{U}$。再次利用 $\bar{U}$ 的凸集特征，对所有的 $\lambda\in(0,1)$，$x^\lambda=(1-\lambda)\bar{x}+\lambda\hat{\hat{x}}\in\text{int}\bar{U}$。于是，根据引理 1.4－2，对足够小的 λ，$f(x^\lambda)>f(\bar{x})$。

我们已经证明对足够小的 λ，$f(x^\lambda)>f(\bar{x})$。这与 $\bar{x}\in\text{argmax}_x\{f(x)\mid x\in X\}$ 矛盾。所以，不存在这样的 $\hat{x}$。 □

根据线性优化的基本定理，我们有以下命题：[1]

命题 1.4－4：库恩-塔克条件

设 $\bar{x}$ 是 $\max_x\{f(x)\mid x\in X\}$ 的解，其中，$X=\{x\mid x\geqslant 0, h_i(x)\geqslant 0, i=1,\cdots,m\}$。设 $\bar{X}$ 是所有在点 $\bar{x}$ 上起作用的线性化约束条件构成的集合。如果 $\bar{X}$ 的内点集非空，以及对每个起作用的约束条件，$\frac{\partial h_i}{\partial x}(\bar{x})\neq 0$，则在 $\bar{x}$ 上库恩-塔克条件成立。

在什么情况下，必要条件是充分条件?

现在确定在什么情况下，库恩-塔克条件是充分条件。

命题 1.4－5：最大值的充分条件

设在点 $\bar{x}$ 上，约束限制与库恩-塔克条件得到满足。如果每个起作用的约束条件都限制着某个凸集，并且上优集 $\{x\mid f(x)>f(\bar{x})\}$ 是凸集，则 $\bar{x}$ 是最优解。

图 1.4－3 画出了两个约束条件时的情况。

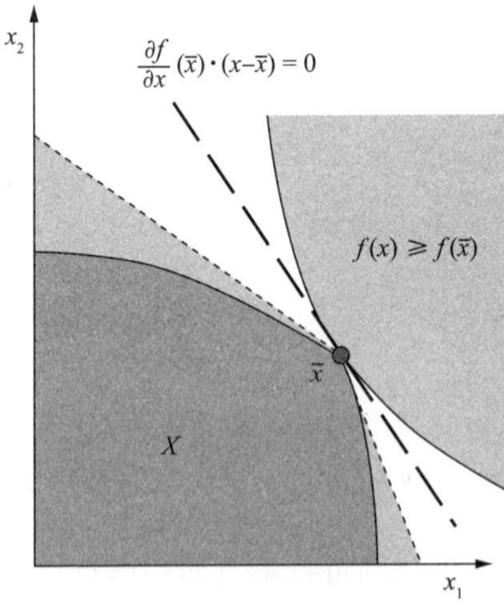

图 1.4－3　最大值的充分条件

由于 $\bar{x}$ 满足库恩-塔克条件和约束限制，因此，根据线性规划基本定理，$\bar{x}$ 是线

[1] 这是命题 1.2－2 的另一种表述形式。

性化问题$\overline{P}$的解。由于约束函数的凸性特征，线性化约束集$\overline{X}$包含原始约束集X。由于f的上优集为凸集，所以，与函数f穿过$\bar{x}$点的等值集相切的直线是条分离线。因此，集合$\{x \mid f(x)>f(\bar{x})\}$与$X$的交集是空集。

证明上述命题，需要用到下面的数学引理：

引理 1.4-6

如果上优集$\{x \mid g(x)\geqslant g(\bar{x})\}$是凸集，$g\in\mathbb{C}^1$，$\frac{\partial g}{\partial x}(\bar{x})\neq 0$，则：

(i) $g(x)\geqslant g(\bar{x})\Rightarrow\frac{\partial g}{\partial x}(\bar{x})\cdot(x-\bar{x})\geqslant 0$；

(ii) $g(x)>g(\bar{x})\Rightarrow\frac{\partial g}{\partial x}(\bar{x})\cdot(x-\bar{x})>0$。

条件(i)是对引理1.1-2的重新阐述；附录B给出了条件(ii)的证明。[1]

利用这些工具，命题1.4-5的证明相当简洁。根据引理1.4-6，如果$h_i(x)\geqslant h_i(\bar{x})=0$支持某个凸集且$\frac{\partial h_i}{\partial x}(\bar{x})\neq 0$，则：

$$h_i(x)\geqslant h_i(\bar{x})\Rightarrow\frac{\partial h_i}{\partial x}(\bar{x})\cdot(x-\bar{x})\geqslant 0 \tag{1.4-2}$$

因此，$X\subset\overline{X}$。

假设库恩-塔克条件在$\bar{x}$上得到满足。我们分析在$\bar{x}$上的线性化问题。对这一线性优化问题，库恩-塔克条件既是必要条件又是充分条件，所以$\bar{x}$是$\max_x\left\{\frac{\partial f}{\partial x}(\bar{x})\cdot x \mid x\in\overline{X}\right\}$的解。由于$X\subset\overline{X}$，所以$\bar{x}$是$\max_x\left\{\frac{\partial f}{\partial x}(\bar{x})\cdot x \mid x\in X\right\}$的解。根据引理1.4-5(ii)，由于$\{x \mid f(x)\geqslant f(\bar{x})\}$是凸集，$f(x)>f(\bar{x})\cdot\frac{\partial f}{\partial x}(\bar{x})\cdot x>\frac{\partial f}{\partial x}(\bar{x})\cdot\bar{x}$。因此，$\bar{x}$是$\max_x\{f(x)\mid x\in X\}$的解。

习　题

习题 1.4-1：唯一最大值的充分条件

设命题1.4-2的前提成立，并且f严格拟凹。求证：如果$\bar{x}$满足必要条件，则它是唯一的最优点。提示：设x^0和x^1都满足必要条件。证明它们所有的凸组合都是可行的。

习题 1.4-2：库恩-塔克条件的推广

(a) 设：

$$\bar{x}=\underset{x}{\arg\max}\{a_0\cdot x \mid \mathbf{A}x\leqslant\bar{z}, x\in\overline{\mathbb{R}}\}$$

其中：

[1] 见推论B.2-11。

$$\overline{\mathbb{R}} \equiv \{x \mid x_j \in \mathbb{R}_+, j \in I; x_j \in \mathbb{R} \quad j \in J; x_j \in \mathbb{R}_-, j \in K\}$$

并且,可行集的内点集非空。修改命题 1.1-5 的证明,求出新的必要条件。

(b) 设:

$$\bar{x} = \underset{x}{\arg\max}\{f(x) \mid h_i(x) \geqslant 0, i=1,\cdots,m, x \in \overline{\mathbb{R}}\}$$

解释应该如何重新阐述命题 1.4-3。

习题 1.4-3:对偶线性优化问题

(a) 设:

$$\bar{x} = \underset{x}{\arg\max}\{a_0 \cdot x \mid x \geqslant 0, \mathbf{A}x \leqslant \bar{z}\}$$

设支持价格向量为 $\bar{\lambda}$。定义集合:

$$\Lambda \equiv \{\lambda \in \mathbb{R}^m \mid \lambda \geqslant 0, \lambda'\mathbf{A}x - a_0 \geqslant 0\}$$

求证对所有的 $\lambda \in \Lambda, \lambda'\bar{z} \geqslant \lambda'\mathbf{A}x \geqslant a_0'\bar{x}$。

(b) 利用互补松弛性,证明:

$$\lambda'\bar{z} \geqslant \bar{\lambda}'\bar{z}, \lambda \in \Lambda$$

因此:

$$\bar{\lambda} = \underset{\lambda}{\arg\min}\{\lambda'\bar{z} \mid \lambda \in \Lambda\}$$

这就是对偶线性优化问题。

(c) 我们看下面的线性优化问题:

$$\max_x\{5x_1 + 4x_2 + 10x_3 \mid x \in X\}$$

其中:

$$X = \{x \in \mathbb{R}^3 \mid x \geqslant 0, x_1 + x_2 + 4x_3 \leqslant 30, 2x_1 + x_2 + x_3 \leqslant 10\}$$

写下这一问题的对偶问题。画图求解并证明 $\bar{\lambda} = (2,2)$。哪一个对偶约束条件不起作用?利用互补松弛性求解元问题。

1.5 应用:联合成本条件下的垄断定价

关键词:从必要条件中归纳出结论;多产品企业的经济利润

在进行经济学理论分析时,提出正确的问题(或者,至少得是个有趣的问题)是第一步,也是最关键的一步。第二步是写出一个足够简单的模型,简单到能进行数学分析。我的论文指导教师罗伯特·索洛(Robert Solow)常说:"从一个简单的模型——简单到似乎无法求解的模型——入手。"[1]如果它是关于最大化决策者的

〔1〕 他接着会说:"即使你从来没有成功地写出一篇成功的论文,至少还为你的研究生准备了一道好习题!"

模型，则第三步——也是最容易的一步——是写下最大值的必要条件。最后，从这些必要条件中归纳出结论。做到这一点，需要一些灵感和勤奋，也许还要有点运气。下面的例子极好地阐述了最后一步。

简单的垄断模型一般假定企业只生产一种产品。但是，在现实世界中，几乎每个企业都生产多种产品。通常情况下，在这些产品的生产中，存在着某种“关联性”(如在同一个工厂生产或者由同一个营销部门销售)。我们看一个不受规制的垄断电厂。我们把生产分为 n 个时期。$q=(q_1,\cdots,q_n)$ 为这 n 个时期的产量。任何一个时期中的供给成本，取决于这个电厂的运营成本和它的发电能力。设它的发电能力为 q_0。每个时期的产量受制于这一产能限制，即：

$$q_j\leqslant q_0,j=1,\cdots,n$$

为简化分析，假定边际成本为常数。则总成本为：

$$C(q_0,q)=F+c_0q_0+c\cdot q$$

在这个式子中，c_0 是增加发电能力的边际成本；在每个阶段，还有增加发电量的边际成本(称为边际营运成本)。前者包括购买资本设备(如燃气轮机)的利息成本和各个时期上的维护成本；后者包括能源成本和劳动力成本。

在时期 j，假设需求价格函数为 $p_j(q)$。一般情况下，需求价格还依赖于其他时期中的消费，所以这里的 q 为产出向量。$R(q)=p\cdot q$ 为总收入。设 $R(q)\in\mathbb{C}^2$。为排除无最大值的函数，设 $R(q)$在 $\hat{q}$ 上取最大值。大于 $\hat{q}$ 的产出向量实现的收入小于 $R(\hat{q})$，发生的成本更高。这意味着在某个产量向量 $\bar{q}\leqslant\hat{q}$ 上，企业实现最大利润。

这个垄断企业在产能约束下，最大化自己的利润：

$$\max_{q_0,q}\{R(q)-F-c_0q_0-c\cdot q\,|\,q_0-q_j\geqslant 0,\quad j=1,\cdots,n\}$$

这里要看到，$(q_0,q_1,\cdots,q_n)=(2,1,\cdots,1)$在可行集的内点集中。由于所有约束条件都为线性，所以，线性化可行集有非空内点集。而且，每个约束函数的梯度向量都不为零。所以，约束限制得到满足。库恩-塔克条件因此是最大值的必要条件。假定在每个时期中，供给量都大于零。

构造拉格朗日函数，写出一阶条件：

$$\begin{aligned}\mathcal{L}(q_0,q)&=R(q)-F-\sum_{j=1}^{n}c_jq_j-c_0q_0+\sum_{j=1}^{n}\lambda_j(q_0-q_j)\\&=R(q)-\sum_{j=1}^{n}(c_j+\lambda_j)q_j+\Big(\sum_{j=1}^{n}\lambda_j-c_0\Big)q_0-F\end{aligned}$$

$$\frac{\partial\mathcal{L}}{\partial q_j}=MR_j-c_j-\lambda_j=0,j=1,\cdots,n \tag{1.5-1}$$

$$\frac{\partial\mathcal{L}}{\partial q_0}=\sum_{j=1}^{n}\lambda_j-c_0=0 \tag{1.5-2}$$

$$\frac{\partial\mathcal{L}}{\partial\lambda_j}=q_0-q_j\geqslant 0;\text{在 }\lambda_j>0\text{ 时，}\frac{\partial\mathcal{L}}{\partial\lambda_j}=q_0-q_j=0 \tag{1.5-3}$$

从这些条件中，我们能得到什么呢？首先，根据(1.5-2)，影子价格之和严格为正。

这意味着至少一个影子价格严格为正。根据(1.5－3)，在影子价格严格为正的时期中，产量等于产能。〔1〕同时，根据(1.5－3)，在产量低于产能的时期("非峰值"时期)中，影子价格为零。于是，根据(1.5－1)，得：

$$\bar{q}_j<\bar{q}_0 \Rightarrow MR_j(\bar{q})=c_j$$

就是说，在任何一个时期，只要产量没有达到峰值，边际收入就等于边际运营成本。

定义 $I=\{j \mid \bar{q}_j=\bar{q}_0\}$，即产量等于产能的时期的指示集。在这种时期里：

$$MR_j(\bar{q})=c_j+\lambda_j$$

对这种时期加总，得到：

$$\sum_{j\in I}(MR_j(\bar{q})-c_j)=\sum_{j\in I}\lambda_j$$

于是，根据(1.5－2)，得到：

$$\sum_{j\in I}(MR_j(\bar{q})-c_j)=c_0 \tag{1.5-4}$$

就是说，在每个峰值时期，边际收入超过边际营运成本，并且两者之差之和等于产能的边际成本。

从上述分析中，我们能得到哪些经济学结论呢？最基本地，我们了解了决策者的边际决策。设当前的产能-产出向量为$(q_0,q_1,\cdots,q_n)$。非峰值时期的产量能够增加而只影响当期营运成本；企业能增加利润，除非当期边际收入等于边际营运成本。在峰值时期，产量只能通过扩大产能而增加。此时的边际决策是决定是否增加生产能力。只要所有峰值时期的边际收入之和超过边际营运成本且超过部分足以抵补扩大产能而增加的成本，企业就应增加产能。

例子：两时期联合成本模型

设企业的成本参数为 $c_0=40$，$c_1=c_2=20$，需求价格函数为 $p_1(q)=200-2q_1-q_2$ 和 $p_2(q)=150-q_1-2q_2$。则总收入为：

$$R(q)=200q_1+150q_2-2q_1^2-2q_1q_2-2q_2^2 \tag{1.5-5}$$

这里要看到，$R(q)$是凹函数，总成本是线性函数，利润因此是凹函数。约束函数为线性函数，因此是凹函数。因此一阶条件是最大值的必要条件和充分条件。这使得求解利润最大化问题变得容易，因为必要条件的解是这一最大化问题的解。

根据(1.5－5)，得：

$$MR_1(q)=200-4q_1-2q_2$$
$$MR_2(q)=150-2q_1-4q_2$$

首先分析在这两个时期中，在最优解上产量是否等于产能。设 $q_1=q_2=q_0$。根据(1.5－4)，得：

$$(MR_1-c_1)+(MR_2-c_2)=310-12q_0=c_0=40$$

〔1〕一旦选择了产量向量，生产能力就可假定为最大产量而不会影响收入，所以，这一结果显而易见。

于是：

$$q_0=q_1=q_2=22\frac{1}{2}$$

根据(1.5-1)，得：

$$\lambda_1=MR_1-c_1=180-6q_1=45$$
$$\lambda_1=MR_2-c_2=130-6q_2=-5$$

但这不可能，因为两个影子价格必须为非负数。由于第一个时期中的影子价格为正，这个时期极可能是峰值时期。我们探讨第一个时期为峰值时期而第二个时期为非峰值时期的可能性。根据一阶条件，得：

$$MR_1-c_1=180-4q_1-2q_2=c_0=40$$
$$MR_2-c_2=130-2q_1-4q_2=0$$

求解这两个方程得，$q_1^M=25$，$q_2^M=20$。如我们所猜想的那样，第二个时期的产量低于峰值。因此，这个解是垄断解。

习 题

习题 1.5-1：多产品企业

我们看一个垂直一体化企业。企业中的"上游"部门负责加工木材。它生产原材料，即砍伐原木和运输原木。加工 q_0 数量的木材的成本为 $c_0(q_0)=30q_0$。木材供应给两个"下游"部门。第一个部门把原木加工成新闻纸，每件原木生产一个单位新闻纸，新闻纸的单位成本为 10 元。第二个部门把原木加工成密度板，每件原木生产一个单位密度板，密度板的单位成本为 4 元。就是说，新闻纸和密度板都是从原木中生产出来。新闻纸和密度板的需求分别为：

$$p_1=100-\frac{1}{2}q_1,\ p_2=25-\frac{1}{4}q_2$$

(a) 假设所有原木都被加工成密度板和新闻纸，求最大化利润的原木数量。

(b) 求证在边际意义上，这个企业在密度板生产上亏损。

(c) 求解使利润最大的密度板和新闻纸的产量。

(d) 求社会最优解。

(e) 设对第二种产品的需求价格上升至 $p_2=35-\frac{1}{4}q_2$。求新的解。

习题 1.5-2：多产品企业

一个企业生产两种产品。产品 j 的生产函数为 $F_j(K_j,L_j)=\sqrt{K_jL_j}$。资本设备可用于生产其中一种或两种产品。如果企业租赁了 K_0 件资本品，则资本品的使用约束为 $K_j\leqslant K_0$，$j=1,2$。单位劳动力成本为 2 元，单位资本品成本为 10 元。

(a) 设产量为(q_1,q_2)。为什么最小化总生产成本的拉格朗日函数可以写为：

$$\mathcal{L}(q,K)=-\frac{2q_1^2}{K_1}-\frac{2q_2^2}{2}-10K_0+\lambda_1(K_0-K_1)+\lambda_2(K_0-K_2)$$

(b) 证明所有资本品都被用于两种产品的生产中。

(c) 求最小总成本。

(d) 固定 q_2,在图上,画出产品 1 的边际成本。

习题 1.5-3:电力供给

设 q_t 为时期 t 的产量。生产函数与上一题目相同,但生产成本不同。对单位资本品,企业支付的利息成本为 6 元。对白天使用的资本品,单位资本品的维护成本为 2;对夜间使用的资本品,单位资本品的维护成本为 2 元。因此,生产成本为 $2(L_1+L_2)+2(K_1+K_2)+6K_0$。我们探讨 $q_1\leqslant q_2$ 时的成本最小化问题。

(a) 写出拉格朗日函数。

在下面 3 个问题中,设 $q_1<q_2$。

(b) 在两个时期的产量接近时,求最小成本。

(c) 求证:如果两个时期的产量之比远小于 1,则在低需求时期,资本品没有被充分利用。

(d) 在两个时期的产量差异很大时,求最小成本。

(e) 固定 q_2,画出产品 1 的边际生产成本。

参考文献

Koopmans, Tjalling C. (1957). "Essay I." In Tjalling Koopmans (ed.), *Three Essays in the State of Economic Science*. New York: McGraw Hill.

Kuhn, Harold W. and Tucker, A. W. (1951). "Nonlinear Programming." *Proceedings of 2nd Berkeley Symposium*. Berkeley: University of California Press, pp. 481-492.

第二章
消 费 者

2.1 选择理论

关键词:消费束排序;选择公理;偏好的效用表示

任何人,只要在导论以外还学过其他经济学课程,就应熟悉消费者最大化"效用"的说法。在数学上,我们用定义在消费束集合 X 上的函数 U 的等值集表示偏好。从集合 X 中任取消费束 x^0。对函数 U 的上优集(upper contour set)$\{x|U(x)\geqslant U(x^0),x\in X\}$中的每个消费向量,消费者都愿意用 x^0 与之交换。换句话说,上优集由消费者认为弱优于 x^0 的消费束构成。

本质上,选择理论是如何排列各个选项的理论。所以,更基本的选择理论从自序公理开始。对消费者(或家庭)h,我们定义两元关系$\succcurlyeq_h$。如果消费者把 x^1 排列得与 x^2 至少一样高,我们就将其写为 $x^1\succcurlyeq_h x^2$。

序未必在所有的消费向量上都有定义。我们看弱不等序"$\geqslant$":在 x^1 和 x^2 之间,消费者偏好 x^1 当且仅当 $x^1\geqslant x^2$。在这种序下,任意两个 n 维消费束可用"$\geqslant$"排列的概率仅为 $1/2^{n-1}$。这种序显然不令人满意。为得到更有力的理论,我们要求消费者能够比较消费集 X 中的所有消费束。

> **全序**[1]
> 对任意两个消费束 $x^1,x^2\in X$,$x^1\succcurlyeq_h x^2$ 或 $x^2\succcurlyeq_h x^1$。

我们还要求这种两两排序满足一致性。

> **序是传递的**
> 对任意三个消费束 $x^1,x^2,x^3\in X$,如果 $x^1\succcurlyeq_h x^2$ 且 $x^2\succcurlyeq_h x^3$,则 $x^1\succcurlyeq_h x^3$。

根据全序公理,对任意两个消费束 x^1 和 x^2,我们能分别三种情况:

(i) $x^1\succcurlyeq_h x^2$ 且 $x^2\succcurlyeq_h x^1$;

---

[1] 全序蕴含 $x\succcurlyeq_h x$。数学家称这种序为反身序。

（ⅱ）$x^1 \succcurlyeq_h x^2$ 且无 $x^2 \succcurlyeq_h x^1$；

（ⅲ）$x^2 \succcurlyeq_h x^1$ 且无 $x^1 \succcurlyeq_h x^2$。

在情况（ⅰ）中，两个消费束都弱排列在对方之前。对这种情况，我们说，消费者在两个消费束之间无差异，写为 $x^1 \sim_h x^2$。对情况（ⅱ），我们说，x^1 严格优于 x^2，写为 $x^1 \succ_h x^2$。情况（ⅲ）与（ⅱ）正好相反，$x^2 \succ_h x^1$。

无差异序与严格偏好序都满足传递性公理，但都不是全序。

仅有这两个公理并不够。我们看下面的例子。

例子："不小于"序

$$x^1 \succcurlyeq_h x^2 \text{ 当且仅当 } x^1 \not< x^2$$

这个序是全序且具有传递性。我们看图 2.1－1 中水平线上的两个消费束 x^a 与点 x^b。首先证明 $x^a \succ_h x^b$。设这个关系不成立，则 $x^b \succcurlyeq_h x^a$，于是，$x^b \not< x^a$。这显然不成立。再看阴影区域的内点集中的任意消费束 y^t。由于 $y_2^t > x_2^a$，$y^t \succcurlyeq_h x^a$；由于 $x_1^a > y_1^t$，$x^a \succcurlyeq_h y^t$。因此，$y^t \sim_h x^a$。

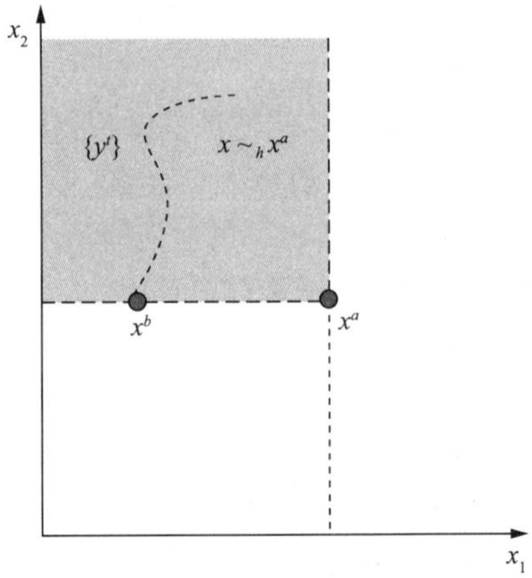

图 2.1－1　不连续的偏好序

但是，这一偏好不尽如人意。看图中阴影区域的内点集中收敛于 x^b 的消费束列 $\{y^t\}_{t=1}^{\infty}$。对此列中每个项 y^t，$y^t \sim_h x^a$。但是，对于极限消费束 x^b，$x^a \succ_h x^b$。假设对这一偏好存在效用表示。则对收敛于 x^b 的列中的所有项 y^t，$U(y^t)=U(x^a)>U(x^b)$。就是说，这个效用函数不连续。

为排除这种情况，我们引入第三个公理。

> **序是连续的**
>
> 设 x^0 是消费束列 $\{x^t\}_{t=1,2,\cdots}$ 的极限点。对所有的 t，如果 $x^t \succcurlyeq_h y$，则 $x^0 \succcurlyeq_h y$；对所有的 t，如果 $y \succcurlyeq_h x^t$，则 $y \succcurlyeq_h x^0$。

上述公理一般情况下成立。假设在超级市场中，消费者要在两篮子商品之间做出选择。他们可能需要思考一番，但是，每个人最终都能做出选择。对严格偏好第一个商品篮子的消费者，篮中商品的微小变化不应改变他的选择。

超级市场是我们熟悉的地方。消费者可能已无数次光顾过当地超级市场，对其中大部分产品有相当程度的了解。但是，当他来到偏远国度的露天市场时，面对着两车异国商品时，他未必能足够自信地做出选择。就是说，上述偏好公理，只在就我们熟悉的商品做出选择时才最合理。

还有个因素使得商品篮子之间的选择变得复杂：我们当前的选择既不独立于过去的选择，也不独立于未来的选择。重大决定，如对工作、定居地、家庭规模或养老储蓄等的选择，都高度依赖于未来的消费方案。假设消费者生存 T 个时期，$x_t=(x_{1t},\cdots,x_{nt})$ 是他在时期 t 的消费束。则他必须对所有的 $T\times n$ 维消费束 $x=(x_{11},\cdots,x_{nT})$ 进行排序。选择问题涉及的维数越高，复杂程度就越高。并且，在完整的消费束上还可能存在不确定性。这和遥远国度露天市场上的情况如出一辙。

然而，只要消费者能对一切可能的结果赋予概率，我们就能处理这种不确定性。假设某消费者只生存两个时期。在第二个时期，他的身体或者健康或者不健康。设 (x_1,x_2^g) 为他身体健康时在两个时期中的消费；(x_1,x_2^b) 为他身体不健康时在两个时期中的消费。（在极端情况中，糟糕的身体状况可能导致他在享用第二个时期的消费之前就已去世）。设 π^g 和 π^b 分别为身体健康和不健康的概率。我们可以把他的消费方案概括为一个“概率分布”(prospect)：$(x_1,x_2^g,x_2^b;\pi^g,\pi^b)$。现在，消费者得对不同的概率分布进行排序。对这种消费者选择模型，经济学家之间有争论，争论的核心是消费者能否形成一致的概率推断。

后文将探讨不确定性条件下的选择。在此之前，我们探讨完全信息世界。前述三个序公理本身，没有谈及消费者对商品的渴望。对所有的消费束都无差异的消费者，他的偏好满足上述所有公理。为把无止境的“需要”引入选择模型中，我们增加一个假定：不管消费者得到哪个消费束，在这个消费束附近，总存在着他更偏好的消费束。

局部非餍足性

对任意消费束 $x\in X\subset\mathbb{R}^n$ 和 x 的任意 δ-邻域 $N(x,\delta)$，存在消费束 $y\in N(x,\delta)$ 使得 $y\succ_h x$。

在分析大类商品（如食品、衣服和住房等）的消费时，我们需要比“局部非餍足性”更强的假定：多多益善。

严格单调性

如果 $y>x$，则 $y\succ_h x$。

下一个公理反映人们对多样性的偏好。

偏好是凸的

设 X 是 $\mathbb{R}^n$ 的凸子集。X 上的偏好是凸的，如果对任意消费束 $y\in X$，（弱）优于 y 的商品束构成的集合是凸的。就是说，对任意的 $x^0,x^1\in X$，如果 $x^0\succcurlyeq_h y$ 且 $x^1\succcurlyeq_h y$，则对任意的 $\lambda\in(0,1)$，凸组合 $x^\lambda=(1-\lambda)x^0+\lambda x^1\succcurlyeq_h y$。

图 2.1－2 画出了两个凸偏好。在每幅图中，阴影区域都是由优于 y 的消费束构成的集合——在这里，除图中两种商品外，其他所有商品的消费保持不变。在左图，消费者对多样性没有严格偏好。消费者在每周 4 个粉色冰激凌筒与 4 个黄色冰激凌筒或它们的任意凸组合之间无差异。在右图，消费者在每月吃 4 次川菜与 4 次上海菜之间无差异，但严格偏好这两个消费束的任意凸组合。

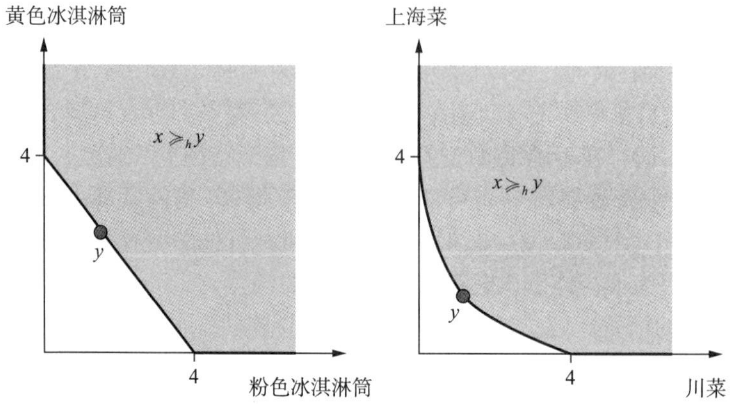

图 2.1－2　凸偏好

如果对多样性的这种严格偏好在所有消费束上都成立，我们就可以把凸公理加强为下面的形式。

> **偏好是严格凸的**
> 设 X 是 $\mathbb{R}^n$ 的凸子集，$x^0, x^1, y \in X$。如果 $x^0 \succcurlyeq_h y$ 且 $x^1 \succcurlyeq_h y$，则对任意的 $\lambda \in (0,1)$，$x^\lambda \succ_h y$。

这些基本公理为相当一般的市场均衡理论提供了足够强的基础。但是，为研究具体市场，我们需要对消费者的偏好序增加一个结构。我们赋予消费者一个排序函数（或者说效用函数）$U(x)$ 并对这一函数的性质施加限制。下面的定理指出，在这一概念与上述一般偏好公理理论之间不存在任何不一致性。

> **命题 2.1－1：偏好的效用函数表示**
> 如果消费集 $X \subset \mathbb{R}^n$ 上的偏好是完全的、反身的、传递的和连续的，则存在 X 上的连续函数 $U(x)$ 表示这一偏好。[1]

这里不对这一命题做一般证明；只说明在偏好严格单调时，这一命题成立。任取消费束 $x^0, x^1 \in X$ 使得 $x^1 > x^0$。由于偏好严格单调，$x^1 \succ_h x^0$。定义 $T = \{x \in X \mid x^1 \succcurlyeq_h x \succcurlyeq_h x^0\}$。我们看 T 中的消费束。定义凸组合 $x^\lambda = (1-\lambda)x^0 + \lambda x^1$。则对任意的 $y \in T$，存在加权因子 λ 使得 $y \sim_h x^\lambda$，并且从 T 到单位区间$[0,1]$上的映射 $\lambda(y)$ 肯定连续。

〔1〕 逆命题亦成立，见习题 2.1－7。

这背后的原理相当直观。看图 2.1-3。在图上，沿着连接 x^0 与 x^1 的直线，$x^\lambda=x^0+\lambda(x^1-x^0)$ 是 λ 的严格增函数，因为 $x^1>x^0$。就是说，$x^\lambda\succ_h x^\mu$ 当且仅当 $\lambda>\mu$。由于偏好是连续的且 $x^1\succcurlyeq_h y\succcurlyeq_h x^0$，所以，肯定存在 $\hat{\lambda}$ 使得 $y\sim_h x^{\hat{\lambda}}$。我们可以依以下步骤找到权重 $\hat{\lambda}$。首先，如果 $y\sim_h x^0$ 或 $y\sim_h x^1$，则命题得证。否则，取凸组合 $x^{\frac{1}{2}}$。如果 $y\sim_h x^{\frac{1}{2}}$，则命题得证。如果如图中那样，$x^{\frac{1}{2}}\succ_h y$，我们可以剔除所有的 $\lambda\geqslant\frac{1}{2}$。

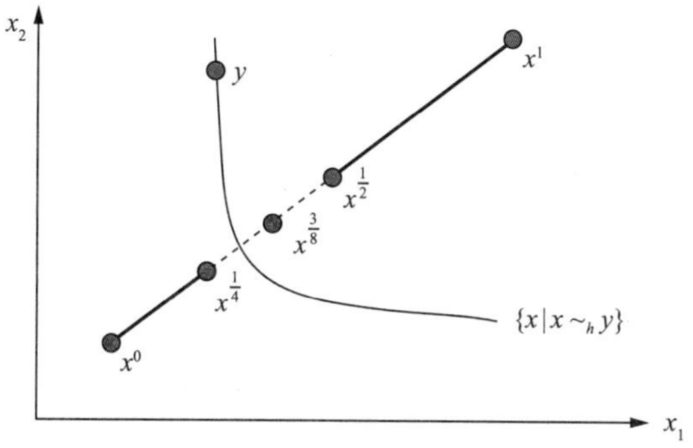

图 2.1-3　构造效用函数

现在分割区间 $\left[0,\frac{1}{2}\right]$，取 $\lambda=\frac{1}{4}$。在图中，$y\succ_h x^{\frac{1}{4}}$，我们可以剔除所有的 $\lambda\leqslant\frac{1}{4}$。现在分割区间 $\left[\frac{1}{4},\frac{1}{2}\right]$，取 $\lambda=\frac{3}{8}$。继续这一过程，或者在某一步上我们找到权数 $\lambda(y)$ 使得 $y\sim_h x^{\lambda(y)}$ 或者以这种方式得到的权数列收敛于某个极限点 $\lambda(y)$。

我们用这一思路证明效用函数存在。[1] 定义递减列 $\{v_t\}_{t=0,1,\dots}$ 和递增列 $\{\mu_t\}_{t=0,1,\dots}$ 使得：

$$\lambda_{t+1}=\frac{1}{2}(v_t+\mu_t)\text{，其中，}(v_0,\mu_0)=(1,0)$$

于是，$\lambda_1=\frac{1}{2}$。在第 t 步上，如果 $y\sim_h x^{\lambda t}$，则命题得证。如果 $x^{\lambda t}\succ_h y$，则定义 $(v_{t+1},\mu_{t+1})=(\lambda_{t+1},\mu_t)$。如果 $y\succ_h x^{\lambda t}$，则定义 $(v_{t+1},\mu_{t+1})=(v_t,\lambda_{t+1})$。

图 2.1-4 对图 2.1-3 中的偏好给出了前三步证明过程。我们以此方式构造的列使得在每个步骤上有：

$$x^{v t}\succcurlyeq_h y\succcurlyeq_h x^{\mu t}$$

如果这一过程没有终止，我们就定义 $\hat{\lambda}$ 为递减列 $\{\nu_t\}_{t=0}^{\infty}$ 的极限。在每一步上，递减列与递增列的差缩小一半。因此，$\hat{\lambda}$ 是递增列 $\{\mu_t\}_{t=0}^{\infty}$ 的极限。由于对所有的 t，$y\succ_h x^{\mu t}$，根据连续性公理，$y\succcurlyeq_h x^{\hat{\lambda}}$。由于对所有的 t，$x^{\nu t}\succ_h y$，所以，根据连续性公理，$x^{\hat{\lambda}}\succcurlyeq_h y$。因此，$x^{\hat{\lambda}}\sim_h y$。

---

〔1〕 习题 2.1-2 介绍了如何证明连续性。

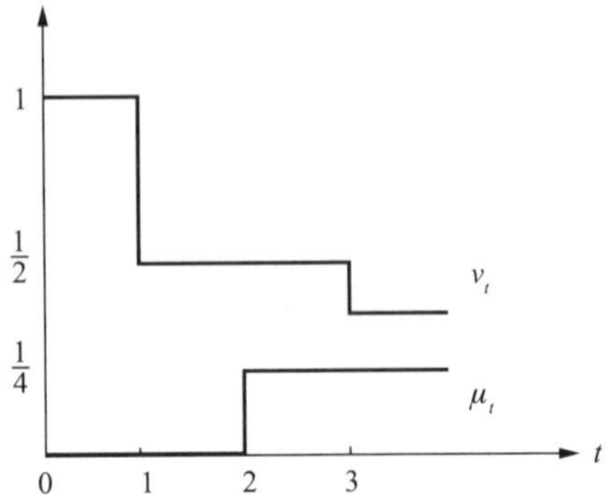

图 2.1-4　单调列

我们现在证明：偏好是凸的等价于偏好的效用表示是拟凹函数。

定义：拟凹函数[1]

U 在 X 上拟凹，如果对任意的 $x^0, x^1 \in X$ 和任意凸组合 $x^\lambda = (1-\lambda)x^0 + \lambda x^1, 0<\lambda<1$，有：

$$U(x^\lambda) \geqslant \min\{U(x^0), U(x^1)\}$$

设 X 上的偏好是凸的且能够用效用函数 U 表示。则对任意的 $x^0, x^1 \in X$，(ⅰ)$x^1 \succcurlyeq x^0$ 或(ⅱ)$x^0 \succ x^1$。假设(ⅰ)成立，则 $U(x^1) \geqslant U(x^0)$。由于偏好是凸的，因此，对任意的凸组合 x^λ，$U(x^\lambda) \geqslant U(x^0)$。就是说，$U(x^\lambda) \geqslant \min\{U(x^0), U(x^1)\}$。假设(ⅱ)成立。采用相同方法，可得到 $U(x^\lambda) \geqslant \min\{U(x^0), U(x^1)\}$。所以说，如果偏好是凸的，则效用函数拟凹。

现在证明逆命题。设 $x^0 \succcurlyeq y$ 且 $x^1 \succcurlyeq y$。则 $U(x^0) \geqslant U(y)$ 且 $U(x^1) \geqslant U(y)$。如果 U 是拟凹函数，则 $U(x^\lambda) \geqslant \min\{U(x^0), U(x^1)\} \geqslant U(y)$。因此，$x^\lambda \succcurlyeq y$。

习　题

习题 2.1-1：传递性

(a) 给定传递性公理。求证：如果 $x \succ_h y$ 且 $y \succ_h z$，则 $x \succ_h z$。提示：根据传递性公理，$x \succcurlyeq_h z$。设 $x \sim_h z$，利用传递性证明 $z \succcurlyeq_h y$。

(b) 如果 $x \succ_h y$ 且 $y \succcurlyeq_h z$，则 $x \succ_h z$？提示：设 $x \sim_h z$，推导出矛盾结论。

习题 2.1-2：效用函数的连续性

设 $\lambda(x)$ 是效用函数存在性的证明中我们所定义的单调效用函数。

(a) 求证：如果 $\lambda(\cdot)$ 在 y 点不连续，则存在 $\hat{\varepsilon}$ 和收敛于 y 的消费束列 $\{y^t\}_{t=1}^{\infty}$ 使得 $|\lambda(y^t)-\lambda(y)|>\hat{\varepsilon}$。

(b) 取 $\{y^t\}_{t=1}^{\infty}$ 的子列 $\{y_+^t\}_{t=1}^{\infty}$ 使得 $\lambda(y^t)-\lambda(y)>\hat{\varepsilon}$；再取子列 $\{y_-^t\}_{t=1}^{\infty}$，它由列 $\{y^t\}_{t=1}^{\infty}$ 中取走列 $\{y_+^t\}_{t=1}^{\infty}$ 后剩下的使得 $\lambda(y^t)-\lambda(y)<-\hat{\varepsilon}$ 的所有消费束

[1] U 严格拟凹，如果这一不等式为严格不等式。

构成。则在这两个子列中，至少一个是个无限列。假设前者是无限列。利用偏好的连续性，推导出矛盾的结论。

习题 2.1－3：凸偏好的充分条件

设 $U(x)$ 是效用函数，$f(\cdot)$ 是递增函数。

(a) 求证：如果 $u(x)=f(U(x))$ 是凹的，则偏好是凸的。

(b) 求证：如果 u 严格凹，则偏好严格凸。

(c) 如果 f 严格凹，偏好严格凸吗？

习题 2.1－4：凸偏好的充分条件

设 $U(x)$ 是效用函数。求证：如果存在递增函数 f 使得：

$$f(U(x))=\sum_{j=1}^{m}u_j(x)\text{，其中，}u_j(x)\text{是凹函数，}j=1,\cdots,m$$

则偏好是凸的。

习题 2.1－5：严格凸偏好

我们探讨定义在消费集 $X=\mathbb{R}_+^2$ 上的严格凸偏好。

(a) 某消费者的效用函数为 $U(x)=(1+x_1)(1+x_2)$。求证他的偏好是凸的。他的偏好严格凸吗？

(b) 某消费者的效用函数为 $U(x)=x_1x_2$。他的偏好是凸的吗？是严格凸的吗？

习题 2.1－6：严格凸偏好与严格拟凹效用函数

(a) 设 U 在 X 上严格拟凹。求证：偏好在 X 上严格凸。

(b) 求证逆命题成立。

习题 2.1－7：拟线性偏好

将 $n+1$ 维消费向量 x 写为 (y,z)，其中，y 是标量，z 是 n 维消费向量。效用函数 $U(x)$ 是拟线性函数，如果它能写为 $U(x)=\alpha y+V(z)$ 的形式。消费集为 $X=\mathbb{R}_+^{n+1}$。

(a) 设 V 是凹函数。求证：U 是拟凹函数。

(b) 设 U 是拟凹函数。求证：V 是凹函数。提示：假设存在 z^0、z^1 和 z^λ 使得凹性不成立，就是说，使得 $V(z^\lambda)<(1-\lambda)V(z^0)+\lambda V(z^1)$。选择 y^0 和 y^1 使得 $U(x^0)=U(x^1)$，证明 $U(x^\lambda)<U(x^0)$。

2.2 预算约束下的选择：两种商品

关键词： 需求的连续性；拟线性偏好、柯布-道格拉斯偏好和替代弹性固定的(CES)偏好；支出函数；收入效应和替代效应；替代弹性；需求弹性

本节探讨收入变化和价格变化对消费者选择的影响。我们分析只有两种商品时的选择问题。设某消费者的收入为 I，两种商品的价格分别为 p_1 与 p_2。他的选择问题为：

$$\max_x\{U(x)\mid p\cdot x\leqslant I,x\in\mathbb{R}_+^2\}\qquad(2.2-1)$$

假定局部非餍足性公理得到满足；假定效用函数在 $\mathbb{R}_+^2$ 上连续且严格拟凹。

局部非餍足性假定确保消费者花光所有收入，严格拟凹性假定确保这一问题有唯一解 $x^0=x(p,I)$。[1] 给定解的唯一性与偏好的连续性，需求函数 $x(p,I)$ 连续。这是个重要的结论，得自下面的数学定理。[2]

> **命题 2.2-1：最大值定理（Ⅰ）**
>
> 设最大化问题为 $\max_x\{f(x,\alpha)\mid x\in X(\alpha),\alpha\in A\}$，其中，$X(\alpha)=\{x\in\mathbb{R}^n_+,h_i(x,\alpha)\geqslant 0,i=1,\cdots,m\}$。如果 f 与 $X(\alpha)$ 连续[3]，并且对每个 α 存在唯一解 $\bar{x}(\alpha)$，则 $\bar{x}(\alpha)$ 连续。

在关于消费者（和企业）的大部分结论中，我们只要求函数连续。但是，为分析方便，我们假定函数在某种程度可微。于是，最大值的必要条件就转化为对目标函数与约束函数的梯度向量的限制。

在本节，我们假定效用函数在 $\mathbb{R}^2_+$ 上连续可微并且对所有的 $x\in\mathbb{R}^2_+$，$\frac{\partial U}{\partial x}(x)\gg 0$，即偏好严格递增。同时，为避免角解，假定 $\lim\limits_{x_j\to 0}\frac{\partial U}{\partial x_j}=\infty,j=1,2$。

对最大化问题（2.2-1），构造拉格朗日函数：

$$\mathcal{L}=U+\lambda(I-px)$$

最大值的一阶条件为：

$$\frac{\partial\mathcal{L}}{\partial x_j}=\frac{\partial U}{\partial x_j}(x^*)-\lambda p_j=0,j=1,2$$

由于边际效用严格为正，所以影子价格 λ（或收入的边际效用）肯定严格为正。整理一阶条件，得到：

$$\frac{\frac{\partial U}{\partial x_1}}{p_1}=\frac{\frac{\partial U}{\partial x_2}}{p_2}=\lambda \tag{2.2-2}$$

这个式子指出，最大化效用的消费者将使各种商品上的支出所实现的边际效用相等。在商品 1 上多花 1 元，增加 $\frac{1}{p_1}$ 件商品 1，于是，支出在商品 1 上的每元钱的边际效用为 $\frac{1}{p_1}\frac{\partial U}{\partial x_1}$。商品 1 上的支出不断增加直至 $\frac{1}{p_1}\frac{\partial U}{\partial x_1}$ 等于在商品 2 上多支出 1 元所实现的边际效用。

一阶条件还可以改写为：

$$MRS(x^*)=\frac{\frac{\partial U}{\partial x_1}}{\frac{\partial U}{\partial x_2}}=\frac{p_1}{p_2}$$

---

〔1〕设 x^0 与 x^1 是消费者最大化问题的解，则 $U(x^0)=U(x^1)$。函数 U 严格拟凹，因此，对任意凸组合 x^λ，$U(x^\lambda)>U(x^0)$。由于 $px^0\leqslant I$，$px^1\leqslant I$，所以，$px^\lambda\leqslant I$。就是说，x^λ 是可行选择，并且，相对于 x^0 与 x^1，它被消费者严格偏好。

〔2〕见附录 C。

〔3〕从参数到集合的映射被称为对应。附录 A 给出了连续对应的数学定义。

即无差异曲线的斜率必须等于预算线的斜率，见图 2.2－1。

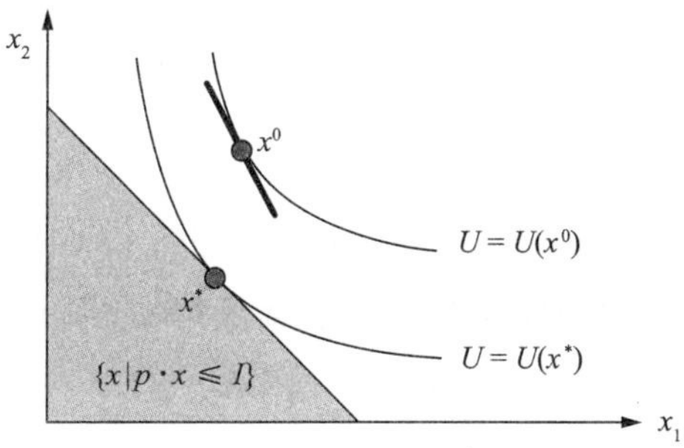

图 2.2－1 预算约束下的选择

收入效应

图 2.2－2 画出了随收入上升，消费者的选择 $x^*=x(p,I)$ 的变化轨迹。在图上，收入扩张线(Income Expansion Path，IEP)首先向上倾斜(即$\frac{\partial x_1}{\partial I}$与$\frac{\partial x_2}{\partial I}$都是正的)。对此，我们说，在最优点附近，两种商品是正常商品。但是，在图上，在比较高的收入水平上，随着收入的进一步上升，商品 1 的消费下降。对此，我们说，商品 1 在最优点附近是"低档商品"。

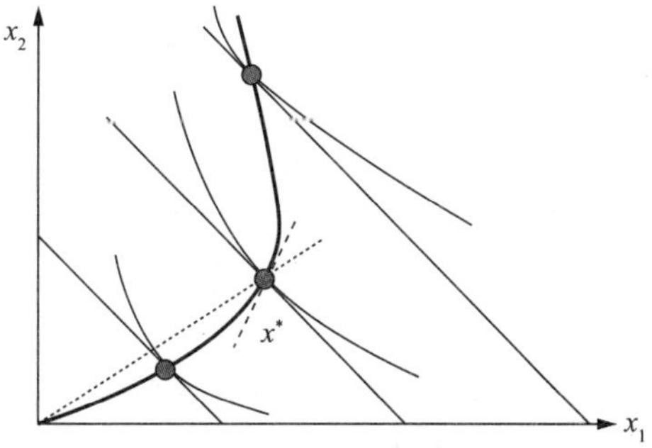

图 2.2－2 收入扩张线

为便于在不同商品之间进行比较，我们探讨随着收入变化，需求的相对变化，即探讨需求的收入弹性：

$$\varepsilon(x_j,I)=\frac{I}{x_j}\frac{\partial x_j}{\partial I}$$

图 2.2－2 中，在点 $x^*=x(p,I)$ 上，收入扩张线比连接 x^* 点与原点的直线更陡峭，即：

$$\left.\frac{dx_2}{dx_1}\right|_{IEP}=\frac{\frac{\partial x_2}{\partial I}}{\frac{\partial x_1}{\partial I}}>\frac{x_2^*}{x_1^*}$$

整理这一不等式，得到：

$$\varepsilon(x_2,I)=\frac{I}{x_2^*}\frac{\partial x_2}{\partial I}>\frac{I}{x_1^*}\frac{\partial x_1}{\partial I}=\varepsilon(x_1,I)$$

下面的引理指出，以支出份额为权重，两种商品的收入弹性之和等于1。所以，在图2.2-2中，商品2的需求收入弹性大于1，对商品1的需求收入弹性小于1。

引理2.2-2：以支出份额为权重，两种商品的收入弹性的均值等于1

$$k_1\varepsilon(x_1^*,I)+k_2\varepsilon(x_2^*,I)=1$$

其中，$k_j=\frac{p_jx_j^*}{I}$是商品j上的支出份额。

证明：把消费者的选择代入到预算约束条件中，再对I求导，得到：

$$p_1\frac{\partial x_1^*}{\partial I}+p_2\frac{\partial x_2^*}{\partial I}=1$$

整理等号左边的项，得到：

$$\frac{p_1x_1^*}{I}\frac{I}{x_1^*}\frac{\partial x_1^*}{\partial I}+\frac{p_2x_2^*}{I}\frac{I}{x_2^*}\frac{\partial x_2^*}{\partial I}=k_1\varepsilon(x_1^*,I)+k_2\varepsilon(x_2^*,I)=1 \qquad \square$$

现在对三种常用效用函数探讨需求的收入弹性。

例1：拟线性凸偏好

如果偏好是拟线性的，即$U(x)=v(x_1)+\alpha x_2$，则在点x^*，边际替代率为：

$$\left.\frac{dx_2}{dx_1}\right|_{U=U(x^*)}=\frac{\frac{\partial U}{\partial x_1}}{\frac{\partial U}{\partial x_2}}=\frac{v'(x_1^*)}{\alpha}$$

边际替代率独立于商品2，就是说，无差异曲线垂直平行。正如图2.2-3所画出的那样，收入扩张线先是水平，然后垂直。在两种商品都被消费时，商品1的收入弹性为零。根据引理2.2-2，商品2的收入弹性为其支出份额的倒数。

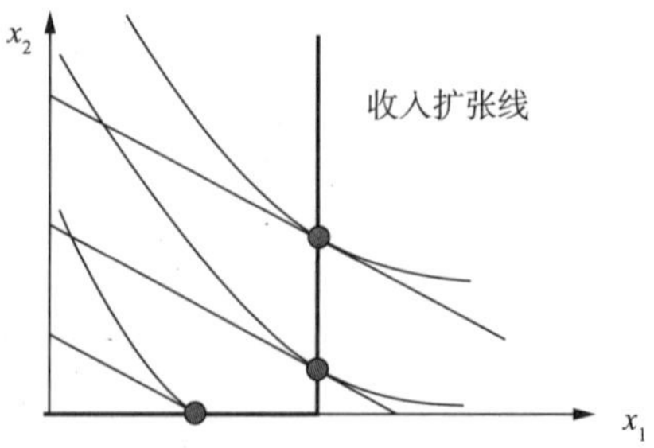

图2.2-3　拟线性偏好

例2：柯布-道格拉斯偏好

$$U(x)=x_1^{\alpha1}x_2^{\alpha2},\alpha_1,\alpha_2>0$$

对 x_1 求导，得到：

$$\frac{\partial U}{\partial x_1}=\alpha_1 x_1^{\alpha 1-1} x_2^{\alpha 2}=\frac{\alpha_1 U}{x_1}$$

对 x_2 求导，得到：

$$\frac{\partial U}{\partial x_2}=\frac{\alpha_2 U}{x_2}$$

在最大值点，一阶条件肯定成立，即：

$$\frac{\frac{\partial U}{\partial x_1}}{p_1}=\frac{\frac{\partial U}{\partial x_2}}{p_2}=\lambda$$

把$\frac{\partial U}{\partial x_1}$和$\frac{\partial U}{\partial x_2}$代入上式，除以 U，得到：

$$\frac{\alpha_1}{p_1 x_1}=\frac{\alpha_2}{p_2 x_2}=\frac{\lambda}{U}\equiv\mu$$

因此：

$$p_j x_j=\frac{\alpha_j}{\mu}$$

把这一结果代入预算约束条件，得到：

$$p_1 x_1+p_2 x_2-\frac{\alpha_1+\alpha_2}{\mu}=I$$

于是，可以求出 μ：

$$\mu=\frac{\alpha_1+\alpha_2}{I}$$

则对商品 j 的需求为：

$$x_j(p,I)=\frac{I}{p_j}\frac{\alpha_j}{\alpha_1+\alpha_2}$$

把这个结果代入效用函数，得到最大效用：

$$U(x(p,I))=\left(\frac{\alpha_1}{p_1}\right)^{\alpha 1}\left(\frac{\alpha_2}{p_2}\right)^{\alpha 2}\left(\frac{I}{\alpha_1+\alpha_2}\right)^{\alpha 1+\alpha 2}$$

例 3：CES 偏好

$$U(x)=(\alpha_1 x_1^{1-\frac{1}{\theta}}+\alpha_2 x_2^{1-\frac{1}{\theta}})^{\frac{1}{1-\frac{1}{\theta}}},\alpha_1,\alpha_2,\theta>0,\theta\neq 1$$

根据 U 的定义，有

$$(U(x))^{1-\frac{1}{\theta}}=\alpha_1 x_1^{1-\frac{1}{\theta}}+\alpha_2 x_2^{1-\frac{1}{\theta}}$$

对 x_j 求导，得到：

$$\left(1-\frac{1}{\theta}\right)U^{-\frac{1}{\theta}}\frac{\partial U}{\partial x_j}=\left(1-\frac{1}{\theta}\right)\alpha_j x_j^{-\frac{1}{\theta}}$$

于是：

$$\frac{\partial U}{\partial x_j}=\frac{\alpha_j U^{\frac{1}{\theta}}}{x_j^{\frac{1}{\theta}}}$$

采用题 2 中的步骤。把上述结果代入一阶条件，除以 $U^{\frac{1}{\theta}}$，得到：

$$\frac{\alpha_1}{p_1 x_1^{\frac{1}{\theta}}}=\frac{\alpha_2}{p_2 x_2^{\frac{1}{\theta}}}=\frac{\lambda}{U^{\frac{1}{\theta}}}\equiv\mu \tag{2.2-3}$$

于是：

$$x_j=\left(\frac{\alpha_j}{p_j\mu}\right)^{\theta},\ p_j x_j=\frac{\alpha_j^{\theta}p_j^{1-\theta}}{\mu^{\theta}}$$

将这一结果代入预算约束条件中，得到：

$$p_1x_1+p_2x_2=\frac{1}{\mu^{\theta}}(\alpha_1^{\theta}p_1^{1-\theta}+\alpha_2^{\theta}p_2^{1-\theta})=I$$

于是，可以求出 μ^{θ}：

$$\frac{1}{\mu^{\theta}}=\frac{I}{\alpha_1^{\theta}p_1^{1-\theta}+\alpha_2^{\theta}p_2^{1-\theta}}$$

商品 j 的需求为：

$$x_j(p,I)=\frac{I}{p_j}\left(\frac{\alpha_j^{\theta}p_j^{1-\theta}}{\alpha_1^{\theta}p_1^{1-\theta}+\alpha_2^{\theta}p_2^{1-\theta}}\right) \tag{2.2-4}$$

把 $x(p,I)$ 代入效用函数，整理得：

$$U(x(p,I))=\frac{I}{(\alpha_1^{\theta}p_1^{1-\theta}+\alpha_2^{\theta}p_2^{1-\theta})^{1-\frac{1}{\theta}}}$$

当 $\theta=1$ 时，(2.2-4)中的需求函数为柯布-道格拉斯需求函数。

对偶优化问题：[1]支出最小化

给定局部非餍足性这一极弱假定，任一预算约束下的效用最大化问题，都有一个“对偶”优化问题；我们将看到，它对理解需求的决定因素十分有用。

设 x^* 是消费者最大化问题的解，即：

$$x^*\in\underset{x}{\operatorname{argmax}}\{U(x)\mid x\geqslant 0,p\cdot x\leqslant I\}$$

图 2.2-4 给出了这样一个消费束。

任取消费束 $\hat{x}$ 使得 $p\cdot\hat{x}<I$。如果 δ 足够小，邻域 $N(\hat{x},\delta)$ 就完全位于预算

〔1〕“对偶”是一对事物中的第二项。在这里，为一对相互关联的优化问题中的第二个问题。

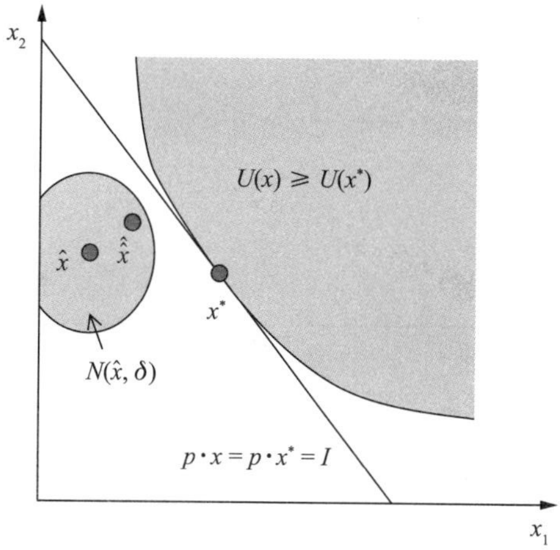

图 2.2－4 对偶优化问题

集内。如果局部非餍足性假定得到满足，则在这一邻域内存在某个消费束 $\hat{\hat{x}}$，使得消费者严格偏好 $\hat{\hat{x}}$ 而非 $\hat{x}$。因此，$\hat{x}$ 不是最优解。即：

$$p \cdot x < I \Rightarrow U(x) < U(x^*)$$

等价地：

$$U(x) \geqslant U(x^*) \Rightarrow p \cdot x \geqslant p \cdot x^*$$

就是说，在弱优于 x^* 的所有消费束中，x^* 上的支出最小。我们把这一结论概况如下：

> **引理 2.2－3：对偶性**
>
> 如果局部非餍足性假定得到满足且 $x^* \in \mathrm{argmax}_x\{U(x) \mid x \geqslant 0, p \cdot x \leqslant I\}$，则 $U(x) \geqslant U(x^*) \Rightarrow p \cdot x \geqslant p \cdot x^*$，就是说，$x^* \in \mathrm{argmin}_x\{px \mid x \geqslant 0, U(x) \geqslant U(x^*)\}$。

给定效用水平 $\overline{U}$ 和价格向量 p，我们定义支出函数 $M(p,\overline{U})$ 为实现效用水平 $\overline{U}$ 所需的最小支出。

> **定义：支出函数**
>
> $$M(p,\overline{U}) = \min_x\{p \cdot x \mid U(x) \geqslant \overline{U}\}$$

直接求解支出函数不是难事，但更简便的做法是首先求解最大效用：

$$V(p,I) = \max_x\{U(x) \mid p \cdot x \leqslant I\}$$

在局部非餍足性假定下，消费者花完全部收入。而且，其收入越高，其效用越大。就是说，最大效用 $V(p,I)$ 是收入的严格递增函数，见图 2.2－5。

给定任一效用水平 $\overline{U}$，存在唯一的收入水平 M 使得 $\overline{U}=V(p,M)$。收入如果低于这一水平，最大效用就低于 $\overline{U}$。因此，收入水平 M 就是最小支出。对任意效用水平 $\overline{U}$，通过求解方程 $\overline{U}=V(p,M)$，我们能得到 $M(p,\overline{U})$。

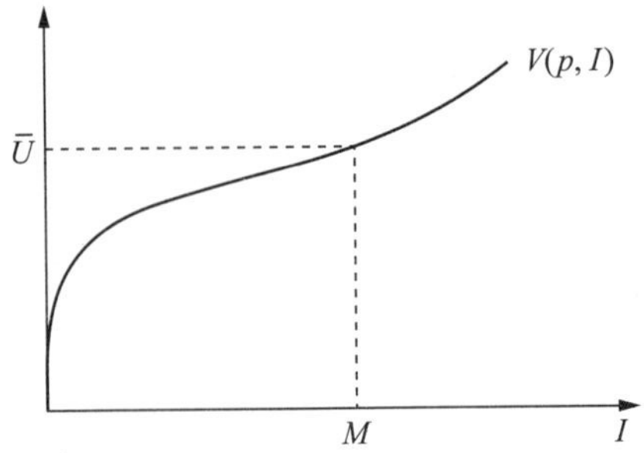

图 2.2－5　最大效用是收入的函数

补偿需求

设 $x^c(p,\bar{U})$ 是对偶问题的解，就是说，$x^c(p,\bar{U})$ 是最小化问题

$$M(p,\bar{U})=\min_x\{p\cdot x\,|\,U(x)\geqslant\bar{U}\}$$

的解，它被称为消费者的补偿需求。我们分析商品 1 价格上升对补偿需求的影响。图 2.2－6 描述了价格向量从 p^0 变为 p^1 时产生的影响。随着商品 1 价格上升，消费者得到补偿且依然能实现效用水平 U^0。支出函数的下列特征则是包络定理的直接应用：[1]

$$\frac{\partial M}{\partial p}=x^c(p,U^0)$$

就是说，如果商品 j 的价格上升同时消费者保持自己的消费方案不变，他就需要额外支出 x_j^c。这是直接效应。消费者为应对价格变化而对自己行为的调整这一间接效应则是二阶效应。

替代效应

补偿价格变化对需求的影响，被称为替代效应。从图 2.2－6 可以看出，替代效应的大小取决于无差异曲线的曲度。在左图，随着价格比率变化，消费比率 $\dfrac{x_2^c(p,U^0)}{x_1^c(p,U^0)}$ 变化很大。就是说，替代效应很大。

在右图，价格变化对消费比率影响很小。就是说，替代效应很小。消费比率对价格比率的弹性，是衡量价格敏感性的极为有用的指标。

> **定义：替代弹性**
>
> $$\sigma=\varepsilon\left(\frac{x_2^c}{x_1^c},\frac{p_1}{p_2}\right)$$

---

〔1〕 见习题 2.2－2。把支出最小化问题转换为最大化问题，$\mathcal{L}=-px+\lambda(U(x)-\bar{U})$。于是，$-\dfrac{\partial M}{\partial p_j}=\dfrac{\partial\mathcal{L}}{\partial p_j}=-x_j$。

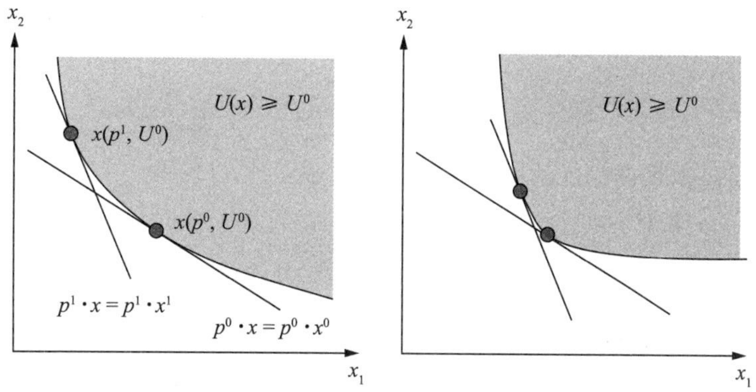

图 2.2-6　替代效应

例题:CES 效用函数

根据式(2.2-3),有:

$$\frac{x_2^c}{x_1^c}=\frac{\alpha_2^\theta p_1^\theta}{\alpha_1^\theta p_2^\theta}$$

取自然对数,得:

$$\ln\frac{x_2^c}{x_1^c}=\theta\ln\frac{p_1}{p_2}+\text{常数}$$

由于 $\varepsilon(y,x)=x\dfrac{d}{dx}\ln y$,所以:

$$\varepsilon\left(\frac{x_2^c}{x_1^c},\frac{p_1}{p_2}\right)=\theta$$

就是说,对 CES 效用函数,参数 θ 正是替代弹性。

现在给出替代弹性的几个等价定义。引理 2.2-4 得自弹性概念的如下特征:

$$\varepsilon(\alpha z,\beta y)=\varepsilon(z,y)=y\frac{d}{dy}\ln z$$

引理 2.2-4[1]

$$\sigma=\varepsilon\left(\frac{x_2^c}{x_1^c},\frac{p_1}{p_2}\right)=\varepsilon(x_2^c,p_1)-\varepsilon(x_1^c,p_1)$$

这一引理对任意比率都成立。对补偿需求,还有以下两个结论。

命题 2.2-5:替代弹性与补偿自价格弹性

$$\sigma=\frac{\varepsilon(x_2^c,p_1)}{k_1},\text{其中},k_1\equiv\frac{p_1x_1}{px}$$

$$\varepsilon(x_1^c,p_1)=-(1-k_1)\sigma$$

[1] 习题 2.2-3 要求证明这一引理。

证明:要证明等价性,首先要看到,随着 p_1 上升,沿着无差异曲线,有:

$$\frac{\partial U}{\partial x_1}\frac{\partial x_1^c}{\partial p_1}+\frac{\partial U}{\partial x_2}\frac{\partial x_2^c}{\partial p_1}=0$$

根据一阶条件,每种商品的边际效用与其价格成正比。于是:

$$p_1\frac{\partial x_1^c}{\partial p_1}+p_2\frac{\partial x_2^c}{\partial p_1}=0 \qquad (2.2-5)$$

上式两边同除以 x_1^c,整理得到:

$$\frac{p_1}{x_1^c}\frac{\partial x_1^c}{\partial p_1}=-\frac{p_2}{x_1^c}\frac{\partial x_2^c}{\partial p_1}=-\left(\frac{p_2x_2^c}{p_1x_1^c}\right)\frac{p_1}{x_2^c}\frac{\partial x_2^c}{\partial p_1}=-\frac{k_2}{k_1}\frac{p_1}{x_2^c}\frac{\partial x_2^c}{\partial p_1}$$

其中,$k_j=\dfrac{p_jx_j^c}{p\cdot x^c}$。因此:

$$\varepsilon(x_1^c,p_1)=-\frac{k_2}{k_1}\varepsilon(x_2^c,p_1) \qquad (2.2-6)$$

根据引理 2.2-4,得:

$$\sigma=\varepsilon(x_2^c,p_1)-\varepsilon(x_1^c,p_1)$$

替换等号右边第二项,得到:

$$\sigma=\varepsilon(x_2^c,p_1)+\frac{k_2}{k_1}\varepsilon(x_2^c,p_1)=\frac{1}{k_1}\varepsilon(x_2^c,p_1)$$

把这一结果代入(2.2-6),得到:

$$\varepsilon(x_1^c,p_1)=k_2\sigma=-(1-k_1)\sigma$$ □

这里要看到,替代弹性是补偿自价格弹性 $\varepsilon(x_1^c,p_1)=-(1-k_1)\sigma$ 的下界。并且,在支出份额很小时,替代弹性相当接近补偿自价格弹性。

分解价格效应

为理解价格变化产生的效应,我们把这一效应分解为两个部分:补偿价格效应与收入效应。见图 2.2-7。其中,左图描述了商品 1 价格上升所产生的全部效应。

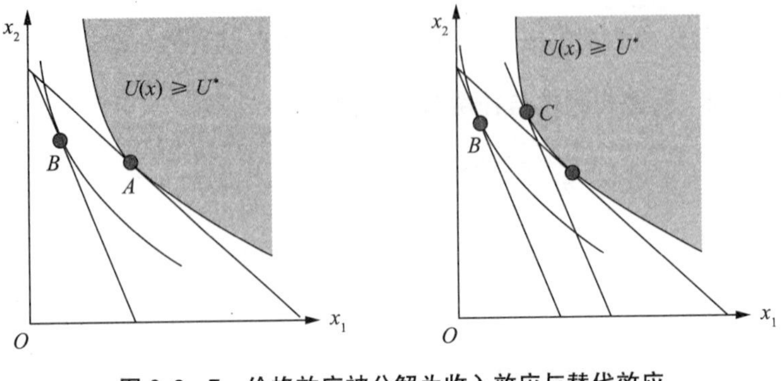

图 2.2-7 价格效应被分解为收入效应与替代效应

首先假设随着价格上升，消费者得到完全补偿。在图 2.2-7 的右图中，这表现为消费者沿着无差异曲线，用商品 1 交换商品 2，从 A 点到达 C 点。这是价格上涨的替代效应。然后拿走他得到的补偿，预算线被拉向原点。消费者从 C 点移到 B 点。如果如图上所绘那样，商品 1 是正常商品，则替代效应和收入效应都是负的。就是说，替代效应越大（即其绝对值越大）和收入效应越大，商品 1 需求上的总效应越大。

对商品 2，其价格保持不变，在它为正常商品时，其需求上的收入效应与替代效应方向相反。替代效应表现为商品 2 的数量沿无差异曲线上升；收入效应表现为所有商品上的支出下降。在图 2.2-7 中，替代效应大于收入效应。

回到自价格效应上。商品 1 如果是低档商品，则收入效应抵消而非加强替代效应。就是说，对低档商品，价格敏感性一般更低。图 2.2-8 描绘了一种极端情况：收入效应大于替代效应。

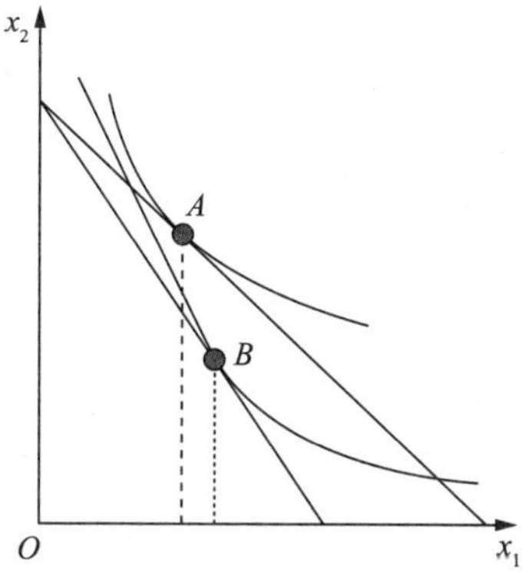

图 2.2-8　吉芬商品（需求随价格上升而上升）

虽然在市场层面上没有可信证据证明"吉芬商品"存在，但是，我们能想出一些商品，它们对某些消费者是吉芬商品。假设阿历克斯生活在美国亚利桑那沙漠中，电价飙升。空调费用上升之大使得阿历克斯无钱再去新西兰避暑。他只能待在家里。结果，他对电力的需求上升。

斯拉茨基方程

现在在数学上分解价格效应。设 $M(p,\bar{U})$ 是实现效用水平 $\bar{U}$ 的最小总支出，$x_1(p,I)$ 是消费者对商品 1 的需求，补偿需求为 $x_1^c=x_1(p,M(p,\bar{U}))$。对 p_1 求导，补偿需求曲线的斜率为：

$$\frac{\partial x_1^c}{\partial p_1}=\frac{\partial x_1}{\partial p_1}+\frac{\partial x_1}{\partial I}\frac{\partial M}{\partial p_1}$$

我们已经知道，$\frac{\partial M}{\partial p_1}=x_1$。将其代入上式，得到：

$$\underbrace{\frac{\partial x_j}{\partial p_1}}_{\text{全部价格效应}}=\underbrace{\frac{\partial x_j^c}{\partial p_1}}_{\text{补偿价格效应}}\underbrace{-x_1\frac{\partial x_j}{\partial I}}_{\text{收入效应}}\text{（斯拉茨基方程）}$$

“自价格效应”的斯拉茨基(Slutsky)分解则为:

$$\frac{\partial x_1}{\partial p_1}=\frac{\partial x_1^c}{\partial p_1}-x_1\frac{\partial x_1}{\partial I} \tag{2.2-7}$$

需求价格弹性的决定因素

利用斯拉茨基方程,我们能探讨需求弹性的决定因素。将(2.2-7)转换为弹性形式:

$$\frac{p_1}{x_1}\frac{\partial x_1}{\partial p_1}=\frac{p_1}{x_1}\frac{\partial x_1^c}{\partial p_1}-\frac{p_1x_1}{I}\frac{I}{x_1}\frac{\partial x_1}{\partial I}$$

其中,$x_1^c=x_1^c(p,\bar{U})$是商品1的补偿需求。于是:

$$\varepsilon(x_1,p_1)=\varepsilon(x_1^c,p_1)-k_1\varepsilon(x_1,I) \tag{2.2-8}$$

根据命题2.2-5,$\varepsilon(x_1^c,p_1)=-(1-k_1)\sigma$。将这一结果代入式子(2.2-8),得到下面的命题:

> **命题2.2-6:自价格弹性的分解**
>
> $$\varepsilon(x_1,p_1)=-(1-k_1)\sigma-k_1\varepsilon(x_1,I)$$

这一命题指出,自价格弹性位于收入弹性与替代弹性之间。保持支出份额不变,替代弹性或收入弹性越高,自价格弹性的绝对值就越大。而且,商品1的支出份额越大,赋予收入弹性的权重就越大。直观地说,更大的支出份额意味着在价格上升时,为给消费者足够的补偿,收入变化必须更大。需求变化中的收入效应因此更大。

习　题

习题2.2-1:消费者的选择

某个消费者的效用函数为$U(\cdot)$。他的收入为I,价格向量为$p=(p_1,p_2)$。假定他消费的两种商品的数量都严格为正。在下面三种情况中,求他的最优选择:(1) $U(x)=\beta\ln x_1+x_2$;(2) $U(x)=\alpha\ln(1+x_1)+x_2$;(3) $U(x)=\ln(1+x_1)+\ln(1+x_2)$。

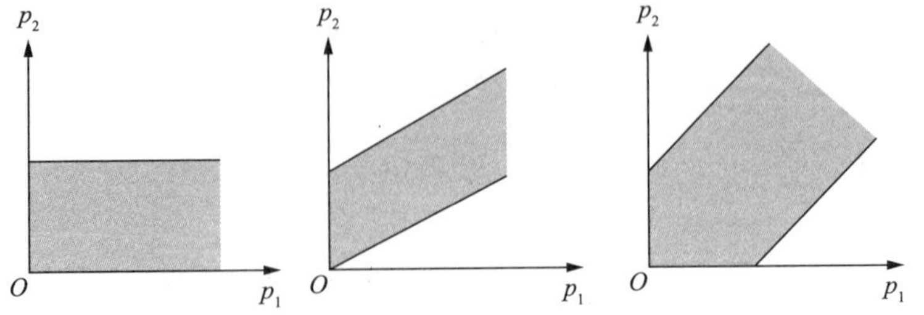

图2.2-9　价格空间

在每种情况中,他对两种商品的需求 $x(p,I)$,在某些价格上严格为正,但在其他价格上未必如此。图 2.2-9 描述了三种情况中使 $x(p,I)\gg 0$ 的价格向量集。依次分析每种情况,在图 2.2-10 中找到相应图形。

习题 2.2-2:补偿需求

求证:补偿需求上的价格效应 $\frac{\partial M}{\partial p_j}(p,U^0)=x_j^c(p,U^0)$。提示:把最小化问题转化为标准形式,补偿需求就是以下问题的解:$-M(p,U^0)=\max\limits_{x}\{-p\cdot x \mid U(x)-U^0\geqslant 0\}$。写出拉格朗日函数,应用包络定理。

习题 2.2-3:替代弹性

(a) 求证:

$$\varepsilon(y(x),z(x))=\frac{\frac{d}{dx}\ln y}{\frac{d}{dx}\ln z}$$

(b) 求证:

$$\varepsilon\left(\frac{1}{y},\frac{1}{x}\right)=\varepsilon(y,x),\varepsilon\left(\frac{y_2}{y_1},x\right)=\varepsilon(y_2,x)-\varepsilon(y_1,x)$$

(c) 证明引理 2.2-3。

习题 2.2-4:CES 偏好($\boldsymbol{\sigma}<1$)

某个消费者有 CES 效用函数 $U(x)=(x_1^{1-\frac{1}{\sigma}}+x_2^{1-\frac{1}{\sigma}})^{\frac{1}{1-\frac{1}{\sigma}}}$,其中,$0<\sigma<1$。

(a) 在 $\sigma-\frac{1}{2}$ 吋,把无差异曲线表示为 $x_2=f(x_1)$ 的形式,证明穿过点 (a,a) 的无差异曲线有渐近线 $x_2=\frac{a}{2}$。

(b) 另一条渐近线是什么?

(c) 在 $\sigma=\frac{1}{4}$ 时,重复上述分析。

(d) 求证:在 $\sigma\to 0$ 时,水平渐近线趋向 $x_2=a$。

(e) 求证:在 $\sigma\to 0$ 时,无差异曲线为 L 型。

习题 2.2-5:CES 偏好($\boldsymbol{\sigma}>1$)

某个消费者有对称的 CES 效用函数 $U(x)=(x_1^{1-\frac{1}{\sigma}}+x_2^{1-\frac{1}{\sigma}})^{\frac{1}{1-\frac{1}{\sigma}}}$,其中,$\sigma>1$。

(a) 在 $\sigma=2$ 时,把无差异曲线表示为 $x_2=f(x_1)$ 的形式,证明穿过点 (a,a) 的无差异曲线有端点 $(0,4a)$ 和 $(4a,0)$。

(b) 这两个点上的边际替代率是多少?

(c) 求证:随着 σ 上升,坐标轴上的截距 $b(\sigma)$ 下降。

(d) 描述在 $\sigma\to\infty$ 时,极限无差异曲线的特征。

习题 2.2-6:平行收入扩张路径

某个消费者有效用函数 $U(x)=\sum_{i=1}^{2}-\alpha_i e^{-Ax_i}$。他有收入 I,价格向量为 p。

(a) 证明他的最优消费束满足如下条件：$x_2 - x_1 = a + b\ln\frac{p_1}{p_2}$。

(b) 画出他的收入扩张线。

2.3 消费者选择：n 种商品

关键词：间接效用函数；位似偏好；代表性消费者；替代弹性

对预算约束下的消费者，价格变化对其消费的影响，没有绝对的一般结论。在前一节中我们看到，价格效应的大小和方向，取决于收入效应与替代效应的相对大小。但是，对补偿价格变化，我们却有更多结论。我们看对偶消费者问题：

$$M(p,U^*) = \min_x\{p \cdot x \,|\, U(x) \geqslant U^*\}$$

> **命题 2.3－1**
> 就补偿价格变化而言，价格变化与数量变化的积为负（$\Delta p \cdot \Delta x \leqslant 0$）。

证明：设在价格向量为 p^0 时，x^0 使支出最小；在价格向量为 p^1 时，x^1 使支出最小。由于 x^0 与 x^1 都满足约束条件 $U(x) \geqslant U^*$，所以：

$$p^0 \cdot x^0 \leqslant p^0 \cdot x^1（在价格为 p^0 时，x^0 使成本最小）$$
$$p^1 \cdot x^1 \leqslant p^1 \cdot x^0（在价格为 p^1 时，x^1 使成本最小）$$

整理得到：

$$-p^0 \cdot (x^1 - x^0) \leqslant 0, p^1 \cdot (x^1 - x^0) \leqslant 0$$

把这两个不等式相加，得到：

$$\Delta p \cdot \Delta x = (p^1 - p^0) \cdot (x^1 - x^0) \leqslant 0$$ □

只有一种商品的价格发生变化时的情况

假设只有商品 j 的价格发生变化。根据前一命题，$\Delta p_j \cdot \Delta x_j \leqslant 0$；补偿自价格效应 $\frac{\partial x_j^c}{\partial p_j}$ 因此为负。

把上述对偶问题转化为最大化问题：

$$-M(p,U^*) = \max_x\{-p \cdot x \,|\, U(x) \geqslant U^*\}$$

这一最大化问题的拉格朗日函数为：

$$\mathcal{L} = -p \cdot x + \lambda(U(x) - U^*)$$

根据包络定理，有：

$$-\frac{\partial M}{\partial p_j} = \frac{\partial \mathcal{L}}{\partial p_j} = -x_j^c$$

因此：

$$\frac{\partial}{\partial p_i}\frac{\partial M}{\partial p_j}=\frac{\partial x_j^c}{\partial p_i} \tag{2.3-1}$$

在这一方程中，令 $i=j$，则能看出，支出函数在任何一个价格上都是凹函数。现在证明一个更强的结论：

命题 2.3-2

支出函数 $M(p,U^*)$ 是价格向量的凹函数，就是说，对任意的 p^0 与 p^1，有：

$$M(p^\lambda,U^*)\geqslant(1-\lambda)M(p^0,U^*)+\lambda M(p^1,U^*) \tag{2.3-2}$$

证明：证明方法类似命题 2.3-1 的证明方法。对价格 p^0、p^1 与 p^λ，x^0、x^1 与 x^λ 为相应的支出最小化消费向量。由于 $M(p,U^*)$ 是最小支出，所以，我们从不等式(2.3-2)右边的项入手。由于 x^λ 是可行选择，所以：

$$M(p^0,U^*)=p^0\cdot x^0\leqslant p^0\cdot x^\lambda,M(p^1,U^*)=p^1\cdot x^1\leqslant p^1\cdot x^\lambda$$

于是：

$$(1-\lambda)M(p^0,U^*)\leqslant(1-\lambda)p^0\cdot x^\lambda,\lambda M(p^1,U^*)\leqslant\lambda p^1\cdot x^\lambda$$

把这两个不等式相加，得到：

$$(1-\lambda)M(p^0,U^*)+\lambda M(p^1,U^*)\leqslant(1-\lambda)p^0\cdot x^\lambda+\lambda p^1\cdot x^\lambda=p^\lambda\cdot x^\lambda=M(p^\lambda,U^*)$$ □

$M(p,U)\in\mathbb{C}^2$ 时的情况

设 $M(p,U^*)$ 二阶可微，则它在 p 上是凹的当且仅当其二阶导数矩阵负半定。根据式子(2.3-1)，有：

$$\left[\frac{\partial^2 M}{\partial p_i\partial p_j}\right]=\left[\frac{\partial x_j^c}{\partial p_i}\right]$$

为负半定。

间接效用函数

设某消费者的效用函数为 $U(\cdot)$，收入为 I，价格向量为 p。设 $x^*=x(p,I)$ 是他所选择的 n 种商品消费束。定义 $V(p,I)$ 为最大效用，即：

$$V(p,I)=\max_x\{U(x)\mid p\cdot x\leqslant I,x\geqslant 0\}=U(x(p,I))$$

这一最大效用函数 $V(p,I)$ 被称为间接效用函数。

构造这一最大化问题的拉格朗日函数：

$$\mathcal{L}(x,\lambda)=U(x)+\lambda(I-p\cdot x)$$

根据包络定理，有：

$$\frac{\partial V}{\partial I}=\frac{\partial\mathcal{L}}{\partial I}(x^*,\lambda^*)=\lambda^*$$

$$\frac{\partial V}{\partial p_j}=\frac{\partial \mathcal{L}}{\partial p_j}(x^*,\lambda^*)=-\lambda^* x_j(p,I)$$

合并这些结果，得到下面的结论。

> **命题 2.3-3：罗伊恒等式**
>
> $$x_j^*(p,I)=-\frac{\partial V}{\partial p_j}\Big/\frac{\partial V}{\partial I}$$

利用这一命题，我们总能从间接效用函数中复原出消费者的需求函数。

例题：柯布-道格拉斯偏好

设间接效用函数[1]为：

$$V(p,I)=\underset{i=1}{\overset{n}{\times}}\left(\frac{\alpha_i I}{p_i}\right)^{\alpha_i}，其中，\sum_{i=1}^{n}\alpha_i=1$$

取自然对数，得到：

$$\ln V=\ln I-\sum_{i=1}^{n}\alpha_i\ln p_i+\sum_{i=1}^{n}\alpha_i\ln\alpha_i$$

于是：

$$\frac{\partial}{\partial I}\ln V=\frac{1}{V}\frac{\partial V}{\partial I}=\frac{1}{I},\frac{\partial}{\partial p_i}\ln V=\frac{1}{V}\frac{\partial V}{\partial p_i}=-\frac{\alpha_i}{p_i}$$

利用罗伊恒等式，得：

$$x_i(p,I)=\frac{\alpha_i I}{p_i}$$

将这一结果代入间接效用函数，得到：

$$U(x(p,I))=V(p,I)=(x_i(p,I))^{\alpha_i}$$

因此：

$$U(x)=\underset{i=1}{\overset{n}{\times}}x_i^{\alpha_i}$$

我们不仅得到了需求函数，而且得到了原始柯布-道格拉斯效用函数。

在这个例子中，需求与收入成正比。很多效用函数具有这一特征。

> **定义：位似偏好**
>
> 函数 $U(x)$ 是位似函数，如果对任意的 x^0 与 x^1 和 $\theta>0$，$U(x^0)\geqslant U(x^1)\Rightarrow U(\theta x^0)\geqslant U(\theta x^1)$。

如果消费者在商品束 x^0 与 x^1 之间无差异，则 $U(x^0)\geqslant U(x^1)$ 且 $U(x^1)\geqslant$

---

〔1〕 我们用 $\underset{i=1}{\overset{n}{\times}}a_i$ 表示 $a_1\times\cdots\times a_n$，即 n 维向量 a 的坐标的积。数学家喜欢用符号 $\prod_{i=1}^{n}a_i$。但在经济学中，字母 Π 有其他很多用途。

$U(x^0)$。如果偏好同时是位似偏好，则 $U(\theta x^0) \geqslant U(\theta x^1)$ 且 $U(\theta x^1) \geqslant U(\theta x^0)$。因此，$U(\theta x^0)=U(\theta x^1)$。并且，如果 $U(x^0)>U(x^1)$，则 $U(\theta x^0)>U(\theta x^1)$。

> **命题 2.3－4**
> 如果偏好是位似偏好且在收入为 I 时，x^* 是最优消费束，则在收入为 θI 时，θx^* 是最优消费束。

证明：设在收入为 θI 时，x^{**} 是最优消费束；在收入为 I 时，x^* 是最优消费束。由于在收入为 I 时，$\frac{1}{\theta}x^{**}$ 是可行选择，因此：

$$U(x^*) \geqslant U\left(\frac{1}{\theta}x^{**}\right)$$

根据位似偏好的定义，有：

$$U(\theta x^*) \geqslant U(x^{**})$$

由于在收入为 θI 时，x^{**} 是最优选择，θx^* 是可行选择，因此：

$$U(x^{**}) \geqslant U(\theta x^*)$$

综合最后两个不等式，$U(x^{**})=U(\theta x^*)$。因此，在收入为 θI 时，θx^* 是最优选择。

□

> **命题 2.3－5：齐次函数是位似函数**
> 如果 $U(\lambda x)=\lambda^k U(x)$，则偏好是位似偏好。

证明：函数 U 是 k 阶齐次函数，如果 $U(\lambda x)=\lambda^k U(x)$。假设 $U(x) \geqslant U(y)$，则：

$$U(\lambda x)=\lambda^k U(x) \geqslant \lambda^k U(y)=U(\lambda y)$$ □

事实上，正如我们现在要证明的，对位似偏好，可以假定效用函数为 1 阶齐次函数而不失一般性。

> **命题 2.3－6**
> 偏好如果是位似偏好且严格递增，则可以用 1 阶齐次函数表示这一偏好。

证明：设 $\mathbf{e}$ 为单位向量$(1,\cdots,1)$。由于偏好严格递增，对任意消费向量 $\hat{x}$，肯定存在实数 $\hat{u}$ 使得 $\hat{x} \sim \hat{u}\,\mathbf{e}$。图 2.3－1 在两种商品情况中说明了这一点。实数 $\hat{u}$ 使得穿过 $\hat{x}$ 的无差异曲线同时穿过 45°线上的点 $\hat{u}\,\mathbf{e}$。

对每个 $\hat{x}$，都存在这样的实数 $\hat{u}$，所以，映射 $g: x \to u$ 是效用函数。具体地说，$g(\hat{x})=\hat{u}$。由于 $\hat{x} \sim \hat{u}\,\mathbf{e}$，根据位似偏好的定义，$\lambda\hat{x} \sim (\lambda\hat{u})\mathbf{e}$，即 $g(\lambda\hat{x})=\lambda\hat{u}$。由于 $g(\hat{x})=\hat{u}$，$g(\lambda\hat{x})=\lambda g(\hat{x})$。 □

例题

$U(x)=a_1x_1^\alpha+a_2x_2^\alpha$，$0<\alpha\leqslant 1$。首先，$U(\lambda x)=a_1(\lambda x_1)^\alpha+a_2(\lambda x_2)^\alpha=\lambda^\alpha U(x)$。因此，这一效用函数是 α 阶齐次函数，并因此是位似函数。定义 $u(x)=(U(x))^{\frac{1}{\alpha}}$，则：

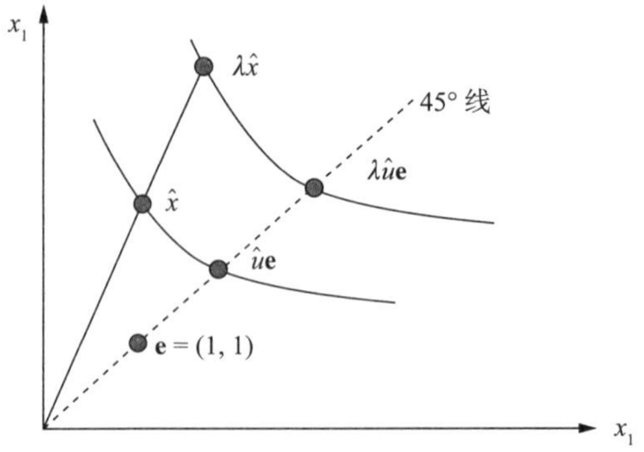

图 2.3－1　位似函数

$$u(\lambda x)=(U(\lambda x))^{\frac{1}{\alpha}}=(\lambda^{\alpha}U(x))^{\frac{1}{\alpha}}=\lambda(U(x))^{\frac{1}{\alpha}}=\lambda u(x)$$

就是说，这一偏好能用 1 阶齐次效用函数 $u(x)$ 表示。

代表性偏好

如果一群消费者有相同的位似偏好，我们就能加总他们的个人需求，得到总需求。下面的命题指出，在这种情况中，真正重要的是这群人的总收入而非收入在他们之间的分布。换句话说，在这种情况中，我们可以假定所有收入归其中一位"代表性"成员所有而不丧失一般性。

> **命题 2.3－7：代表性偏好**
> 定义 $x(p,I)=\text{argmax}_x\{U(x)\mid p\cdot x\leqslant I\}$。如果 U 是位似函数，则：
> $$\sum_{h=1}^{H}x(p,I^h)=x(p,I^R)\text{ ，其中，}I^R=\sum_{h=1}^{H}I^h$$

证明：定义 $x(p,1)=\text{argmax}_x\{U(x)\mid p\cdot x\leqslant 1\}$。由于 U 是位似函数，则：

$$x(p,I^h)=I^h x(p,1)$$

因此：

$$\sum_{h=1}^{H}x(p,I^h)=\sum_{h=1}^{H}I^h x(p,1)=I^R x(p,1)=x(p,I^R)$$ □

n 种商品时的替代弹性（两阶段方法）

就分析价格变化的效应而言，还有另一种"间接"效用函数概念很有用。设想消费者把自己的选择问题分解为两个阶段。在第一个阶段，他固定自己对商品 j 的消费，算计如何最好地把数额为 y 的预算支出于其他 $n-1$ 种商品上。设 $u(x_j,y)$ 是以此方式得到的间接效用，即：

$$u(x_j,y)=\max_{x-j}\left\{U(x)\ \middle|\ \sum_{\substack{i=1\\i\neq j}}^{n}p_i x_i\leqslant y\right\}$$

由于我们只想知道商品 j 的价格变化产生的影响，所以，上式有意省略了间接效用 $u(x_j,y)$ 对 $p_{-j}\equiv(p_1,\cdots,p_{j-1},p_{j+1},\cdots,p_n)$ 的依赖。

在第二阶段，消费者决定如何把全部预算在商品 j 与其他所有商品的支出 y 之间分配：

$$\max_{x_j,y}\{u(x_j,y)\mid p_jx_j+y\leqslant I\}$$

第二阶段问题正是前一节所探讨的问题。对于商品 j，我们可以定义如下替代弹性。

定义：替代弹性

$$\sigma_j=\frac{\varepsilon(y^c,p_j)}{k_j}\text{，其中，}k_j=\frac{p_jx_j}{I}$$

在把 n 种商品问题简化为等价的两种商品问题后，我们就能利用第 2.2 节的一些结论。根据命题 2.2-2，自价格弹性可以分解如下：

$$\varepsilon(x_j,p_j)=-(1-k_j)\sigma_j-k_j\varepsilon(x_j,I) \qquad (2.3-3)$$

自价格弹性依然是替代弹性与收入弹性的加权平均。

说明：在一类常用的不完全替代品模型中，偏好为 CES 偏好，替代弹性与商品种类数无关。假设商品种类繁多，每种商品上的支出份额很小；就是说，对所有的 $j=1,\cdots,n$，$k_j\approx 0$。根据上述分解公式，$\varepsilon(x_j,p_j)\approx-\sigma$。就是说，每种商品的自价格弹性独立于替代品种类数。对大部分市场而言，这一结论可能与事实相悖！

替代弹性衡量产品的总的可替代性。直观地说，它是所衡量的产品与其他每种产品之间的可替代性的某种平均。我们现在定义一对商品之间的替代弹性。[1]

定义：两种产品之间的替代弹性

$$\sigma_{ij}=\frac{\varepsilon(x_i^c,p_j)}{k_j}=\frac{\varepsilon(x_j^c,p_i)}{k_i}=\sigma_{ji}$$

初看上去，这一定义有些不可思议：对任意一对商品，我们可以任取其中一种商品的数量和另一种商品的价格，计算这两种商品之间的替代弹性。事实确是如此，原因来自(2.3-1)：

$$\frac{\partial x_j^c}{\partial p_i}=\frac{\partial}{\partial p_i}\frac{\partial M}{\partial p_j},\ \frac{\partial x_i^c}{\partial p_j}=\frac{\partial}{\partial p_j}\frac{\partial M}{\partial p_i}$$

在对 M 求交叉导数时，求导顺序不重要，所以，上式中的两个交叉导数相等。上面两个式子同乘以两个价格，得到：

$$p_jx_j^c\left(\frac{p_i}{x_j^c}\frac{\partial x_j^c}{\partial p_i}\right)=p_ip_j\frac{\partial x_j^c}{\partial p_i}=p_jp_i\frac{\partial x_i^c}{\partial p_j}=p_ix_i^c\left(\frac{p_j}{x_i^c}\frac{\partial x_i^c}{\partial p_j}\right)$$

〔1〕只在两种商品情况中，这一定义等于消费比率的弹性 $\varepsilon(x_i/x_j,p_j)$。

整理得到：

$$\sigma_{ij}=\sigma_{ji}$$

下面的结论直接得自替代弹性的定义。

命题 2.3-8

$$(1-k_j)\sigma_j=\sum_{\substack{i=1\\ i\neq j}}^{n}k_i\sigma_{ij}\text{，其中，}k_i=\frac{p_ix_i}{p\cdot x}$$

由于 $\sum_{\substack{i=1\\ i\neq j}}^{n}k_i=1-k_j$，因此，替代弹性等于第 j 种商品与其他每种商品的替代弹性的加权平均，权数为其他各种商品上的支出份额。

习　题

习题 2.3-1：柯布-道格拉斯偏好的支出函数

设 $U(x)=x_1^{\alpha_1}\cdots x_n^{\alpha_n}$，其中，$\sum_{j=1}^{n}\alpha_j=1$。

(a) 求解间接效用函数 $V(p,I)$。

(b) 解释为什么能用这一结果得到支出函数。

(c) 求解支出函数。

习题 2.3-2：拟线性凹偏好与多值需求

某消费者的效用函数为 $U(x)=\sqrt{x_1x_2}+x_3$。

(a) 假设此人在商品 1 与 2 上的预算为 y，购买的商品 3 的数量为 x_3。证明她的效用为 $U^*(x_3,y)=\dfrac{y}{2\sqrt{p_1p_2}}+x_3$。

(b) 在解出上述优化问题后，她的预算约束可以写为 $p_3x_3+y\leqslant I$。求 x_3 与 y 的最优值。

(c) 如果在这三种商品中，她至多能消费其中两种，则在什么条件下她的福利会变差？

(d) 这种两阶段优化方法等价于直接求解最优消费束吗？请解释。

说明：在某个价格比率上，这个消费者在一些消费束之间无差异。就是说，不存在需求函数。这种多值映射被称为需求对应。

习题 2.3-3：消费成对商品

某消费者有凹效用函数 $U(x)=\sqrt{x_1x_2}+\sqrt{x_3x_4}$。求解他的选择，将其表示为收入与价格的函数。提示：如前一题一样，把这个消费者的优化问题分解为两个小问题。

习题 2.3-4：含禀赋的斯拉茨基方程

设某消费者有商品禀赋 $\bar{x}$ 和收入 I。

(a) 证明此消费者的斯拉茨基方程为：

$$\frac{\partial x_i}{\partial p_j}=\frac{\partial x_i^c}{\partial p_j}-(x_j-\bar{x}_j)\frac{\partial x_i}{\partial I}$$

(b) 设经济中的所有 h 个消费者都只拥有禀赋而无其他收入，并且，他们有相同的边际消费倾向（对所有的 $h=1,\cdots,H,\frac{\partial x_i^h}{\partial I}=\alpha$）。证明：如果市场出清，则市场需求曲线与补偿市场需求曲线的斜率相等。

(c) 在(a)中，能把其中一种商品理解为闲暇吗？如果能的话，请回答工资上升对闲暇需求的影响以及对劳动力供给的影响。

习题 2.3－5：补偿价格弹性

利用支出函数的凸性特征，证明对任何一对商品 x_i 与 x_j，补偿价格弹性肯定下面的不等式：

$$\varepsilon(x_i^c,p_i)\varepsilon(x_j^c,p_j)\geqslant\varepsilon(x_i^c,p_j)\varepsilon(x_j^c,p_i)$$

2.4 消费者剩余与支付意愿

关键词：支付意愿；补偿变差；等价变差

假设某种商品价格下降。消费者福利提高多少呢？简单的回答如下。设 $B(q)$是在消费为 q 时用货币衡量的收益。如果单位价格为 p，净收益就为 $B(q)-pq$。消费者于是继续购买直至边际收益 $B'(q)$等于价格 p。由于这一点对每一价格水平都成立，所以，从消费数量到市场出清价格的映射（或者说，需求价格函数）为：

$$p(q)=B'(q)$$

q 件商品实现的总收益于是为 $B(q)=\int_0^q p(x)dx$。图 2.4－1 画出了边际收益函数。在价格为 p^0 时，消费者购买 q^0 件商品。总消费者收益

$$B(q^0)=\int_0^{q^0}B'(q)dq$$

是需求价格函数下方区域的面积。净消费者收益或者说消费者剩余为：

$$B(q^0)-p^0q^0=\int_0^{q^0}(B'(q)-p^0)dq$$

即图 2.4－1 左图上阴影区域的面积。当价格上升到 p^1 时，消费者剩余的变化为图 2.4－1 中右图上阴影区域的面积；就是说，是需求价格函数左方阴影区域的面积。

这里没有给出消费者的“收益函数”的来龙去脉。一般情况下，收益函数的概

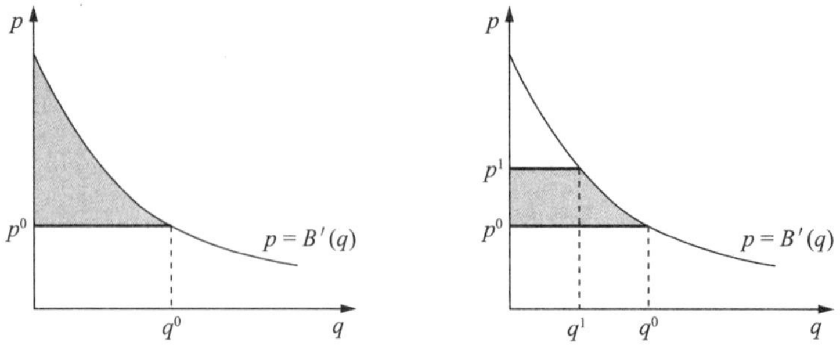

图 2.4－1　消费者剩余

念都没有明确界定，因为从消费某种商品中获得的边际收益，决定于其他商品的消费数量。但是，还有另一种处理方式。我们可以问消费者需要得到补偿才能保证其在价格上升后福利不下降。对价格下降，我们可以问消费者愿意为价格下降支付多少钱。

补偿变差（compensating variation，CV）

某个消费者的收入为 I，价格向量为 p^0。设 U^0 是最大效用，就是说，$U^0=\max\limits_{x}\{U(x)\mid p\cdot x\leqslant I\}$。则 I 是对偶问题中的最小支出，即：

$$I=M(p^0,U^0)=\min_{x}\{p\cdot x\mid U(x)\geqslant U^0\}$$

收入上的补偿变差被定义为价格由 p^0 变为 p^1 时，消费者为得到完全补偿而需增加的收入：

$$CV=M(p^1,U^0)-I=M(p^1,U^0)-M(p^0,U^0)$$

假设只有商品 j 的价格上升。根据包络定理，支出随 p_j 上升的速度为补偿需求。就是说：

$$\frac{\partial M}{\partial p_j}=x_j^c(p,U^0)$$

对上式积分，得到：

$$CV\equiv M(p^1,U^0)-M(p^0,U^0)=\int_{p_j^0}^{p_j^1}\frac{\partial M}{\partial p_j}dp_j=\int_{p_j^0}^{p_j^1}x_j^c(p,U^0)\,dp_j$$

就是说，为依然实现初始效用水平而需要的补偿，是补偿需求曲线下方区域的面积。图 2.4－2 在商品 j 为正常商品时画出了它的一般需求曲线 $x_j(p,I)$ 和补偿需求曲线 $x_j^c=x_j^c(p,U^0)$。在商品 j 价格上升且消费者得到收入补偿时，消费者消费更多的商品 j。补偿需求曲线因此更陡峭。对价格上涨的补偿变差，是补偿需求曲线下方深色区域的面积。

图中的整个灰色区域，是在价格上涨至 $\bar{p}_j$ 以上而使得消费者被完全挤出商品 j 的市场时所需给他的补偿。因此，消费者剩余——在图上，为一般（无补偿）需求

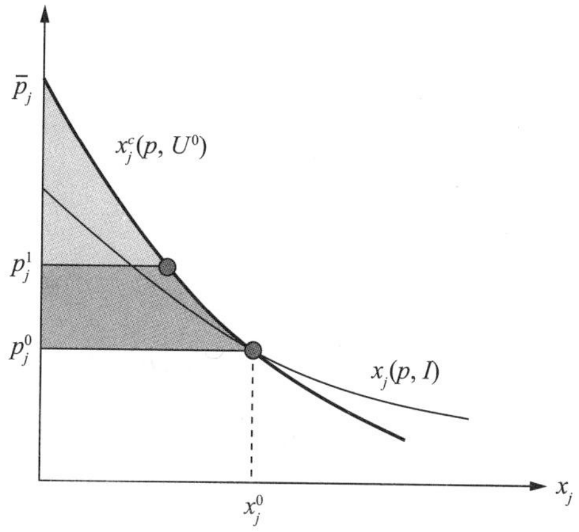

图 2.4-2 补偿变差

曲线左方区域的面积,小于补偿变差。

等价变差(equivalent variation, EV)

衡量价格上升给消费者造成的损失,另一种方法是计算在价格已经上涨后,需要给消费者的补偿。在价格上涨到 p^1 时,消费者的效用为:

$$U^1 = \max_x \{U(x) \mid p^1 \cdot x \leqslant I\}$$

现在的问题是,为回到初始价格向量,消费者愿意放弃多少收入?

设 $x_j^1 = x_1(p^1, I)$ 是价格上升之后消费者对商品 j 的消费数量。见图 2.4-3。等价变差(EV)是必须从消费者那里取走的收入以使其效用在价格回到初始水平时保持不变,即:

$$EV = M(p^1, U^1) - M(p^0, U^1)$$

利用包络定理,我们可以把上式写为:

$$EV = \int_{p_j^0}^{p_j^1} \frac{\partial M}{\partial p_j} dp_j = \int_{p_j^0}^{p_j^1} x_j^c(p, U^1)\, dp_j$$

就是说,等价变差是需求曲线 $x_j^c(p, U^1)$ 左方区域的面积。如果商品 j 是正常商品,则在较低的效用水平 U^1 上,对商品 j 的需求较低,即等价变差小于补偿变差。

这里还要看到,一般(无补偿)需求曲线左方的面积肯定位于补偿变差与等价变差之间。从图 2.4-3 上可以看出,除非价格变化很大,否则,两个变差与消费者剩余之间的差很小。所以,在实际应用中,对福利收益的估计,通常使用一般需求曲线而非补偿需求曲线。

应用经济学家一直试图用补偿变差与等价变差确定无市场定价的商品如污染等的社会成本的上、下界。他们给 EV 一组的人看展示不同污染程度的两张照片,问他们愿意支付多少钱以居住于污染程度低的环境中。而 CV 一组的人则被问及

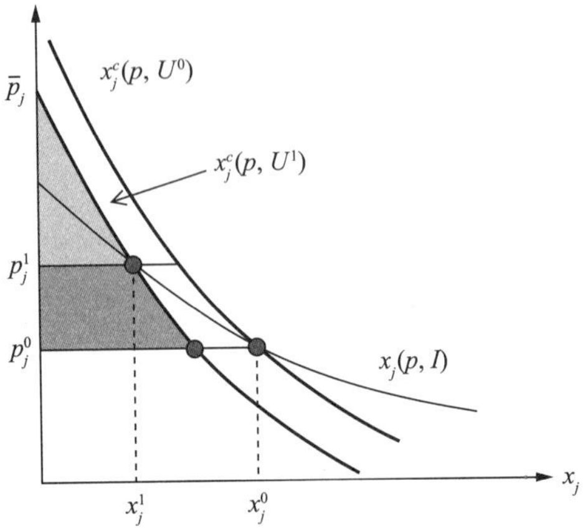

图 2.4－3　等价变差

需要得到多少补偿才愿意居住于污染程度高的环境中。遗憾的是，答案大相径庭。[1] 就是说，这种估计很不精确。由于这个原因，经济学家们一般用市场需求分析方法来间接推断成本。

在多种商品价格变化时，衡量福利

假设我们想计算两种商品价格上涨时消费者所发生的损失。我们如何把图 2.4－3 中需求曲线下方面积的概念推广到这种情况中呢？假设商品 1 与商品 2 的价格发生变化：(p_1^0, p_2^0) 为当前价格，(p_1^1, p_2^1) 为更高的价格。和前面一样，补偿变差为：

$$
\begin{aligned}
CV &= M(p^1, U^0) - M(p^0, U^0) \\
&= M(p_1^1, p_2^1, U^0) - M(p_1^1, p_2^0, U^0) + M(p_1^1, p_2^0, U^0) - M(p_1^0, p_2^0, U^0) \\
&= \int_{p_2^0}^{p_2^1} \frac{\partial}{\partial p_2} M(p_1^1, p_2, U^0)\, dp_2 + \int_{p_1^0}^{p_1^1} \frac{\partial}{\partial p_1} M(p_1, p_2^0, U^0)\, dp_1 \\
&= \int_{p_2^0}^{p_2^1} x_2^c(p_1^1, p_2, U^0)\, dp_2 + \int_{p_1^0}^{p_1^1} x_1^c(p_1, p_2^0, U^0)\, dp_1
\end{aligned}
$$

这是两条补偿反需求曲线左方区域的面积之和。

习　题

习题 2.4－1：消费者剩余、补偿变差和等价变差

(a) 对"间接"效用函数 $u(c_j, y)$，画出一些无差异曲线；标明在商品 j 的价格从 p_j 上升至 p_j' 之前与之后消费者的选择；画出价格变化后依然使消费者得到初始效用水平的预算线。

(b) 把预算线与纵轴的两个交点标记为 A 和 B。解释 AB 为什么是补偿变差。

---

〔1〕 调查对象可能心存疑虑，担心如果自己说愿意支付很多，最终会被要求支付很多。如果政府给予补贴，调查对象又会想：为什么不多拿回些自己缴纳的税收呢？总比被政府挥霍掉要好！

(c) 另画一幅图(或者在原图上),在纵轴上标出等价变差。

习题 2.4-2:不同收入的消费者的补偿变差

某个消费者的效用函数为 $U(x,y)=x^{\alpha}y^{1-\alpha}$,预算约束为 $p^0x+y\leqslant I$。

(a) 求解其最大效用 $U(p^0,I)$。证明在 x 的价格上升到 p^1 时,他的收入需要增加至 $M=I\left(\frac{p^1}{p^0}\right)^{\alpha}$ 才能使他得到完全补偿。

(b) 求解消费者剩余的变化与补偿变差,将它们表示为价格与收入的函数。

(c) 对不同的价格比率 p^1/p^0,用电子表格计算消费者剩余的变化与补偿变差之间的相对差。

(d) 在效用函数为 $U(x,y)=\alpha\ln x+(1-\alpha)\ln y$ 时,(a)的答案是什么?

2.5 跨时期选择

关键词:利率;终生预算约束;期货价格和未来现货价格

我们扩展此前的单时期模型,分析消费者的储蓄决策。为探讨跨时期选择,首先假定每个时期只有一种消费品。在时期 t,消费者的收入为 y_t,消费为 c_t。他的效用函数为 $U(c)=U(c_1,\cdots,c_T)$。在时期 t,消费者能以利率 r 借款或储蓄。假设消费者在时期 1 的资产为零,但他能通过储蓄其在时期 1 的部分收入和赚取时期 1 的利率而积累资产。于是,在时期 2,他的资产数量为:

$$K_2=(1+r)(y_1-c_1)$$

在时期 2,消费者拥有在前一时期积累的资产,还有当期收入。他消费部分财富,利用剩余财富赚取利息。于是,在时期 3,他的资产数量为:

$$K_3=(1+r)(K_2+y_2-c_2)$$

在时期 t,消费者依然必须决定消费和储蓄的数量。消费者因此在 T 个资产积累约束条件下选择消费流量 $\{c_t\}_{t=1}^{T}$ 来最大化自己一生的效用。

终生预算约束

为分析消费者的选择问题,我们首先证明这 T 个约束条件可以简化为一个终生预算约束条件。先看时期 1 的资产积累约束。把这一约束条件除以 $1+r$,即用"现值"表示这一约束,得到:

$$\frac{K_2}{1+r}=y_1-c_1$$

用现值表示时期 2 的约束,得到:

$$\frac{K_3}{(1+r)^2}=\frac{K_2}{1+r}+\frac{y_2-c_2}{1+r}$$

替换其中的 K_2,得到:

$$\frac{K_3}{(1+r)^2}=y_1-c_1+\frac{y_2-c_2}{1+r}$$

对所有 T 个时期重复这一过程，得到：

$$\frac{K_{T+1}}{(1+r)^T}=y_1-c_1+\cdots+\frac{y_T-c_T}{(1+r)^{T-1}}$$

由于消费者只关心自己的消费向量，所以，他不想在死后留下资产，$K_{T+1}\leqslant 0$。由于没有金融中介机构愿意提供永远无法收回的贷款，$K_{T+1}\geqslant 0$。要同时满足这两个不等式，$K_{T+1}=0$。代入上式，得到消费者的终生预算约束条件：

$$PV\{c\}=c_1+\frac{c_2}{1+r}+\cdots+\frac{c_T}{(1+r)^{T-1}}=y_1+\frac{y_2}{1+r}+\cdots+\frac{y_T}{(1+r)^{T-1}}=PV\{y\}$$

因此，消费者的选择问题是在其消费的现值不超过其收入的现值的约束下，最大化其终生效用 $U(c_1,\cdots,c_T)$。

两阶段模型

第六章将详细这一问题，这里只介绍最简单的两阶段模型。图 2.5－1 和图 2.5－2 描绘了两阶段优化问题

$$\max_c\left\{U(c)\ \middle|\ c_1+\frac{c_2}{1+r}\leqslant y_1+\frac{y_2}{1+r}\right\}$$

的解。

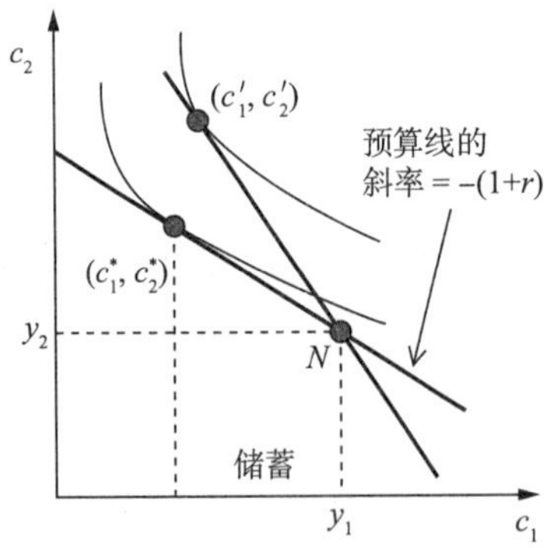

图 2.5－1 最优储蓄

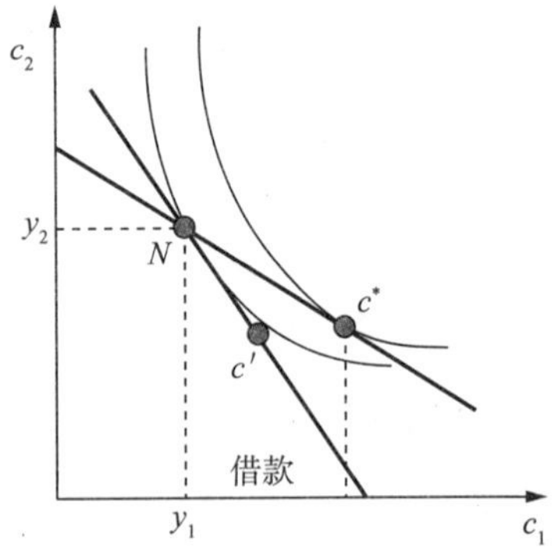

图 2.5－2 最优借款

在图 2.5－1 中，消费者为时期 2——在这一时期，他可能半退休，收入较低——储蓄时期 1 的部分收入。在图 2.5－2 中，一位年轻消费者在时期 1 借款，计划在时期 2 当他的收入更高时偿还贷款。

利用这两个图形，我们能探讨利率上升对消费者的储蓄与借款行为的影响。在图上两种情况中，替代效应都表现为沿着无差异曲线增加时期 2 的消费。更高的利率降低了购买一件未来消费品所需的支出的现值。就是说，它降低了未来消费的相对价格。而储蓄者和借款者面对的收入效应却不同。保持时期 1 消费固

定，利率上升增加了储蓄者的未来资产，他们因此能实现更高的效用水平。如果消费品是正常商品，则更多的财富意味着更高的时期 1 消费。就是说，对时期 1 的消费，收入效应与替代效应方向相反。时期 1 消费上的净效应可能很小，利率上升对储蓄的净效应肯定也很小。

对借款人而言，更高的利率抬高债务成本，他们的情况变糟。时期 1 消费上的收入效应强化了替代效应，所以，借款数量下降。

这些结论与宏观数据吻合。利率上升确实降低消费者的借款数量，但是，对全体消费者的储蓄只有很小影响。

期货价格与未来的现货价格

现在把这一理论扩展到多商品情况中，但依然使用两阶段模型。设 $x_t=(x_{t1},\cdots,x_{tn})$，$t=1,2$ 是消费者在时期 t 的消费束。我们探讨禀赋经济。消费者在时期 t 的禀赋为 $\omega_t=(\omega_{t1},\cdots,\omega_{tn})$。他的终生效用 $U(x_1,x_2)$ 是其两个时期消费束的函数。要最优地在时期 1 进行交易，消费者需要知道自己在时期 2 的交易机会。

我们首先假定，在时期 1，对在当期交割的商品和在时期 2 交割的商品都存在交易市场。后一种市场被称为“期货市场”（许多农产品在这种市场上交易）。由于所有 $2n$ 种商品都有自己的市场价格，所以，消费者的禀赋价值为 $W_1=p_1\cdot\omega_1+p_2\cdot\omega_2$。她于是求解如下优化问题：

$$\max_x\{U(x_1,x_2)\mid p_1\cdot x_1+p_2x_2\leqslant W_1\}$$

从数学角度看，这一问题与商品被分割为两个不交的子集的单时期优化问题没有任何区别。但是，从经济学角度看，这种处理方法显然残缺：所有决策都在时期 1 做出，所有交易都在时期 1 完成。在时期 1 结束之后，所有商店都关门停业。

未来的现货市场与金融中介

这不是致命缺陷。假设不存在期货市场。消费者在时期 1 进行交易同时知道自己在时期 2 依然能进行交易。他的消费选择于是决定于当期价格（现货价格）和未来将出现的价格（未来的现货价格）。在两时期模型中，我们用 p_2^s 表示未来的现货价格向量。为在两个时期之间转移财富，消费者使用金融中介（银行业）。设 r 是银行报出的利率。与单种商品模型相同，如果消费者的时期 1 的禀赋的价值 $p_1\cdot\omega_1$ 超过其在时期 1 的消费的价值，他就为时期 2 积累了资产，数量为：

$$K_2=(1+r)(p_1\cdot\omega_1-p_1\cdot x_1)$$

将这一式子表示为现值形式，得到：

$$\frac{K_2}{1+r}=p_1\cdot\omega_1-p_1\cdot x_1$$

在时期 2，消费者拥有时期 2 的禀赋同时还拥有他所积累的资产，这一切可供其开支。其未来的现货市场预算约束为：

$$p_2^s\cdot x_2\leqslant K_2+p_2^s\cdot\omega_2$$

将这一式子表示为现值形式，代入 K_2，得到：

$$p_1 \cdot x_1+\frac{p_2^s}{1+r} \cdot x_2 \leqslant p_1 \cdot \omega_1+\frac{p_2^s}{1+r} \cdot \omega_2$$

而消费者当他能在时期 1 在现货和期货市场上进行交易时的预算约束条件为：

$$p_1 \cdot x_1+p_2 \cdot x_2 \leqslant p_1 \cdot \omega_1+p_2 \cdot \omega_2$$

比较这两个预算约束条件。如果 $p_2^s=(1+r)p_2$，这两个预算约束条件就完全相同。就是说，期货市场上的交易总是可以用现货与未来的现货市场上的交易代替。资源通过借或贷从一个时期转移到另一个时期。

但是，这两个模型之间存在着一个重要区别。如果所有市场在时期 1 都开放，市场均衡力量决定商品交易价格。如果只有现货市场开放，则消费者(和企业)必须判断未来的现货价格，以决定自己的储蓄或投资数量。如果某一市场上的变化很小，则未来的现货价格一般接近当期价格，预测未来就很容易。如果市场遭遇大冲击(如干旱或洪灾)，则期货市场在价格的决定中起重要作用。

习　题

习题 2.5－1：多种商品时的跨时期选择

某个消费者有拟凹效用函数 $U(x_1,\cdots,x_T)$，其中，x_t 是他在时期 t 的消费向量。定义：

$$U^*(c_1,\cdots,c_T)=\max_x\{U(x)\mid p_t \cdot x_t \leqslant c_t, t=1,\cdots,T\}$$

(a) 证明 $U^*(c_1,\cdots,c_T)$ 是拟凹函数。

(b) 说明如何把这一多商品模型作为单商品模型进行分析。

(c) 设 $U(x)=\sum_{t=1}^{T}\delta^{t-1}u(x_t)$，其中，$u(x)=\sum_{j=1}^{n}\alpha_j \ln x_j$。证明间接效用函数 $U^*(c)=\sum_{t=1}^{T}\delta^{t-1}\ln c_t$ ＋与 c 无关的项。解释为什么此消费者的支出向量 $(c_1^*,\cdots,c_T^*)$ 独立于未来的现货价格。

(d) 写出此消费者的生命周期支出预算约束；利用拉格朗日方法证明 $c_{t+1}=(1+r)^t\delta^t c_1$。

(e) 证明 $c_1^*=\dfrac{1-\delta}{1-\delta^T}W_1$，其中，$W_1$ 为此消费者终生禀赋的现值。

习题 2.5－2：消费或不消费

某个消费者的效用函数为 $U(x)=x_{11}^{\alpha}x_{12}^{1-\alpha}+\delta x_{21}^{\beta}x_{22}^{1-\beta}$，$0<\alpha,\beta<1$。

(a) 假设此消费者在时期 t 必须消费，求解他的间接效用函数。

(b) 求证：如果此消费者只在一个时期中消费，则其效用达到最大。

(c) 修改这一效用函数使其为严格拟凹函数。在新的函数下，此消费者在任何时期中只购买一种商品吗？他依然只在一个时期中消费吗？

习题 2.5－3：存在消费者连续统时的交换经济中的借与贷

所有消费者都有柯布-道格拉斯偏好 $U(x,\alpha)=\alpha\ln x_1+(1-\alpha)\ln x_2$，其中，$x_t$

是时期 t 的消费。消费者在偏好参数 α 上彼此不同。我们称参数为 α 的消费者为类型 α 消费者。经济中只有一种商品。消费者的类型在区间 $[0,1]$ 上均匀分布。类型 α 在这一区间上有密度 $f(\alpha)=1$，所以，类型的总密度为 1。在每个时期里，相同类型的人有相同收入。

(a) 如果利率为 r，哪些类型的消费者为储蓄者，而哪些类型的消费者为借款者？

(b) 证明类型 α 消费者的净储蓄为 $s(\alpha)=\omega\left(1-\frac{2+r}{1+r}\alpha\right)$。

(c) 求解所有储蓄者的总储蓄 $S(r)$ 与所有借款者的总借款 $B(r)$。在图上画出 $S(r)$ 与 $B(r)$。

习题 2.5-4：期货价格与未来的现货价格

某个消费者的两时期效用函数为：

$$U(x_1,x_2)=\ln x_{11}+2\ln x_{21}+\delta(\ln x_{12}+2\ln x_{22})$$

时期 1 的(现货)市场价格向量为 $p_1=(p_{11},p_{21})$，期货市场价格向量为 $p_2=(p_{12},p_{22})$。

(a) 证明在时期 1 与时期 2 商品上的支出为：

$$(p_{11}x_{11}^*,p_{21}x_{21}^*,p_{12}x_{12}^*,p_{22}x_{22}^*)=\frac{p\cdot\omega}{3(1+\delta)}(1,2,\delta,2\delta)$$

(b) 求时期 1 总支出的表达式。

(c) 证明这个消费者储蓄当且仅当 $\frac{p_2\cdot\omega_2}{p_1\cdot\omega_1}<\delta$。

参考文献

Blume, L. and Easley, D. (2008). "Rationality." In *The New Palgrave Dictionary of Economics* (2nd edition). New York: Palgrave/Macmillan.

Hicks, John. (1939). *Value and Capital*. Oxford: Clarendon Press.

Samuelson, Paul A. (1947). *Foundations of Economic Analysis*. Cambridge, MA: Harvard University Press.

第三章
交换经济中的均衡与效率

3.1 2×2 交换经济

关键词：帕累托效率；埃奇沃思图；第一福利定理与第二福利定理

本章探讨市场而不再探讨个人决策者。具体地说，我们探讨当所有经济决策者都是价格接受者且价格不断调整直至市场出清时所实现的配置。这里没有把企业和消费者都纳入分析中，而只探讨无生产活动时的均衡。消费者拥有商品禀赋，他们可以交换禀赋。我们将看到，这里的结论可直接推广至生产经济中。

这里只研究均衡结果，但是我们需要知道导致均衡结果的可能的调整过程。设想有一位拍卖人，他喊出每种商品的价格。消费者与企业对这些价格做出反应，报出自己想购买或出售的数量。在存在超额供给的市场上，拍卖人降低价格；在存在超额需求的市场上，拍卖人提高价格。在价格接受（瓦尔拉斯）均衡上，所有市场出清。

本章的核心结论是两个福利定理。第一福利定理是对亚当·斯密关于市场的"看不见的手"功能的正式阐述。在极弱假定下，我们证明瓦尔拉斯均衡有效率。第二福利定理指出，在凸经济中，通过恰当的一次性支付，任意有效率的配置都能构造为瓦尔拉斯均衡。

本节探讨简单的交换经济，它有两个消费者：A 与 B。集合 $\mathcal{H}=\{A,B\}$ 是消费者集合。每个消费者拥有由两种商品构成的禀赋。它们是私人商品。就是说，每个消费者只关心自己的消费。消费者 $h\in\mathcal{H}$ 拥有禀赋 ω^h、消费集 $X^h=\mathbb{R}_+^2$ 和严格单调的效用函数 $U^h(x^h)$。

帕累托效率

在有多个消费者时，对配置的社会排序，要求权衡每个人的效用。对应两种商品的一切可能的配置，我们假设由可能的效用数对构成的集合（"效用可能性集"）为图 3.1-1 中的阴影区域。

搁置效用度量问题不谈，关于社会选择的一种哲学理论把每个人置于"无知面

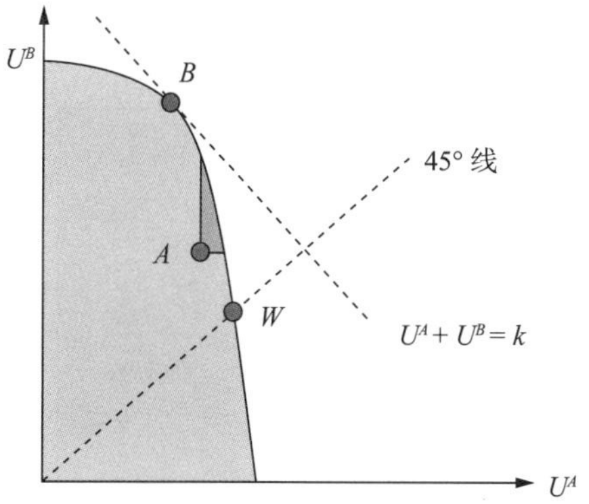

图 3.1－1 效用可能性集

纱”背后。不知道自己将是哪一个消费者，你于是很自然地赋予每种可能性$\frac{1}{2}$的概率。如果人们的风险态度为中性且置身“无知面纱”背后，他们就偏好能实现更高期望效用$\frac{1}{2}U^A+\frac{1}{2}U^B$的配置。这等价于最大化效用之和——这就是杰里米·边沁(Jeremy Bentham)的观点。在图 3.1－1 中，依照边沁标准选出的是点 B。

约翰·罗尔斯(John Rawls)的哲学理论认为，置身于“无知面纱”背后的消费者极度厌恶风险，因此把全部权重赋予最糟糕的结果。社会标准于是为最大化最小值(maxmin)标准。沿着 45°线移动至效用可能性边界，实现了最小效用最大化：在图中，最终配置为点 W。

经济学家在社会选择排序问题上则十分保守，强调最小化无必要的浪费。图 3.1－1 中的效用配置 A 是浪费的或“无效率的”，因为存在其他商品配置能提高两个人的效用。边沁配置与罗尔斯配置都具有帕累托效率(简单地说，具有“效率”)，因为在这些配置上，要增加其中一人的效用，唯一的途径是降低另一人的效用。将这一概念推广至多人情况中，我们有下面的定义：

> **帕累托效率配置**
>
> 一个可行的商品配置具有帕累托效率，如果不存在被至少一个消费者严格偏好且被所有消费者弱偏好的其他可行配置。

在 2×2 模型中，设总禀赋为 $\omega=(\omega_1,\omega_2)$。$\hat{x}^B$ 是给 B 的配置，$\hat{B}$ 是 B 认为优于 $\hat{x}^B$ 的配置构成的集合。见图 3.1－2。给定 $x^B\in\hat{B}$，A 的配置为 $x^A=\omega-x^B$。因此，在不降低 B 的效用的前提下，对 A 而言，最好的配置是 $\hat{B}$ 中最大化 A 的效用的配置。

把图 3.1－2 旋转 180°，得到图 3.1－3。在图 3.1－3 中，两个消费者的偏好画在一个长方形中。它被称为埃奇沃思图(Edgeworth Box)。在左下角，B 消费经济中的全部禀赋；因此，左下角是 A 的零消费点。图中画出了穿过 $\hat{x}^A=\omega-\hat{x}^B$ 点的 A 的无差异曲线。$\hat{B}$ 与 A 的上优集 $\{x\,|\,U^A(x^A)\geqslant U^A(\hat{x}^A)\}$ 的交集内的任意一点同时被 A 与 B 严格偏好。因此，配置$(\hat{x}^A,\hat{x}^B=\omega-\hat{x}^A)$不具有帕累托效率。

从效率角度讲，可能不存在双方都偏好的配置。图 3.1－4 画出了这样一个配置。只要配置$(\hat{x}^A,\hat{x}^B=\omega-\hat{x}^A)$位于埃奇沃思图内部，则这个配置要具有帕累托

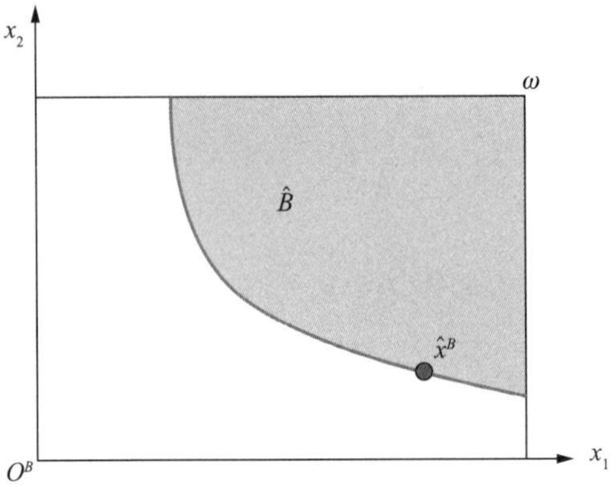

图 3.1－2　*B* 的上优集

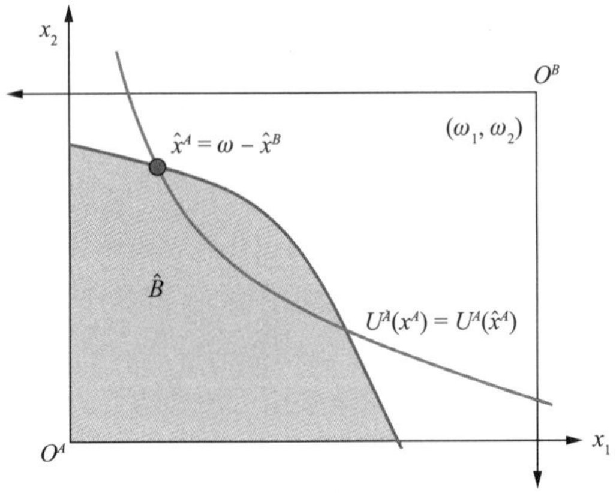

图 3.1－3　埃奇沃思图

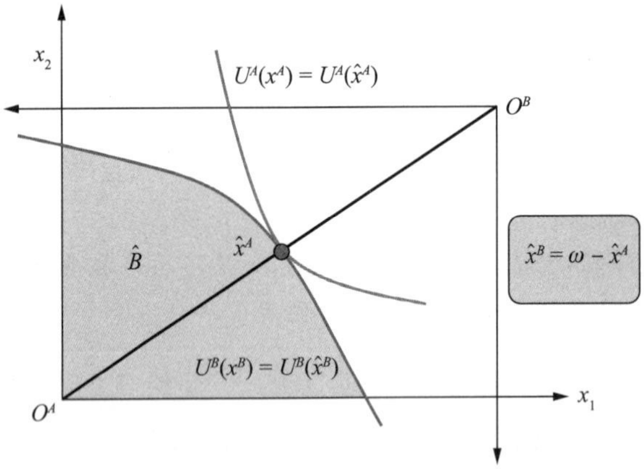

图 3.1－4　*A* 与 *B* 拥有相同的固定替代弹性(CES)偏好时的帕累托效率配置

效率，必要条件是两个人穿过这个配置的无差异曲线斜率相等。因此，所有帕累托效率配置构成的轨迹，是由对 A（和 B）而言满足如下条件的配置集：

$$MRS^A(\hat{x}^A) = \frac{\frac{\partial U^A}{\partial x_1}(\hat{x}^A)}{\frac{\partial U^A}{\partial x_2}(\hat{x}^A)} = \frac{\frac{\partial U^B}{\partial x_1}(\hat{x}^B)}{\frac{\partial U^B}{\partial x_2}(\hat{x}^B)}$$

其中，$\hat{x}^B=\omega-\hat{x}^A$，我们给出帕累托效率配置的数学定义：如果

$$\hat{x}^A=\omega-\hat{x}^B\in\underset{x^A,x^B}{\arg\max}\{U^A(x^A)\mid U^B(x^B)\geqslant U^B(\hat{x}^B),x^A+x^B\leqslant\omega\}$$

则配置$(\hat{x}^A,\hat{x}^B)$具有帕累托效率。

例题：*A* 与 *B* 有相同的固定替代弹性偏好

设两个消费者有相同的固定替代弹性偏好，替代弹性为σ，则两人的边际替代率为$MRS^h(x^h)=k\left(\frac{x_2^h}{x_1^h}\right)^{1/\sigma}$。一个帕累托效率配置如果位于埃奇沃思图内点集中，则在这个配置上，两个消费者的无差异曲线有相同的斜率，即：

$$\left(\frac{x_2^A}{x_1^A}\right)^{1/\sigma}=\left(\frac{x_2^B}{x_1^B}\right)^{1/\sigma}$$

于是：

$$\frac{x_2^A}{x_1^A}=\frac{x_2^B}{x_1^B}$$

先应用比率法则[1]，再令需求等于供给，得到：

$$\frac{x_2^A}{x_1^A}=\frac{x_2^B}{x_1^B}=\frac{x_2^A+x_2^B}{x_1^A+x_1^B}=\frac{\omega_2}{\omega_1}$$

就是说，在帕累托效率配置上，每个消费者都分得一部分总禀赋。于是，对每个消费者，在帕累托效率配置上，边际替代率为：

$$MRS^h(\hat{x}^h)=k\left(\frac{\omega_2}{\omega_1}\right)^{1/\sigma}\qquad(3.1-1)$$

图 3.1 - 4 画出了帕累托效率配置。

交换经济的瓦尔拉斯均衡

在瓦尔拉斯均衡中，消费者接受价格。用$\mathcal{H}$表示消费者集合。在两人经济中，$\mathcal{H}=\{A,B\}$。设消费者$h\in\mathcal{H}$，拥有禀赋ω^h，其偏好可用效用函数$U^h(x^h)$表示，其中，x^h是他的私人消费。h的禀赋价值为$p\cdot\omega^h$。设h选择了商品束$x^h(p,\omega^h)$，就是说，$x^h(p,\omega^h)$是优化问题

$$\max_x\{U^h(x)\mid p\cdot x\leqslant p\cdot\omega^h\}$$

的解。

设$p\geqslant0$是这个交换经济中的价格向量。定义$\omega=\sum_{h\in\mathcal{H}}\omega^h$为经济中的总禀赋向量，$x(p)=\sum_{h\in\mathcal{H}}x^h(p,\omega^h)$为总需求（或者说，市场需求）。则超额需求向

[1] 如果$\frac{a_1}{a_2}=\frac{b_1}{b_2}=k$，则$a_1=ka_2,b_1=kb_2$，于是，$a_1+b_1=k(a_2+b_2)$。因此，$\frac{a_1+b_1}{a_2+b_2}=k$。

量为：

$$z(p)=x(p)-\omega$$

我们说，一个市场出清，如果在这个市场上超额需求为零或超额需求为负且商品价格为零。

> **定义：市场出清价格**
> 设 $z_j(p)$ 是在价格向量为 $p\geqslant 0$ 时商品 j 的超额需求，则商品 j 的市场出清，如果 $z_j(p)\leqslant 0$ 且 $p_j z_j(p)=0$。

瓦尔拉斯法则

假设每个消费者的偏好都满足局部非餍足性公理（见第二章）。给定这一公理，消费者肯定花掉全部收入。我们用反证法证明这一事实。设消费者 h 的支出小于其禀赋价值，即他的最优消费束 x^h 满足 $p\cdot x^h<p\cdot\omega^h$，则存在足够小的 $\delta>0$ 使得 δ-邻域 $N(x^h,\delta)$ 位于预算集内。根据局部非餍足性，在 $N(x^h,\delta)$ 中存在严格优于 x^h 的消费束。但是，如果存在这样的消费束，x^h 就不是最优消费束，矛盾。

现在证明，对任意价格向量 p，超额需求的市场价值等于零。首先：

$$p\cdot z(p)=p\cdot(x-\omega)=p\cdot\sum_{h\in\mathcal{H}}(x^h-\omega^h)=\sum_{h\in\mathcal{H}}(p\cdot x^h-p\cdot\omega^h)$$

由于所有消费者都掉自己的全部财富，所以，上式最右边的项等于零，于是：

$$p_1 z_1(p)+p_2 z_2(p)=0$$

这一结果被称为瓦尔拉斯法则。如果第一个市场出清，即 $p_1 z_1(p)=0$，则 $p_2 z_2(p)=0$，即第二个市场出清。[1] 如果其中一个市场没有出清，则另一个市场不可能出清。

> **定义：瓦尔拉斯均衡**
> 价格向量 $p\geqslant 0$ 是瓦尔拉斯均衡（WE）价格向量，如果它使所有市场出清。

在两种商品模型中，根据瓦尔拉斯法则，我们只需探讨一个市场上的市场出清。任取价格向量 $p=(p_1,p_2)$。给定禀赋配置 $\{\omega^A,\omega^B\}$，消费者选择最大化自己效用的消费束。

我们用埃奇沃思图分析商品交换。有一点必须指出：从每个消费者角度看，预算集为原点和其预算线之间的非负消费束构成的集合。他们不知道埃奇沃思图有多大。在均衡状态，所有市场肯定出清。但是，每个消费者的需求没有考虑经济中的总供给约束。由于这个原因，埃奇沃思图的各条边是 A 或 B 的坐标轴，无差异曲线则可延伸至埃奇沃思图外。

在图 3.1-5 中，A 想从禀赋点 N 交易至 $\bar{x}^A$——他最偏好的商品束；B 想从 N 交易至 $\bar{x}^B$。在商品 1 上，存在超额供给。

---

〔1〕 同理，在有 H 个消费者和 n 种商品时，$p\cdot z(p)=0$。就是说，如果 $n-1$ 个市场出清，则剩下的那个市场出清。

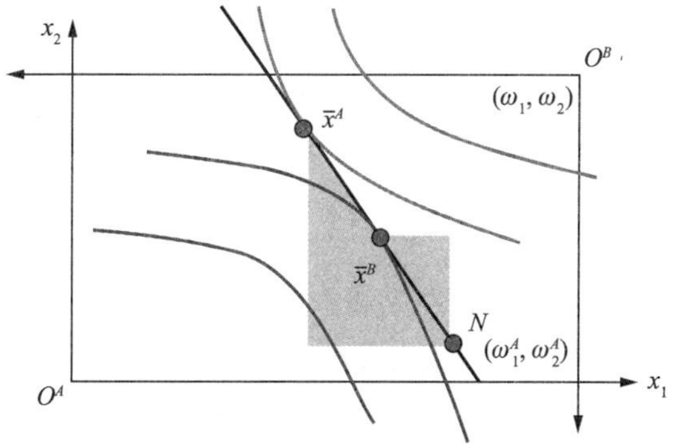

图 3.1-5　商品 1 上存在超额供给

通过降低商品 1(相对于商品 2)的价格,预算线变得平坦直至供给等于需求。图 3.1-6 画出了瓦尔拉斯均衡配置 E。

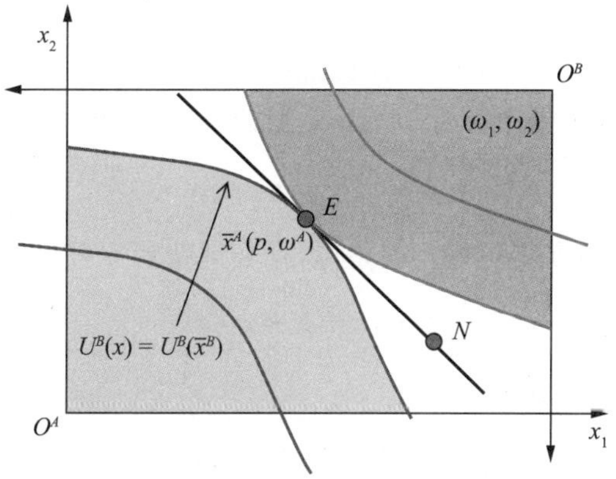

图 3.1-6　瓦尔拉斯均衡

均衡与效率

在图 3.1-6,瓦尔拉斯均衡配置位于埃奇沃思图内点集中。两人的边际替代率因此都等于价格比率:

$$MRS^A(\bar{x}^A)=\frac{\dfrac{\partial U^A}{\partial x_1}(\bar{x}^A)}{\dfrac{\partial U^A}{\partial x_2}(\bar{x}^A)}=\frac{p_1}{p_2}=\frac{\dfrac{\partial U^B}{\partial x_1}(\bar{x}^B)}{\dfrac{\partial U^B}{\partial x_2}(\bar{x}^B)}=MRS^B(\bar{x}^B)$$

其中,$\bar{x}^B=\omega-\bar{x}^A$。将这一条件与帕累托效率配置须满足的必要条件进行比较,我们看到,瓦尔拉斯均衡配置肯定是帕累托效率配置。

要证明这一结论在一般情况中成立,我们需要使用对偶性引理。第 2.2 节说过,如果局部非餍足性得到满足,则在消费者所偏好的所有消费束中,效用最大化的消费束使成本最小。正式地说,如果:

$$\bar{x}^h=\underset{x^h}{\arg\max}\{U^h(x^h)\mid p\cdot x^h\leqslant p\cdot\omega^h\}$$

则：

$$p\cdot\bar{x}^h=\min_{x^h}\{p\cdot x^h\mid U^h(x^h)\geqslant U^h(\bar{x}^h)\}$$

利用这一结论，瓦尔拉斯均衡配置具有帕累托效率的证明简短简单。

> **命题 3.1-1：交换经济的第一福利定理**
>
> 如果偏好满足局部非餍足性，则交换经济中的瓦尔拉斯均衡配置是帕累托效率配置。

证明：设 $\{\bar{x}^h\}_{h\in\mathcal{H}}$ 是禀赋为 $\{\omega^h\}_{h\in\mathcal{H}}$ 的交换经济的瓦尔拉斯均衡配置，$p\geqslant 0$ 是瓦尔拉斯均衡价格向量。由于 $\bar{x}^h$ 最大化消费者 h 的预算约束下的效用，所以，相对于 $\bar{x}^h$，任何严格更优的消费束 x^h 必然要求更多支出，就是说，$p\cdot x^h>p\cdot\bar{x}^h$。而且，根据对偶性引理(引理 2.2-3)，任何弱优于 $\bar{x}^h$ 的消费束 x^h 要求的支出肯定不会更低，就是说，$p\cdot x^h\geqslant p\cdot\bar{x}^h$。

设 $\{x^h\}_{h\in\mathcal{H}}$ 是比 $\{\bar{x}^h\}_{h\in\mathcal{H}}$ 帕累托更优的消费束。由于在帕累托更优配置上，每个消费者的效用都不低于配置 $\{\bar{x}^h\}_{h\in\mathcal{H}}$ 上的效用，因此，对所有的 $h\in\mathcal{H}$，有：

$$p\cdot x^h-p\cdot\bar{x}^h\geqslant 0$$

并且，至少一个消费者变得更好。就是说，存在消费者 h 使得：

$$p\cdot x^h-p\cdot\bar{x}^h>0$$

对所有消费者加总，得到：

$$p\cdot\left(\sum_{h\in\mathcal{H}}x^h-\sum_{h\in\mathcal{H}}\bar{x}^h\right)>0$$

在瓦尔拉斯均衡中，所有市场出清，因此：

$$p\cdot\left(\sum_{h\in\mathcal{H}}\bar{x}^h-\sum_{h\in\mathcal{H}}\omega^h\right)=0$$

合并这两个式子，得到：

$$p\cdot\left(\sum_{h\in\mathcal{H}}x^h-\sum_{h\in\mathcal{H}}\omega^h\right)>0$$

由于 $p\geqslant 0$，因此，肯定存在商品 j 使得 $\sum_{h\in\mathcal{H}}x_j^h-\sum_{h\in\mathcal{H}}\omega_j^h>0$。就是说，所有的帕累托更优配置都不可行。[1] □

每个消费者得到的瓦尔拉斯均衡配置显然取决于其初始禀赋。因此，如果政府干预和重新分配收入，结果将改变。我们现在证明，只要偏好是凸的，则通过适当的资源再分配，任何帕累托效率配置都能构造为瓦尔拉斯均衡配置。

我们首先在两种商品情况中介绍这一结论的证明思路。看图 3.1-7 中的帕累托效率配置$(\hat{x}^A,\hat{x}^B=\omega-\hat{x}^A)$。无差异曲线在 $\hat{x}^A$ 相切，即：

---

〔1〕注意：这里的证明没有用到消费者集合 $\mathcal{H}=\{A,B\}$，就是说，它对任意数量的消费者都成立。

$$\frac{\frac{\partial U^A}{\partial x_1}(\hat{x}^A)}{\frac{\partial U^A}{\partial x_2}(\hat{x}^A)}=\frac{\frac{\partial U^B}{\partial x_1}(\hat{x}^B)}{\frac{\partial U^B}{\partial x_2}(\hat{x}^B)}$$

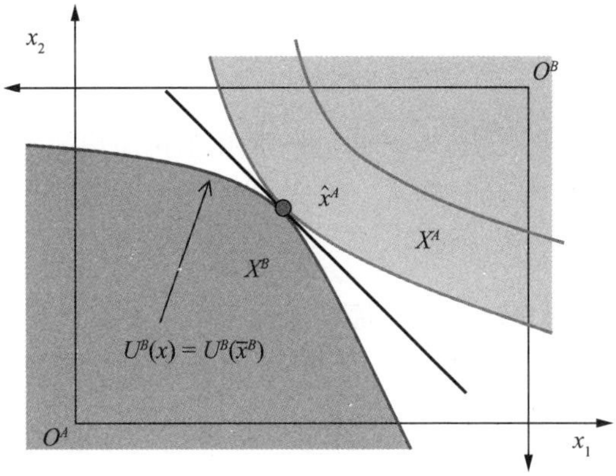

图 3.1-7　帕累托效率配置($\hat{x}^A, \hat{x}^B=\omega-\hat{x}^A$)

因此,存在 θ 使得:

$$\frac{\partial U^A}{\partial x}(\hat{x}^A)=\theta\frac{\partial U^B}{\partial x}(\hat{x}^B)$$

由于上优集 $X^A=\{x^A\,|\,U^A(x^A)\geqslant U^A(\hat{x}^A)\}$ 是凸的,根据引理 1.1-2,有:

$$U^A(x^A)\geqslant U^A(\hat{x}^A)\Rightarrow\frac{\partial U^A}{\partial x}(\hat{x}^A)\cdot(x^A-\hat{x}^A)\geqslant 0$$

对 B 而言,情况亦是如此。所以:

$$U^B(x^B)\geqslant U^B(\hat{x}^B)\Rightarrow\frac{\partial U^B}{\partial x}(\hat{x}^B)\cdot(x^B-\hat{x}^B)\geqslant 0$$

令 $p=\frac{\partial U^B}{\partial x}(\hat{x}^B)$,则$\frac{\partial U^A}{\partial x}(\hat{x}^A)=\theta p$,于是:

$$U^A(x^A)\geqslant U^A(\hat{x}^A)\Rightarrow p\cdot x^A\geqslant p\cdot\hat{x}^A$$
$$U^B(x^B)\geqslant U^B(\hat{x}^B)\Rightarrow p\cdot x^B\geqslant p\cdot\hat{x}^B$$

设 $U^A(x^A)>U^A(\hat{x}^A)$ 且 $p\cdot x^A=p\cdot\hat{x}^A$。由于 U 是严格递增的连续函数,所以,存在足够小的 $\delta\gg 0$ 使得 $U^A(x^A-\delta)>U^A(\hat{x}^A)$ 且 $p\cdot(x^A-\delta)<p\cdot\hat{x}^A$。但是,我们刚才说过:

$$U^A(x^A)\geqslant U^A(\hat{x}^A)\Rightarrow p\cdot x^A\geqslant p\cdot\hat{x}^A$$

因此,这是不可能的。所以:

$$U^A(x^A)-U^A(\hat{x}^A)>0\Rightarrow p\cdot x^A>p\cdot\hat{x}^A$$

就是说,A 严格偏好的配置都不在他的预算集 $\{x^A\,|\,p\cdot x^A\leqslant p\cdot\hat{x}^A\}$ 中。

对 B 而言，情况亦是如此。由于对每个消费者而言，需求等于供给，所以，市场出清。向量 p 因此是瓦尔拉斯均衡价格向量。

定义转移支付为 $T^h = p \cdot (\hat{x}^h - \omega^h), h \in \mathcal{H}$。由于 $\sum_{h\in\mathcal{H}} \hat{x}^h = \sum_{h\in\mathcal{H}} \omega^h$，转移支付之和等于零。所以，如此定义的转移支付是可行的财富再分配。预算约束 $p \cdot x^h \leqslant p \cdot \hat{x}^h$ 于是可以写为：

$$p \cdot x^h \leqslant p \cdot \omega^h + T^h$$

因此，给定转移支付 $T^h, h \in \mathcal{H}$，价格向量 p 是瓦尔拉斯均衡价格向量。

对于消费者 $h \in \mathcal{H}$ 拥有配置 $\hat{x}^h \gg 0$ 的任何帕累托效率配置，这一点都成立。现在给出这一结论的更一般的证明。

命题 3.1-2：交换经济的第二福利定理

在一个交换经济中，禀赋为 $\{\omega^h\}_{h\in\mathcal{H}}$；对消费者 $h \in \mathcal{H}$，$U^h(x)$ 在 $\mathbb{R}^n_+$ 上连续可微且是拟凹函数，$\frac{\partial U^h}{\partial x^h}(x^h) \gg 0$。则任何帕累托效率配置 $\{\hat{x}^h\}_{h\in\mathcal{H}}$（其中，$\hat{x}^h \neq 0, h \in \mathcal{H}$）都有价格向量 $p \gg 0$ 支持。

证明：我们在 2 人交换经济中证明这一命题。[1] 设 $(\hat{x}^A, \hat{x}^B = \omega^A + \omega^B - x^A)$ 是帕累托效率配置，则：

$$\hat{x}^A = \underset{x^A, x^B}{\arg\max}\{U^A(x^A) \mid x^A + x^B \leqslant \omega^A + \omega^B, U^B(x^B) \geqslant U^B(\hat{x}^B)\} \tag{3.1-2}$$

设总禀赋为 ω。首先分析这一优化问题的可行集。我们看 $\bar{x}^A = \delta \gg 0$ 和 $\bar{x}^B = \omega - \delta$。由于 $U^B(\cdot)$ 严格递增且 $0 < \hat{x}^B < \omega$，所以，存在足够小的 δ 使得 $U^B(\hat{x}^B) < U^B(\bar{x}^B) < U^B(\omega)$。因此，可行集有非空内点集。由于 $U^B(\cdot)$ 拟凹，因而可行集是凸集。并且，约束函数的梯度都不为零。因此，根据命题 1.2-4，约束限制得到满足。库恩-塔克条件于是是必要条件。

优化问题（3.1-2）的拉格朗日函数为：

$$\mathcal{L} = U^A(x^A) + \nu(\omega^A + \omega^B - x^A - x^B) + \mu(U^B(x^B) - U^B(\hat{x}^B))$$

求导，得到库恩-塔克条件：

$$\frac{\partial \mathcal{L}}{\partial x^A} = \frac{\partial U^A}{\partial x^A}(\hat{x}^A) - \nu \leqslant 0, \hat{x}^A \cdot \left(\frac{\partial U^A}{\partial x^A}(\hat{x}^A) - \nu\right) = 0 \tag{3.1-3}$$

$$\frac{\partial \mathcal{L}}{\partial x^B} = \mu \frac{\partial U^B}{\partial x^B}(\hat{x}^B) - \nu \leqslant 0, \hat{x}^B \cdot \left(\mu \frac{\partial U^B}{\partial x^B}(\hat{x}^B) - \nu\right) = 0 \tag{3.1-4}$$

$$\frac{\partial \mathcal{L}}{\partial \nu} = \omega^A + \omega^B - \hat{x}^A - \hat{x}^B \geqslant 0, \nu(\omega^A + \omega^B - \hat{x}^A - \hat{x}^B) = 0 \tag{3.1-5}$$

由于 $\frac{\partial U^A}{\partial x^A} \gg 0$，根据（3.1-3），$v \gg 0$。于是，根据（3.1-5），有：

---

[1] 这一证明可直接扩展至有多个消费者和多种商品的交换经济。请验证这一点。

$$\omega^A+\omega^B-\hat{x}^A-\hat{x}^B=0 \tag{3.1-6}$$

由于 $\hat{x}^B>0$ 且 $\frac{\partial U^B}{\partial x^B}\gg 0$，根据(3.1-4)，$\mu>0$。

现在看禀赋为 $\hat{\omega}^h=\hat{x}^h$ 的经济，$h\in\mathcal{H}$。设价格向量 $p=\nu$。消费者 h 的选择为：

$$\bar{x}^h=\underset{x^h}{\operatorname{argmax}}\{U^h(x^h)\mid \nu\cdot x^h\leqslant\nu\cdot\hat{x}^h\}$$

这一优化问题的一阶条件为：

$$\frac{\partial\mathcal{L}}{\partial x^h}=\frac{\partial U^h}{\partial x^h}(\bar{x}^h)-\lambda^h\nu\leqslant 0,\bar{x}^h\cdot\left(\frac{\partial U^h}{\partial x^h}(\bar{x}^h)-\lambda^h\nu\right)=0$$

由于 $U^h(\cdot)$ 是拟凹函数，所以，上述一阶条件是充分条件。令 $\lambda^A=1,\lambda^B=1/\mu$。根据(3.1-3)和(3.1-4)，对所有的 $h\in\mathcal{H}$，在 $\bar{x}^h=\hat{x}^h$ 时一阶条件成立。

因此，在价格 $p=\nu$ 时，没有消费者想进行交易。供给等于需求，价格向量 p 是瓦尔拉斯均衡价格向量。

定义转移支付为 $T^h=\nu\cdot(\hat{x}^h-\omega^h)$。根据(3.1-6)，转移支付之和等于零。在转移支付 T^h 下，消费者 h 的预算约束为：

$$\nu\cdot x^h\leqslant\nu\cdot\omega^h+T^h=\nu\cdot\hat{x}^h$$

就是说，只要在消费者之间进行恰当的转移支付，帕累托效率配置能作为瓦尔拉斯均衡配置实现。 □

例题：拟线性偏好

消费者 A 的效用函数为 $U^A=x_1^A+\ln x_2^A$，消费者 B 的效用函数为 $U^B=x_1^B+2\ln x_2^B$。

在埃奇沃思图内点集中的帕累托效率配置上，两人的边际替代率肯定相等。在这里，$MRS^A=x_2^A$，$MRS^B=\frac{1}{2}x_2^B$。因此，埃奇沃思图中的内点配置要具有帕累托效率，必须满足 $x_2^A=\frac{1}{2}x_2^B$。

同时，总消费要满足 $x_2^A+x_2^B=\omega_2$。求解这两个方程。埃奇沃思图内点集中的配置要具有帕累托效率，要求 $x_2^A=\frac{1}{3}\omega_2$，$x_2^B=\frac{2}{3}\omega_2$。

图 3.1-8 中粗水平线上的点都是帕累托效率配置。对埃奇沃思图内点集中的任何效率配置，边际替代率 $MRS^A(x^A)=x_2^A=\frac{1}{3}\omega_2$。因此，对所有这些内点效率配置，支持价格相同。

再看埃奇沃思图边界上的帕累托效率配置 $(\hat{x}_1^A,\hat{x}_2^A)$。假设它是禀赋点。根据第一福利定理，如果存在瓦尔拉斯均衡，则它肯定具有帕累托效率。就是说，唯一可能的均衡是无交换发生的均衡。看穿过 $\hat{x}^A=(\hat{x}_1^A,\hat{x}_2^A)$ 的预算线，它位于 A 的消费集的内点集中，所以，它肯定与无差异曲线相切。这就决定了均衡价格比率。

两个福利定理为分析均衡提供了有用的间接途径。概括帕累托效率配置的特征往往比计算瓦尔拉斯均衡更加容易。为说明这一点，我们看财富分布的变化对

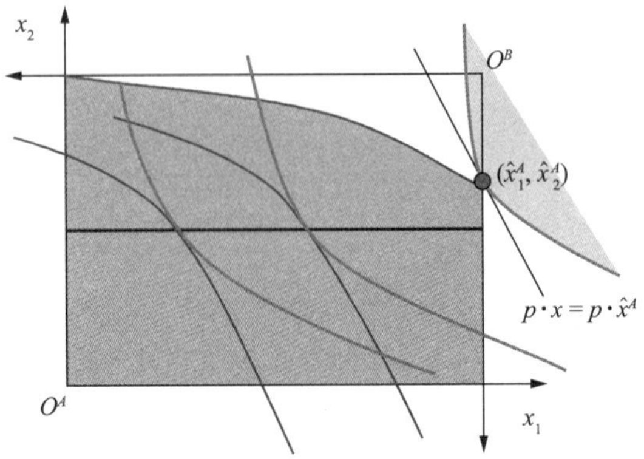

图 3.1-8 拟线性偏好的帕累托效率配置

瓦尔拉斯均衡价格的影响。

位似偏好

假设经济中的两个人（A 与 B）有不同的凸的位似偏好。在禀赋点 (ω_1,ω_2) 上，A 对商品 1 的偏好比 B 强。就是说，为增加一件商品 1，A 愿意放弃更多的商品 2。

> **假定：偏好强度**
>
> 在总禀赋点上，A 对商品 1 的偏好比 B 强，即：
>
> $$MRS_A(\omega_1,\omega_2)=\frac{\frac{\partial U^A}{\partial x_1}}{\frac{\partial U^A}{\partial x_2}}>\frac{\frac{\partial U^B}{\partial x_1}}{\frac{\partial U^B}{\partial x_2}}=MRS_B(\omega_1,\omega_2) \qquad (3.1-7)$$

图 3.1-9 描绘了这种情况。

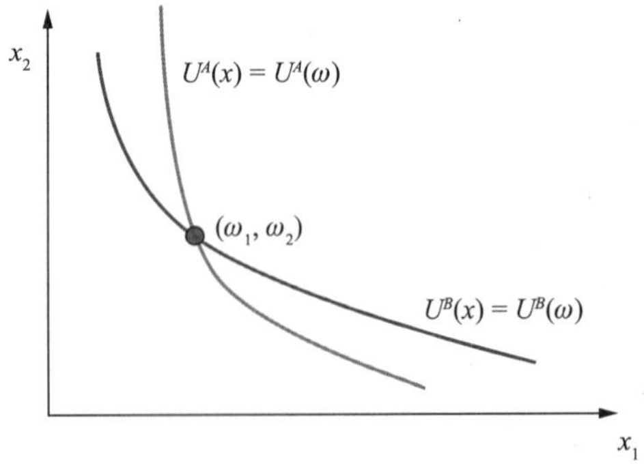

图 3.1-9 A 对商品 1 的偏好更强

现在探讨这一假定对帕累托效率配置的意义。我们看图 3.1-10 中的埃奇沃思图。首先，在对角虚线上，$(x_1^h,x_2^h)=\theta^h\omega$。根据假定，偏好都为位似偏好。由于 A 赋予商品 1 更大的价值，因而：

$$MRS_A(\theta^A\omega)>MRS_B(\theta^A\omega)=MRS_B(\theta^B\omega)$$

所以，帕累托效率配置肯定位于对角线下方。

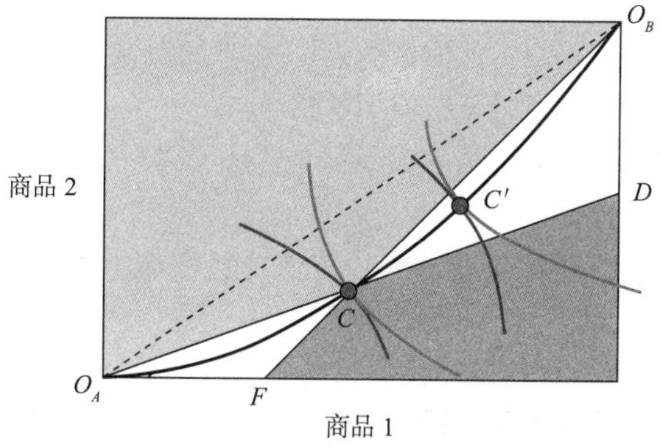

图 3.1－10 帕累托效率配置

设 C 是一个效率配置，C' 是另一个效率配置——A 更偏好的配置。在图 3.1－10 中，C' 肯定位于 C 的右上方。由于与 C 点相比，在 C' 点 A 的消费更高、B 的消费更低，所以，C' 点的边际替代率更高，反映了 A 对商品 1 的更强偏好。

我们证明这一结论。设在 C 点，边际替代率等于 m。给定位似偏好，在直线 O_AD 上方任意一点，$MRS^A(x_1,x_2)>m$；在直线 O_BF 上方任意一点，$MRS^B(x_1,x_2)<m$。因此，在上方浅灰色区域中，A 的边际替代率大于 m，B 的边际替代率小于 m。具有这些特征的配置不具有帕累托效率。同理，位于下方深灰色区域中的配置也不具有帕累托效率。

我们看位于 C 点右上方的效率配置 C'。它位于 O_AD 上方和 O_BF 下方，所以，对每个 $h\in\mathcal{H}$ 有：

$$\left.\frac{x_2^h}{x_1^h}\right|_C<\left.\frac{x_2^h}{x_1^h}\right|_{C'} \tag{3.1-8}$$

并且，对每个 $h\in\mathcal{H}$ 有：

$$MRS^h(C')>m=MRS^h(C) \tag{3.1-9}$$

就是说，沿着帕累托效率配置轨迹，从 C 点移动到 C' 点，边际替代率上升。因此，支持价格的特征是：商品 1 的相对价格上升。就是说，相对于 B，A 的财富越多，商品 1 的相对价格就越高。后文将用到这些结论，所以，我们将其概括如下。

命题 3.1－3：位似偏好下的帕累托效率配置

在 2×2 交换经济中，假设消费者 A 和 B 都有位似偏好。假设在总禀赋点上，相对于消费者 B，消费者 A 对商品 1 的偏好更强。则在内点效率配置上：

$$\frac{x_2^A}{x_1^A}<\frac{x_2^B}{x_1^B}$$

并且，沿着效率配置轨迹线，随着消费者 A 的效用上升，两个消费者的消费比率 $\frac{x_2^h}{x_1^h}$ 和 x_1 对 x_2 的边际替代率上升。

习　题

习题 3.1－1:拟线性偏好下的均衡价格

在一个两人经济中,总禀赋为$(\omega_1,\omega_2)=(100,200)$,两人有相同的拟线性效用函数$U(x^h)=x_1^h+\sqrt{x_2^h}$。

(a) 假设两个消费者对商品1的均衡消费数量都为正数,求解瓦尔拉斯均衡价格。

(b) 在这个经济中,可能的均衡价格的取值范围是什么?

习题 3.1－2:帕累托效率配置

(a) 设U^A和U^B都严格递增。解释为什么配置$(\hat{x}^A,\hat{x}^B)=(\omega^A+\omega^B,0)$是帕累托效率配置和瓦尔拉斯均衡配置?

假设$U^A=x_1^A+10\ln x_2^A$,$U^B=\ln x_1^B+x_2^B$。总禀赋为$\omega=(20,10)$。

(b) 证明位于埃奇沃思图内点集中的帕累托效率配置能表示为$\hat{x}_2^A=f(\hat{x}_1^A)$的形式。

(c) 设$\omega_2^A=f(\omega_1^A)$。随着ω_1^A沿这一曲线上升,均衡价格比率如何变化?

(d) 埃奇沃思图边界上的哪些配置是帕累托效率配置?

习题 3.1－3: 瓦尔拉斯均衡

假设在一半的人口中(巨人族),每个人拥有的禀赋为(24,8);在另一半人口中(矮人族),每个人的拥有禀赋都为(20,10)。每个巨人的效用函数为:

$$U^B=\ln x_1^B+\ln x_2^B$$

每个矮人的效用函数为:

$$U^L=\ln(4+x_1^L)+\ln(6+x_2^L)$$

(a) 求解个人需求,加总个人需求,求解均衡价格比率。

(b) 求解契约线,将其画在埃奇沃思图中。在图中,用左下角表示代表性矮人的零消费点,用右上角表示代表性巨人的零消费点。

(c) 解释在禀赋发生有利于巨人族的再分配时,均衡价格为什么不变。

(d) 在矮人族的禀赋为(8,0)而巨人族的禀赋为(36,18)时,均衡价格为多少?

(e) 在矮人族的禀赋为(2,0)而巨人族的禀赋为(42,18)时,均衡价格为多少?

习题 3.1－4:线性偏好

在两人经济中,A的偏好可以用效用函数$U^A(x)=2x_1+x_2$表示,B的偏好可以用效用函数$U^B(x)=x_1+2x_2$表示。总禀赋为(30,20)。

(a) 概括帕累托配置的特征,并在埃奇沃思图中将它们表示出来。求证:如果A拥有总禀赋中相当大的部分,则均衡价格比率$\frac{p_1}{p_2}=2$。如果B拥有足够大的份额呢?

(b) 对哪些禀赋点,价格比率位于这两个极端之间?概括瓦尔拉斯均衡的特征。

(c) 求证:从 A 到 B 的财富转移,在某些禀赋上,对价格没有影响;在其他禀赋上,对瓦尔拉斯均衡配置没有影响。

习题 3.1-5:巨人族与矮人族

假设巨人们只喜欢商品 1,矮人们只喜欢商品 2。在埃奇沃思图中,画出帕累托效率配置。存在瓦尔拉斯均衡吗?如果存在的话,在图中标出瓦尔拉斯均衡。

习题 3.1-6:超额市场需求

在两人交换经济中,A 与 B 的消费集都为 $X=\{x \mid x \geqslant (2,2)\}$。$A$ 的效用函数为 $U^A=(x_1^A-2)^5(x_2^A-2)$,禀赋为 $\omega^A=(7+\alpha,1-\alpha)$;$B$ 的效用函数为 $U^B=(x_1^B-2)(x_2^B-2)^5$,禀赋为 $\omega^B=(1-\alpha,7+\alpha)$。参数 $\alpha \in [0,1]$。

(a) 求证:这两个消费者要能够购买其消费集中的消费束,价格必须满足

$$\frac{5+\alpha}{1+\alpha} \geqslant \frac{p_1}{p_2} \geqslant \frac{1+\alpha}{5+\alpha}$$

(b) 求解每个人对商品 1 的需求。

(c) 求证:商品 1 上的市场超额需求函数为

$$z_1(p)=-\frac{\alpha}{3}\left(\frac{p_2}{p_1}-1\right)$$

(d) 在 α 取什么值时,商品 1 上的超额需求随商品 1 价格上升而上升?解释这一结果。提示:分析商品 1 价格上升的收入效应。

(e) 探讨 $\alpha=0$ 时,瓦尔拉斯均衡价格与配置的特征。

3.2 基本福利定理

关键词:瓦尔拉斯均衡;第一福利定理;第二福利定理

假设在一个交换经济中,有任意种类的商品与任意数量的消费者。我们将看到,前一节从两人两商品经济中得到的结论可以推广至这种多人多商品经济中。假设所有商品都是私人商品,即消费者 $h \in \mathcal{H}=\{1,\cdots,H\}$ 的偏好定义在他自己的消费向量 $x^h=(x_1^h,\cdots,x_n^h)$ 而非其他人的消费向量上。设 $X^h \subset \mathbb{R}^n$ 是消费者 h 的消费集。因此,偏好定义在 X^h 上。假设消费者 h 的禀赋向量为 $\omega^h \in X^h$。在这一经济中,消费配置 $\{x^h\}_{h\in\mathcal{H}}$ 明确了每个消费者 $h \in \mathcal{H}$ 的消费束 $x^h \in X^h$。这个经济中的总消费 x 为所有人的消费向量之和,即 $x=\sum_{h\in\mathcal{H}} x^h$;总禀赋为 $\omega=\sum_{h\in\mathcal{H}} \omega^h$。

可行配置

一个配置是可行的,如果所有消费者的消费向量之和不超过总禀赋,即:

$$x-\omega \leqslant 0$$

帕累托效率配置

在交换经济中,一个可行的配置 $\{\hat{x}^h\}_{h\in\mathcal{H}}$ 具有帕累托效率,如果不存在其他可

行的配置被至少一个消费者严格偏好且被所有消费者弱偏好。

接受价格

设 $p\geqslant 0$ 是价格向量。消费者都接受价格。消费者 h 的禀赋为 ω^h。他从自己的预算集 $\{x^h\in X^h \mid p\cdot x^h\leqslant p\cdot \omega^h\}$ 中选择消费束 $\bar{x}^h$。

瓦尔拉斯均衡

消费者 h 从自己的预算集中选择他最偏好的消费方案 $\bar{x}^h$。就是说，只要消费方案 x^h 满足预算约束条件 $p\cdot x^h\leqslant p\cdot \omega^h$，就有：

$$U^h(\bar{x}^h)\geqslant U^h(x^h)$$

设 $\bar{x}=\sum \bar{x}^h$ 是所有消费者的总消费，则超额需求为：

$$\bar{z}=\bar{x}-\omega$$

> **定义：瓦尔拉斯均衡价格**
> 价格向量 $p\geqslant 0$ 是瓦尔拉斯均衡价格向量，如果没有任何市场上存在超额需求($\bar{z}\leqslant 0$)并且在存在超额供给的市场上($\bar{z}_j<0$)，$p_j=0$。

福利定理

第一福利定理的证明与第 3.1 节两种商品情况中的证明完全一样。在第 3.1 节两人交换经济的第二福利定理的证明中，我们假定效用函数具有拟凹性与可微分性，使用了库恩-塔克条件。在这里，我们放弃可微分性假定，直接使用支持超平面定理。[1]

配置 $\{\hat{x}^h\}_{h\in\mathcal{H}}$ 具有帕累托效率，如果不存在能增加消费者 1 效用且同时不降低其他任何人的效用的其他配置。就是说，$\{\hat{x}^h\}_{h\in\mathcal{H}}$ 是以下优化问题的解：

$$\max_{\{x^h\}_{h\in\mathcal{H}}}\left\{U^1(x^1)\,\middle|\,U^h(x^h)\geqslant U^h(\hat{x}^h),h=2,\cdots,H,\sum_{h\in\mathcal{H}}(\omega^h-x^h)\geqslant 0,x^h\in\mathbb{R}^n_+\right\}$$

定义 $V^1(x)$ 为总供给等于 x 时消费者 1 得到的最大效用，即：

$$V^1(x)=\max_{\{x^h\}\ h\in\mathcal{H}}\left\{U^1(x^1)\,\middle|\,U^h(x^h)\geqslant U^h(\hat{x}^h),h=2,\cdots,H,x-\sum_{h=1}^{H}x^h\geqslant 0\right\} \tag{3.2-1}$$

这里要看到，如果 $x=\omega$，$\{\hat{x}^h\}_{h\in\mathcal{H}}$ 就是这一优化问题的解。

> **引理 3.2-1：$V^1(\cdot)$ 的拟凹性**
> 对每个 $h\in\mathcal{H}$，如果 U^h 是拟凹函数，则间接效用函数 V^1 是拟凹函数。

证明：任取总禀赋 a 与 b。我们证明对任意凸组合 $c=(1-\lambda)a+\lambda b$，有：

---

〔1〕 在第五章中我们将看到，这一证明很容易扩展至生产经济中。

$$V^1(c) \geqslant \min\{V^1(a), V^1(b)\}$$

设在总禀赋为 a 时，配置 $\{a^h\}_{h\in\mathcal{H}}$ 是优化问题(3.2-1)的解；在总禀赋为 b 时，配置 $\{b^h\}_{h\in\mathcal{H}}$ 是优化问题(3.2-1)的解。就是说，$V^1(a)=U^1(a^1)$，$V^1(b)=U^1(b^1)$。

现在证明 $V^1(c)\geqslant\min\{V^1(a),V^1(b)\}$。

由于在总禀赋为 a 时 $\{a^h\}_{h\in\mathcal{H}}$ 是可行配置，在总禀赋为 b 时 $\{b^h\}_{h\in\mathcal{H}}$ 是可行配置，因此，在总禀赋为 $c=(1-\lambda)a+\lambda b$ 时 $\{c^h\}_{h\in\mathcal{H}}$ 是可行配置。则：

$$V^1(c)\geqslant U^1(c^1)$$

由于 U^1 是拟凹函数，则：

$$U^1(c^1) \geqslant \min\{U^1(a^1), U^1(b^1)\}$$

合并这两个不等式，得到：

$$V^1(c) \geqslant \min\{U^1(a^1), U^1(b^1)\} = \min\{V^1(a), V^1(b)\}$$ □

命题 3.2-2：交换经济的第二福利定理

对每个消费者 $h\in\mathcal{H}$，禀赋为 $\omega^h\in\mathbb{R}^n_+$，消费集 X^h 为正象限 $\mathbb{R}^n_+$，效用函数 $U^h(\cdot)$ 连续、拟凹和严格单调。如果 $\{\hat{x}^h\}_{h\in\mathcal{H}}$ 是帕累托效率配置且对每个 $h\in\mathcal{H}$，$\hat{x}^h\neq 0$，〔1〕则存在正价格向量 $p>0$ 使得对每个 $h\in\mathcal{H}$，有：

$$U^h(x^h)>U^h(\hat{x}^h)\Rightarrow p\cdot x^h>p\cdot\hat{x}^h$$

证明：定义

$$V^1(x)=\max_{\{x^h\}_{h=1}^{H}}\left\{U^1(x^1)\mid U^h(x^h)\geqslant U^h(\hat{x}^h), h=2,\cdots,H, x-\sum_{h=1}^{H}x^h\geqslant 0\right\}$$

根据引理 3.3—1，$V^1(\cdot)$ 是拟凹函数。由于 $U^1(\cdot)$ 严格递增，所以，$V^1(\cdot)$ 严格递增。假设总供给增加的部分都配置给第一个消费者，如果总供给增加的话。

我们说过，在 $x=\omega$ 时，$\{\hat{x}^h\}_{h\in\mathcal{H}}$ 是优化问题的解。而且，由于 $U^1(\cdot)$ 严格递增，则：

$$\sum_{h=1}^{H}\hat{x}^h=\omega \tag{3.2-2}$$

由于 ω 位于集合 $\{x\mid V^1(x)\geqslant V^1(\omega)\}$ 的边界上，根据支持超平面定理，存在向量 $p\neq 0$，使得：

$$V^1(x)>V^1(\omega)\Rightarrow p\cdot x>p\cdot\omega$$
$$V^1(x)\geqslant V^1(\omega)\Rightarrow p\cdot x\geqslant p\cdot\omega \tag{3.2-3}$$

图 3.2-1 画出了穿过总禀赋向量的支持线。

〔1〕 如果 M 个消费者的配置为零，我们就忽略这些人，只对有非零配置的 $H-M$ 个消费者应用这一定理。由于所有的可行配置都严格优于零配置，所以，这一定理很容易推广至零配置情况中。

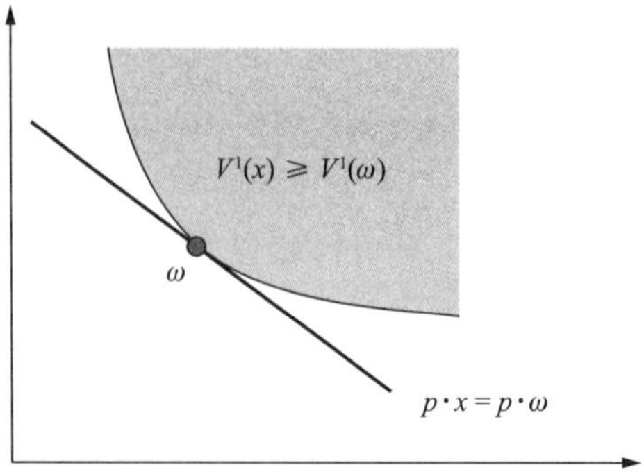

图 3.2-1　支持超平面

现在证明向量 p 肯定为正。设 p 不为正。定义 $\delta=(\delta_1,\cdots,\delta_n)>0$ 使得 $\delta_j>0$ 当且仅当 $p_j<0$，则 $V^1(\omega+\delta)>V^1(\omega)$，$p\cdot(\omega+\delta)<p\cdot\omega$。这与(3.2-3)矛盾，所以，$p$ 肯定为正。

根据(3.2-3)和间接效用函数的定义，有：

$$U^h(x^h)\geqslant U^h(\hat{x}^h),h=1,\cdots,H \Rightarrow p\cdot\sum_{h=1}^{H}x^h\geqslant p\cdot\omega \qquad (3.2-4)$$

把(3.2-2)代入上式中，得到：

$$U^h(x^h)\geqslant U^h(\hat{x}^h),h=1,\cdots,H \Rightarrow p\cdot\sum_{h=1}^{H}x^h\geqslant p\cdot\sum_{h=1}^{H}\hat{x}^h$$

对所有的 $k\neq h$，令 $x^k=\hat{x}^k$。则对消费者 h，有：

$$U^h(x^h)\geqslant U^h(\hat{x}^h)\Rightarrow p\cdot x^h\geqslant p\cdot\hat{x}^h \qquad (3.2-5)$$

现在证明更好的消费束要求更高支出。设 $U^h(x^h)>U^h(\hat{x}^h)$ 且 $p\cdot x^h=p\cdot\hat{x}^h$。则对所有的 $\lambda\in(0,1)$，$p\cdot\lambda x^h<p\cdot\hat{x}^h$。由于 $U^h(\cdot)$ 是连续函数，因此，对足够接近 1 的 λ，$U^h(\lambda x^h)>U^h(\hat{x}^h)$。但这两个不等式与(3.2-5)矛盾。因此：

$$U^h(x^h)>U^h(\hat{x}^h)\Rightarrow p\cdot x^h>p\cdot\hat{x}^h \qquad \square$$

习　题

习题 3.2-1：有相同的位似偏好时的第二福利定理

假设消费者的消费集都为 $\mathbb{R}^n_+$，并且他们有相同的严格递增、拟凹的位似效用函数 $U\in C^1$。概括瓦尔拉斯均衡价格的特征。

参考文献

Edgeworth, Francis Y. (1881). *Mathematical Psychics: An Essay on the Application of Mathematics to the Moral Sciences*. London: C. K. Paul.

Pareto, Vilfredo. (1909). *Manuele di economia politica*. Augustus M. Kelley, 1971.

Rawls, John. (1971). *A Theory of Justice*. Cambridge, MA: Belknap Press.

Walras, Leon. (1874). *Éléments d'économie politique pure, ou théorie de la richesse sociale*. Lausanne: F. Rouge Editeur.

第四章 企业

4.1 企业是什么？

关键词：企业把投入品转化为产出品；生产集；生产函数；净供给与净需求

在本章中，我们探讨企业对商品的转化。在企业内部，原材料与其他投入品经过劳动力与管理阶层的加工处理后，转化为商品和服务。这些产出可用于消费（最终产品）或者作为投入品销售给其他企业（中间品）。企业能生产出的产品数量取决于企业拥有的技术（机器和厂房等）。

这一切相当直接。以生产新闻纸的企业为例。它使用机器，把木材、能源和劳动力等转化为一个个巨型纸卷，卖给报社。但是，从广义角度看，机器也是投入品。除购买劳动力与原材料外，企业还可能（为现有的工厂或为建造新工厂）增加购买资本品，从而改变产出。从这一角度看，企业的技术是进行商品转换的蓝图。

甚至这种描述也不完整。企业可以不购买更多设备，而是买下另一家企业甚至买下经济中的所有企业！那么，是政府施加的规制约束在决定企业数量还是存在其他一些自然因素限制把多个企业整合为超大企业的能力？这些极重要的问题是现代产业组织学研究的核心问题。在这里，我们简单地把企业的边界（或它的蓝图）视为外生给定。

如果没有规模经济，经济决策主体就没有技术动因以合伙形式或通过雇主-雇员关系开展生产。因此，专业化收益是企业存在的一个核心原因。但是，一旦存在人力与非人力投入品的汇聚，就存在有效使用这些投入品的问题。特别是，必须监督工人工作。在小企业，所有者直接承担监督成本。大企业则雇用经理人员来监督工人。经理们则由代表所有者的董事会监督。就是说，在上述每种情况中，监督成本最终都由所有者承担。[1]

本章不探讨这些问题，不考虑为执行企业所有者所选择的生产方案而发生的

[1] 现实世界中，高层经理得到奖金和其他激励。因此，所有者的一个重要职能是设计有效的激励机制。第七章将探讨这一问题。

对投入品的监督成本。[1] 所有者以其持有的股份而获得股息。企业利润越高，股息则越高。因此，所有者想最大化企业利润。

假设企业 f 用 n 种投入品生产 m 种产品——投入品数量为 $z=(z_1,\cdots,z_n)$，产品数量为 $q=(q_1,\cdots,q_m)$。给定投入品向量 z，如果企业能实现产出向量 q，则 $m+n$ 维向量 $(z,q)\geqslant 0$ 就是企业 f 的一个可行的生产方案。

我们用 Y 表示企业 f 的所有可行的投入-产出向量构成的集合。它是企业 f 的生产集。给定投入品向量 z，设 $Q(z)$ 是可行的产出向量构成的集合。我们说，产出向量 q 具有产出效率，如果不降低其他产品产量，企业就无法增加任何一种产品的产量。用数学语言说，给定投入品向量 z，一个产出向量具有产出效率，如果它位于 $Q(z)$ 的边界上。

假设企业只生产一种产品，则有效率的产量 $q=F(z)$ 是最大的可行产量。函数 $F(\cdot)$ 被称为企业的生产函数。

例题 1：柯布-道格拉斯生产函数

$$q=A\prod_{j=1}^{n}z_j^{\alpha j}=Az_1^{\alpha 1}\cdots z_n^{\alpha n}\text{，其中，}A,\alpha>0$$

例题 2：CES 生产函数

$$q=\left(\sum_{j=1}^{n}a_j z_j^{\frac{\sigma-1}{\sigma}}\right)^{\frac{\sigma}{\sigma-1}}\text{，其中，}a,\sigma>0,\sigma\neq 1$$

如果企业生产多种产品，则我们可以把生产集表示为满足某些不等式约束条件的投入-产出向量 (z,q) 构成的集合，即：

$$Y^f=\{(z,q)\mid h_k(z,q)\geqslant 0, i=1,\cdots,K\}$$

就是说，生产集的特征决定于约束函数的特征。例如，如果每个约束函数都是拟凹函数（因此有凸的上优集），则生产集是凸集。

例题 3：多产品生产集

$$Y^f=\{(z_1,q_1,q_2)\mid z_1-q_1^2-q_2^2\geqslant 0,(z,q)\geqslant 0\}$$

在这里，约束函数是三个凹函数之和，所以是凹函数，生产集因此是凸集。给定投入品向量 z_1，可行的产出向量集 $Q(z_1)=\{q\mid q_1^2+q_2^2\leqslant z_1\}$，它是个半径为 $\sqrt{z_1}$ 的四分之一圆。

就单个企业而言，探讨的对象常常是投入品的成本和产品的销售收入。但是，在探讨市场时，这种做法不十分有用，因为一个企业的产出常常是另一个企业的投入。另外，随着相对价格变化，企业可能从某种商品（如电力）的净需求者转变为净供给者。

更一般的方法是探讨每个企业对商品的净供给。如果 $y_j^f\geqslant 0$，企业 f 就是商

---

[1] 如果监督成本与生产方案无关，我们就可以引入监督成本而不影响分析。因为在这种情况中，引入监督成本只是增加了一种固定成本而已。

品 j 的净供给者；如果 $y_j^f<0$，企业 f 就是商品 j 的净需求者。$-y_j^f$ 便是这个企业对投入品 j 的需求。

给定价格向量 p，企业的总收入为 $R^f=\sum_{j,y_j\geqslant 0}p_jy_j^f$，总成本为 $C^f=\sum_{j,y_j<0}p_j(-y_j^f)$。则企业利润为：

$$R^f-C^f=\underbrace{\sum_{j,y_j\geqslant 0}p_jy_j^f}_{\text{收入}}-\underbrace{\sum_{j,y_j<0}p_j(-y_j^f)}_{\text{成本}}=p\cdot y^f$$

所以，使用这种表述方法还有另一个原因：从数学角度讲，它更方便。可行方案集 Υ^f 是企业的生产集[1]，向量 $y^f\in\Upsilon^f$ 是可行生产向量。为满足股东利益，企业选择最有利可图的可行生产向量。

4.2　接受价格的企业的决策

关键词：投入品价格与边际成本；企业的供求法则；对价格变化的短期反应与长期反应

假定在所有投入品市场上企业都接受价格。利润最大化的一个必要条件是：给定产量 q，投入品成本最小。最小生产成本被称为企业的成本函数。

成本函数

设 Y 是企业 f 的生产集，r 是投入品价格向量。则企业的成本函数为：

$$C(r,q)\equiv\min_z\{r\cdot z\mid(z,q)\in Y\}$$

如果企业只生产一种产品，我们就定义 $F(z)$ 为投入品向量为 z 时企业的最大产量，称其为企业的生产函数。在这种情况中，成本函数可以写为：

$$C(r,q)\equiv\min_z\{r\cdot z\mid F(z)-q\geqslant 0\}$$

从数学角度看，如果企业只生产一种产品，则它的成本函数在结构上与消费者的支出函数完全相同。我们关于支出函数的所有分析皆适用于企业的成本函数。因此，成本函数是投入品价格向量的凹函数。不仅如此，我们还有下面的结论。

引理 4.2-1：成本函数的梯度

如果成本最小化投入品向量 $z(r,q)$ 是投入品价格的连续函数，则对所有的 $i=1,\cdots,n$ 有：

$$\frac{\partial C}{\partial r_i}(r,q)=z_i(r,q) \qquad (4.2-1)$$

---

〔1〕 如果生产向量为 $(z^f,q^f)\geqslant 0$，其中，z^f 与 q^f 分别是投入品向量与产出品向量，我们就把生产集写为 Y^f。如果 y^f 是企业的净供给，我们就把生产集写为 Υ^f。

我们可以用包络定理证明这一结论。但为更好地理解它，我们换种直接的证明方法。设在投入品价格向量为 r^0 时，最优投入品向量为 z^0；在投入品价格向量为 r^1 时，最优投入品向量为 z^1。在投入品价格向量由 r^0 变化为 r^1 时，企业依然可以用投入品向量 z^0 生产产出向量 q。因此：

$$C(r^1,q)\leqslant r^1\cdot z^0$$

成本变化于是有以下上界：

$$C(r^1,q)-C(r^0,q)\leqslant(r^1-r^0)\cdot z^0$$

在投入品价格向量从 r^1 变化为 r^0 时，最小成本上的变化有以下上界：

$$C(r^0,q)-C(r^1,q)\leqslant(r^0-r^1)\cdot z^1$$

合并这两个式子，得到：

$$(r^1-r^0)\cdot z^1\leqslant C(r^1,q)-C(r^0,q)\leqslant(r^1-r^0)\cdot z^0 \qquad (4.2-2)$$

假设只有第 i 种投入品价格发生变化。(4.2-2)于是可以写为：

$$z_i(r^1,q)\leqslant\frac{C(r^1,q)-C(r^0,q)}{r_i^1-r_i^0}\leqslant z_i(r^0,q)$$

如果投入品需求函数 $z(q,r)$ 是连续函数，则：

$$\lim_{r^1\to r^0}z(r^1,q)=z(r^0,q)$$

换句话说，成本变化的上界与下界收敛于极限点。因此：

$$\frac{\partial C}{\partial r_i}=z_i(r^0,q)$$

投入品价格上升对产出的影响

利用上述结论，我们分析在一种投入品价格上升时企业的反应。接受价格的企业通过选择产量使产品价格等于边际成本。我们可能认为，价格 r_j 上升会提高每种产品的边际成本，于是出现图 4.2-1 所描述的情况：每种产品的产量都下降。这种认识不正确。设 $z(r,q)\in\mathbb{C}^1$。把式子(4.2-1)对 q_i 求导，得到：

$$\frac{\partial^2 C}{\partial q_i\partial r_j}=\frac{\partial z_j}{\partial q_i}$$

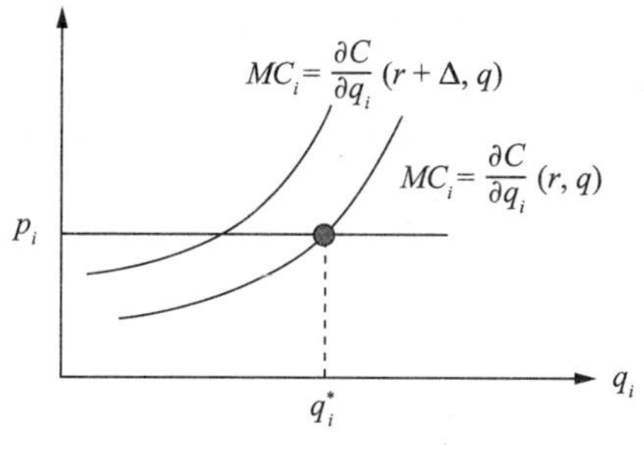

图 4.2-1 正常情况

由于交叉导数的求导顺序不重要，并且$\frac{\partial C}{\partial q_i}$是生产商品 i 的边际成本，因此：

$$\frac{\partial}{\partial r_j}MC_i=\frac{\partial}{\partial r_j}\frac{\partial C}{\partial q_i}=\frac{\partial}{\partial q_i}\frac{\partial C}{\partial r_j}=\frac{\partial z_j}{\partial q_i} \tag{4.2-3}$$

偏导数$\frac{\partial z_j}{\partial q_i}$是在产品 i 的产量上升时，第 j 种投入品使用量的上升速度。这一速度如果为正，我们就称这种投入品为正常投入品；否则，称它为低档投入品。我们有下面的结论。

命题 4.2-2：投入品价格变化对边际成本的影响

投入品 j 的价格上升提高产品 i 的边际成本当且仅当 z_j 是正常投入品。

在投入品价格上升时，边际成本可能不变甚至下降的结论似乎与直觉相悖。实际上，这一结果很容易解释。[1] 设生产函数为 $q=F(z)=G(h(z_1)+z_2)$，其中，$h(\cdot)$是递增凹函数，$G(\cdot)$是增函数。它的边际技术替代率($MRTS$)为：

$$MRTS(z_1,z_2)=\frac{\dfrac{\partial F}{\partial z_1}}{\dfrac{\partial F}{\partial z_2}}=h'(z_1)$$

由于边际技术替代率与 z_2 无关，所以，等产量线是彼此的垂直平移，见图 4.2-2。

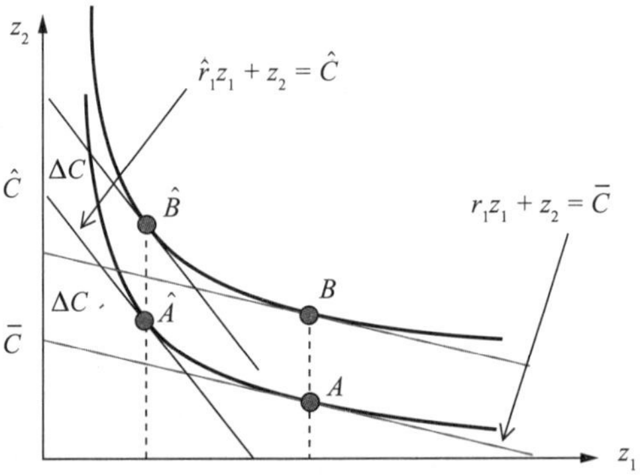

图 4.2-2　等产量线是彼此垂直平行移动

令投入品 2 的价格等于 1，则等成本线 $r_1z_1+z_2=\bar{C}$ 与纵轴相交于 $\bar{C}$。当投入品 1 的价格为 r_1 时，生产 q 件产品的最小成本方式为图中 A 点，生产 $q+\Delta q$ 件产品的最小成本方式为图中 B 点。多生产 Δq 件产品所增加的成本为图中的垂直距离 $\Delta C=AB$。

设投入品 1 的价格上升到 $\hat{r}_1$，则生产 q 件产品的最小成本方式为图中 $\hat{A}$ 点。由于等产量线是彼此的垂直平移，因此，生产 $q+\Delta q$ 件产品的最小成本方式为图中的 $\hat{B}$ 点，它位于 $\hat{A}$ 点正上方。

而且，由于等产量线是彼此的垂直平移，所以，距离 $\hat{A}\hat{B}$ 等于距离 AB。$\hat{A}\hat{B}$ 是

[1] 见习题 4.2-4。

多生产 Δq 件产品所增加的成本。因此，在这个例子中，投入品价格变化对边际成本没有影响。

生产集的凸性与递增的边际成本

设一个企业使用一种投入品生产一种产品。如果生产集是凸集，如图 4.2-3 所示，则增加一件投入品所增加的产量，随产量的上升而下降。换句话说，增产一件产品的边际成本，随产量的上升而上升。下面的命题概括了这一结论。

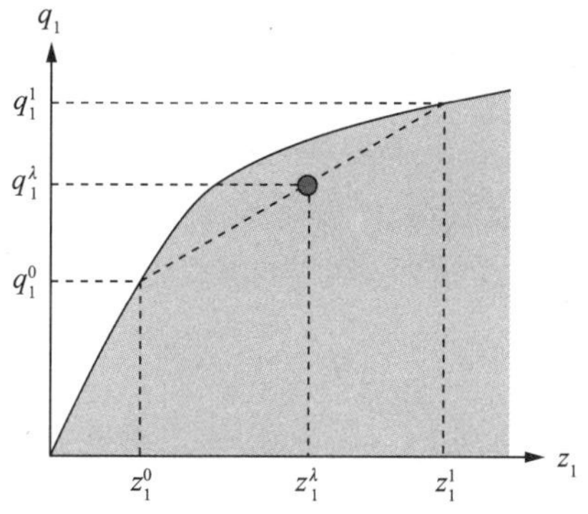

图 4.2-3 凸生产集

> **命题 4.2-3：凸成本**
> 如果企业的生产集是凸集，则这个企业的成本函数是产量的凸函数。

证明：设投入品价格向量为 r。在产出向量为 q^0 时，设 z^0 使成本最小；在产出向量为 q^1 时，设 z^1 使成本最小。生产集是凸集，所以，对所有的 $\lambda \in (0,1)$，生产向量 (z^λ, q^λ) 是可行生产方案。因此，生产产出向量 q^λ 的最小成本满足：

$$C(q^\lambda, r) \leqslant r \cdot z^\lambda \tag{4.2-4}$$

由于 $C(q^0,r)=r\cdot z^0$，$C(q^1,r)=r\cdot z^1$，因此：

$$(1-\lambda)C(q^0,r)+\lambda C(q^1,r)=(1-\lambda)r\cdot z^0+\lambda r\cdot z^1=r\cdot((1-\lambda)z^0+\lambda z^1)=r\cdot z^\lambda$$

把(4.2-4)代入上式中，得到：

$$C(q^\lambda,r)\leqslant(1-\lambda)C(q^0,r)+\lambda C(q^1,r),\ 0<\lambda<1 \qquad \square$$

企业的第一供求法则

现在把企业接受价格的假定扩展至产品上。此前，我们用正向量 q 表示企业的产出，用正向量 z 表示企业的投入品。为简化数学符号，我们换一种表达方式：一个生产方案是一个向量 $y^f=(y_1^f,\cdots,y_n^f)$。在这一生产方案中，所有取正值的坐标为净产出，所有取负值的坐标为净投入。企业从生产向量 y 中得到的利润为：

$$p\cdot y=\underbrace{\sum_{j,yj\geqslant 0} p_j y_j}_{\text{收入}}-\underbrace{\sum_{j,yj<0} p_j(-y_j)}_{\text{成本}}$$

企业从生产集或蓝图集Υ^f中做选择。利润最大化企业所选择生产方案y^f是如下利润最大化问题的解：

$$\Pi(p)=\max_{y}\{p\cdot y\,|\,y\in\Upsilon^f\}$$

最大利润$\Pi(p)$被称为利润函数。下面的结论在第2.3节中也能找到。

> **命题4.2-4:价格变化对投入与产出的影响**
>
> 设p^0与p^1是两个不同的价格向量，y^0与y^1分别是这两个价格水平上的利润最大化生产方案，则$(p^1-p^0)\cdot(y^1-y^0)\geqslant 0$。
>
> 如果只有商品j的价格变化，则：
>
> $$\Delta p_j\Delta y_j\geqslant 0$$
>
> 如果第j件商品是产品$(y_j>0)$则：
>
> $$\frac{\Delta y_j}{\Delta p_j}\geqslant 0\qquad\text{第一供给法则}$$
>
> 如果第j件商品是投入品$(y_j<0)$，则$-y_j$是企业的购买数量：
>
> $$\frac{-\Delta y_j}{\Delta p_j}\leqslant 0\qquad\text{第一投入品需求法则}$$

证明：这里的证明直接使用利润最大化假定。在价格为p^1时，y^1最大化企业利润，因此，对所有的$y\in\Upsilon^f$，有：

$$\Pi(p^1)=p^1\cdot y^1\geqslant p^1\cdot y\tag{4.2-5}$$

当$y=y^0$时这一关系亦成立，所以：

$$p^1\cdot(y^1-y^0)\geqslant 0$$

在价格为p^0时，y^0最大化企业利润，因此，对所有的$y\in\Upsilon^f$，有：

$$\Pi(p^0)=p^0\cdot y^0\geqslant p^0\cdot y$$

于是：

$$-p^0\cdot(y^1-y^0)=p^0\cdot(y^0-y^1)\geqslant 0\tag{4.2-6}$$

整理得到：

$$(p^1-p^0)\cdot(y^1-y^0)\geqslant 0\qquad\square$$

我们还有个更强的结论。设p^λ是上述两个价格向量的凸组合，即$p^\lambda=(1-\lambda)p^0+\lambda p^1$，$0<\lambda<1$。设在价格为$p^\lambda$时，$y^*$最大化企业利润。根据(4.2-5)，有：

$$\Pi(p^1)\geqslant p^1\cdot y^*$$

因此：

$$\lambda\Pi(p^1)\geqslant\lambda p^1\cdot y^*$$

根据(4.2-6)有：

$$\Pi(p^0) \geqslant p^0 \cdot y^*$$

因此：

$$(1-\lambda)\Pi(p^0) \geqslant (1-\lambda)p^0 \cdot y^*$$

把这两个不等式相加，得到：

$$\lambda\Pi(p^1)+(1-\lambda)\Pi(p^0) \geqslant ((1-\lambda)p^0+\lambda p^1) \cdot y^* = p^\lambda \cdot y^* = \Pi(p^\lambda)$$

我们于是有下面的结论。

> **命题 4.2-5：利润函数的凸性**
> $\Pi(p) \equiv \max_y \{p \cdot y \mid y \in \Upsilon^f\}$ 是凸函数。

对价格变化的短期和长期反应

给定价格向量 p^0，设接受价格的企业的利润最大化生产方案为 y^0。现在，一种投入品或产出品的价格意外发生变化。要完整分析企业对这一变化的反应，需要构建动态调整模型。作为建立这种模型的第一步，我们假定企业在短期中拥有的可行选项数量比长期中少。[1] 设Υ是可行的长期生产方案集。对应 y^0，设$\Upsilon^s(y^0)$是短期中可行的生产方案集。显然，$\Upsilon^s(y^0) \subset \Upsilon$。

> **命题 4.2-6：勒·夏特利埃(Le Chatelier)原理**
> 和短期相比，在长期，自价格效应更大。

证明：设 $\Pi(p)$ 与 $\Pi_0^s(p)$ 分别为企业的长期与短期利润函数，初始状态为价格向量等于 p^0 时的长期利润最大化产量。由于在短期，更多的约束条件起作用，所以，对所有的价格向量 $p \neq p^0$，有：

$$\Pi_0^s(p) < \Pi(p)$$

图 4.2-4 说明了这一点。图中，第 i 种产品的价格发生变化。

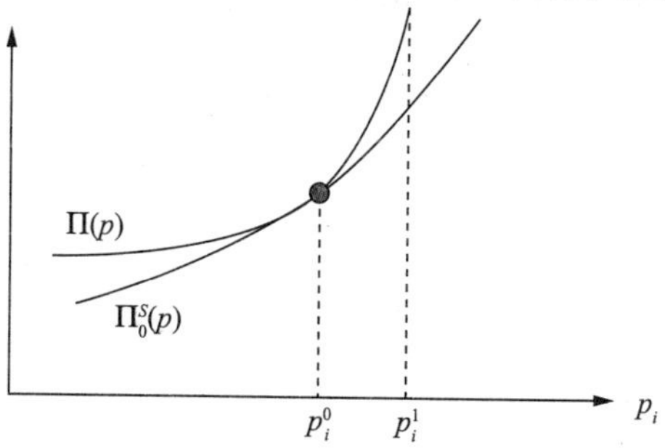

图 4.2-4　短期和长期

[1] 对短期的传统定义是：在短期中，部分投入品的数量保持不变。这里的定义是对传统定义的推广。

由于只有当企业改变自己的生产方案时，短期约束条件才起作用，所以，$\Pi_0^s(p^0)=\Pi(p^0)$。假定利润最大化生产向量为 $y(p)\in\mathbb{C}^1$。假定价格向量由 p^0 变化到 p^1。在价格向量 p^0 上，$y(p^0)$实现最大利润，因此：

$$\Pi(p^1)-\Pi(p^0)=p^1\cdot y(p^1)-p^0\cdot y(p^0)\leqslant p^1\cdot y(p^1)-p^0\cdot y(p^1)$$

在价格向量 p^1 上，$y(p^1)$实现最大利润，因此：

$$\Pi(p^1)-\Pi(p^0)=p^1\cdot y(p^1)-p^0\cdot y(p^0)\geqslant p^1\cdot y(p^0)-p^0\cdot y(p^0)$$

合并这两个式子，得到：

$$(p^1-p^0)\cdot y(p^1)\geqslant\Pi(p^1)-\Pi(p^0)\geqslant(p^1-p^0)\cdot y(p^0)$$

假设只有第 i 种商品的价格发生变化，则有：

$$y_i(p^1)\geqslant\frac{\Pi(p^1)-\Pi(p^0)}{p_i^1-p_i^0}\geqslant y_i(p^0)$$

取极限，得到：

$$\frac{\partial\Pi}{\partial p_i}=y_i(p)$$

于是：

$$\frac{\partial^2\Pi}{\partial p_i^2}=\frac{\partial y_i}{\partial p_i}$$

对短期利润函数进行同样的运算，得到：

$$\frac{\partial\Pi_0^s}{\partial p_i}=y_i^s(p)$$

于是：

$$\frac{\partial^2\Pi_0^s}{\partial p_i^2}=\frac{\partial y_i^s}{\partial p_i}$$

就是说，这两个利润函数在点 p^0 有相同斜率。由于 $\Pi(p)\geqslant\Pi_0^s(p)$，所以：

$$\frac{\partial^2\Pi}{\partial p_i^2}(p^0)\geqslant\frac{\partial^2\Pi_0^s}{\partial p_i^2}(p^0)$$

因此：

$$\frac{\partial y_i}{\partial p_i}\geqslant\frac{\partial y_i^s}{\partial p_i}$$ □

习　题

习题 4.2-1：成本最小化

(a) 证明成本函数是投入品价格向量的凹函数。

(b) 设成本最小化投入品向量 $z^*(r,q)$ 连续可微,求证:

$$\frac{\partial z_i^*}{\partial r_j}=\frac{\partial z_j^*}{\partial r_i}$$

习题 4.2-2:柯布-道格拉斯企业的成本函数

企业拥有柯布-道格拉斯生产函数。企业的成本函数是什么?

习题 4.2-3:CES 生产函数

企业的生产函数为 $q=z_1^{\frac{1}{2}}+z_2^{\frac{1}{2}}$。

(a) 求证企业的最小成本为 $C(r,q)=\dfrac{q^2}{\dfrac{1}{r_1}+\dfrac{1}{r_2}}$。

(b) 设生产函数为 $q=(z_1^{\frac{1}{2}}+z_2^{\frac{1}{2}})^2$。求解成本函数。

习题 4.2-4:拟线性生产函数

设生产函数为 $q=z_1+10\sqrt{z_2}$。

(a) 证明在 q 足够大时,$C(r,q)=r_1q-25\dfrac{r_1^2}{r_2}$。

(b) 证明在 q 足够小时,$C(r,q)$ 与 q^2 成正比。

(c) 设 $q\geqslant 0$。在图上画出 $C(r,q)$。

(d) 取 r_2 的两个不同值,在图上画出边际成本,把它表示为 q 的函数。

(e) 设只有一家垄断企业在提供这种产品,分析 r_2 上升对产量的影响。在利润最大化产量水平 q^* 很大或很小时,答案不同吗?

习题 4.2-5:边际成本与投入品价格无关

设生产函数为 $q=F(h(z_1)+z_2)\in\mathbb{C}^2$,其中,$F(\cdot)$是增函数,$h(\cdot)$是递增凹函数,$h'(0)=\infty$,$h'(\infty)=0$。

(a) 给定投入品价格向量 r,求证在产量足够大时,$z_2(r,q)$,即使成本最小的第二种投入品的数量,严格为正。

在下面两个问题中,假定 $z_2(r,q)>0$。

(b) 把总成本表示为 $F^{-1}(q)$与 z_1 的函数,证明投入品 1 的最优数量 $z_1(r,q)$ 与产量 q 无关。

(c) 证明边际成本与 r_1 无关。

习题 4.2-6:企业的投入品需求函数与产品供给函数的特征

一个垄断企业使用投入品$(z_1,\cdots,z_n)$生产产品$(q_1,\cdots,q_m)$。设 $z^*(r)$是利润最大化投入品向量。这个企业在投入品市场上接受价格,设 r 是投入品价格向量。

(a) 设 $z^*(r)$连续可微,求证矩阵$\left[\dfrac{\partial z_i}{\partial r_j}\right]$负半定。

(b) 如果企业在产品市场上亦接受价格,则 $m\times m$ 矩阵$\left[\dfrac{\partial q_i^*}{\partial p_j}\right]$有什么特征?

习题 4.2-7:短期或长期

设企业在投入品市场上接受价格,在产品市场上拥有垄断力量。勒·夏特利埃原理在投入品上依然成立吗?

4.3 规模收益

关键词：全局规模收益和局部规模收益；规模收益对平均成本与边际成本的意义

前一节探讨了企业接受价格假定所具有的意义。价格接受行为的可行性，在很大程度上取决于规模变大对企业是否具有技术优势。在投入品规模扩大 λ 倍时，如果产出扩大 λ 倍，则生产技术具有规模收益固定特征；如果产出扩大的倍数小于 λ，则生产技术具有规模收益递减特征；如果产出扩大的倍数大于 λ，则生产技术具有规模收益递增特征。在规模收益递减时，规模大的企业很难与规模小的企业竞争，市场上的企业数量可能很大。在这种情况中，如果企业提高价格，就可能失去很多销量，此时，价格接受行为最具合理性。

> **定义：规模收益**[1]
>
> 生产集 $\mathscr{Y}\subset\mathbb{R}^n$ 具有规模收益固定特征，如果对所有的 $y\in\mathscr{Y}$ 和任意的 $\lambda>0$，$\lambda y\in\mathscr{Y}$。生产集具有规模收益递增特征，如果对任意的 $y\in\mathscr{Y}$ 使得对所有的 $j=1,\cdots,n$，$y_j\neq 0$ 且对任意的 $\lambda>1$，$\lambda y\in \text{int}\,\mathscr{Y}$。生产集具有规模收益递减特征，如果对任意的 $y\in\mathscr{Y}$ 使得对所有的 $j=1,\cdots,n$，$y_j\neq 0$ 且对任意的 $\mu\in(0,1)$，$\mu y\in\text{int}\,\mathscr{Y}$。

首先证明，对单产品企业，上述定义等价于我们熟悉的定义。

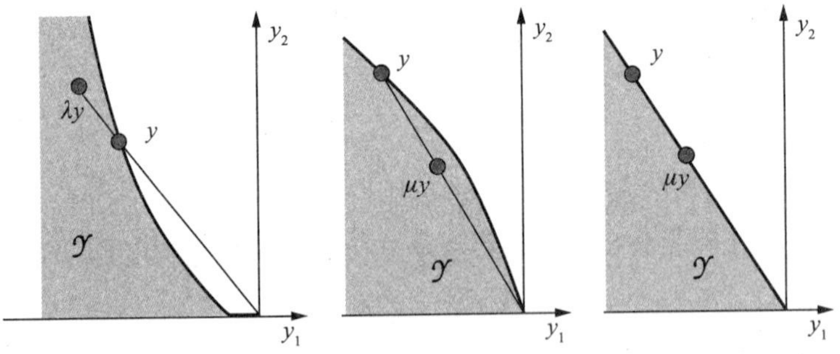

(a) 规模收益递增　　(b) 规模收益递减　　(c) 规模收益固定

图 4.3－1

规模收益递增的生产函数

设企业的生产函数为 $F(\cdot)$。假设生产集具有规模收益递增特征（见图 4.3－1a）。在投入品向量为 z 时，最大产量为 $F(z)$。在投入品向量为 λz 时，最大产量为 $F(\lambda z)$。根据规模收益递增的定义，对任意的 $\lambda>1$，投入-产出向量 $(\lambda z,\lambda q)=(\lambda z,\lambda F(z))$ 位于生产集的内点集中。因此，在投入品向量为 λz 时，最大产量肯定

[1] 如果 $y\in\mathscr{Y}$ 且 y 不是 $\mathscr{Y}$ 的边界点，则 y 是内点，写为 $y\in\text{int}\,\mathscr{Y}$。

大于 $\lambda F(z)$。就是说，对任意的 $z>0$，有：

$$\lambda>1\Rightarrow F(\lambda z)>\lambda F(z) \tag{4.3-1}$$

规模收益递减的生产函数

如果生产函数具有规模收益递减特征，则对任意的 $\mu\in(0,1)$，$(\mu z,\mu F(z))$ 在生产集的内点集中（见图 4.3-1）。因此，在投入品为 μz 时，最大产量 $F(\mu z)$ 比 $\mu F(z)$ 大。就是说，对所有的 $z>0$，有：

$$\mu\in(0,1)\Rightarrow F(\mu z)>\mu F(z)$$

这一结论对所有的 $z>0$ 都成立。因此，给定任意的 λ，这一结论对 λz 成立。就是说，对任意的 $\lambda>1$ 有：

$$\mu\in(0,1)\Rightarrow F(\mu\lambda z)>\mu F(\lambda z) \tag{4.3-2}$$

任取 $\lambda>1$，令 $\mu=\frac{1}{\lambda}$，则：

$$F(z)>\frac{1}{\lambda}F(\lambda z)$$

整理这一不等式，得到规模收益递减的标准定义：对所有的 $z>0$ 有

$$\lambda>1\Rightarrow F(\lambda z)<\lambda F(z) \tag{4.3-3}$$

规模收益固定的生产函数

如果企业的生产集具有规模收益固定特征，则投入-产出向量可以任意地扩大或缩小。在这种情况中，正如图 4.3-1(c)所示，边界点的任意倍增依然是边界点。现在证明这一结论。设规模收益固定的生产函数为 $F(\cdot)$。当投入品向量为 z 时，最大产量为 $F(z)$。由于 $(z,F(z))$ 是可行生产方案，规模收益固定性质意味着 $(\lambda z,\lambda F(z))$ 是可行生产方案。由于在投入品向量为 λz 时，最大产量为 $F(\lambda z)$，因此：

$$F(\lambda z)\geqslant\lambda F(z)$$

由于 $(\lambda z,F(\lambda z))$ 是可行生产方案，规模收益固定性质意味着 $\frac{1}{\lambda}(\lambda z,F(\lambda z))=\left(z,\frac{1}{\lambda}F(\lambda z)\right)$ 是可行生产方案。但是，当投入品向量为 z 时，$F(z)$ 是最大产量，因此：

$$\frac{1}{\lambda}F(\lambda z)\leqslant F(z)$$

合并这两个不等式，得到：

$$F(\lambda z)=\lambda F(z)$$

说明:设某个行业中使用的投入品总量为 z,其中,企业 k 使用的数量为 $z^k=\theta^k z$。如果生产技术具有规模收益固定特征且能任意复制,则:

$$\sum_{k=1}^{n}F(z^k)=\sum_{k=1}^{n}F(\theta^k z)=\sum_{k=1}^{n}\theta^k F(z)=F(z)$$

就是说,任意行业产量 $q=F(z)$,既可以由一个企业也可由多个企业生产出来。所以,在这种行业中,企业的数量不确定。

现在探讨规模收益固定的生产函数具有的一些重要性质。首先,在一条射线上,生产函数的梯度向量不变。

> **命题 4.3-1**
>
> 设 F 具有规模收益固定特征并且在所有的 $z\gg 0$ 上可微,则对所有的 $z\gg 0$,有:
>
> $$\frac{\partial F}{\partial z}(\lambda z)=\frac{\partial F}{\partial z}(z)$$

证明:给定规模收益固定特征,对任意的 $\hat{z}$ 与 $\lambda>0$,$F(\lambda\hat{z})=\lambda F(\hat{z})$。把这个式子对 z_j 求导,得到:

$$\lambda\frac{\partial F}{\partial z_j}(\lambda\hat{z})=\lambda\frac{\partial F}{\partial z_j}(\hat{z})$$ □

下面的命题则是对附录 B 中有关结论的重新阐述。[1]

> **命题 4.3-2:规模收益固定与凹性**
>
> 如果函数 F 严格拟凹且具有规模收益固定特征,则对任意的 z^0、z^1 与 $\lambda\in(0,1)$,有:
>
> $$F((1-\lambda)z^0+\lambda z^1)\geqslant(1-\lambda)F(z^0)+\lambda F(z^1)$$
>
> 并且,除非 z^0 与 z^1 线性相关,否则这一不等式为严格不等式。

规模收益与产出的规模弹性

定义 $q(\lambda)=F(\lambda z)$。当规模参数由 1 上升至 λ 时,最大产量的相对增长为:

$$\frac{1}{q(1)}\frac{q(\lambda)-q(1)}{\lambda-1}=\frac{1}{F(z)}\frac{F(\lambda z)-F(z)}{\lambda-1}$$

取极限,得到产出的规模弹性:

$$\varepsilon(q(\lambda),\lambda)\big|_{\lambda=1}=\frac{1}{F(z)}\frac{\partial}{\partial\lambda}F(\lambda z)\bigg|_{\lambda=1}$$

根据不等式(4.3-2)与(4.3-3),在规模收益递减时,对所有的 $\lambda>0$ 且 $\lambda\neq 1$,有:

$$\frac{1}{F(z)}\frac{F(\lambda z)-F(z)}{\lambda-1}<\frac{1}{F(z)}\frac{\lambda F(z)-F(z)}{\lambda-1}=1$$

〔1〕 见命题 B.2-9 与推论 B.2-10。

取极限，在 $\lambda\to 1$ 时，我们得到如下结论：

$$\text{规模收益递减} \Rightarrow \varepsilon(F(\lambda z),\lambda)\big|_{\lambda=1}\leqslant 1$$

同理可证明：

$$\text{规模收益递增} \Rightarrow \varepsilon(F(\lambda z),\lambda)\big|_{\lambda=1}\geqslant 1$$

局部规模收益

（全局）收益递增或递减是很强的假定。一般情况中，在较低产量水平上，由于创业成本与监督成本的不可分割性，企业呈现规模收益递增特征。随着产量增加，监督庞大员工队伍与提供足够工作激励的成本，通常比产量上升得更快。这些成本增长可能会抵消更大生产规模所具有的技术优势。

因此，我们需要探讨局部规模收益。在投入品向量 z 上，如果投入品向量上的很小的相对增长导致产量上很大的相对增长，则局部收益递增。如果投入品向量上很大的相对增长导致产量上很小的相对增长，则局部收益递减。

根据点弹性的定义 $\varepsilon(y,x)\equiv\dfrac{x}{y}\dfrac{\partial y}{\partial x}$，有：

$$\varepsilon(q(\lambda),\lambda)=\frac{\lambda}{F(\lambda z)}\frac{\partial}{\partial\lambda}F(\lambda z)=\lambda\,\frac{z\cdot\dfrac{\partial F}{\partial z}(\lambda z)}{F(\lambda z)}$$

在 z 点，规模弹性为：

$$\varepsilon(q(\lambda),\lambda)\big|_{\lambda=1}=\frac{z\cdot\dfrac{\partial F}{\partial z}(z)}{F(z)}$$

其中，$q(\lambda)\equiv F(\lambda z)$。

> **定义：局部规模收益**
>
> 如果生产函数 $F(\cdot)$ 的规模弹性 $\varepsilon(q(\lambda),\lambda)\big|_{\lambda=1}=\dfrac{z\cdot\dfrac{\partial F}{\partial z}(z)}{F(z)}$ 大于 1，则 $F(\cdot)$ 在 z 点上具有收益递增特征。如果规模弹性小于 1，则 $F(\cdot)$ 在 z 点具有收益递减特征。

在本节的习题要求你证明：生产函数如果处处具有局部收益递增特征，则具有（全局）收益递增特征。

现在证明平均成本大于边际成本当且仅当局部收益递增。

> **命题 4.3-3：平均成本与边际成本**
>
> 如果 z 使得产量 q 的生产成本达到最小，则：
>
> $$\frac{AC(q)}{MC(q)}=\frac{z\cdot\dfrac{\partial F}{\partial z}}{F(z)}=\varepsilon(q(\lambda),\lambda)\big|_{\lambda=1}\qquad(4.3-4)$$

证明:设投入品价格向量为 r,则成本函数为:

$$C(q,r)=\min_{z}\{r\cdot z\,|\,q\leqslant F(z)\}$$

把这一问题转化为最大化问题,相应的拉格朗日函数为:

$$\mathcal{L}=-r\cdot z+\lambda(F(z)-q)$$

根据包络定理,有:

$$MC(q)=\frac{\partial C}{\partial q}=\lambda$$

而且,对内点最大值,必要条件为:

$$\frac{\partial\mathcal{L}}{\partial z_i}=-r_i+\lambda\frac{\partial F}{\partial z_i}\leqslant 0,i=1,\cdots,n;\text{如果 } z_i>0,\frac{\partial\mathcal{L}}{\partial z_i}=0$$

把这一不等式乘以 $z_i\geqslant 0$,得到:

$$-r_iz_i+\lambda z_i\frac{\partial F}{\partial z_i}=0$$

则总成本为:

$$C(q,r)=r\cdot z=\lambda z\cdot\frac{\partial F}{\partial z} \tag{4.3-5}$$

平均生产成本为:

$$AC(q)=\frac{C(q)}{q}=\lambda\frac{z\cdot\frac{\partial F}{\partial z}}{F(z)}=MC(q)\frac{z\cdot\frac{\partial F}{\partial z}}{F(z)}$$ □

这里还要看到:

$$MC(q)=\frac{\partial}{\partial q}C(q)=\frac{\partial}{\partial q}(qAC(q))=AC(q)+q\frac{\partial AC}{\partial q}$$

在局部收益递增时,平均成本大于边际成本,$AC(q)$ 因此是 q 的递减函数。在局部收益递减时,$AC(q)$ 是 q 的递增函数。

习　题

习题 4.3-1:规模收益递增

求证:如果严格递增的生产函数 $F(\cdot)$ 具有规模收益递增特征,则对所有的 $z\neq 0$ 与 $\mu\in(0,1)$,$F(\mu z)<\mu F(z)$。

习题 4.3-2:规模收益与平均成本

求证:一个企业如果具有规模收益递增/递减特征,则其平均成本随产量上升而递减/递增。

习题 4.3-3:局部规模收益与全局规模收益

(a) 求证:如果生产函数 $F(z)$ 处处具有局部规模收益递增特征,则对所有的 z 与所有的 $\mu>0$,规模弹性 $\varepsilon(F(\mu z),\mu)>1$。

(b) 求证:$\dfrac{\partial}{\partial\mu}\ln F(\mu z)>\dfrac{1}{\mu}$。

(c) 求证:对任意的 $\lambda>1$,有:

$$\ln\frac{F(\lambda z)}{F(z)}=\int_1^{\lambda}\frac{\partial}{\partial\mu}\ln F(\mu z)\,d\mu$$

利用(b)中的结论,证明这一生产函数具有(全局)规模收益递增特征。

习题 4.3-4:柯布-道格拉斯生产函数

某个企业的生产函数为如下隐函数:

$$q=K^{\frac{\alpha}{q}}L^{\frac{\beta}{q}},\text{其中},\alpha,\beta>0$$

(a) 设投入品价格为(r,w)。求证:使成本最小的投入品需求满足

$$\frac{\alpha}{rK}=\frac{\beta}{wL}=\frac{\alpha+\beta}{C(q)}$$

(b) 推导这个企业的成本函数。

(c) 求证:在 $\alpha+\beta=1$ 时,平均成本函数为 U 型且在 $q=1$ 时取最小值。

(d) 投入品价格变化对成本最小化产量水平有影响吗?

4.4 企业与行业分析

关键词:边际成本定价的最优性;行业可自由进入时的均衡;竞争性企业的规模

当且仅当在生产过程的某个环节存在专业化收益时,把投入品组织在企业内才具有效率。随着企业规模变大,如果专业化收益持续存在,就应把所有生产活动组织在一个企业内即组织在"自然垄断企业"内进行。下一节探讨垄断企业。在本节探讨的行业中,专业化收益发生在相对于市场规模而言较低的产量水平上。在较高的产量水平上,大企业缺乏生产效率。于是,在这种市场上,我们应该能看到数个或许多个小企业在相互竞争。

设一个企业只生产一种产品。它的生产函数,在产量低于 $\bar{q}$ 时,具有局部规模收益递增特征;在产量高于 q 时,具有局部规模收益递减特征。它的平均成本曲线与边际成本曲线的形状肯定如图 4.4-1 所示。当 $q<\bar{q}$ 时,边际成本小于平均成本,平均成本因此递减。当 $q>\bar{q}$ 时,边际成本大于平均成本,平均成本因此递增。

假设相对于整个市场,企业 j 的规模很小从而使企业接受价格的假定成立。如果产品价格严格小于最小平均成本,则无论产量多大,企业都亏损,利润最大化产量水平因此为零。如果价格高于最小平均成本,则在边际成本等于价格的产量水平 $q_j(p)$ 上,利润最大。就是说,在 $p>AC(\bar{q})$ 时,边际成本曲线是企业的

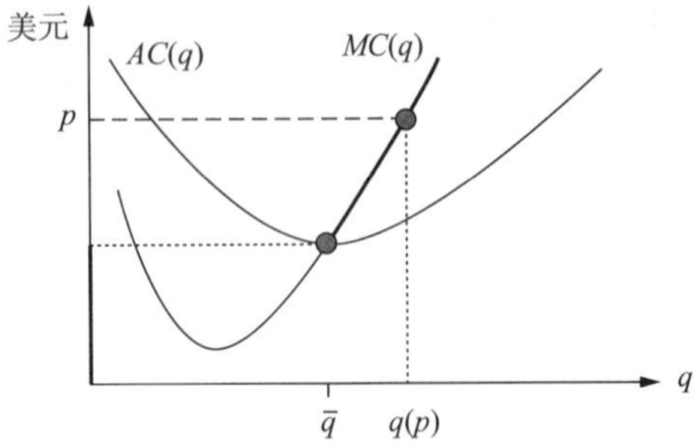

图 4.4－1　企业的供给曲线

供给曲线。

社会最优

假设行业中共有 n 个企业，它们接受价格。设 $p(Q)$ 是市场需求价格函数。在均衡价格 p 上，总供给量等于总需求量。并且，每个企业的边际成本都等于产品价格，就是说，对每个 $j=1,\cdots,n$，有：

$$p(Q)=MC_j(q_j) \tag{4.4-1}$$

其中，$Q=\sum_{j=1}^{n}q_j$。

定义 $C(Q)$ 为整个行业生产总产量 Q 的最小成本：

$$C(Q)=\min_q\left\{\sum_{j=1}^{n}C_j(q_j)\;\middle|\;\sum_{j=1}^{n}q_j\geqslant Q\right\}$$

对产量大于零的所有企业，最小化行业生产成本的一阶条件为：

$$MC_j(q_j)=\lambda(Q)$$

其中，$Q=\sum_{j=1}^{n}q_j$。这一条件对接受价格的 n 个企业都成立——就是说，在企业接受价格的假定下，行业总成本最小。因此，给定总产量 Q，行业成本函数为总成本函数 $C(Q)$。

给定行业供给量 $\hat{Q}$，需求价格 $p(\hat{Q})$ 是市场出清价格。因此，它是边际支付意愿或者说是"边际社会收益"。

定义 $B(Q)$ 为市场需求曲线下方区域的面积，即：

$$B(\hat{Q})=\int_0^{\hat{Q}}p(q)\,dq$$

因此，边际社会收益的积分为总社会收益。[1]

我们还可以把总成本表示为行业边际成本的积分，即：

$$C(\hat{Q})=\int_0^{\hat{Q}}MC(q)\,dq$$

---

〔1〕第二章讨论过这一社会收益概念的局限性。

则社会剩余为：

$$S(\hat{Q})=B(\hat{Q})-C(\hat{Q})=\int_0^{\hat{Q}}[p(q)-MC(q)]dq$$

社会剩余为行业需求曲线与行业边际成本曲线之间区域的面积，在图 4.4-2 中，为阴影区域的面积。

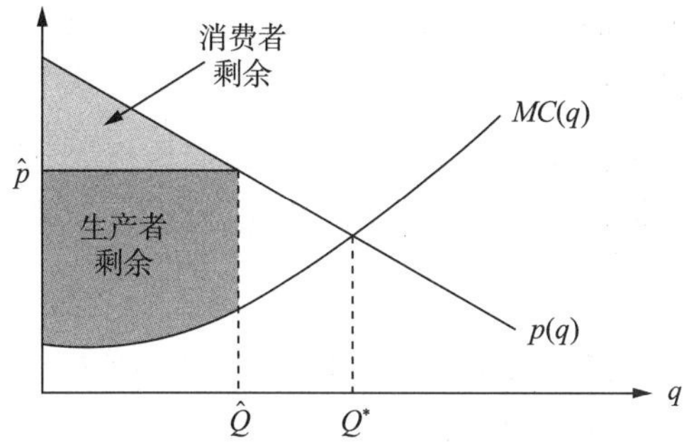

图 4.4-2 社会剩余

在产量为 $\hat{Q}$ 时，在价格 $\hat{p}=p(\hat{Q})$ 上，需求等于供给。我们有时把社会剩余分解为消费者得到的好处与企业得到的好处：

$$S=\underbrace{B(\hat{Q})-\hat{p}\hat{Q}}_{\text{消费者剩余}}+\underbrace{\hat{p}\hat{Q}-C(\hat{Q})}_{\text{生产者剩余}}$$

在图 4.4-2 中，消费者剩余为需求价格函数与市场出清价格线之间的浅色区域；生产者剩余为行业边际成本曲线与市场出清价格线之间的深色区域。从图上看，在使得 $P(Q^*)=MC(Q^*)$ 的行业产量 Q^* 上，社会剩余最大。就是说，边际成本定价实现了社会最优。

行业可自由进入时的行业供给

设一个行业由大量相同的企业组成，企业能自由进入和退出这一行业，并且所有企业都生产同一种产品，边际成本随产量而上升；企业有固定生产成本。图 4.4-3 中画出了企业的边际成本曲线与平均成本曲线。现在分析这一行业。

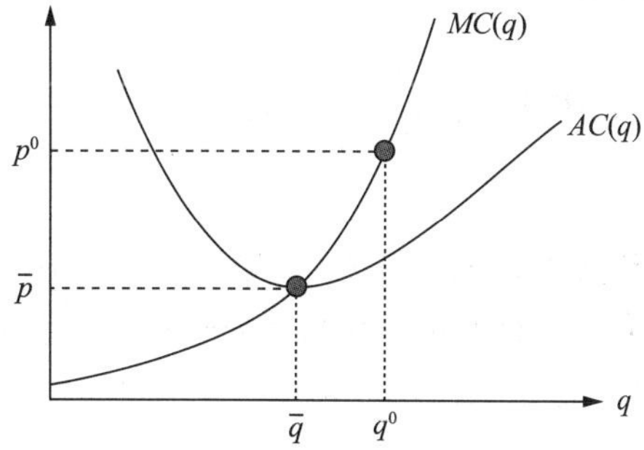

图 4.4-3 平均成本与边际成本

在产品价格等于 p^0 时，每个企业选择产量 q^0 以使价格等于边际成本，最大化利润。从图上看，$AC(q^0)<p^0$，因此，更多的企业有动机进入这个市场。进入行为增加总供给，市场出清价格水平因此下降。这一结论对大于 p 的任何价格都成立，所以，只有当价格等于 p 时，行业均衡才能实现。因此，在长期，行业供给曲线为水平线。[1]

现在探讨投入品价格变化如何影响均衡产品价格。假设投入品 j 所占的成本份额为 k_j。我们可能会如下推理：投入品 j 的价格上升 1%，投入品 j 上的成本支出增加 1%。由于投入品 j 在总成本中所占份额为 k_j，总成本于是上升 k_j%。如果总成本上升 k_j%，平均成本就上升 k_j%。在可自由进入的竞争性行业中，由于 $p=AC$，所以均衡价格上升 k_j%。

但是，这一分析并不全面，它没有考虑在投入品价格上升时投入品之间的替代效应，没有考虑平均成本最小化产量水平的变化。但是，上述答案却正确！

命题 4.4-1

在由相同企业构成且可自由进入的行业中，产品均衡价格对投入品价格的弹性等于这种投入品的成本份额。

证明：在由同质企业构成且可自由进入的行业中，产品的均衡价格等于最小平均成本。根据包络定理，$\frac{\partial C}{\partial r_j}(q,r)=z_j$。因此，$\frac{\partial}{\partial r_j}AC(q,r)=\frac{z_j}{q}$，平均成本对投入品 j 的价格的弹性于是为：

$$\varepsilon(AC,r_j)\equiv\frac{r_j}{AC}\frac{\partial}{\partial r_j}AC(q,r)=\frac{r_jz_j}{qAC}=\frac{r_jz_j}{C(q,r)}=\frac{r_jz_j}{r\cdot z}$$

就是说，保持产量不变，$\varepsilon(AC(q,r),r_j)=\frac{r_jz_j}{r\cdot z}$。在后文中，我们将看到，在投入品价格发生变化时，平均成本最小化产量水平可能上升或下降。但是，在平均成本最小化产量水平 $\bar{q}(r)$ 上，$\frac{\partial}{\partial q}AC(q,r)=0$。由于均衡价格等于最小平均成本，因此：

$$dp=dAC(\bar{q}(r),r_j)=\frac{\partial}{\partial q}AC(\bar{q},r)d\bar{q}+\frac{\partial}{\partial r_j}AC(\bar{q},r)dr_j=\frac{\partial}{\partial r_j}AC(\bar{q},r)dr_j$$

将上式转化为弹性形式，得到：

$$\varepsilon(p,r_j)=\frac{r_j}{p}\frac{\partial p}{\partial r_j}=\frac{r_j}{p}\frac{\partial AC}{\partial r_j}=\varepsilon(AC,r_j)$$

因为，$p=AC$。 □

那么，前述答案为什么正确呢？首先，如第 4.2 节指出的，投入品需求上的替代效应是二阶效应，因为竞争企业最小化成本（这一结论得自包络定理）。其次，成本最小化产量水平虽然可能变化，但是，均衡产量是平均成本最小化的产量水平，

[1] 这一结论并不完全正确。当市场上只有 m 个企业时，可能每个企业都盈利；但当市场上有 $m+1$ 个企业时，市场出清价格可能跌到最小平均成本以下。这种情况下，均衡的企业数量为 m 个，均衡利润很小但依然为正。但是，除非 m 很小，否则这一结论依然接近实际。

所以是平均成本曲线斜率等于零的产量水平。因此,产量变化对最小平均成本只有二阶效应。

投入品价格上升导致产品价格上升,因此导致总产量下降。那么,依然留在行业中的企业的产量又如何变化呢?我们可能认为每个企业都减少产量。但是,新的均衡产量位于边际成本曲线与平均成本曲线的交点。因此,依然留在行业中的企业的产量下降当且仅当在投入品价格上升时,边际成本增长超过平均成本增长。我们知道在一些情况中,边际成本不受投入品价格变化影响。在这类情况中,在初始产量水平上,边际成本位于平均成本下方;而随着价格上升,产量上升直至边际成本与平均成本相等。在图 4.4-4 中,边际成本与平均成本都上升,但前者上升幅度小,所以,行业中存活下来的企业的产量上升。

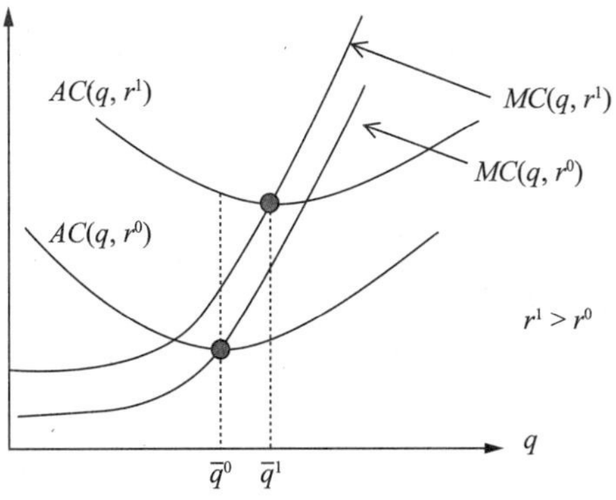

图 4.4-4 投入品价格对企业规模的影响

我们现在探讨行业中生存下来的企业的产量上升所需满足的必要条件与充分条件。

> **命题 4.4-2:竞争性企业的规模**
>
> 如果所有企业有相同生产技术,则在(可自由进入的)竞争性行业中,一种投入品价格上升将导致行业内存活下来的企业产量上升当且仅当这种投入品需求的产出弹性小于1。

证明:从第 4.2 节中我们知道:

$$\frac{\partial C}{\partial r_j}=z_j \tag{i}$$

$$\frac{\partial}{\partial r_j}MC=\frac{\partial}{\partial r_j}\frac{\partial C}{\partial q}=\frac{\partial z_j}{\partial q} \tag{ii}$$

由于 $AC=\frac{C}{q}$,于是有:

$$\frac{\partial}{\partial r_j}AC=\frac{z_j}{q} \tag{iii}$$

合并(ii)与(iii),得到:

$$\frac{\partial}{\partial r_j}MC=\varepsilon(z_j,q)\frac{\partial}{\partial r_j}AC$$

假设在初始较低的投入品价格上，平均成本最小化产量水平为$\bar{q}^0$。在这一产量上，平均成本与边际成本相等。假设$\varepsilon(z_j,q)<1$。保持产量不变，在投入品价格上升时，边际成本上升幅度小于平均成本上升幅度。这意味着$AC(\bar{q}^0,r^1)>MC(\bar{q}^0,r^1)$，因此，在$\bar{q}^0$上，平均成本下降。于是，新的平均成本最小化产量水平$\bar{q}^1$大于$\bar{q}^0$。 □

习 题

习题 4.4-1：社会最优

设企业j的成本函数为$C_j(q_j)$，$j=1,\cdots,n$；需求价格函数为$p(Q)$。

(a) 写出社会剩余最大化问题，构造拉格朗日函数，求解一阶条件。

(b) 证明在社会最优点上，对每个$j=1,\cdots,n$有：

$$\frac{dB}{dQ}\leqslant MC_j(q_j)\text{；在 }q_j>0\text{ 时，}\frac{dB}{dQ}=MC_j(q_j)$$

借此证明边际成本定价规则的最优性。

习题 4.4-2：多产品时的边际成本定价

某消费者的效用函数为$U(q,x,x_0)=B(q_1,q_2)+F(x)+x_0$。设$p=(p_1,p_2)$为$q$对应的价格向量，$r$为$x=(x_1,\cdots,x_n)$对应的价格向量。设商品$x_0$的价格为1，设收入$I$足够大而使得对这一商品的需求$x_0(p,r,I)$严格为正。

(a) 证明其他所有商品的需求都与收入无关。

在以下问题中，假定在价格p高于某个上界$\bar{p}$时，$q(p)=0$。

(b) 说明为什么间接效用函数为：

$$V(p,r,I)=\begin{cases}B(q(p))+f(x(r))+x_0(p,r,I), & p<\bar{p}\\ f(x(r))+x_0(p,r,I), & p\geqslant\bar{p}\end{cases}$$

(c) 解释为什么从价格$p<\bar{p}$获得的效用可以写为如下形式：

$$\Delta V=\int_0^{q1(p)}\frac{\partial B}{\partial q_1}(q_1,0)\,dq_1+\int_0^{q2(p)}\frac{\partial B}{\partial q_2}(q_1(p),q_2)\,dq_1$$

(d) 设$p_i(q)$是需求价格函数，$i=1,2$。利用一阶条件证明：

$$\Delta V=\int_0^{q1(p)}p_1(q_1,0)\,dq_1+\int_0^{q2(p)}p_2(q_1(p),q_2)\,dq_1$$

习题 4.4-3：竞争性企业的规模

假设在一个可自由进入的行业中，所有企业有相同的U型平均成本曲线。

(a) 求证：对每个企业，$MC=\sum_{j=1}^{n}\frac{r_jz_j}{q}\varepsilon(z_j,q)$；因此，在平均成本最小化产量水平上，有：

$$1=\sum_{j=1}^{n}k_j\varepsilon(z_j,q)\text{，其中 }k_j=\frac{r_jz_j}{r\cdot z}$$

(b) 在只有两种投入品的情况中，求证：如果 $\varepsilon(z_2,q)>\varepsilon(z_1,q)$，则 $\varepsilon(z_2,q)>1>\varepsilon(z_1,q)$。

(c) 设企业的生产函数为 $F(z)=(z_1-a)^{\alpha}z_2^{\beta}$，其中，$z_1\geqslant a>0$，$z_2\geqslant 0$；投入品价格向量为 r。求证：沿着产量扩张线，$r_2z_2=\dfrac{\beta}{\alpha}(r_1z_1-ar_1)$；因此，$\varepsilon(z_2,q)>1>\varepsilon(z_1,q)$。

(d) 求证：如果一种投入品价格上升，则行业内存活下来的企业的规模都上升；在另一种投入品价格上升时，企业规模都下降。

4.5 垄断定价

关键词：自然垄断；差别定价；间接差别定价

如果市场上有足够多的企业，则任何企业对市场均衡价格的影响都很小。在这种情况中，瓦尔拉斯均衡概念中的价格接受者假定是相当好的近似。如果平均成本随产量上升，则小企业比大企业更有效率，(如果没有政府规制或串谋)对市场的垄断不可能发生。如果随着产量上升，平均成本下降，则大企业就能削减价格直至规模小的竞争对手的利润为负。在这种情况中，如果在市场产量水平以下，规模收益递增特征持续存在，则垄断就会自然出现。从成本角度看，由自然垄断企业进行生产具有效率。为最大化利润，垄断企业最小化其成本，并且，由于规模收益递增特征，这个垄断成本的成本小于同一数量的产品由两个或多个企业生产时的成本。但是，从需求角度看，垄断企业不再接受价格：当它增加产量时，市场出清价格下降。就是说，产量增加所实现的边际收益小于市场价格。

利润最大化企业使边际收入等于边际成本。正如我们所看到的，如果需求价格(边际社会收益)等于边际成本，则社会剩余最大。因此，利润最大化垄断企业通过降低市场供给量降低社会剩余。

图 4.5-1 画出了社会最优结果与垄断结果。生产 q 件产品实现的社会收益，为需求价格函数下方区域的面积。总成本则是边际成本函数下方区域的面积。垄断企业实现的社会剩余于是为：

$$S(q^M)=B(q^M)-C(q^M)=\int_0^{q^M}p(q)\,dq-\int_0^{q^M}MC(q)\,dq$$

即图上浅灰色区域的面积。垄断的社会成本，等于增加产量至 q^* 时所增加的剩余，在图上为深灰色区域的面积。

这里要看到：

$$MR(q)=\frac{d}{dq}(p(q)q)=p(q)+q\frac{dp}{dq}=p(q)\left(1+\frac{q}{p}\frac{dp}{dq}\right)=p(q)\left(1+\frac{1}{\varepsilon(q,p)}\right)$$

其中，$\varepsilon(q,p)$ 是需求的价格弹性。最大化利润的价格水平因此为：

$$p(q)=\frac{MC(q)}{1+\dfrac{1}{\varepsilon(q,p)}}$$

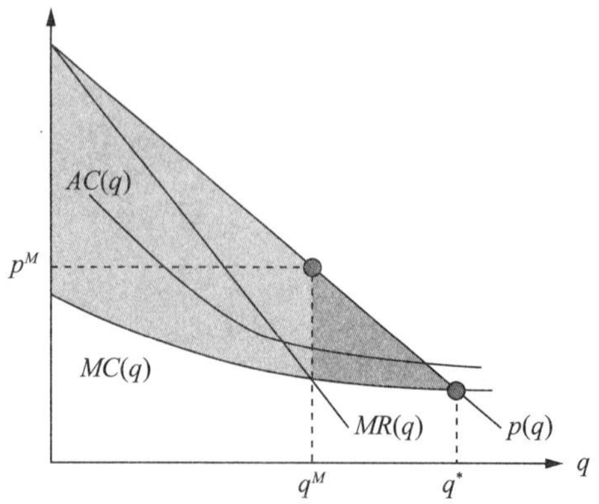

图 4.5－1　平均成本递减时的社会最优

就是说，垄断价格偏离边际成本的程度，决定于需求的价格弹性。[1]

区别消费者群体，实行差别定价

在上述讨论中，垄断企业只选择一个价格。如果市场中介机构能低成本地转售商品，则这个价格合理。但许多商品的转售成本很高，垄断企业因此能对不同消费者群体实行不同价格。[2] 运输成本是阻碍转售的因素。如果一个企业在相距遥远的两个地方分别设立销售机构，同时，消费者（或中间商）的运输成本极高，则在这两个地点上，这个企业可以实行不同价格。设 $p_i(q_i)$ 是群体 i 的需求价格函数。如果有 n 个群体，垄断企业就可以分群体选择销售数量以求解以下问题：

$$\max_{q}\left\{\sum_{i=1}^{n} p_i(q_i)-C(q_1+\cdots+q_n)\right\}$$

利用一阶条件，得到：

$$MR_i=p_i\left(1+\frac{1}{\varepsilon_i(q_i,p_i)}\right)=MC$$

因此：

$$p_i=\frac{MC}{1+\dfrac{1}{\varepsilon_i(q_i,p_i)}}$$

群体 i 的价格弹性的绝对值越大，垄断企业对这一群体的产品定价就越低。

区别买方类型，实行差别定价

上面的讨论指出，当商品在不同消费者群体之间的转售成本非常高时，企业可

---

〔1〕 如果需求弹性在 0 与－1 之间，这一结论显然不成立。因为在这种情况中，提高价格能增加收入，所以，垄断企业不断提高价格直至需求弹性 $\varepsilon(q,p)$ 小于－1。

〔2〕 在几乎所有商品上，老年人与学生都享受价格“折扣”。老年人可以购买低价电影票，只是他们必须在检票口出示有效证件来证明自己的资格。

以实行差别定价。这隐含着一个假定:在群体内部,转售现象容易发生。例如,以低价得到商品的买家,可以通过互联网便宜地把商品转售给那些无法低价购得商品的消费者。

但是,存在着一些商品,在任意两个消费者之间,这些商品的转售成本很高。表现为服务流(如电力、电信服务或卫星电视等)形式的商品就极难转售。在这种情况中,垄断企业更有动力实行差别定价,因为它能针对每个消费者提供个性化服务和收取个性化费率。设 $p_t(q)$ 是第 t 类消费者的需求价格函数。为简化分析,设边际生产成本为常数 c。社会剩余于是在产量 q_t^* 上达到最大,如果价格 $p_t(q_t^*)$ 等于边际成本 c。见图 4.5-2。

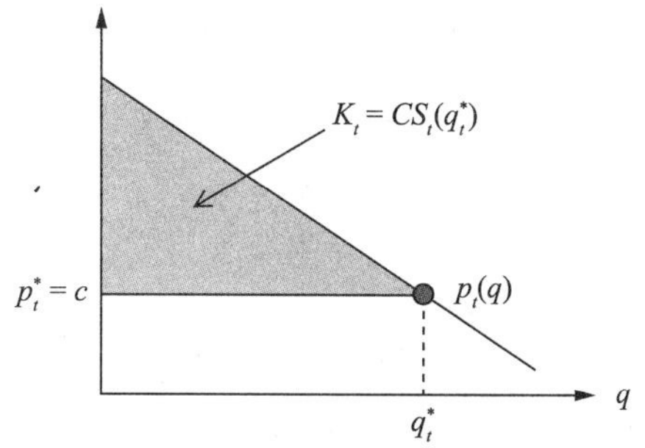

图 4.5-2 榨取所有剩余

垄断企业所能达到的极致,是榨取全部买方剩余,即图中阴影区域。我们看一个两部分定价机制:一个类型为 t 的买方,被收取数额为 p_t 的使用费和一笔接入费 K_t。他购买 q 件商品的总成本于是为 $K_t + p_t q$。如果垄断企业让使用费等于边际成本,它就实现了有效率的产量水平 q_t^*。然后,通过让接入费等于全部买方剩余,垄断利润就等于最大总剩余。

间接差别定价(两部分定价)

然而,由于两个原因,这种情况极少发生。首先,政府常常通过立法禁止企业根据个人特征实行差别定价。其次,即使垄断企业知道市场上存在着"大客户"与"小客户",它可能很难在事前把他们区分开。尽管如此,垄断企业依然有动力实行差别定价。它不针对每个消费者类型制订价格方案,而是提供多个"方案"让消费者选择。通过仔细设计各个方案,垄断企业能激励每类消费者选择为其量身定制的方案。

假设市场上只有两类消费者:低需求者(类型 1)与高需求者(类型 2)。假设在垄断企业为类型 1 买方定制的方案中,使用费为 p_1。见 4.5-3 中的左图。如果两类买方都选择方案 1,他们的需求量分别为 $q_1(p_1)$ 和 $q_2(p_1)$。低需求者的消费者剩余为图中浅灰色区域;高需求者的消费者剩余为图中浅灰色区域与点画区域面积之和。让接入费 K_1 等于浅灰色区域的面积,企业能拿走低需求者的全部剩余 $S_1(p_1)$。

企业从类型 1 消费者那里获得的总利润于是等于接入费加上它从收取使用费

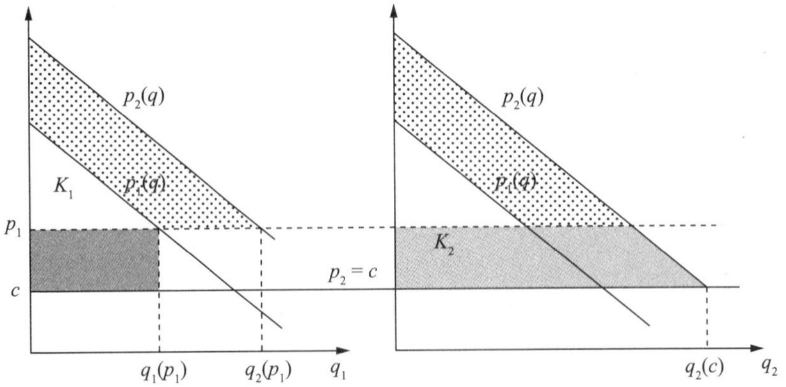

图 4.5-3　区别类型,实行差别定价

中实现的利润$(p_1-c)q_1(p_1)$,即:

$$\Pi_1(p_1)=S_1(p_1)=CS_1(p_1)+(p_1-c)q_1(p_1)$$

是图中深灰色区域与浅灰色区域面积之和。

假设垄断企业提供的正是这一接入费与使用费方案。于是,一个消费者为q件商品发生的全部支付为K_1+p_1q。选择这一方案的类型 2 消费者(即高需求者)购买$q_2(p_1)$件商品。他的消费者剩余于是为左图中浅灰色区域与点画区域面积之和。由于在这一方案下所有客户都支付接入费K_1,所以,高需求消费者的净收益等于点画区域的面积。

这些结论相当重要。垄断企业能拿走低需求者的全部剩余,却无法对高需求者做到这一点,因为后者总能选择为低需求者定制的方案。左图中的点画区域因此是垄断企业能向高需求者榨取到的消费者剩余的一个上界。

在图 4.5-3 中的右图上,买方与卖方作为一个整体能实现的最大收益,是阴影区域与点画区域面积之和(最大社会剩余)。垄断企业,在方案 2 中,让使用费等于边际成本,诱使每个高需求者购买$q_2(c)$件商品。每个高需求者,除非得到至少等于点画区域面积的净收益,否则就会选择方案 1。因此,通过让进入费K_2等于扣除点画区域面积后的消费者剩余(右图中的阴影区域),企业实现最大利润。由于使用费等于边际成本,所以,阴影区域面积也是企业从每个高需求者那里实现的利润。在每种买方类型上实现的总利润于是为图 4.5-4 中阴影区域面积之和。

但是,还有一个问题没有解决:在第一个方案中,使用费p_1应该定为多少呢?假设如图 4.5-5 所示,p_1被提高到$\hat{p}_1$。在这个更高的价格上,低需求者总剩余的下降幅度——即垄断企业从低需求者那儿赚到的利润的下降幅度——ΔS_1,为左图中的深色区域。右图中的白色区域,则是高需求者转而选择方案 1 时所实现的剩余。把这个区域与图 4.5-4 中右图的点画区域进行比较。高需求者从这种转变中得到的剩余下降,下降幅度为图中深色区域。这意味着垄断企业可以增加方案 2 中的接入费,增加幅度等于深色区域的面积,不至于使高需求者改选方案 1。这样做,使企业在高需求者那里实现的利润增加,增加幅度为ΔK_2。

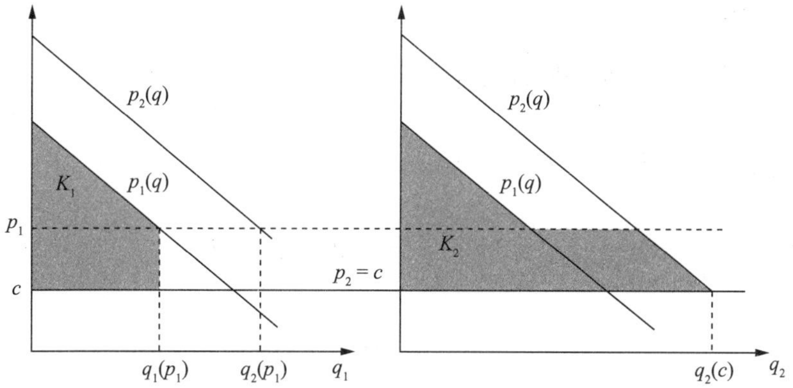

图 4.5-4　在每种买方类型上实现的利润

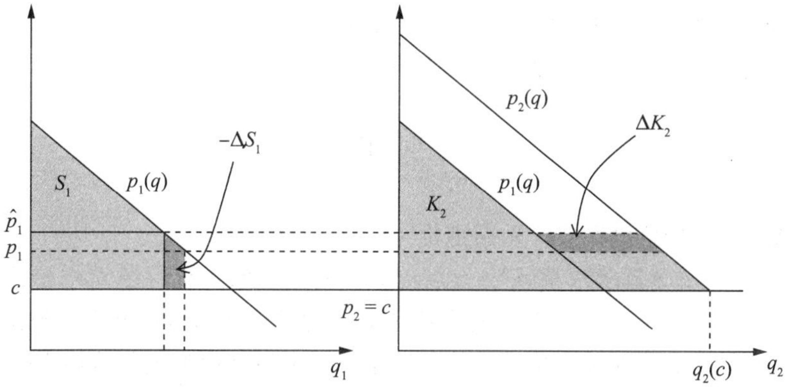

图 4.5-5　确定方案 1 中的使用费

这里要看到，在 p_1 接近 c 时，相对于右图中的深色区域，左图中的深色区域更小。就是说，在 p_1 上升时，企业在低需求者那里损失的利润 ΔS_1，小于它在高需求者那里增加的利润 ΔK_2。因此，不管每种类型的买方人数是多少，通过把方案 1 中的价格 p_1 提高到 c 以上，垄断企业能提高利润。与简单垄断定价一样，间接差别定价从社会角度看无效率，因为它没有为低需求者提供足够多的产品。

在第十一章关于"机制设计"的讨论中，我们将看到，上述结论是一般原则，其基本思想是，要从高需求者那里赚取更多的消费者剩余，垄断企业必须使另一方案（方案 1）缺乏吸引力。它通过提高方案 1 中的价格做到这一点。高需求者在人口中所占比重越大，企业从他们身上榨取消费者剩余的动力就越大，方案 1 中的价格于是就越高。如果高需求者在人口中所占比重非常高，低需求者甚至被彻底挤出市场。

例题：线性需求

设 $p_i(q)=a_i-q$，$i=1,2$；类型 i 买方在人口中的比重为 f_i。由于需求价格函数的斜率为 -1，因此，$\Delta q_1=-\Delta p_1$，$\Delta S_1=(p_1-c)\Delta q_1=-(p_1-c)\Delta p_1$。对任意价格 p_1，两种类型的买方，在都选择方案 1 时，他们的需求量相差 a_2-a_1。就是说，$\Delta K_2=(a_2-a_1)\Delta p_1$。利润上的全部变化于是为：

$$\Delta\Pi = f_1(\Delta S_1) + f_2\Delta K_2 = [-f_1(p_1-c)+f_2(a_2-a_1)]\Delta p_1$$

上式两边同除以 Δp_1，取极限，得到：

$$\frac{d\Pi}{dp_1} = -f_1(p_1-c)+f_2(a_2-a_1) = f_1\left(c+\frac{f_2}{f_1}(a_2-a_1)-p_1\right)$$

情况（ⅰ）：$c+\frac{f_2}{f_1}(a_2-a_1)\leqslant a_1$。令$\frac{d\Pi}{dp_1}=0$，得到最优价格：

$$p_1^* = c+\frac{f_2}{f_1}(a_2-a_1)$$

情况（ⅱ）：$c+\frac{f_2}{f_1}(a_2-a_1)>a_1$。由于$\frac{d\Pi}{dp_1}>0$，$p_1\leqslant a_1$，利润最大化价格水平把低需求者赶出了市场。垄断企业通过让 $p_1\geqslant a_2$，榨取类型 2 买方的全部消费者剩余。这等价于企业完全放弃方案 1 而只提供方案 2。

习　题

习题 4.5－1：分地区实行差别定价

在地区 1，市场需求价格函数为 $p_1=a_1-q$；在地区 2，市场需求价格函数为 $p_2=a_2-q$，其中，$a_2>a_1$。假设两个地区中消费者数量相同。单位生产成本为 c。

(a) 假设企业能对两个地区实行差别定价。求解利润最大化价格水平。

(b) 假设企业无法实行差别定价。再假设 a_1 与 a_2 非常接近而使企业选择同时在两个地区销售产品，把此时的利润最大化价格与(a)中的价格进行比较。证明在 a_2 远高于 a_1 时，地区 1 的消费者被彻底赶出市场。利润最大化价格函数 $p^*(a_2)$不连续性吗？

习题 4.5－2：间接差别定价

有两种类型的买方。每个类型 1 买方的需求价格函数较低，为 $p_1=a_1-q$；类型 2 买方的需求价格函数较高，为 $p_2=a_2-q$。类型 t 买方数量为 n_t。单位生产成本为 c。

(a) 解释：如果只对高需求者出售产品能给企业带来最大利润，则利润最大化的两部分定价方案为$(p_2,F_2)=\left(c,\frac{1}{2}(a_2-c)^2\right)$。

(b) 设垄断企业提供两种价格方案并同时服务这两种类型的买方(就是说，$p_1<a_1$)。证明类型 1 买方从选择方案 1 中实现的收益为$U_1=\frac{1}{2}(a_1-p_1)^2-F_1$。

(c) 求证：如果垄断企业拿走类型 1 买方的全部剩余，则进入费等于$\frac{1}{2}(a_1-p_1)^2$，从类型 1 买方那里实现的利润为$(p_1-c)(a_1-p_1)+\frac{1}{2}(a_1-p_1)^2$。在这一进入费下，类型 2 买方如果选择方案 1，则得到的收益为$U_{21}=(a_2-a_1)(a_1+a_2-2p_1)$。

(d) 垄断企业从类型 2 买方那里能获得的最大利润为什么是$\frac{1}{2}(a_2-c)^2-\frac{1}{2}(a_2-a_1)(a_1+a_2-2p_1)$?

(e) 利用(c)与(d)的答案,写出总利润表达式,求解利润最大化价格水平 p_1。

(f) 证明:随着类型 2 在人口中比重上升,方案 1 中的使用费上升。

参考文献

Debreu, G. (1959). *Theory of Value*. Cowles Foundation Monograph. New York: John Wiley & Sons.

Marshall, A. (1920). *Principles of Economic*. New York: Macmillan.

第五章
一般均衡

5.1 鲁滨孙·克鲁索经济

关键词：瓦尔拉斯均衡配置；最优配置；“看不见的手”在起作用

第三章探讨了交换经济中的均衡与效率。本章引入企业，推广两个福利定理。本节探讨最简单的经济：由一个人构成的经济。为引入交易，我们假定这个人——鲁滨孙·克鲁索——患有人格分裂症，能分别以经理和消费者身份做决策。他的决策受市场价格指导。第 5.2 节探讨生产经济的一般均衡模型，推广两个福利定理。第一福利定理依赖瓦尔拉斯均衡的存在。第 5.3 节探讨均衡的存在性。在我们的基本模型中，所有商品都是私人商品。第 5.4 节与第 5.5 节则拓展这一基本模型，探讨多时期决策与公共品。两个福利定理极为重要。但是，对偏好与技术如何影响价格的问题，它们没有提供任何结论。为此，我们在第 5.6 节中分析一个更简单的一般均衡模型，探讨规模收益固定生产技术下的两商品模型。

在一个经济中，假设只有两种商品，所有消费者 $h=1,\cdots,H$ 有相同的位似效用函数 $U(x^h)$。商品 1 是对时间的消费（即闲暇），商品 2 是粮食。每个人都拥有时间与粮食构成的禀赋，都必须决定消费多少个小时和在劳动力市场出售多少个小时。根据第二章对消费者的讨论，我们知道，在消费者有相同的位似偏好时，市场需求等于拥有总禀赋 $\omega=\sum_{h=1}^{H}\omega^h$ 的一个消费者的需求。我们称这个代表性消费者为鲁滨孙·克鲁索。假设这个经济中只有一家企业，它有凸生产集 Y。商品 1 是生产商品 2 的投入品。所以，y_1 取负值，y_2 取正值。见图 5.1-1。

在任何时点上，鲁滨孙·克鲁索都戴着帽子。作为鲁滨孙，他戴的是经理帽子，决定企业产量。作为克鲁索，他戴的是消费者帽子，根据自己的禀赋和企业股息，决定每天工作的小时数和商品 2 的消费数量。市场价格指导他的消费决策和生产决策。

最优性

在禀赋向量为 ω 时，如果鲁滨孙·克鲁索选择生产方案 y，则他对闲暇和粮食

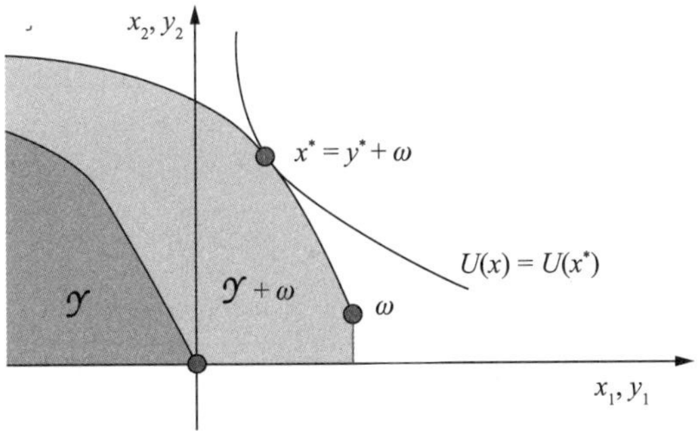

图 5.1-1　最优点

的消费向量为 $x=y+\omega$。可行的消费束构成的集合因此为$\mathcal{Y}+\omega$。见图 5.1-1。鲁滨孙·克鲁索从集合$\mathcal{Y}+\omega$ 中选择最大化其效用的消费束 x^*。就是说,x^* 是以下最大化问题的解:

$$\max_x \{U(x) \mid x \in \mathcal{Y}+\omega\}$$

例题

设$\mathcal{Y}=\{(y_1,y_2)\mid y_1\leqslant 0, y_2^2+y_1\leqslant 0\}$, $U(x)=\ln x_1+\ln x_2$, $\omega=(144,3)$。

代入 $x=y+\omega$,效用为$U(y+\omega)=\ln(\omega_1+y_1)+\ln(\omega_2+y_2)$。效用函数是增函数,所以,最优点肯定位于生产集的边界,就是说,$y_1=-y_2^2$。代入 ω 与 y_1,得:

$$U=\ln(144-y_2^2)+\ln(3+y_2)$$

一阶条件为:

$$\frac{dU}{dy_2}=\frac{-2y_2}{144-y_2^2}+\frac{1}{3+y_2}=\frac{144-6y_2-3y_2^2}{(144-y_2^2)(3+y_2)}=\frac{3(6-y_2)(8+y_2)}{(144-y_2^2)(3+y_2)}=0$$

在 $y_2<6$ 时,$\frac{dU}{dy_2}$为正;在 $y_2>6$ 时,$\frac{dU}{dy_2}$为负。因此,在 $y_2=6$ 时,U 取得最大值。则:

$$y^*=(-36,6), x^*=y^*+\omega=(108,9)$$

瓦尔拉斯均衡

作为经理的鲁滨孙

我们现在探讨鲁滨孙,作为接受价格的企业经理,如何决策。给定价格向量 p,企业利润为 $p\cdot y$。利润按照股东的持股比例分配给股东。股息越大,股东得到的好处越大。在利润最大时,所有者的利益最大。因此,鲁滨孙所选择生产方案 $y(p)$实现最大利润,即:

$$\Pi(p)=p\cdot y(p)=\max_y\{p\cdot y \mid y\in \mathcal{Y}^f\}$$

图 5.1-2 描绘了利润最大化生产方案 $y(p)$。

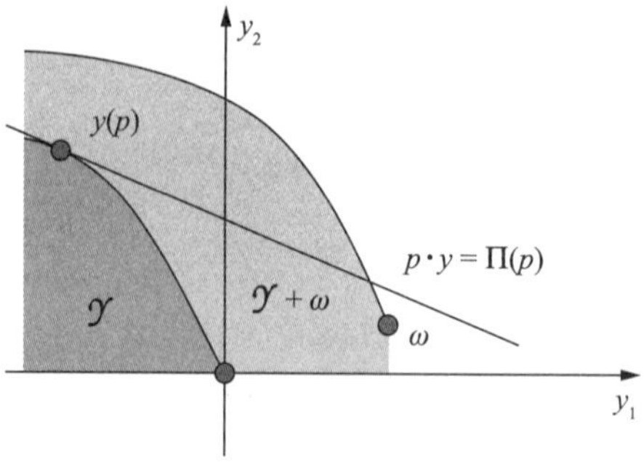

图 5.1－2　鲁滨孙的利润最大化决策

例题(续前)

鲁滨孙经理求解如下利润最大化问题：

$$\max_{y}\{p \cdot y \mid y \in \Upsilon^f\}$$

就是说，求解如下最大化问题：

$$\max_{y}\{p \cdot y \mid y_1 \leqslant 0, y_1 + y_2^2 \leqslant 0\}$$

在最优点上，约束条件起作用。替换 y_1，利润为：

$$\pi(y_2) = -p_1 y_2^2 + p_2 y_2$$

求解利润最大化产量，得到：

$$y_2(p) = \frac{1}{2}\frac{p_2}{p_1}$$

于是：

$$y_1(p) = -[y_2(p)]^2 = -\frac{1}{4}\left(\frac{p_2}{p_1}\right)^2$$

最大利润于是为：

$$\Pi(p) = p \cdot y(p) = \frac{p_2^2}{4p_1}$$

作为消费者的克鲁索

再看接受价格的消费者克鲁索的决策。他拥有的禀赋价值为 $p \cdot \omega$。另外，作为经济中唯一的股东，他得到所有股息，即得到 $\Pi(p) = p \cdot y(p)$。他在粮食上的支出因此必须满足如下约束条件：

$$p \cdot x \leqslant p \cdot \omega + \Pi(p)$$

他求解如下效用最大化问题：

$$\max_{x \geqslant 0}\{U(x) \mid p \cdot x \leqslant p \cdot \omega + \Pi(p)\}$$

图 5.1－3 中描绘了克鲁索的最优选择 $x(p)$。如图所示，$x_1(p) > y_1(p) +$

$\omega_1, x_2(p) < y_2(p) + \omega_2$。就是说，在闲暇上存在超额需求，在商品 2 上存在超额供给。瓦尔拉斯拍卖人于是提高商品 1 的价格，降低商品 2 的价格。商品 1 的相对价格上升，等利润线与预算线因此变得陡峭。

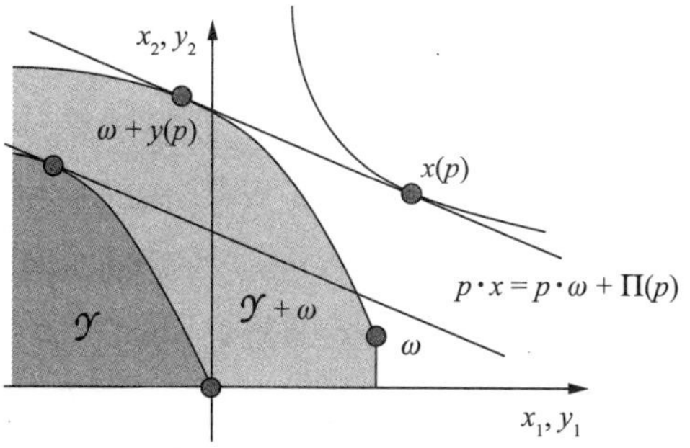

图 5.1－3　克鲁索的效用最大化决策

图 5.1－4 描绘了瓦尔拉斯均衡。比较图 5.1－1 与图 5.1－4。我们看到，瓦尔拉斯均衡点与最优点重合。就是说，患有人格分裂症的鲁滨孙·克鲁索的价格接受行为，在市场出清假定下，指导他到达最优点。这说明亚当·斯密的著名的"看不见的手"在起作用！

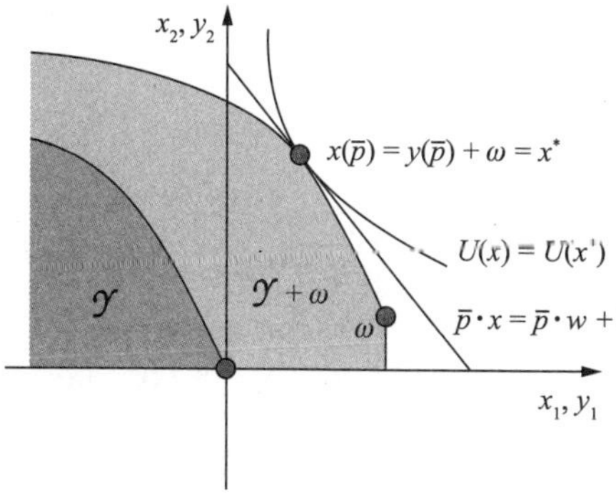

图 5.1－4　瓦尔拉斯均衡

例题（续上）

消费者克鲁索求解如下问题：

$$\max_{x}\{\ln x_1 + \ln x_2 \mid p \cdot x \leqslant \Pi(p) + p \cdot \omega\}$$

效用函数严格递增，所以，在最优点，预算约束以等式形式得到满足。根据一阶条件，利用比率法则，得到：

$$\frac{\frac{\partial U}{\partial x_1}}{p_1} = \frac{\frac{\partial U}{\partial x_2}}{p_2} \Rightarrow \frac{1}{p_1 x_1} = \frac{1}{p_2 x_2} = \frac{2}{p_1 x_1 + p_2 x_2} = \frac{2}{\Pi(p) + p \cdot \omega}$$

则：

$$x_2(p) = \frac{1}{2}\,\frac{\Pi(p) + p \cdot \omega}{p_2}$$

由于：

$$y_2^*(p)=\frac{1}{2}\frac{p_2}{p_1},\Pi(p)=\frac{p_2^2}{4p_1}$$

所以，对商品 2 的需求为：

$$x_2(p)=\frac{1}{2}\left(\frac{p_2}{4p_1}+144\frac{p_1}{p_2}+3\right)$$

对商品 2 的超额需求为：

$$z_2(p)=x_2(p)-y_2(p)-3=\frac{1}{2}\left(144\frac{p_1}{p_2}-\frac{3}{4}\frac{p_2}{p_1}-3\right)=\frac{1}{2}\frac{p_1}{p_2}\left(12-\frac{p_2}{p_1}\right)\left(12+\frac{3}{4}\frac{p_2}{p_1}\right)$$

在$\frac{p_2}{p_1}=12$时，有：

$$z_2(p)=0$$

第 5.3 节探讨在哪些条件下，瓦尔拉斯均衡肯定存在。在这里，我们分析在生产集不是凸集时，可能出现的问题。看图 5.1－5。在图中，企业有固定成本。不管企业生产多少产品，它都必须发生这一成本。为简化分析，设商品 2 的禀赋为零。禀赋向量于是位于横轴上。

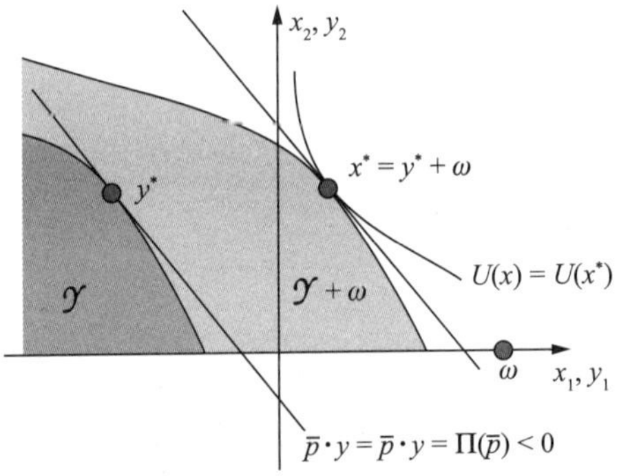

图 5.1－5　在固定成本很大时，不存在瓦尔拉斯均衡

在图上，最优生产方案为 y^*，最优消费方案为 $x^*=y^*+\omega$。为使这一方案成为均衡配置，我们画出在 x^* 点与集合$\Upsilon+\omega$ 相切的预算线和在 y^* 点与生产集相切的等利润线。等利润线位于原点左边。最优点因此不可能是瓦尔拉斯均衡，因为选择不生产和实现零利润，对企业而言，比最优生产方案 y^* 更好。

习　题

习题 5.1－1：均衡

设鲁滨孙的效用函数为 $U(x_1,x_2)=x_1x_2$，时间禀赋为 147 小时，生产函数为 $y_2=2\sqrt{-y_1}$。

(a) 求他的最优选择。

(b) 如果商品 2 的价格为 1,则在工资率为多少时,鲁滨孙作为追求利润最大化的经理,雇佣最优劳动数量?

(c) 画出生产集、偏好和分离平面。

习题 5.1-2:规模收益固定时的瓦尔拉斯均衡

设鲁滨孙只能利用劳动力,按照生产函数 $y_2=-2y_1$,开展生产活动。他拥有的禀赋为 β 件商品 2 和 γ 个小时。他的效用函数为 $U(x_1,x_2)=\ln x_1+\ln(\alpha+x_2)$,其中,$x_1$ 为闲暇。

(a) 画出生产集 $\mathcal{Y}$ 和集合 $\mathcal{Y}+\omega$。

(b) 给定 α、β 和 γ,求解最优工作小时数。在什么条件下,不工作是鲁滨孙的最优选择?

(c) 解释为什么均衡利润为零。

(d) 如果最优劳动供给量为零,证明存在一个区间,瓦尔拉斯均衡"实际工资率"p_1/p_2 可以在这个区间中取任意值。

习题 5.1-3:非凸经济中均衡的存在

鲁滨孙·克鲁索能使用 $-y_1$ 个劳动小时,生产 y_2 件产品。生产集为 $\mathcal{Y}=\hat{\mathcal{Y}}\cup\{0\}$,其中 $\hat{\mathcal{Y}}=\left\{(y_1,y_2)\,\middle|\,y_1\leqslant-\gamma,y_1+\gamma+\frac{1}{8}y_2^2\leqslant 0\right\}$。他的效用函数为 $U(x)=x_1+\ln x_2$,时间禀赋为 2γ 个小时。

(a) 画出生产集。

(b) 求证最优产量等于 2。

(c) 求解企业的供给曲线,将其表示为"实际工资"p_1/p_2 的函数。

(d) 求解消费者对产品的需求曲线。

(e) 求证:如果存在瓦尔拉斯均衡,则瓦尔拉斯均衡价格比率为 $p_2/p_1=\frac{1}{2}$。

(f) 求解均衡利润,将其表示为 γ 的函数。

(g) 求解在 γ 取什么值时,存在瓦尔拉斯均衡。

5.2 生产经济中的均衡与效率

关键词:瓦尔拉斯均衡;第一福利定理;第二福利定理

假设在一个经济中,存在着任意给定数量的商品、消费者和企业。

企 业

设在这个经济中,企业数量为 F。企业 f 的可行生产方案集为 $\mathcal{Y}^f\subset\mathbb{R}^n$,$y^f=(y_1^f,\cdots,y_n^f)\in\mathcal{Y}^f$ 是它的一个生产向量。整个经济的生产方案 $\{y^f\}_{f=1}^F$,它给每个企业规定了一个生产方案。总生产方案 y 是所有企业生产方案的加总:

$$y=\sum_{f=1}^{F}y^f$$

所有可行的总生产方案构成的集合Y,称为总生产集。

消费者

所有商品都是私人商品,就是说,消费者 h 的偏好只与自己的消费向量 $x^h=(x_1^h,\cdots,x_n^h)$有关而与其他消费者的消费向量无关。$X^h\subset\mathbb{R}^n$ 是消费者 h 的消费集,$h=1,2,\cdots,H$。因此,他的偏好定义在 X^h 上。假定消费者 h 拥有的禀赋向量为 $\omega^h\in X^h$。经济中的一个消费配置$\{x^h\}_{h=1}^H$ 给每个消费者规定了一个消费束 $x^h\in X^h$,$h=1,\cdots,H$。经济中的总消费 x 为所有人消费向量的加总,即:

$$x=\sum_{h=1}^{H}x^h$$

经济中的总禀赋 ω 为所有人的禀赋的加总,即:

$$\omega=\sum_{h=1}^{H}\omega^h$$

持　股

企业由全体消费者拥有。消费者 h 持有企业 f 的所有权份额为 θ^{hf}。对每个企业 $f=1,\cdots,F$,所有权份额之和等于 1:

$$\sum_{h=1}^{H}\theta^{hf}=1$$

可行配置

给定总需求 x、总禀赋 ω 和总供给 y,超额需求为 $z=x-\omega-y$。一个配置是可行配置,如果超额总需求为负,即:

$$z=x-\omega-y\leqslant 0$$

帕累托效率配置

对这个经济而言,可行方案$(\{\hat{x}^h\}_{h=1}^H,\{\hat{y}^f\}_{f=1}^F)$具有帕累托效率,如果不存在其他可行方案$(\{x^h\}_{h=1}^H,\{y^f\}_{f=1}^F)$被至少一个消费者严格偏好且被所有消费者弱偏好。

接受价格

设 $p>0$ 是价格向量。消费者与企业都接受价格。如果企业 f 选择生产方案 y^f,它的利润就为 $p\cdot y^f$。消费者 h 以股息形式得到属于自己的那份利润。消费者 h 的全部股息收入为:

$$\sum_{f}\theta^{hf}p\cdot y^f$$

股息收入加上她拥有的禀赋的价值,消费者 h 的财富为:

$$W^h = p \cdot \omega^h + \sum_f \theta^{hf} p \cdot y^f$$

她从自己的预算集$\{x^h \in X^h \mid p \cdot x^h \leqslant W^h\}$中选择消费束$\bar{x}^h$。这里要看到，当她的财富达到最大时，她的预算集达到最大。所以，在企业利润达到最大时，作为股东，消费者h的利益达到最大。

瓦尔拉斯均衡

设价格向量为p，$\bar{y}^f$最大化企业f的利润，$f=1,\cdots,F$。就是说，对所有的$y^f \in Y^f$，$f=1,\cdots,F$，有：

$$p \cdot \bar{y}^f \geqslant p \cdot y^f \qquad (*)$$

设$\bar{x}^h$是消费者h预算集中最被她偏好的消费方案。就是说，对所有的x^h，如果$p \cdot x^h \leqslant W^h$，则：

$$U^h(\bar{x}^h) \geqslant U^h(x^h) \qquad (**)$$

超额总需求向量于是为：

$$\bar{z} = \bar{x} - \omega - \bar{y}$$

> **定义：瓦尔拉斯均衡价格**
>
> 价格向量$p \geqslant 0$是瓦尔拉斯均衡价格向量，如果存在$\{\bar{y}^f\}_{f=1}^F$满足$(*)$和$\{\bar{x}^h\}_{h=1}^H$满足$(**)$使得超额需求向量为负$(\bar{z} \leqslant 0)$。并且，对超额需求严格为负的$(\bar{z}_j \leqslant 0)$任何市场上，$p_j = 0$。

亚当·斯密定理

生产经济中的第一福利定理的证明与交换经济中的证明相同；第二福利定理的证明与两人交换经济中的证明类似，只是更复杂些。

> **命题 5.2-1：第一福利定理**
>
> 如果每个消费者的偏好都满足局部非餍足性假定，则瓦尔拉斯均衡配置是帕累托效率配置。

证明：首先，由于$\bar{x}^h$在消费者h的预算集上最大化她的效用，所以，任何严格更优的消费束x^h上的支出肯定大于她在均衡配置上的支出，即：

$$U^h(x^h) > U^h(\bar{x}^h) \Rightarrow p \cdot x^h > p \cdot \omega^h + p \cdot \sum_f^F \theta^{hf} \bar{y}^f \qquad (5.2-1)$$

而且，根据对偶性引理（引理 2.2-3），任何弱优于$\bar{x}^h$的消费束x^h，所耗费的支出与$\bar{x}^h$上的支出至少一样多，即：

$$U^h(x^h) \geqslant U^h(\bar{x}^h) \Rightarrow p \cdot x^h \geqslant p \cdot \omega^h + p \cdot \sum_f^F \theta^{hf} \bar{y}^f \qquad (5.2-2)$$

假设配置$(\{x^h\}_{h=1}^H, \{y^f\}_{f=1}^F)$是可行配置，并且，相对于瓦尔拉斯均衡配置，是帕累托更优配置。我们用反证法证明不存在这样的配置。

这一配置如果可行，则超额需求必然为负，即 $z=x-\omega-y\leqslant 0$。由于瓦尔拉斯均衡价格向量为正，所以：

$$p\cdot(x-\omega-y)\leqslant 0 \tag{5.2-3}$$

在这一配置中，由于所有消费者都至少与瓦尔拉斯均衡配置中一样好，所以，不等式(5.2-2)对所有的 h 都成立。并且，由于至少一位消费者变得更好，所以不等式(5.2-1)肯定对某个 h 成立。对所有消费者加总，得到：

$$p\cdot\sum_h x^h > p\cdot\sum_h \omega^h + p\cdot\sum_h\sum_f \theta^{hf}\bar{y}^f = p\cdot\sum_h \omega^h + p\cdot\sum_f \bar{y}^f\sum_h \theta^{hf}$$

由于股份之和等于1，上式可以写为：

$$p\cdot\sum_h x^h > p\cdot\omega+\sum_f p\cdot\bar{y}^f$$

在Υ^f 中，$\bar{y}^f$ 实现最大利润，就是说，$p\cdot\bar{y}^f\geqslant p\cdot y^f$，因此：

$$p\cdot(x-\omega-y)\geqslant p\cdot\left(\sum_h x^h-\omega-\sum_f \bar{y}^f\right)>0$$

这与(5.2-3)矛盾。因此，相对于瓦尔拉斯均衡配置，不存在帕累托更优的可行配置。 □

分散决策定理

我们证明生产经济中的第二福利定理。这里的证明思路与交换经济中的证明思路相同，只是不再假定消费束一定为正，就是说，消费者可以供给商品(例如，劳动服务)。生产向量则既有正的坐标值(产出)也有负的坐标值(投入)。

> **命题 5.2-2:生产经济中的第二福利定理**
>
> 设$(\{\hat{x}^h\}_{h=1}^H,\{\hat{y}^f\}_{f=1}^F)$是帕累托效率配置。假设：
>
> (a) 消费向量都是私人消费向量；
>
> (b) 对所有消费者 $h=1,\cdots,H$，消费集 X^h 是凸集；
>
> (c) 效用函数连续、拟凹且满足局部非餍足性；
>
> (d) 对每个 h，存在 $\underline{x}^h\in X^h$ 使得 $\underline{x}^h<\hat{x}^h$；
>
> (e) 对所有的企业 $f=1,\cdots,F$，生产集Υ^f 是凸集且满足免费处置假定。
>
> 则存在价格向量 $p>0$ 使得对所有的 $h=1,\cdots,H$，有：
>
> $$x^h\succ_h\hat{x}^h\Rightarrow p\cdot x^h>p\cdot\hat{x}^h$$
>
> 并且，对所有的 $f=1,\cdots,F$，有：
>
> $$y^f\in\Upsilon^f\Rightarrow p\cdot y^f\leqslant p\cdot\hat{y}^f$$

证明：设$(\{\hat{x}^h\}_{h=1}^H,\{\hat{y}^f\}_{f=1}^F)$是帕累托效率配置。和纯交换经济中的证明一样，我们引入间接效用函数：

$$V^1(x)=\max_{\{x^h\}_{h=1}^{H}}\left\{U^1(x^1)\;\middle|\;\sum_{h=1}^{H}x^h\leqslant x,U^h(x^h)\geqslant U^h(\hat{x}^h),h=2,\cdots,H\right\}$$

第三章说过，$V^1(x)$是拟凹函数。并且，由于U^1具有局部非餍足性特征，V^1亦具有这一特征。

定义可行的总消费向量集为$\{\omega\}+\Upsilon$。图 5.2-1 在两种商品情况中画出了这一集合，其中，商品 1 的一些初始禀赋被转换为商品 2。这里要看到，由于生产集是凸集，总生产集是凸集。

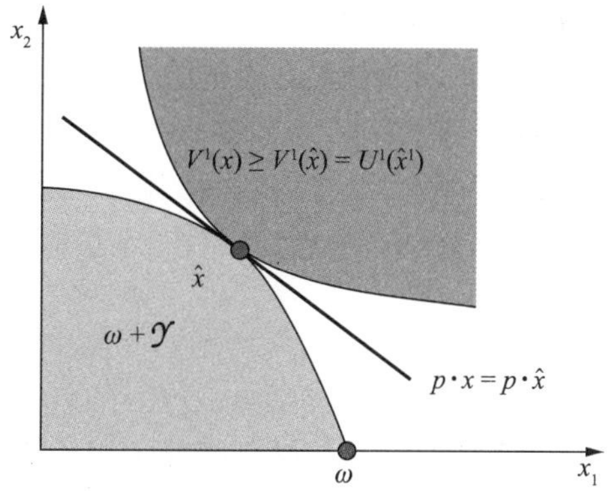

图 5.2-1 支持超平面

我们看如下优化问题：

$$\max_{\{x^h\},\{y^h\}}\{V^1(x)\mid x\in\{\omega\}+\Upsilon\} \tag{5.2-4}$$

由于$(\{\hat{x}^h\}_{h=1}^H,\{\hat{y}^f\}_{f=1}^F)$是帕累托效率配置，给定其他消费者的效用不低于他们在这一帕累托效率配置上的效用水平，$U^1(\hat{x}^1)$给消费者 1 带来最大效用。就是说，$(\{\hat{x}^h\}_{h=1}^H,\{\hat{y}^f\}_{f=1}^F)$是这一最大化问题的解，因此，$V^1(\hat{x})=U^1(\hat{x}^1)$。图 5.2-1 描绘了这一解。

在局部非餍足性假定下，效用最大化的总消费向量$\hat{x}=\omega+\hat{y}$肯定位于$\{\omega\}+\Upsilon$的边界上。由于上优集$\hat{X}\equiv\{x\mid V^1(x)\geqslant V^1(\hat{x})\}$和$\Upsilon$都是凸集，集合$\hat{X}-\{\omega\}-\Upsilon$是凸集。而且，$\hat{x}-\omega-\hat{y}=0$是这个集合的边界点。根据分离超平面定理，存在向量$p\neq0$使得对每个$x\in\hat{X}$和每个$y\in\Upsilon$，有：

$$p\cdot(x-\omega-y)\geqslant p\cdot(\hat{x}-\omega-\hat{y})=0$$

令$x=\hat{x}$，则对每个$y\in\Upsilon$，有：

（ⅰ）$p\cdot(\hat{x}-\omega-y)=p\cdot(\hat{y}-y)\geqslant0$。

令$y=\hat{y}$，则对每个$x\in\hat{X}$，

（ⅱ）$p\cdot(x-\omega-\hat{y})=p\cdot(x-\hat{x})\geqslant0$。

现在证明向量p肯定为正。假设p的某些坐标是负的。我们推导与（ⅰ）矛盾的结论。定义$\delta=(\delta_1,\cdots,\delta_n)>0$使得$\delta_j>0$当且仅当$p_j<0$。则$p\cdot\delta<0$。我们看总生产向量$y=\hat{y}-\delta$。$p\cdot(\hat{y}-y)=p\cdot\delta<0$。由于$\delta>0$，根据免费处置假定，$y$是可行生产方案。这与条件（ⅰ）矛盾。因此，$p>0$。

我们把条件(ⅰ)和(ⅱ)写为如下形式：

(ⅰ) $y\in\mathcal{Y}\Rightarrow\sum_{f=1}^{F}p\cdot y^f\leqslant\sum_{f=1}^{F}p\cdot\hat{y}^f$；

(ⅱ) $V^1(x)\geqslant V^1(\hat{x})\Rightarrow\sum_{h=1}^{H}p\cdot x^h\geqslant\sum_{h=1}^{H}p\cdot\hat{x}^h$。

对(ⅰ)中所有的 $j\neq f$，令 $y^j=\hat{y}^j$，得到：

(ⅰ)′ $y^f\in\mathcal{Y}^f\Rightarrow p\cdot y^f\leqslant p\cdot\hat{y}^f,f=1,\cdots,F$。

就是说，$\hat{y}^f$ 是企业 j 的利润最大化生产方案。

对(ⅱ)中所有的 $i\neq h$，令 $x^i=\hat{x}^i$，得到：[1]

(ⅱ)′ $U^h(x^h)\geqslant U^h(\hat{x}^h)\Rightarrow p\cdot x^h\geqslant p\cdot\hat{x}^h$。

最后证明如果 $U^h(x^h)>U^h(\hat{x}^h)$，则 $p\cdot x^h>p\cdot\hat{x}^h$。反证。设 $U^h(x^h)>U^h(\hat{x}^h)$ 但 $p\cdot x^h=p\cdot\hat{x}^h$。我们看消费束 $\breve{x}^h=(1-\lambda)x^h+\lambda\underline{x}^h,\lambda\in(0,1)$。由于 $\underline{x}^h\in X_h$ 且 X_h 是凸集，因此，$\breve{x}^h\in X_h$。由于 $\underline{x}^h<\hat{x}^h$，则：

$$p\cdot\breve{x}^h=(1-\lambda)p\cdot x^h+\lambda p\cdot\underline{x}^h<(1-\lambda)p\cdot x^h+\lambda p\cdot\hat{x}^h=p\cdot\hat{x}^h$$

根据偏好的连续性，在 λ 足够接近 1 时，$U^h(\breve{x}^h)>U^h(\hat{x}^h)$。但这不可能，它与(ⅱ)′矛盾。 □

这两个福利定理，是支持自由贸易和反对政府干预的理论基础。它们也是支持政府干预的理论基础。这一结果源于两个定理所依托的假定。首先，我们假设了价格接受行为。如果经济决策主体能够组建卡特尔并能利用卡特尔的垄断力量，他们就有动机这样做。[2] 其次，这两个定理都假定商品是私人品，就是说，人们只关心自己的消费。如果情况并非如此(例如，存在着吵闹的邻居、工业污染或城市公园等)，这两个定理也就不再成立。

政府干预是否具有合理性的问题十分复杂。第一福利定理的美妙之处是，没有任何经济决策主体需要知道其他人的偏好。而任何干预都需要评估成本和收益。但是，这种收益和成本常常很难衡量，因为决策主体有动机歪曲真相。

习　题

习题 5.2-1：柯布-道格拉斯经济

所有消费者有相同的柯布-道格拉斯效用函数 $U^h(x^h)=\sum_{j=1}^{2}\alpha_j\ln x_j^h,h=1,\cdots,H$。经济中只有两种投入品。投入品 i 的总禀赋为 $\omega_i,i=1,2$。生产商品 j 的企业的生产集为：

$$\mathcal{Y}^f=\{(z_j^f,q_j^f)\mid q_j^f\leqslant(z_{1j}^f)^{\alpha_j}(z_{2j}^f)^{1-\alpha_j}\}$$

(a) 求证行业生产集为 $\mathcal{Y}_j=\{(z^f,q_j^f)\mid q_j\leqslant(z_{1j})^{\alpha_j}(z_{2j})^{1-\alpha_j}\}$。

---

〔1〕 根据间接效用函数的定义，$U^h(x^h)\geqslant U^h(\hat{x}^h),h=2,\cdots,H$。并且，$U^1(x^1)=V^1(x)\geqslant V^1(\hat{x})=U^1(\hat{x}^1)$。

〔2〕 正是因为这个原因，亚当·斯密支持对制造业协会的串谋行为施加限制，以使“看不见的手”发挥作用。

(b) 求证投入品 1 的最优配置为$(z_{11}^*, z_{12}^*)=\left(\frac{a_1\alpha_1\omega_1}{a_1\alpha_1+a_2\alpha_2}, \frac{a_2\alpha_2\omega_1}{a_1\alpha_1+a_2\alpha_2}\right)$。

求解投入品 2 的最优配置。提示:这个经济中的每个人有相同的位似偏好。

(c) 利用(a),求解瓦尔拉斯均衡投入品价格。

(d) 求证瓦尔拉斯均衡产品价格向量为 $p_j=\left(\frac{r_1}{\alpha_j}\right)^{\alpha_j}\left(\frac{r_2}{1-\alpha_j}\right)^{1-\alpha_j}$。

提示:在这一经济中,边际成本与产量无关。为什么?

习题 5.2-2:鲁滨孙遭遇星期五

鲁滨孙拥有企业但自己不工作。星期五拥有 32 个单位的潜在劳动时间,有效用函数 $U(x)=\ln x_1+\ln x_2$。生产函数为 $y_2=4(-y_1)^{1/2}$,或者说,$y_1+\frac{y_2^2}{16}\leqslant 0$。

(a) 求解星期五的劳动力供给曲线。

(b) 求解这个企业对劳动力的需求,求解瓦尔拉斯均衡。

(c) 画出生产集Y和集合$Y+\{\omega\}$。画出星期五的均衡预算约束和企业的实现最大利润的等利润线。

(d) 假设星期五得到一笔补贴(鲁滨孙则缴税)。证明在无税收瓦尔拉斯均衡价格上,星期五的劳动力供给下降,因此存在对劳动力的超额需求。说明瓦尔拉斯均衡价格比率如何变化。

(e) 假设星期五获赠企业股份。说明价格如何变化。

习题 5.2-3:鲁滨孙遭遇星期五

设鲁滨孙拥有企业。鲁滨孙与星期五拥有相同数量的时间禀赋,可以在闲暇与工作之间分配。总时间禀赋为 ω_1,就是说,每个人拥有的时间禀赋为$\frac{1}{2}\omega_1$。两人的效用函数都为$U(x)=\ln x_1+2a\ln x_2$。生产函数为 $y_2=z_1^{1/2}$。

(a) 把这一问题看作是代表性决策者的问题,证明最优总劳动供给为 $z_1^*=\frac{a\omega_1}{1+a}$,证明 $x^*=\left(\frac{\omega_1}{1+a},\left(\frac{a\omega_1}{1+a}\right)^{1/4}\right)$。

(b) 分析消费者优化问题(记住:代表性决策者拥有时间禀赋和股息收入),求解瓦尔拉斯均衡价格。

(c) 证明星期五对闲暇的需求为 $x_1^F=\frac{\omega_1}{2(1+4a)}$。(a)中给出了对闲暇的市场需求。求解鲁滨孙对闲暇的均衡需求。证明在 a 严格为正且足够小时,他对闲暇的均衡需求超过他拥有的时间禀赋。这意味着我们的代表性决策者模型需要修正。

(d) 在这一情况中,均衡是什么?

5.3 均衡的存在性

关键词:不动点定理;超额需求函数和超额需求对应的连续性

在第 5.1 节的鲁滨孙·克鲁索经济中,我们看到,连续性是证明均衡存在性的关键。我们先看交换经济。

命题 5.3-1:交换经济中瓦尔拉斯均衡的存在性

对所有消费者 $h=1,\cdots,H$,设 $U^h(x^h)$ 在 $X^h=\mathbb{R}_+^n$ 上严格递增且严格拟凹且消费者 h 的禀赋为 $\omega^h\in X^h$。则存在瓦尔拉斯均衡。

无论价格为多大,禀赋为零的消费者,消费数量为零,超额需求为零。我们不考虑这种消费者而假定对所有的 $h=1,\cdots,H,\omega^h>0$。由于只有相对价格重要,所以,我们可以把价格向量规范化而只考虑满足 $\sum_{i=1}^n p_i=1$ 的价格向量 $p\geqslant 0$。(由坐标值之和等于1的非负向量构成的集合,称为单位单纯型。)在只有两种商品时,存在性的证明很简单。对任意的 $p\gg 0$,预算集是紧集,消费者 h 的最大化问题有解;给定严格拟凹性假定,解唯一。于是,存在唯一的超额需求函数 $z^h(p)$。根据最大值定理,$z^h(p)$ 是连续函数。对所有消费者加总,$z(p)=\sum_{h=1}^H z^h(p)$ 是连续函数。

根据假定,$U^h(x)$ 严格递增。因此,随着商品1的价格趋向零(和 p_2 趋向1),商品1的需求上升且无上界。而且,由于 $U^h(\cdot)$ 严格递增,消费者的选择 $x^h(p)$ 必然满足等式预算约束条件。他的超额需求 $z^h(p)$ 因此满足:

$$p\cdot z^h(p)=p\cdot(x^h(p)-\omega^h)=0$$

对所有消费者加总,得到:

$$p\cdot z(p)=p_1z_1(p)+p_2z_2(p)=0 \tag{5.3-1}$$

在 p_1 足够小时,商品1上存在超额需求。根据(5.3-1),商品2上存在超额供给。

同理,在 p_1 足够接近1时(即 p_2 足够接近零),商品2上存在超额需求,商品1上存在超额供给。

由于市场需求函数是连续函数,所以,存在价格向量 $\bar{p}=(\bar{p}_1,1-\bar{p}_1)$ 使得 $z_1(\bar{p})=0$。根据(5.3-1),$z_2(\bar{p})=0$。因此,价格向量 $\bar{p}=(\bar{p}_1,1-\bar{p}_1)$ 是瓦尔拉斯均衡价格向量。

在商品种类多于两种时,我们求助于下面的定理。

布劳威尔不动点定理

设 $S\subset\mathbb{R}^n$ 是闭集和有界集连续函数 $g(x)=(g_1(x),\cdots,g_n(x))$ 把 S 中的每个元素映射到 S 中。则存在 $\bar{x}\in S,g(\bar{x})=\bar{x}$。

命题 5.3-1 的证明:

和只有两种商品时的情况一样,设 Δ 是单位单纯型,即:

$$\Delta\equiv\left\{p\,\middle|\,p\geqslant 0,\sum_{j=1}^n p_j=1\right\}$$

我们要找到一个映射 $g(p)$,对存在超额需求的商品,它提高价格,同时降低其他商品的价格。我们看下面的映射:

$$g(p)=\frac{p+z^{+}(p)}{1+\sum_{j=1}^{n}z_j^{+}(p)}$$

其中，$z_j^{+}(p)=\max\{z_j(p),0\}$。在这个映射中，$\hat{p}_j=p_j+z_j^{+}(p)$是个价格：在存在超额需求的市场上，它严格大于 p_j；在存在超额供给的市场上，它等于 p_j。并且：

$$\sum_{j=1}^{n}\hat{p}_j=1+\sum_{j=1}^{n}z_j^{+}(p)$$

所以，$g(p)$在单位单纯型中。

在单位单纯型的内点集上(即在 $p\gg 0$ 时)，超额需求函数是连续函数。但是，在单纯型的边界上，这一映射没有定义，因为在边界上，超额需求为无穷大。我们因此无法直接应用不动点定理。为解决这一问题，我们把每个消费者的优化问题限制在一个紧集上。定义：

$$\Omega=\{x^h\,|\,0\leqslant x^h\leqslant k\omega,k>1\}$$

对每个消费者 $h=1,\cdots,H$，分析如下效用最大化问题：

$$\max_{x^h}\{U^h(x^h)\,|\,p\cdot x^h\leqslant p\cdot\omega^h,x^h\in\Omega\}$$

对所有的 $p\in\Delta$，这一最大化问题的可行集是紧集，所以，存在最大值。由于效用函数严格拟凹，最大值点唯一。就是说，对每个 h，存在唯一的超额需求 $z^h(p)$。根据最大值定理，超额需求映射是连续函数。映射 $g(p)$因此是连续函数。根据布劳尔不动点定理，存在 $\bar{p}\in\Delta$ 使得：

$$g(\bar{p})\equiv\frac{\bar{p}+z^{+}(\bar{p})}{1+\sum_{j=1}^{n}z_j^{+}(\bar{p})}=\bar{p} \tag{5.3-2}$$

现在证明 $\bar{p}\gg 0$。反证，设 $\bar{p}_j=0$。在这一价格上，对商品 j 的消费有上界 $k\omega_j$。由于效用函数严格递增，$x_j^h(\bar{p})=k\omega_j$。每个消费者在商品 j 上有超额需求，因此，$z_j^{+}(\bar{p})>0$。而这意味着：

$$g_j(\bar{p})=\frac{z_j^{+}(\bar{p})}{1+\sum_{j-1}^{n}z_j^{+}(\bar{p})}>0=\bar{p}_j$$

与(5.3.2)矛盾。

设 I 为指示集，由超额需求为正的商品构成。根据瓦尔拉斯法则，$\bar{p}\cdot z(\bar{p})=0$，就是说，不可能在所有市场上，超额需求都为正。因此：

$$\sum_{i\in I}\bar{p}_i<1 \tag{5.3-3}$$

根据(5.3.2)，对所有的 $i\in I$，有：

$$\bar{p}_i+z_i^{+}(\bar{p})=\bar{p}_i\Big(1+\sum_{j=1}^{n}z_j^{+}(\bar{p})\Big)$$

在 $i\in I$ 上加总，得到：

$$\sum_{i\in I} z_i^+(p)=\left(\sum_{i\in I} p_i\right)\left(\sum_{j=1}^{n} z_j^+(p)\right)$$

但是，对 $j\notin I$，$z_j^+(p)=0$。因此：

$$\sum_{i\in I} p_i =1$$

与(5.3.3)矛盾。

就是说，在任何市场上，都不存在超额需求。于是，根据瓦尔拉斯法则，在任何市场上，都不存在超额供给。因此，$z(p)=\sum_{h=1}^{H} x^h(p)-\omega=0$。就是说，对所有的 $h=1,\cdots,H$，$x^h(p)\leqslant\omega$。对每个消费者，这意味着约束条件 $x^h\leqslant k\omega$ 不起作用。对包含 Ω 的任意消费集，价格向量 p 依然是瓦尔拉斯均衡价格向量。在消费集为 $\mathbb{R}_+^n$ 时，这一结论亦成立。 □

如果需求不连续，则可能不存在瓦尔拉斯均衡。图 5.3-1 说明了这一点。假设消费者有相同的禀赋向量和偏好。则瓦尔拉斯均衡配置肯定是无交换发生的配置。预算约束 $\hat{p}\cdot x=\hat{p}\cdot\omega$ 在点 A 和点 A' 与无差异曲线相切，因此，在价格向量 p 上存在两个均衡需求。在价格比率 p_1/p_2 较高时，存在对商品 2 的超额需求；在价格比率较低时，存在对商品 1 的超额需求。因此，不存在瓦尔拉斯均衡。

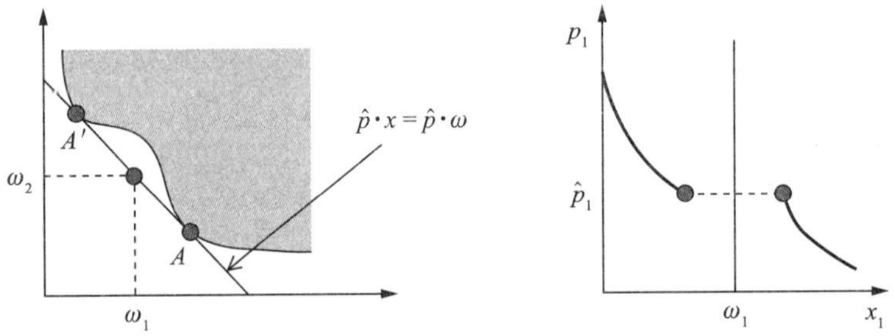

图 5.3-1　无瓦尔拉斯均衡

生产经济

企业的生产向量中既有正的也有负的坐标值(分别表示产出和投入)。但是，我们依然假定消费集为 $X^h\subset\mathbb{R}_+^n$。这似乎有些不合理，因为消费者为企业提供劳动服务。但是，通过假定消费者拥有初始禀赋，我们很容易把这种服务融入模型中：消费者出售其拥有的一些劳动力禀赋，但他的消费依然为正。

对企业 $f=1,\cdots,F$，假定 Υ^f 是闭的、严格凸的且有上界，并且 $0\in\Upsilon^f$。则总生产集 Υ 是闭集且有上界。就是说，存在 $\bar{y}$ 使得对所有的 $y\in\Upsilon$，$y\leqslant\bar{y}$。定义 z 为企业 f 以外的所有企业的供给，于是，$y=y^f+z$。要满足可行性，总产出加上禀赋即 $y^f+z+\omega$，必须大于所有消费者的总需求 x：

$$y^f\geqslant x-\omega-z$$

由于 $x \geqslant 0$，$y^f \geqslant -\omega - z$。由于 $0 \in \mathcal{Y}^f$，$z \in \mathcal{Y}$。因此，$z \leqslant \bar{y}$，$-z \geqslant -\bar{y}$。因此，$y^f \geqslant -\omega - \bar{y}$。

我们看集合 $\bar{\mathcal{Y}}^f = \{y^f \in \mathcal{Y}^f \mid y^f \geqslant -\alpha\omega - \bar{y}, \alpha > 1\}$ 中的生产向量。由于 $\bar{\mathcal{Y}}^f$ 是紧的和严格凸的，所以，存在唯一连续的利润最大化供给 $y^f(p) \in \bar{\mathcal{Y}}^f$。利润函数于是是连续函数，每个消费者得到的总股息于是是连续函数，消费者的需求函数于是是连续函数。超额需求函数因此连续。仿照命题 5.3－1 的证明，在有生产集 $\bar{\mathcal{Y}}^f$ 的修正经济中，存在瓦尔拉斯均衡。

最后要看到，由于这一修正经济的均衡配置肯定可行，所以，每个生产集的下界不可能起作用。因此，这一修正经济的瓦尔拉斯均衡是初始经济的瓦尔拉斯均衡。

命题 5.3－2：有界生产经济中瓦尔拉斯均衡的存在性

对每个消费者 $h=1,\cdots,H$，设 $U^h(x^h)$ 在 $X^h \subset \mathbb{R}^n_+$ 上严格拟凹且消费者 h 拥有的禀赋为 $\omega^h \in X^h$；对每个企业 $f=1,\cdots,F$，设生产集 $\mathcal{Y}^f$ 是闭的、严格凸的、有上界且 $0 \in \mathcal{Y}^f$。则存在瓦尔拉斯均衡。

这一命题有个局限性：它要求偏好与生产集都严格凸。对偏好而言，这个假定合理；但是，它排除了线性技术即至少在一定范围内，投入与产出同比例增长的技术。幸运的是，我们能用（弱）凸性假定替换严格凸性假定。数学推导过程虽然因此有些复杂，但基本原理相同。

假设一个经济中只有两种商品和一家企业，企业的生产集如图 5.3－2 所示。规范商品价格，设商品 1 的价格为 1。在产品价格很低时，利润最大化产量为零。当商品 2 的价格在 $1/a$ 与 $1/b$ 之间时，利润最大化产量为 a。在商品 2 的价格更高时，利润最大化产量为 $a+b$。这里要看到，在商品 2 的两个临界价格 $1/a$ 与 $1/b$ 上，存在很多利润最大化生产向量。就是说，我们得到的是集值供给对应 $y_2(p_2)$ 而非供给函数。见图 5.3－2。

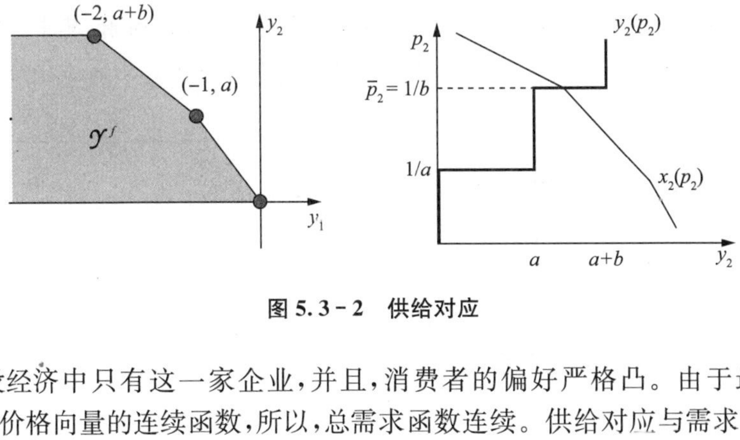

图 5.3－2　供给对应

假设经济中只有这一家企业，并且，消费者的偏好严格凸。由于最大利润 $\Pi(p)$ 是价格向量的连续函数，所以，总需求函数连续。供给对应与需求函数在某个价格水平 p_2 上相交。

在前面，在严格凸性假定下，我们利用超额需求函数的连续性证明均衡存在。现在，在凸性假定下，我们求助于供给与需求对应的以下光滑性特征证明均衡存在。

定义:上半连续对应

对应 φ 在点 x^0 上半连续,如果 $\{x^t\}\to x^0$ 和 $\{y^t\in\varphi(x^t)\}\to y^0$ 蕴含 $y^0\in\varphi(x^0)$。

我们看图 5.3-2 中的供给对应 $y_2(p_2)$。在图上,$y_2(\bar{p}_2)=[a,a+b]$。对递增数列 $\{p_2^t\}\to\bar{p}_2$,$y_2(p_2^t)\to a$;对递减数列 $\{p_2^t\}\to\bar{p}_2$,$y_2(p_2^t)\to a+b$。因此,在 $\bar{p}_2$ 上,这一对应上半连续。

命题 5.3-3 的证明与严格凸经济中连续性的证明如出一辙,这里不做证明。

命题 5.3-3:超额需求对应的上半连续性

对每个消费者 $h=1,\cdots,H$,设 $U^h(x^h)$ 在 $X^h\subset\mathbb{R}_+^n$ 上拟凹且连续,消费者 h 拥有禀赋 $\omega^h\in X^h$;对每个企业 $f=1,\cdots,F$,设生产集 Y^f 是闭的、严格凸的、有上界且 $0\in Y^f$。则在每个消费集有上界和每个生产集有下界的修正经济中,超额需求对应 $z(p)$ 上半连续且是凸的。

最后一步是利用角谷不动点定理,证明修正经济存在瓦尔拉斯均衡,再证明这一均衡是初始经济的均衡。

角谷不动点定理

设 $S\subset\mathbb{R}^n$ 是闭的、有界的和凸的,$\varphi:S\to S$ 是上半连续对应。如果对每个 $x\in S$,集合 $\varphi(x)$ 非空且是凸的,则 φ 有不动点。

但是,这一均衡存在性的证明思路有局限性:它假定生产集有上界。证明均衡存在的另一种方法是假定至少一种商品的需求在价格趋向零时无界。在这一方法下,我们首先"修剪"单位单纯型,剔除小于 ε 的一切价格,应用不动点定理于修剪过的单纯型 $\Delta(\varepsilon)$。其次,让 ε 收敛于零,证明对足够小的 ε,不动点位于 $\Delta(\varepsilon)$ 的内点集中。

命题 5.3-4:超额需求无界时,瓦尔拉斯均衡的存在性[1]

设 $z(p)$ 是从单位单纯型 $\Delta\subseteq\mathbb{R}^n$ 到 $\mathbb{R}^n$ 的连续超额需求映射,其中:(1)$z(p)$ 有下界;(2)$p\cdot z(p)=0$;(3)$p\to bdy\Delta$ 蕴含 $\|z(p)\|\to\infty$。则存在 $\bar{p}\in\Delta$ 使得 $z(\bar{p})=0$。

证明:定义 P 为单位超平面(即 $P=\left\{p\,\middle|\,\sum_{i=1}^n p_i=1\right\}$)。定义映射 $F:\Delta\to\mathbb{R}^n$:对所有的 $i=1,\cdots,n$,则:

$$F_i(p)=\frac{p_i+\dfrac{z_i(p)}{1+\|z(p)\|}}{1+\displaystyle\sum_{i=1}^n\frac{z_i(p)}{1+\|z(p)\|}} \tag{5.3-4}$$

这里要看到,$F(p)\in P$。如果能找到 F 的不动点,我们也就完成了证明,因为这意味着:

[1] 这是个数学证明。$z(p)$ 是上半连续对应时的证明,与此类似。

$$p=F(p)=\frac{p+\dfrac{z(p)}{1+\|z(p)\|}}{1+\sum_{i=1}^{n}\dfrac{z_i(p)}{1+\|z(p)\|}} \tag{5.3-5}$$

根据命题陈述中的条件(2)，有：

$$p\cdot p=\frac{p\cdot p+\dfrac{p\cdot z(p)}{1+\|z(p)\|}}{1+\sum_{i=1}^{n}\dfrac{z_i(p)}{1+\|z(p)\|}}=\frac{p\cdot p}{1+\sum_{i=1}^{n}\dfrac{z_i(p)}{1+\|z(p)\|}}$$

于是：

$$\sum_{i=1}^{n}\frac{z_i(p)}{1+\|z(p)\|}=0$$

将这一结果代入(5.3-5)，得出：

$$p=p+\frac{z(p)}{1+\|z(p)\|}$$

于是：

$$z(p)=0$$

这里的困难是，F 是从 Δ 到 P 的函数，所以，无法直接应用布劳尔不动点定理。处理这一困难的第一步，是裁剪单位单纯型。定义 $\Delta(\varepsilon)$ 为：

$$\Delta(\varepsilon)=\{p\in\Delta \mid p_i\geqslant\varepsilon>0, i=1,\cdots,n\}$$

设 $G\circ F(p)$ 是 $\Delta(\varepsilon)$ 中最接近 $F(p)$ 的点。见图 5.3-3。图中的粗线段是裁剪过的单位单纯型，虚线则为单位直线。对 $\Delta(\varepsilon)$ 中任意点 p，在单位直线上存在 $F(p)$ 与其对应。如果如左图所示，$F(p)\notin\Delta(\varepsilon)$，则最接近 $F(p)$ 的点 $G\circ F(p)$ 是 $\Delta(\varepsilon)$ 的边界点。

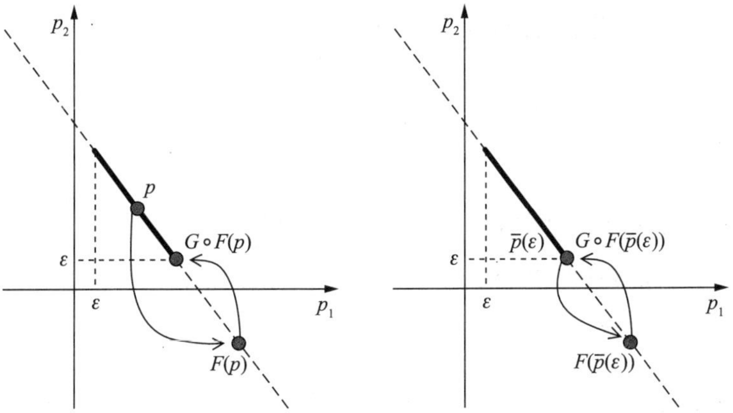

图 5.3-3 Δ(ε)上的映射

复合映射$G\circ F:\Delta(\varepsilon)\to\Delta(\varepsilon)$是连续映射，因此，存在$G\circ F$的不动点$p(\varepsilon)$。见右图。但是，在图中所描绘的情况中，$F(p)\neq p$。我们现在证明，当$\varepsilon$趋向零时，在极限上，不可能出现这种情况。

任取列$\{\Delta(\varepsilon^s)\}$，其中每一项都是一个裁剪过的单位单纯型，并且，$\{\varepsilon^s\}\to 0$。定义$p^s=p(\varepsilon^s)$。由于$p^s\in\Delta(\varepsilon^s)\subset\Delta$，所以，$\{p^s\}$是有界列。因此，存在收敛子列：

$$\{p^t\}=\{p(\varepsilon^t)\}\to p\in\Delta$$

我们将证明，对足够大的t，$F(p^t)\in\Delta(\varepsilon^t)$；因此，$G\circ F(p^t)=F(p^t)$。由于$p^t$是$G\circ F:\Delta(\varepsilon^t)\to\Delta(\varepsilon^t)$的不动点，$p^t=G\circ F(p^t)=F(p^t)$。于是，根据前面的讨论，命题得证。

假设对足够大的t，有：

$$F(p^t)\notin\Delta(\varepsilon^t)\tag{5.3-6}$$

则$G\circ F(p^t)\in bdy\Delta(\varepsilon^t)$，因此，$G\circ F(p)\in bdy\Delta$。这意味着存在$i$使得$p_i=0$，并且，$\|z(p^t)\|\to\infty$。

现在证明$F(p)\in\Delta$。

$$F(p^t)=\frac{N^t}{D^t}$$

其中，$D^t=1+\sum_{i=1}^{n}\frac{z_i(p^t)}{1+\|z(p^t)\|}$，$N^t=p^t+\frac{z(p^t)}{1+\|z(p^t)\|}$。设$I$是指示集。对构成这一集合的每种商品$i$，$z_i(p^t)\to\infty$。由于$z(p)$有下界，所以：

$$\bar{D}-1=\lim_{t\to\infty}D^t-1=\lim_{t\to\infty}\sum_{i=1}^{n}\frac{z_i(p^t)}{1+\|z(p^t)\|}=\lim_{t\to\infty}\sum_{i=1}^{n}\frac{\dfrac{z_i(p^t)}{\|z(p^t)\|}}{1+\dfrac{1}{\|z(p^t)\|}}$$

$$=\lim_{t\to\infty}\sum_{i\in I}\frac{z_i(p^t)}{\|z(p^t)\|}$$

对所有的$i\in I$，在t足够大时，$z_i(p^t)\geqslant 0$。于是：

$$\bar{D}-1\geqslant\min_{z\geqslant 0}\left\{\frac{\sum_{i\in I}z_i}{\|z\|}\right\}=1$$ 〔1〕

对$i\in I$，因为$z_i(p^t)\to\infty$，所以，在t足够大时，$N_i^t=p_i^t+\frac{z_i(p^t)}{1+\|z(p^t)\|}>0$。

对$i\notin I$，$z_i(p^t)$有界，因此，$N_i^t\to p_i\geqslant 0$。因此，$F(p)\geqslant 0$。由于$F(p)\in P$，因此，$F(p)\in\Delta$。于是：

---

〔1〕 证明：

$$\min_{z\geqslant 0}\left\{\sum_{j=1}^{n}z_j\;\middle|\;\sum_{j=1}^{n}z_j^2=k^2\right\}$$

$$\bar{p}=\lim_{t\to\infty}p^{t}=\lim_{t\to\infty}G\circ F(p^{t})=G\circ F(\bar{p})=F(\bar{p}) \qquad (5.3-7)$$

最后要指出的是，由于 $\bar{p}\in\Delta$，因此存在 j 使得 $\bar{p}_j>0$。

由于 $z(p)$ 有下界，所以存在 $\alpha>0$ 使得 $z(p)>-\alpha$。并且，由于 $p\cdot z(p)=0$，有：

$$p_j^t z_j(p^t)=\sum_{i\neq j}p_i^t\cdot(-z_i(p^t))\leqslant\alpha\sum_{i\neq j}p_i^t\leqslant\alpha$$

列 $\{z_j(p^t)\}$ 因此有界。于是：

$$F_j(\bar{p})=\lim_{t\to\infty}\frac{p_j^t+\dfrac{z_j(p^t)}{1+\|z(p^t)\|}}{D^t}=\frac{\bar{p}_j}{\bar{D}}\leqslant\frac{1}{2}\bar{p}_j$$

因此，$F(\bar{p})\neq\bar{p}$。这与(5.3－7)矛盾，所以，(5.3－6)不成立。 □

习　题

习题 5.3－1：供给函数的连续性

求证：如果企业的生产集是闭的、有界的和严格凸的，则利润最大化供给 $y(p)$ 连续。提示：利用附录 C 第 4 节中的证明。

习题 5.3－2：供给对应与需求对应

设每个企业的生产集都是紧的和凸的。

(a) 求证：每个企业的利润函数都连续，供给对应 $y^f(p)$ 都上半连续。

(b) 求证：对任意的 $p\gg0$，消费者 h 的预算集 $B^h(p)$ 是 p 上的连续对应。证明需求对应 $x^h(p)$ 在 p 上上半连续。

习题 5.3－3：有最低消费门槛时均衡之存在或不存在

(a) 消费者 $h\in\{A,B\}$ 有消费集 $X^h=\mathbb{R}_+^2$，有效用函数 $U^h=x_1^{\alpha^h}x_2^{\beta^h}$，其中，$\alpha^h+\beta^h=1$，$\alpha^A>\alpha^B$。每种商品的总禀赋为 ω。在图上画出帕累托效率配置并解释在这一经济中，瓦尔拉斯均衡价格比率为什么满足

$$\frac{\alpha^B}{\beta^B}\leqslant\frac{p_1}{p_2}\leqslant\frac{\alpha^A}{\beta^A}$$

在以下问题中，假设消费者 $h\in\{A,B\}$ 的消费集为 $X^h=\{x\mid x_1\geqslant\gamma,x_2\geqslant\gamma\}$，其中，$2\gamma<\omega$。他的效用函数为 $U^h=(x_1-\gamma)^{\alpha^h}(x_2-\gamma)^{\beta^h}$，其中，$\alpha^h+\beta^h=1$，$\alpha^A>\alpha^B$。

(b) 画出埃奇沃思图，并标明配置同时位于双方消费集的区域。

(c) 定义 $\hat{x}_i^h=x_i^h-\gamma$，$\hat{\omega}_i^h=\omega_i^h-\gamma$。利用这个定义，说明我们能像(a)中那样分析这一问题。在埃奇沃思图中画出帕累托效率配置，证明瓦尔拉斯价格的取值范围与(a)中相同。

(d) 在埃奇沃思图中，对两个端点帕累托效率配置，画出预算线；涂黑存在瓦尔拉斯均衡的区域。

习题 5.3－4：均衡的连续统和降低效用的转移支付

(a) 给定前一题(b)中的效用函数。求证：

$$x_1^h(p)-\gamma=\alpha^h\left[(\omega_1^h-\gamma)+\frac{p_2}{p_1}(\omega_2^h-\gamma)\right]$$

(b) 令市场需求等于供给，证明：

$$\beta^A(\omega_1^A-\gamma)+\beta^B(\omega_1^B-\gamma)=\frac{p_2}{p_1}[\alpha^A(\omega_2^A-\gamma)+\alpha^B(\omega_2^B-\gamma)]$$

在下面的问题中，设 $\alpha^A=\alpha^B=\dfrac{1}{3}$，$\gamma=2$，$\omega^A=(4,1)$，$\omega^B=(1,4)$。

(c) 求证：对区间 $\left[\dfrac{1}{2},2\right]$ 中的所有价格比率，市场出清。

(d) 在埃奇沃思图上，把瓦尔拉斯预算线形成的凸锥涂黑。说明对凸锥内的任意禀赋，均衡唯一（瓦尔拉斯均衡因此“普遍地”唯一）。

(e) 如果禀赋位于(4,1)左上方的锥体内，解释为什么从 B 到 A 的禀赋转移，提高 A 的效用和商品 1 的相对价格。

(f) 如果禀赋点位于(4,1)右下方的锥体内，A 的效用发生怎样的变化？

习题 5.3-5：无消费门槛时均衡的连续统

消费者 $h\in\{A,B\}$ 的消费集为 $X^h=\mathbb{R}_+^2$，效用函数为：

$$U^h(x_1,x_2)=\begin{cases}\min\{x_1-\gamma,x_2-\gamma\}, & \text{如果}\min\{x_1,x_2\}\leqslant\gamma\\(x_1-\gamma)^{\alpha^h}(x_2-\gamma)^{\beta^h}, & \text{如果}\min\{x_1,x_2\}>\gamma\end{cases}$$

其中，$\alpha^h+\beta^h=1$。

(a) 对所有价格比率，求解消费者 h 对商品 1 的需求，证明他的需求函数连续。

(b) 设所有参数的取值与前一习题相同。概括帕累托效率配置的特征，找出可能的瓦尔拉斯均衡价格比率。提示：利用前一题目的答案。

5.4 公共品

关键词：非排他性消费；联合产品；个人化价格；林达尔均衡

在此前的基本经济学模型中，每个人都有自己的个人需要。保持一种商品产量固定，要增加我所得到的商品数量从而满足我的需要，就得相应减少其他人得到的商品数量。在此意义上，商品是完全“排他的”。但是，存在一些商品，人们的消费没有或几乎没有这种此消彼长效应。国防与警报系统属于此类商品，对它们的消费完全没有排他性：我的消费不减少你的消费。还有许多商品，排他性很小。我在公园散步。我的行为可能降低你的游园兴致，如果你想一个人独享的话。但是，你依然能从中得到很大享受。我们依然能说公园消费完全无排他性。

无排他性私人商品(联合产品)

在本节，我们向此前的私人品模型中增加完全无排他性商品。但是，在探讨国防或城市绿地等“公共品”之前，我们研究在消费上为私人品但在生产环节具有非排他性的商品。

假设一个经济生产 N 种一般意义上的商品$(y_1,\cdots,y_N)$同时生产 y_0 单位发电能力。这一发电能力出售给电力销售商，他们在每天各个时段为经济供应电力。我们把一天分为 T 个时段，定义$(x_{N+1}^h,\cdots,x_{N+T}^h)$为第 h 个消费者的电力消费。消费者 h 对 N 种商品和电力的消费向量于是为 $x^h=(x_1^h,\cdots,x_{N+T}^h)$。在时段 t，整个经济对电力的总需求为：

$$x_{N+t}=\sum_{h=1}^{H}x_{N+t}^h$$

对消费者而言，电力是私人品。因此，对整个经济，可行性条件为 $x_{N+t}-y_0\leqslant 0,t=1,\cdots,T$。

但是，对采购发电能力的销售商而言，情况完全不同。一旦购买了电力，在一个时段中对电力的消费不会降低其他时段中的电力消费。我们可以把发电设施想象为一个水电站。如果不考虑电站维护成本，则无论在各个时段中实际售出多少电力，电的成本都相同。设 y_{N+t}^d 是时段 t 中销售商 d 销售的电量。如果它小于发电能力，则时期 t 发电量的上升，对电站在其他时段的发电能力没有影响，对总成本没有影响。在这个售电环节中，电力是投入品。我们用负数表示投入品。电力销售商的生产能力约束于是为：

$$y_{N+t}^d+y_0^d\leqslant 0,t=1,\cdots,T$$

就是说，售电商 d 的投入品为 $y_0^d<0$，产出向量为$(y_{N+1}^d,\cdots,y_{N+T}^d)$。他的生产向量于是为 $y^d=(y_0^d,0,\cdots,0,y_{N+1}^d,\cdots,y_{N+T}^d)$。他的生产集为：

$$\Upsilon^d=\{y^d\mid y_n^d=0,n=1,\cdots,N,y_{N+t}^d+y_0^d\leqslant 0,t=1,\cdots,T\}$$

由于所有约束都是线性约束，所以，这个生产集是凸集。因此，只要其他所有企业的技术和消费者的偏好都满足标准凸性假定，两个福利定理依然成立。

我们看第 d 个电力销售商。假设他的均衡生产向量为 y^d。设 C 是指示集，由瓦尔拉斯均衡电力价格严格为正的时段构成。由于发电成本为零，第 d 个电力销售商通过让产量等于发电能力而最大化自己的利润。增加发电能力的边际收入于是为 $\sum_{t\in C}p_{N+t}$。在均衡点，增加发电能力的边际收入等于边际成本，即等于 p_0。因此，在瓦尔拉斯均衡上，$\sum_{t\in C}p_{N+t}=p_0$。但是，在不属于 C 的时段上，电价为零。因此：

$$\sum_{t=1}^{T}p_{N+t}=p_0$$

就是说，T 个时段的电价之和必须等于增加一单位发电能力的市场价格。

公共品

这个私人品模型可以被解释为公共品模型。首先，把一天划分为多个时段，使时段数与消费者数量相等(即 $H=T$)。假设在时段 h 只有消费者 h 消费电力。消费者 h 的效用函数于是可以写为 $U^h(x^h)=U^h(x_1^h,\cdots,x_N^h,x_{N+h}^h)$。从消费者的偏好角度看，这一函数形式是此前模型——$N+T$ 中商品都进入效用函数的模型——的特殊情况。

假设消费者 h 的消费量低于商品供应能力。由于他是购买这一商品的唯一消费者，所以，市场供给大于需求，商品 $N+h$ 的瓦尔拉斯均衡价格 p_{N+h} 肯定等于零。对其他所有消费者，需求等于生产能力。如前所述，均衡价格之和满足：

$$\sum_{h=1}^{H} p_{N+h} = p_0$$

林达尔均衡

现在探讨公共绿地。不考虑绿地消费中的拥堵效应，我们可以把 y_0 理解为绿地面积。消费具有非排他性，消费者 h 对绿地的消费 x_{N+h}^{h} 对其他人没有影响。但是，每个消费者对绿地的消费受限于总供给：

$$x_{N+h}^{h} \leqslant y_0$$

这正是上面描述的模型。我们毫不费力地扩展了一般均衡模型，把公共品纳入其中。但是，与标准瓦尔拉斯均衡模型不同，在这里的公共品模型中，对不同消费者，公共品的价格可能不同。商品与价格在这里被个人化。就是说，每个市场上的买方都是垄断者。因此，价格接受行为假定在这里不适用。因为这个原因，有个人化价格的瓦尔拉斯均衡通常被称为林达尔均衡。

由于个人化价格所依托的市场机制不存在，替代机制是什么呢？如果市场参与者数量很少，他们可以通过谈判得到结果。例如，如果所涉及的公共品是街区里的马路照明，则直接受益者可以通过谈判找到有利每户人家的决策。如果公共品是座灯塔，则各家船运公司可以通过谈判得到各方能接受的结果。但是，在消费者数量很大时，这种谈判机制不可行。此时需要由政府提供解决方案。理论上，政府可以向每个消费者收取使用费 p_h。在政府拥有关于个人偏好的完全信息时，政府可以实现市场均衡结果。但是，在现实世界中，政府至多只能推行以房产价值或以收入为基础的收费机制。

排他性公共品

在一些公共品上，例如国防，每个人都得到这种公共品或公共服务，而不管他们是否想要。但是，对绿地等公共品，经济上合理的做法是用栅栏把它围起来，借此把不愿付费的人挡在外面。但是，如果没有关于支付意愿的信息，则使用费或者对每个人都一样或者根据某些可观察到的特征（如年龄）确定。这样一种收费机制是否接近效率结果，取决于使用费在多大程度上偏离理论上的林达尔均衡个人化价格。以这种方式看，林达尔均衡是评判实际解决方案的参照系。

习　题

习题 5.4－1：公共"厌恶品"

在只有一个消费者和一个企业的经济中（或者等价地说，在有许多相同消费者

和相同企业的经济中)，有两种私人品。企业还生产污染，数量为 b。企业的生产集 $\Upsilon=\{(y_1,y_2,b)\,|\,G(y,b)\leqslant 0\}$ 是凸集，其中，$G(\cdot)$ 在其前两个变量上严格递增，在 b 上严格递减。就是说，通过增加污染，企业能生产更多产品(或使用更少投入品)。消费者有凹效用函数 $U(x_1,x_2,b)$，它在前两个变量上递增，在 b 上递减。

(a) 写出最优生产方案与污染水平所满足的一阶条件。

(b) 假设企业要为单位污染水平缴纳污染税 t，假设企业和消费者都接受价格。写出利润最大化与效用最大化的一阶条件。

(c) 求证：通过对税率的选择，企业生产社会最优数量的污染品。

(d) 假设经济中又多了一家企业，它的生产函数与第一家企业不同。消费者现在看到的污染水平为 $b=b^1+b^2$。证明通过合理的污染税率，这个经济依然能达到社会最优。

(e) 假设最优污染量为 b^*。政府宣布它将出售数量为 b^* 的“污染权”。前述污染税率会成为均衡市场出清价格吗？

(f) 在模型中，增加消费者数量，证明上述结论依然成立。

5.5 均衡期货价格

关键词：重新诠释无时间维度模型；均衡的现货价格、期货价格和未来的现货市场价格

在基本的一般均衡模型中，没有涉及时间因素。商品瞬间被企业生产出来，被消费。本节重新诠释商品和价格，证明在增加时间维度后，基本模型依然适用。

我们看瓦尔拉斯均衡。企业通过选择投入品向量最大化利润，消费者在各自预算约束下最大化效用。设在价格向量为 p 时，$y^f(p)$ 是企业 f 所选择的生产向量。就是说，对 $f=1,\cdots,F$，有：

$$y^f(p)\text{ 是}\max_y\{p\cdot y^f\,|\,y^f\in\Upsilon^f\}\text{ 的解}$$

最大利润 $\Pi^f(p)=p\cdot y^f(p)$ 以股息形式分配给消费者。消费者 h，在持有企业 $f=1,\cdots,F$ 的股份比例为 θ^{hf} 时，选择消费向量 $x^h(p)$。就是说，对 $h=1,\cdots,H$，有：

$$x^h(p)\text{ 是}\max_{x^h}\left\{U^h(x^h)\;\middle|\;p\cdot x^h\leqslant p\cdot\omega^h+\sum_{f=1}^{F}\theta^{hf}\Pi^f\right\}\text{ 的解}$$

在此前几节中，瓦尔拉斯均衡模型被解释为单时期模型或“静态”模型。但是，它还有动态解释。我们在最简单的两时期情况中展开分析，但得到的结论适用多时期。设有 n 种商品。企业 f 的生产方案为 $y^f=(y_1^f,y_2^f)$，其中：

$$y_t^f=(y_{t1}^f,\cdots,y_{tn}^f),t=1,2$$

消费者 h 的消费向量为 $x^h=(x_1^h,x_2^h)$，价格向量为 $p=(p_1,p_2)$。

在这一解释中，所有人都在时期 1 买卖全部 $2n$ 种商品。商品向量 x_1^h“在现货

市场上”以现货价格向量 $p_1=(p_{11},\cdots,p_{1n})$ 买卖和交割。时期 2 商品或者说“未来”商品以“期货”价格向量 p_2 被买卖。由于企业能在今天销售在未来交货的所有商品，所以，它们能在今天支付股息。由于消费者能在今天通过合同出售自己未来的劳动服务，所以，他们能在今天得到未来服务的报酬，因此能利用自己在未来时期的收入来选择一生的消费方案。

这一诠释显然远离现实世界中市场的运作方式。但是，正如第二章所指出的，对这一模型，还可以如下理解：所有人只在现货市场上交易并通过借贷行为在各个时期之间转移财富。设市场利率为 r，设时期 2 的现货价格向量为 p_2^s。就是说，一旦时期 2 到来，消费者能按价格 p_{2j}^s 买卖商品 j。与现货和期货价格不同，商品 j 被预期将在这个价格上交易。设 d_t^f 是时期 t 支付的股息。如果第一个时期的股息超过第一个时期的利润，企业就借入 B_1^f，支付股息 d_1^f：

$$d_1^f=p_1\cdot y_1^f+B_1^f$$

于是，所预期的时期 2 股息为偿还贷款后剩余的利润，即：

$$d_2^f=p_2^s\cdot y_2^f-B_1^f(1+r)$$

把这个时期 2 方程除以 $1+r$，与时期 1 方程相加，得到股息流量的现值：

$$PV\{d_1^f,d_2^f\}=d_1^f+\frac{d_2^f}{1+r}=p_1\cdot y_1^f+\frac{1}{1+r}p_2^s\cdot y_2^f \qquad (5.5-1)$$

这里要看到，只要 $p_2^s=(1+r)p_2$，股息流量的现值就为：

$$p_1\cdot y_1^f+p_2\cdot y_2^f=\Pi^f(p)$$

就是说，利用现货与期货价格最大化利润的企业，最大化股息流量的现值。

现在看消费者 h。在时期 1，他得到股息 $\sum_{f=1}^{F}\theta^{hf}d_1^f$。如果他储蓄 S_1^h，则他在两个时期的预算约束分别为：

$$p_1\cdot x_1^h\leqslant p_1\cdot\omega_1^h+\sum_{f=1}^{F}\theta^{hf}d_1^f-S_1^h$$

$$p_2^s\cdot x_2^h\leqslant p_2^s\cdot\omega_2^h+\sum_{f=1}^{F}\theta^{hf}d_2^f+(1+r)S_1^h$$

把第二个约束条件表示为现值形式，与第一个约束条件相加，得到：

$$p_1\cdot x_1^h+\frac{1}{1+r}p_2^s\cdot x_2^h\leqslant p_1\cdot\omega_1^h+\frac{1}{1+r}p_2^s\cdot\omega_2^h+\sum_{f=1}^{F}\theta^{hf}\left(d_1^f+\frac{d_2^f}{1+r}\right)$$

把(5.5-1)代入上式，得到：

$$p_1\cdot x_1^h+\frac{1}{1+r}p_2^s\cdot x_2^h\leqslant p_1\cdot\omega_1^h+\frac{1}{1+r}p_2^s\cdot\omega_2^h+\sum_{f=1}^{F}\theta^{hf}\Pi^f(p)$$

只要预期未来的现货价格向量的现值等于期货价格向量，即 $\frac{1}{1+r}p_2^s=p_2$，上述预算约束与期货价格下的预算约束完全相同。

理性预期

有三点需要指出：

首先，要在第一个时期中做出正确选择，所有决策者必须能正确预测到均衡未来现货价格。经济学家称这一假定为理性预期。它是“理性”的，就是说，如果每个人都认为未来的现货价格向量将为 p_2^s 并依据这一推断进行交易，则这一价格向量就是瓦尔拉斯均衡价格向量。但是，在时期 1，只有现货市场开放。所以，对消费者和企业应该如何推断在未来才开市的市场上的价格，没有任何市场指导。（见下面的例子。）对此事实，最正面的解释是，问题可能不严重，如果有真正理解经济的专家，在现货价格与多时期均衡价格不一致时，他们能起到套利商作用的话。

其次，仅仅要求消费者和企业正确预测未来价格还不够。想在年轻时使支出大于收入的消费者，必须能凭借其未来收入借到钱。由于消费者可以选择破产，他们并不总是有动机履行年轻时做出的承诺。潜在的贷款人认识到这一点，可能不愿意像均衡模型所建议的那样提供贷款。

最后，未来偏好与技术上的不确定性，加重了这些问题。在第 7 章中我们将看到，均衡模型能被推广，把不确定性纳入模型中。除了假定在不同时期交割的不同商品有自己的市场外，我们将把交割与否取决于不确定的未来事件的商品引入到模型中。这种做法的缺陷，是它依然依赖隐含于模型中的基本假定：司法体系能低成本地监督执行各方做出的承诺。

例　子

设所有消费者有相同的对数偏好：

$$U=u(x_1)+\frac{1}{2}u(x_2) \tag{5.5-2}$$

其中，$x_t=(x_{t1},x_{t2})$，$u(x_t)=2\ln x_{t1}+\ln x_{t2}$。第一个时期的禀赋为 $\omega_1=(120,120)$，没有时期 2 禀赋。

在时期 1，有两种商品，它们可被消费，也可用于投资。如果用于投资，则每件商品 1 在时期 2 生成两件商品 1；每件商品 2 在时期 2 生成 4 件商品 2。设 z_{1i} 是时期 1 中投资的商品 i 的数量，q_{2i} 是时期 2 实现的产出，$i=1,2$。则生产函数为：

$$q_{21}=2z_{11},q_{22}=4z_{12}$$

由于偏好为位似偏好，所以，我们可以认为整个经济由一个代表性消费者构成，他持有所有的禀赋与企业股份。

设 $x_t=(x_{t1},x_{t2})$ 是时期 t 的消费，则：

$$x_{11}=\omega_{11}-z_{11},x_{12}=\omega_{12}-z_{12},x_{21}=2z_{11},x_{22}=4z_{12} \tag{5.5-3}$$

把(5.5-3)代入(5.5-2)，得到：

$$U=2\ln(120-z_{11})+\ln(120-z_{12})+\ln 2z_{11}+\frac{1}{2}\ln 4z_{12}$$

我们于是能解出最优的时期 1 投资数量。效用最大化投入品向量为$(z_{11}^*,z_{12}^*)=(40,40)$，最优消费向量为$\bar{x}=(80,80,80,160)$。

由于技术与偏好的上优集都是凸集，存在瓦尔拉斯均衡价格（即拉格朗日乘数）支持这一最优解。设时期 1 交割的商品的价格为 p_1，时期 2 交割的商品的价格（即期货价格）为 p_2。设消费者的财富价值为 W。消费者通过对消费向量 x 的选择，求解如下最大化问题：

$$\max_x \{U(x) \mid p \cdot x = p_1 \cdot x_1 + p_2 \cdot x_2 = W\}$$

一阶条件为：

$$\frac{\frac{\partial U}{\partial x_{11}}}{p_{11}}=\frac{\frac{\partial U}{\partial x_{12}}}{p_{12}}=\frac{\frac{\partial U}{\partial x_{21}}}{p_{21}}=\frac{\frac{\partial U}{\partial x_{22}}}{p_{22}}=\lambda$$

给定对数偏好，上式可以写为：

$$\frac{2}{p_{11}80}=\frac{1}{p_{12}80}=\frac{1}{p_{21}80}=\frac{\frac{1}{2}}{p_{22}160}=\lambda$$

因此，要使代表性消费者选择（帕累托）最优配置 $\bar{x}=(80,80,80,160)$，要求：

$$\frac{2}{p_{11}80}=\frac{1}{p_{12}80}=\frac{1}{p_{21}80}=\frac{\frac{1}{2}}{p_{22}160}$$

用时期 1 中的商品 1 作为计价商品，即 $p_{11}=1$。则均衡价格向量为：

$$p=(p_{11},p_{12},p_{21},p_{22})=\left(1,\frac{1}{2},\frac{1}{2},\frac{1}{8}\right) \tag{5.5-4}$$

所有这些价格都是时期 1 价格。向量 $p_1=(p_{11},p_{12})=\left(1,\frac{1}{2}\right)$是时期 1 交割的商品的价格向量（即现货价格），向量 $p_2=(p_{21},p_{22})=\left(\frac{1}{2},\frac{1}{8}\right)$是未来交割的商品的价格向量（即期货价格）。

在每个时期，都用商品 1 作为计价商品，令每个时期中商品 1 的现货价格等于 1，就是说，$p_1=p_{21}^s=1$。根据(5.5-4)，$\frac{p_{22}}{p_{21}}=\frac{1}{4}$。未来的现货价格向量因此为 $p_2^s=\left(1,\frac{1}{4}\right)$。

假设市场利率为 r。套利者可以在期货市场上以价格 $p_{21}=\frac{1}{2}$ 出售一件商品 1，储蓄出售所得以赚取利息，则在时期 2，他有 $p_{21}(1+r)$ 元钱。他以未来的现货价格 p_{21}^s 买回这件商品。在所买卖的每件商品上，他实现利润 $p_{21}(1+r)-p_{21}^s$。如果 $p_{21}(1+r)>p_{21}^s$，则套利者的时期 2 需求无上界。如果 $p_{21}(1+r)<p_{21}^s$，则套利者可以在期货市场购买商品 1 且在未来的现货市场上出售商品 1 而赚取利润。此时，他在现货市场上的需求无上界。因此，市场出清要求 $p_{21}(1+r)=p_{21}^s$。在我们的例子中，$p_{21}=\frac{1}{2}$，$p_{21}^s=1$，所以，$1+r=2$，名义利率因此等于 1。

习 题

习题 5.5－1:鲁滨孙·克鲁索经济

设鲁滨孙的两时期效用函数为$U=\sqrt{x_1x_2}$,其中,x_t 是他在时期t 消费的玉米数量。时期 1 产量为 108 个单位的玉米。如果他种植 z_1 单位的玉米,则他在时期 2 的产量为 $y_2=12\sqrt{z_1}$,他在时期 1 的消费于是为 $x_1=108-z_1$。

(a) 求解鲁滨孙在两个时期中的最优玉米消费数量。

(b) 设现货与期货价格为 $p=(p_1,p_2)$。证明他在现货市场上对投入品的利润最大化需求为 $z_1(p)=36\left(\frac{p_2}{p_1}\right)^2$。

(c) 证明 $p=(1,1)$是瓦尔拉斯价格向量。

(d) 假设不存在现货市场和期货市场。但每个人都能以利率 r 储蓄或借款。写出企业的优化问题,证明均衡利率等于零。

习题 5.5－2:两种商品和两个时期

继续本节中讨论的例子。设商品 1 是"计价商品",其现货价格为 1,市场利率为零。

(a) 假设一个企业在现货与期货市场上最大化自己的利润,另一个企业最大化现值。求证:如果 $p_2^{2f}=(1+r)p_2$,则两个企业做出相同决策。

(b) 分析在这两种定价机制中代表性消费者的行为,证明他的优化问题在两种情况中相同。

(c) 如果计价商品在未来的现货价格与现在的现货价格都为 1,则利率为多少?

(d) 商品的"收益率"是当消费者在时期 1 减少一件商品时,他在时期 2 能增加的消费数量。两种商品各自的均衡收益率为多少?

(e) 在这个经济中,没有"实际"利率。这一判断对吗?为什么?

习题 5.5－3:理性预期均衡

假设在本节讨论的例子中,每个消费者在两个时期中的禀赋都为$(\omega_1,\omega_2)=(120,120)$。这个经济有一个银行部门但没有期货市场。

(a) 求解效用最大化投入品向量 z_1^*。

(b) 设代表性消费者能在现货市场和期货市场上进行交易。如果 $p_{11}=1$,则瓦尔拉斯均衡价格是什么?

(c) 如果利率为零,则每个时期中的均衡现货价格是什么?

习题 5.5－4:无价值的技术?

假设在本节讨论的例子中,第二个时期的禀赋为 $\omega_2=(600,600)$。在第一个时期,存在两种商品的现货市场和期货市场。

(a) 假设这个经济中没有生产活动而只有禀赋,则均衡价格是什么?

在下面的问题中,假设存在生产活动。

(b) 在这些价格上,进行生产对企业有利吗?

(c) 能否因此认为零产量是社会最优产量？请解释。

(d) 在时期 2 的禀赋为多少时，生产活动无利可图？在时期 2 禀赋为多少时，生产技术没有价值？

习题 5.5-5：两时期模型中的瓦尔拉斯均衡

经济中所有人有相同的柯布-道格拉斯偏好 $U^h(x)=u(x_1^h)+\delta u(x_2^h)$，其中，$u(x_t)=\ln x_{t1}+2\ln x_{t2}$。总禀赋为 $\omega=(\omega_{11},\omega_{12},\omega_{21},\omega_{22})=(2,2,1,1)$。

(a) 如果商品都不可储存，则这个经济的瓦尔拉斯均衡是什么？

(b) 证明存在一个均衡，未来的现货价格与现在的现货价格相同。这个经济的瓦尔拉斯均衡利率是什么？

(c) 假设经济中存在一些企业，它们能无成本地储存商品。就是说，每个企业的生产函数为 $Y^f=\{y^f\,|\,y_{2j}^f\leqslant -y_{1j}^f, j=1,2\}$。在这一假定下，瓦尔拉斯均衡现货价格和期货价格是什么？提示：分析企业的行为。

(d) 在什么条件下，商品会被储存起来？

5.6 规模收益固定时的均衡

关键词：投入品价格与产品价格之间的映射具有可逆性且与投入品禀赋无关

如果我们愿意假定经济具有规模收益固定特征，我们就能更深入探讨禀赋、技术和价格之间的关系。本节所探讨的经济利用投入品 z_1 与 z_2 生产商品 A 与 B。投入品 i 的总供给量固定为 z_i。

在企业层面，规模收益固定假定相当苛刻，所以，我们在行业层面展开分析。具体地说，只要行业能够自由进入并且所有企业使用相同技术，只要平均成本曲线为常见的 U 型曲线，则在行业层面上，规模收益固定。

设 $q_i=F_i(z_{1i},z_{2i})$ 为商品 $i=A,B$ 的总生产函数。这里增加一个很弱的假定：生产函数严格拟凹。就是说，对任意的 z^0,z^1 和它们的凸组合 z^λ，$F_i(z^1)\geqslant F_i(z^0)\Rightarrow F_i(z^\lambda)>F_i(z^0)$。这意味着对任意等产量线 $F_i(z)=k$ 和任意的投入品价格向量 r，存在唯一的成本最小化投入品向量。最后界定商品：如果企业按照两种投入品的禀赋比率使用这两种投入品，则对商品 A，投入品 1 的边际价值更高。

> **假定：相对于商品 B，商品 A 的生产是投入品 1 密集型**
>
> 在投入品的总禀赋上，相对商品 B，在商品 A 的生产中边际技术替代率更高。即：
>
> $$MRTS_A(z)>MRTS_B(z)$$

仿照交换经济中帕累托效率的定义，我们定义这一经济中的生产效率。

> **生产效率**
>
> 对一个经济而言，一个生产方案具有生产效率，如果它无法增加一种商品的产量而同时不降低另一种商品的产量。

正式地说，一个生产方案有效率，如果在某个产量水平 q_B^0 上，它是如下问题的解：

$$\max_{z_A, z_B}\{q_A = F_A(z_A) \mid F_B(z_B) \geqslant q_B^0, z_A + z_B \leqslant \bar{z}\}$$

图 5.6－1 中的埃奇沃思图，画出了具有生产效率的配置。

在规模收益固定的假定下，我们能够概括有效率的投入品配置的轨迹。首先，具有规模收益固定特征的函数是位似函数。第 3.1 节关于位似偏好交换经济的一切结论于是都可移植过来。我们于是有下面的命题。

命题 5.6－1

在每个具有生产效率的内点配置上，$\frac{z_{A2}}{z_{A1}} < \frac{z_{B2}}{z_{B1}}$。而且，沿着具有生产效率的投入品配置轨迹，随着商品 A 的产量上升，对所有的 $i = A, B$，投入品比率 $\frac{z_{i2}}{z_{i1}}$ 上升，并且边际技术替代率上升。

见图 5.6－1。

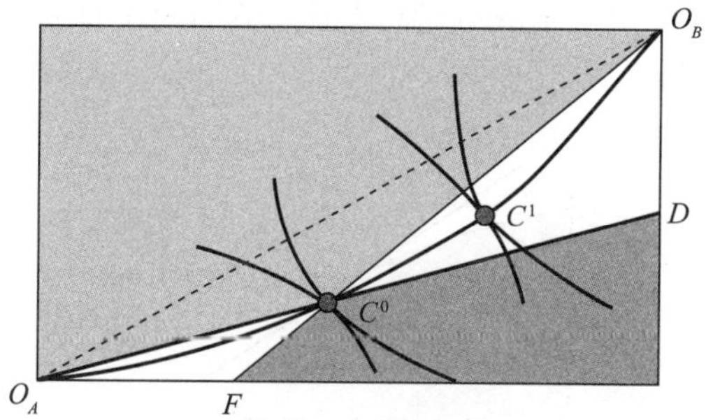

图 5.6－1 生产效率

由可行的产出向量构成的集合，称为生产可能性集合。我们现在证明这一集合的边界如图 5.6－2 所示严格"向外凸"。

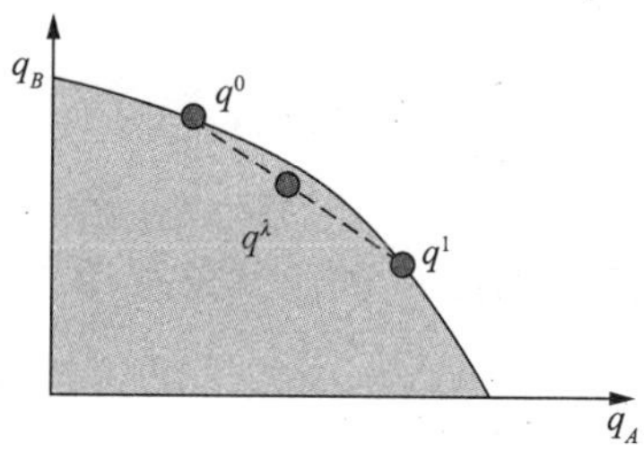

图 5.6－2 生产可能性集合

命题 5.6－2

如果 q^0 和 q^1 都是可行的产出向量，则任一凸组合 q^λ 都不具有生产效率。

证明：设 z_A^0 和 z_B^0 是产量为 q^0 时的投入品向量，z_A^1 和 z_B^1 是产量为 q^1 时的投

入品向量。定义 $z_A^\lambda=(1-\lambda)z_A^0+\lambda z_A^1$，$z_B^\lambda=(1-\lambda)z_B^0+\lambda z_B^1$。投入品配置$(z_A^\lambda,z_B^\lambda)$可行，因为：

$$z_A^\lambda+z_B^\lambda=(1-\lambda)(z_A^0+z_B^0)+\lambda(z_A^1+z_B^1)\leqslant z$$

根据命题 4.3-2，$F_A(z)$是凹函数。根据命题 5.6-1，z_A^0 与 z_A^1 线性无关。于是，根据命题 4.3-2，有：

$$\hat{q}_A\equiv F_A((1-\lambda)z_A^0+\lambda z_A^1)>(1-\lambda)F_A(z_A^0)+\lambda F_A(z_A^1)=(1-\lambda)q_A^0+\lambda q_A^1=q_A^\lambda$$

同理，对商品 B，有：

$$\hat{q}_B\equiv F_B((1-\lambda)z_B^0+\lambda z_B^1)>(1-\lambda)q_B^0+\lambda q_B^1=q_B^\lambda$$

就是说，在图 5.6-2 中，在点 q^λ 的右上方存在可行的产出向量。 □

设 r 与 p 分别是瓦尔拉斯均衡投入品价格向量与产品价格向量，$q(p)$是瓦尔拉斯均衡产出向量。这里要看到，在生产可能性集合的所有边界点上，所有投入品都被利用，所以，总成本为 $r\cdot z$。在产出向量 $q(p)$上，总利润肯定达到最大。由于在生产可能性边界的每个点上，总成本都相同，所以，在产量为 $q(p)$时，总收入最大。因此，除非 $q(p)$位于角落，否则，等收入线的斜率肯定等于生产可能性边界的斜率。见图 5.6-3。

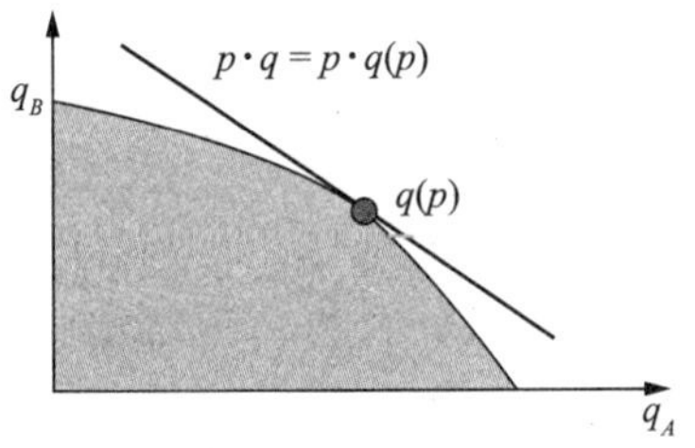

图 5.6-3 瓦尔拉斯均衡

根据命题 5.6-2，存在唯一的瓦尔拉斯均衡产出向量 $q(p)$。并且，对所生产的任何商品，成本最小化意味着：

$$\frac{r_2}{r_1}=MRST_i(z_i)$$

就是说，产品价格比率$\frac{p_A}{p_B}$越高，商品 A 的产量越大，因此，(根据命题 5.6-1)投入品价格比率$\frac{r_1}{r_2}$越大。我们有以下结论：

> **命题 5.6-3：均衡的投入品价格与产品价格**
>
> 如果在总禀赋点上商品 A 的生产是投入品 1 密集型并且两种商品都被生产，则在均衡产品价格比率$\frac{p_A}{p_B}$与投入品价格比率$\frac{r_1}{r_2}$之间，存在着严格递增的一对一映射。

规模收益固定的经济的另一重要特征是：如果两种商品都被生产，则投入品价格与产出品价格之间的关系，与总投入品向量无关。为说明这一结论，我们看其中一种商品的成本函数 $C(q,r)$。在规模收益固定时，成本随产量同比例上升，成本函数于是可以写为：

$$C(q,r)=qC(1,r)$$

函数 $C(1,r)$ 是生产一件产品的成本或者说是平均成本 $AC(r)$。由于均衡利润为零，每种产品的均衡价格肯定等于其平均成本。因此，只要两种商品都被生产，投入品价格与产品价格之间的关系与投入品的总供给量无关。

下面的结论得自命题 5.6－3。

命题 5.6－4：投入品价格均等性

假设两个国家有相同生产技术并且在每个国家的总禀赋上，相对于商品 B，商品 A 是投入品 1 密集型。如果这两个国家在相同的世界价格上进行贸易并且两种商品都被生产，则瓦尔拉斯均衡投入品价格在这两个国家中相同。

在投入品价格为 r 时，定义单位产量的成本最小化投入品需求为 $v_i(r)$。由于生产函数严格拟凹，$(v_{i1}(r),v_{i2}(r))$ 唯一，见图 5.6－4。在单位产量的等产量线与等成本线相切的点上，单位成本最小。

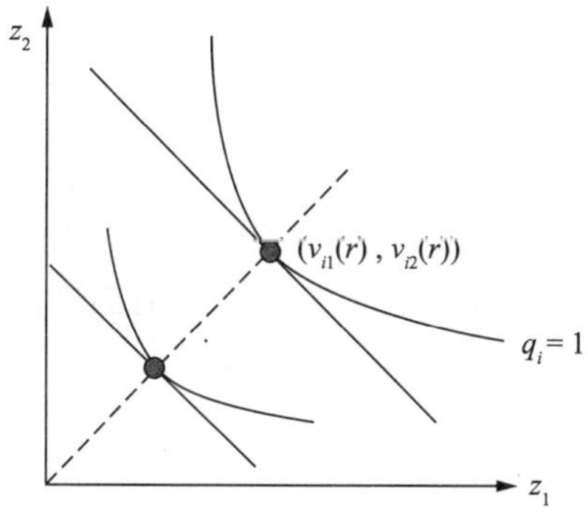

图 5.6－4　射线扩张路径

商品 i 的平均成本为：

$$AC_i(r)=r_1v_{i1}(r)+r_2v_{i2}(r)$$

对产品 $i=A,B$，均衡产品价格为：

$$p_i=AC_i(r)=r_1v_{i1}(r)+r_2v_{i2}(r)$$

由于规模收益固定的生产函数是位似函数，所以，产出扩张路径为射线。并且，在规模收益固定假定下，如果产出增加 θ 倍，则成本最小化投入品向量增加 θ 倍。因此，对产出向量 (q_A,q_B)，投入品总需求为 $v_A(r)q_A+v_B(r)q_B$。投入品市场的均衡条件于是可以写为：[1]

〔1〕 对生产可能性边界上的每个点，这一结论提供了简单的求解方法：首先选择一个投入品价格向量，求解单位投入品需求；然后利用得到的线性方程组，求解 (q_A,q_B)。

$$v_A(r)q_A+v_B(r)q_B=z \tag{5.6-1}$$

到目前为止，我们尚未谈到这一模型中的需求方面。在某些情况中，可以假定所有消费者的偏好可以由一个代表性消费者代表。另一种做法是假定这个经济体很小，并且各个国家能在给定的世界价格 p 上自由贸易。这里采用后一种处理方法。

我们现在探讨产品价格上升对投入品价格的影响。由于在产品价格上涨时，总产出的价值上升，所以，两种投入品的总价值必然上升。因此，至少一种投入品的价格上升。下面的结论指出，一种投入品的价格必然下降。这意味着世界价格的变化具有重要的分配效应。

命题 5.6－5：斯托尔帕－萨缪尔森（Stolper-Samuelson）定理

假设在总禀赋上，相对于商品 B，商品 A 的生产是投入品 1 密集型。则商品 A 价格上升，导致投入品 1 价格上升和投入品 2 价格下降。

证明：在 p_A 上升时，q_A 上升。根据命题 5.6－3，r_1/r_2 上升。但是：

$$p_B=AC_B(r_1,r_2) \tag{5.6-2}$$

其中，$AC_B(r)$ 是递增函数。所有投入品的价格都上升 $k\%$，对成本最小化投入品向量没有任何影响，因此，平均成本上升 $k\%$。就是说，$AC_B(r)$ 是一阶齐次函数。上式可以写为：

$$p_B=r_2AC_B(r_1/r_2,1) \tag{5.6-3}$$

由于 r_1/r_2 上升，所以，r_2 肯定下降。根据(5.6－2)，r_1 肯定上升。 □

我们现在探讨在一种投入品的总供给量上升时，生产可能性边界如何变化。下面的命题指出，如果我们在投入品 1 的供给量增加之前与之后，保持斜率不变，则初始边界上的每个点向右下方移动。见图 5.6－5。

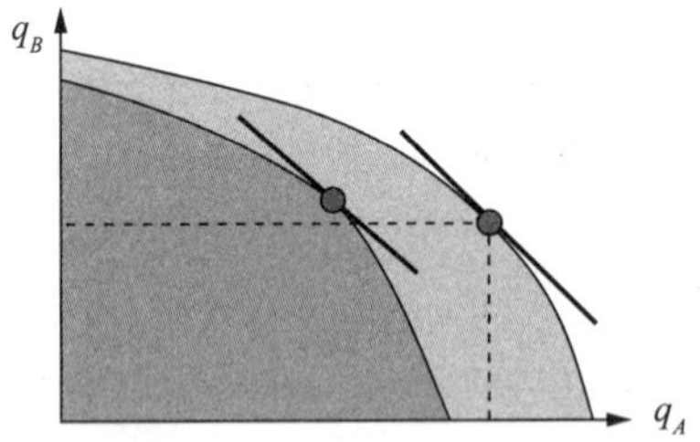

图 5.6－5 投入品 1 的供给量增加所产生的影响

命题 5.6－6：罗伯津斯基（Rybczynski）定理

假设在总禀赋上商品 A 的生产是投入品 1 密集型，并且随着投入品 1 的禀赋增长，依然如此。则在不变的产品价格上，商品 A 的产量上升，商品 B 的产量下降。

证明：由于产品价格保持不变，单位产量的投入品需求保持不变。根据命题 5.6－1，$\frac{v_{B2}}{v_{B1}}>\frac{v_{A2}}{v_{A1}}$。并且：

$$q_A v_{A1} + q_B v_{B1} = \bar{z}_1, q_A v_{A2} + q_B v_{B2} = \bar{z}_2 \tag{5.6-4}$$

就是说：

$$\begin{bmatrix} v_{A1} & v_{B1} \\ v_{A2} & v_{B2} \end{bmatrix} \begin{bmatrix} dq_A \\ dq_B \end{bmatrix} = \begin{bmatrix} d\bar{z}_1 \\ 0 \end{bmatrix} \tag{5.6-5}$$

应用克莱姆法则，得到：

$$dq_B = \frac{\begin{vmatrix} v_{A1} & d\bar{z}_1 \\ v_{A2} & 0 \end{vmatrix}}{\begin{vmatrix} v_{A1} & v_{B1} \\ v_{A2} & v_{B2} \end{vmatrix}} = \frac{-v_{A2} d\bar{z}_1}{v_{A1} v_{B2} - v_{B1} v_{A2}}$$

由于$\frac{v_{A2}}{v_{A1}} < \frac{v_{B2}}{v_{B1}}$，所以：

$$dq_B < 0$$ □

习 题

习题 5.6-1：市场调整过程

在一个经济中，有土地和劳动力两种投入品，生产两种产品。它在给定的国际价格 p_A 和 p_B 上与外国开展贸易。土地供给量固定，劳动力供给在增长。相对于商品 B，商品 A 的生产是劳动力密集型。直觉告诉我们，随着劳动力供给上升，劳动力价格下降。这种说法正确吗？如果不正确，请描述这个经济可能的调整过程。

习题 5.6-2：产品价格对投入品价格的影响

假设相对而言非投入品 1 密集型的商品(商品 B)的价格下降。

(a) 证明投入品 1 的价格将上升，投入品 2 的价格将下降。

(b) 假设 p_A 上升同时 p_B 下降。r_1 将上升，r_2 将下降吗？

习题 5.6-3：罗伯津斯基定理的推论

求证：投入品 1 供给量上升 1%，导致投入品 1 密集型产品的产量上升超过 1%。

习题 5.6-4：存在技术差异时的国际贸易

假设第 5.6 节中的所有假定对两个国家都成立。但是，国家 U 相对于国家 C 拥有技术优势。在国家 C 中，商品 i 的生产函数为：

$$G_i(z_1, z_2) = F_i(\alpha_1 z_1, \alpha_2 z_2)$$

其中，$\alpha_i < 1, i = A, B$。假设这两个国家都接受价格且在相同的世界价格上开展贸易。假设这两个国家都生产两种商品。求证：

$$(r_1^C, r_2^C) = (\alpha_1 r_1^U, \alpha_2 r_2^U)$$

提示：为国家 C 引入"效率单位"$\hat{z}_j = \alpha_j z_j$，构造具有可比性的投入品，然后应用命题 5.6-4。

习题 5.6-5:哪个投入品价格向量?

设生产函数为:

$$F_A(z)=\frac{1}{8}\min\{z_{A1},z_{A2}\},F_B(z)=\frac{1}{40}\sqrt{z_{B1}z_{B2}}$$

设产出价格向量为 $p=(1,1)$。

(a) 求证:如果投入品价格向量为 $r=\left(\frac{1}{10},\frac{1}{40}\right)$,则单位产出向量分别为 $v_A=(8,8)$ 和 $v_B=(5,20)$;并且,在这两种商品上,单位利润都为零。

(b) 画出单位成本线和单位等产量线。

(c) 利用这一问题的对称性,证明存在另一个可能的均衡投入品价格向量 $r'=\left(\frac{1}{40},\frac{1}{10}\right)$。

(d) 如果 $z=(100,200)$,则在这两个投入品价格向量中,哪个是均衡价格向量?

(e) 如果 $z=(200,100)$ 呢?

参考文献

Arrow, K. and Debreu, G. (1951). "An Extension of the Basic Theorems of Classical Welfare Economics." *Proceedings of the second Berkeley Symposium on Mathematical Statistics and Probability*, J. Nayman, ed., University of California Press, pp. 507-532.

Arrow, K. and Debreu, G. "Existence of Equilibrium for a Competitive Economy." *Econometrica*, **22**: 265-290.

Debreu, G. (1959). *Theory of Value*. Cowles Foundation Monograph. New York: John Wiley & Sons.

Kirman, A. and Hildenbrand, W. (1988). *Equilibrium Analysis: Variations on Themes by Edgeworth and Walras*. Amsterdam: North Holland.

Lindahl, E. (1919). *Die Gerechtigkeit der Besteuring*. Lind: Gleerup. Translated in *Classics in the Theory of Public Finance*, R. Musgrave and T. Peacock, eds. London: Macmillan, 1958.

Samuelson, P. (1948). "International Trade and the Equalization of Factor Prices", *Economic Journal*, June: 163-184.

Stolper, W. & Samuelson, P. A. (1941). "Protection and Real Wages." *Review of Economic Studies* **9** (1): 58-73.

第六章
动态优化

6.1　生命周期消费与财富

关键词：终生预算约束；时域趋向无穷大时的极限解

此前介绍的企业或消费者的基本优化模型是静态模型。但是，我们在一般均衡分析中会看到，对商品的重新释义使我们能把基本模型推广至时间在其中起到核心作用的环境中。但是，要对偏好或技术上的变化如何影响动态决策做出有力的预测，还需要进一步简化我们的模型。我们首先探讨只生存 T 个时期的消费者的选择。假定经济中只有一种消费品。消费者的选择是一个消费列$\{x_t\}_{t=1}^{T}$。我们将证明，随着"时域"趋向无穷大，当期的消费选择 x_1 收敛。这表明消费者的选择问题是有很长的有限时域的问题还是无限时域的问题，应该不具有实际意义。在这种情况中，对时域的选择不过是建模技巧而已。只是在一些模型中，可能更容易避开"终点条件"和使用无限时域。

由于最大值的必要条件和充分条件都要求有限商品空间，所以，我们需要设法间接地应用这些方法。第 6.2 节将探讨一类模型，在这类模型中，有很长有限时域的模型的解收敛于无限时域解。我们然后探讨几个应用。

假设一个消费者的偏好定义在消费列$\{x_t\}_{t=1}^{T}$上。首先假定偏好可以表示为加法可分离的凹效用函数，即：

$$U(x_1,\cdots,x_T)=\sum_{t=1}^{T}u_t(x_t)$$

其中，$u_t(x_t)=\delta^{t-1}u(x_t)$，$u'(\cdot)>0$，$u''(\cdot)<0$。$\delta$ 位于区间$[0,1]$中。这意味着消费者一般更重视近期消费而非遥远未来的消费。除非另有说明，否则将假定 $u'(0)=\infty$，借此保证每个时期的消费都严格为正。

偏好表示为加法可分离的函数的假定，确保了时期 t 对时期 $t+1$ 的消费的边际替代率只决定于这两个时期的消费。这大大简化了分析。我们有时假定固定替代弹性(CES)偏好，此时，边际替代率只决定于两个时期中的消费比率：

$$MRS(x_t, x_{t+1}) \equiv \frac{\dfrac{\partial U}{\partial x_t}}{\dfrac{\partial U}{\partial x_{t+1}}} = \frac{u'(x_t)}{\delta u'(x_{t+1})} = \frac{1}{\delta}\left(\frac{x_{t+1}}{x_t}\right)^{1/\sigma} \tag{6.1-1}$$

其中，$\sigma>0$。替代弹性 σ 越大，随着消费比率上升，边际替代率变化得越慢，消费者因此更愿意在任意两个时期之间替代消费。

这里使用 CES 偏好。我们假定，消费者在每个时期中能以相同利率 r 借款或者贷款；他拥有初始资本品，数量为 k_1；他生存 T 个时期；他在一生中的收入列为 $\{y_t\}_{t=1}^{T}$。现在探讨资本积累列 $\{k_t\}_{t=1}^{T}$ 的特征。在时期 t 中，此人消费 x_t，储蓄 $y_t - x_t$，资本存量于是增加至 $k_t + y_t - x_t$。资本以利率 r 赚取利息。因此，他在时期 $t+1$ 的资本存量肯定满足如下资本积累约束条件：

$$CA_t: k_{t+1} \leqslant (1+r)(k_t + y_t - x_t)$$

对时期 1，这一条件可写为：

$$\frac{k_2}{1+r} \leqslant k_1 + y_1 - x_1$$

对时期 2，这一条件可写为：

$$\frac{k_3}{(1+r)^2} \leqslant \frac{k_2}{1+r} + \frac{y_2}{1+r} - \frac{x_2}{1+r}$$

对时期 t，这一条件可写为：

$$\frac{k_{t+1}}{(1+r)^t} \leqslant \frac{k_t}{(1+r)^{t-1}} + \frac{y_t}{(1+r)^{t-1}} - \frac{x_t}{(1+r)^{t-1}}$$

把这些不等式相加，其中包含 $k_2, \cdots, k_T$ 的项抵消，得到：

$$\frac{k_{T+1}}{(1+r)^T} \leqslant k_1 + \sum_{t=1}^{T} \frac{y_t}{(1+r)^{t-1}} - \sum_{t=1}^{T} \frac{x_t}{(1+r)^{t-1}}$$

如果没有馈赠意愿，消费者不会留下任何资本。并且，没有任何贷款人会允许他死后欠债。所以，$k_{T+1}=0$。则生命周期约束条件为：

$$\sum_{t=1}^{T} \frac{x_t}{(1+r)^{t-1}} \leqslant k_1 + \sum_{t=1}^{T} \frac{y_t}{(1+r)^{t-1}}$$

这个不等式左边的项是消费流的现值，它不可能超过初始财富加收入流的现值。由于效用在时期 t 的消费上严格递增，所以，这一约束条件将以等式形式得到满足。把当期总财富写为 W_t，则生命周期约束条件为：

$$\sum_{t=1}^{T} \frac{x_t}{(1+r)^{t-1}} = W_1 \tag{6.1-2}$$

其中，$W_1 \equiv k_1 + \sum_{t=1}^{T} \frac{y_t}{(1+r)^{t-1}}$。

我们现在给出消费者优化问题的标准形式：

$$\max_{\{x_t\}}\left\{\sum_{t=1}^{T}\delta^{t-1}u(x_t)\mid W_1-\sum_{t=1}^{T}\frac{x_t}{(1+r)^{t-1}}\geqslant 0\right\}$$

由于目标函数是凹函数并且约束函数是线性的，所以，库恩-塔克条件既是必要条件也是充分条件。构造拉格朗日函数，得到：

$$\mathcal{L}=\sum_{t=1}^{T}\delta^{t-1}u(x_t)+\mu\left(W_1-\sum_{t=1}^{T}\frac{x_t}{(1+r)^{t-1}}\right)$$

库恩-塔克条件为：

$$\frac{\partial\mathcal{L}}{\partial x_t}=\delta^{t-1}u'(x_t)-\frac{\mu}{(1+r)^{t-1}}=0$$

$$\frac{\partial\mathcal{L}}{\partial x_{t+1}}=\delta^{t}u'(x_{t+1})-\frac{\mu}{(1+r)^{t}}=0$$

从这两个方程中剔除影子价格，我们得到最大值的必要条件：

$$\frac{u'(x_t)}{u'(x_{t+1})}=(1+r)\delta$$

我们还有一种更基本的方法能证明这一条件肯定是一阶条件。假设最优消费流为$\{\overline{x}_t\}_{t=1}^{T}$。假设还有另一消费流，仅在时期 t 与时期 $t+1$ 中它的消费异于最优消费流。由于这两个消费流的现值肯定相等，所以：

$$x_t+\frac{x_{t+1}}{1+r}=\overline{x}_t+\frac{\overline{x}_{t+1}}{1+r}$$

见图 6.1－1。在最优点$(\overline{x}_t,\overline{x}_{t+1})$，约束条件的陡峭程度必须等于边际替代率。

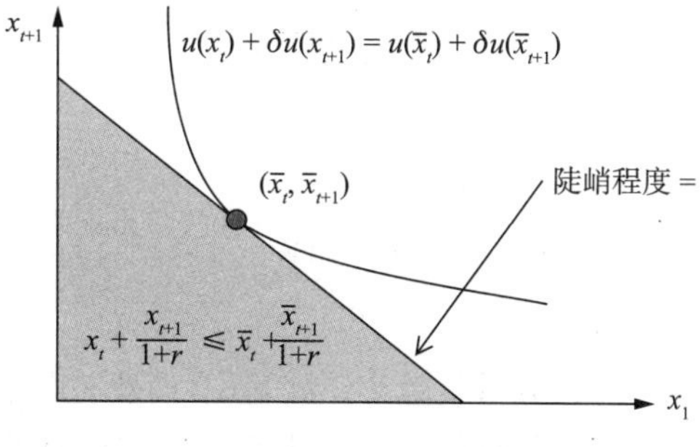

图 6.1－1　必要条件

根据(6.1－1)，有：

$$MRS(x_t,x_{t+1})\equiv\frac{1}{\delta}\frac{u'(x_t)}{u'(x_{t+1})}=1+r$$

对 CES 偏好，有：

$$\frac{u'(x_t)}{u'(x_{t+1})}=\left(\frac{x_{t+1}}{x_t}\right)^{1/\sigma}$$

将这一特征代入边际替代率的表达式中，整理得到：

$$\frac{x_{t+1}}{x_t}=(\delta(1+r))^{\sigma} \tag{6.1-3}$$

设$(1+r)\delta>1$。则消费以固定速度$((1+r)\delta)^{\sigma}$增长。

在这里,重要的是消费增长率是大于还是小于毛利率。根据(6.1-3),有:

$$\frac{x_{t+1}}{x_t}=(\delta(1+r))^{\sigma}=(1+r)\alpha$$

其中,$\alpha=\delta(\delta(1+r))^{\sigma-1}$。由于$\ln\alpha=\ln\delta+(\sigma-1)\ln((1+r)\delta)$,所以,随着$\sigma$上升,$\ln\alpha$上升,$\alpha$上升。而且,如果$\sigma\leqslant1$,则$\alpha\leqslant\delta<1$。但是,由于$(1+r)\delta>1$,所以,对足够大的$\sigma$,$\alpha$大于1。

设$\alpha<1$,从而使得消费的增长率小于$1+r$。把消费的增长方程代入生命周期预算约束条件中,得到:

$$x_1+\alpha x_1+\alpha^2 x_1+\cdots+\alpha^{T-1}x_1=W_1$$

利用几何级数的求和公式,得到:

$$x_1=\frac{(1-\alpha)W_1}{1-\alpha^T} \tag{6.1-4}$$

从这个式子可以看出,给定初始总财富W_1,时域越长,第一个时期的消费(即当期消费)就越小。

为给后面的分析打下基础,我们探讨消费者财富流$\{W_t\}_{t=1}^{T}$的特征。如果整个消费列的效用达到最大,则保持第一个时期的消费不变,则自第二个时期开始的一生中的效用肯定也达到最大。于是,根据前面的分析思路得出:

$$x_2=\frac{(1-\alpha)W_2}{1-\alpha^{T-1}}$$

并且,对时期t,有:

$$x_t=\frac{(1-\alpha)W_t}{1-\alpha^{T-t+1}} \tag{6.1-5}$$

从这个表达式可以看出,t越大,分母就越小。就是说,消费对财富的比率在生命周期上递增。在最后一个时期,消费者消费掉全部财富,消费对财富的比率于是为1。

依然探讨这个消费者的$T-1$个时期的优化问题。如同T时期优化问题,生命周期约束条件为:

$$\sum_{t=2}^{T}\frac{x_t}{(1+r)^{t-2}}=W_2$$

上式两边同除以$1+r$,这一条件变为:

$$\sum_{t=2}^{T}\frac{x_t}{(1+r)^{t-1}}=\frac{W_2}{1+r}$$

把这一结果代入(6.1-2)即完整的T个时期的生命周期约束条件中,得到:

$$x_1+\frac{W_2}{1+r}=W_1\text{，或者等价地，}W_2=(1+r)(W_1-x_1)$$

由于上述逻辑对所有的 t 都成立，所以，总财富按照如下资本积累约束条件积累：

$$W_{t+1}=(1+r)(W_t-x_t) \qquad (6.1-6)$$

对这一约束条件，有个简单的直观解释。W_t 是金融资本与人力资本的总价值。假设消费者用所有的未来收入作抵押来借款，则他的支票账户中的总额为 W_t。如果利率为 r，他的消费流量为 x_t，则在下个时期，他的支票账户中的金额增加至$(1+r)(W_t-x_t)$。

从(6.1-6)两边同时减去 W_t，得到：

$$W_{t+1}-W_t=rW_t-(1+r)x_t$$

就是说，财富增长当且仅当时期 t 的消费在直线

$$x_t=\frac{r}{1+r}W_t$$

的下方。图 6.1-2 画出了这条直线。在它的下方，财富增长；在它的上方，财富下降。图中的水平箭头指明了这一点。在贴现因子不是很小从而使得 $\delta(1+r)>1$ 的假定下，消费在生命周期上递增。图中的垂直箭头指明了这一点。这幅图被称为相位图，因为财富-消费的动态变化可分离为两个相位。

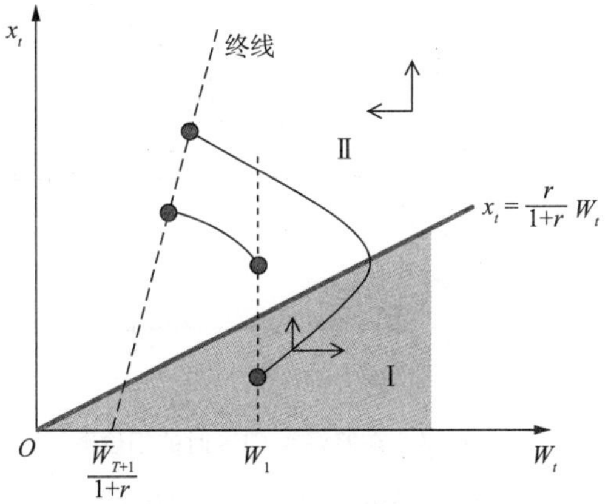

图 6.1-2 $(1+r)\delta>1$ 时的消费-财富相位图

如果没有馈赠意愿，则消费者通过在第 $T+1$ 时期中不留下任何财富而实现效用最大化。这里实际上可以处理馈赠动机。我们探讨消费者留下数量为 $\overline{W}_{T+1}$ 的财富时的最优消费路径。在时期 T，此人的消费必须满足资本积累约束条件：

$$\overline{W}_{T+1}=(1+r)(W_T-x_T)$$

整理这一表达式，我们看到，(x_T,W_T)肯定位于相位图中的"终线"上，终线的方程为：

$$x_T=W_T-\frac{\overline{W}_{T+1}}{1+r}$$

见图 6.1－2。图中的粗点画线描绘了这最后一个时期的约束条件。

根据(6.1－5),有:

$$\frac{x_t}{W_t}=\frac{1-\alpha}{1-\alpha^{T-t+1}} \qquad (6.1-7)$$

在时期 t,剩余时期数(或者说,时域)为 $T-t$。保持 t 固定,时域越长,分母就越大,因此,随着 T 增加,$\frac{x_t}{W_t}$下降。在时域短时,起点位于相位边界线上方,财富逐时期下降。在时域长时,时间路径穿过两个相位。在相位Ⅰ,财富上升。在相位Ⅱ,财富下降直至到达终线。

最后,在 $\alpha<1$ 的假定下,我们探讨在时域变大时会出现的结果。根据(6.1－7),由于分母是 T 的增函数,消费对财富的比率$\frac{x_t}{W_t}$随年龄与寿命的上升而下降,并且收敛于 $1-\alpha$。而且,对很大的 $T-t$,有:

$$x_t \approx (1-\alpha)W_t$$

就是说,对很长的时域,只要 t 相对于 T 很小,$\{x_t, W_t\}$肯定接近这条直线。见图 6.1－3。

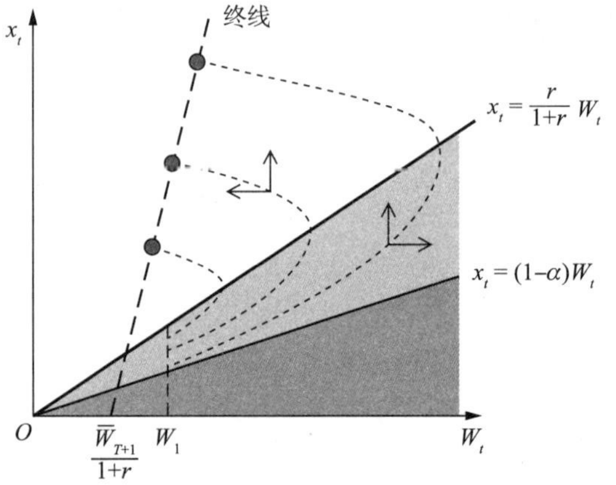

图 6.1－3　在偏好为 CES 时的相位图

这是个很重要的结论。在一类问题中(例如这里所讨论的问题),时域对早期阶段上最优决策的影响,随着时域延长而收敛于零。就是说,对很长的有限时域,我们可以通过取极限,让时域趋向无穷大来逼近最优路径。

在这种情况中,我们可能会猜测满足

$$x_t=(1-\alpha)W_t$$

的收敛列$\{x_t, W_t\}$是如下无限时域优化问题的解:

$$\max_{\{x_t,W_t\}}\left\{\sum_{t=1}^{\infty}\delta^{t-1}u(x_t)\mid W_{t+1}=(1+r)(W_t-x_t)\right\}$$

我们将看到,这一猜测正确。从这个角度看,引入无限时域不过是建模的简化手段，避开对很长有限时域问题的解求极限这一步骤。

无解的无限时域问题

根据(6.1-3)，$\frac{x_{t+1}}{x_t}=(\delta(1+r))^{\sigma}$。假设 $\delta(1+r)>1$，则在替代弹性 σ 足够大时，增长率超过 $1+r$。则消费的增长方程为：

$$\frac{x_{t+1}}{x_t}=(1+r)\alpha$$

其中，$\alpha>1$。根据(6.1-5)，有：

$$x_t=\frac{(\alpha-1)W_t}{\alpha^{T-t+1}-1}$$

随着 $T\rightarrow\infty$，分母上升且无上界。因此，对任意的 t，在 $T\rightarrow\infty$ 时，$x_t\rightarrow 0$。就是说，这一有限时域问题的解的极限是消费者无限期地推迟消费！这显然不是最优的，因为消费者如果在第一时期中消费其全部财富，能得到更高效用。

这意味着无限时域问题无解。这一认识正确，但这里不做正式证明。为更好地理解这种情况，我们不妨假定线性偏好。T 时期优化问题于是为：

$$\max_{\{x_t,W_t\}}\left\{\sum_{t=1}^{\infty}\delta^{t-1}x_t \mid W_{t+1}=(1+r)(W_t-x_t)\right\}$$

只要 $(1+r)\delta>1$，我们就能证明，最优选择是把所有消费推迟至 T 时期之后。由于在无限时域问题中不存在最后时期，所以，这一问题无最优解。

习　题

习题 6.1-1：最优财富积累

我们看如下财富积累问题：

$$\max_{\{x_t\}}\left\{\sum_{t=1}^{T}\delta^{t-1}u(x_t) \mid W_{t+1}=(1+r)(W_t-x_t)\right\}$$

(a) 画出相位图，说明在 x_1 很小时，总财富在开始时上升。

(b) 解释为什么存在唯一的列 $\{x_t\}$ 同时满足增长方程、一阶条件与终点条件 $x_T=W_T$。解释它为什么肯定是上述问题的解。

(c) 假设在到达退休年龄 R 之前的每个时期里，收入都为 y；在此后的每个时期里，收入都为零。利用相位图比较 $R=T$ 与 $R<T$ 两种情况中的财富与资本的最优路径。对 R 的不同取值，比较：(ⅰ)第一个时期的消费与财富；(ⅱ)最后一个时期的消费与财富。

习题 6.1-2：多种商品时的最优储蓄

某个消费者的 T 时期效用函数为 $U(x)=\sum_{t=1}^{T}\delta^{t-1}u(x_t)$，其中 $x_t=(x_{1t},\cdots,x_{nt})$，$u(\cdot)$是严格凹函数。每个时期中的现货价格向量都为 p，单时期利率为 r。

他的初始总财富为 W_1。设 c_t 是时期 t 的总支出，$v(p,c_t)$是时期 t 的间接效用函数。

(a) 证明 $v(p,c_t)$是 c_t 的严格凹函数。

(b) 利用间接效用函数表示这一优化问题，证明总支出随时间上升当且仅当 $(1+r)\delta>1$。

(c) 需要增加什么假设才能确保最优消费列$\{\bar{x}_t\}$严格递增?

习题 6.1－3:多种商品和对数偏好条件下的最优储蓄

某个消费者的 T 时期效用函数为 $\sum_{t=1}^{T}\delta^{t-1}u(x_t)$，其中，$u(x_t)=\sum_{j=1}^{n}\alpha_j\ln x_{jt}$，$\sum_{j=1}^{n}\alpha_j=1$。时期 t 的现货价格向量为 p_t，单时期利率为 r。他的初始总财富为 W_1。设 c_t 是时期 t 的总支出，$v(p_t,c_t)$是时期 t 的间接效用函数。

(a) 利用间接效用函数表示这一优化问题，证明时期 t 的总支出独立于价格。

(b) 求解最优支出列$\{\bar{c}_t\}_{t=1}^{T}$ 和最优消费列$\{\bar{x}_t\}_{t=1}^{T}$。

(c) 设$(1+r)\delta>1$。对任意初始财富 W_1 和任意的 $\bar{x}$，证明如果现货价格固定，则对足够大的 t，$\bar{x}_t>\hat{x}$。

习题 6.1－4:存在有界消费时的最优储蓄

某消费者的 T 时期效用函数为 $\sum_{t=1}^{T}\delta^{t-1}u(x_t)$，其中，$u(x_t)=\sum_{j=1}^{2}\alpha_j\ln x_{jt}$，$\sum_{j=1}^{2}\alpha_j=1$。时期 t 的现货价格向量为 p，单时期利率为 r。他的初始总财富为 W_1。设$(1+r)\delta>1$。每个时期中的商品 2 的消费有上界，上界为 $\hat{x}_2$。

(a) 利用习题 6.1－3 的答案，证明对任意给定的 T，只要初始财富足够小，就有 $\bar{x}_t<\hat{x}$，其中，$t=1,\cdots,T$。就是说，上界在每个时期都不起作用。

(b) 探讨无约束的优化问题的解$\{\bar{x}_t(W_1)\}_{t=1}^{T}$ 如何随财富而变化，借此解释为什么对足够大的 W_1，约束条件下的最优解满足：对所有的 $t\leqslant S$，$x_{2t}^*<\hat{x}_2$；对所有的 $t>S$，$x_{2t}^*=\hat{x}_2$。

(c) 设时期 t 的最优总支出为 $c_t^*=px_t^*$。解释为什么最优$\{c_t^*\}_{t=1}^{T}$ 肯定是如下最大化问题的解：

$$\max_{c}\left\{\sum_{t=1}^{S}\delta^{t-1}\ln c_t+\frac{\alpha_1}{\alpha_1+\alpha_2}\sum_{t=S+1}^{T}\delta^{t-1}\ln c_t \mid W_{t+1}=(1+r)(W_t-c_t)\right\}$$

(d) 利用上述结论解释为什么 $\bar{c}_1<c_1^*$。

(e) 假设消费者没有任何初始金融资本。但在每个时期，他有禀赋 $\omega=(0,\hat{x}_2)$，$\hat{x}_2$ 是他的时间禀赋。把 x_{2t} 理解为他在时期 t 所消费的闲暇，利用(b)至(d)的答案证明：在时域足够长时，消费者将选择晚退休。

6.2 一族动态优化问题

关键词：值函数；Malinvaud 条件；最大值的充分条件

前一节所探讨的财富积累问题属于如下一族资本积累问题：

$$\max_{\{x_t,k_{t+1}\}_{t=1}^T}\left\{\sum_{t=1}^{T}\delta^{t-1}u(x_t,k_t)\mid k_{t+1}\leqslant g_t(x_t,k_t),(x_t,k_{t+1})\geqslant 0;t=1,\cdots,T,k_{T+1}=\bar{k}_{T+1}\right\}。$$

与前一节一样，我们称约束条件 $k_{t+1}\leqslant g_t(x_t,k_t)$ 为时期 t 的资本积累约束。初始资本积累为 $\bar{k}_1$。

在许多应用中，没有明显的结束日期，所以，很自然地，我们寻找如下无限时域优化问题的解：

$$\max_{\{x_t,k_{t+1}\}_{t=1}^{\infty}}\left\{\sum_{t=1}^{\infty}u_t(x_t,k_t)\mid \text{对所有的 } t,k_{t+1}\leqslant g_t(x_t,k_t),(x_t,k_{t+1})\geqslant 0\right\}$$

假设 $\{\bar{z}_t\}_{t=1}^{\infty}\equiv\{\bar{x}_t,\bar{k}_t\}_{t=1}^{\infty}$ 是这一问题的解。固定 $k_{T+1}=\bar{k}_{T+1}$。则 $\{\bar{x}_t,\bar{k}_t\}_{t=1}^{T}$ 肯定是以下问题的解：

$$\max_{\{x_t,k_t\}_{t=1}^{T}}\left\{\sum_{t=1}^{T}u_t(x_t,k_t)\mid k_{t+1}\leqslant g(x_t,k_t),k_{T+1}=\bar{k}_{T+1}\right\}$$

对所有的 $t\leqslant T$，有限时域问题的一阶条件肯定成立。由于对所有的 T，这一点都成立，所以，有限时域问题中的一阶条件肯定对无限时域问题中的所有的 t 都成立。

给定任意的 x_1，上述一阶条件和增长方程描述了列 $\{x_t,k_t\}_{t=1}^{\infty}$ 的路径。假设存在列 $\{\bar{x}_t,\bar{k}_t\}_{t=1}^{\infty}$，对一切的 t，满足上述一阶条件、资本积累约束和非负约束条件。我们证明如果优化问题是凹的并且资本存量的影子价值 $\lambda_t\bar{k}_{t+1}$ 的极限值为零，则这一路径是最优路径。

命题 6.2-1：Malinvaud 条件[1]

假设对 $t=1,\cdots,u_t(\cdot)$ 和 $g_t(\cdot)$ 都是凹函数，$\{\bar{z}_t\}_{t=1}^{\infty}\equiv\{\bar{x}_t,\bar{k}_t\}_{t=1}^{\infty}$ 满足库恩-塔克条件和可行性约束条件。如果资本存量的值趋向零，即 $\{\lambda_t\bar{k}_{t+1}\}\to 0$，则对其他任一可行的列 $\{z_t\}_{t=1}^{\infty}\equiv\{x_t,k_t\}_{t=1}^{\infty}$ 和任意的 $\varepsilon>0$，存在 $\hat{T}$ 使得对所有的 $T>\hat{T}$ 有：

$$\sum_{t=1}^{T}u_t(z_t)\leqslant\sum_{t=1}^{T}u_t(\bar{z}_t)+\varepsilon$$

这里要指出的是，上式两边的项，随着 T 变大，未必收敛到同一极限。

证明：定义 $\bar{z}=(\bar{z}_1,\cdots,\bar{z}_T)$ 为最终资本存量为 $\bar{k}_{T+1}$ 的有限时域优化问题的解。设 $z=(z_1,\cdots,z_T)$ 是最终资本存量为 k_{T+1} 的某一可行的列。我们需要比较列 $(\bar{z},\bar{k}_{T+1})$ 和列 (z,k_{T+1})。

优化问题的拉格朗日函数为：

$$\mathcal{L}(z,k_{T+1},\lambda)=\sum_{t=1}^{T}u_t(z_t)+\sum_{t=1}^{T}\lambda_t(g_t(z_t)-k_{t+1})$$

$\mathcal{L}(z,k_{T+1},\lambda)$ 是 (z,k_{T+1}) 的凹函数，因此：

---

[1] 这一条件又被称为横截性条件。

$$\mathcal{L}(z,k_{T+1},\lambda)\leqslant\mathcal{L}(\bar{z},\bar{k}_{T+1},\lambda)+\frac{\partial\mathcal{L}}{\partial z}(\bar{z},\bar{k}_{T+1},\lambda)\cdot(z-\bar{z})+\frac{\partial\mathcal{L}}{\partial k_{T+1}}(\bar{z},\bar{k}_{T+1},\lambda)(k_{T+1}-\bar{k}_{T+1}) \tag{6.2-1}$$

由于 $k_{T+1}\geqslant 0$ 和$\frac{\partial\mathcal{L}}{\partial k_{T+1}}(\bar{z},\bar{k}_{T+1},\lambda)=-\lambda_T\leqslant 0$,则:

$$\frac{\partial\mathcal{L}}{\partial k_{T+1}}(\bar{z},\bar{k}_{T+1},\lambda)(k_{T+1}-\bar{k}_{T+1})=-\lambda_T k_{T+1}+\lambda_T\bar{k}_{T+1}\leqslant\lambda_T\bar{k}_{T+1}$$

于是,根据(6.2-1),有:

$$\mathcal{L}(z,k_{T+1},\lambda)\leqslant\mathcal{L}(\bar{z},\bar{k}_{T+1},\lambda)+\frac{\partial\mathcal{L}}{\partial z}(\bar{z},\bar{k}_{T+1},\lambda)\cdot(z-\bar{z})+\lambda_T\bar{k}_{T+1} \tag{6.2-2}$$

由于 $\bar{z}$ 是有限时域优化问题的解,所以,它肯定满足库恩-塔克条件:对所有的 j,

$$\frac{\partial\mathcal{L}}{\partial z_j}(\bar{z},\bar{k}_{T+1},\lambda)\leqslant 0;\text{如果 }\bar{z}_j=0,\text{则}\frac{\partial\mathcal{L}}{\partial z_j}(\bar{z},\bar{k}_{T+1},\lambda)=0$$

因此,$\frac{\partial\mathcal{L}}{\partial z_j}(\bar{z},\bar{k}_{T+1},\lambda)=0$ 或$\frac{\partial\mathcal{L}}{\partial z_j}(\bar{z},\bar{k}_{T+1},\lambda)<0$ 且 $\bar{z}_j=0$。由于 $z_j\geqslant 0$,因此,在这两种情况中:

$$\frac{\partial\mathcal{L}}{\partial z_j}(\bar{z},\bar{k}_{T+1},\lambda)\cdot(z_j-\bar{z}_j)\leqslant 0$$

这一结论对所有的 j 都成立,因此:

$$\frac{\partial\mathcal{L}}{\partial z}(\bar{z},\bar{k}_{T+1},\lambda)\cdot(z-\bar{z})\leqslant 0$$

因此,根据不等式(6.2-2),有:

$$\mathcal{L}(z,k_{T+1},\lambda)\leqslant\mathcal{L}(\bar{z},\bar{k}_{T+1},\lambda)+\lambda_T\bar{k}_{T+1}$$

就是说:

$$\sum_{t=1}^{T}u_t(z_t)+\sum_{t=1}^{T}\lambda_t(g_t(z_t)-k_{t+1})\leqslant\sum_{t=1}^{T}u_t(\bar{z}_t)+\sum_{t=1}^{T}\lambda_t(g_t(\bar{z}_t)-\bar{k}_{t+1})+\lambda_T\bar{k}_{T+1}$$

根据库恩-塔克条件,右边项中的第二个求和项等于零。要具有可行性,$g_t(z_t)-k_{t+1}\geqslant 0$,所以,左边第二个求和项为正。因此:

$$\sum_{t=1}^{T}u_t(z_t)\leqslant\sum_{t=1}^{T}u_t(\bar{z}_t)+\lambda_T\bar{k}_{T+1}$$

如果资本存量的值收敛于零,则对任意的 ε,存在 $\hat{T}$ 使得对所有的 $T>\hat{T}$,有:

$$\sum_{t=1}^{T}u_t(z_t)\leqslant\sum_{t=1}^{T}u_t(\bar{z}_t)+\varepsilon$$ □

还有另一个途径也能推导出这一结论,并且这一方法同样具有说服力。对任

意最终资本存量 k_{T+1}，定义：

$$U^*(k_{T+1})=\max_{z\geqslant 0}\left\{\sum_{t=1}^{T}u_t(z_t)\mid g_t(z_t)-k_{t+1}\geqslant 0\right\}$$

其中，$z_t=(x_t,k_t)$。首先证明 $U^*(\cdot)$ 是凹的。设 $\{z_t^0\}_{t=1}^T$ 对最优资本存量 k_{T+1}^0 是最优的，$\{z_t^1\}_{t=1}^T$ 对最优资本存量 k_{T+1}^1 是最优的。由于 g 是凹函数，凸组合 $\{z_t^\lambda\}_{t=1}^T$ 对最终资本存量 k_{T+1}^λ 是可行的。由于 u 是凹函数，$u_t(z_t^\lambda)\geqslant(1-\lambda)u_t(z_t^0)+\lambda u_t(z_t^1)$。因此：

$$U^*(k_{T+1}^\lambda)\geqslant(1-\lambda)U^*(k_{T+1}^0)+\lambda U^*(k_{T+1}^1)$$

图 6.2－1 描述了这一函数的形状。

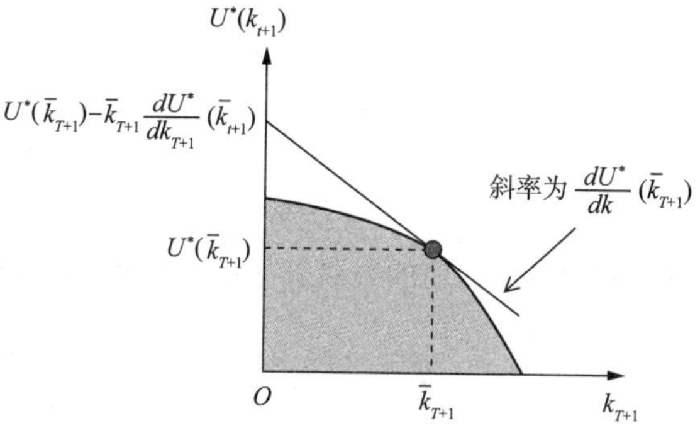

图 6.2－1　最大效用是最终资本存量的函数

假设 $\{\bar{z}_t\}_{t=1}^{\infty}=\{\bar{x}_t,\bar{k}_t\}_{t=1}^{\infty}$ 满足必要条件和增长方程，则 $\{\bar{z}_t\}_{t=1}^T$ 是最终资本存量为 $\bar{k}_{T+1}$ 的有限时域问题的解。由于 $U^*(\cdot)$ 是凹函数，所以：

$$U^*(k_{T+1})\leqslant U^*(\bar{k}_{T+1})+(k_{T+1}-\bar{k}_{T+1})\frac{dU^*}{dk_{T+1}}(\bar{k}_{T+1})\leqslant U^*(\bar{k}_{T+1})-\bar{k}_{T+1}\frac{dU^*}{dk_{T+1}}(\bar{k}_{T+1})$$

后一不等式源于 $k_{T+1}\geqslant 0$。

前面说过，$\frac{\partial\mathcal{L}}{\partial k_{T+1}}(\bar{z},\bar{k}_{T+1},\lambda)=-\lambda_T$。根据包络定理，有：

$$\frac{dU^*}{dk_{T+1}}(\bar{k}_{T+1})=\frac{\partial\mathcal{L}}{\partial k_{T+1}}(\bar{z},\bar{k}_{T+1},\lambda)=-\lambda_T$$

因此：

$$U^*(k_{T+1})\leqslant U^*(\bar{k}_{T+1})+\lambda_T\bar{k}_{T+1}$$

因此，对其他任一可行的列 $\{z_t\}_{t=1}^T=\{x_t,k_t\}_{t=1}^T$，有：

$$\sum_{t=1}^{T}u_t(z_t)\leqslant\sum_{t=1}^{T}u_t(\bar{z}_t)+\lambda_T\bar{k}_{T+1}$$

例子：最优财富积累

我们看如下有限时域财富积累问题：

$$\max_{\{x_t,W_t\}_{t=1}^{T}}\left\{\sum_{t=1}^{T}\delta^{t-1}u(x_t)\mid W_{t+1}\leqslant(1+r)(W_t-x_t),W_{T+1}\geqslant\overline{W}_{T+1}\right\}$$

它所对应的无限时域问题为：

$$\max_{\{x_t,W_t\}_{t=1}^{\infty}}\left\{\sum_{t=1}^{\infty}\delta^{t-1}u(x_t)\mid W_{t+1}\leqslant(1+r)(W-x_t)\right\}$$

有限时域问题的拉格朗日函数为：

$$\mathcal{L}=\sum_{t=1}^{T}\delta^{t-1}u(x_t)+\sum_{t=1}^{T}\lambda_t((1+r)(W_t-x_t)-W_{t+1})+\mu(W_{T+1}-\overline{W}_{T+1})$$

对任意 $W_{T+1}>0$，有：

$$\frac{\partial\mathcal{L}}{\partial W_{t+1}}=\lambda_{t+1}(1+r)-\lambda_t=0$$

得到：

$$\frac{\lambda_{t+1}}{\lambda_t}=\frac{1}{1+r}$$

在第 6.1 节中我们看到，最大值的必要条件生成固定增长方程为：

$$\frac{x_{t+1}}{x_t}=(1+r)\alpha$$

而且，对这个 T 时期问题，最优的时期 t 消费为：

$$x_t=\frac{(1-\alpha)W_t}{1-\alpha^{T-t+1}}$$

这意味着，对无限时域问题，时期 1 的消费为：

$$x_1=(1-\alpha)W_1$$

时期 2 的财富于是为：

$$W_2=(1+r)(W_1-x_1)=(1+r)\alpha W_1$$

就是说，消费与财富以相同速度 $(1+r)\alpha$ 增长，因此：

$$x_2=(1-\alpha)W_2$$

这一点对所有的 t 都成立，所以，对所有的 t，固定增长路径 $x_t=(1-\alpha)W_t$ 既是必要条件也是可行性约束。

沿着这一固定增长路径，财富以速度 $(1+r)\alpha$ 增长，影子价格的增长路径则为 $\frac{\lambda_{t+1}}{\lambda_t}=\frac{1}{1+r}$。因此，如果 $\alpha<1$，$\lambda_t W_{t+1}\rightarrow 0$，马林沃德(Malinvaud)条件因此得到满足。

习　题

习题 6.2-1：线性效用

假设在有限时域财富积累问题中，不存在馈赠动机。设 $u(x_t)=x_t$ 和 $\delta(1+r)>1$。

(a) 在这一有限时域优化问题中,最优消费列与财富积累列是什么?

(b) 其对应的无限时域问题有解吗? 为什么?

(c) 如果 $\delta(1+r)<1$ 呢?

习题 6.2-2:当 x_t 是向量时的无限时域问题

一个永远生存的消费者有效用函数 $\sum_{t=1}^{\infty}\delta^{t-1}u(x_t)$,其中,$u(x_t)=\sum_{j=1}^{n}\alpha_j\ln x_{jt}$,$\sum_{j=1}^{n}\alpha_j=1$。未来的现货价格列为$\{p_t\}_{t=1}^{\infty}$,利率为 r,初始财富为 W_1。

(a) 请把时期 t 的效用转化为间接效用 $v(p_t,c_t)$,其中,$c_t=p_t\cdot x_t$ 是时期 t 的总支出。求解最优支出列$\{\bar{c}_t\}_{t=1}^{\infty}$。提示:首先证明对所有的 t,$(W_{t+1},c_{t+1})=(1+r)\delta(W_t,c_t)$满足一阶条件与增长方程。

(b) 求解最优消费列$\{\bar{x}_t\}_{t=1}^{\infty}$。

(c) 把得到的解与相应有限时域优化问题的解进行比较。

6.3 拉姆齐问题

关键词: 最优增长的代表性消费者模型;稳态;影子价格与期货价格

第 6.1 节探讨了一个人在面对固定利率时的最优财富积累决策。现在扩展这一分析,探讨经济中的总量资本积累。设一个代表性消费者,寿命无限,有效用函数 $\sum_{t=1}^{\infty}\delta^{t-1}u(x_t)$。为避免角解,假定 $u'(0)=\infty$。在时期 t,资本存量为 k_t,产出因此为 $q(k_t)$,$q(\cdot)$是严格递增的严格凹函数。此人必须决定在总产出中,多少数量的产品用于投资,多少数量的产品用于消费。设 i_t 为 t 时期的投资。则:

$$x_t+i_t=q(k_t)$$

资本以 θ 的速度折旧,就是说,在毛投资为 i_t 时,下个时期的资本存量为:

$$k_{t+1}=(1-\theta)k_t+i_t=(1-\theta)k_t+q(k_t)-x_t$$

上式可以写为:

$$k_{t+1}=F(k_t)-x_t \qquad (6.3-1)$$

其中,$F(k_t)=(1-\theta)k_t+q(k_t)$。由于毛产出函数 $q(\cdot)$是严格凹函数,所以,净产出函数 $F(\cdot)$严格凹。为简化分析,我们假定 $F(\cdot)$也是严格增函数。

为求解代表性消费者的优化问题,我们首先利用拉格朗日方法,得到有限时域优化问题的解的必要条件。拉格朗日函数为:

$$\mathcal{L}=\sum_{t=1}^{T}\delta^{t-1}u(x_t)+\lambda_t(F(k_t)-k_{t+1}-x_t)$$

不考虑边界解的可能性,一阶条件为:

$$\frac{\partial\mathcal{L}}{\partial x_t}=\delta^{t-1}u'(x_t)-\lambda_t=0 \qquad (6.3-2)$$

$$\frac{\partial \mathcal{L}}{\partial k_t}=\lambda_t F'(k_t)-\lambda_{t-1}=0 \tag{6.3-3}$$

合并这两个条件,得到必要条件:

$$MRS(x_{t-1},x_t)=\frac{u'(x_{t-1})}{\delta u'(x_t)}=F'(k_t),t=2,\cdots \tag{6.3-4}$$

为画出相位图,首先要看到,根据(6.3-4),$u'(x_{t-1})=\delta F'(k_t)u'(x_t)$。因此,$u'(x_{t-1})>u'(x_t)$当且仅当$\delta F'(k_t)>1$。由于$u(\cdot)$是严格凹函数,所以:

$$x_t>x_{t-1}\text{ 当且仅当 }\delta F'(k_t)>1$$

假设存在资本存量k_S使得$\delta F'(k_S)=1$。由于$F(\cdot)$严格凹,所以,至多存在一个这种资本存量。因此,消费递增当且仅当$k_t<k_S$。图6.3-1的相位图中的垂直消费箭头阐述了这一点。

再看资本积累。资本积累约束(6.3-1)可以改写为如下形式:

$$k_{t+1}-k_t=F(k_t)-x_t-k_t$$

就是说,资本递增当且仅当(x_t,k_t)位于相位边界线

$$x_t=F(k_t)-k_t$$

的下方。相位图于是如图6.3-1中所示:消费增长当且仅当经济位于第Ⅱ或第Ⅲ相位;资本增长当且仅当经济位于第Ⅲ或第Ⅳ相位。

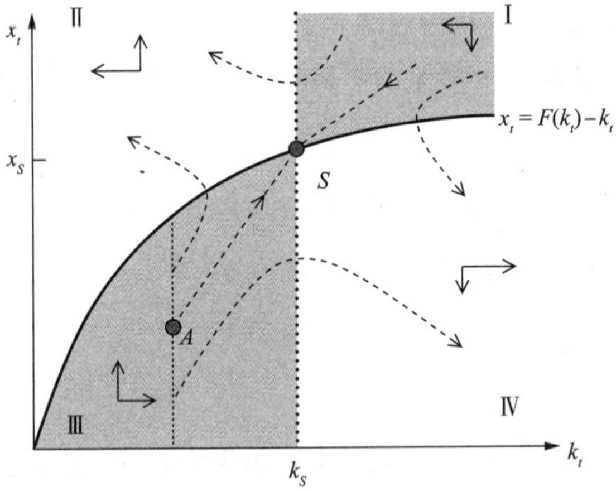

图6.3-1　相位图

从较低资本存量开始,在第三相位中存在列$\{x_t,k_t\}_{t=1}^{\infty}$收敛于稳态点$S$,图中曲线$AS$描绘了这一点。由于消费路径收敛于$x_S$,于是,根据(6.3-2),影子价格列收敛于零。并且,极限资本存量为有限数。资本存量的值$\lambda_t k_{t+1}$因此收敛于零,所以,Malinvaud条件得到满足。由于生产函数与效用函数都严格凹,所以,列$\{x_t,k_t\}_{t=1}^{\infty}$最优。

支持价格

对有限时域经济，根据第二福利定理，有效率的结果能被支持为瓦尔拉斯均衡。所以，在只有一种商品和 T 个时期的经济中，存在支持期货价格列 $\{p_t\}_{t=1}^{T}$。这些支持价格实际上是拉格朗日乘数；就是说，存在 $\kappa>0$ 使得 $\{p_t\}_{t=1}^{T}=\{\kappa\lambda_t\}_{t=1}^{T}$。现在证明这一点对无限时域问题亦成立。

设 $\{p_t\}_{t=1}^{\infty}$ 是期货价格列。对这个消费者，无限时域预算约束为：

$$\sum_{t=1}^{\infty} p_t x_t = W_1$$

其中，W_1 为未来股息流的值。

优化问题的拉格朗日函数为：

$$\mathcal{L}=\sum_{t=1}^{\infty}\delta^{t-1}u(x_t)+\mu\left(W_1-\sum_{t=1}^{\infty}p_t x_t\right)$$

一阶条件为：

$$MRS(x_{t-1},x_t)=\frac{u(x_{t-1})}{\delta u'(x_t)}=\frac{p_{t-1}}{p_t}$$

这些条件满足(6.3-2)当且仅当存在 $\kappa>0$ 使得 $\{p_t\}_{t=1}^{T}=\{\kappa\lambda_t\}_{t=1}^{T}$。

再看接受价格的利润最大化企业经理的决策。在时期 t，企业经理为下个时期的生产活动购买 k_{t+1} 件资本品。时期 $t+1$ 的毛产出为 $q(k_{t+1})$。经理还可以出售尚未折旧掉的资本存量。他的利润因此为：

$$p_{t+1}q(k_{t+1})+p_{t+1}(1-\theta)k_{t+1}-p_t k_{t+1}=p_{t+1}F(k_{t+1})-p_t k_{t+1}$$

利润最大化问题的一阶条件因此为：

$$p_{t+1}F'(k_{t+1})-p_t=0$$

如果 $\{p_t\}_{t=1}^{T}=\{\kappa\lambda_t\}_{t=1}^{T}$，这一条件就满足(6.3-3)。

这里要看到，时期 t 的单时期利率为价格比率 $\dfrac{p_t}{p_{t+1}}=\dfrac{\lambda_t}{\lambda_{t+1}}$。所以，利润最大化的企业会积累资本以使得在每个时期里，资本的边际产出等于利率。我们看到，从较低的资本存量开始，资本稳步增长，收敛于稳态水平 k_s。由于生产函数是凹的，所以，单时期利率逐渐下降。毛收益 $1+r_t$ 收敛于资本品的稳态毛边际产出 $F'(k_s)$。

习　题

习题 6.3-1：最优投资

一个企业的资本存量为 k_t，使用 z_t 件投入品，实现产量 $q(k_t,z_t)$。设投入品的现货价格向量为 r，需求价格函数为 $p(q)$。时期 t 的收入因此为：

$$R(k_t,z_t)=q(k_t,z_t)p(q(k_t,z_t))$$

设 $R(\cdot)$ 严格递增且严格凹。资本品以速度 θ 折旧。增长方程因此为 $k_{t+1}=(1-\theta)k_t+x_t$。在时期 t，企业能以成本 $C(x_t)$ 增加 x_t 数量的新资本品，其中，$C(\cdot)$ 是严格凸函数且 $C'(0)=0$。企业有无限时域并以利率 r 贴现未来。

(a) 时期 t 的最大净收入为：

$$N(k_t)=\max_{z_t}\{R(k_t,z_t)-r\cdot z_t\}$$

求证 $N(\cdot)$ 是严格凹函数。提示：设在资本存量为 k^0 时，z^0 最优；在资本存量为 k^1 时，z^1 最优。证明 $N(k^\lambda)\geqslant R(k^\lambda,z^\lambda)-r\cdot z^\lambda$。

(b) 写出这个企业的优化问题。

(c) 画出资本积累的相位图，用横轴表示 k_{t+1}，用纵轴表示 x_t。

(d) 假设在每个时期里，投资都是正的。证明局部一阶条件为：

$$\frac{1}{1+r}N'(k_t)-C'(x_{t-1})+\frac{1-\theta}{1+r}C'(x_t)=0$$

解释为什么 $x_t>x_{t-1}$ 当且仅当 (k_t,x_t) 位于由隐函数

$$N'(k_t)=(r+\theta)C'(x_t)$$

定义的相位边界线上方。

(e) 用箭头描绘 $\{k_t,x_t\}$ 的变化。

(f) 从较低资本存量开始，描述利润最大化投资决策的特征。

习题 6.3-2：广告与声誉

在时期 t，对企业产品的需求为企业的产品定价 p_t 与产品的声誉 k_t 的函数：

$$p_t=p(q_t,k_t)=q_t^{-\alpha}k_t^{\beta},0<\beta<\alpha<1$$

单位生产成本为 c。

(a) 求证：时期 t 的最大利润 $\Pi(k_t)=\max_{q_t}\{p_tq_t-cq_t\}$ 是 k_t 的递增凹函数。声誉会逐渐损耗，但是，也能通过广告支出而增加：

$$k_{t+1}-k_t=f(a_t)-vk_t$$

其中，a_t 为时期 t 的广告支出，$f(\cdot)$ 是个凹函数。

(b) 假定利率为 r 且时域无限。写出这个企业的优化问题。

(c) 证明 $\{a_t,k_t\}$ 满足：

$$\frac{1+r}{f'(a_t)}=\Pi'(k_{t+1})+\frac{1-v}{f'(a_{t+1})}$$

证明 $a_t>a_{t+1}$ 当且仅当 $\Pi'(k_t)<\dfrac{r+v}{f'(a_t)}$。

(d) 画出这一问题的相位图，证明随着企业增加其声誉，最优广告支出逐渐下降。

(e) 假设这个企业处于其稳态声誉水平上。如果利率突然下降并且永久停留

在这一更低的水平上，则企业的广告决策是什么？

习题 6.3－3：最优投资的比较动态特征

我们分析习题 6.3－1 中的最优投资问题。假设企业处于其稳态资本存量上，探讨以下三种变化对毛投资与资本存量的影响：(a)投资成本从 $C(\cdot)$ 上升到 $(1+\kappa)C(\cdot)$；(b)利率上升；(c)折旧率下降。

6.4 动态优化

关键词：值函数；反向归纳；贝尔曼方程

第 6.2 节探讨了如下一族优化问题：

$$V_1(\bar{k}_1)=\max_{\{x_t,k_t\}_{t=1}^{T}}\left\{\sum_{t=1}^{T}\delta^{t-1}u(x_t,k_t)\mid k_{t+1}\leqslant g_t(x_t,k_t),k_{T+1}\geqslant\bar{k}_{T+1}\right\}$$

值函数 $V_1(\cdot)$ 的下标 1 表示优化所发生的时期。对任意的 k_2，时期 2 的优化问题为：

$$V_2(k_2)=\max_{\{x_t,k_t\}_{t=2}^{T}}\left\{\sum_{t=2}^{T}\delta^{t-1}u(x_t,k_t)\mid k_{t+1}\leqslant g_t(x_t,k_t),k_{T+1}\geqslant\bar{k}_{T+1}\right\}$$

我们于是可以把原始优化问题分解为两个阶段。首先对所有可能的资本存量水平 k_2，求解 $T-1$ 个时期优化问题。第二步则是求解一个简单的两时期优化问题：

$$V_1(\bar{k}_1)=\max_{\{x_1,k_2\}}\{u(x_1,k_2)+\delta V_2(k_2)\mid k_2\leqslant g_1(x_1,k_1)\}$$

当然，$T-1$ 个时期的优化问题同样能分解为两个阶段。就是说，对所有的 $t=1,\cdots,T$，有：

$$V_t(k_t)=\max_{\{x_t,k_{t+1}\}}\{u(x_t,k_t)+\delta V_{t+1}(k_{t+1})\mid k_{t+1}\leqslant g_t(x_t,k_t)\}\tag{6.4-1}$$

这就是贝尔曼方程。

作为另一种求解方法，我们探讨时期 t 的两时期优化问题。时期 $t+1$ 的值函数为 $V_{t+1}(k_{t+1})$，因此，效用为 $u(x_t,k_t)+\delta V_{t+1}(k_{t+1})$。给定时期 t 的资本存量 k_t，消费者选择下个时期的消费和资本以满足资本积累约束 $k_{t+1}\leqslant g_t(x_t,k_t)$。

为得到必要条件，我们构造拉格朗日函数：

$$\mathcal{L}=u(x_t,k_t)+\delta V_{t+1}(k_{t+1})+\mu_t[g_t(x_t,k_t)-k_{t+1}]$$

一阶条件因此为：

$$\frac{\partial\mathcal{L}}{\partial x_t}=\frac{\partial u}{\partial x_t}+\mu_t\frac{\partial g_t}{\partial x_t}=0\tag{6.4-2}$$

$$\frac{\partial\mathcal{L}}{\partial x_{t+1}}=\delta V'_{t+1}(k_{t+1})-\mu_t=0\tag{6.4-3}$$

并且,根据包络定理,有:

$$V_t'(k_t)=\frac{\partial \mathcal{L}}{\partial k_t}=\frac{\partial u}{\partial k_t}+\mu_t\frac{\partial g_t}{\partial k_t} \tag{6.4-4}$$

条件(6.4-2)、(6.4-3)、(6.4-4)和终点条件完整概括了最优路径。这里还可以剔除影子价格 μ_t,把条件(6.4-3)和(6.4-4)写为:

$$\begin{cases}\delta^{t-1}\dfrac{\partial u}{\partial x_t}-\delta^t V_{t+1}'(k_{t+1})\dfrac{\partial g_t}{\partial x_t}=0\\ \delta^{t-1}\dfrac{\partial u}{\partial k_t}+\delta^t V_{t+1}'(k_{t+1})\dfrac{\partial g_t}{\partial x_t}-\delta^{t-1}V_t'(k_t)=0\end{cases}$$

把这两个条件与条件(6.3-2)比较,得到:

$$\lambda_t=\delta^t V_{t+1}'(k_{t+1})\frac{\partial g_t}{\partial x_t}$$

值函数的斜率反映了在时期 $t+1$ 资本品的边际价值。并且,如果函数 $g_t(\cdot)$ 在 x 上为线性,则值函数的斜率正是在时期 $t+1$ 资本品的边际价值。因此,把它贴现到今天,得到在时期 $t+1$ 资本品的影子净现值。

如果函数 $g_t(\cdot)$ 与 t 无关并且时域无限,我们还能进一步简化贝尔曼方程。在这种情况中,从时期 $t+1$ 开始的优化问题与从时期 t 开始的优化问题有完全相同的形式。时间下标不再需要,贝尔曼方程可以写为如下形式:

$$V(k_t)=\max_{\{x_t,k_{t+1}\}}\{u(x_t,k_t)+\delta V(k_{t+1})\mid k_{t+1}\leqslant g(x_t,k_t)\}$$

$V'(k_t)$ 是在时期 t 资本品的边际价值。$\delta^{t-1}V'(k_t)$ 于是是资本品的贴现边际价值。因此,横截性条件要求 $\delta^{t-1}V'(k_t)k_t\to 0$。

此前的结论为求解值函数提供了简便方法。我们看上述优化问题的有限时域"逼近":

$$V_1(k_1)=\max_{\{x_t,k_t\}_{t=1}^{T}}\left\{\sum_{t=1}^{T}\delta^{t-1}u(x_t,k_t)\mid k_{t+1}\leqslant g_t(x_t,k_t),k_{T+1}\geqslant 0\right\}$$

我们知道,如果 Malinvaud 条件得到满足,则这一问题的解肯定收敛于无限时域时的解。

在一些特殊情况中,这种方法能产生值函数的解析解。我们看第 6.3 节中的增长模型。资本积累约束为:

$$k_{t+1}=F(k_t)-x_t$$

设 $F(k_t)=k_t^{\alpha}$,则:

$$V(k_1)=\max_{\{x_t,k_t\}_{t=1}^{\infty}}\left\{\sum_{t=1}^{\infty}\delta^{t-1}\ln x_t\mid x_t+k_{t+1}\leqslant k_t^{\alpha}\right\}$$

首先求解只剩下一个时期时的有限优化问题:

$$V_T(k_T)=\max_{x_T, k_{T+1}}\{\ln x_T \mid k_{T+1}=k_t^{\alpha}-x_T\geqslant 0\}$$

解为 $x_T^*=k_T^{\alpha}$。因此，$V_T(k)=\ln k^{\alpha}=\alpha\ln k$。

利用贝尔曼方程，得到：

$$V_{T-1}(k_{T-1})=\max_{x_{T-1}, k_T}\{\ln x_{T-1}+\delta V_T(k_T)\mid k_T=k_{T-1}^{\alpha}-x_{T-1}\}$$

代入单时期值函数，上述优化问题可以改写为：

$$V_{T-1}(k_{T-1})=\max_{x_{T-1}}\{\ln x_{T-1}+\alpha\delta\ln(k_{T-1}^{\alpha}-x_{T-1})\}$$

一阶条件于是为：[1]

$$\frac{1}{x_{T-1}}=\frac{\alpha\delta}{k_{T-1}^{\alpha}-x_{T-1}}=\frac{1+\alpha\delta}{k_{T-1}^{\alpha}}$$

因此，$V_{T-1}(k)=\alpha(1+\alpha\delta)\ln k+$常数项。

不难验证：

$$V_{T-1}(k)=\alpha(1+\alpha\delta+\alpha^2\delta^2)\ln k+\text{常数项}$$

只要 $\alpha\delta<1$，取极限，就能得到：

$$V(k)=\frac{\alpha}{1-\alpha\delta}\ln k+\text{常数项}$$

在解得值函数后，我们就能解出最优消费规则：

$$V(k_s)=\max_{x_s}\{\ln x_s+\delta V(k_s^{\alpha}-x_s)\}=\max_{x_s}\left\{\ln x_s+\frac{\alpha\delta}{1-\alpha\delta}\ln(k_s^{\alpha}-x_s)\right\}$$

利用上述方法求解，得到 $x_s=(1-\alpha\delta)k_s^{\alpha}$。就是说，最优消费规则是按 $(1-\alpha\delta)$ 的固定比例消费净产出。

习　题

习题 6.4－1：求解值函数

我们看如下问题：

$$V_1(k_1)=\max_{\{x_t, k_t\}_{t=1}^{T}}\left\{\sum_{t=1}^{\infty}\delta^{t-1}\ln x_t \mid x_t+k_{t+1}\leqslant k_t^{\alpha}\right\}$$

本节中说过，单时期优化问题的值函数为 $V_1(k)=\alpha\ln k$。这为我们提供了一种试错求解方法。设值函数为 $V(k)=\beta\ln k$。

(a) 求解如下优化问题：

$$V(k_1)=\max_{x_1}\{\ln x_1+\delta\beta\ln(k_1^{\alpha}-x_1)\}$$

---

〔1〕 第二个等式源自比率法则。

(b) 证明 $V(k_1)=(\alpha+\alpha\delta\beta)\ln k_1+$常数项。

(c) 求解 β,证明 $x_t=\frac{1-\alpha\delta}{(1-\alpha\delta)(1-\alpha)}k_t^{\alpha}$。

习题 6.4-2:包含已知冲击的 *AK* 模型

我们看下面的问题:

$$V(k_1)=\max_{\{x_t,k_t\}_{t=1}^{\infty}}\left\{\sum_{t=1}^{\infty}u_t(x_t)\mid k_{t+1}\leqslant A(k_t+\mu_t)-x_t,x_t\geqslant 0\right\}$$

其中,$\{\mu_t\}_{t=1}^{\infty}$ 为已知(即完全预料到的)冲击列。

(a) 定义 $W_t=k_t+\sum_{s=t}^{\infty}\frac{\mu_s}{A^{t-s}}$。证明这一动态优化问题能写为如下形式:

$$V(W_t)=\max_{x_t,W_{t+1}}\{u_t(x_t)+\delta V(W_{t+1})\mid W_{t+1}\leqslant AW_t-x_t,x_t\geqslant 0\}$$

(b) 阐述冲击的大小如何影响最优消费列。

习题 6.4-3:求解 *AK* 模型

一个经济有资本存量 k_t,有如下增长方程:

$$k_{t+1}=Ak_t-x_t$$

其中,$A>1$。消费者的偏好表示为永续生存的代表性消费者的效用函数 $\sum_{t=1}^{\infty}u_t(x_t)$,其中,$u_t(x_t)=\left(\frac{\sigma}{\sigma-1}\right)\delta^{t-1}x_t^{1-\frac{1}{\sigma}}$,$\sigma\neq 1,\delta<1,A\delta>1$。

(a) 首先探讨济无最终资本存量时这一问题的有限时域形式。利用增长方程证明消费方案肯定满足如下约束条件:

$$x_1+\frac{x_2}{A}+\cdots+\frac{x_T}{A^{T-t-1}}=Ak_1$$

(b) 证明消费肯定以某个固定速度 γ 增长,就是说,$x_{t+1}=(1+\gamma)x_t$。

(c) 探讨时期 t 时的优化问题,证明时期 t 的消费满足如下条件:

$$x_1\left(1+\frac{1+\gamma}{A}+\cdots+\left(\frac{1+\gamma}{A}\right)^{T-t-1}\right)=Ak_t$$

证明 $x_t=\frac{1-\frac{1+\gamma}{A}}{1-\left(\frac{1+\gamma}{A}\right)^{T-t}}Ak_t$。

(d) 证明如果 $\sigma<1$,则当 $T\to\infty$ 时,$x_t\to(A-1-\gamma)k_t$;证明如果 σ 足够大,则当 $T\to\infty$ 时,x_t 收敛于零。

在下面的问题中,设 $\sigma<1$。

(e) 对无限时域问题,我们要找到值函数使得:

$$V(k_t)=\max_{x_t,W_{t+1}}\{u_t(x_t)+\delta V(k_{t+1})\mid k_{t+1}+x_t=Ak_t\}$$

证明有限时域问题的极限为固定增长路径 $(x_{t+1},k_{t+1})=(1+\gamma)(x_t,k_t)$。证明在极限上,$u_{t+1}=\left(\frac{1+\gamma}{A}\right)u_t$。证明在 $T\to\infty$ 时,$\sum_{t=1}^{T}u_t$ 收敛。就是说,$V(k_1)=$

$\lim_{T\to\infty}\sum_{t=1}^{T}u_t$。

6.5 最优控制[1]

关键词：短时间区间；连续模型；状态变量与控制变量；微小变差；哈密尔顿函数；最大值原理

我们探讨下面一类优化问题：

$$\max_{\{x_t,k_{t+1}\}}\left\{\sum_{t=1}^{T}u_t(k_t,x_t)+V_{T+1}(k_{T+1})\mid k_{t+1}-k_t\leqslant F_t(k_t,x_t)\right\}$$

在控制论中，向量 k_t 为时期 t 中的状态变量。决策者通过对控制变量向量 x_t 的选择来控制向量 k_t 的增长率。

例子：生命周期资本积累

某人有初始资本存量 k_1，其终生效用的现值为：

$$U=\sum_{t=1}^{T}\delta^t u(x_t)+\delta^T v(k_{T+1})$$

其中的最后一项是他从自己的遗产 k_{T+1} 中获得的效用。金融资本 k_t 的毛收益率为 $1+r$。此人在时期 t 的工资为 w_t。因此，如果他消费 x_t，则其下一时期的资本存量为 $k_{t+1}=(1+r)k_t+w_t-x_t$。

这一优化问题的拉格朗日函数为：

$$\mathcal{L}=\sum_{t=1}^{T}U_t(k_t,x_t)+\delta^T V_T(k_{T+1})+\lambda_t(F_t(k_t,x_t)-k_{t+1}+k_t)$$

假设有内点解。一阶条件为：

$$\frac{\partial\mathcal{L}}{\partial x_t}=\frac{\partial U_t}{\partial x_t}+\lambda_t\frac{\partial F_t}{\partial x_t}=0,t=1,\cdots,T \tag{6.5-1}$$

$$\frac{\partial\mathcal{L}}{\partial k_t}=\frac{\partial U_t}{\partial k_t}+\lambda_t\left(\frac{\partial F_t}{\partial k_t}+1\right)-\lambda_{t-1}=0,t=1,\cdots,T \tag{6.5-2}$$

$$\frac{\partial\mathcal{L}}{\partial k_{T+1}}=\delta^T\frac{\partial V_T}{\partial k_{T+1}}-\lambda_T=0,t=1,\cdots,T \tag{6.5-3}$$

整理第二个条件，得到影子价格变化的表达式：

$$\lambda_t-\lambda_{t-1}=-\left(\frac{\partial U_t}{\partial k_t}+\lambda_t\frac{\partial F_t}{\partial k_t}\right),t=1,\cdots,T \tag{6.5-4}$$

缩短时期之间的时间长度

把决策变量表示为连续变量，常常更方便分析。决策者选择控制变量的大小，

〔1〕 本节内容得益于劳伦斯·埃文斯(Lawrence Evans)关于最优控制的讨论。关于这方面内容的更全面的介绍，可以从网址 http://math.berkeley.edu/～evans/control.course.pdf 上下载到。

决定状态变量的积累速度。我们从两个角度处理这一问题。首先，我们修改离散时间模型，引入决策时点之间的时间区间 Δt，探讨在 Δt 收敛于零时的必要条件。

为修改离散模型，我们把时点 t 上的决策，定义为在 t 个长度为 Δt 的时期之后，做出的决策。我们用 x_t 表示决策时点 t 与 $t+1$ 之间的控制变量的大小。在这个时间区间上，状态变量的增长率为 $f_t(k_t,x_t)$。则决策时点之间的状态变量的变化为：

$$k_{t+1}-k_t=F_t(k_t,x_t)\equiv f_t(k_t,x_t)\Delta t$$

函数 $u_t(k_t,x_t)$ 现在是消费者得到的效用流量。总效用因此为：

$$\sum_{t=1}^{T}U_t(k_t,x_t)=\sum_{t=1}^{T}u_t(k_t,x_t)\Delta t$$

利用一阶条件(6.5-1)与(6.5-4)，得到：

$$\frac{\partial\mathcal{L}}{\partial x_t}=\left(\frac{\partial u_t}{\partial x_t}+\lambda_t\frac{\partial f_t}{\partial x_t}\right)\Delta t=0,t=1,\cdots,T$$

$$\lambda_t-\lambda_{t-1}=-\Delta t\left(\frac{\partial u_t}{\partial k_t}+\lambda_t\frac{\partial f_t}{\partial k_t}\right),t=1,\cdots,T$$

把这两个条件都除以 Δt，定义 $\Delta\lambda=\lambda_t-\lambda_{t-1}$，则一阶条件变为：

$$\frac{\partial u_t}{\partial x_t}+\lambda_t\frac{\partial f_t}{\partial x_t}=0,\frac{\Delta\lambda}{\Delta t}=-\left(\frac{\partial u_t}{\partial k_t}+\lambda_t\frac{\partial f_t}{\partial k_t}\right),t=1,\cdots,T \qquad (6.5-5)$$

有一种简便方式表示这两个条件。定义这一问题的“哈密尔顿函数”为：

$$H_t(k_t,x_t)\equiv u_t(k_t,x_t)+\lambda_t f_t(k_t,x_t)$$

(6.5-5)中的必要条件于是可以写为：

$$\frac{\partial H_t}{\partial x_t}=0,\frac{\Delta\lambda}{\Delta t}=-\frac{\partial H_t}{\partial k_t} \qquad (6.5-6)$$

最后，取极限，当 $\Delta t\to0$ 时，我们得到连续时间模型中的必要条件：

$$\frac{\partial H}{\partial x}=0,\frac{d\lambda}{dt}=-\frac{\partial H}{\partial k} \qquad (6.5-7)$$

我们将看到，这两个式子正是内点解的必要条件。

连续模型

在连续时间模型中，n 个状态变量构成的向量为 $k(t)=(k_1(t),\cdots,k_n(t))$，$m$ 个控制变量构成的向量为 $x(t)=(x_1(t),\cdots,x_n(t))$。总收益为收益流量 $u(k(t),x(t),t)$ 在时间区间[0,T]上的积分加状态变量的终点值 $V(k(T),T)$：

$$U=\int_0^T u(k(t),x(t),t)dt+V(k(T),T) \qquad (6.5-8)$$

状态向量 $k(t)$ 的变化率满足：

$$\frac{dk}{dt}=f(k(t),x(t),t)$$

可行的控制变量集为凸集 X。

现在看如下连续时间优化问题：

$$\max_{x(t)\in X}\left\{\int_0^T u(k(t),x(t),t)dt+V(k(T),T)\ \middle|\ \frac{dk}{dt}=f(k(t),x(t),t)\right\} \tag{6.5-9}$$

设$(k^*(t),x^*(t))$是这一优化问题的解，其中，$t\in[0,T]$。与离散时间模型中的处理方法一样，首先对 n 个状态变量引入影子价格向量 $\lambda(t)$，定义哈密尔顿函数为：

$$H(k,x,t)=u(k,x,t)+\lambda\cdot f(k,x,t)$$

其中：

$$\frac{d\lambda}{dt}=-\frac{\partial H}{\partial k},\lambda(T)=\frac{\partial V}{\partial k}(k(T),T) \tag{6.5-10}$$

我们于是得到下面的定理。

命题 6.5.1：庞特利亚金最大值原理

如果 $x^*(t)$是最大化问题(6.5-9)的解，函数 u 和 f 都连续可微，则存在满足(6.5-10)的影子价格函数 $\lambda(t)$：$[0,T]\to\mathbb{R}^n$ 使得：

$$x^*(t)=\underset{x\in X}{\operatorname{argmax}}H(k^*(t),x(t),t)$$

证明：[1]

第一步：转化为终点值问题

如果目标函数是终点状态变量向量 $k(T)$的函数，分析最大值的必要条件的工作就十分容易。引入新的状态变量：

$$k_0(t)=\int_0^t f_0(k(\tau),x(\tau),\tau)d\tau$$

其中，$f_0(k,x,\tau)\equiv u(k,x,\tau)$。于是：

$$\frac{dk_0}{dt}=f_0(k(t),x(t),t)$$

$$k_0(T)=\int_0^T f_0(k(t),x(t),t)dt=\int_0^T u(k(t),x(t),t)dt$$

最后定义新的终点值函数 $\bar{V}(k(T),T)=k_0(T)+V(k(T),T)$。我们于是能把优化问题写为：

$$\max_{x(t)\in X}\left\{U=\bar{V}(k(T),T)\ \middle|\ \frac{dk_i}{dt}=f_i(k,x,t),i=0,\cdots,n\right\}$$

〔1〕 这个证明很长但很重要。如果你喜欢数学，你会发现这里的证明完全在你的理解范围内。

新的哈密尔顿函数为：

$$\overline{H}=\sum_{i=0}^{n}\lambda_i f_i$$

与新状态变量相对应的是新的影子价格 $\lambda_0(t)$，它的变化方程为：

$$\frac{d\lambda_0}{dt}=-\frac{\partial\overline{H}}{\partial k_0}$$

由于 k_0 不是 $\overline{H}$ 的变量，所以，$\frac{d\lambda_0}{dt}=0$。并且，$\lambda_0(T)=\frac{\partial\overline{V}}{\partial k_0}=1$。于是，对 $t\in[0,T]$，$\lambda_0(t)=1$，因此：

$$\overline{H}=\sum_{i=0}^{n}\lambda_i f_i=u+\sum_{i=1}^{n}\lambda_i f_i=H$$

引入影子价格的行向量 $\lambda(t)'=(\lambda_0(t),\cdots,\lambda_n(t))$，哈密尔顿函数可以写为：

$$H=\overline{H}=\lambda(t)'f(k(t),x(t),t) \tag{6.5-11}$$

第二步：控制变量的变差

假设在 $[0,T]$ 的某个很小的子区间 $[s-\varepsilon,s]$ 上，发生了控制变量对最优解的偏离。具体地说，在这一小区间上，最优控制向量 $x^*(t)$ 被 $x\in X$ 代替。就是说：

$$x(t,\varepsilon)=\begin{cases}x, & t\in[s-\varepsilon,s]\\ x^*(t), & t\notin[s-\varepsilon,s]\end{cases}$$

见图 6.5-1(a)和图 6.5-1(b)。

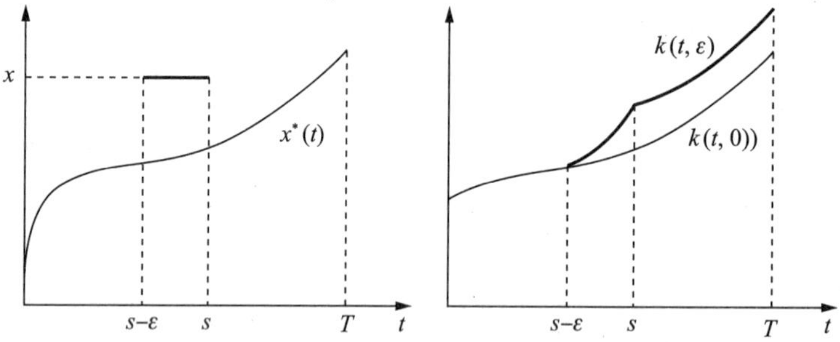

(a) 控制变量的变化　(b) 状态变量的变化

图 6.5-1

首先探讨控制变量上的这一变化，如何影响时点 s 上的状态变量，其次探讨在时点 s 以后状态变量如何变化。

给定控制变量 $x(t,\varepsilon)$，目标函数的值为：

$$U(\varepsilon)=\overline{V}(k(T,\varepsilon)) \tag{6.5-12}$$

其中，$\frac{\partial k}{\partial t}(t,\varepsilon)=f(k(t,\varepsilon),x(t,\varepsilon),t)$。$(k^*(t),x^*(t))$ 为最大值的必要条件是在 $\varepsilon=0$ 上，$U(\varepsilon)$ 应取局部最大值。设：

$$k_{\varepsilon}(t,\varepsilon)\equiv\frac{\partial}{\partial\varepsilon}k(t,\varepsilon)$$

由于 $\varepsilon\geqslant 0$,一阶条件为:

$$\frac{dU}{d\varepsilon}(0)=\frac{\partial\bar{V}}{\partial k}U(k(T),T)'k_{\varepsilon}(t,0)=\lambda(T)'k_{\varepsilon}(T,0)\leqslant 0 \quad (6.5-13)$$

在第三步中,我们将证明上式右边部分在时间区间 $[s,T]$ 上与时间无关。一阶条件因此为:

$$\frac{dU}{d\varepsilon}(0)=\lambda(s)'k_{\varepsilon}(s,0)\leqslant 0 \quad (6.5-14)$$

要计算这一导数,我们需要知道在 $\varepsilon=0$ 的邻域内,$k(s,\varepsilon)$ 如何随 ε 变化。由于控制变量上的变化始自 $s-\varepsilon$,所以:

$$k(s-\varepsilon,\varepsilon)=k(s-\varepsilon,0)\equiv k^*(s-\varepsilon) \quad (6.5-15)$$

在区间 $[s-\varepsilon,\varepsilon]$ 上:

$$\frac{\partial k^*}{\partial t}=f(k^*(t),x^*(t),t)=f(k^*(s),x^*(s),s)+o(\varepsilon)$$

在这一区间上积分,得到:

$$k^*(s)-k^*(s-\varepsilon)=f(k^*(s),x^*(s),s)+o(\varepsilon^2) \quad (6.5-16)$$

同理,在区间 $[s-\varepsilon,s]$ 上:

$$\frac{\partial k}{\partial t}(t,\varepsilon)=f(k(t,\varepsilon),x,t)=f(k^*(s),x,s)+o(\varepsilon)$$

在这一区间上积分,得到:

$$k(s,\varepsilon)-k(s-\varepsilon,\varepsilon)=f(k^*(s),x,s)\varepsilon+o(\varepsilon^2) \quad (6.5-17)$$

根据(6.5-15)至(6.5-17),有:

$$k(s,\varepsilon)-k^*(s)=(f(k^*(s),x,s)-f(k^*(s),x^*(s),s))\varepsilon+o(\varepsilon^2)$$

上式两边同除以 ε,取极限,得到:

$$k_{\varepsilon}(s,0)=f(k^*(s),x,s)-f(k^*(s),x,s)$$

将上式代入(6.5-14),一阶条件为:

$$\frac{dU}{d\varepsilon}(0)=\lambda(s)'f(k^*(s),x,s)-\lambda(s)'f(k^*(s),x^*(s),s)\leqslant 0$$

根据(6.5-11),一阶条件可以写为:

$$\begin{aligned}\frac{dU}{d\varepsilon}(0)&=\overline{H}(k^*(s),x,s)-\overline{H}(k^*(s),x^*(s),s)\\&=H(k^*(s),x,s)-H(k^*(s),x^*(s),s)\leqslant 0\end{aligned}$$

就是说，在每个时点 s 上，有：

$$x^*(s)=\underset{x\in X}{\operatorname{argmax}}\{H(k^*(s),x,s)\}$$

第三步：$\boldsymbol{\lambda(t)'k_\varepsilon(t,0)}$ 与时间无关

我们还需证明 $\lambda(t)'k_\varepsilon(t,0)$ 与时间无关。在区间 $[s,T]$ 上，$k(t,0)$ 与 $k(t,\varepsilon)$ 是同一个常微分方程组

$$\frac{\partial k}{\partial t}=f(k,x,t)$$

的解。把这一向量中的第 i 个项对 ε 求导，得到：

$$\frac{\partial}{\partial\varepsilon}\left(\frac{\partial k_i}{\partial t}\right)=\frac{\partial f_i}{\partial k}(k(t,\varepsilon),x^*(t),t)\cdot k_\varepsilon(k(t,\varepsilon),t)$$

因为对每个 $t>s$，$x(t,\varepsilon)=x^*(t)$。

定义 $z(t)=k_\varepsilon(t,0)$。令 $\varepsilon=0$，颠倒求导顺序，得到：

$$\frac{dz_i}{d\varepsilon}=\frac{\partial}{\partial t}\frac{\partial}{\partial\varepsilon}k_i(t,0)=\frac{\partial}{\partial\varepsilon}\frac{\partial}{\partial t}k_i(t,0)=\frac{\partial f_i}{\partial k}(k^*(t),x^*(t),t)'z(t)$$

这是关于向量 $z(t)$ 的常微分方程组。定义矩阵 $\mathbf{A}(t)=\left[\frac{\partial f_i}{\partial k_j}(k^*(t),x^*(t),t)\right]$。这个常微分方程组可以写为矩阵形式：

$$\frac{dz}{dt}=\mathbf{A}z(t) \tag{6.5-18}$$

我们证明在 $[s,T]$ 上，$\lambda(t)'k_\varepsilon(t,0)=\lambda(t)'z(t)$ 与时间无关。

$$\frac{d}{dt}\lambda(t)'z(t)=\frac{d\lambda'}{dt}z(t)+\lambda(t)'\frac{dz}{dt}$$

把(6.5-18)代入上式，得到：

$$\frac{d}{dt}\lambda(t)'z(t)=\frac{d\lambda'}{dt}z(t)+\lambda(t)'\mathbf{A}z(t) \tag{6.5-19}$$

根据(6.5-10)，有：

$$\frac{d\lambda_j}{dt}=-\frac{\partial H}{\partial k_j}=-\frac{\partial\overline{H}}{\partial k_j}=-\lambda'\frac{\partial f}{\partial k_j}$$

由于 $\overline{H}=H$，所以有其中的第二个等式。

将上式表示为矩阵形式：

$$\frac{d}{dt}\lambda(t)'=-\lambda'\left[\frac{\partial f_i}{\partial k_j}\right]=-\lambda'\mathbf{A}$$

将这个结果代入 (6.5-19)，得到：

$$\frac{d}{dt}\lambda(t)'z(t)=-\lambda'\mathbf{A}z(t)+\lambda'\mathbf{A}z(t)=0$$

□

固定终点问题

如果最终状态 $k(T)$ 固定，则分析变得更复杂。问题是对所有的 $t>s$，区间 $[s-\varepsilon,s]$ 上的简单扰动把状态变量从 $k(t,0)$ 变为 $k(t,\varepsilon)$。固定终点约束条件于是被违背。正式分析要求探讨多个小区间上的更复杂的扰动。这里简述其中的原理。设在时点 $\hat{T}<T$ 上状态变量为 $k(\hat{T})$。定义：

$$V^*(k(\hat{T}),\hat{T})\equiv\max_{x(t)\in X}\left\{\int_{\hat{T}}^{T}u(k(t),x(t),t)\,dt\;\middle|\;\frac{dk}{dt}=f(k,x,t),k(T)=\overline{K}\right\}$$

固定终点问题于是可以写为：

$$\max_{x(t)\in X}\left\{\int_{0}^{\hat{T}}u(k(t),x(t),t)\,dt+V^*(k(\hat{T}),\hat{T})\;\middle|\;\frac{dk}{dt}=f(k,x,t)\right\}$$

以这种方式，我们把固定终点问题转化为了自由终点问题。如果我们愿意假定函数 V^* 连续可微，我们就能应用最大值定理于这一自由终点问题，必要条件因此完全相同。

应用：贷款与借款利率不同时的终生消费

设某个消费者的工资率为 w，初始金融资本存量为 $k(0)=0$，消费路径 $x(t)$ 产生的终生效用为：

$$\int_{0}^{T}e^{-\delta t}u(x(t))\,dt$$

假定 $u'>0,u''<0,u'(0)=\infty$。最后一个假定确保了最优消费严格为正。

如果在时点 t，她的金融资本存量 $k(t)$ 为正，她就能以利率 r 投资这些资本。其资产的增长率满足：

$$\frac{dk}{dt}=rk(t)+w-x(t)$$

如果她借债，她可以以利率 ρ 借到债务，她的资产增长率于是为：

$$\frac{dk}{dt}=\rho k(t)+w-x(t)$$

设 $r<\delta<\rho$，就是说，消费者的贴现率位于其投资收益率与其借款成本之间。设其终生效用最大化方案为 $(k^*(t),x^*(t))$。任取时间区间 $[t_1,t_2]$，使得在此区间上 $k^*(t)>0$。则 $(k^*(t),x^*(t))$ 肯定是如下固定终点问题的解：

$$\max_{x(t)\geqslant 0}\left\{\int_{t1}^{t2}e^{-\delta t}u(x(t))\,dt\;\middle|\;\frac{dk}{dt}=rk(t)+w-x(t),k(t_i)=k^*(t_i),i=1,2\right\}$$

此消费者永远不会留下严格正的资本存量，因为通过支出得更多，她总能得到更高效用，所以，$k^*(T)\leqslant 0$。而且，贷款人永远不会贷出无法偿还的资金，因此，$k^*(T)\geqslant 0$。所以，这是个固定终点问题。哈密尔顿函数为：

$$H=e^{-\delta t}u(x)+\lambda(rk+w-x)$$

一阶条件为：

$$\frac{d\lambda}{dt}=-\frac{\partial H}{\partial k}=-r\lambda \tag{6.5-20}$$

$$\frac{\partial H}{\partial x}=e^{-\delta t}u'(x)-\lambda=0 \tag{6.5-21}$$

根据(6.5-20)，$\lambda(t)=\lambda(0)e^{-rt}$。代入(6.5-21)得到：

$$u'(x(t))=e^{(\delta-r)t}\lambda(0)$$

就是说，边际效用在时间上递增。由于 $u''(x)<0$，所以，消费随时间 t 递增。金融资本递增，如果$\frac{dk}{dt}=rk(t)+w-x(t)>0$。相位图如图 6.5-2 所示。

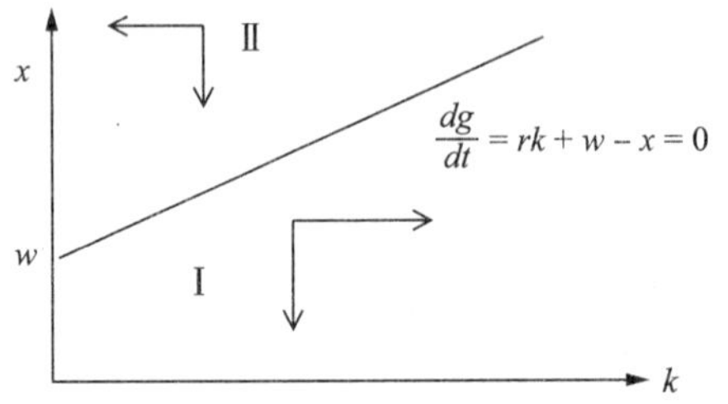

图 6.5-2　相位图(贷款)

在时点 t 上，要位于相位Ⅱ内部，资本存量必须为正。但是，初始资本为零。因此，要到达相位Ⅱ，消费者在开始时必须位于相位Ⅰ。但是，如果消费者位于相位Ⅰ，则资本在此后肯定增长。这意味着终点条件无法得到满足。所以，消费者永远不可能位于相位Ⅰ或相位Ⅱ的内部。

我们可以以类似方法探讨消费者处于负债状态的子区间$[t_1,t_2]$。请你证明新的相位图如图 6.5-3 所示。消费者要位于相位Ⅳ的内部，在开始时她就必须位于相位Ⅲ。但是，在相位Ⅲ，消费与债务都上升，因此，这种路径不可能进入到相位Ⅳ。我们因此断定不存在这样的时间区间$[t_1,t_2]$。因此，资本永远不可能为正或为负。最优消费路径因此为 $x(t)=w$。

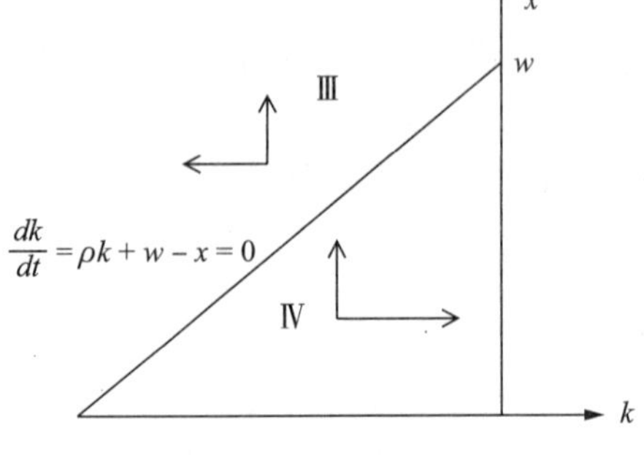

图 6.5-3　相位图(借款)

习　题

习题 6.5－1：最大负债

我们看连续时间生命周期模型。设 $\delta>r$，每个时期中的工资收入为 w，时域很长。

(a) 尽可能完整地描述最优消费列与资本存量列的特征。提示：在无限时域中，贷款人提供给此人的最大贷款会是多少？

(b) 在很长的有限时域中，此人能在大部分时间里处于负债状态吗？

习题 6.5－2：为退休而储蓄

某个人在时期 $[0,T_w]$ 中以 w 的工资率赚得收入，然后退休。在时期 $[T_w,T]$，他依靠自己的储蓄生活。他以 δ 的贴现率贴现未来，其借款与贷款利率都为 r，$r<\delta$。利用相位图，分别对 $t<T_w$ 和 $t>T_w$ 描述此人的终生消费路径和资产积累路径。提示：假设此人想在其资产数量达到 $K(T_w)=\hat{K}$ 时退休。分析有此终点条件的区间 $[0,T_w]$。利用此前的分析，概括 $t>T_w$ 时的路径。

习题 6.5－3：遗赠动机

我们看本节末的储蓄-借款模型，即：

$$\max_{x(t)}\left\{\int_0^T e^{-\delta t}u(x(t))dt+e^{-\delta T}V(k(T))\;\middle|\;\frac{dk}{dt}=rk(t)+w\right\}$$

假设此人没有任何初始资本并且 T 很大。

(a) 概括 $\rho>r>\delta$ 时的最优消费路径。

(b) 概括 $\rho<r<\delta$ 时的最优消费路径。

参考文献

Bellman, R. (1953). *An Introduction to the Theory of Dynamic Programming*. Santa Monica, CA: RAND Corporation. http://www.rand.org/pubs/reports/R245.

Evans, L. (1983). *An Introduction to Mathematical Optimal Control Theory*. Berkeley: Department of Mathematics, UC Berkeley.

Malinvaud, E. (1953). "Capital Accumulation and Efficient Allocation of Resources." *Econometrica* **21**: 223－268.

Pontryagin, L., V. Boltyanski, R. Gamkrelidze and E. Mishchenko (1962). *The Mathematical Theory of Optimal Processes*. New York: Interscience.

Ramsey, F. (1928). "A Mathematical Theory of Saving." *Economic Journal* **38**: 543－549.

第七章 不确定性

7.1 风险选择

关键词：概率分布；复合概率分布；独立性公理；期望效用；悖论

我们扩展基本选择模型，分析不确定性条件下的选择行为。我们首先介绍公理基础上的期望效用理论。由于好冒风险的人会因为恶赌而注定迅速消失，所以，在市场上生存并壮大的人群，对风险基本持中性或厌恶态度。第 7.2 节从各个角度探讨风险厌恶态度及其意义。第 7.3 节分析使决策者"更乐观"的概率推断上的变化，探讨其对决策者决策的影响。

不确定性条件下的决策模型的一个重要假定是：订立合同关系的人所面对的所有不确定性最终将消失。这意味着任何合同都会被履行。但是，如果某一合同方所采取的行动无法被观察到，决策者订立合同的能力就受到限制。第 7.4 节将探讨这一重要问题。

在经济决策者不确定其行动的后果时，只要他能完整描述所有可能的结果并能对其中每个结果赋予概率，我们就能用基本选择模型分析他的行为。对于人们是否总能赋予各结果以概率的问题，历史上有过很多讨论。如果有足够多的实验数据，则赋予结果以概率的工作容易完成。例如，如果一枚硬币被抛 1 000 次，正面向上的次数大约为一半，则对下一抛的结果为正面向上的事件，大部分人会赋予 0.5 的概率。但是，即使在这种情况中，如果有很大利益维系于抛出的结果，如果参与者只能在赌正面向上和拒绝参赌之间做选择，一些人就可能担心负责抛硬币的人暗中做手脚。就是说，我们很难发现完全客观的概率，主观因素通常纠缠其中。

这不是说概率推断不重要。假设在一个你要参与的游戏中，一枚硬币将被抛 10 次。如果你在事前已把这枚硬币抛了 100 次，出现正面向上的比例大约为一半，则在游戏中，连续 4 次出现反面向上的情况不影响你的推断。但是，如果你只是观察过而未反复抛过这枚硬币，则连续 4 次出现反面向上的情况会使你怀疑硬币不均匀，易于出现反面向上的结果，你因此选择反面向上。一般情况下，在游戏开始之前,你拥有的信息越弱,你受游戏结果的影响就越大。

我们首先探讨在可能的结果或"状态"数量为有限个时的决策问题。决策者对每种状态赋予概率。假设在状态 s 中出现的结果为 x_s,π_s 是决策者赋予这一状态的概率。则对不确定的结果或"概率分布"(prospect)的完整描述,是个 $2\times S$ 向量:

$$(\pi;x)=((\pi_1,\cdots,\pi_S);(x_1,\cdots,x_S))。$$

根据消费者选择公理,存在概率分布上的连续效用函数 $U(\pi;x)$。我们现在只探讨概率分布上的选择,所以,我们固定这 S 个结果,只用概率向量 π 表示概率分布。图 7.1-1 在只有三种状态时,画出了概率分布 $\pi=(\pi_1,\pi_2,\pi_3)$ 上的偏好。

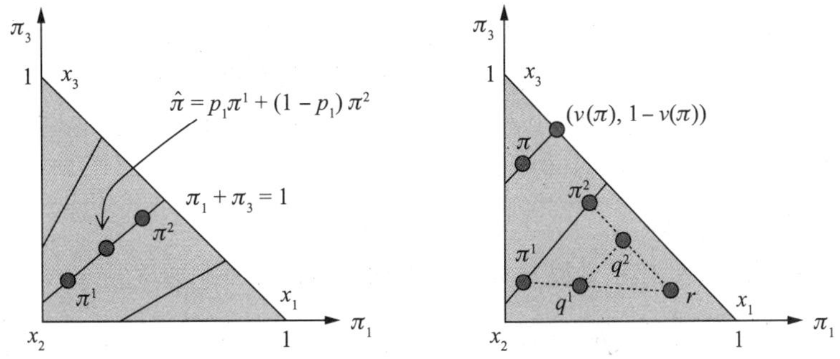

图 7.1-1 概率分布上的偏好

设 $x_1 > x_2 > x_3$。图 7.1-1 中给出了最好状态与最差状态的发生概率。如果 $\pi_1=1$,则结果以 1 的概率为 x_1。如果 $\pi_3=1$,则结果以 1 的概率为 x_3。由于所有状态的概率之和等于 1,所以,可能的概率分布集为图中阴影区域。在原点,$\pi_1=\pi_3=0$,所以,原点意味着结果 x_2 肯定发生。

假设你得在概率分布 π^1 与 π^2 之间做出选择。但是,你被提供的仅是在它们之间做随机选择的机会。如果你接受这种选择方式,则一个轮盘以 p_1 的概率选择分布 π^1,以 $p_2=1-p_1$ 的概率选择分布 π^2。我们把这一"复合概率分布"写为:

$$\hat{\pi}=(p;\pi^1,\pi^2)=((p_1,p_2);(\pi_1^1,\cdots,\pi_S^1),(\pi_1^2,\cdots,\pi_S^2))$$

在这一复合概率分布中,状态 s 的发生概率为 $\hat{\pi}_s=p_1\pi_s^1+p_2\pi_s^2$。$\hat{\pi}=p_1\pi^1+p_2\pi^2$ 因此是 π^1 与 π^2 的凸组合。在图 7.1-1 中,$\hat{\pi}$ 是连接概率分布 π^1 与 π^2 的线段上的点。

假设你在概率分布 π^1 与 π^2 之间无差异。那么,你对它们的随机混合 $\hat{\pi}$ 如何看呢?在被问及这个问题时,绝大多数受访者认为,自己在这三个概率分布之间无差异。正式地说:

$$\pi^1\sim\pi^2\Rightarrow\pi^1\sim((p_1,p_2);\pi^1,\pi^2),\text{其中},p_1,p_2>0,p_1+p_2=1$$

所以,无差异曲线肯定如图 7.1-1 中那样是线性的。

但是,要使无差异曲线如右图中那样相互平行,我们还需要增加一个假定。我们看概率分布 $q^1=(1-\lambda,\lambda;\pi^1,r)$ 和概率分布 $q^2=(1-\lambda,\lambda;\pi^2,r)$——前者是 π^1

与概率分布 r 的凸组合，后者是 π^2 与概率分布 r 的凸组合。图 7.1－2 用树状图描绘了这两个复合概率分布。

图 7.1－2　复合概率分布的树状图

假设在 π^1 与 π^2 之间，你偏好 π^1。现在要求你在 q^1 与 q^2 之间做出选择。在被问及如何做选择时，绝大部分受访者认为在 q^1 与 q^2 之间自己偏好 q^1。直观地看，由于结果 r 是个独立事件且以相同概率 λ 出现在两个复合概率分布中，所以，无论 λ 等于零还是大于零，q^1 与 q^2 之间的偏好序应和 π^1 与 π^2 之间的偏好序相同。

独立性公理概括了这一思想。

独立性公理（IA）

如果 $\pi^1 \succcurlyeq \pi^2$，则对任意概率分布 r 与概率 $p_1, p_2 > 0$ 且 $p_1 + p_2 = 1$，有：

$$q^1 = (p_1, p_2 : \pi^1, r) \succcurlyeq (p_1, p_2 : \pi^2, r) = q^2$$

从图 7.1－1 中的右图可以看出，这一公理的几何意义是：无差异曲线相互平行。

期望效用

我们看图 7.1－1 中的右图。对每个可行的概率分布 π，在直线 $\pi_1 + \pi_3 = 1$ 上，存在概率分布 $(v(\pi), 0, 1-v(\pi))$ 使得：

$$\pi \sim (v(\pi), 0, 1-v(\pi))$$

在概率分布 $(v(\pi), 0, 1-v(\pi))$ 中，只有最好结果与最差结果以正概率发生。于是，对消费者偏好的一种可能的效用表示，是用这一极端概率分布中最好结果的发生概率即胜出概率 $v(\pi)$ 表示。

在一个概率分布中，如果结果 x_1 是确定事件，则胜出概率为 $v(x_1)=1$；如果结果 x_3 是确定事件，则胜出概率为 $v(x_3)=0$；如果中间结果 x_2 是确定事件，则胜出概率 $v(x_2)$ 在 0 与 1 之间。如果结果 x 使得 $x_1 \succcurlyeq x \succcurlyeq x_3$，则结果 x 为确定事件时，胜出概率位于 0 与 1 之间。就是说，概率 $v(x)$ 是确定结果上的偏好的效用表示。使用这种效用函数的优势是，对任意概率分布 $(x;p) = ((x_1, \cdots, x_S);(p_1, \cdots, p_S))$，消费者在 p 与胜出概率为 $\sum_{s=1}^{S} p_s v(x_s)$ 的极端概率分布之间无差异。因此，我们可以用这一极端概率分布中的期望胜出概率或者说期望效用，表示消费者的偏好。

期望效用原理

概率分布 $(x;p) = (p_1, \cdots, p_S; x_1, \cdots, x_S)$ 上的偏好可以用冯·诺依曼-摩根斯坦效用函数 $u(p;x) = \sum_{s=1}^{S} p_s v(x_s)$ 表示。

为证明这一原理，我们重新阐述独立性公理。

> **独立性公理(IA′)**
>
> 如果 $\pi^m \geqslant \hat{\pi}^m, m=1,\cdots,M$，则对任意概率向量 $p=(p_1,\cdots,p_M)$，有：
>
> $$(p_1,\cdots,p_M:\pi^1,\cdots,\pi^m) \geqslant (p_1,\cdots,p_M:\hat{\pi}^1,\cdots,\hat{\pi}^m)$$

IA′ 显然蕴含 IA。[1]

我们证明期望效用原理。设有 S 个结果，其中，结果 x^* 最被偏好，结果 x_* 最不被偏好。对每个结果 x_s，在极端概率分布中，存在某个胜出概率 $v(x_s)$ 与其对应。就是说：

$$x_s \sim e^s \equiv (v(x_s), 1-v(x_s); x^*, x_*)$$

根据 IA′，$(p:x)\sim(p_1,\cdots,p_S;e^1,\cdots,e^S)$。图 7.1－3 中的树状图描绘了这一复合概率分布。在图上，这一概率分布虽然有 2S 个终节点，但是，每个节点只为 x^* 或 x_*。因此，图 7.1－3 中的大树状图与小树状图等价。就是说：

$$(p:x)\sim(p_1,\cdots,p_S;e^1,\cdots,e^S)\sim(u(p,x),1-u(p,x);x^*,x_*)$$

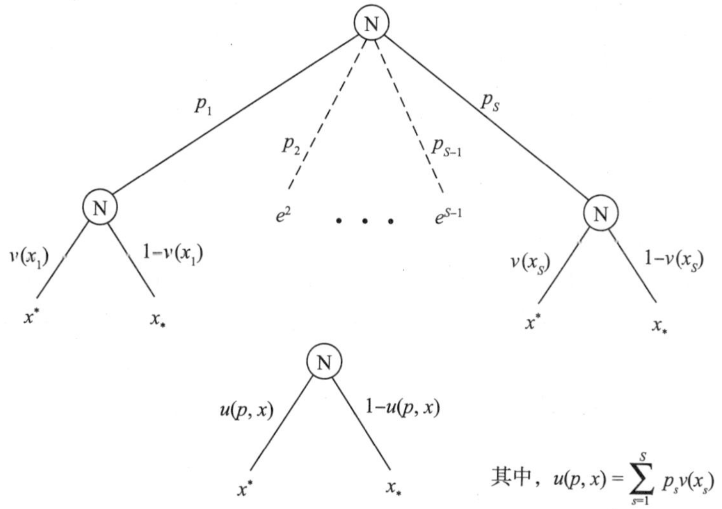

图 7.1－3　推导期望效用原理

期望效用原理所依托的假定相当合理。但是，实验表明，存在着对这一原理的系统偏离，其中，最有名的例子是阿莱斯(Allais)悖论。

阿莱斯悖论

在图 7.1－4 中，状态 1 中的收益为 0 美元，状态 2 中的收益为 100 万美元，状态 3 中的收益为 500 万美元。一个概率分布为三角形中的一个点。我们看概率分布 A、B、C 与 D。直线 CD 的斜率为 $\dfrac{(1-a)(1-b)}{a(1-b)}=\dfrac{1-a}{a}$。$\dfrac{1-a}{a}$ 也是直线 AB

〔1〕 习题 7.1－1 要求你证明这一命题的逆命题成立。

的斜率。我们知道,独立性公理蕴含无差异曲线相互平行。因此,如果 $D>C$,则沿着直线 AB 向 B 移动,期望效用肯定增加。如果 $D<C$,则沿着直线 AB 向 B 移动,期望效用肯定增加下降。

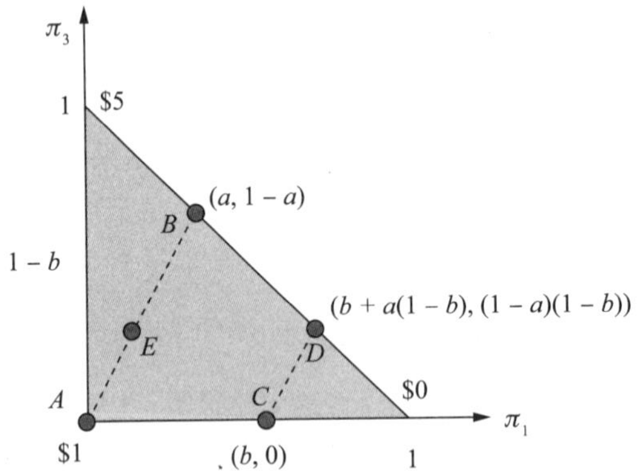

图 7.1-4　阿莱斯悖论

设 $a=0.9, b=0.1$。则上述四个概率分布分别为:

$$A=(0,1,0), B=(0.1,0,0.9), C=(0.9,0.1,0), D=(0.91,0,0.09)$$

大部分人,在被要求在概率分布 A(确定的 100 万美元)与概率分布 B(90%的概率得到 500 万美元)之间做选择时,会选择 A。但是,在概率分布 C(以 10%的概率得到 100 万美元)与概率分布 D(9%的概率得到 500 万美元)之间,这些人却表示自己偏好 D。这违背期望效用假说。随后的实验证实了这一结果的稳定性。[1]

由于实验结果与期望效用理论之间的这种不一致性,许多人试图找到取代独立性公理的假定。在马基纳(Machina,1982)提出的理论中,无差异曲线是线性的但相互不平行,而是如图 7.1-5 所示,向外扇形展开。在偏好具有这种特征时,消费者在 D 与 C 之间偏好 D 和在 A 与 B 之间偏好 A 也就不矛盾。

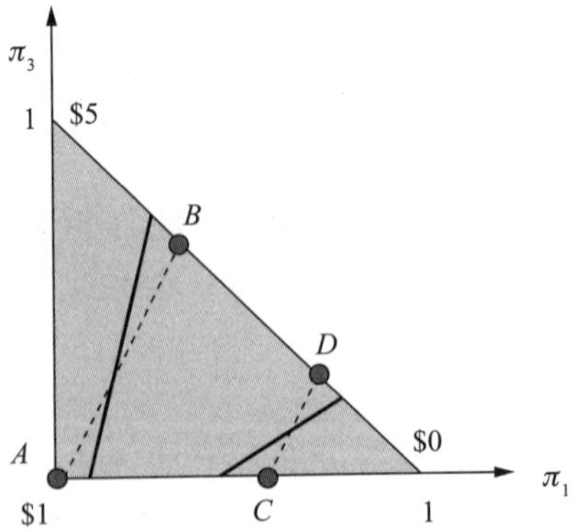

图 7.1-5　对阿莱斯悖论的非期望效用解释

〔1〕 阿莱斯使用的是凸组合 $E=(0.1,0.9;A,B)$ 而非 B。把概率相加,得到 $E=(0.01,0.9,0.09)$。

另一个著名的悖论来自埃尔斯伯格(Ellsberg)。

埃尔斯伯格悖论

一个箱子内装有 90 个球,其中 30 个是黑球,另外 60 个则是红球或绿球。实验对象被要求在黑色和绿色之间做选择。在他做出选择之后,从箱子中拿球出来。如果球的颜色是他所选择的颜色,则他得到 100 美元。参与实验的人一般选择黑色。在另一个实验中,箱子里依然装有 90 个球,其中 30 个是黑球,另外 60 个则是红球或绿球。实验对象被要求选择红色与另两种颜色中的一种。如果拿出的球的颜色为他所选择的两种颜色中的一种,则他得到 50 美元。人们一般选择红色和绿色。

如果参与实验的不是同一拨人,我们容易分析为什么出现这样的结果。在第一个实验中,参与者可能这样推断:主持实验的人想最小化期望损失,因此在箱子中放入很少的绿球。参与者于是选择黑色。在第二个实验中,相同的逻辑导致实验参与者选择红色与绿色,因为红球与绿球共有 60 个。但是,如果参与两个实验的是同一拨人,上述实验结果就很难解释。因为,无论绿球的数量为多少,如果此人的概率推断使他在第一个实验中选择黑球,则他肯定认为红球数量至少与绿球一样多。就是说,他认为至少有 30 个红球。由于箱子中有 30 个黑球,所以,他认为箱子中至少有 60 个球为红球或黑球。于是,在第二个实验中,选择红色与黑色至少和选择红色与绿色一样好。

埃尔斯伯格的实验结果也是稳定的。但是,当我主持这一实验并在实验后指出参与者的行为违背独立性公理时,大部分人迅速改变了自己的选择。就是说,埃尔斯伯格的实验结果似乎表明参与者选择经验不足。如果这一判断正确,则当实验中的奖金额更大和参与者经验更丰富时,埃尔斯伯格悖论不太可能会发生。

"软"概率与"硬"概率

"硬"概率可以通过直接观察得到。"软"概率则需要做一番推断。有人根据弗兰克·奈特(Frank Knight)的理论,认为应该区别"软"概率与"硬"概率,认为人们偏好硬概率。下面的例子说明了这一点。设有三只箱子,每只箱子装有 100 个球。第一只箱子是希腊式箱子;在里面的 100 个球中,有 60 个黄球。第二和第三个箱子是外观完全一样的埃及式箱子;一只箱子中有 75 个黄球,另一只箱子中有 25 个黄球。现在撤走其中一只埃及式箱子,但不知道撤走的是哪一只。如果你摸出黄球,你得到一笔奖金。你得在希腊式箱子与剩下的那只埃及式箱子之间做选择。在你做选择之前,一只球从埃及式箱子中随机抓出,它是个黄球。[1] 你该怎么做呢?

抓出一个黄球的事实,使得这只埃及式箱子更可能是那只装有 75 个黄球的"好"箱子(G),而非装有 25 个黄球的"差"箱子(B)。作为谨慎的贝叶斯推断专家,你根据抓出一个黄球(称为事件 I)的事实,计算这只箱子为"好"箱子的概率。两

[1] 它又被放回箱子中。

个可能的事件为(I,G)和(I,B)。这只箱子是只“好”箱子的概率为：

$$\Pr\{G|I\}=\frac{\Pr\{I,G\}}{\Pr\{I,G\}+\Pr\{I,B\}}=\frac{\Pr\{I|G\}\Pr\{G\}}{\Pr\{I|G\}\Pr\{G\}+\Pr\{I|B\}\Pr\{B\}}$$

$$=\frac{\frac{3}{4}\times\frac{1}{2}}{\frac{3}{4}\times\frac{1}{2}+\frac{1}{4}\times\frac{1}{2}}=\frac{3}{4}$$

由于唯一的另一种可能性是它是只“差”箱子，所以，$\Pr\{B|I\}=\frac{1}{4}$。

抓到黄球的概率于是为：

$$\Pr\{Y|I\}=\Pr\{Y|G\}\Pr\{G|I\}+\Pr\{Y|B\}\Pr\{B|I\}=\frac{3}{4}\ \frac{3}{4}+\frac{1}{4}\ \frac{1}{4}=0.625$$

由于希腊式箱子中装有60个黄球，所以，当实验对象选择这只箱子时，他胜出的概率为0.6。优秀的贝叶斯统计学家因此选择埃及式箱子。

但许多实验对象都选择希腊式箱子。贝叶斯法则的应用过于复杂，并且，人们总是避免犯错误。缺乏经验的参与者对自己使用这一信息的能力没有信心，因此放弃使用这一信息。这里的结论不是人们厌恶“软”概率，而是“软”概率对信息和对能可靠处理这一信息的专家要求很高。

游戏秀(Game Show)悖论

游戏节目的参赛者，必须在三块幕布中选择一块。在每块幕布后面，有一份奖品。但是，只有一块幕布后面是份大奖，另两块幕布后是浴巾。参赛者知道，在自己选择了其中一块幕布后，节目主持人(他知道大奖藏在哪块幕布后)将揭开另一块幕布，然后让她再次做选择。她该如何选择呢？

大部分参赛者坚持自己的初始选择。他们实际上犯了个错误。参赛者选中正确幕布的概率为1/3。换句话说，大奖藏在另两块幕布后的概率为2/3。由于在主持人揭开的幕布后，出现的是条浴巾，所以，大奖位于另一块幕布后的概率是2/3。因此，如果改变自己的选择，参赛者就能把自己的胜出概率增加一倍。

向你的朋友们解释其中的道理。你会发现，他们半信半疑；你可能需要多解释几次，才能使他们确信无疑。这里说的是，人们常根据直觉做决定。在他们凭直觉决策时，我们能分析其犯下的错误的特征。而在相同类型的决策不断重复做出的环境中，贝叶斯法则更可能被正确应用。

拉宾 (Rabin) 悖论

实验主持者常常发现，与在市场上相比，人们在实验室中更厌恶风险。我们能设计出一些实验，实验对象在实验中的行为与标准期望效用模型不一致。现在让你从装有100个球——其中一些为绿球，另一些为红球——的箱子中随机抓出一个球。抓到绿球的奖金写在表7.1-1的左列，抓到红球的奖金写在表的右列中。表中每个阴影单元格表示一个赌局。例如，在左上角单元格中，你以0.52的概率赢得 100 美元,以 0.48 的概率赔上 100 美元。你是接受还是拒绝这个赌局呢?

在表中每一行中,越向右的位置,胜出概率越大。因此,你如果接受其中一个赌局,你就会接受它右边的每一个赌局。

看第一行。在这五个赌局中,你接受哪一个呢?再看你所选择的列中的其他赌局。你愿意接受其中哪个赌局呢?对大部分参与者,下面几行中可接受的赌局数量比上面几行多。但是,期望效用理论不这样认为。

表 7.1-1　可接受的赌局

摸到绿球时的收益	(100 只球中)绿球的数量					摸到红球时的收益
100	52	55	60	66	70	−100
1 000	13	20	33	48	57	−100
5 000	7	18	33	48	57	−100
25 000	7	18	33	48	57	−100

设胜出概率为 p,胜出奖金为 g,参与者的财富为 w。如果参与者拒绝第一行中的赌局,则意味着:

$$v(w)\geqslant(1-p)v(w-g)+pv(w+g) \tag{7.1-1}$$

这一不等式可以改写为:

$$v(w+g)-v(w)\leqslant\frac{1-p}{p}(v(w)-v(w-g)) \tag{7.1-2}$$

我们假定,在更高财富水平上,参与者对赌局的排序不会改变。就是说,对某个人,如果其财富 $w'>w$,则:

$$v(w'+g)-v(w')\leqslant\frac{1-p}{p}(v(w')-v(w'-g))$$

令 $w'=w+g$,得到:

$$v(w+2g)-v(w+g)\leqslant\frac{1-p}{p}(v(w+g)-v(w))$$

把(7.1-2)代入上式,得到:

$$v(w+2g)-v(w+g)\leqslant\left(\frac{1-p}{p}\right)^2(v(w)-v(w-g)) \tag{7.1-3}$$

定义:

$$s(n,p)=1+\frac{1-p}{p}+\left(\frac{1-p}{p}\right)^2+\cdots+\left(\frac{1-p}{p}\right)^n$$

把(7.1-2)与(7.1-3)相加,得到:

$$v(w+2g)-v(w-g)\leqslant s(2,p)(v(w)-v(w-g))$$

整理这一表达式,得到:

$$v(w) \geqslant \frac{1}{s(2,p)} v(w+2g) + \left(1-\frac{1}{s(2,p)}\right) v(w-g)$$

将上述过程重复 n 次，得到：

$$v(w) \geqslant \frac{1}{s(n,p)} v(w+ng) + \left(1-\frac{1}{s(n,p)}\right) v(w-g)$$

容易验证，表中每一项都为某个$\frac{100}{s(n,p)}$。就是说，任何人，如果拒绝赌局(100，－100;0.55,0.45)，则他也应该拒绝赌局(25 000，－100;0.18,0.82)。

连续概率分布

在上文中，只有有限个状态。决策者对集合 $\mathbf{S}=\{1,\cdots,S\}$ 中的每个状态 s 赋予概率 π_s。另一种做法是假定状态集为闭区间 $\mathbf{S}=[\alpha,\beta]$。定义 $[\alpha,\beta]$ 上的“累积分布函数”为 $F(t)=\Pr\{s\leqslant t\}$，$F(\alpha)=0$，$F(\beta)=1$。结果出现于子区间 $C=[s,s']$ 的概率为 $\pi(C)=F(s')-F(s)$。$\pi(C)$ 被称为 C 的概率测度。概率法则适用于这类闭区间的交与并。

对点 x 的每个邻域 $N(x,\delta)$，如果 $\pi(N(x,\delta))>0$，我们就说 x 位于这一分布的支持中。假设 $\mathbf{S}=[1,3]$，并假设：

$$F(\theta)=\begin{cases} \frac{1}{2}\theta, & 0\leqslant\theta\leqslant 1 \\ \frac{1}{2}, & 1<\theta<2 \\ \frac{1}{2}(\theta-1), & 2\leqslant\theta\leqslant 3 \end{cases}$$

则 $F(\theta)$ 在子区间 $[0,1]$ 与 $[2,3]$ 上严格递增，这个分布的支持于是为这两个子区间的并。

我们可以把这一连续概率模型推广至更高维空间中。设 C 是 $\mathbb{R}^n$ 中的闭的凸超立方体。决策者对 C 中所有的闭超立方体赋予概率。

在利用无限状态空间证明有关定理时，存在一些数学上的复杂性。但是，作为建模方法，连续分布常常比有限状态空间更方便使用。

习　题

习题 7.1－1：两个独立性公理之间的等价性

(a) 在 $M=2$ 时，证明 IA 蕴含 IA$'$。

(b) 用归纳法完成证明：如果对 $M=k-1$，这一命题成立，则对 $M=k$，它也成立。

习题 7.1－2：阿莱斯悖论

(a) 用树状图说明概率分布 C 可以表示为 A 与 $(0,0,1)$ 之间的复合概率分布。再画一幅树状图说明概率分布 D 可以表示为概率分布 B 与 $(0,0,1)$ 之间的复合概率分布。在这两幅图中，(0,0,1)的发生概率相同。

(b) 说明 A 与 B 之间的偏好序肯定和 C 与 D 之间的偏好序相同。证明阿莱斯悖论的原始形式：$C \succcurlyeq D \Leftrightarrow A \succcurlyeq E$。

习题 7.1－3：线性单调转换

(a) 证明：如果偏好可以用冯・诺依曼-摩根斯坦(von Neumann-Morgenstern)效用函数 $v(\cdot)$ 表示，则也能用这一函数的任意仿射转换 $Av(\cdot)+B$ 表示，其中，$A>0$。

(b) 亚历克斯的期望效用函数为 $u(p,x)=\sum_{s=1}^{S} p_s \ln x_s$，贝芙的效用函数为 $U(p,x)=x_1^{p_1} x_2^{p_2} \cdots x_S^{p_S}$。她最大化期望效用函数吗？她的偏好满足独立性公理吗？

习题 7.1－4：拉宾悖论

(a) 你被要求在两个选项之间做选择：一个选项是确定的 100 美元，另一个选项是表 7.1－2 中的一个赌局。你会选择哪个选项？

(b) 把你的选择与正文中讨论 Rabin 悖论时你做出的选择进行比较。答案之间的差异与期望效用最大化一致吗？

表 7.1－2　可被接受的赌局

摸到绿球时的收益	(100 只球中)绿球的数量					摸到红球时的收益
100	52	55	60	66	70	−100
1 000	13	20	33	48	57	−100
5 000	7	18	33	48	57	−100
25 000	7	18	33	48	57	−100

7.2　风险态度

关键词：风险厌恶；可接受的赌局；风险厌恶系数；詹森(Jensen)不等式；买卖状态索取权

一个决策者要在概率分布之间做选择。$(x_1,\cdots,x_S;\pi_1,\cdots,\pi_S)$是一个概率分布，其中，$x_s \in \mathbb{R}$。我们保持结果固定，更系统地探讨概率分布上的选择。首先假设只有三个结果的概率发生变化。重新排列这 S 个结果，使前三个结果为概率发生变化的三个结果并设 x_1 是这三个结果中最小的一个，x_3 是最大的一个，x_2 则位于两者之间。如果此人的期望效用函数为：

$$U^0(x)=\sum_{s=1}^{S} \pi_s x_s$$

则说此人风险中性，因为他在期望值相同的不同概率分布之间无差异，即使其中一些概率分布的风险程度更高。假设变化前后的概率向量分别为 $\hat{\pi}$ 与 $\pi=\hat{\pi}+\Delta\pi$。则期望收益的变化为：

$$\Delta U^0 = \sum_{s=1}^{3} \Delta\pi_s x_s$$

由于只有前三种状态上的概率发生变化并且 $\sum_{s=1}^{3}\pi_s = \sum_{s=1}^{3}\bar{\pi}_s$，所以：

$$\sum_{s=1}^{3} \Delta\pi_s = 0$$

用这个式子代换 $\Delta\pi_2$，期望收益的变化可写为：

$$\Delta U^0 = \Delta\pi_3(x_3 - x_2) - \Delta\pi_1(x_2 - x_1)$$

图 7.2－1 画出了此人的一些无差异曲线，它们的斜率为：

$$m^0 = \frac{\Delta\pi_3}{\Delta\pi_1} = \frac{x_2 - x_1}{x_3 - x_2}$$

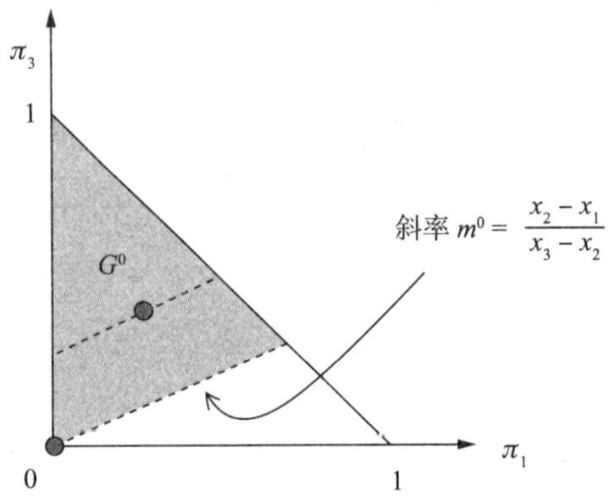

图 7.2－1　风险中性者可接受的赌局

我们看穿过原点的无差异曲线。在原点，π_1 与 π_3 都等于零，所以，原点表示确定的结果 x_2。相对于原点，这条无差异曲线上的点或其上方阴影区域中的点，有更大的期望收益。假设此人在开始时拥有 x_2，则对风险中性者而言，阴影区域 G^0 是可接受的风险结果集或“可接受的赌局”集。我们定义风险厌恶者：风险厌恶者愿意接受的赌局的数量比风险中性者愿意接受的赌局的数量少。

设 $u_s = u(x_s)$ 是风险厌恶者的冯・诺依曼-摩根斯坦效用函数。如前所述，如果概率向量从 $\hat{\pi}$ 变化到 π，则期望效用的变化为：

$$\Delta U = \sum_{s=1}^{3}(\pi_s - \hat{\pi}_s)u_s = \Delta\pi_3(u_3 - u_2) - \Delta\pi_1(u_2 - u_1)$$

沿着无差异曲线，斜率为：

$$m = \frac{\Delta\pi_3}{\Delta\pi_1} = \frac{u_2 - u_1}{u_3 - u_2}$$

见图 7.2－2。可接受的赌局集 G，是穿过原点的无差异曲线上的点或其上方的点构成的集合。因此，$G \subset G^0$ 且 $G \neq G^0$ 当且仅当 $m > m^0$，就是说，当且仅当：

$$m=\frac{u_2-u_1}{u_3-u_2}>\frac{x_2-x_1}{x_3-x_2}=m^0$$

整理这一式子，我们看到，$G\subset G^0$ 且 $G\neq G^0$ 当且仅当：

$$\frac{u_2-u_1}{x_2-x_1}>\frac{u_3-u_2}{x_3-x_2} \tag{7.2-1}$$

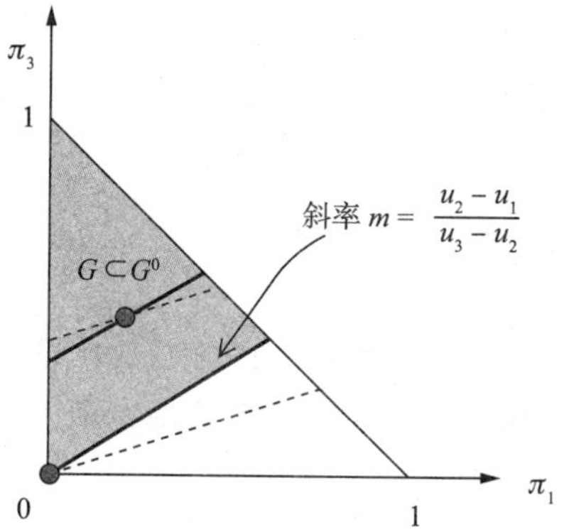

图 7.2-2 风险厌恶者可接受的赌局

> **引理 7.2-1：严格凹函数**[1]
>
> $u(x)$，$x\in\mathbb{R}$ 是严格凹函数当且仅当对任意的 $x_2\in(x_1,x_3)$，有：
>
> $$\frac{u(x_2)-u(x_1)}{x_2-x_1}>\frac{u(x_3)-u(x_2)}{x_3-x_2}$$

见图 7.2-3。

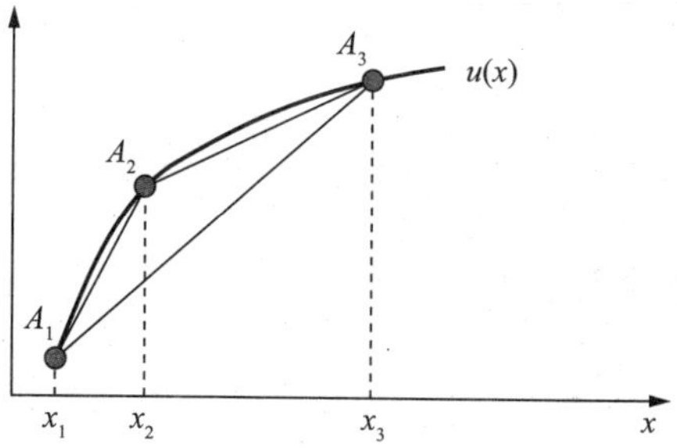

图 7.2-3 严格凹函数

函数 $u(\cdot)$ 是严格凹的当且仅当对所有的 $x_2\in(x_1,x_3)$，点 A_2 位于弦 A_1A_3 上方。等价地说，弦 A_1A_2 的斜率大于弦 A_2A_3 的斜率。这是个重要结论。最大化期望效用的人厌恶风险当且仅当他的效用函数是凹函数。

更加厌恶风险

设维克多(Victor)与厄休拉(Ursula)的效用函数分别为 $v(\cdot)$ 与 $u(\cdot)$，前一

〔1〕 习题 7.2-6 要求你给出这一引理的数学证明。

函数是后一函数的严格凹转换；就是说，$v=g(u)$，其中，g 是递增严格凹函数。现在证明可被维克多接受的赌局数量更少。换句话说，维克多比厄休拉更加厌恶风险。

根据引理 7.2-1，函数 g 是严格凹的当且仅当对所有的 x_1 与 $x_3>x_1$ 和凸组合 x_2：

$$\frac{g(u_2)-g(u_1)}{g(u_3)-g(u_2)}>\frac{u_2-u_1}{u_3-u_2}$$

就是说：

$$m^v=\frac{v_2-v_1}{v_3-v_2}>\frac{u_2-u_1}{u_3-u_2}=m^u$$

绝对风险厌恶系数

我们看到，如果维克多的效用函数是厄休拉效用函数的严格递增凹转换，则维克多处处比厄休拉更厌恶风险。对任意一对递增函数 $v(x)$ 与 $u(x)$，存在递增映射 $v=g(u)$。因此：

$$v'(x)=g'(u(x))u'(x)$$

取自然对数，得到：

$$\ln v'(x)=\ln g'(u(x))+\ln u'(x)$$

再次求导，得到：

$$-\frac{v''(x)}{v'(x)}--\frac{g''(u)}{g'(u)}u'(x)-\frac{u''(x)}{u'(x)}$$

由于 g 是严格递增凹函数，所以，上式等号右边第一项取正值。因此，维克多比厄休拉更厌恶风险当且仅当：

$$A^v(x)\equiv-\frac{v''(x)}{v'(x)}\geqslant-\frac{u''(x)}{u'(x)}\equiv A^u(x)$$

这一比率被称为绝对风险厌恶系数。

小风险

我们来看一种具体情况：$(x_1,x_2,x_3)=(w,w+z,w+2z)$。假设决策者在 $(\pi_1,0,\pi_3)$ 与 $(0,1,0)$ 之间无差异。就是说，决策者在肯定得到奖金 z 与以概率 π_1 得到奖金 0 和以概率 π_3 得到奖金 $2z$ 之间无差异。见图 7.2-4。

由于此人在原点与概率分布 $(\pi_1,0,\pi_3)$ 之间无差异，无差异曲线的斜率为：

$$m(z)\equiv\frac{u_2-u_1}{u_3-u_2}=\frac{\pi_3}{\pi_1}$$

如果此人风险中性，则：

$$\frac{\pi_3}{\pi_1}=m^0(z)=\frac{u(w+z)-u(w)}{u(w+2z)-u(w+z)}=\frac{(w+z)-w}{(w+2z)-(w+z)}=1$$

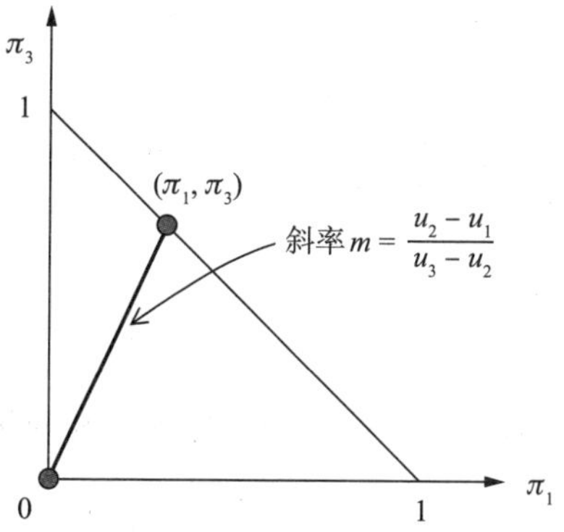

图 7.2-4 改变几率

所以，对厌恶风险的决策者，其无差异曲线的斜率肯定小于 1。为衡量对小风险的厌恶程度，我们探讨随着奖金规模从零开始上升时，决策者接受赌局的几率变化得有多快。

定义 $n(z)=u_2-u_1$，$d(z)=u_3-u_2$。于是：

$$m(z)=\frac{u(w+z)-u(w)}{u(w+2z)-u(w+z)}=\frac{n(z)}{d(z)}$$

在 z 趋向零时，上式中的分子与分母都收敛于零。应用洛必达法则[1]，有：

$$m(0)=\lim_{z\to 0}\frac{n'(z)}{d'(z)}=\lim_{z\to 0}\frac{u'(w+z)}{2u'(w+2z)-u'(w+z)}=1$$

于是：

$$\frac{m(z)-m(0)}{z}=\frac{m(z)-1}{z}=\frac{2u(w+z)-u(w)-u(w+2z)}{z(u(w+2z)-u(w+z))}$$

在 $z=0$ 时，上式中的分子与分母和它们的一阶导数都等于零。根据洛必达法则，等号右边项的极限是二阶导数之比。等号左边项的极限是 m 的导数。求导，合并非零项，得到：

$$m'(0)=-\frac{u''(w)}{u'(w)}$$

就是说，对很小的 z，要使此人接受这一赌局，比率$\frac{\pi_3}{\pi_1}$必须为：

$$m(z)\approx m(0)+m'(0)z=1+A(w)z$$

风险厌恶系数 $A(w)$ 因此反映对很小的绝对风险的厌恶程度。

经济学家常常想知道人们对比例风险或者说“相对”风险变化——而非绝对风

〔1〕 利用泰勒展开，我们可以把这一比率写为：$\frac{n(z)}{d(z)}=\frac{n(0)+zn'(z_1)}{d(0)+zd'(z_2)}$，其中，$z_1, z_2\in[0,z]$。取极限，得到 $m'(0)=\lim\limits_{z\to 0}\frac{zn'(z_1)}{zd'(z_2)}=\lim\limits_{z\to 0}\frac{n'(z_1)}{d'(z_2)}=\frac{n'(0)}{d'(0)}$。

险变化——如何做出反应。我们用上述结论设计一个指标，衡量人们对相对风险的厌恶程度。假设赌局占一个人的财富的比重为 θ；就是说，$z=\theta w$。对应比例 θ，我们用 $m_R(\theta)$ 表示无差异曲线的斜率（可接受的几率）。于是，$m_R(\theta)=m(\theta w)$。对 θ 求导，得到 $m'_R(\theta)=wm'(\theta w)$。因此：

$$m'_R(0)=-w\frac{u''(w)}{u'(w)}\equiv R(w)$$

$R(w)$ 衡量人们对相对风险的厌恶程度，因此被称为相对风险厌恶系数。

状态索取权

到目前为止，我们一直在探讨对概率向量的排序。现在讨论对消费束的选择。我们把概率分布想象为自然从 S 个状态（例如，雨量）中做出的选择。状态 s 的发生概率为 π_s。在状态 s 中，决策者的消费为 x_s。就是说，我们不再探讨各个状态上的概率的变化，而探讨在这些状态中消费的变化。

我们首先把概率分布 $(x_1,\cdots,x_S;\pi_1,\cdots,\pi_S)$ 与其期望 $\bar{x}=\sum_{s=1}^{S}\pi_s x_s$ 进行比较。直观地说，厌恶风险（或者说，有凹效用函数）的决策者，在确定的期望值 $\bar{x}$ 与这一概率分布之间，严格偏好 $\bar{x}$。

> **詹森(Jensen)不等式**
>
> 如果 $u(\cdot)$ 是严格凹函数，则 $\sum_{s=1}^{S}\pi_s u(x_s)\leqslant u\left(\sum_{s=1}^{S}\pi_s x_s\right)$；而且，除非 $x_1=\cdots=x_S$，否则这一不等式为严格不等式。

证明： 重新命名各个状态以使 $x_1\neq x_2$。在 $S=2$ 时，詹森不等式不过是对严格凹函数定义的重新阐述。现在利用凹函数的性质，证明在 $S=3$ 时，这一命题成立。

$u(\cdot)$ 是严格凹函数，所以：

$$\frac{\pi_1}{\pi_1+\pi_2}u(x_1)+\frac{\pi_2}{\pi_1+\pi_2}u(x_2)<u\left(\frac{\pi_1x_1+\pi_2x_2}{\pi_1+\pi_2}\right)$$

再次利用 $u(\cdot)$ 的凹函数特征，得到：

$$(\pi_1+\pi_2)u\left(\frac{\pi_1x_1+\pi_2x_2}{\pi_1+\pi_2}\right)+\pi_3u(x_3)\leqslant u\left((\pi_1+\pi_2)\frac{\pi_1x_1+\pi_2x_2}{\pi_1+\pi_2}+\pi_3x_3\right)$$
$$=u(\pi_1x_1+\pi_2x_2+\pi_3x_3)$$

把第一个不等式乘以 $\pi_1+\pi_2$，然后与第二个不等式相加，得到：

$$\pi_1u(x_1)+\pi_2u(x_2)+\pi_3u(x_3)<u(\pi_1x_1+\pi_2x_2+\pi_3x_3)$$

就是说，在只有三种可能的结果时，这一命题成立。利用自然归纳法，能把这一结论推广至有 S 个结果的情况中。 □

状态索取权市场上的交易

假设在状态 1（共和党候选人获胜）中，贝芙（Bev）的收入比在状态 2 中（民主党候选人获胜)更高。假设她的状态依赖性收入向量为(ω_1,ω_2),则$\omega_1>\omega_2$。在选举前,她可以在爱荷华总统期货市场上进行交易。[1] 设p_1是共和党候选人胜出时一单位消费品的期货价格,p_2是民主党候选人胜出时一单位消费品的期货价格。她的预算约束为:

$$p_2(\omega_2-x_2)=p_1(\omega_1-x_1)$$

整理得到:

$$p_1x_1+p_2x_2=p_1\omega_1+p_2\omega_2$$

图 7.2-5 画出了她的预算集。

无差异曲线在确定性直线上的陡峭程度等于贝芙对共和党获胜的概率推断。就是说,如果市场价格比率等于她的主观推断,则贝芙将通过期货市场交易使自己到达45°线。换句话说,贝芙将通过在总统期货市场上的交易,彻底消除不利结果(民主党候选人胜出)对其产生影响。但是,在图 7.2-5 上,价格对她并不十分有利,所以,贝芙只能通过市场交易部分地消除民主党获胜给自己造成的影响。

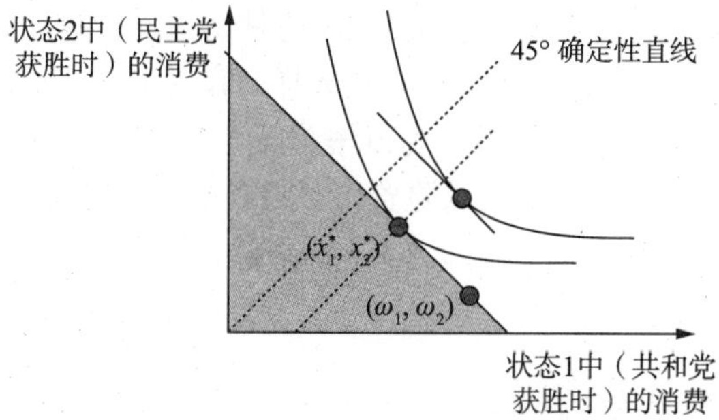

图 7.2-5 应对民主党获胜的部分保险

那么,随着她的财富增长,她的最优消费束的风险特征如何变化呢?我们将看到,这取决于她的绝对风险厌恶系数如何随财富而变化。如果绝对风险厌恶系数固定,则她的新的消费点位于与确定性直线平行的虚线上。就是说,她选择相同的绝对风险。如果随着x上升,绝对风险厌恶系数下降,则贝芙将选择承担更大的绝对风险。

我们看消费从(x_1,x_2)上升至(x_1+z,x_2+z)时,即上升至平行于45°线的直线上的某个点时边际替代率的变化。边际替代率(*MRS*)为:

$$MRS(x_1+z,x_2+z)=\frac{\pi_1 v'(x_1+z)}{\pi_2 v'(x_2+z)}$$

取自然对数,得到:

$$\ln MRS(x_1+z,x_2+z)=\ln v'(x_1+z)-\ln v'(x_2+z)+\ln\frac{\pi_1}{\pi_2}$$

[1] 你可以在网站 http://www.biz.uiowa.edu/iem 上赌一把。

对 z 求导，得到：

$$\frac{1}{MRS}\frac{dMRS}{dz}=\frac{v''(x_1+z)}{v'(x_1+z)}-\frac{v''(x_2+z)}{v'(x_2+z)}$$

从中可以看出，如果绝对风险厌恶程度保持不变，则边际替代率不变。如果绝对风险厌恶程度随 x 的增加而下降，则在 45°确定性直线下方：

$$A(x_1+z)=-\frac{v''(x_1+z)}{v'(x_1+z)}<-\frac{v''(x_2+z)}{v'(x_2+z)}=A(x_2+z)$$

就是说，在这种情况中，边际替代率上升，最优消费束因此远离确定性直线。所以，当绝对风险厌恶程度随 x 的增加而下降时，更大的财富导致消费者选择绝对风险更大的消费束。

最后，我们看一个简单的证券组合投资决策。厄休拉要决定在一种无风险资产和一种风险资产（或互助基金）上的投资数量。前者的毛收益为 $1+r_1$，后者的毛收益率为 $1+r_2$。直观地看，如果厄休拉厌恶风险，则要她投资于风险资产，需要给她一些风险报酬。就是说，除非风险资产的期望收益足够高于无风险资产的收益，否则，她不会投资于风险资产。我们将看到，这种认识不十分正确。

我们用状态索取权模型分析厄休拉的选择。设在状态 $s=1,\cdots,S$ 中，风险资产的毛收益率为 $1+r_{2s}$，状态 s 的发生概率为 π_s。假定厄休拉投资 q 元钱于风险资产上，剩余财富 $W-q$ 投资于无风险资产。她在状态 s 中的最终消费为：

$$x_s=(W-q)(1+r_1)+q(1+r_{2s})=W(1+r_1)+q\theta_s,\theta_s=r_{2s}-r_1 \tag{7.2 2}$$

厄休拉的期望效用于是为：

$$U(q)=\sum_{s=1}^{S}\pi_s u(x_s)=\sum_{s=1}^{S}\pi_s u(W(1+r_1)+q\theta_s)$$

她的边际收益为：

$$U'(q)=\sum_{s=1}^{S}\pi_s u'(W(1+r_1)+q\theta_s)\theta_s=\sum_{s=1}^{S}\pi_s u'(x_s)\theta_s \tag{7.2-3}$$

再次求导，二阶导数取负值。因此，存在唯一拐点。而且，在 $q=0$ 时，有：

$$U'(0)=u'(W(1+r_1))\sum_{s=1}^{S}\pi_s\theta_s>0\Leftrightarrow\sum_{s=1}^{S}\pi_s\theta_s>0$$

就是说，在 $\sum_{s=1}^{S}\pi_s\theta_s>0$ 时，除非厄休拉无限厌恶风险，否则，她将购买一定数量的风险资产。

要理解这一结论为什么成立，我们分析式子(7.2-3)。厄休拉用她在状态 s 中的边际效用作为自己在状态 s 中的边际索取权的权重，然后求边际效用的期望。但是，在她不承担任何风险时，所有的边际效用权重都相等。就是说，她是否进行投资的决策，与风险中性投资者的投资决策相同。当然了，只要进行风险资产投资，边际效用权重就发生变化。直观地说，风险厌恶程度越高，边际效用权重上的变化就越大。

我们现在证明这一判断正确。设另一个人，维克多，处处更加厌恶风险，则他在风险资产上的投资更少。

我们已经看到，如果维克多比厄休拉更厌恶风险，则他的效用函数 $v(x)$ 是厄休拉的效用函数的凹转换，即 $v(x)=g(u(x))$，其中，$g(\cdot)$ 是递增严格凹函数。设 q^* 是厄休拉的最优选择。定义 $x_s^*=W(1+r_s)+\theta_s q^*$，则：

$$U'(q^*)=\sum_{s=1}^{S}\pi_s u'(x_s^*)\theta_s=0$$

现在证明如果维克多的选择与厄休拉相同，则在 q^* 上，他的期望边际效用取负值。就是说，维克多在风险资产上的投资数量比厄休拉更少。对各个状态重新排序以使 $\theta_1>\theta_2>\cdots>\theta_s$。设在 θ_s 取正值的所有状态中，t 是排在最后的状态。则对 $s=1,\cdots,t$，$u(x_s^*)\geqslant u(x_t^*)$；对 $s=t+1,\cdots,S$，$u(x_s^*)<u(x_t^*)$。

定义 $V(q)=\sum_{s=1}^{S}\pi_s v(x_s)$。于是：

$$\begin{aligned}V'(q^*)&=\sum_{s=1}^{S}\pi_s v'(x_s^*)\theta_s=\sum_{s=1}^{S}\pi_s g'(u(x_s^*))u'(x_s^*)\theta_s\\&=\sum_{s=1}^{t}\pi_s g'(u(x_s^*))u'(x_s^*)\theta_s-\sum_{s=t+1}^{S}\pi_s g'(u(x_s^*))u'(x_s^*)(-\theta_s)\end{aligned}$$

在最后的两个求和符号内，每一项都是非负的。对第一个求和运算中的每一项，$g(\cdot)$的严格凹性蕴含 $g'(u(x_s^*))\leqslant g'(u(x_t^*))$并且在 $s=1$ 时，这个不等式为严格不等式（否则就不存在任何风险）。对第二个求和运算中的每一项，$g'(u(x_s^*))\geqslant g'(u(x_t^*))$。因此：

$$\begin{aligned}V'(q^*)&<\sum_{s=1}^{t}\pi_s g'(u(x_t^*))u'(x_s^*)\theta_s-\sum_{s=t+1}^{S}\pi_s g'(u(x_t^*))u'(x_s^*)(-\theta_s)\\&=g'(u(x_t^*))\sum_{s=1}^{t}\pi_s u'(x_s^*)\theta_s=g'(u(x_t^*))U'(q^*)=0\end{aligned}$$

习　题

习题 7.2－1：风险厌恶与状态索取权市场上的交易

设亚历克斯（Alex）与贝芙（Bev）有相同数量的财富，两个人都在状态索取权市场上进行交易。求证在只有两种状态时，如果贝芙的绝对风险厌恶程度更高，则她的最终消费束更接近确定性直线。

习题 7.2－2：相对风险厌恶

相对风险厌恶系数为 $R(x)=-x\dfrac{v''(x)}{v'(x)}$。

(a) 求证：如果消费者有固定的相对风险厌恶系数，则沿着始自原点的射线，他的边际替代率 $MRS(x_1,x_2)$ 为常数。假设他能够买卖每一种状态中的索取权，则他将承担的风险随财富同比例上升。

(b) 设 $v'(x)=x^{-1/\sigma}$，$\sigma>0$。求证：此人的相对风险厌恶系数为常数。利用这一结论，求解相对风险厌恶系数固定的效用函数。

(c) 通常认为，人们有递增的相对风险厌恶系数和递减的绝对风险厌恶系数。这意味着财富扩张线具有怎样的特征？

习题 7.2－3：两种商品时的风险选择

某个消费者购买商品 x 与 y。设他的冯·诺依曼－摩根斯坦期望效用为 $v(x,y)=x^{\alpha}y^{\beta}$，求解此人的间接效用函数 $V(p,I)$。

(a) 在什么条件下，此人的效用函数在收入上是凹的（收入的边际效用在收入上递减）？

(b) 在什么条件下，此人的效用函数在价格上是凸的？

(c) 在一个经济中，如果所有人都有柯布－道格拉斯偏好，则相对于保持均值的价格稳定，所有人都偏好价格不确定性吗？

习题 7.2－4：财富效应

某个人的财富为 W，她必须决定在无风险资产和风险资产上的投资数量。前者的毛收益率为 $1+r_1$，后者的毛收益率为 $1+\tilde{r}_2$，其中，$E\{\tilde{r}_2\}>r_1$。

(a) 设此人有固定的绝对风险厌恶系数。求证：她在风险资产上的投资独立于其财富。

(b) 设此人有递减的绝对风险厌恶系数。求证：随着财富增长，她在风险资产上的投资也增长。

习题 7.2－5：财富变化对资产份额的影响

设某个人把财富中 z 比例的部分投资于风险资产。求证：她的期望效用可以写为：

$$U(z)=E\{V(W(1+r_1)+Wz\tilde{\theta}_s)\}$$

(a) 假设此人有固定的相对风险厌恶系数，证明其资产份额独立于其财富。

(b) 假设此人的相对风险厌恶系数随财富的增长而增长。证明此人的资产份额 z^* 随财富的增长而下降。

习题 7.2－6：凹函数

(a) 函数 $u(c)$，其中 $c\in\mathbb{R}$，是严格凹函数，如果对任意的 c_1 与 $c_3>c_1$，有：

$$c_2=(1-\lambda)c_1+\lambda c_3,0<\lambda<1\Rightarrow u(c_2)>(1-\lambda)u(c_1)+\lambda u(c_3)$$

(b) 整理这两个表达式，证明 $u(c)$ 是凹函数，如果：

$$\lambda(c_3-c_2)-(1-\lambda)(c_2-c_1)=0,0<\lambda<1$$
$$\Rightarrow\lambda(u(c_3)-u(c_2))-(1-\lambda)(u(c_2)-u(c_1))<0$$

(c) 求证：$u(c)$ 为凹函数当且仅当对所有的 c_1 与 $c_3>c_1$ 和 $c_2\in(c_1,c_3)$，有：

$$\frac{c_2-c_1}{c_3-c_2}<\frac{u(c_2)-u(c_1)}{u(c_3)-u(c_2)}$$

或者说

$$\frac{u(c_2)-u(c_1)}{c_2-c_1}>\frac{u(c_3)-u(c_2)}{c_3-c_2}$$

7.3 比较风险选项

关键词:一阶随机占优;二阶随机占优;条件随机占优;单调或然率;保持均值展开型;对风险上升的反应

不确定性条件下的选择,是对不同概率分布的排序。人们的风险态度决定这种排序。但是,有一些概率分布,无论人们的风险厌恶态度如何,依然能被排序。我们看个简单例子。假设概率分布 A 为$(\pi_1,\pi_2,\pi_3;c_1,c_2,c_3)$,概率分布 B 为$(\pi_1-\delta_1,\pi_2+\delta_1-\delta_3,\pi_3+\delta_3;c_1,c_2,c_3)$,其中,$c_1<c_2<c_3$。我们从概率分布 A 入手,把概率密度从状态 1 向状态 2 转移,得到新的概率分布$(\pi_1-\delta_1,\pi_2+\delta_1,\pi_3;c_1,c_2,c_3)$。只要效用在 c 上递增,这个新的概率分布就严格优于 A。再把概率密度从状态 2 向状态 3 移动。这种改变显然更被偏好。通过把概率密度向右移动,我们可以从概率分布 A 变换出概率分布 B。在这种情况中,我们说,概率分布 B(一阶)随机优于概率分布 A。无论人们有什么样的风险态度,概率密度上的这种变化都被人们严格偏好。

> **定义:一阶随机占优(First-Order Stochastic Dominance)**
> 设 $\tilde{c}^A$ 与 $\tilde{c}^B$ 是两个随机变量,它们的可能的结果都在集合 $C\subset\mathbb{R}$ 中。如果对每个 $c\in C$,$\Pr\{\tilde{c}^B\leqslant c\}\leqslant\Pr\{\tilde{c}^A\leqslant c\}$,则 $\tilde{c}^B$(一阶)随机优于 $\tilde{c}^A$。

在只有三种状态时,在效用函数递增且两个概率分布可以用一阶随机占优排序时,占优分布更被偏好。现在证明这一结论。首先:

$$\begin{aligned}\pi_1u_1+\pi_2u_2&=-\pi_1(u_2-u_1)+(\pi_1+\pi_2)u_2\\&=-\pi_1(u_2-u_1)-(\pi_1+\pi_2)(u_3-u_2)+(\pi_1+\pi_2)u_3\end{aligned}$$

于是:

$$\pi_1u_1+\pi_2u_2+\pi_3u_3=-\pi_1(u_2-u_1)-(\pi_1+\pi_2)(u_3-u_2)+(\pi_1+\pi_2+\pi_3)u_3$$

由于概率密度之和等于 1,所以对任何一对概率分布,上式中的第三项都相同。因此,如果分布 B 随机优于分布 A 从而使得 $\pi_1^B\leqslant\pi_1^A$ 且 $\pi_1^B+\pi_2^B\leqslant\pi_1^A+\pi_2^A$,则:

$$\pi_1^Bu_1+\pi_2^Bu_2+\pi_3^Bu_3\geqslant\pi_1^Au_1+\pi_2^Au_2+\pi_3^Au_3$$

在习题中,你被要求证明下面的命题,它是上述结论的推广。

> **命题 7.3-1**
> 如果 $u(\cdot)$ 是增函数且概率分布$(\pi^B;c)$一阶随机优于概率分布$(\pi^A;c)$[就是说,$(\pi^B;c)$赋予每个左尾更小概率],则相对于概率分布 A,概率分布 B 更被偏好。

我们尚未对风险厌恶态度施加任何假定。依然假设只有三种状态但$(c_1,c_2,c_3)=(w,w+\delta,w+2\delta)$,$\delta>0$。

第 7.2 节指出,在概率空间中,无差异曲线的斜率为:

$$m=\frac{u_2-u_1}{u_3-u_2}=\frac{u(w+\delta)-u(w)}{u(w+2\delta)-u(w+\delta)}$$

对风险中性决策者，上式中右边的项等于 1；对严格厌恶风险的决策者，上式中右边的项大于 1。

现在从左、右两个尾部移动相同数量的密度到中间状态。就是说，$\pi_1^A-\pi_1^B=\pi_3^A-\pi_3^B>0$ 从而使得$\frac{\pi_3^B-\pi_3^A}{\pi_1^B-\pi_1^A}=1$。见图 7.3－1。由于严格厌恶风险的决策者的无差异曲线的斜率大于 1，所以，他严格偏好左、右两个尾部权重更低的赌局 π^B。

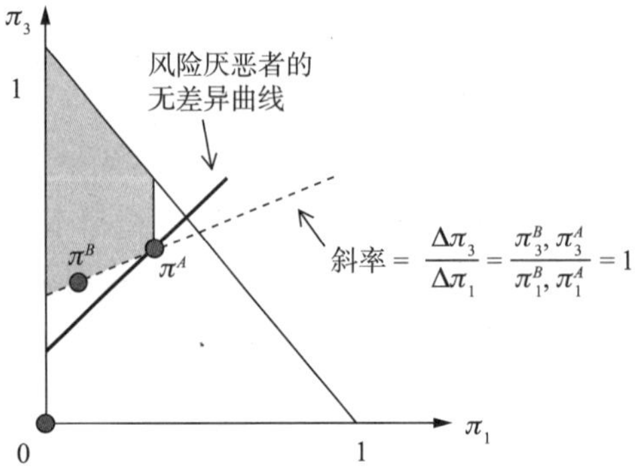

图 7.3－1　风险厌恶者所偏好的赌局

保持 π_1 不变，随着 π_3 上升（和 π_2 下降），期望效用上升。因此，风险厌恶者偏好图中阴影区域中的所有的点。我们可以断言，只要 $\Delta\pi_1<0$ 且 $\Delta\pi_1-\Delta\pi_3\leqslant 0$，则在概率分布 A 与 B 之间，风险厌恶者严格偏好 B。等价地说，由于 $\Delta\pi_3=-(\Delta\pi_1+\Delta\pi_2)$，所以，只要 $\Delta\pi_1\leqslant 0$ 且 $\Delta\pi_1+(\Delta\pi_1+\Delta\pi_2)\leqslant 0$，厌恶风险者严格偏好概率分布 B。

这一充分条件是用左尾部的概率和表述的。如果相对于概率分布 A，在概率分布 B 中，左尾部的概率之和更小，我们就说概率分布 B 二阶随机优于概率分布 A。

> **定义：二阶随机占优（Second-Order Stochastic Dominance）**
>
> 设 $\pi^B=(\pi_1^B,\cdots,\pi_S^B)$ 与 $\pi^A=(\pi_1^A,\cdots,\pi_S^A)$ 是两个概率分布，Π_S^B 与 Π_S^A 分别是 π^B 与 π^A 的累积概率或者说左尾概率。如果对每个 $s=1,\cdots,S$，有：
>
> $$\sum_{\tau=1}^{s}\Pi_\tau^B\leqslant\sum_{\tau=1}^{s}\Pi_\tau^A$$
>
> 则概率分布 B 二阶随机优于概率分布 A。

我们已经证明，在只有三种状态时，只要概率分布 B 二阶随机优于概率分布 A，风险厌恶者就严格偏好概率分布 B。这一证明很容易推广至一般情况中。[1]

〔1〕 见习题 7.3－2。

命题 7.3-2

设 $u(c)$ 是递增凹函数且 $c_{s+1}-c_s=\delta$。如果 π^B 二阶随机优于 π^A，则在概率分布 (c,π^A) 与概率分布 (c,π^B) 之间，(c,π^B) 更被偏好。

其他占优关系

在许多应用中，为了得到清晰的解析结论，我们需要强化一阶随机占优假定。现在看两个更强的假定。

条件随机占优

任取一对概率分布 $\pi^A=(\pi_1^A,\cdots,\pi_S^A)$ 和 $\pi^B=(\pi_1^B,\cdots,\pi_S^B)$。在状态 t 的位置上，把两个分布截为两段，探讨 π^A 与 π^B 的左尾分布。对每个 $s\leqslant t$，π^A 与 π^B 的左尾分布的累积分布函数分别为：

$$\frac{\Pi_s^A}{\Pi_t^A} \text{ 和 } \frac{\Pi_s^B}{\Pi_t^B}$$

概率分布 π^B 条件随机优于概率分布 π^A，如果对每个左尾分布，一阶随机占优性质成立。

定义：条件随机占优(Conditional Stochastic Dominance)

概率分布 π^B 条件随机优于概率分布 π^A，如果对每个左尾分布，一阶随机占优关系成立。就是说，对每个 t 和每个 $s<t$，有：

$$\frac{\Pi_s^B}{\Pi_t^B}\leqslant\frac{\Pi_s^A}{\Pi_t^A}$$

条件随机占优性质意味着：

$$\frac{\pi_t^B}{\Pi_t^B}=1-\frac{\Pi_{t-1}^B}{\Pi_t^B}\geqslant 1-\frac{\Pi_{t-1}^A}{\Pi_t^A}=\frac{\pi_t^A}{\Pi_t^A}$$

因此，条件随机占优性质意味着相对于 π^A，π^B 的每个截尾分布赋予其最右端的权重更大。现在证明这一结论的逆命题成立。

命题 7.3-3：条件随机占优[1]

概率分布 π^B 条件随机优于概率分布 π^A 当且仅当对所有的 s，有：

$$\frac{\pi_t^B}{\Pi_t^B}\geqslant\frac{\pi_t^A}{\Pi_t^A}$$

证明：把条件 $\frac{\pi_t^B}{\Pi_t^B}\geqslant\frac{\pi_t^A}{\Pi_t^A}$ 写为 $\frac{\Pi_t^A}{\Pi_t^B}\geqslant\frac{\pi_t^A}{\pi_t^B}$。定义 $k=\frac{\Pi_t^A}{\Pi_t^B}$。则 $\Pi_t^A=k\Pi_t^B$，$\pi_t^A\leqslant k\pi_t^B$，于是：

[1] 连续分布时的证明与此略有不同，见习题 7.3-4。

$$\Pi_t^A - \pi_t^A \geqslant k(\Pi_t^B - \pi_t^B)$$

因此：

$$\frac{\Pi_{t-1}^A}{\Pi_{t-1}^B} = \frac{\Pi_t^A - \pi_t^A}{\Pi_t^B - \pi_t^B} \geqslant k = \frac{\Pi_t^A}{\Pi_t^B}$$

这一不等式对所有的 t 都成立，所以，对每个 t 和每个 $s<t$，有：

$$\frac{\Pi_s^A}{\Pi_s^B} \geqslant \frac{\Pi_t^A}{\Pi_t^B}$$

整理这一不等式。对每个 t 和每个 $s<t$，有：

$$\frac{\Pi_s^A}{\Pi_t^A} \geqslant \frac{\Pi_s^B}{\Pi_t^B}$$

单调或然率(Monotone Likelihood Ratio)

两个概率分布满足单调或然率特征，如果存在诸状态的某个排序使得对所有的 $s<t$，有：

$$\frac{\pi_s^A}{\pi_s^B} > \frac{\pi_t^A}{\pi_t^B}$$

直观地说，如果概率之比率(即"或然率")在状态上递减，则概率分布 π^A 的左尾肯定被赋予更大权重。事实上，我们有个更强的结论。设 Π_s^A 与 Π_s^B 分别是 π^A 与 π^B 的累积概率，即 $\Pi_t^A = \sum_{s=1}^{t} \pi_s^A$，$\Pi_t^B - \sum_{s=1}^{t} \pi_s^B$。

> **命题 7.3－4**
> 单调或然率特征蕴含条件随机占优。

证明：根据单调或然率特征，对每个 t 和每个 $s \leqslant t$，$\pi_s^B \leqslant \frac{\pi_t^B}{\pi_t^A} \pi_s^A$。则对每个 t，有：

$$\Pi_t^B = \sum_{s=1}^{t} \pi_s^B \leqslant \frac{\pi_t^B}{\pi_t^A} \sum_{s=1}^{t} \pi_s^A = \frac{\pi_t^B}{\pi_t^A} \Pi_t^A$$

整理这一不等式。对每个 t，有：

$$\frac{\pi_t^B}{\Pi_t^B} \geqslant \frac{\pi_t^A}{\Pi_t^A}$$

根据命题 7.3－3，条件随机占优关系成立。 □

连续分布

为完整起见，现在探讨在结果服从连续分布时，如何得到上述结论。假设 $\tilde{c}^A$ 与 $\tilde{c}^B$ 的支持(它们可能有不同的支持)都在区间$[\alpha, \beta]$内，概率密度函数为 $f^j(c)$，$j \in \{A, B\}$。分布 j 的累积分布函数为 $F^j(c)$，其积分为 $T^j(c) = \int_\alpha^c F^j(\theta)d\theta$。这个积分是左尾概率之和的连续表达式。于是：

$$E\{v(\tilde{c}^B)\}-E\{v(\tilde{c}^A)\}=\int_\alpha^\beta v(c)f^B(c)dc-\int_\alpha^\beta v(c)f^A(c)dc$$

由于 $F^A(\alpha)=F^B(\alpha)=0,F^A(\beta)=F^B(\beta)=1$，所以，分部积分，得到：

$$E\{v(\tilde{c}^B)\}-E\{v(\tilde{c}^A)\}=\int_\alpha^\beta -v'(c)F^B(c)dc-\int_\alpha^\beta -v'(c)F^A(c)dc$$

于是：

$$E\{v(\tilde{c}^B)\}-E\{v(\tilde{c}^A)\}=\int_\alpha^\beta v'(c)\,[F^A(c)-F^B(c)]dc \qquad (7.3-1)$$

显然，如果 v 是增函数且 $\tilde{c}^B$ 一阶随机优于 $\tilde{c}^A$，则 $E\{v(\tilde{c}^B)\}-E\{v(\tilde{c}^A)\}\geqslant 0$。这便是命题 7.3－1。

再次分部积分，得到：

$$E\{v(\tilde{c}^B)\}-E\{v(\tilde{c}^A)\}=v'(\beta)\,[T^A(\beta)-T^B(\beta)]-\int_\alpha^\beta v''(c)\,[T^A(c)-T^B(c)]dc$$

显然，如果 $v(\cdot)$是递增凹函数且分布 B 的左尾和小于分布 A 左尾和，则 $E\{v(\tilde{c}^A)\}\leqslant E\{v(\tilde{c}^B)\}$。这便是命题 7.3－2。

现在探讨在什么条件下，这两个分布有相同均值。在式子(7.3－1)中，令 $v(c)=c$，得到：

$$E\{\tilde{c}^B\}-E\{\tilde{c}^A\}=\int_\alpha^\beta [F^A(c)-F^B(c)]dc=T^A(\beta)-T^B(\beta)$$

我们于是有下面的命题。

> **命题 7.3－5**
>
> 设概率分布 $\tilde{c}^A$ 与 $\tilde{c}^B$ 的支持都在$[\alpha,\beta]$中。如果 $\int_\alpha^\beta F^A(c)dc=\int_\alpha^\beta F^B(c)dc$，就是说，这两个累积分布函数下方的面积相等，则它们有相同均值。

我们看图 7.3－2 中的第一幅图。如果图中两个阴影区域的面积相等，则两个累积分布函数曲线下方的面积相等。同时要看到，在 γ 的左边，$F^A(c)$的斜率下降，$F^B(c)$的斜率上升。就是说，$\tilde{c}^A$ 的密度递减，$\tilde{c}^B$ 的密度递增。在 γ 的右边，情况正好相反。所以，概率密度函数肯定如第二幅图所示。并且，还要看到，对任意的 $c<\beta$，有：

$$T^A(c)=\int_\alpha^c F^A(x)dx>\int_\alpha^c F^B(x)dx=T^B(c)$$

由于这两个分布有相同均值，所以，我们把 $\tilde{c}^A$ 称为 $\tilde{c}^B$ 的保持均值展开型，因为 $\tilde{c}^A$ 尾部上的权重更大。

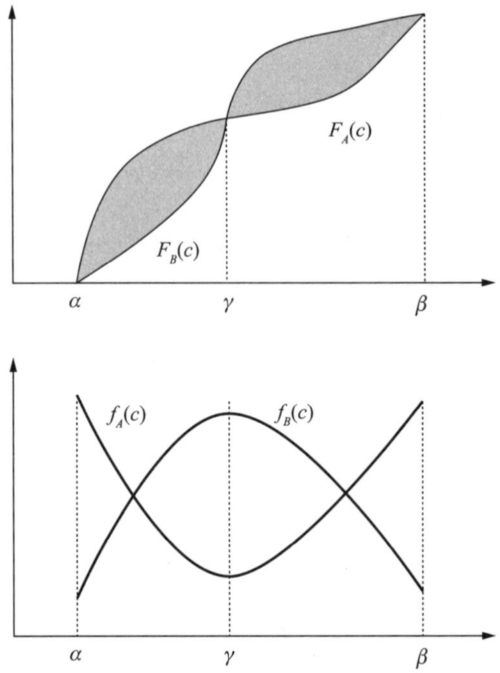

图 7.3－2　保持均值展开型

定义：保持均值展开型（Mean-Preserving Spread）

设 $\tilde{c}^A$ 与 $\tilde{c}^B$ 是随机变量，其支持都在 $[\alpha,\beta]$ 中。如果对所有的 $c\in[\alpha,\beta]$ 有：

$$T^B(c)=\int_\alpha^c F^B(x)dx\leqslant\int_\alpha^c F^A(x)\text{ 有}:dx=T^A(c)\text{ 且 }T^B(\beta)=T^A(\beta)$$

则随机变量 $\tilde{c}^A$ 是 $\tilde{c}^B$ 的保持均值展开型。

根据(7.3－1)，有：

$$E\{v(\tilde{c}^B)\}-E\{v(\tilde{c}^A)\}=\int_\alpha^\beta v'(c)\left[F^A(c)-F^B(c)\right]dc$$

分部积分，得到：

$$E\{v(c^A)\}-E\{v(c^B)\}=v'(c)\left[T^A(c)-T^B(c)\right]\Big|_\alpha^\beta-\int_\alpha^\beta v''(c)\left[T^A(c)-T^B(c)\right]dc$$

根据保持均值展开型的定义，我们得到下面的命题。

命题 7.3－6

假设 $\tilde{c}^A$ 是 $\tilde{c}^B$ 的保持均值展开型。如果 $v(\cdot)$是个凹函数，则 $E\{v(\tilde{c}^B)\}\geqslant E\{v(\tilde{c}^A)\}$；如果 $v(\cdot)$是凸函数，则 $E\{v(\tilde{c}^B)\}\leqslant E\{v(\tilde{c}^A)\}$。

应用：储蓄决策

设某个人的当前收入为 y_1，未来收入为 $\tilde{y}_2$，他有严格凹函数 $u=v_1(c_1)+\delta v_2(c_2)$。利率为 r。如果他的储蓄为 S，则他的消费束为 $(c_1,\tilde{c}_2)=(y_1-S,\tilde{y}_2+(1+r)S)$。他的期望效用于是为：

$$U(S)=v_1(y_1-S)+E\delta v_2(\tilde{y}_2+(1+r)S) \tag{7.3-2}$$

请你证明 u 的严格凹性蕴含 $U(S)$ 是严格凹函数。假定此人的绝对风险厌恶系数递减，即：

$$\frac{d}{dc}\left(-\frac{v_2''(c)}{v_2'(c)}\right)=-\frac{v_2'''v_2'-(v_2'')^2}{(v_2')^2}<0$$

这一不等式要成立，一个必要条件是 $v'''_2(c_2)>0$。就是说，函数 $v_2'(c)$ 是递减凸函数。

假设 A 与 B 两个人有相同的当期收入和偏好，有不同的不确定的未来收入 $\tilde{y}_A$ 与 $\tilde{y}_B$。假定后者一阶随机优于前者。根据命题 7.3-1，A 的期望效用更低。这一点对所有的 S 都成立，所以，两人的期望终生间接效用函数肯定如图 7.3-3 所示。

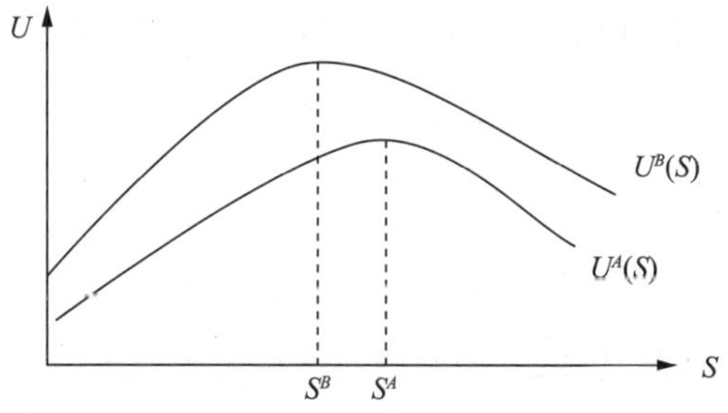

图 7.3-3 随着风险上升，最优储蓄的变化

在图上，在未来收入为 $\tilde{y}_A$ 时，最优储蓄为 S^A。这里要注意：在图上，$U^A(S)$ 的斜率在 S^B 上严格为正。所以，A 储蓄更多。

> **命题 7.3-7：储蓄与风险**
>
> 假设 A 与 B 两个人有相同的当期收入和偏好，分别有不同的不确定的未来收入 $\tilde{y}_A$ 与 $\tilde{y}_B$。如果两人的偏好都具有绝对风险厌恶系数递减特征且 $\tilde{y}_B$ 一阶随机优于 $\tilde{y}_A$，则 A 储蓄得更多或者借款更少。

证明： 对(7.3-2)求导，得到：

$$\frac{dU}{dS}=-v_1'(y_1-S)+\delta(1+r)E\{v_2'(\tilde{y}_2+(1+r)S)\}$$

由于 $v_2'(c)$ 是减函数，根据命题 7.3-2，$E\{v_2'(\tilde{c}^B)\}\leqslant E\{v_2'(\tilde{c}^A)\}$。于是：

$$\frac{dU^A}{dS}(S)\geqslant\frac{dU^B}{dS}(S)$$

因此：

$$\frac{dU^A}{dS}(S^B) \geqslant \frac{dU^B}{dS}(S^B) \qquad \square$$

当 $\tilde{c}^A$ 下所实现的结果都小于 $\tilde{c}^B$ 下所实现的结果时，这一结论的含义十分直观。这是一阶随机占优的一种极端情况。如果第二时期的收入以 1 的概率低于第一个时期，则消费者将储蓄得更多以抵消第二时期收入下降的影响。

假设 A 的收入分布是 B 的收入分布的均值保持展开型。我们知道 $v_2'(c)$ 是凸函数。根据命题 7.3－6，在 $\tilde{y}_2^A$ 下，期望边际效用更高。因此，$\frac{dU^A}{dS} \geqslant \frac{dU^B}{dS}$。就是说，在未来收入更加不确定时，储蓄更高。

习　题

习题 7.3－1：证券组合选择

一个风险厌恶者的财富为 w。他必须选择由无风险资产和风险资产构成的证券组合。

(a) 假设 x 是此人在风险资产上的支出。为简化分析，假定无风险资产的净收益率为零，风险资产的净收益率为 $\tilde{\theta}$。证明此人的期望效用可以写为：

$$U(x) = E\{u(x,\tilde{\theta})\} = E\{v(w + x\tilde{\theta})\}$$

(b) 写出一阶条件。

(c) 证明 $\frac{\partial^2 u}{\partial x \partial \theta} = v'(1 - R(x,\theta) - A(x,\theta))$。

(d) 假设此人的风险特征是：绝对风险厌恶系数递减、相对风险厌恶系数递增且相对风险厌恶系数小于 1。证明：如果风险上升具有保持均值不变的特征，则此人在风险资产上的投资下降。

习题 7.3－2：一阶随机占优

(a) 在 $S=2$ 和 $S=3$ 时，证明下面的恒等式：

$$\sum_{s=1}^{S} \pi_s u_s = u_S - \sum_{t=1}^{S-1} \Pi_t (u_{t+1} - u_t)\text{，其中，}\Pi_t \equiv \sum_{s=1}^{t} \pi_s \qquad (7.3-3)$$

用归纳法证明这一恒等式对所有的 S 都成立。

我们看两个概率分布 (c,π^A) 与 (c,π^B)，其中，$c_{s+1} > c_s$。假定第二个概率分布随机优于第一个分布，就是说，第二个分布赋予左尾部的权重更小，即对 $s=1,\cdots,S$，有：

$$\Pi_s^B \leqslant \Pi_s^A$$

(b) 求证：如果 $u(\cdot)$ 是个递增函数，则消费者在 B 与 A 之间偏好 B。

(c) 假设 $c_{s+1} - c_s = \delta > 0$。定义 $\Delta u_t = u_{t+1} - u_t$。利用(a)中的恒等式证明：

$$\sum_{t=1}^{S} \Pi_t \Delta u_t = \sum_{t=1}^{S} \Pi_t - \sum_{s=1}^{S} \left(\sum_{t=1}^{s} \Pi_t\right)(\Delta u_{t+1} - \Delta u_t)$$

把这一表达式代入(7.3-3)中，借此证明命题 7.3-2。

习题 7.3-3：平均效用值保持不变的风险上升

我们看习题 7.3-1 中的证券组合选择问题。设 $\theta=h(u)$ 是映射 $u=v(w+x\theta)$ 的反函数。定义 $G(u)=F(h(u))$，这是 u 的累积分布函数。

(a) 求证：$xh'(u)v'(w+x\theta)=1$。

(b) 解释期望效用为什么可以写为 $U(x)=\int v(w+xh(u))dG(u)$。

(c) 求导，利用(a)求证：

$$\frac{\partial}{\partial u}\frac{\partial}{\partial x}v(w+xh(u))=\frac{1}{x}\left(1+xh\frac{v''(w+xh)}{v'(w+xh)}\right)=\frac{1}{x}(1-R(w+xh)+wA(w+xh))$$

(d) 求证：在绝对风险厌恶系数递减且相对风险厌恶系数递增时，$\frac{\partial}{\partial x}v(w+xh(u))$ 是 u 的凹函数。

(e) 利用命题 7.3-6 证明在这些假设下，风险的上升，如果保持平均效用不变[就是说，$G^A(u)$ 是 $G^B(u)$ 的保持均值展开型]，将导致风险资产投资下降。

习题 7.3-4：条件随机占优的等价定义

设 F_A 和 F_B 是支持$[\alpha,\beta]$上的连续可微函数。则 F_B 条件随机优于 F_A 当且仅当对所有的 t 和所有的 $s<t$，$\frac{F_B(s)}{F_B(t)}\leqslant\frac{F_A(s)}{F_A(t)}$。

(a) 假设这一条件成立。求证：对所有的 t 和所有的 $s<t$，有：

$$\frac{F_B(t)-F_B(s)}{(t-s)F_B(t)}\geqslant\frac{F_A(t)-F_A(s)}{(t-s)F_A(t)}$$

利用这一结论，求证对所有的 t，有：

$$\frac{F'_B(t)}{F_B(t)}\leqslant\frac{F'_A(t)}{F_A(t)}$$

(b) 对任意的 $y>x$，求证条件随机占优性质可以写为：

$$\ln\frac{\dfrac{F_B(t)}{F_A(t)}}{\dfrac{F_B(s)}{F_A(s)}}=\ln\frac{F_B(t)}{F_A(t)}-\ln\frac{F_B(s)}{F_A(s)}\geqslant 0$$

(c) 证明这一性质还可以写为：

$$\int_s^t\frac{d}{d\theta}\ln\frac{F_B(\theta)}{F_A(\theta)}d\theta\geqslant 0$$

(d) 证明条件随机占优的条件可以写为：

$$\int_s^t\left(\frac{F'_B(\theta)}{F_B(\theta)}-\frac{F'_A(\theta)}{F_A(\theta)}\right)d\theta\geqslant 0$$

就是说，对所有的 t，$\frac{F'_B(\theta)}{F_B(\theta)}\geqslant\frac{F'_A(\theta)}{F_A(\theta)}$ 这一条件，是条件随机占优的必要条件和

充分条件。

习题 7.3－5:简单的保持均值展开型

如果(i)分布 $\tilde{\theta}_A$ 和 $\tilde{\theta}_B$ 的支持都为$[\alpha,\beta]$且有相同的均值,并且(ii)存在 $\hat{\theta}$ 使得:

$$(F_A(\theta)-F_B(\theta))(\theta-\hat{\theta})\leqslant 0$$

则 $\tilde{\theta}_A$ 是$\tilde{\theta}_B$ 的简单的保持均值展开型。

假设(i)成立且存在 θ^* 使得对所有的 $\theta\neq\theta^*$, $\left(\frac{F'_A(\theta)}{F_A(\theta)}-\frac{F'_B(\theta)}{F_B(\theta)}\right)(\theta-\theta^*)>0$。

(a) 求证:$\ln\frac{F(\theta_2)}{F(\theta_1)}=\int_{\theta_1}^{\theta_2}\frac{F'(x)}{F(x)}dx$。

(b) 求证:对所有的 $\theta\in[\theta^*,\beta)$, $F_B(\theta)>F_A(\theta)$。

(c) 求证:不存在区间$[\underline{\theta},\hat{\theta}]$,其中 $\alpha<\underline{\theta}<\hat{\theta}<\theta^*$,使得累积分布函数在 $\underline{\theta}$ 和 $\hat{\theta}$ 上相等且在$(\underline{\theta},\hat{\theta})$上,$F_A(\theta)-F_B(\theta)>0$。

(d) 求证:$\tilde{\theta}_A$ 是$\tilde{\theta}_B$ 的简单均值保持展开型。

7.4 委托代理问题

关键词:代理人的行动无法被观察到时的合同问题;激励约束条件;应对道德风险的保险模型

在此前的分析中,在通过合同最优配置风险方面不存在任何困难。这实际上隐含着一个假定:每个可能的结果或“自然状态”都能无成本地证实。对外生于每个人的许多自然状态而言,这是个合理假定。但是,如果有人能直接地决定或影响偶然事件的特征,则相对于其交易对手,此人可能拥有信息优势。在这种情况中,完全的状态依赖性合同,遭遇自然状态无法证实的问题,因此,必须通过合同给拥有信息一方直接激励,激励他履行合同。

假设企业所有者(“委托人”)雇佣一位代理人管理工厂。工厂的产量不确定,工厂的收入因此也不确定。假定有 S 种可能的收入水平$(y_1,\cdots,y_S)$, $y_1<\cdots<y_S$。设 $X=\{x_1,\cdots,x_n\}$是代理人的行动集。委托人与代理人都能观察到工厂的收入,但只有代理人知道自己的行动。采取行动 $x\in X$,给他造成的成本为 $C(x)$。假设下标越大的行动,给代理人造成的成本越高。

设 $\pi_s(x)$是在代理人采取行动 x 时结果 s 的发生概率。代理人付出的努力程度越高,这 S 个结果上的概率分布对所有者越有利。对任一结果 s 和任意一对行动 x 与 x'使得 $x'>x$,我们定义或然率(likelihood ratio)为:

$$L(s,x,x')=\frac{\pi_s(x')}{\pi_s(x)}$$

为反映更高的行动导致更有利的产量分布这一特征,我们假定或然率是 s 的递增函数。就是说,产量越大,代理人越可能选择了对所有者更好的行动 x'而非 x。

设企业所有者(“委托人”)的冯·诺依曼-摩根斯坦(von Neumann - Morgenstern,VNM)效用函数为 $u(\cdot)$,代理人的效用为 $v(\cdot)-C(x)$。如果代理人选择行动 x 同时在状态 s 中委托人支付代理人的工资为 w_s,则委托人与代理人的期望效用分别为:

$$U_P=\sum_{s=1}^{S}\pi_s(x)u(y_s-w_s),U_A=\sum_{s=1}^{S}\pi_s(x)v(w_s)-C(x)$$

完全信息下的效率合同

为给研究不对称信息下的合同问题打下基础,我们首先探讨委托人能观察到代理人行动时的效率合同的特征。为此,我们固定其中一方的期望效用,求解最大化另一方的期望效用的行动与支付。当代理人的行动与产量都能观察到时,我们以如下方式展开分析。首先,选择行动 $x\in X$,状态 s 的发生概率于是为 $\pi_s(x)$。接着,对其中一方的每一种可能的期望效用水平,求解最大化另一方的期望效用的合同。以这种方式,我们能画出如图 7.4-1 中的帕累托边界。对 n 个可能的行动中的每一个,重复这一过程。对每个 $x\in X$,帕累托边界的外包络线给出了所有的帕累托效率结果。

正式地说,我们可以固定委托人的期望效用,对每一种可能的行动,求解以下优化问题:

$$\max_{x,w}\left\{\sum_{s=1}^{S}\pi_s(x)v(w_s)-C(x)\ \middle|\ x\in X,\sum_{s=1}^{S}\pi_s(x)u(y_s-w_s)\geqslant\overline{U}_P\right\}\tag{7.4-1}$$

图 7.4-1 中画出了三种行动分别对应的情况。给定委托人的期望效用 $\overline{U}_P$,有效率的行动为 x_2。

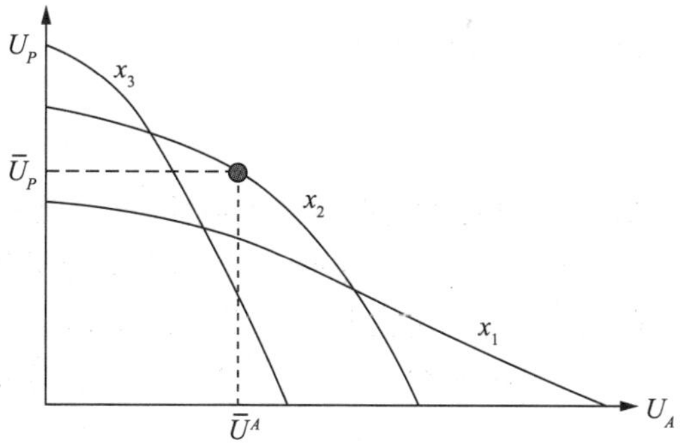

图 7.4-1　3 个行动时的帕累托效率结果

我们看两种具体情况。它们不仅本身具有直接意义,并且对求解一般问题具有启示作用。

委托人风险中性

假设委托人风险中性,代理人厌恶风险。前面的分析指出,最终配置要具有效率，委托人必须承担全部风险。就是说，代理人得到固定工资 w，委托人得到剩余 y_s-w。为概括效率配置的特征，我们把代理人的效用固定为 $\overline{U}_A=v(w)-C(x)$ 并选择最大化委托人期望收益的行动，即：

$$\max_{x,w}\left\{\sum_{s=1}^{S}\pi_s(x)y_s-w\,\middle|\,x\in X,v(w)-C(x)\geqslant\overline{U}_A\right\}$$

在最优点，约束条件肯定起作用。就是说，$v(w)=\overline{U}_A+C(x)$。设 $v^{-1}(\cdot)$ 是反函数；则 w 必然满足 $w=v^{-1}(\overline{U}_A+C(x))$。委托人的最大化问题于是可以写为：

$$\max_{x,w}\left\{\sum_{s=1}^{S}\pi_s(x)y_s-v^{-1}(\overline{U}_A+C(x))\right\}$$

就是说：

$$\max_{x,w}\left\{\sum_{s=1}^{S}\pi_s(x)y_s-C_P(x)\right\}\text{，其中，}C_P(x)\equiv v^{-1}(\overline{U}_A+C(x))$$

我们可以把函数 $C_P(x)$ 想象为委托人的虚拟成本函数。效率合同因此最大化期望收入减虚拟成本。我们看两个行动 x 与 x'，$x'>x$。定义：

$$\Delta C_P\equiv C_P(x')-C_P(x)$$

这是为诱使代理人采取成本更高的行动 x' 所需发生的边际成本，是使代理人的期望效用依然为 $\overline{U}_A$ 而需增加的工资。假设代理人的收益增加至 $\overline{U}_A+\Delta U$。由于 v 是凹函数，在这一更高效用水平上，代理人的边际效用更低。因此，为激励代理人选择高成本行动 x' 所需的货币补偿更高。就是说，为诱使代理人采取成本更高的行动而为其提供足够高的激励的边际成本，随代理人效用水平的上升而上升。所以，代理人的期望效用越高，有效率的行动就越小。这就是图 7.4－1 所描绘的情况。在图上，随着代理人期望效用上升，有效率的行动首先从最高成本行动 x_3 下降至 x_2，然后从 x_2 下降至最低成本行动 x_1。

代理人风险中性

假设委托人厌恶风险，代理人风险中性。就风险而言，代理人承担所有风险，给委托人的支付则独立于自然状态。在这种情况中，在选择了某一行动后，效率目的要求代理人承担所有风险。就是说，委托人得到固定租金 r，代理人得到剩余 $w_s=y_s-r$。为满足(7.4－1)中的约束条件，租金 r 必须满足如下条件：

$$\sum_{s=1}^{S}\pi_s(x)u(y_s-w_s)=u(r)=\overline{U}_P$$

对帕累托效率合同的选择，于是简化为以下问题：

$$\max_{x}\left\{\sum_{s=1}^{S}\pi_s(x)(y_s-r)-C(x)\,\middle|\,x\in X\right\}$$

就是说，最优行动 x^* 最大化期望利润 $\sum_{s=1}^{S}\pi_s(x)y_s-C(x)$。

行动无法被观察到(Hidden Action)

在此前的分析中,在产量状态与代理人采取的行动上,合同双方拥有完全信息。在每种产量状态中,只要代理人执行了合同规定的行动,他将得到合同中规定的支付。我们说过,在一些情况中,委托人不拥有充分信息。实际上,即使没有这种信息不对称性,依然存在合同问题。除非合同能由法庭或第三方强制执行,否则,委托人可以声称代理人采取了成本更低的行动并据此支付报酬给代理人。合同要能被执行,代理人采取的行动就必须能被第三方证实。现在探讨代理人的行动无法被第三方证实时存在的合同问题。

在代理人风险中性时,设计这种合同不是难事。假设代理人风险中性。正如我们所看到的,在代理人的行动可被观察到时,最优合同为租赁合同。最优行动最大化代理人的期望收益。在这种情况中,委托人不需要观察代理人的行动。她只收取租金,代理人通过求解自己的期望收益最大化问题而选择有效率的产量。

激励一致性

假设委托人风险中性,代理人厌恶风险。完全信息下的效率合同,是代理人的工资独立于产量状态。但是,如果委托人观察不到代理人的行动,这种合同就无法激励代理人选择最低成本行动 x_1 以外的其他行动。代理人的行动无法被观察到时的效率合同,必须能激励代理人采取正确行动。在第一个阶段,我们固定代理人的期望效用,任取行动 $\bar{x}$,在代理人有动机选择行动 $\bar{x}$ 的约束条件下,求解最大化委托人期望收益的合同。对代理人有动机选择行动 $\bar{x}$,我们将其表述为:

$$\text{对每个 } x \in X, U_A(x,w) \leqslant U_A(\bar{x},w) \qquad \text{激励约束条件(IC)}$$

只有满足上述每一个约束条件的合同,才与诱生行动 $\bar{x}$ 的目标一致。因为这个原因,这些条件被称为激励约束条件。

给定行动 $\bar{x}$,对委托人最好的合同是以下优化问题的解:

$$\max_w \{U_P \mid U_A(\bar{x},w) \geqslant \bar{U}_A, U_A(\bar{x},w) \geqslant U_A(x,w), x \in X\} \quad (7.4-2)$$

对给定的 $\bar{x}$,设委托人的最大收益为 $U_P^*(\bar{x})$。理论上说,对每个可能的行动,我们都能做这种计算。有效率的行动于是是给委托人带来最高期望效用的行动。就是说,有效率的行动 x^* 是以下最大化问题的解:

$$\max_x \{U_P^*(x) \mid x \in X\}$$

这里不求解这一第二阶段问题。但是,通过分析第一阶段,我们能概括有效率的工资支付所具有的特征。如前所述,要诱生最优行动 x^*,有效率的状态工资 $w^* = (w_1^*, \cdots, w_S^*)$ 必须是第一阶段优化问题(7.4-2)的解。就是说,w^* 是以下问题的解:

$$\max_w \{U_P \mid U_A(x^*,w) \geqslant \bar{U}_A, U_A(x^*,w) \geqslant U_A(x,w), x \in X\} \quad (7.4-3)$$

直观地说,有效率的合同必须阻止代理人选择对他而言成本更低的行动 $x(x<$

x^*)。假设只存在一个起作用的约束条件。〔1〕优化问题可以写为以下形式：

$$\max_{w}\{U_P \mid U_A(x^*,w)\geqslant \overline{U}_A, \text{存在 } x<x^* \text{ 使得 } U_A(x^*,w)\geqslant U_A(x,w)\}$$

这一优化问题的拉格朗日函数为：

$$\begin{aligned}\mathcal{L}&=U_P+\lambda(U_A(x^*,w)-\overline{U}_A)+\mu(U_A(x^*,w)-U_A(x,w))\\&=U_P+(\lambda+\mu)(U_A(x^*,w)-\mu U_A(x,w))+\text{一个常数}\\&=\sum_{s=1}^{S}\pi_s(x^*)(y_s-w_s)+(\lambda+\mu)\sum_{s=1}^{S}\pi_s(x^*)v(w_s)-\mu\sum_{s=1}^{S}\pi_s(x)v(w_s)+\text{一个常数}\end{aligned}$$

一阶条件为：

$$\frac{\partial\mathcal{L}}{\partial w_s}=-\pi_s(x^*)+(\lambda+\mu)\pi_s(x^*)v'(w_s^*)-\mu\pi_s(x)v'(w_s^*)=0, s=1,\cdots,S$$

得到：

$$\frac{1}{v'(w_s^*)}=\lambda+\mu-\mu\frac{\pi_s(x)}{\pi_s(x^*)}, \text{其中}, x<x^*$$

根据假定，或然率$\dfrac{\pi_s(x^*)}{\pi_s(x)}$在产量状态 s 上递增。上式右边的项在 s 上递增。由于 $v(\cdot)$是凹函数，所以 w_s 在 s 上递增。就是说，就效率而言，产量越高，给代理人的支付越高。

应用：应对道德风险的保险合同

假设某人的房子被烧毁的概率为 $\pi_1(x)$，x 是他为防火而付出的努力程度。房子的重建成本为 L。给定收入 y^0，他的状态依赖性收入为$(y_1,y_2)=(y^0-L, y^0)$。保险公司(委托人)按大数法则进行经营，所以，它基本上为风险中性。如果保险公司能观察到房屋主人的行动，它就会要求代理人选择最优行动 x^*，同时，由于只有房屋主人厌恶风险，所以，有效率的保险合同要求房屋主人支付固定保费 θ^*。保险公司因此承担了所有风险。保险公司得到的状态依赖性结果为$(-L+\theta^*,\theta^*)$，房屋主人得到$(y^0-\theta^*, y^0-\theta^*)$。为弥补其期望支付，保险公司收取的保费 θ^* 必须满足 $\theta^*\geqslant\pi(x^*)L$。

如果保险公司观察不到房屋主人的行动但房屋主人十分诚实，他总是说出真相，则有效率的合同依然适用。但是，如果房屋主人靠不住，保险公司就遭遇道德风险问题。在全额赔付下，房屋主人没有动机防火，他的最优选择为成本最低的行动 x_1。为激励房屋主人采取足够的防火措施，保险合同必须让他在损失状态中受到足够惩罚。就是说，在有效率的合同中，保险公司收取保费 $\bar{\theta}$ 同时规定免赔额 $\bar{d}$。房屋主人的状态依赖性净收入于是为$(y^0-\bar{\theta}-\bar{d}, y^0-\bar{\theta})$。

---

〔1〕 只存在一个起作用的约束条件，在这里不重要。重要的是，起作用的约束条件都发生在低成本行动上。一般情况下，确保这一点成立的充分条件十分苛刻。但是，就数值例子而言，一般是“向下的”约束条件起作用。

习　题

习题 7.4-1:递增或然率与随机占优

假设或然率 $L(s,x,x')=\dfrac{\pi_s(x')}{\pi_s(x)}$ 在 s 上递增。

(a) 求证:对 $s=1,\cdots,t-1$, $\pi_s(x')<\dfrac{\pi_t(x')}{\pi_t(x)}\pi_s(x)$。借此证明:

$$\frac{\sum_{s=1}^{t}\pi_s(x')}{\sum_{s=1}^{t}\pi_s(x)}\leqslant\frac{\pi_t(x')}{\pi_t(x)}$$

(b) 求证:在代理人选择行动 x' 时产量的概率分布一阶随机优于代理人选择行动 x 时产量的概率分布。提示:利用命题 7.3-5。

习题 7.4-2:在有多个起作用的激励约束条件时的帕累托效率与单调性

扩展本节的分析,证明只要在所有低成本行动上,约束条件起作用,则在产量更高的状态中,效率工资更高。

习题 7.4-3:委托人的虚拟成本函数

设委托人风险中性,代理人的行动能被观察到。我们看行动 x_1 和成本更高的行动 x_2。代理人的效用函数为 $u=v(w)-C(x)$,保留效用为 $\overline{U}_A$。为诱生行动 x,委托人需要发生的成本为 $w(x)=f(\overline{U}_A+C(x))=v^{-1}(\overline{U}_A+C(x))$。

(a) 求证:为诱生更高行动而需增加的支付(委托人的边际成本)可以写为:

$$w(x_2)-w(x_1)=\int_{x1}^{x2}f'(\overline{U}_A+C(x))C'(x)dx=\int_{x1}^{x2}\frac{C'(x)}{v'(w(x))}dx$$

(b) 求证:随着 $\overline{U}_A$ 上升,为诱生更高的行动,委托人的边际成本 $w(x_2)-w(x_1)$ 上升。

参考文献

Allais, M. (1953). "Le comportement de l'homme rationnel devant le risque." *Econometrica* **21**.

Arrow, K. (1965). "The Theory of Risk Bearing." In *Aspects of the Theory of Risk Bearing*. Helsinki: Yrjo Jahnssonin Saatio. Republished in *Essays in the Theory of Risk Bearing*. Chicago: Markham, 1971.

Diamond, P. and Stiglitz, J. (1974). "Increases in Risk and in Risk Aversion." *Journal of Economic Theory* **8**: 337-360.

Grossman, S. and Hart, O. (1983). "An Analysis of the Principal-Agent Problem." *Econometrica* **51**: 7-45.

Jewitt, I. (1988). "Justifying the First-Order Approach to Principal-Agent Problems." *Econometrica* **56**: 1177 - 1190.

Machina, M. (1982). "A Stronger Characterization of Declining Risk Aversion." *Econometrica* **50**: 1069 - 1080.

Rabin, M. (1998). "Psychology and Economics." *Journal of Economic Literature* **36**: 11 - 46.

Rothschild, M. and Stiglitz, J. (1971a). "Increasing Risk Ⅰ: A Definition." *Journal of Economic Theory* **2**: 225 - 243.

Rothschild, M. and Stiglitz, J. (1971b). "Increasing Risk Ⅱ: Its Economic Consequences." *Journal of Economic Theory* **3**: 66 - 84.

Neumann von, J. and Morgenstern, O. (1944). *Theory of Games and Economic Behavior*. Princeton NJ: Princeton University Press.

第八章 金融市场均衡

8.1 阿罗-德布鲁均衡

关键词：为分散风险而在状态依赖性市场上进行交易；证券市场作为状态依赖性市场的替代

在前一章中，我们把基本的消费者选择模型扩展至不确定性环境中。现在探讨不确定性条件下的市场均衡。首先看一个两人经济。亚历克斯在一座火山东边拥有一个农场，贝芙在火山西边拥有一个农场。火山即将喷发，其中一个农场将被摧毁。在状态 1，火山灰吹向东边并摧毁亚历克斯的农场；在状态 2，火山灰吹向西边并摧毁贝芙的农场。就是说，每个消费者都拥有依赖于自然状态的禀赋。设 $\omega^h=(\omega_1^h,\omega_2^h)$ 是消费者 $h\in\{A,B\}$ 的禀赋。首先假设两种状态中的损失相同，就是说，$\omega_1^A=\omega_2^A-L$，$\omega_2^B=\omega_1^B-L$。显然，两种状态中的总禀赋相同。设状态 s 的发生概率为 π_s。如果消费者 $h\in\{A,B\}$ 有冯·诺依曼-摩根斯坦（VNM）效用函数 $v^h(\cdot)$，最终消费束为 $x^h=(x_1^h,x_2^h)$，则他的期望效用为：

$$U^h(x^h)=\sum_{s=1}^{2}\pi_s v^h(x_s^h)$$

消费者 h 的边际替代率于是为：

$$MRS^h(x_1,x_2)=\frac{\dfrac{\partial U^h}{\partial x_1^h}}{\dfrac{\partial U^h}{\partial x_2^h}}=\frac{\pi_1 v'_h(x_1^h)}{\pi_2 v'_h(x_2^h)}$$

在 45°线上，消费者 h 的边际替代率为$\dfrac{\pi_1}{\pi_2}$。由于在总禀赋上无不确定性，所以，埃奇沃思图如图 8.1-1 所示。

这里要看到，在图上，对每个消费者而言，对角线都是 45°线。因此，两人的无差异曲线在这条线上相切。就是说，帕累托效率配置肯定位于这条对角线上。只要每个消费者都面临风险，则每个人都能从减少风险中获益。在市场背景下，亚历克斯愿

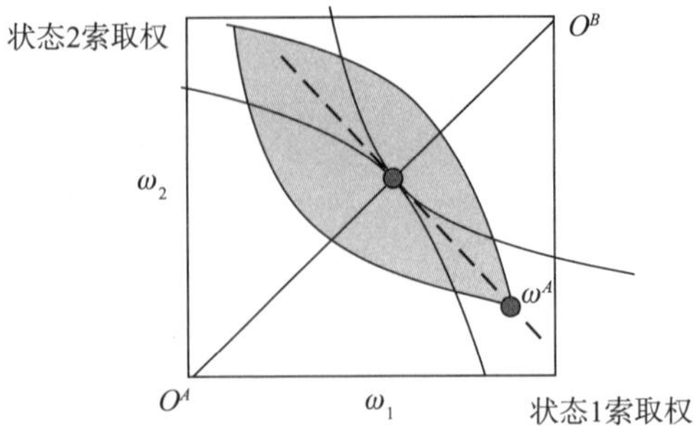

图 8.1-1　无总量风险时的效率配置

意用其在状态 2 中的一些禀赋交换状态 1 中的一些索取权。贝芙则愿意用其状态 1 中的一些禀赋交换状态 2 中的一些索取权。每个人都想防范可能的损失。

假设保险公司愿意为状态 1 提供保险。在发生损失时，一份保单赔付一件状态 1 商品，保单的价格为 r' 件状态 2 商品。这实际上提供了以 r' 的价格比率买卖状态索取权的机会。假设保险公司也愿意为状态 2 提供保险。在发生损失时，一份保单赔付一件状态 2 商品，保单的价格为 r'' 件状态 1 商品。这实际上提供了以 $\frac{1}{r''}$ 的价格比率买卖状态索取权的机会。除非这两个价格相等，否则，就有机会实现确定的收益。因此，在瓦尔拉斯均衡中，存在唯一的价格比率 $\frac{p_1}{p_2}=r'=\frac{1}{r''}$。

就是说，为防范损失而购买保险，等价于在状态索取权市场上以价格 $p=(p_1,p_2)$ 进行交易。消费者 h 通过买卖索取权最大化期望效用：

$$\max_{x^h}\left\{\sum_{s=1}^{2}\pi_s v^h(x_s^h)\mid p\cdot x^h\leqslant p\cdot\omega^h\right\}$$

不考虑这里的解释，这实际上是标准的效用最大化问题。根据第一福利定理，瓦尔拉斯均衡配置是帕累托效率配置。前面说过，在效率配置上，$x_1^h=c_2^h$。均衡价格比率因此为：

$$\frac{p_1}{p_2}=\frac{\pi_1 v'_h(x_1^h)}{\pi_2 v'_h(x_2^h)}=MRS^h(x^h)=\frac{\pi_1}{\pi_2}$$

就是说，均衡价格比率等于概率之比率。

现在，假设状态 2 中的损失更大。则状态 1 中的总禀赋大于状态 2 中的总禀赋。见图 8.1-2。在亚历克斯的确定性直线下方，$MRS^A<\frac{\pi_1}{\pi_2}$；在贝芙的确定性直线下方，$MRS^B>\frac{\pi_1}{\pi_2}$。就是说，效率配置不会同时位于两条确定性直线下方。同理，效率配置不会同时位于两条确定性直线上方。因此，效率配置位于图 8.1-2 中的两条确定性直线之间的深色区域。

我们于是有两个结论。首先，在任何效率配置上，亚历克斯与贝芙得到的状态 1 索取权数量都多于各自得到的状态 2 索取权数量。就是说，总量风险在两人之间分担。其次，对所有的效率配置，有：

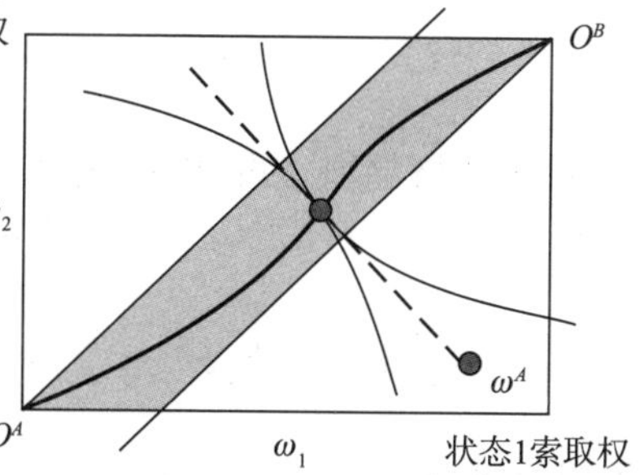

图 8.1-2 存在总量风险时的效率配置

$$MRS^h(x^h)=\frac{\pi_1 v'_h(x_1^h)}{\pi_2 v'_h(x_2^h)}<\frac{\pi_1}{\pi_2}$$

因此,状态索取权的市场均衡价格$\frac{p_1}{p_2}=MRS^h(\bar{x}^h)=\frac{\pi_1 v'_h(\bar{x}_1^h)}{\pi_2 v'_h(\bar{x}_2^h)}<\frac{\pi_1}{\pi_2}$。就是说,状态索取权的市场价格反映了状态 2 产品的相对短缺。

阿罗-德布鲁均衡

我们看一个经济,它有 H 个消费者、F 个企业和 S 种状态。在每一天和每种状态上,都有 L 种商品。我们拓展基本的均衡模型,用交货日期和交货时的自然状态定义商品。为简化分析,假设只有两个时期。消费者 h 在时期 1(即第 0 天)的消费向量为 $x_0^h=(x_{01}^h,\cdots,x_{0L}^h)$。不确定性在时期 1 之后和时期 2(第 1 天)之前消失。如果所实现的状态为 s,则消费者 h 在第 1 天的消费向量为 $x_s^h=(x_{s1}^h,\cdots,x_{sL}^h)$。图 8.1-3 用树状图描绘了消费者 h 不确定的消费向量。

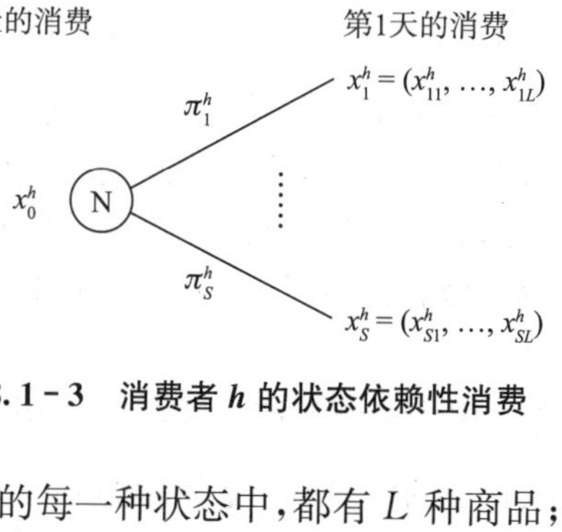

图 8.1-3 消费者 *h* 的状态依赖性消费

在第 0 天,和在第 1 天的每一种状态中,都有 L 种商品;因此,在这个经济中,共有 $L+SL=(S+1)L$ 种商品。我们把完整的消费向量写为 $x^h=(x_0^h,x_1^h,\cdots,x_S^h)\in X^h\subset\mathbb{R}^{(S+1)L}$。消费者 h 的禀赋向量为 $\omega^h=(\omega_0^h,\omega_1^h,\cdots,\omega_S^h)$。

设 y_0^f 是企业 f 在时期 1 的生产向量,y_s^f 是它在时期 2 的状态 s 中的生产向量。它的完整的生产向量于是为 $y^f=(y_0^f,y_1^f,\cdots,y_S^f)$,其中的每个坐标本身都是个 L 维向量,就是说,$y^f\in\mathbb{R}^{(S+1)L}$。设企业 f 的生产集为Y^f。

根据独立性公理和关于消费者选择的基本公理,存在连续效用函数 $u^h=(x_0^h,x_s^h)$使得风险分布上的偏好可以表示为如下可分离的期望效用形式:

$$U^h(x^h)=\sum_{s=1}^{S}\pi_s^h u^h(x_0^h,x_s^h)$$

设在至少一种商品上，效用严格递增。设 θ^{hf} 是消费者 h 持有的企业 f 的股份。

一个配置 $(\{x^h\in X^h\}_{h=1}^H,\{y^f\in \Upsilon^f\}_{f=1}^F)$ 是可行配置，如果：

$$\sum_{h=1}^{H}x^h\leqslant\sum_{h=1}^{H}\omega^h+\sum_{f=1}^{F}y^f$$

这个经济的瓦尔拉斯均衡可以以通常方式定义。我们为 $(S+1)L$ 种商品中的每一种都引入一个市场。配置 $(\{x^h\in X^h\}_{h=1}^H,\{y^f\in \Upsilon^f\}_{f=1}^F)$ 是瓦尔拉斯均衡配置，如果存在 $p>0$ 使得：

$p\cdot x^h\leqslant p\cdot\omega^h+\sum_{f=1}^{F}\theta^{hf}p\cdot y^f$：消费配置位于预算集中

$p\cdot\hat{y}^f>p\cdot y^f\Rightarrow\hat{y}^f\notin \Upsilon^f$：企业实现最大利润

$U^h(\hat{x}^h)>U^h(x^h)\Rightarrow p\cdot\hat{x}^h>p\cdot x^h$：任何更好的配置都不在预算集中

$\sum_{h=1}^{H}x^h=\sum_{h=1}^{H}\omega^h+\sum_{f=1}^{F}y^f$：市场出清

我们于是能直接应用两个福利定理：阿罗-德布鲁均衡配置是帕累托效率配置；给定凸偏好和凸生产集，任意帕累托效率配置，都能通过恰当的收入再分配，成为阿罗-德布鲁均衡。

例子：生产经济中的阿罗-德布鲁均衡

亚历克斯拥有一家企业，它的状态依赖性产量为(140,80)。贝芙也拥有一家企业，它的状态依赖性产量为 $\left(80-\frac{z^2}{20},z\right)$。设两种状态的发生概率相同，并且，每个人都有 VNM 效用函数：

$$U^h(x_1^h,x_2^h)=\pi_1\ln x_1^h+\pi_2\ln x_2^h$$

理论上，我们可以以如下方法求解这一问题。首先，给定状态索取权价格 $p=(p_1,p_2)$，求解贝芙的利润最大化产量。这能得到总供给向量 $y(p)$。然后，在这些价格上，求解贝芙的利润和亚历克斯的禀赋的价值。我们于是就能解得在这些价格上每个消费者的消费选择，并因此解得总需求 $x(p)$。最后求出使得供给与需求相等的价格比率。

实际上，有一条捷径。由于亚历克斯与贝芙有相同的位似偏好，我们于是可以把这个经济看作只由一个人构成的鲁滨孙·克鲁索经济。总供给为 $\left(220-\frac{z^2}{20},80+z\right)$，其中，$z\geqslant0$。代表性消费者的期望效用为：

$$U^R=\frac{1}{2}\ln\left(220-\frac{z^2}{20}\right)+\frac{1}{2}\ln(80+z)$$

在 $z^*=20$ 时，效用最大，总供给因此为(200,100)。为找到均衡价格，我们求解使 z^* 成为利润最大化生产方案的价格。图 8.1-4 画出了贝芙企业的等利润线和生产可能性边界。沿着生产可能性边界，$(y_1(z),y_2(z))=\left(80-\frac{z^2}{20},z\right)$。生产可能

性边界在 z^* 点的斜率为：

$$\frac{dy_2}{dy_1}=\frac{y_2'(z^*)}{y_1'(z^*)}=-\frac{10}{z^*}=-\frac{1}{2}$$

就是说，如果价格比率 $p_1/p_2=1/2$，则在 z^* 上，等利润线与生产可能性边界的斜率相等。假设状态1索取权的价格等于1，则 $p_2=2$。亚历克斯企业的价值为 $P^A=(1,2)\cdot(140,80)=300$，贝芙企业的价值为 $P^B=p\cdot y(z)=100$。

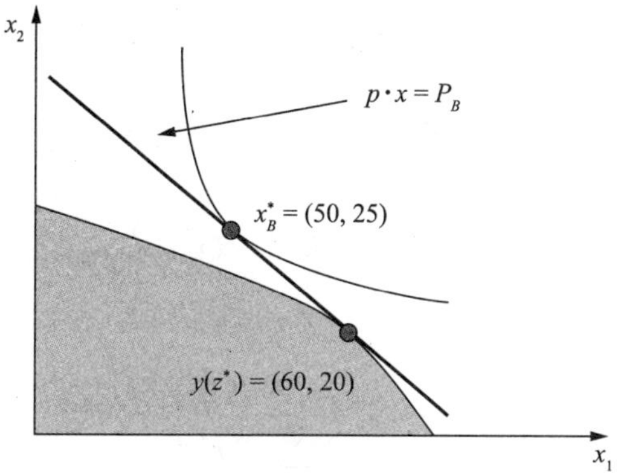

图 8.1－4　贝芙的最优生产与消费方案

到现在为止，我们一直在探讨状态索取权市场上的交易。现在，假设这两个人买卖两家企业的股份。贝芙在开始时持有企业2全部股权，因此，她的财富为100。如果她不进行任何交易，则她最终的消费为其企业的产出(60,20)。或者，她出售其企业，并购买企业1的股权，购买比例为100/300＝1/3，她得到企业1股息流量中的1/3。图8.1－5描绘了与这两个非分散化投资组合相对应的消费束。

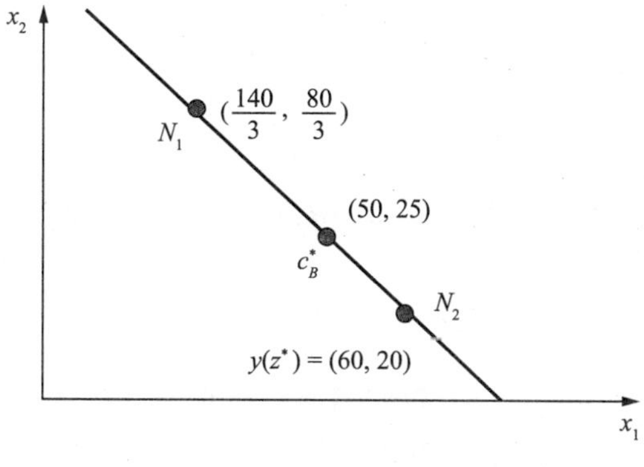

图 8.1－5　贝芙的证券组合选择

贝芙还可以以75元购买企业1的25%的股权，同时继续持有价值25元的企业2的股权，即企业2的25%的股权。她最终的股息收入为每种状态中总产量的1/4，即(50,25)。因此，通过在资产市场上进行交易，贝芙能实现其在状态索取权市场上的交易结果。

这个例子说明，在某些情况中，证券市场上的交易能实现消费者在状态依赖性索取权市场上所实现的阿罗-德布鲁均衡配置。我们在下一节中探讨这一问题。

比较有相同期望收益的无风险债券与风险资产的价格

在一个经济中，所有消费者有相同的推断和相同的位似效用函数 $U=\sum_{s=1}^{S}\pi_s u(x_s^i)$。在开始时，对经济中每件实物资产，所有人拥有相同数量的所有权份额。我们已经看到，对代表性消费者而言，阿罗-德布鲁均衡价格是无交易发生的价格。因此，在股息配置为 $\bar{d}=(\bar{d}_1,\cdots,\bar{d}_S)$ 时，在状态索取权价格向量 $p=(\pi_1 u'(\bar{d}_1),\cdots,\pi_S u'(\bar{d}_S))$ 上，所有市场出清。市场组合的价值于是为：

$$P_M=\sum_{s=1}^{S}p_s\bar{d}_s=\sum_{s=1}^{S}\pi_s u'(\bar{d}_s)\bar{d}_s$$

对市场资产组合所能实现的股息收入的期望，为 $E_s\{\bar{d}_s\}=\sum_{s=1}^{S}\pi_s\bar{d}_s$。于是，期望股息为 1 的市场组合的价值为：

$$\frac{P_M}{E_s\{\bar{d}_s\}}=\frac{\sum_{s=1}^{S}\pi_s u'(\bar{d}_s)\bar{d}_s}{\sum_{s=1}^{S}\pi_s\bar{d}_s}$$

我们把这一股份价值与无风险债券——在每种状态中都支付一元钱的证券——的价值进行比较。债券的价值为：

$$P_B=\sum_{s-1}^{S}p_s=\sum_{s=1}^{S}\pi_s u'(\bar{d}_s)$$

定义：

$$\hat{\pi}_s\equiv\frac{\pi_s u'(\bar{d}_s)}{\sum_{s=1}^{S}\pi_s u'(\bar{d}_s)} \tag{8.1-1}$$

得到：

$$\frac{\dfrac{P_M}{E_s\{\bar{d}_s\}}}{P_B}=\left(\frac{\sum_{s=1}^{S}\pi_s u'(\bar{d}_s)\bar{d}_s}{\sum_{s=1}^{S}\pi_s u'(\bar{d}_s)}\right)\frac{1}{\sum_{s=1}^{S}\pi_s\bar{d}_s}\equiv\frac{\sum_{s=1}^{S}\hat{\pi}_s\bar{d}_s}{\sum_{s=1}^{S}\pi_s\bar{d}_s}$$

其中，向量 $\hat{\pi}$ 的坐标之和等于 1。我们因此可以把上式中的分子理解为各种状态上的股息的期望值，只是这里所使用的是调整后的概率而非真实概率。

现在重新标识自然状态使得在序号越高的状态中，市场股息越高。现在证明调整过的概率对分布中的每个左尾赋予更大权重。就是说，真实推断一阶随机优于调整过的推断。这意味着在调整后的推断下，期望股息收益更低，“无风险”债券的价格于是比有相同期望值的风险证券价格更高。根据(8.1-1)，对所有的 $s<t$，有：

$$\frac{\hat{\pi}_s}{\hat{\pi}_t}=\frac{\pi_s u'(\bar{d}_s)}{\pi_t u'(\bar{d}_t)}>\frac{\pi_s}{\pi_t}$$

因为根据假定，$\bar{d}_s<\bar{d}_t$，因此，$u'(\bar{d}_s)>u'(\bar{d}_t)$。

整理这一不等式，对所有的 $s<t$，有：

$$\frac{\hat{\pi}_s}{\pi_s}>\frac{\hat{\pi}_t}{\pi_t}$$

就是说，概率之比（即"似然率"）单调递减。根据命题 7.3－4，条件随机占优性质成立。π 因此一阶随机优于 $\hat{\pi}$。由于在序号越高的状态中，股息越大，于是，根据命题 7.3－1，有：

$$\sum_{s=1}^{S}\hat{\pi}_s\bar{d}_s<\sum_{s=1}^{S}\pi_s\bar{d}_s$$

因此：

$$\frac{P_M}{E_s\{\bar{d}_s\}}<P_B$$

就是说，无风险债券的均衡价格大于有相同期望收益的风险证券的价值。

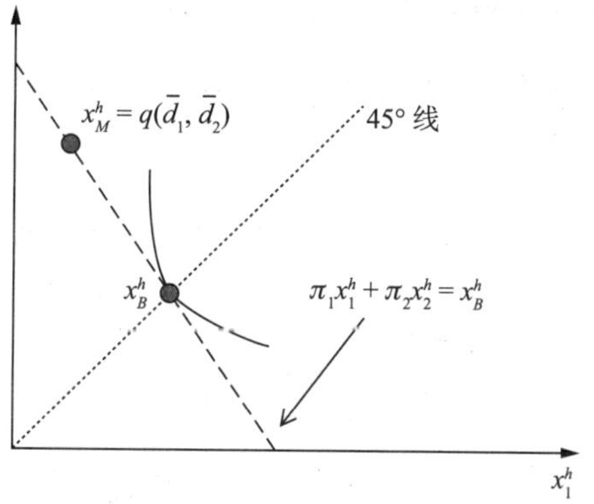

图 8.1－6 市场组合的定价

为理解这一结果，我们看一个消费者，他可以购买 q 份市场组合，即组合 $\xi_M=(0,q)$ 位于其组合约束条件 $P'\xi=W^h$ 上。于是，一个可行的消费束是图 8.1－6 中的点 $x_M^h=q\times(\bar{d}_1,\bar{d}_2)$。

设有一种无风险债券，它有与市场组合相同的期望收益率。如果债券的价格 P_B 与市场组合的价格相同，则组合 $\xi_B=(q,0)$ 也位于组合约束条件上，于是有另一个可行的消费束，即点 $x_B^h=q(E\{\bar{d}_1\},E\{\bar{d}_2\})$。它位于 45°线上。由于这两个消费束的期望值相同，因此，直线

$$\pi_1x_1^h+\pi_2x_2^h=x_B^h$$

是可行消费束集合的边界。

这条边界线的斜率等于无差异曲线在 x_B^h 点的斜率，因为这个点位于 45°线上。因此，这个消费者的最优组合为 $\xi_B=(q,0)$。最后要指出的是，这一点对所有消费者都成立。就是说，如果市场组合的价格与债券价格相等，则对市场组合的需

求量为零。所以,风险资产的均衡相对价格 P_M/P_B 肯定小于 1。

习 题

习题 8.1-1:有 CES 偏好的经济中的不确定性

在只有两种状态的经济中,每个人的期望效用函数为:

$$U^h(x^h,\pi)=\pi_1 v(x_1)+\pi_2 v(x_1)=\pi_1\left(1-\frac{1}{\sigma}\right)x_1^{1-1/\sigma}+\pi_2\left(1-\frac{1}{\sigma}\right)x_2^{1-1/\sigma}$$

其中,$\sigma\neq 1$。总禀赋向量为(ω_1,ω_2),其中,$\omega_1>\omega_2$。

(a) 证明这些偏好是位似偏好,求解均衡状态索取权价格。

(b) 在这个经济中,相对风险厌恶程度为多大?

(c) 均衡价格比率如何随风险厌恶程度而变化?

(d) 随着风险厌恶程度趋向无穷大,这个经济中有哪些变化?请解释。

习题 8.1-2:对数效用函数

消费者 h 有对数效用函数 $u(x)=\sum_{i=1}^{n}\alpha_i \ln x_i$, $h=1,\cdots,H$。

(a) 求证:如果这个经济中的总禀赋为$(\omega_1,\cdots,\omega_n)$,则价格向量 $p=\left(\frac{\alpha_1}{\omega_1},\cdots,\frac{\alpha_n}{\omega_n}\right)$是瓦尔拉斯均衡价格向量。

(b) 我们看一个 T 时期经济。在这个经济中,只有一种商品,代表性消费者的终生效用函数为:

$$U(x)=\sum_{t=1}^{T}\delta^{t-1}\ln x_t$$

在时期 t,总禀赋为 $\omega_t=(1+\gamma)^{t-1}\omega_1$。这个经济中没有储藏设施。求解瓦尔拉斯均衡价格,证明均衡单时期毛利率 $1+r_t$ 在每个时期中相同。

(c) 我们看一个两时期经济。时期 1 的禀赋为 ω_1。在时期 2,有两种状态:在状态 1(好的状态),禀赋增加到 $\omega_{12}=(1+\theta)\omega_1$;在状态 2(差的状态),禀赋下降到 $\omega_{22}=(1-\gamma)\omega_1$。两个状态的发生概率相同,每个人的 VNM 效用函数为:

$$U(x)=\ln x_1+\delta\sum_{s=1}^{2}\frac{1}{2}\ln x_{s2}$$

设 p_1 是现货价格,p_{s2} 是时期 2 中状态 s 中的索取权的价格。求解瓦尔拉斯均衡价格。

(d) 解释为什么状态 2 中单位商品的非状态依赖性价格为 $p_{12}+p_{22}$。求解无风险毛利率 $1+r$。这一利率如何随 θ 而变化?

(e) 假设商品可以无成本存储。在什么条件下在瓦尔拉斯均衡中不需要储存商品?

习题 8.1-3:时间、不确定性和生产

在一个两时期两种状态的模型中,每个人的偏好都可以表示为如下效用函数:

$$U(x_0, x_{11}, x_{12}) = \ln x_0 + \delta(\pi_1 \ln x_{11} + \pi_2 \ln x_{12})$$

时期 1 的总禀赋为 ω_1。在时期 2 中，如果状态 1(下雨)发生，禀赋为 ω_{21}；否则，禀赋为 ω_{22}。

(a) 求解均衡的现货价格和状态依赖性期货价格。

(b) 设 $\delta=1$。设在这个经济中，有一种线性生产技术。在时期 1，每投入一件商品，在时期 2 就有产品生产出来。在时期 2，如果下雨，则生产出 2 件商品；否则，生产出 0.5 件商品。就是说，生产向量为 $(-z, 2z, 0.5z)$。为简化分析，假设第一时期的禀赋为 100；第二时期的禀赋在两种状态中都为零。如果时期 1 中商品价格为 1，则时期 2 中的价格 p_{21} 和 p_{22} 为多少？提示：使用代表性消费者模型。他的期望效用为 $U(x) = \ln(100 - z) + \pi_1 \ln 2z + \pi_2 \ln 0.5z$。求解最优的 z 和每种状态中的最优供给。均衡价格则肯定使供给等于需求。

习题 8.1-4：均衡投注

UCLA 球迷认为自己的球队能以 0.9 的概率击败 USC 的球队。USC 的球迷认为 UCLA 的球队只有一半的胜算。每个球迷的偏好都可以用对数函数表示，即 $v(x)=\ln x$。如果 UCLA 的球迷和 USC 的球迷的总财富相同，证明均衡状态索取权价格比率为 7/3。财富为 W 的球迷会如何下注？

8.2 证券市场均衡

关键词：买卖金融资产；完全的证券市场；不完全的证券市场；隐性状态索取权价格

前一节探讨了当消费者直接在状态依赖性市场上进行交易时的均衡。本节探讨当消费者在资产市场上进行交易时的均衡。首先看一个包含 S 种状态的单商品交换经济。

消费者 $h=1,\cdots,H$ 拥有状态依赖性禀赋 $\omega^h = (\omega_1^h, \cdots, \omega_S^h)$。设 $x^h = (x_1^h, \cdots, x_S^h)$ 是他的消费向量。设消费者 h 有严格递增的期望效用函数：

$$U^h(x^h) = \sum_{s=1}^{S} \pi_s^h u^h(x_s^h)$$

阿罗-德布鲁均衡

首先概括消费者直接在状态索取权市场上进行交易时的阿罗-德布鲁均衡。这里的单商品交换经济是前一节探讨的经济的特殊情况。我们为每一种状态商品引入一个市场。配置 $\{x^h \in X^h\}_{h=1}^{H}$ 是阿罗-德布鲁均衡配置，如果存在 $p \gg 0$ 使得：

$$p \cdot x^h \leqslant p \cdot \omega^h + \sum_{f=1}^{F} \theta^{hf} p \cdot y^f \text{：消费配置位于预算集中} \quad (\text{i})$$

$$U^h(\hat{x}^h) > U^h(x^h) \Rightarrow p \cdot \hat{x}^h > p \cdot x^h \text{：更好的配置都不在预算集中} \quad (\text{ii})$$

$$\sum_{h=1}^{H} x^h = \sum_{h=1}^{H} \omega^h + \sum_{f=1}^{F} y^f \text{：市场出清} \quad (\text{iii})$$

证券市场(SM)均衡

设消费者买卖金融资产而非状态依赖性商品。资产 a 的价格为 P_a,产生状态依赖性股息 $d_a=(d_{1a},\cdots,d_{Sa})$,$a=1,\cdots,A$。消费者 h 能通过买卖资产而在状态之间转移财富。ξ_a^h是消费者h 持有的资产 a 的数量,他持有的资产组合于是为 $\xi^h=(\xi_1^h,\cdots,\xi_A^h)$。由于消费者在开始时没有任何金融资产,因而这一组合的市场价值不可能为正。由于效用函数严格递增,因而这一组合的市场价值不可能为负。因此,组合约束条件为:

$$\sum_{a=1}^{A}P_a\xi_a^h=0$$

给定这一组合,消费者 h 的最终消费为:

$$x^h=\omega^h+\sum_{a=1}^{A}d_a\xi_a^h$$

我们没有对股息的符号施加任何限制,所以,资产价格可能为正或为负。均衡配置于是能以与阿罗-德布鲁均衡基本相同的方式定义。唯一的区别是在现在,消费束只能通过买卖资产实现,并且,商品市场与资产市场都出清。

定义:证券市场均衡

配置$\{x^h\in X^h\subset\mathbb{R}^S,\xi^h\in\mathbb{R}^A\}_{h=1}^{H}$——其中,$x^h=\omega^h+\sum_{a=1}^{A}d_a\xi_a^h$——是(瓦尔拉斯)证券市场均衡配置,如果存在 $P=(P_1,\cdots,P_A)$使得:

$$对\ h=1,\cdots,H,\sum_{a=1}^{A}P_a\xi_a^h=0:消费配置位于预算集中 \tag{i}$$

$$U^h(\omega^h+\sum_{a=1}^{A}d_a\hat{\xi}_a^h)>U^h(x^h)\Rightarrow p\cdot\hat{\xi}^h>0:更好的配置不在预算集中 \tag{ii}$$

$$\sum_{h=1}^{H}x^h=\sum_{h=1}^{H}\omega^h,\sum_{h=1}^{H}\xi^h=0:市场出清 \tag{iii}$$

如果资产种类数小于状态数,则除一些特殊情况外,通过买卖资产而在状态之间转移财富,相对于阿罗-德布鲁均衡中的财富转移,受到更大的限制。这里假定资产种类数和状态数至少一样多,并且,股息向量$\{d_a\}_{a=1}^{A}$生成空间$\mathbb{R}^S$。不失一般性,我们重新标记资产使得前 S 种资产的股息向量线性无关。于是,$\mathbb{R}^S$ 中的任何配置都可以表示为前S 种资产的线性组合 $\sum_{a=1}^{S}\xi_a d_a$。于是,对每个 h,存在组合 ξ^h 使得:

$$x^h-\omega^h=\sum_{a=1}^{S}d_a\xi_a^h \tag{8.2-1}$$

命题 8.2-1

如果资产股息向量生成$\mathbb{R}^S$,则阿罗-德布鲁均衡是证券市场均衡。

证明:设 $\{x^h \in X^h\}_{h=1}^{H}$ 是阿罗-德布鲁均衡,均衡价格为 p。根据(8.2-1),有:

$$p \cdot x^h - p \cdot \omega^h = \sum_{a=1}^{S} p \cdot d_a \xi_a^h$$

定义 $P_a = p \cdot d_a, a=1,\cdots,A$。则 $p \cdot x^h - p \cdot \omega^h = \sum_{a=1}^{S} P_a \xi_a^h$。阿罗-德布鲁配置肯定位于消费者 h 的预算集中。因此,$\sum_{a=1}^{S} P_a \xi_a^h = p \cdot x^h - p \cdot \omega^h \leqslant 0$。组合约束条件因此得到满足。

在 h 上加总(8.2-1),得到:

$$\sum_{h=1}^{H}(x^h - \omega^h) = \sum_{h=1}^{H}\sum_{a=1}^{S} d_a \xi_a^h = \sum_{a=1}^{S}\left(d_a \sum_{h=1}^{H} \xi_a^h\right) = \mathbf{D}\sum_{h=1}^{H} \xi_a^h$$

其中,$\mathbf{D}$ 是由 S 个股息列向量构成的矩阵。在阿罗-德布鲁均衡中,市场出清,因此:

$$\mathbf{D}\sum_{h=1}^{H} \xi_a^h = \sum_{h=1}^{H}(x^h - \omega^h) = 0$$

由于 $\mathbf{D}$ 的各个列线性无关,因而 $\mathbf{D}$ 是可逆矩阵,$\sum_{h=1}^{H} \xi_a^h = 0$。就是说,资产市场出清。

最后设 $\hat{x}^h = \sum_{a=1}^{A} d_a \hat{\xi}_a^h + \omega^h$ 严格优于 x^h。由于 x^h 是阿罗-德布鲁均衡,状态依赖性均衡价格向量为 p,因而 $\hat{x}^h$ 上的支出肯定更高。即:

$$p \cdot \hat{x}^h - p \cdot \omega^h = \sum_{a=1}^{A} p \cdot d_a \hat{\xi}_a^h = \sum_{a=1}^{A} P_a \hat{\xi}_a^h > 0$$

也就是说,任何严格更优的组合都违背组合预算约束条件。因此,配置 $\{x^h, \xi^h\}_{h=1}^{H}$ 是证券市场均衡配置,均衡资产价格为 $P_a = p \cdot d_a, a=1,\cdots,A$。

我们现在证明逆命题。证明方法与上类似。我们从证券市场均衡入手。在证券市场均衡中,A 种资产的股息向量生成完备状态空间 $\mathbb{R}^S$。给定完备性,我们可以对每种状态定义隐性价格,然后证明这一隐性价格向量是阿罗-德布鲁均衡。 □

> **命题 8.2-2**
>
> 如果资产股息生成 $\mathbb{R}^S$,则证券市场均衡是阿罗-德布鲁均衡。

证明:设 $\{x^h \in X^h \subset \mathbb{R}^S, \xi^h \in \mathbb{R}^S\}_{h=1}^{H}$ 是证券市场均衡配置,其中,$x^h = \omega^h + \sum_{a=1}^{A} d_a \xi_a^h$。设 $P=(P_1,\cdots,P_A)$ 是均衡证券价格向量。我们重新标识资产以使前 S 种资产的股息向量线性无关。和前一命题的证明一样,定义 $\mathbf{D}$ 为股息列向量构成的矩阵。由于这些列线性无关,因此,存在唯一的状态依赖性价格向量 p 使得:

$$p'\mathbf{D} = P' \tag{8.2-2}$$

并且,对每个 s,存在组合 $\xi_s = (\xi_{1s},\cdots,\xi_{Ss})$ 使得 $\mathbf{D}\xi_s = \mathbf{1}_s$。这个组合肯定有严格正的价格,否则,状态 s 中的消费无界。因此,$P'\xi_s > 0, s=1,\cdots,S$。把这些结果表示为矩阵形式:

$$\mathbf{D}[\xi_1,\cdots,\xi_S] = \mathbf{I}, P'[\xi_1,\cdots,\xi_S] > 0$$

把(8.2-2)代入上式,得到:

$$P'\mathbf{D}[\xi_1,\cdots,\xi_S]=P'\mathbf{I}=P'\gg 0$$

因此,向量 p 严格为正。

这一证明的剩下的部分,与前一命题的证明完全一样。设消费者 h 严格偏好 $\hat{x}^h$ 而非证券市场均衡配置 x^h。由于资产市场是完全的,因此存在组合 $\hat{\xi}^h$ 使得 $\hat{x}^h-\omega^h=\mathbf{D}\hat{\xi}^h$。根据证券市场均衡的定义,它不可能满足此人的组合约束条件。因此,$P'\hat{\xi}^h>0$,并且:

$$p\cdot(x^h-\omega^h)=p'\mathbf{D}\hat{\xi}^h=P'\hat{\xi}^h>0$$

就是说,如果价格向量为 p,则没有严格更优的消费束是可行的。因此,这个配置是价格向量 $p>0$ 上的阿罗-德布鲁均衡。 □

多个时期、多个状态和多种商品

到目前为止,我们一直在探讨单商品经济中的证券市场上的交易。现在探讨生产经济,在每个时期和每种状态上它得供应 L 种商品。为简化分析,我们假定只有两个时期:时期 0 和时期 1。设 y_0^f 是时期 0 时企业 f 的生产向量,y_s^f 是企业 f 在时期 1 在状态 s 中的生产向量。我们把企业 f 的完整的生产向量写为 $y^f=(y_0^f,y_1^f,\cdots,y_S^f)$。企业 f 的生产集为Υ^f。因此,$y^f\in\Upsilon^f$。消费者 h 有消费向量 $x^h\in\mathbb{R}^{(S+1)L}$,有冯·诺依曼期望效用函数:

$$U^h(x^h)=\sum_{s=1}^{S}\pi_s^h u^h(x_0^h,x_s^h)$$

最后设 θ^{hf}是消费者h 持有的企业 f 的股份,ω^h 是消费者h 的禀赋向量。

未来的现货市场上的交易

这个经济的阿罗-德布鲁均衡是配置$(\{x^h\}_{h=1}^H,\{y^f\}_{f=1}^F)$和价格向量 $p>0$:给定每个消费者的预算约束,它们满足市场出清和个人理性(见第 7.4 节)。在阿罗-德布鲁均衡中,所有$(S+1)L$ 种商品的市场都在第 0 天开放。因此,消费者都能在第一个时期进行自己全部的交易。因此,在以后时期中,无须再开放任何市场。但是,假设状态 s 发生,并且,L 个商品市场意外地再次开放。对所有的 h 和所有的 $s'\neq s$,令 $\hat{y}_{s'}^h=y_{s'}^h$;定义Υ_s^f 是状态 s 中的可行生产方案集。则对阿罗-德布鲁均衡,条件(ⅰ)到(ⅲ)变为:

$$p_s\cdot\hat{y}_s^f>p_s\cdot y_s^f\Rightarrow\hat{y}_s^f\notin\Upsilon_s^f \tag{ⅰ$'$}$$

$$p_s\cdot x_s^h=p_s\cdot\omega_s^h+\sum_{f=1}^{F}\theta^{hf}p_s\cdot y_s^f \tag{ⅱ$'$}$$

$$U^h(\hat{x}_s^h)>U^h(x_s^h)\Rightarrow p\cdot\hat{x}_s^h>p\cdot x_s^h \tag{ⅲ$'$}$$

并且:

$$\sum_{h=1}^{H}x_s^h=\sum_{h=1}^{H}\omega_s^h+\sum_{f=1}^{F}y_s^f$$

条件(ⅲ′)指出,如果状态 s 现货价格向量 p_s^1 等于时期 0 的状态依赖性价格向量 p_s,则没有消费者想在时期 1 再次进行交易。就是说,未来现货市场在时期 1 全部出清。当然,这一价格向量的倍数也都是瓦尔拉斯均衡价格。因此,对任意的 $r_s > -1$,价格向量 $p_s^1 = (1+r_s)p_s$ 是瓦尔拉斯均衡未来现货价格向量。等价地说:

$$p_s = \frac{p_s^1}{1+r_s}$$

就是说,阿罗-德布鲁状态 s 现货价格是未来现货价格的现值,其中的利率 r_s 是状态依赖性变量。由于状态 s 中的 p_s^1 元钱在时期 0 中的价值(即现值)为 $p_s = \frac{p_s^1}{1+r_s}$,所以,状态 s 中的 1 元钱的现值为 $\frac{1}{1+r_s}$。后面将用到这一结论。

假设每个人都预测市场将再次开放。现在,消费者 h 可以在时期 0 在阿罗-德布鲁市场上购买一件状态 s 中的商品 l;他也可以把 p_{sl} 数量的钱存入银行,赚取利率 r_s,在状态 s 中得到 $p_{sl}(1+r_s) = p_{sl}^1$。就是说,不存在任何套利机会,并且,消费者对在阿罗-德布鲁市场上进行交易还是首先与金融中介机构进行交易然后在未来的现货市场上进行交易之间无差异。

用证券市场取代阿罗-德布鲁状态依赖性市场

我们能在所有商品的状态依赖性市场上进行交易的想法,似乎很不靠谱。没错!有一种简单方法能节省市场数量。人们不再需要在所有商品上进行交易而只要求他们能在时间和在状态之间转移财富然后在未来的现货市场上进行交易。

设 W_s^h 是为状态 s 中消费者 h 为其购买行为而需增加的财富,就是说:

$$W_s^h = p_s \cdot x_s^h - p_s \cdot w_s^h - \sum_{f=1}^{F} \theta^{hf} p_s \cdot y_s^f, s=1,\cdots,S \qquad (8.2-3)$$

在消费者上求和,得到:

$$\begin{aligned}
\sum_{h=1}^{H} W_s^h &= \sum_{h=1}^{H} (p_s \cdot x_s^h - p_s \cdot \omega_s^h) - \sum_{h=1}^{H}\sum_{f=1}^{F} \theta^{hf} p_s \cdot y_s^f \\
&= \sum_{h=1}^{H} (p_s \cdot x_s^h - p_s \cdot \omega_s^h) - \sum_{h=1}^{H} \theta^{hf} \sum_{f=1}^{F} p_s \cdot y_s^f \\
&= \sum_{h=1}^{H} p_s \cdot \left(x_s^h - \omega_s^h \sum_{f=1}^{F} y_s^f\right), \text{因为持股比例之和必须等于 1} \\
&= 0, \text{因为在阿罗-德布鲁均衡中,供给等于需求}
\end{aligned}$$

这个结论肯定成立,因为从总量上看,没有财富转入或转出状态 s,虽然人们能在时间上和在状态之间转移财富。

设 W_0^h 是为进行这些交易而需准备的时期 0 财富,就是说:[1]

---

〔1〕 这里假定股东 h 在第一个时期从企业 f 得到股息 $\theta^{hf} p_0 \cdot y_0^f$。如果股息值为负,则股东 h 必须按照自己的持股比例承担企业在时期 0 的投入品成本。

$$W_0^h = p_0 \cdot \omega_0^h + \sum_{f=1}^{F} \theta^{hf} p_0 \cdot y_0^f - p_0 \cdot x_0^h \tag{8.2-4}$$

阿罗-德布鲁终生预算约束为：

$$p_0 \cdot x_0^h + \sum_{s=1}^{S} p_s \cdot x_s^h = p_0 \cdot \omega_0^h + \sum_{s=1}^{S} p_s \cdot \omega_s^h + \sum_{f=1}^{F} \theta^{hf} \left(p_0 \cdot y_0^f + \sum_{s=1}^{S} p_s \cdot y_s^f\right)$$

就是说，消费的价值等于禀赋价值加上每个时期的利润的价值(所分配的股息)。预算约束于是可以写为：

$$\sum_{s=1}^{S} p_s \cdot \left(x_s^h - \omega_s^h - \sum_{f=1}^{F} \theta^{hf} y_s^f\right) + p_0 \cdot \left(x_0^h - \omega_0^h - \sum_{f=1}^{F} \theta^{hf} y_0^f\right) = 0$$

把(8.2-2)和(8.2-4)代入上式，得到：

$$\sum_{s=1}^{S} W_s = W_0^h$$

就是说，消费者 h 只需要设法在时间上和在状态之间转移财富而不需在状态索取权市场上进行交易。

含多个时期的证券市场均衡

假设人们能买卖金融资产，资产 a 在状态 s 上的时期 1 股息为 $d_{sa}^1, a=1,\cdots,A$。资产 a 的时期 0 价格为 P_a。设 $d_a^1 = (d_{1a}^1,\cdots,d_{Sa}^1)$ 是时期 1 股息向量。这里要看到，股息向量现在是"名义"股息，它们以货币而非以时期 1 商品计价。设 F 个企业的生产方案 $\{y^f\}_{f=1}^F$ 和阿罗-德布鲁均衡中的生产方案相同。

证券市场配置 $\{x^h, \xi^h\}_{h=1}^H$ 是可行配置，如果商品市场出清且金融市场出清，就是说：

$$\sum_{h=1}^{H} \xi_a^h = 0, a = 1,\cdots,A$$

我们看某个可行的证券市场配置 $\{x^h, \xi^h\}_{h=1}^H$、商品价格 $p^0, p_1^1,\cdots,p_1^S > 0$ 和资产价格向量 P。这个配置是证券市场均衡配置，如果对任意的 $\hat{x}^h$ 使得：

$$U^h(\hat{x}^h) > U^h(x^h) \text{ 和 } p_0 \cdot \hat{x}_0^h + P \cdot \xi^h = p_0 \cdot \omega_0^h + \sum_{f=1}^{F} \theta^{hf} p \cdot y_0^f$$

时期 1 预算约束条件至少在一个状态中被违反。就是说，存在 s 使得：

$$p_s^1 \cdot \hat{x}_s^h > d^1 \cdot \xi^h + P_s \cdot \omega_s^h + \sum_{f=1}^{F} \theta^{hf} P_s \cdot y_s^f$$

> **命题 8.2-3：通过证券市场均衡实现阿罗-德布鲁均衡配置**
>
> 阿罗-德布鲁均衡配置可通过在资产市场上交易而实现，只要与这些资产相联系的状态依赖性股息向量生成 $\mathbb{R}^S$。

证明： 首先确定阿罗-德布鲁均衡中金融资产的价值。

前面说过，给定状态 s 中的 1 元钱，其现值为$\frac{1}{1+r_s}$。则这一未来股息向量的每个坐标的时期 0 价值构成的向量为：

$$d_a=\left(\frac{d_{1a}^1}{1+r_1},\cdots,\frac{d_{Sa}^1}{1+r_S}\right)$$

在阿罗-德布鲁均衡中，资产 a 的价值是这些股息的现值之和，即：

$$P_a=\sum_{s=1}^{S}d_{sa}=\sum_{s=1}^{S}\frac{d_{sa}^1}{1+r_s}$$

由于时期 0 股息向量生成$\mathbb{R}^S$，所以，我们重新标识资产使得前 S 种资产线性无关。于是，存在 $\xi^h=(\xi_1^h,\cdots,\xi_S^h)$ 使得：

$$\sum_{a=1}^{S}d_{sa}\xi_a^h=W_s^h,s=1,\cdots,S$$

第一步：组合约束条件得到满足

在状态上求和，得到：

$$\sum_{a=1}^{S}\xi_a^h\sum_{s=1}^{S}d_{sa}=\sum_{s=1}^{S}W_s^h$$

但是，$\sum_{s=1}^{S}d_{sa}=P_a$ 且 $\sum_{s=1}^{S}W_s^h=W_0^h$。因此：

$$\sum_{u-1}^{S}P_a\xi_a^h=W_0^h$$

因此，组合 ξ^h 可行。

第二步：所有金融市场出清

根据构造，有：

$$\sum_{a=1}^{S}d_a\xi_a^h=x^h-\omega^h-\sum_{f=1}^{F}\theta^{hf}y^f$$

在 h 上求和并定义矩阵 **D** 为 S 个股息列向量构成的矩阵，得到：

$$\begin{aligned}\mathbf{D}=\sum_{h=1}^{H}\xi_a^h=\sum_{a=1}^{S}d_a\sum_{h=1}^{H}\xi_a^h=\sum_{h=1}^{H}\sum_{a=1}^{S}d_a\xi_a^h=\sum_{h=1}^{H}\left(x^h-\omega^h-\sum_{f=1}^{F}\theta^{hf}y^f\right)\\=\sum_{h=1}^{H}x^h-\sum_{h=1}^{H}\omega^h-\sum_{f=1}^{F}y^f=0\end{aligned}$$

因为阿罗-德布鲁市场全部出清。

由于矩阵 **D** 的各个列线性无关，因此：

$$\sum_{h=1}^{H}\xi_a^h=0$$

第三步：消费者更偏好的配置都不满足组合约束条件

设 $U^h(\hat{x}^h)>U^h(x^h)$，其中：

$$\hat{x}^h=\sum_{a=1}^{A}d_{as}\hat{\xi}_a^h+\omega^h+\sum_{f=1}^{F}\theta^{hf}y^f \tag{8.2-5}$$

根据阿罗-德布鲁均衡的定义，阿罗-德布鲁预算约束条件肯定被违反，就是说：

$$p\cdot\hat{x}^h-p\cdot\omega^h-\sum_{f=1}^{F}\theta^{hf}p\cdot y^f>0 \tag{8.2-6}$$

并且，在阿罗-德布鲁均衡中，资产 a 的价值为 $P_a=p\cdot d_a$。于是：

$$\sum_{a=1}^{A}P_a\hat{\xi}_a^h=\sum_{a=1}^{A}p\cdot d_a\xi_a^h=p\cdot\left(\hat{x}^h-\omega^h+\sum_{f=1}^{F}\theta^{hf}y^f\right)$$

其中，最后一个等式源自(8.2-5)。根据(8.2-6)，有：

$$\sum_{a=1}^{A}P_a\hat{\xi}_a^h>0$$

我们因此证明了存在证券市场均衡，它复制了阿罗-德布鲁配置。因此，没有人有动机在阿罗-德布鲁状态索取权市场上进行交易，也没有人有动机在证券市场上进行交易。我们于是可以关闭状态索取权市场而通过买卖 A 种金融资产实现阿罗-德布鲁均衡配置。 □

股票市场均衡

到现在为止，我们尚未探讨股票市场上的交易。如果 F 个企业的时期 1 股息的时期 0 现值，生成 $\mathbb{R}^S$，则上述结论直接适用。通过在股票和商品市场上交易，股票市场均衡复制了阿罗-德布鲁均衡。企业的时期 0 市场价值只是它在阿罗-德布鲁均衡中的时期 0 价值，就是说，$P^f=p\cdot y^f$。

远见(Perfect Foresight)

初看上去，我们似乎剔除了很多市场而没有任何代价。在时期 0 进行未来所有状态上的交易，等价于通过证券市场上的交易把财富在时期之间转移，从而把许多交易推迟到以后进行。由于市场的运转要发生成本，所以，我们可能认为证券市场上的交易优于状态依赖性市场上的交易。但是，这里存在一个极为重要的前提条件。在阿罗-德布鲁均衡中，消费者和企业观察到每一种状态依赖性商品的价格。而在证券市场均衡中，在时期 0 进行交易的人没有观察到未来现货市场上的商品价格。所以，我们得到的结论实际上是证券市场均衡复制阿罗-德布鲁均衡，如果每个消费者正确地预测到这些未来现货价格。这显然是个很强的假定。但是，它并非像看上去那样不靠谱。对许多商品而言，总量冲击一般在市场之间高度相关。相对价格的变化因此很小。对相对价格在状态之间变化很大的商品，金融机构有动力创造新的金融工具。金融工程越是更精确地专注于某种商品和状态，就越可能从金融资产的价格上推断出状态索取权价格。

不完全市场

假设在证券市场均衡中，股息没有生成 $\mathbb{R}^S$ 而生成维数为 J 的某个子空间。

我们先看一种特殊情况，在这种情况中，阿罗-德布鲁均衡依然实现；然后再看一个例子，在这个例子中，证券市场均衡配置异于阿罗-德布鲁均衡。

假设消费者 $h=1,\cdots,H$ 在开始时持有由 A 种资产构成的组合 $\bar{\xi}^h$。资产 a 在状态 s 中有(实际)股息 d_{sa}。消费者有相同的位似期望效用函数：

$$U^h(x^h)=\sum_{s=1}^{S}\pi_s u(x_s^h)$$

在位似偏好假定下，完全市场均衡是代表性消费者的无交易发生的均衡。总财富为 $W=p\cdot\sum_{a=1}^{A}d_a$。消费者 h，拥有财富 $W^h=p\cdot\sum_{a=1}^{A}d_a\bar{\xi}_a^h\equiv k^h W$，消费占全部股息的比例为 k^h。就是说，他的最终消费为 $x^h=k^h\sum_{a=1}^{A}d_a$。每个消费者可以只购买完全复制市场组合的互助基金而不在阿罗-德布鲁市场上进行交易。阿罗-德布鲁均衡配置于是通过资产市场上的交易而实现，不管由股息向量生成的子空间的维数为多少。

现在增加初始禀赋。直观地说，只要每个消费者的禀赋向量由股息向量生成，上述结论依然成立。因为这种情况下，每个消费者的总禀赋加上初始组合，可以表示为股息向量的加权平均。现在看一个例子。在这个例子中，情况并非如此。

求解不完全证券市场均衡

在这个例子中，只有一种商品、两个消费者和 S 种状态。从这个例子中得到的结论，能推广开来。设有 A 种证券(无初始组合)。资产 $a=1,\cdots,A$ 的股息向量为 d_a。总禀赋为 ω。消费者 $h=1,2$ 有相同的位似期望效用函数：

$$U^h(x^h)=\sum_{s=1}^{S}\pi_s u(x_s^h)$$

设 $\bar{x}^1$ 是消费者 1 的证券市场均衡消费。则 $\bar{x}^2=\omega-\bar{x}^1$。在不完全市场假定下，对消费者具有固定的相对风险厌恶系数这种最有用的情况，我们无法以解析方法求出一阶条件。但是，通过反向处理，我们很容易构造出均衡。

第一步：隐性价格和隐性税收

对给定的期望效用函数 $U^h(x^h)=\sum_{s=1}^{S}\pi_s u(x_s^h)$，定义梯度向量为 $m^h=\dfrac{\partial U^h}{\partial x_s^h}$，就是说 $m_s^h=\pi_s u'(x_s^h)$。给定这一梯度向量，计算其在 $\bar{x}^h$ 上的值，消费者 h 在 x_1^h 和 x_s^h 之间的边际替代率为 $r_s^h=m_s^h/m_1^h$。

由于 U^h 严格凹，所以，对任意的 $x^h\neq\bar{x}^h$，有：

$$U^h(x^h)-U^h(\bar{x}^h)<\frac{\partial U^h}{\partial x}\cdot(x^h-\bar{x}^h)=\frac{1}{m_1^h}r^h\cdot(x^h-\bar{x}^h)\leqslant 0,\text{如果 } r^h\cdot(x^h-\bar{x}^h)\leqslant 0$$

就是说，在其最优点上，如果消费者 h 有机会在等于 r^h 的隐性价格向量上进行交易，他不会进行交易。我们因此称 r^h 为消费者 h 的证券市场均衡隐性市场价格向量。

定义 $\Delta r=r^2-r^1$。这是隐性价格差向量。在阿罗-德布鲁均衡中，边际替代率都相等。因此，这些隐性价格差衡量市场不完全性所造成的损失。

第二步：均衡证券价格

消费者 h，拥有禀赋 ω^h，在证券市场上进行交易。根据假定，他的最终消费为 $\bar{x}^h$。因此，他的均衡证券组合 $\bar{\xi}^h$ 满足：

$$\bar{x}^h=\omega^h+\mathbf{D}\bar{\xi}^h \tag{8.2-7}$$

而且，$\bar{\xi}^h$ 是其最优组合，就是说：

$$\bar{\xi}^h=\arg\max_{\xi}\{\overline{U}(\xi)=U(\omega^h+\mathbf{D}\bar{\xi}^h)\mid P'\xi\leqslant 0\}$$

最优组合的一阶条件为：

$$\frac{\frac{\partial\overline{U}^h}{\partial\xi_1^h}}{P_1}=\frac{\frac{\partial\overline{U}^h}{\partial\xi_2^h}}{P_2}$$

上式可以写为：

$$\frac{m^h\cdot d_1}{P_1}=\frac{m^h\cdot d_a}{P_a}$$

其中，$h=1,2,a=2,\cdots,A$。上式两边同除以状态 1 中的边际效用，得到：

$$\frac{r^h\cdot d_1}{P_1}=\frac{r^h\cdot d_a}{P_a}$$

其中，$h=1,2,a=2,\cdots,A$。整理得到：

$$\frac{P_a}{P_1}=\frac{r^1\cdot d_a}{r^1\cdot d_1}=\frac{r^2\cdot d_a}{r^2\cdot d_1}$$

其中，$a=2,\cdots,A$。$r^2=r^1+\Delta r$。替换上式中的 r^2，利用比率法则，得到：

$$\frac{P_a}{P_1}=\frac{r^1\cdot d_a}{r^1\cdot d_1}=\frac{r^2\cdot d_a+\Delta r\cdot d_a}{r^2\cdot d_1+\Delta r\cdot d_1}=\frac{\Delta r\cdot d_a}{\Delta r\cdot d_1} \tag{8.2-8}$$

第三步：求解初始禀赋

根据(8.2-7)，有：

$$\omega^1=\bar{x}^1-\mathbf{D}\bar{\xi}^1 \tag{8.2-9}$$

因此，我们可以选择满足(8.29)的任意正的 ω^1，其中的组合同时满足组合约束条件 $P'\bar{\xi}^1=0$。

假设有三种状态两种证券。在这种情况中，$U^h=\sum_{s=1}^{3}\pi_s\ln x_s^h$。为简化代数运算，假定三种状态的发生概率相等。两种证券的股息向量为 $d_1=(1,0,1)$ 和 $d_2=(0,1,1)$。假设总禀赋为 $\omega=(10,3,8)$，消费者 1 的证券市场均衡消费为 $x^1=(6,2,6)$。于是，$x^2=(4,1,2)$。

对消费者 h，隐性价格为：

$$r_s^h=\frac{\dfrac{\partial U^h}{\partial x_s^h}}{\dfrac{\partial U^h}{\partial x_s^i}}=\frac{\pi_s}{\pi_1}\frac{x_1^h}{x_s^h} \tag{8.2-10}$$

于是：

$$r^1=\left(1,\frac{x_1^1}{x_2^1},\frac{x_1^1}{x_3^1}\right)=(1,3,1),r^2=\left(1,\frac{x_1^2}{x_2^2},\frac{x_1^2}{x_3^2}\right)=(1,4,2)$$

隐性价格差为 $\Delta r=(0,1,1)$。根据(8.2-8)，有：

$$\frac{P_2}{P_1}=2$$

由于 $P_1\bar{\xi}_1^1+P_2\bar{\xi}_2^1=0$，所以，$\bar{\xi}_2^1=-\frac{1}{2}\bar{\xi}_1^1$。根据(8.2-9)，$\omega^1=x^1-\mathbf{D}\bar{\xi}^1$。我们因此可以选择任意的证券组合 $\bar{\xi}_1^1$ 使得 $\omega^1>0$。例如，如果 $\bar{\xi}_1=1$，则：

$$\omega^1=\begin{bmatrix}6\\2\\6\end{bmatrix}-\begin{bmatrix}1&0\\0&1\\1&1\end{bmatrix}\begin{bmatrix}\bar{\xi}_1\\-\frac{1}{2}\bar{\xi}_1\end{bmatrix}=\begin{bmatrix}5\\\frac{1}{2}\\5\frac{1}{2}\end{bmatrix}$$

由于消费者有相同的位似偏好，所以阿罗-德布鲁均衡是代表性消费者的无交易发生的均衡。阿罗-德布鲁均衡价格向量可规范为：

$$(1,p_2,p_3)=\left(1,\frac{x_1}{x_2},\frac{x_1}{x_3}\right)=\left(1,3\frac{1}{3},1\frac{1}{4}\right)$$

因为 $x=\omega=(10,3,8)$。这里要看到，阿罗-德布鲁均衡价格位于不完全市场均衡中的两个隐性价格向量 $r^1=(1,3,1)$ 和 $r^2=(1,4,2)$ 之间。

这里还要看到，$\frac{p\cdot d_2}{p\cdot d_1}=\frac{65}{27}<2=\frac{P_2}{P_1}$。就是说，在市场完全时，证券 1 的相对价值更高。因此，如果一个消费者或一个企业能够预测到增加新证券对现有证券的相对价格的影响，就存在赚钱的套利机会。就是说，在不完全市场上，金融中介机构有很强的动机开发新证券。

习 题

习题 8.2-1：市场为什么不完全？

在本节中我们说，当市场不完全时，金融中介机构总是有动机创造新证券。那么，现实世界中的市场为什么不完全呢？

习题 8.2-2：资产价格

我们看一个单商品的经济。它有两个时期(时期 0 和时期 1)；在时期 1，有两种状态。有 H 个消费者，他们有相同的期望效用函数：

$$U(x^h)=\ln x_0^h+\delta\sum_{s=1}^{2}\pi_s\ln x_s^h$$

为简化分析，设两种状态的发生概率相等。设时期 2 中的总禀赋更大($\omega_2>\omega_1$)。

(a) 用时期 0 商品为计价商品，$p_0=1$。求解均衡状态索取权价格。

(b) 假设有两种资产，股息分别为 $d_1=(1,0)$ 和 $d_2=(0,1)$。就是说，它们有相同的均值和方差。证明(以计价商品衡量的)均衡资产价格肯定满足 $P_2<P_1$。为什么？

习题 8.2－3：有相同位似偏好的经济中的证券市场均衡

设消费者有相同的 VNM 期望效用函数 $U(x^h)=\sum_{s=1}^{3}\pi_s\ln(x_s^h)^{1/2}$。假定“禀赋”实际上是两种资产。无风险资产 a 在每种状态中的收益都为 100。风险资产 b 在状态 1 中的收益为零，在状态 2 中的收益为 1 400，在状态 3 中的收益为 800。

(a) 求解阿罗-德布鲁均衡状态索取权价格，将其表示为概率的函数。

(b) 证券(资产)的价格是什么？

(c) 假设消费者只能在证券市场上进行交易。证明证券市场均衡复制了阿罗-德布鲁均衡。

习题 8.2－4：资产价格与风险厌恶

在一个单商品经济中，有两个时期和 H 个消费者。所有消费者有相同的期望和相同的位似效用函数 $U(x^h)=u(x_0^h)+\delta\sum_{s=1}^{S}\pi_s u(x_s^h)$，其中 $u'(x_s^h)=\left(\frac{1}{x_s}\right)^R$。状态 $s=1,\cdots,S$ 中的总禀赋为 ω_s。

(a) 证明消费者对财富风险有固定的相对风险厌恶系数。设它等于 R。

(b) 利用一阶条件证明阿罗-德布鲁均衡价格肯定满足条件$\dfrac{1}{p_0(\omega_0)^R}=\dfrac{\delta\pi_s}{p_s(\omega_s)^R}$，$s=1,\cdots,S$。

(c) 设 P_1 是无风险债券的价格，债券在时期 1 的每个状态中支付一元钱；设 P_2 是资产价格，它的股息占总禀赋的比重为 λ。利用阿罗-德布鲁均衡价格，求资产价格比率 P_2/P_1 的表达式。对这个两状态经济，证明风险厌恶程度越高，均衡资产价格比率越低。如何直观解释这一结论？

习题 8.2－5：股票市场均衡

我们看一个单商品两时期模型。设禀赋为$(\omega_0,0)$。如果$(y_0^f,y_1^f)\in Y^f$，则企业 $f=1,\cdots,F$ 可使用$-y_0^f$ 件时期 1 投入品，生产状态依赖性时期 1 产出$(y_1^f,\cdots,y_S^f)=y_1^f(d_1,\cdots,d_S)$。总生产向量因此为$(y_0,y_1d)$。假设在开始时消费者买卖易时期 0 消费品和时期 1 股息向量 d。消费者 h 的期望效用因此为：

$$U^h(x_0^h,x_1^h)=u^h(x_0^h)+\sum_{s=1}^{S}\pi_s u^h(x^h d_s)$$

设 p_0 是时期 0 商品的价格，p_1 是股息的价格。

(a) 概括这一经济的瓦尔拉斯均衡的特征。

(b) 把瓦尔拉斯均衡与这一经济的阿罗-德布鲁均衡进行比较。

(c) 根据第一福利定理，瓦尔拉斯均衡配置是帕累托效率配置。在哪些方面，(a)中的瓦尔拉斯均衡是帕累托效率配置？

(d) 假设不存在股息市场。消费者买卖时期 1 禀赋和 F 个企业的股份。解释为什么股票市场均衡等价于股息市场均衡。

(e) 你能推广这一模型，允许 F_j 个企业生产状态依赖性股息 d_j，$j=1,\cdots,m$ 吗？

8.3 资本资产定价模型

关键词：证券组合选择；分散投资；互助基金定理；资本资产定价模型(CAPM)

我们看到，如果线性无关的资产收益向量的数量与状态数量一般多，则资产市场是状态索取权市场的完全替代。但是，如果资产市场数量更少呢？一般来说，资产市场上的交易将产生帕累托更劣的结果。而且，一般情况下，我们无法以解析方式求解均衡资产价格。

但是，如果人们只关心资产收益分布的一阶与二阶矩，我们就可以定价资产，而不管资产种类数是否多于状态数。

均值-方差偏好

假设消费者只关心其最终财富的均值与方差，则有均值 μ 和标准差 σ 的组合的期望效用可以写为 $U^h(\sigma,\mu)$。我们将看到，在这种世界中，即使人们有不同的风险态度，在每个人都想持有的组合中，只包含无风险资产和由整个市场组合构成的互助基金。

分散投资

设有 A 种风险资产和一种无风险资产(资产 0)。资产 a 的收益为 $z_a=(z_{a1},\cdots,z_{aS})$。平均收益向量为 $\mu=(\mu_0,\cdots,\mu_A)$，收益的协方差矩阵为 $[\sigma_{ij}]$。资产价格向量为 $P=(P_0,\cdots,P_A)$。我们用无风险资产为计价商品，就是说，单位无风险资产的价格为 1。则毛无风险收益率为 $\mu_0=1+r$，其中，r 为无风险利率。

消费者 h，拥有财富 W^h，选择组合 $\xi=(\xi_0,\cdots,\xi_A)$以求在组合约束条件 $P\cdot\xi\leqslant W^h$ 下最大化其期望效用。设 $\mu(\xi)$ 与 $\sigma(\xi)$ 是他所选择的组合的均值与方差，就是说：

$$\mu(\xi)=\sum_{a=0}^{A}\xi_a\mu_a,\sigma(\xi)=E\left\{\sum_{a=0}^{A}\xi_a(z_a-\mu_a)\right\}^2=\xi'[\sigma_{ij}]\xi$$

消费者通过求解如下组合问题而最大化其期望效用：

$$\max_q\{U^h(\sigma(\xi),\mu(\xi))\mid P\cdot\xi\leqslant W^h\}$$

我们看每元钱财富所实现的组合即 $x=\xi/W^h$ 而非消费者的组合的规模。组合约束条件于是可以写为：

$$P\cdot x\leqslant 1$$

由于 $q=W^h x$，因此，$\mu(\xi)=W^h\mu(x)$，$\sigma(\xi)=W^h\sigma(x)$；期望效用于是为：

$$U^h(W^h\mu(x),W^h\sigma(x))$$

我们定义衍生效用函数：

$$u^h(\sigma(x),\mu(x))\equiv U^h(W^h\mu(x),W^h\sigma(x))$$

借此去掉有关的财富项。优化问题于是为：

$$\max_x\{u^h(\sigma(x),\mu(x))\mid P\cdot x\leqslant 1\}$$

就是说，我们可以把消费者 h 的组合选择问题看作是他在财富为 1 时的选择问题。

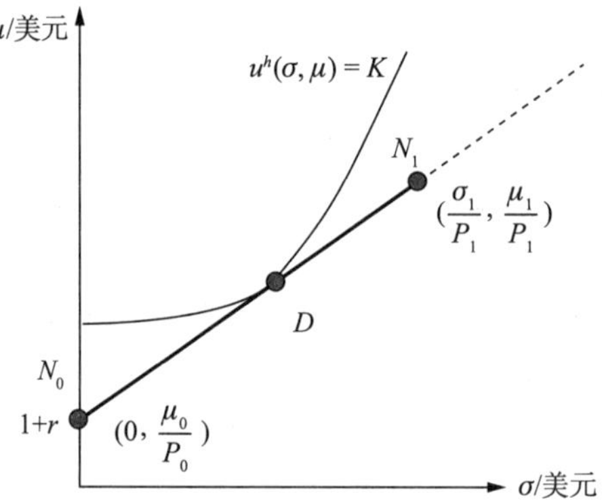

图 8.3－1　选择最优组合

首先探讨消费者选择的组合中只包含无风险资产（资产 0）和一种风险资产（资产 1）时的情况。在财富为 1 时，他可以购买一个单位的无风险资产或者购买 $1/P_1$ 个单位的风险资产。如果他只够买无风险资产（图 8.3－1 中的点 N_0），他的平均收益为 $1+r$。如果他只够买风险资产 1（图 8.3－1 中的点 N_1），则其组合的均值和标准差分别为 μ_1/P_1 和 σ_1/P_1。

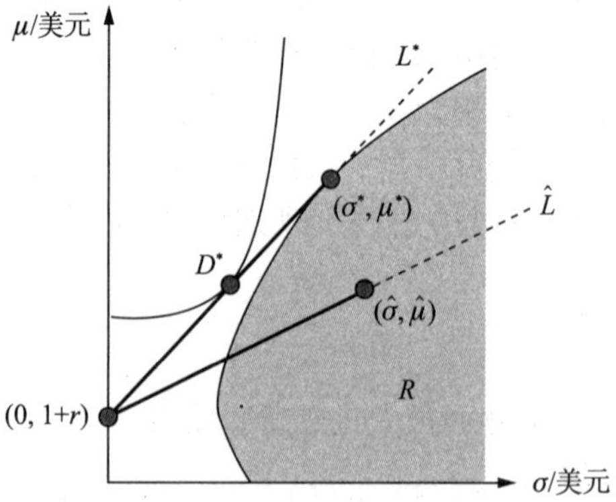

图 8.3－2　选择最优组合

如果他把 λ 比例的财富用于购买风险资产，则其组合收益的标准差为 $\lambda\dfrac{\sigma_1}{P_1}$，组合收益的均值为$(1-\lambda)\dfrac{\mu_0}{P_0}+\lambda\dfrac{\mu_1}{P_0}$。因此，这种分散化的组合全部位于图中粗线上。如果消费者以无风险利率借入资金，他就能购买更多风险资产。等价地说，他可以卖空。就是说，他可以请经纪人卖出其他人委托经纪行持有的无风险资产，利用出售收入购买更多风险资产，在以后（用出售风险资产的收入）支付无风险毛收益。通过这种卖空操作，组合均值与标准差沿着图 8.3-1 中的虚线部分上升。

如果一个人只投资风险资产，我们就定义 R 为此人的所有可行的均值与标准差构成的集合。见图 8.3-2。在这一集合中任取点$(\hat{\sigma},\hat{\mu})$。这个点给出了价值 1 元钱的组合$(\hat{x}_1,\cdots,\hat{x}_A)$的标准差与均值。想象这是 1 元钱的互助基金投资。我们刚才说过，由这一互助基金的股份与无风险资产构成的所有组合，都位于直线 $\hat{L}$。这一结论对集合 R 中每个点都成立，所以，由可行的组合构成的整个集合，是从点$(0,1+r)$出发且穿过R 中的点的所有直线形成的椎体。因此，效率组合是在点(σ^*,μ^*)与 R 相切的直线 L^* 上的点。设$(x_1^*,\cdots,x_A^*)$是与这个点相对应的风险资产组合。如果这一组合由金融机构如互助基金提供，则消费者的最好选择依然是选择只由无风险资产和这一互助基金构成的组合。当然，风险资产的最优份额（图中的 D^* 点）决定于此人的财富和风险态度。

互助基金定理

上述结论对每个投资者都成立。就是说，给定资产价格向量 P，每个人都想购买相同的互助基金$(x_1^*,\cdots,x_A^*)$。但是，风险资产的总供给为整个市场组合。在均衡中，对风险资产的需求（对这个互助基金的股份的需求）必须等于风险资产的总供给（市场组合）。就是说，均衡互助基金必须是市场组合。因此，如果所有人都只买卖无风险资产与市场组合，则风险被完全分散。

> **命题 8.3-1：互助基金定理**
>
> 如果人们只关心组合资产收益分布的一阶和二阶矩，则在均衡中，每个人都持有一些市场组合并把剩余财富投资于无风险资产。

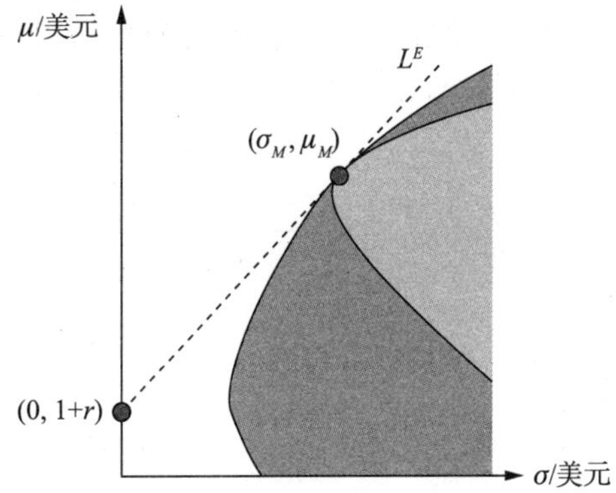

图 8.3-3　对资产 a 的定价

每种资产的定价

我们看一个价值一美元的组合，它由互助基金 M、资产 a 和无风险资产构成。组合约束条件为：

$$x_0+P_Mx_M+P_ax_a=1$$

根据互助基金定理，我们知道，在均衡点，投资者只选择市场组合和无风险资产，所以，对资产 a 的均衡持有量为零。见图 8.3-3。在图中深色区域的所有的点 (σ,μ) 上，投资者投资于全部 A 种风险资产。在浅色区域的所有的点上，投资者的组合只包含资产 a 与市场互助基金。由于这个机会集受到更大限制，因此，这个浅色区域肯定位于深色区域内。浅色区域肯定与市场线相切。因此，如果投资者要选择只由无风险资产、市场互助基金和资产 a 构成的组合，他的最优选择是只购买市场互助基金和无风险资产。我们用这一事实确定每种资产的价格。

如果投资者只持有市场组合，则每元钱的组合收益的均值为 μ_M/P_M，标准差为 σ_M/P_M。市场线的斜率(或者说，"Sharpe 比率")为：

$$\frac{\frac{\mu_M}{P_M}-(1+r)}{\frac{\sigma_M}{P_M}}=\frac{\mu_M-(1+r)P_M}{\sigma_M} \tag{8.3-1}$$

现在看由无风险资产、市场互助基金和资产 a 构成的一个组合。它的收益为 $c=x_0z_0+x_Mz_M+x_az_a$。代入组合约束条件，替换掉 x_0，组合收益为：

$$c=1+r+x_M(z_M-(1+r)P_M)+x_a(z_a-(1+r)P_a)$$

这一组合的均值与方差于是为：

$$\mu(x)=1+r+x_M(\mu_M-(1+r)P_M)+x_a(\mu_a-(1+r)P_a)$$
$$\sigma^2(x)=x_M^2\sigma_M^2+2x_Mx_a\sigma_{aM}+x_a^2\sigma_a^2$$

把它们对 x_a 求导，得到：

$$\frac{\partial\mu}{\partial x_a}=\mu_a-(1+r)P_a,2\sigma\frac{\partial\sigma}{\partial x_a}=2x_M\sigma_{aM}+2x_a\sigma_a^2 \tag{8.3-2}$$

我们知道，在均衡中，最好的风险资产组合是市场组合，所以，在均衡中，$x_a=0$。因此，$\sigma(x)=x_M\sigma_M$。代入(8.3-2)，得到：

$$\frac{d\mu}{d\sigma}=\frac{\frac{\partial\mu}{\partial x_a}}{\frac{\partial\sigma}{\partial x_a}}=\frac{\mu_a-(1+r)P_a}{\frac{\sigma_{aM}}{\sigma_M}}$$

它肯定是(8.3-1)定义的市场线的斜率。因此：

$$\frac{\mu_a-(1+r)P_a}{\frac{\sigma_{aM}}{\sigma_M}}=\frac{\mu_M-(1+r)P_M}{\sigma_M}$$

整理这个表达式。我们把每种资产的价格表示为相关的均值与方差和市场组合的价格的函数。我们将这一结论概括为命题 8.3-2。

> **命题 8.3-2:资本资产定价规则**
>
> 如果人们只关心组合资产收益分布的一阶和二阶矩,则资产 a 的均衡价格满足:
>
> $$\mu_a-(1+r)P_a=\frac{\sigma_{aM}}{\sigma_M^2}(\mu_M-(1+r)P_M) \tag{8.3-3}$$

设 $1+r_a$ 是资产 a 的风险毛收益率。就是说,对所有的 $a=1,\cdots,A$,有:

$$1+r_a=\frac{z_a}{P_a}$$

则:

$$\sigma_{aM}=\mathrm{cov}\{z_a,z_M\}=\mathrm{cov}\{P_ar_a,P_Mr_M\}=P_aP_M\mathrm{cov}\{r_a,r_M\}$$

同理:

$$\sigma_M^2=\mathrm{var}\{z_M\}=\mathrm{var}\{P_Mr_M\}=P_M^2\mathrm{var}\{r_M\}$$

将它们代入(8.3-3),整理得到:

$$\frac{\mu_a}{P_a}-(1+r)=\frac{\mathrm{cov}\{r_a,r_M\}}{\mathrm{var}\{r_M\}}\left(\frac{\mu_M}{P_M}-(1+r)\right)$$

因此:

$$E\{r_a\}-r=\frac{\mathrm{cov}\{r_a,r_M\}}{\mathrm{var}\{r_M\}}(E\{r_M\}-r)$$

投资银行家把每种股票的收益率对市场收益率做回归,得到这种股票的贝塔(beta)值。假设两个上市公司有相同的期望收益,但是第一家公司的收益分布有更高的贝塔值(即与市场组合的相关度更高)。则第一家公司的均衡期望收益肯定更高,因为它提供的分散风险的空间更小。

例子:均值-方差偏好

人们只关心收益分布的一阶与二阶矩的假定,显然只是近似描述。但是,如果收益服从正态分布,情况便真是如此。如果消费者同时有固定的绝对风险厌恶系数,则偏好就可以表示为组合的均值与标准差的二次方函数。

如果每种资产的收益都服从正态分布,则任何组合(都是这些资产的线性组合)都服从正态分布。设 μ 与 σ^2 是消费者 h 的组合收益 $\tilde{c}$ 的均值和方差。则 $\tilde{c}$ 有密度函数:

$$f(c)=\frac{1}{\sigma\sqrt{2\pi}}e^{-\frac{1}{2}\left(\frac{c-\mu}{\sigma}\right)^2} \tag{8.3-4}$$

设消费者 h 有固定的绝对风险厌恶系数，则他的效用函数（服从线性转换）为 $v_h(c)=e^{-\alpha c}$，期望效用为：

$$u=E\{v_h(\tilde{c})\}=\int_{-\infty}^{\infty}e^{-\alpha c}f(c)dc \qquad (8.3-5)$$

现在证明这类偏好有简单的效用函数表示：在组合收益的均值与方差上为线性的效用函数。

> **命题 8.3-3：偏好的二次方表示**
>
> 如果消费者有固定的绝对风险厌恶系数即 $-\frac{v''(c)}{v'(c)}=\alpha$ 并且消费服从均值为 μ 和标准差为 σ 的正态分布。则：
>
> $$U(\sigma,\mu)=\mu-\frac{1}{2}\alpha\sigma^2 \qquad (8.3-6)$$
>
> 这是此人偏好的表示。

证明：把（8.3-4）代入（8.3-5），期望效用为：

$$u=E\{v(\tilde{c})\}=-\frac{1}{\sigma\sqrt{2\pi}}\int_{-\infty}^{\infty}e^{-\frac{1}{2}\left(2\alpha c+\left(\frac{c-\mu}{\sigma}\right)^2\right)}dc$$

$$=-\frac{1}{\sigma\sqrt{2\pi}}e^{-\alpha\mu}\int_{-\infty}^{\infty}e^{-\frac{1}{2}\left(2\alpha c\left(\frac{c-\mu}{\sigma}\right)+\left(\frac{c-\mu}{\sigma}\right)^2\right)}dc \qquad (8.3-7)$$

凑出其中的平方项：

$$u=-\frac{1}{\sigma\sqrt{2\pi}}e^{-\alpha\left(\mu-\frac{1}{2}A\sigma^2\right)}\int_{-\infty}^{\infty}e^{-\frac{1}{2}\left((\alpha\sigma)^2+\alpha\sigma\left(\frac{c-\mu}{\sigma}\right)+\left(\frac{c-\mu}{\sigma}\right)^2\right)}dc$$

于是：

$$u=-e^{-\alpha\left(\mu-\frac{1}{2}\alpha\sigma^2\right)}\int_{-\infty}^{\infty}\frac{1}{\sigma\sqrt{2\pi}}e^{-\frac{1}{2}\left(\frac{c-\mu+\alpha\sigma}{\sigma}\right)^2}dc$$

上式中的积分项等于 1，因为它是正态密度函数在其支持上的积分。因此：

$$u=-e^{-\alpha\left(\mu-\frac{1}{2}A\sigma^2\right)}=-e^{-U(\mu,\sigma)}$$ □

习　题

习题 8.3-1：独立资产的定价

有一种无风险资产，毛收益率为 $1+r_0$；有 A 种风险资产。资产 a 的均值为 μ_a，方差为 σ_a^2。所有风险资产的收益相互独立且都服从正态分布。消费者 h 有 VNM 效用函数 $u(x)=-e^{-\alpha^h x}$（即有固定绝对风险厌恶函数），$h=1,\cdots,H$。

(a) 假设所有人有相同的风险厌恶参数 α。求解每种资产的均衡价格。

(b) 保持资产种类数固定。随着消费者数量增加，价格如何变化？请解释。

(c) 保持消费者数量固定。随着资产种类数增加,每种资产的价格如何变化?这个结果出乎你的预料吗?请解释。

(d) 如果资产种类数量与消费者数量以相同速度增长呢?

(e) 设消费者有不同的风险厌恶参数。回答以上问题。

习题 8.3-2:互助基金定理

(a) 假设所有的 A 种风险资产服从独立分布。利用资本资产定价公式,推导出资产 a 的价格,将其表示为 A 种资产的方差和市场组合的价格的函数。

(b) 如果资产 2 的方差是资产 1 的两倍,比较每种资产在无风险毛收益率之上的期望收益,即比较 $\mu_1-(1+r)P_1$ 与 $\mu_2-(1+r)P_2$。

(c) 保持资产种类固定。随着消费者数量上升,每种资产的价格发生怎样的变化?

8.4 套利定价理论

关键词:无套利机会;隐性状态索取权价格;资产定价的基本定理

最早由罗斯(Ross,1976)提出的证券定价理论,没有从偏好开始然后求解隐含的均衡价格,而是从证券在各种状态中的股息入手,在证券价格不产生套利机会的前提下,展开分析。

设有 A 种证券。证券 a 的价格为 P_a,$a=1,\cdots,A$。A 种证券构成的组合 $\xi=(\xi_1,\cdots,\xi_a)$的市场价值于是为:

$$\sum_{a=1}^{A} P_a\xi_a \equiv P'\xi$$

如果市场是完全的,则这一组合的市场价值肯定也是组合中的股息的价值。在状态索取权价格向量为 p 的阿罗-德布鲁均衡中,股息的市场价格为:

$$\sum_{a=1}^{A} p'd_a\xi_a \equiv P'\mathbf{D}\xi$$

因此:

$$P'\xi=P'\mathbf{D}\xi$$

设资产市场不完全,就是说,$\mathbf{D}$ 的维数小于 S。套利定价理论的核心结论是:如果资产价格不产生套利机会,则存在隐性状态索取权价格向量,正确地对这些资产定价;就是说,这 A 种资产构成的任意组合的价值,都等于用这些隐性价格算得的股息的价值。

> **定义:无套利机会**
>
> 设证券 a 的股息向量为 d_a,$a=1,\cdots,A$。则证券价格向量 $P=(P_1,\cdots,P_A)$不产生套利机会如果对任何组合 ξ,有:
>
> (ⅰ) $w=\mathbf{D}\xi=0\Rightarrow P'\xi=0$;
>
> (ⅱ) $w=\mathbf{D}\xi>0\Rightarrow P'\xi>0$。

为说明这个定义，假定只有三种状态和两种资产，股息向量为 $d_1=(1,0,1)$ 和 $d_2=(0,1,1)$。两个股息向量生成状态空间 $\mathbb{R}^3$ 的一个两维子空间 W^2：

$$W^2=\left\{w \mid w=D\xi=\begin{bmatrix}1 & 0\\0 & 1\\1 & 1\end{bmatrix}\begin{bmatrix}\xi_1\\\xi_2\end{bmatrix}=\begin{bmatrix}\xi_1\\\xi_2\\\xi_1+\xi_2\end{bmatrix}\right\}$$

见图 8.4－1。

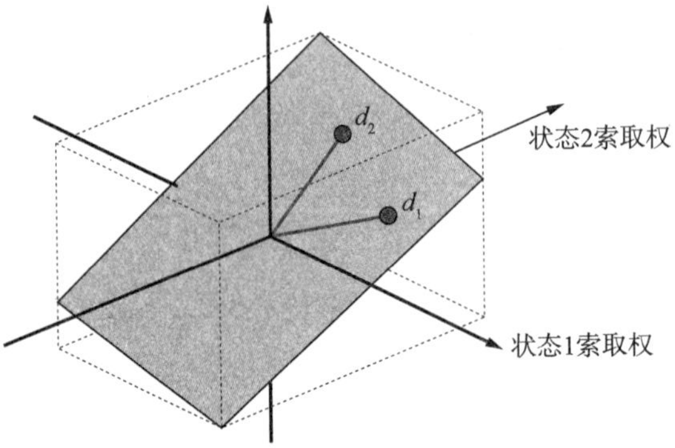

图 8.4－1　由 d_1 和 d_2 生成的股息空间

在 $w>0$ 时，要无无套利机会，股息向量 w 的价值必须严格为正。在这个例子中，由于 $w=(\xi_1,\xi_2,\xi_1+\xi_2)$，因此，$w$ 大于零当且仅当 $\xi>0$。但是，这个组合的价值为 $P_1\xi_1+P_2\xi_2$。所以，在这个例了中，任何价格向量 $P\gg0$ 都不产生套利机会。〔1〕

不涉及偏好的隐性状态索取权价格

现在探讨只使用无套利机会假定时，关于资产价格和收益，所能得到的结论。

> **命题 8.4－1：资产定价基本定理(Ross)**
>
> 设证券 $1,\cdots,A$ 的股息向量分别为 $d_1,\cdots,d_A\in\mathbb{R}^S$，证券价格为 $P=(P_1,\cdots,P_A)\gg0$。则以下陈述等价：
>
> (a) P 不产生套利机会；
>
> (b) 存在状态价格向量 $r\in\mathbb{R}^S$ 且 $r\gg0$ 使得任意组合 $\xi=(\xi_1,\cdots,\xi_a)$ 都有市场价值 $P'\xi=r'\mathbf{D}\xi$。

(b) 蕴含(a)的证明，几乎唾手可得。对某个组合 ξ，如果 $w=\sum_{a=1}^{A}d_a\xi_a=0$，则根据(b)，这一组合的价值为零。对某个组合 ξ，如果 $w>0$，则根据(b)，这一组合的价值严格为正，因为 $r\gg0$。

但是，(a)蕴含(b)的证明很复杂。为理解它的证明，我们先看两个例子。

---

〔1〕 我们用 $\bar{d}_2=(1,-1,0)$ 代替其中的 d_2。证明无套利机会的定义，意味着在资产 1 上做多和在资产 2 上做空的任何组合，都有正的价格，当且仅当 $P_1>P_2$。

例 1

在一个经济中，有三种状态和两种证券。第一种证券的股息为 $d_1=\left(1,\frac{1}{2},1\right)$，第二种证券的股息为 $d_2=(0,1,1)$。资产的价格为 $P=(3,2)$。

设 W^2 是由这两个股息向量生成的两维子空间。设 $\Xi=\{\xi|\mathbf{D}\xi>0\}$ 是由股息 $d=\mathbf{D}\xi>0$ 的组合构成的集合。容易验证，$\xi^*=(1,1)\in\Xi$。因此，Ξ 是非空集。不难证明，Ξ 是凸集。见图 8.4-2。

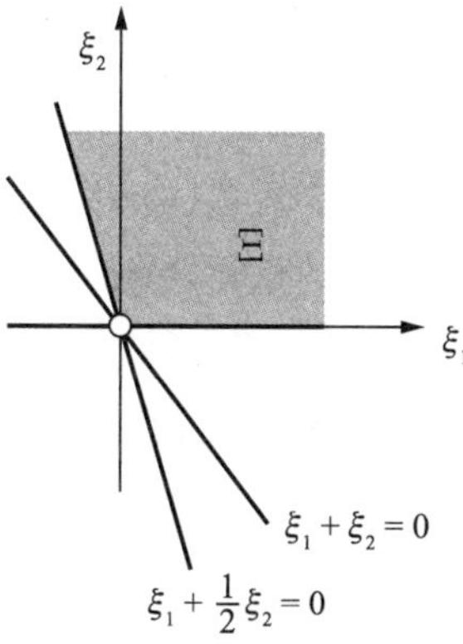

图 8.4-2 有正股息的组合

这里要看到，只要 $P_1<2P_2$，直线 $P_1\xi_1+P_2\xi_2=0$ 就是条支持价格线。因此，$\xi\in\Xi$ 和 $\xi\neq0$ 蕴含 $P'\xi>0$。因此，资产价格向量 $P=(3,2)$ 不产生套利机会。

现在证明我们能把无套利机会从子空间 W^2 推广至 $\mathbb{R}^3$ 中。定义组合 $\xi^*=(1,1)$。容易验证：

$$d^{**}=\mathbf{D}\xi^*+\begin{bmatrix}0\\0\\1\end{bmatrix}=\begin{bmatrix}1\\1\frac{1}{2}\\3\end{bmatrix}\notin W^2$$

现在需要证明：对应股息 d^{**}，存在价格 P^{**} 使得 (P_1,P_2,P^{**}) 不产生套利机会。这里要看到：

$$\begin{bmatrix}0\\0\\1\end{bmatrix}=d^{**}-d^*$$

$d^*=\mathbf{D}\xi^*$ 的市场价值为 $P'\xi^*$。因此，如果存在这样的 P^{**}，状态 3 的索取权的市场价值就为：

$$r_3=P^{**}-P'\xi^* \tag{8.4-1}$$

第一步：在新资产上做多

组合 $\xi=(\xi_1,\xi_2,\alpha)$ 的股息为 $w=\mathbf{D}\xi+\alpha d^{**}$，市场价值为：

$$P'\xi^{*}+\alpha P^{**}$$

要无套利机会，要求对任何 $w>0$，股息流的价值严格为正。就是说：

$$\hat{w}=\mathbf{D}\hat{\xi}+\alpha d^{**}>0\Rightarrow P'\hat{\xi}+\alpha P^{**}>0$$

等价地：

$$\mathbf{D}\hat{\xi}>-\alpha d^{**}\Rightarrow P'\hat{\xi}>-\alpha P^{**} \tag{8.4-2}$$

如果 $\alpha=0$，上式成立，因为 $w\in W^2$。

设 $\alpha>0$。定义 $\beta=-1/\alpha<0$，我们可以把(8.4-2)写为：

$$\beta\mathbf{D}\hat{\xi}<d^{**}\Rightarrow\beta P'\hat{\xi}<P^{**}$$

定义 $\xi=\beta\hat{\xi}$。我们要求：

$$\mathbf{D}\xi<d^{**}\Rightarrow P'\xi<P^{**}$$

定义集合 $X=\{\xi|\mathbf{D}\xi\leqslant d^{**}\}$。我们要求对所有的 $\xi\in X$，有：

$$P'\xi<P^{**} \tag{8.4-3}$$

第二步：在新资产上做空

假设 $\alpha<0$。定义 $\beta=-1/\alpha>0$，我们可以把(8.4-2)写为：

$$\beta\mathbf{D}\hat{\xi}>d^{**}\Rightarrow\beta P'\hat{\xi}>P^{**}$$

定义 $\xi=\beta\hat{\xi}$。我们要求：

$$\mathbf{D}\xi>d^{**}\Rightarrow P'\xi>P^{**}$$

定义集合 $Y=\{\xi|\mathbf{D}\xi\geqslant d^{**}\}$。我们于是要求对所有的 $\xi\in Y$，有：

$$P'\xi\geqslant P^{**} \tag{8.4-4}$$

第三步：定价新资产

图 8.4-3 画出了集合 $X=\left\{\xi|\xi_1\leqslant1,\frac{1}{2}\xi_1+\xi_2\leqslant1\frac{1}{2},\xi_1+\xi_2\leqslant3\right\}$。

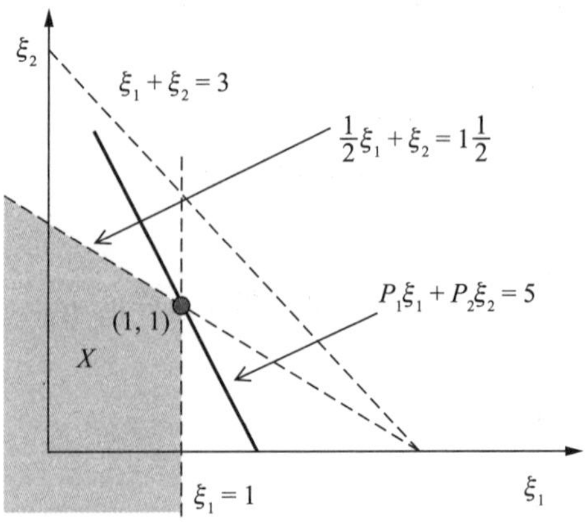

图 8.4-3　第三种资产的价格的下界

这里要看到，在 $P=(3,2)$ 时，有：

$$(1,1)=\underset{\xi}{\mathrm{argmax}}\{P'\xi \mid \xi\in X\}$$

因此，只要 $P^{**}>5$，(8.4－3)就得到满足。

图 8.4－4 画出了集合 $Y=\left\{\xi\mid\xi_1\geqslant 1,\frac{1}{2}\xi_1+\xi_2\geqslant 1\frac{1}{2},\xi_1+\xi_2\geqslant 3\right\}$。

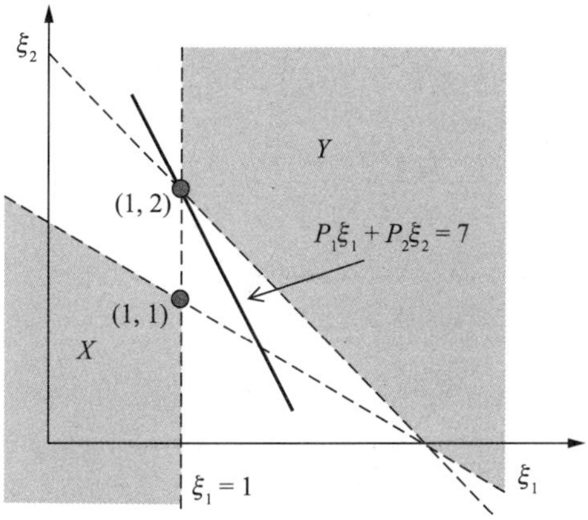

图 8.4－4 第三种资产的价格的上界

这里要看到，在 $P=(3,2)$ 时，有：

$$(1,2)=\underset{\xi}{\mathrm{argmin}}\{P'\xi \mid \xi\in Y\}$$

因此，只要 $P^{**}<7$，(8.4－4)就得到满足。

因此，只要 $P^{**}\in(5,7)$，资产价格就不产生套利机会。设 $P^{**}=6$。根据(8.4－1)，有：

$$r_3=P^{**}-P'\xi^*=1$$

并且，$P'=r'D$。因此：

$$[3,2,6]=[r_1,r_2,1]\begin{bmatrix}1 & 0 & 1\\ \frac{1}{2} & 1 & 1\frac{1}{2}\\ 1 & 1 & 3\end{bmatrix}$$

于是，$2=r_2+r_3$，$3=r_1+\frac{1}{2}r_2+r_3$。解得：

$$r_2=1,r_1=1\frac{1}{2}$$

例 2

在一个经济中，有三种状态和两种证券。第一种证券的股息为 $d_1=(1,0,-1)$，第二种证券的股息为 $d_2=(0,1,-1)$。组合 ξ 的股息因此为 $d=(\xi_1,\xi_2,-\xi_1-\xi_2)$。这意味着没有任何组合有股息 $d>0$。因此，一切资产价格向量 $P\gg 0$ 都不产生套利机会。如前所述,令 $\xi^*=(1,1)$。于是,$d^*=\mathbf{D}\xi^*=(1,1,-2)$。容易证明:

$$d^{**}=d^*+\begin{bmatrix}0\\0\\2\end{bmatrix}=\begin{bmatrix}1\\1\\0\end{bmatrix}\notin W^2$$

定义集合 $X=\{\xi|D\xi\leqslant d^{**}\}$。我们要求对所有的 $\xi\in X$,有:

$$P'\xi\leqslant P^{**} \tag{8.4-5}$$

图 8.4-5 画出了集合 $X=\{\xi|\xi_1\leqslant 1,\xi_2\leqslant 1,-\xi_1+-\xi_2\leqslant 0\}$。

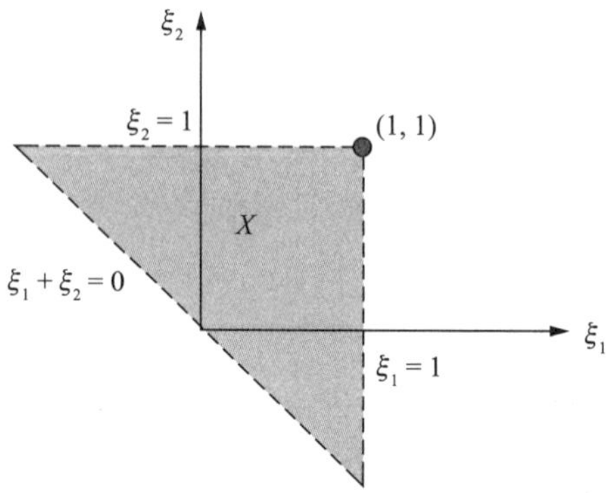

图 8.4-5 第三种资产的价格的边界

这里要看到,对任意的 $P\gg 0$,有:

$$(1,1)=\underset{\xi}{\operatorname{argmax}}\{P'\xi \mid \xi\in X\}$$

因此,只要 $P^{**}>P_1+P_2$,(8.4-5)得到满足。

定义集合 $Y=\{\xi|\mathbf{D}\xi\geqslant d^{**}\}$。我们于是要求对所有的 $\xi\in Y$,有:

$$P'\xi\geqslant P^{**} \tag{8.4-6}$$

集合 $Y=\{\xi|\xi_1\geqslant 1,\xi_2\geqslant 1,-\xi_1-\xi_2\geqslant 0\}$是空集。条件(8.4-6)自然得到满足。

我们采用与上述例子中相同的步骤证明基本定理。假设存在 J 个线性无关的股息向量,将它们标记为 $1,\cdots,J$。我们可以不考虑其他股息向量(因为它们都是这 J 个线性无关向量的线性组合)并定义 $\mathbf{D}$ 为这 J 个列向量构成的 $S\times J$ 矩阵。我们要证明存在状态价格向量 $r\in\mathbb{R}^S$ 且 $r\gg 0$ 使得任意组合 $\xi=(\xi_1,\cdots,\xi_J)$都有市场价值:

$$P'\xi=r'\sum_{a=1}^{J}d_a\xi_a=r'\mathbf{D}\xi$$

由于后文中将用到,所以,我们在这里指出:如果 $d=\mathbf{D}\xi^1=\mathbf{D}\xi^2$,则 $\mathbf{D}(\xi^1-\xi^2)=0$。由于矩阵 $\mathbf{D}$ 满秩,所以,$\xi^1-\xi^2=0$。就是说,映射 $\mathbf{D}\xi$ 既连续且是一对一的。因此,存在连续的一对一的逆映射 $\xi(d)$。

任选组合 $\xi^*=(\xi_1^*,\cdots,\xi_J^*)>0$。定义 $d^*=\mathbf{D}\xi^*$,定义 $\mathbf{1}_s$ 为$\mathbb{R}^S$ 中单位单纯型的第 s 个顶点。假设 $d^{**}=d^*+b\mathbf{1}_s$ 在集合 W^J 中;就是说,它由这 J 个股息向

量生成。则 $d^{**}-d^{*}=b\mathbf{1}_s\in W^J$。根据假定，$W^J$ 的生成空间小于 S，因此，这一结论不可能对所有的 s 都成立。就是说，存在 t 使得 $d_t^{**}=d_t^{*}+b\mathbf{1}_t\notin W^J$。重新标记使 $d_S^{**}=d_S^{*}+b\mathbf{1}_S\notin W^J$。

这里的关键是证明我们能把无套利机会从线性子空间 W^J 扩展至维数为 $J+1$ 的线性子空间 W^{J+1}。将此扩展过程进行 $S-J$ 次，我们也就把无套利机会扩展至 $W^S=\mathbb{R}^S$。我们于是能用 W^S 中的资产价格求解隐性状态索取权价格。

设证券市场均衡价格向量为 $P=(P_1,\cdots,P_J)$。根据假定，它严格为正。定义 $J+1$ 维子空间为：

$$W^{J+1}=\left\{w \mid \text{存在}(\xi,\alpha)\text{使得} w=\sum_{a=1}^{J}d_a\xi_a+\alpha d^{**}=\mathbf{D}\xi+\alpha d^{**}\right\}$$

设 P^{**} 是 d^{**} 的市场价值。我们必须证明存在 P^{**} 使得在 W^{J+1} 中无套利机会。

W^J 中的任何股息向量都可以写为 $\sum_{a=1}^{J}d_a\xi_a=\mathbf{D}\xi$。在 $J+1$ 种证券上要无套利机会，市场价值 $w=\mathbf{D}\xi+\alpha d^{**}$ 必须等于：

$$P'\xi+\alpha P^{**}$$

而且，要无套利机会，要求对任意 $\hat{w}\in W^{J+1}$，在 $\hat{w}>0$ 时，股息流量的价值严格为正。就是说：

$$\hat{w}=\mathbf{D}\xi+\alpha d^{**}>0\Rightarrow P'\hat{\xi}+\alpha P^{**}>0$$

第一步和第二步：

这两个步骤与例题 1 中的证明完全一样。

定义集合 $X=\{\xi|\mathbf{D}\xi\leqslant d^{**}\}$。我们要求对所有的 $\xi\in X$，有：

$$P'\xi\leqslant P^{**} \tag{8.4-7}$$

定义集合 $Y=\{\xi|\mathbf{D}\xi\geqslant d^{**}\}$。我们要求对所有的 $\xi\in Y$，有：

$$P'\xi\geqslant P^{**} \tag{8.4-8}$$

这里要看到，对任意的 $\xi^0\in X$ 和 $\xi^1\in Y$，$\mathbf{D}\xi^0\leqslant d^{**}\leqslant\mathbf{D}\xi^1$。如果 $\mathbf{D}\xi^0=\mathbf{D}\xi^1$，则 $\mathbf{D}\xi^0=d^{**}$。但这不可能，因为 $d^{**}\notin W^J$。因此，$\mathbf{D}\xi^0<\mathbf{D}\xi^1$，因此，$P'\xi^0<P'\xi^2$。

第三步：

如果 Y 是空集，则条件(8.4-8)自然得到满足。假设 Y 非空。

设 Z 是定义域为 Y 的映射 $\mathbf{D}\xi$ 的像。就是说，$\mathbf{D}z:Y\rightarrow Z$。由于 Y 是闭集且这一映射连续，因此，Z 是闭集。并且，$d\in Z\Rightarrow d\geqslant d^{**}$，所以，$Z$ 有下界。我们已经说过，存在连续的逆映射 $\xi(d):Z\rightarrow Y$。因此，不等式(8.4-8)可以写为：对所有的 $d\in Z$，有：

$$P'\xi(d)\geqslant P^{**}$$

由于 $P'\xi(d)$ 连续且 Z 有下界，因此，$P'\xi(d)$ 在某个点 $d^{+}\in Z$ 上取得最小值。由于 $d^{+}\in Z$，所以，$d^{+}\geqslant d^{**}>d^{*}$。但是，$d^{*}=\mathbf{D}\xi^{*}$。于是，根据无套利性，有：

$$\min_{d\in Z}\{P'\xi(d)\} > P'\xi^*$$

因此,我们必须选择 $P^{**} < \min_{d\in Z}\{P'\xi(d)\}$。

如果 X 是空集,我们也就完成了证明。假设 X 非空。设 Z^- 是定义域为 X 的映射 $\mathbf{D}\xi$ 的像。沿用前面的证明思路,条件(8.4-7)可以写为:对所有的 $d\in Z^-$,

$$P'\xi(d)\leqslant P^{**}$$

由于 $P'\xi(d)$ 连续且 Z^- 有上界,所以,$P'\xi(d)$ 在某个点 $d^-\in Z^-$ 上取得最大值。根据第二步证明,$P'\xi(d^-)<P'\xi(d^+)$。

综合以上结论,我们证明了对所有的 $x\in X$ 和 $y\in Y$,有:

$$P'x\leqslant\max_{d\in Z^-}\{P'\xi(d)\}<\min_{d\in Z}\{P'\xi(d)\}\leqslant P'y$$

因此,对满足如下条件的 P^{**},条件(8.4-7)和(8.4-8)都成立:

$$\max_{d\in Z^-}\{P'\xi(d)\}<P^{**}<\min_{d\in Z}\{P'\xi(d)\}$$

我们因此把无套利机会从 W^J 扩展至了 W^{J+1}。重复上述过程,我们就能把无套利机会推广至 $W^S=\mathbb{R}^S$。

例 3

在一个经济中,有三种状态和两种证券。第一种证券的股息为 $d_1=(1,0,1)$,第二种证券的股息为 $d_2=(0,1,1)$。资产价格为 $P=(2,4)$。我们看组合 $\xi^*=(1,1)$。它产生的股息为:

$$d^*=\mathbf{D}\xi^*=\begin{bmatrix}1&0\\0&1\\1&1\end{bmatrix}\begin{bmatrix}1\\1\end{bmatrix}=\begin{bmatrix}1\\1\\2\end{bmatrix}$$

因此,我们选择:

$$d^{**}=\begin{bmatrix}1\\1\\2+b\end{bmatrix}$$

于是:

$$X=\{\xi\,|\,\mathbf{D}\xi\leqslant d^{**}\}=\{\xi\,|\,\xi_1\leqslant1,\xi_2\leqslant1,\xi_1+\xi_2\leqslant2+b\}$$
$$Y=\{\xi\,|\,\mathbf{D}\xi\geqslant d^{**}\}=\{\xi\,|\,\xi_1\geqslant1,\xi_2\geqslant1,\xi_1+\xi_2\geqslant2+b\}$$

图 8.4-6 中画出了这两个集合。这里要看到,在 $P=(2,4)$ 时,$P'\xi$ 在 $\xi^*=(1,1)$ 上取得其在 X 上的最大值;在 $(1+b,1)$ 上取得其在 Y 上的最小值。因此,在 $P=(2,4)$ 时,通过选择:

$$P^{**}\in(6,6+2b)$$

我们能把无套利机会推广至 $W^3=\mathbb{R}^3$。我们可以把 P^{**} 写为 $P^{**}=6+2\beta$,其中,$\beta\in(0,b)$。

如果存在隐性状态价格向量 r，则 r 肯定满足：

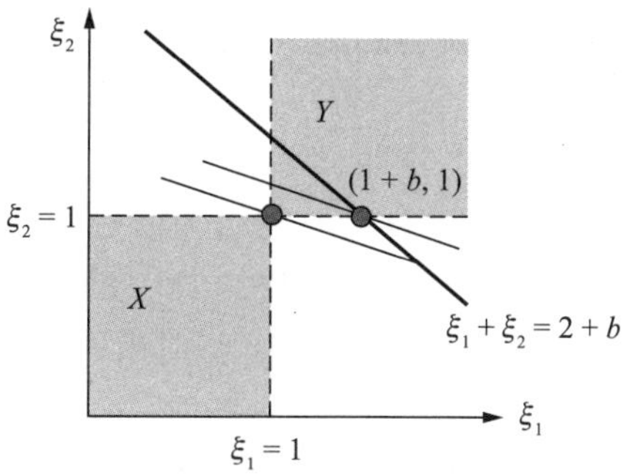

图 8.4-6　第三种资产的价格的边界

$$P'=r'\mathbf{D}$$

就是说：

$$P'=[2,4,6+2\beta]=r'\begin{bmatrix}1&0&1\\0&1&1\\1&1&2+b\end{bmatrix}$$

由于 **D** 的各个列线性无关，所以，**D** 可逆。于是：

$$r'=[2,4,6+2\beta]\begin{bmatrix}1&0&1\\0&1&1\\1&1&2+b\end{bmatrix}^{-1}=[2,4,6+2\beta]\begin{bmatrix}1+b&1&-1\\0&1+b&-1\\-1&-1&1\end{bmatrix}\frac{1}{b}$$

$$=\frac{1}{b}[2(b-\beta),2b+2(b-\beta),2\beta]$$

其中，$\beta\in(0,b)$。这里要看到，通过选择足够小的 β，我们可以使状态 3 索取权的隐性价格任意得小；通过选择 β 使其足够接近 b，我们可以使状态 1 索取权的隐性价格足够小。就是说，我们不应把这些隐性价格看作是可用于指导生产决策的价格。它们是会计价格，理论上说，可以用于检验关于固定数量的金融工具的效率的假说。

习　题

习题 8.4-1：三种状态和两种资产

设资产 1 的股息为 $d_1=(-1,1,2)$，资产 2 的股息为 $d_2=(1,1,0)$。

(a) 阐述使得股息 $d=\mathbf{D}\xi>0$ 的组合集 Ξ 的特征。

(b) 阐述无套利机会的资产价格集的特征，证明资产价格向量 $P=(2,6)$ 在这一集合中。

(c) 如果 $P=(2,6)$，则选择 $\xi^*=(1,1)$ 和股息为 $d^{**}=\mathbf{D}\xi^{**}+\mathbf{1}_3$ 的另一种资产。证明 $(P_1,P_2,P^{**})=(2,6,11)$ 不产生套利机会。

(d) 对由这两种资产生成的任何资产 a，求解使得 $P_a = r'd_a$ 状态索取权价格 r。

习题 8.4－2：与不产生套利机会的资产价格相一致的隐性状态索取权价格

资产 1 的股息为 $d_1=(-1,1,2)$，资产 2 的股息为 $d_2=(1,1,0)$。

(a) 利用习题 8.4－1 的答案，证明 $(P_1, P_2, P^{**})=(2,6,8+b)$ 没有套利机会当且仅当 $b\in(0,4)$。描述股息 $d=\mathbf{D}\xi>0$ 的组合集 Ξ 的特征。

(b) 选择 $\xi^*=(1,1)$ 和股息为 $d^{**}=\mathbf{D}\xi^{**}+\mathbf{1}_3$ 的另一种资产。对每个 b，求解有如下特征的所有可能的状态索取权价格 r：对由这两种资产生成的任何资产 a，$P_a=r'd_a$。

习题 8.4－3：所有的资产价格都不产生套利机会

设资产 1 的股息为 $d_1=(1,1,-2)$，资产 2 的股息为 $d_2=(1,-2,1)$。

(a) 一个组合要有股息 $d>0$，则它需满足什么约束条件？证明不存在这样的组合。

(b) 什么样的资产价格不产生套利机会？

(c) 选择 $\xi^*=(1,1)$ 和股息为 $d^{**}=\mathbf{D}\xi^{**}+\mathbf{1}_3$ 的另一种资产。求解不产生套利机会的资产价格 (P_1, P_2, P^{**})。

参考文献

Arrow, Kenneth J. (1971). *Essays in the Theory of Risk-Bearing*. Amsterdam: North Holland.

Arrow, Kenneth J. and Debreu, G. (1954). "Existence of a Competitive Equilibrium for a Competitive Economy." *Econometrica* **22**(3): 265－290.

Chen, Nai-Fu, Roll, Richard and Ross, Stephen A. (1986). "Economic Forces and the Stock Market." *Journal of Business* **59** (3): 383－403.

Cox, John, Ingersoll, Jonathan and Ross, Stephen A. (1985). "An Intertemporal General Equilibrium Model of Asset Prices." *Econometrica* **53**: 363－384.

Debreu, Gerard. (1959). *Theory of Value: An Axiomatic Analysis of Economic Equilibrium*. New York: John Wiley and Sons.

Hirshleifer, Jack and Riley, John G. (1994). *The Analytics of Uncertainty and Information*. Cambridge: Cambridge University Press.

Markowitz, H. M. (1959). *Portfolio Selection: Efficient Diversification of Investments*. New York: John Wiley & Sons.

Ross, Stephen. (1976). "The Arbitrage Theory of Capital Asset Pricing." *Journal of Economic Theory* **13** (3): 341－360.

Sharpe, William F. (1964). "*Capital Asset Prices: A Theory of Market Equilibrium under Conditions of Risk.*" *Journal of Finance* **19** (3): 425－442.

第九章

策略:偏好与历史皆为共同知识的博弈

9.1 策略均衡

关键词:同时行动博弈;标准式博弈;纯策略和混合策略;占优策略均衡;纳什均衡;共同知识;相关策略

在此前各章中,我们主要探讨通过瓦尔拉斯均衡实现资源配置。在瓦尔拉斯均衡配置中,所有决策者都接受价格,因此不存在策略问题。但是,只有当竞争者数量足够大时,接受价格的行为假定才具合理性。我们看到,当生产集具有规模收益递增特征时,相对于由两个或多个企业进行生产来说,由一个企业进行生产能使成本更低。这种情况下,就会出现自然垄断。一种商品如果只由一家企业出售,就存在策略问题。这个企业制定价格而非接受价格;它通过选择价格来最大化利润。再看另一种情况。假定一个行业,在较低产量水平上,生产集具有规模收益递增特征;但当企业产量占据相当的市场份额时(但小于50%),生产集具有规模收益递减特征。此时,由几个企业在平均成本最小化产量水平附近生产,能使平均成本最小。现在的策略问题更复杂,因为一个企业生产方案的变化将会影响竞争对手的销量,通常会招致每个竞争对手做出反应。此时,要正确决策,要求所有企业预测各自对手的行动。借用社会竞争(体育比赛和扑克比赛等)术语,我们称这种策略竞争为博弈,博弈中的参与人员被称为参与者。

首先看一个简单的经济博弈。它有两个参与者,参与者 $i=1,2$ 是企业 i 的经理。每个参与者在网站上公布自己的产品在下周的价格。为简化分析,每个参与者只有两个价格选项:p_H(高价)和 p_L(低价)。设 A_i 是 i 的一切可能的行动构成的行动集。$A_i=\{p_H,p_L\}$。

假设只在两个参与者都提交了各自的价格后,两家企业的价格信息才公示在网站上。在这种安排下,对两家企业而言,是率先行动还是同时行动的问题并不重要,这两种情况下的博弈在策略上等价。我们称这种博弈为同时行动博弈。首先探讨这种博弈。

同时行动博弈

设 $\mathfrak{I}$ 为参与者集合。在这个例子中，$\mathfrak{I}=\{1,2\}$。每个参与者在博弈中采取的行动共同构成结果组合。在这个例子中，一个结果组合是一个行动向量 $a=(a_1,a_2)$，$a_i\in A_i$。我们把所有可能的结果组合构成的集合写为 $A=A_1\times A_2$。与结果组合 a 相联系的收益为 $u_i(a)$，$i\in\mathfrak{I}$。

对两人同时行动博弈，我们可把它表示为“矩阵”或者说“标准”形式。每个可能的收益数对 $(u_1(a),u_2(a))$ 写在矩阵的一个单元格中，参与者 1 的收益排在前面(见表 9.1－1a)。[1]

表 9.1－1a　定价博弈的收益矩阵

		参与者 2	
		p_H	p_L
参与者 1	p_H	4,4	1,8
	p_L	8,1	2,2

在这个例子中，收益数字经过精心选择，目的是反映两个相互竞争的企业所面对的一种典型情况。两个企业都想定高价，实现收益向量 $u(p_H,p_H)=(4,4)$；不想定低价，实现收益向量 $u(p_L,p_L)=(2,2)$。但是，如果一个企业选择低价而另一个企业选择高价，则选择高价的企业几乎丧失全部市场份额；此时，收益向量为 $u(p_L,p_H)=(8,1)$ 和 $u(p_H,p_L)=(1,8)$。

剔除劣行动

在有 I 个人参与的博弈中，可能的结果组合集[2]为：

$$A=A_1\times\cdots\times A_I\equiv\{(a_1,\cdots,a_I)\,|\,a_i\in A_i,i\in\mathfrak{I}\}$$

定义 $a_{-i}\equiv(a_1,\cdots,a_{i-1},a_{i+1},\cdots,a_I)$ 为参与者 i 的竞争对手的一个可行的行动。对手的这种可行的行动构成的集合，可以表示为积的形式：

$$A_{-i}\equiv A_1\times\cdots\times A_{i-1}\times A_{i+1}\times\cdots\times A_I=\prod_{\substack{j=1\\ j\neq i}}^{I}A_j$$

行动 $a_i\in A_i$ 严格劣，如果存在另一行动 $\bar{a}_i\in A_i$ 使得无论其他所有参与者采取什么行动，$\bar{a}_i$ 都能实现更高收益。行动 a_i 弱劣，如果存在另一行动 $\bar{a}_i$ 使得无论其他所有参与者采取什么行动，$\bar{a}_i$ 实现的收益至少与 a_i 实现的收益相同，且在对手的某个行动上 $\bar{a}_i$ 实现更高收益。

---

〔1〕 表中的博弈被称为囚徒困境博弈：两个囚犯可以保持沉默并因此被轻判；如果其中一人“招供”，此人被释放，另一人则被重判。这一博弈的特点是：如果两人都招供，相对于两人保持沉默，刑期更长。

〔2〕 这一集合被称为 I 个参与者的行动集的笛卡尔积集或简称积集。

定义:严格劣行动和弱劣行动

参与者 i 的行动 a_i 严格劣于 $\bar{a}_i$,如果对所有的 $a_{-i}\in A_{-i}$,$u_i(\bar{a}_i,a_{-i})>u_i(a_i,a_{-i})$。

参与者 i 的行动 a_i 弱劣于 $\bar{a}_i$,如果对所有的 $a_{-i}\in A_{-i}$,$u_i(\bar{a}_i,a_{-i})\geq u_i(a_i,a_{-i})$,且在某个 $a_{-i}\in A_{-i}$ 上,$u_i(\bar{a}_i,a_{-i})>u_i(a_i,a_{-i})$。

参与者自然不会有意使用严格劣行动。如果在所有的劣行动都被剔除后只剩下一个行动,那么这个行动就极可能是博弈的结果。在定价博弈中,无论参与者 2 选择什么价格,选择低价都给参与者 1 带来更高收益,所以,选择高价是参与者 1 的严格劣行动。由于这一博弈所具有的对称性,选择高价亦是参与者 2 的严格劣行动。剔除所有劣行动后,只剩下一个结果:两个参与者都选择低价。见表 9.1－1b。

表 9.1－1b　剔除严格劣行动

		参与者 2	
		p_H	p_L
参与者 1	p_H	4,4	1,8
	p_L	8,1	2,2

现在修改这一博弈。假设有三个可供选择的价格水平:p_H(高价)、p_M(中间价)和 p_L(低价)。收益矩阵为表 9.1－2a。对每个参与者,严格劣的行动是选择高价。剔除这一策略后,得到表 9.1－2b 中的收益矩阵。现在,选择低价严格优于选择中间价。所以,p_L 是在连续(或反复)剔除严格劣行动中存活下来的唯一价格。

表 9.1－2a　收益矩阵

		参与者 2		
		p_H	p_M	p_L
参与者 1	p_H	100,100	30,150	−40,90
	p_M	150,30	50,50	5,60
	p_L	90,−40	60,5	10,10

表 9.1－2b　剔除劣行动后的收益矩阵

		参与者 2	
		p_M	p_L
参与者 1	p_M	50,50	5,60
	p_L	60,5	10,10

纯策略与混合策略

到目前为止,我们所探讨的策略仅涉及选择一个行动。这种策略被称为纯策略。更一般的情况是参与者可能随机选择自己的行动。这种策略被称为混合策略。[1] 给定有限行动集 $A_i=\{a_{i1},\cdots,a_{im_i}\}$，一个混合策略赋予每个可能的行动一个概率。参与者 i 的策略集 S_i 因此是 A_i 上的所有概率测度构成的集合 $\Delta(A_i)$：

$$\Delta(A_i)=\left\{\pi \,\middle|\, \pi\geqslant 0,\sum_{j=1}^{m_i}\pi_j=1\right\}$$

表 9.1-3 指出，我们有时能剔除劣于某个混合策略的行动。在表中，参与者 1 的行动集为 $A_1=\{$上，中，下$\}$，参与者 2 的行动集为 $A_2=\{$左，右$\}$。在这一博弈中，不存在严格优于某个行动的纯策略。但是，如果参与者 1 以表中所示概率混合“中”与“下”，则当对手即参与者 2 选择“左”时，他得到收益 $0\times(-1)+\frac{2}{3}(-2)+\frac{1}{3}(4)=0$；当参与者 2 选择“右”时，他得到收益 $0\times(-1)+\frac{2}{3}(4)+\frac{1}{3}(-8)=0$。行动“上”严格劣于这一混合策略。一旦“上”被剔除，对参与者 2，“左”优于“右”。当参与者 2 选择“左”时，参与者 1 的占优策略是“下”。在反复剔除劣策略后存活下来的唯一策略组合是(下，左)。

表 9.1-3　最上一行是劣行动

			参与者 2	
			左	右
参与者 1	0	上	−1,6	−1,8
	2/3	中	−2,1	4,0
	1/3	下	4,2	−8,1

现在给出占优策略均衡的正式定义。

定义：严格(弱)占优策略均衡

结果组合$(\bar{a}_1,\cdots,\bar{a}_I)$是严格(弱)占优策略均衡，如果对所有的 $i\in\Im$，参与者 i 的行动集 A_i 中的其他每个行动都严格(弱)劣。

定义：反复剔除严格(弱)劣策略后的严格(弱)占优均衡

结果组合$(\bar{a}_1,\cdots,\bar{a}_I)$是反复剔除严格(弱)劣策略后的严格(弱)占优策略均衡，如果对所有的 $i\in\Im$，参与者 i 的行动集 A_i 中的其他每个行动都是反复剔除严格(弱)劣策略过程中的严格(弱)劣行动。

我们看表 9.1-4 中的收益矩阵。我们想用这一博弈说明弱占优均衡未必能很好地指示如何进行博弈，特别是当参与者能在博弈进行前相互沟通时。在表 9.1-4 中，行 b 的收益向量(5,2,3)严格大于行 a 的收益向量(4,1,0)，大于行 c 的收益向量(2,1,3)。表中的收益数字具有对称性，所以，列 b 的收益向量亦有此特征。就是说，对每个参与者，策略 b 严格优于策略 a，弱优于策略 c。

[1] 如果参与者赋予其行动集中每个行动严格正的概率，则这一策略被称为完全混合的策略。

表 9.1-4 弱劣策略均衡

		参与者 2		
		a	b	c
参与者 1	a	4,4	1,5	0,2
	b	5,1	2,2	3,1
	c	2,0	1,3	3,3

根据弱占优均衡概念,两个参与者都将剔除策略 a 与 c,每个人的最终收益都为 2。但是,每个参与者更愿意选择策略 c,如果对手选择策略 c 的话。假设两个参与者讨论了这一博弈并口头承诺选择策略 c。那么参与者 1 在他认为参与者 2 信守承诺时有动机违背自己的承诺吗? 如果参与者 2 选择 c,c 就是参与者 1 的最好选择。所以,参与者 1 没有动机违背承诺。参与者 2 也是如此。所以,我们有理由认为两个参与者都将信守承诺,选择策略 c。

互为最优反应均衡 [纳什 (Nash) 均衡]

虽然在经济学中存在着占优策略均衡概念的一些重要应用,但是,这种情况并不多。我们需要更弱的策略均衡概念。

我们看亚历克斯与贝芙在一个博弈中的思考过程。在博弈开始前,每个人都被要求提交自己将使用的策略。这些策略然后对两人公开。亚历克斯会问自己,如果贝芙采取她所提交的行动,则自己依然采用自己所提交的策略,是对贝芙策略的最优反应吗? 亚历克斯还可以问自己:如果自己采取所提交的策略,则贝芙采取她自己所提交的策略,对贝芙而言,是最优反应吗? 如果这两个问题的答案都是肯定的,我们就说两人所宣布的策略互为最优反应。

在有多个参与者时,这种思考方式依然有用。每个参与者都可以问自己,如果其他每个人都使用各自宣布的策略,则自己使用事先宣布的策略,是最优反应吗? 他还可以站在其他人的角度上问这一问题。如果所有问题的答案都是肯定的,则各个人所宣布的策略互为最优反应。互为最优反应的策略被称为纳什均衡策略。〔1〕

我们看一个合伙人博弈。两个参与者共同拥有一家合伙企业,两人的股份数相同。设 a_i 是参与者 i 的努力程度。企业的总收入为 $R(a)=12a_1a_2$,参与者 i 的成本为 $C_i(a_i)=a_i^3$。设 $A_i=\{1,2,3\}$。每个参与者得到 50%的总收入。但是,每个人实际投入的努力程度 a_i 与成本 $C_i(a_i)$ 都无法被对方(即参与者 $-i$)观察到。换句话说,两个参与者在进行一个同时行动博弈。参与者 i 的收益函数为 $u_i(a_i, a_{-i})=\frac{1}{2}R(a)-C_i(a_i)$。表 9.1-5 给出了这一博弈的收益矩阵。

〔1〕 互为最优反应均衡概念,最早由 Augustin Cournot(1842)在分析双寡头时正式提出;但它以 John Nash 名字命名,Nash 的第一个应用不动点定理证明了同时行动博弈均衡的一般存在性定理。

表 9.1-5 合伙人博弈

		参与者 2		
		$a_2=1$	$a_2=2$	$a_2=3$
参与者 1	$a_1=1$	5,5	11,4	17,−9
	$a_1=2$	4,11	16,16	28,9
	$a_1=3$	−9,17	9,28	27,27

在这一博弈中，努力程度 3 严格劣。但在剔除这个策略后，剩下的两个策略都不是劣策略。我们寻找互为最优反应的策略。由于这是个对称博弈，我们自然首先寻找对称纳什均衡。我们看策略组合$(a_1,a_2)=(2,2)$。在参与者 2 选择 $a_2=2$ 时，参与者 1 的最优反应是 $a_1=2$；反之亦然。因此，行动组合$(a_1,a_2)=(2,2)$是纳什均衡。同理，行动组合$(a_1,a_2)=(1,1)$也是纳什均衡。

除了这两个纯策略均衡外，这一博弈还有一个混合策略纳什均衡。如果参与者的最优反应是在自己的两个或更多个纯策略上随机选择，则他的收益肯定和他使用其中任何一个纯策略时的收益相同。就是说，在混合策略纳什均衡中，参与者永远不会使用严格劣策略。所以，如果参与者 2 使用混合策略，则她肯定是在策略 1 与策略 2 之间做出随机选择。设 π 是参与者 2 使用策略 1 的概率，则使用策略 1 带给参与者 1 的期望收益为：

$$u_1(a_1,\pi)=\pi 5+(1-\pi)11=11-6\pi$$

使用策略 2 带给他的期望收益为：

$$u_1(a_2,\pi)=\pi 4+(1-\pi)16=16-12\pi$$

$u_1(a_1,\pi)-u_1(a_2,\pi)=6\pi-5$。所以，在 $\pi=\frac{5}{6}$时，参与者 1 在策略 1 和策略 2 之间无差异。这是个对称博弈，所以，这一结论对参与者 2 亦成立。在混合策略纳什均衡中，每个参与者都以$\frac{5}{6}$的概率使用策略 1，以$\frac{1}{6}$的概率使用策略 2。

再看这一模型的连续形式。参与者 i 的收益为：

$$u_i(a_i,a_{-i})=\frac{1}{2}R(a)-C_i(a_i)=6a_ia_{-i}-a_i^3$$

我们求解纯策略的均衡。对任意的 a_{-i}，参与者 i 的最优反应集为：

$$BR(a_{-i})=\underset{ai}{\operatorname{argmax}}\{u_i(a_i,a_{-i})\}$$

一阶条件为：

$$\frac{\partial u_i}{\partial a_i}=6a_{-i}-3a_i^2=0, i=1,2$$

求解得唯一的最优反应为 $a_i=BR_i(a_{-i})=\sqrt{2a_{-i}}$。因此，如果$(\bar{a}_1,\bar{a}_2)$是纳什均衡，则 $\bar{a}_1=\sqrt{2\bar{a}_2}$，$\bar{a}_2=\sqrt{2\bar{a}_1}$。求解，$(\bar{a}_1,\bar{a}_2)=(2,2)$。

正式地说,对任意策略组合 $s \in S=\Delta_1(A_1)\times\cdots\times\Delta_I(A_I)$,设 $BR_i(s_{-i})$ 为参与者 i 的最大化其收益的策略集。我们于是就能定义最优反应映射:

$$BR(s)=(BR_1(s_{-1}),\cdots,BR_I(s_{-I}))$$

如果对每个 i,$s_i \in BR_i(s_{-i})$,则参与者的策略互为最优反应;就是说,策略组合 s 是纳什均衡。

> **定义:纳什均衡**
>
> 对参与者 $1,\cdots,I$ 进行的同时行动博弈,策略组合 $\bar{s}=(\bar{s}_1,\cdots,\bar{s}_I)$ 是纳什均衡,如果这些策略互为最优反应。就是说,对每个 $i\in\Im$ 和所有的 $a_i \in A_i$,$u_i(\bar{s}_i,\bar{s}_{-i})\geqslant u_i(a_i,\bar{s}_{-i})$。

这个纳什均衡定义,只涉及纯策略最优反应。由于任何混合策略 s_i 都是行动集 A_i 上的一个概率向量 $\pi(a_i)$,因此,如果 $\bar{s}$ 是纳什均衡策略组合,则根据期望效用的线性特征,有:

$$\begin{aligned} u_i(s_i,\bar{s}_{-i}) &= \sum_{a_i\in A_i}\pi(a_i)u_i(a_i,\bar{s}_{-i}) \\ &\leqslant \sum_{a_i\in A_i}\pi(a_i)u_i(\bar{s}_i,\bar{s}_{-i}),\text{因为 } \bar{s}_i \text{ 是最优反应} \\ &= u_i(\bar{s}_i,\bar{s}_{-i}),\text{因为} \sum_{a_i\in A_i}\pi(a_i)=1 \end{aligned}$$

就是说,如果纳什均衡的条件得到满足,则任何人偏离均衡的行为(无论是纯策略还是混合策略)都不会产生更高的期望收益。

关于博弈的共同知识

在价格理论中,消费者做出与其偏好和机会(约束条件)相一致的选择。这些选择仅要求消费者知道市场价格而不需要知道其他人的偏好。在博弈论中,对参与者的知识,我们施加更强的假定。博弈的结果决定于所有参与者采取的行动。因此,参与者 i 的选择,要求他形成关于其对手将采取的行动的推断。要形成这种推断,参与者 i 必须知道其他人的行动集和他们在行动集上的偏好。就是说,我们假定所有参与者都知道所进行的这一博弈 (I,A,u)。但仅有这一假定还不够,参与者还必须知道其他参与者知道所进行的这一博弈。他还必须知道其他人知道他知道其他人知道所进行的这一博弈,如此等等。我们说,拥有关于所进行的博弈的所有这些更高阶的知识的参与者,拥有关于这一博弈的共同知识。

为说明这些更高阶的共同知识为什么重要,我们看下面的博弈。亚历克斯与贝芙各有一枚硬币。两人在纸上写下"正面"或"反面"(两人在选择自己的行动)。硬币被抛。设每枚硬币出现正面向上的概率都为 1/3。如果两人的行动与两枚硬币抛出的结果完全吻合,两人各得到 1 000 美元。否则,他们一无所得。

如果两人拥有每枚硬币出现正面的概率为 1/3 的共同知识,他们也就拥有两枚硬币同时出现正面的概率为 $(1/3)\times(1/3)=1/9$ 的共同知识和两枚硬币同时出现反面的概率为 $(2/3)\times(2/3)=4/9$ 的共同知识。两人因此写下"反面"并以 4/9

的概率各赢得 1 000 美元。

我们放弃共同知识假定而做如下假定：亚历克斯正确地推断出两枚硬币出现正面的概率各为 1/3；但是，亚历克斯错误地推断贝芙认为亚历克斯的硬币出现正面的概率为 1。贝芙正确地推断出两枚硬币出现正面的概率各为 1/3；却错误地推断亚历克斯认为贝芙的硬币出现正面的概率为 1。

如果亚历克斯认为贝芙的硬币肯定出现正面向上，则他肯定写下“正面”，以使自己以正概率胜出。由于这正是贝芙对亚历克斯的推断，所以，贝芙推断亚历克斯将写出“正面”。她于是也写下“正面”，因为只有如此，她才能胜出。对亚历克斯来说，情况亦是如此，所以，他也写下“正面”。两枚硬币被抛起来，都为正面向上的概率是(1/3)×(1/3)＝1/9。两个人各以 1/9 的概率赢得 1 000 美元。

后文中将放松共同知识假定，允许参与者知道博弈的某些参数，却对其他参数没有把握。但是，在那时，我们需要就每个人对未知参数的推断施加共同知识假定。

关于理性的共同知识

理性的参与者是那些做出与其偏好相一致的选择的人。正如对博弈参数的知识一样，存在关于理性的更高阶的知识。每个参与者必须知道其他参与者在按照各自的偏好做选择。但仅有这一知识还不够。他还必须知道其他参与者知道她是理性的。她还必须知道其他参与者知道她知道他们是理性的，如此等等。我们说，拥有所有这些更高阶理性的参与者，拥有关于理性的共同知识。

关于均衡策略组合的共同知识

纳什均衡，作为解概念，要求更强的共同知识假定：知道其他参与者在使用各自的均衡策略。在博弈有多个均衡时，这个假定的局限性就凸现。在有多个均衡时，我们不清楚各个参与者的推断如何收敛于其中某个均衡。在一些博弈中，通过事前沟通，这一问题能解决。假设某个博弈有三个均衡，但只有一个均衡具有某种“好的”特征，例如，相对于其他均衡，它可能是帕累托更优或更公平。关于这一均衡所具有的“好的”特征进行讨论，可能使所有参与者认为应实现这一均衡。

即使只有一个纳什均衡，它的预测力也依赖共同知识假定。因为，如果没有共同知识，参与者就可能认为其一些对手在彼此合作而非独立谋取自身利益。给定这种推断，这位感觉被孤立的参与者，一般不会使用其纳什均衡策略。

表 9.1-6　三人猜硬币游戏

		参与者 2				参与者 2	
		正面	反面			正面	反面
参与者 1	正面	2,2,2	1,0,4	参与者 1	正面	0,0,0	−1,3,3
	反面	0,1,1	0,2,1		反面	0,0,0	0,0,0
		参与者 3 选择正面				参与者 3 选择反面	

我们看同时行动三人猜硬币游戏。每个人必须选择“正面”或“反面”。参与者3的选择决定表9.1-6的两个矩阵中哪一个是收益矩阵。参与者3的严格占优策略是选择“正面”。所以,我们只需考虑左边的收益矩阵。唯一的纳什均衡策略是参与者1和2都选择“正面”。纳什均衡收益向量为(2,2,2)。但是,在参与者1选择“正面”时,参与者2与3能够做到比纳什均衡中更好:他们可以合作,都选择“反面”,各得到3个单位的收益。但是,如果他们都选择“反面”,参与者1就会改选“反面”,这对他有利。就是说,只有当均衡策略组合是每个人都选择“正面”成为共同知识时,选择“正面”才是参与者1的最优反应。

纳什均衡的存在性

对每个人的策略集都为有限集的博弈,我们可以直接应用第五章介绍的角谷不动点定理来证明纳什均衡的存在。

> **角谷不动点定理**
>
> 如果 $S\subset\mathbb{R}^n$ 是紧的和凸的,如果 φ 是从 S 到 S 的上半连续对应使得对所有的 $x\in S$,集合 $\phi(x)$ 是非空的和凸的,则 ϕ 有不动点。

图9.1-1画出了映射 $\phi:S\rightarrow S$。这一对应有不动点,如果存在 $\bar{s}\in S$ 使得 $s\in\phi(\bar{s})$。

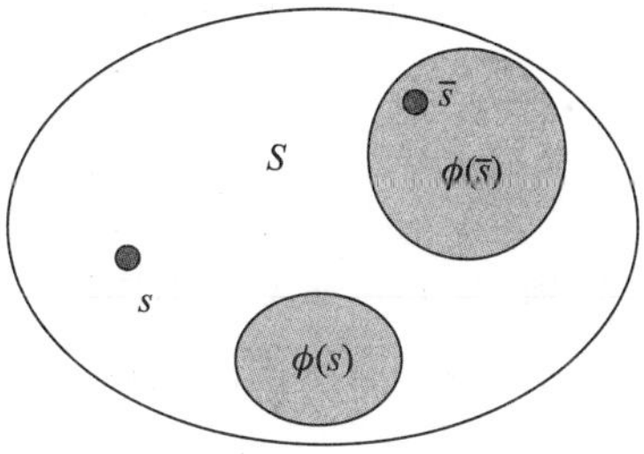

图9.1-1 不动点

我们看有限博弈$(\mathfrak{I},A,u)$。参与者 $i\in\mathfrak{I}$ 的一个策略是 $\Delta(A_i)$——参与者 i 的行动集 A_i 上的所有概率测度构成的集合——中的一个概率测度。策略组合集 $S=\Delta(A_1)\times\cdots\times\Delta(A_I)$ 因此是紧的和凸的。对每个 $i\in\mathfrak{I}$ 和任意策略组合 $s=(s_1,\cdots,s_I)$,设 $BR_i^*(s_{-i})$ 是参与者 i 的纯策略最优反应构成的集合。这是个有限博弈,所以,$BR_i^*(s_{-i})$ 是非空有限集。由于 $BR_i^*(s_{-i})$ 中的所有行动实现相同收益,所以,这些行动的所有的概率混合也实现这一相同收益,因此,都是最优反应。设 $BR_i(s_{-i})$ 是所有纯策略与混合策略最优反应构成的集合。由于混合策略是纯策略的凸组合,所以,$BR_i(s_{-i})$ 是紧的和凸的。我们定义紧且凸的反应映射为:

$$\phi(s)=(BR_1(s_{-1}),\cdots,BR_I(s_{-I}))$$

根据最大值定理[1],这一最优反应映射上半连续。映射 $\phi:S\rightarrow S$ 因此满足

〔1〕 见附录C。

角谷不动点定理的所有前提条件。我们于是有以下结论[纳什(1950)证明了这一结论]。

> **命题 9.1-1:均衡的存在性**
> 在行动集为有限集的博弈中,如果参与者能选择纯策略或混合策略,则存在纳什均衡。

当行动集是 $\mathbb{R}^n$ 的紧的和凸的子集时,均衡的存在性

最优反应是最大化问题的解。如果参与者的可行集是某个欧几里得空间的闭的凸子集,我们就能用微积分做工具概括最优反应集的特征。因为这个原因,我们常常更愿意假定参与者在欧几里得空间的紧的凸子集上而非在有限行动集上做选择。现在证明在这种假定下,常常存在纯策略纳什均衡。

假设参与者 $i \in \mathfrak{I}$ 的行动集 $A_i \subset \mathbb{R}^n$ 是紧的和凸的,每个参与者的效用函数 $u_i(a)$ 连续。则对每个 a_{-i},效用最大化问题

$$\max_{a_i \in A_i} u(a_i, a_{-i})$$

有解。所有的解构成的集合为最优反应映射 $BR_i(a_{-i})$;由于有解,最优反应映射非空。根据最大值定理,最优反应映射 $BR_i(a_{-i})$ 上半连续。

由于这里只探讨纯策略,所以,我们可以把策略集写为 $A = A_1 \times \cdots \times A_I$ 并定义:

$$\phi = (BR_1(a_{-1}), \cdots, BR_I(a_{-I}))$$

由于最优反应函数上半连续,所以,$\phi: A \to A$ 上半连续。但仅有这些还不够。角谷不动点定理要求 ϕ 是凸值映射。我们有下面的定理。

> **命题 9.1-2:纯策略均衡的存在性**
> 设在博弈$(\mathfrak{I}, A, u)$中,对每个 $i \in \mathfrak{I}$,$A_i \subset \mathbb{R}^n$ 是紧的和凸的,u 是连续的。如果对每个 $i \in \mathfrak{I}$,最优反应集 $BR_i(a_{-i}) \subset A_i$ 是凸集,则存在纯策略纳什均衡。

当最优反应映射为单值映射时,最优反应集是凸集。[1] 还有更一般的情况。设 $u_i(a_i, a_{-i})$ 在 a_i 上拟凹,$a_i^0, a_i^1 \in BR_i(a_{-i})$,则 $u_i(a_i^0, a_{-i}) = u_i(a_i^1, a_{-i})$。由于 $u_i(a_i, a_{-i})$ 拟凹,对所有的凸组合 a_i^λ,$u_i(a_i^\lambda, a_{-i}) \geqslant u_i(a_i^0, a_{-i})$。就是说,所有凸组合肯定也是最优反应。我们于是有下面的推论。

> **推论 9.1-3:纯策略均衡的存在性**
> 设在博弈$(\mathfrak{I}, A, u)$中,对每个 $i \in \mathfrak{I}$,$A_i \subset \mathbb{R}^n$ 是紧的,u 是连续的。如果(ⅰ)最优反应映射是单值映射或(ⅱ)对每个 $i \in \mathfrak{I}$,$u_i(a_i, a_{-i})$ 在 a_i 上拟凹,则存在纯策略纳什均衡。

---

[1] 对所有的 $i \in \mathfrak{I}$,当 $u_i(a_i, a_{-i})$ 是 a_i 的严格拟凹函数时,最优反应映射就是单值映射。

相关混合策略

我们看一个两人同时行动定价博弈,表 9.1-7 给出了它的收益矩阵。这个博弈有两个不对称均衡:一位参与者得到 140 个单位的收益,另一位参与者得到 40 个单位的收益。它还有一个对称均衡:每个参与者都以概率 $p=\frac{1}{5}$ 选择“高价”和概率 $1-p=\frac{4}{5}$ 选择“中间价”。均衡期望收益为 52。两个不对称均衡中的平均收益更高。两个参与者如果能设法等概率地采取各自偏好的行动,就能提高自己的收益。换句话说,如果两个参与者能设法随机使用纳什均衡策略,两人就能各得到 90 个单位的期望收益。

表 9.1-7　相关均衡

		参与者 2(贝芙)		概率	
		高价	中间价	高价	中间价
参与者 1	高价	100,100	40,140	a	b
(亚历克斯)	中间价	140,40	30,30	c	d

公开的随机化工具

当地报纸为参与者实现这一目的提供了简单的“相关性工具”。每一天,报纸公布彩票中奖数字。参与者可以在事前谈妥,如果中奖数字为奇数,参与者 1 就选择“中间价”,参与者 2 则选择“高价”;如果中奖数字为偶数,双方就互换选择。如果每个参与者都认为对方将遵守这一协议,则自己的最优反应是遵守协议。这一相关策略就是纳什均衡策略。

私人的随机化工具

双方还可以使用其他的相关性工具机制指导博弈。他们可以设计电脑软件,由程序按预先确定的概率向参与者发出信号。每个人得到一个私人信号。

我们看表 9.1-7 中的博弈。以概率 a,参与者 1 得到信号,告知他选择“高价”;参与者 2 亦如此。以概率 b,相关性工具建议行参与者选择“高价”,建议列参与者选择“中间价”。如此等等。这些概率的和必须等于 1,即 $a+b+c+d=1$。就是说,利用这种“相关性工具”,参与者同意接受概率分布 $(a,b,c,d)=\left(0,\frac{1}{2},\frac{1}{2},0\right)$。

既然能在博弈中使用相关性工具,接下来的问题是,他们是否能用其他相关性工具实现更好的结果。在这一博弈中,由于收益对称,所以,我们探讨对称均衡,这意味着 $b=c$。由于两人都不想要右下角中的结果,所以,我们探讨 $d=0$ 时的相关均衡,$d=0$ 意味着 $b=c=\frac{1}{2}(1-a)$。

假设行参与者认为列参与者将采用相关性工具给出的建议。如果行参与者得到的建议是“中间价”,他于是知道列参与者得到的建议为“高价”(因为 $d=0$),“中间价”则是她的最优反应。如果行参与者得到的建议为“高价”，（利用贝叶斯法则）她知道列参与者以概率$\frac{a}{a+b}$收到“高价”建议，以概率$\frac{b}{a+b}$收到“中间价”建议。此时，如果她选择“高价”，她的期望收益为：

$$100\frac{a}{a+b}+40\left(1-\frac{a}{a+b}\right)=40+120\frac{a}{1+a}\text{，因为 } a+b=\frac{1+a}{2}$$

如果她选择“中间价”，则她的期望收益为：

$$140\frac{a}{a+b}+30\left(1-\frac{a}{a+b}\right)=30+220\frac{a}{1+a}$$

就是说，接受相关性工具给出的建议是最优反应，如果：

$$40+120\frac{a}{1+a}\geqslant 30+220\frac{a}{1+a}$$

即 $a\leqslant\frac{1}{9}$。

这是个对称博弈，所以，只要 $a\leqslant\frac{1}{9}$，相关性工具建议的策略就是纳什均衡策略。表 9.1－7 指出，这个博弈带给每个参与者的期望值为 $a100+\frac{1}{2}(1-a)40+\frac{1}{2}(1-a)140=90+10a$。当 $a=\frac{1}{9}$ 和 $b=c=\frac{1}{2}(1-a)=\frac{4}{9}$ 时，期望收益最大。

相关均衡集中还包含三个非相关性均衡。令 b 或 d 等于 1，得到两个纯策略均衡；当 $a=p^2=\frac{1}{25}$、$b=c=p(1-p)=\frac{4}{25}$ 和 $d=(1-p)^2=\frac{16}{25}$ 时，得到混合策略均衡。

习　题

习题 9.1－1：有利参与者 2 的石头剪刀布游戏

我们看表 9.1－8 中的石头剪刀布游戏。当参与者 2 选择剪刀和参与者 1 选择布时，参与者 2 的收益为 24；但参与者 1 却得不到这么好的收益。除非事先得到些好处，否则，参与者 1 不会参与博弈。这里问题是，为使参与者 1 参与到游戏中，参与者 2 应给参与者 1 多少好处？

(a) 假设参与者 1 使用表中所示混合策略。写出参与者 2 的收益；证明参与者有唯一的混合策略使参与者 2 在其所有三个策略之间无差异。

(b) 证明如果参与者 1 使用上述混合策略，则参与者 2 的期望收益为 1 元钱。参与者 1 的期望收益是多少？

(c) 为使参与者 1 参与到游戏中，参与者 2 在事前应给参与者 1 多少好处？

(d) 求解使参与者 1 在其三个策略之间无差异的参与者 2 的概率 p_2 与 q_2。

表 9.1-8 有利参与者 2 的石头剪刀布游戏

			参与者 2		
			p_2	q_2	$1-p_2-q_2$
			布	剪刀	石头
参与者 1	p_1	布	0,0	−24,24	12,−12
	q_1	剪刀	12,−12	0,0	−12,12
	$1-p_1-q_1$	石头	−12,12	12,−12	0,0

习题 9.1-2:维克利(Vickrey)拍卖

对一件待售商品,买家 1 的价值认定为 7 000 元,买家 2 的价值认定为 8 000 元。每人提交一份密封报价标书,起价为 5 000 元,价格增幅为 1 000 元。由于没人认为此商品价值超过 8 000 元,所以,我们只考虑 8 000 元以下(含 8 000 元)的报价。报价最高的人得到商品但支付次高报价。如果两人的报价相同,则通过抛硬币确定胜出者,此人支付所报价格。两人的报价不公开。

表 9.1-9 维克利拍卖

		买家 2			
		5	6	7	8
买家 1	5	1,1.5	0,3	0,3	0,3
	6	2,0	0.5,1	0,2	0,2
	7	2,0	1,0	0,0.5	0,1
	8	2,0	1,0	0,0	−0.5,0

(a) 解释为什么收益矩阵为表 8.1-9 中的矩阵。

(b) 证明(5.8)、(6,8)和(7.8)都是纳什均衡。

(c) 存在其他纯策略纳什均衡吗?

(d) 证明其中一个纳什均衡是弱占优策略均衡。

9.1-3 古诺双寡头博弈与重复严格占优

我们看如下古诺双寡头博弈。设行业中只有两个企业,生产成本都为零。企业选择产量。在策略组合为 $q=(q_1,q_2)$ 时,需求价格函数为 $p(q)=1-q_1-q_2$。由于在 $q_i>1$ 时价格为负值,我们可以把每个参与者的策略集设定为 $A_i=[0,1]$。

(a) 证明收益函数为 $u_i(q_i,q_{-i})=(1-q_{-i})q_i-q_i^2$。

(b) 说明为什么 $BR_i(q_{-i})=\frac{1}{2}(1-q_{-i})$,证明纳什均衡策略组合为 $q^N=\left(\frac{1}{3},\frac{1}{3}\right)$。

(c) 证明对任意的 $q_{-i}\in A_{-i}$,$BR_i(q_{-i})\in[0,1/2]$。由于 $u_i(q_i,q_{-i})$ 是 q_i 的严格凹函数,证明对每个参与者,区间 $(1/2,1]$ 中的所有产量都严格劣;剔除严格劣策略后,参与者选择行动 $q_i\in[0,1/2]$。

(d) 定义 $A(\alpha)=\left[\frac{1}{3}-\alpha,\frac{1}{3}+\alpha\right]$。根据(c)，$q_i\in A\left(\frac{1}{3}\right)$。如果 $q_{-i}\in A(\alpha)$，证明 $BR_i\in A\left(\frac{\alpha}{2}\right)=\left[\frac{1}{3}-\frac{\alpha}{2},\frac{1}{3}+\frac{\alpha}{2}\right]$。

(e) 证明 $BR_i\in A\left(\frac{\alpha}{2^k}\right)=\left[\frac{1}{3}-\frac{\alpha}{2^k},\frac{1}{3}+\frac{\alpha}{2^k}\right]$；证明如果 $q_i\neq\frac{1}{3}$，则产量 q_i 将被剔除掉。

习题 9.1-4　奇偶数游戏

我们看如下奇偶数游戏。参与者同时喊出“1,2,3 奇数!”或“1,2,3 偶数!”并同时伸出一个或两个手指。如果两人喊出的内容相同，则没有赢家。如果两人喊出的内容不同并且两人伸出的手指总数是奇数，则喊出“奇数”的参与者胜出；如果手指总数为偶数，则喊出“偶数”的参与者胜出。[1] 在这一游戏中，行动是手指数量与喊出的内容。每个人因此有四种可能的行动。表 9.1-10 给出了这一游戏的收益矩阵。

(a) 证明在这一博弈中，没有弱劣策略，没有纯策略纳什均衡。

(b) 证明存在完全混合策略(即所有策略都以严格正概率被使用)纳什均衡连续统。

(c) 证明在至少 6 个纳什均衡上，每个参与者都以正概率使用两个策略。

(d) 利用(b)中的结论，推导标准奇偶数游戏——游戏一直进行下去直至有人胜出——的纳什均衡。

表 9.1-10　奇偶数游戏

			参与者 2			
			p_2	q_2	r_2	$1-p_2-q_2-r_2$
			O1	O2	E1	E2
参与者 1	p_1	O1	0,0	0,0	−1,1	1,−1
	q_1	O2	0,0	1,−1	−1,1	
	r_1	E1	1,−1	−1,1	0,0	0,0
	$1-p_1-q_1-r_1$	E2	−1,1	1,−1	0,0	0,0

9.2　包含历史的博弈

关键词：有限次重复博弈；反向归纳法；均衡威胁；扩展式博弈；博弈树；序贯行动博弈；子博弈精炼均衡；单阶段偏离原理

现在探讨不是所有的行动都同时进行的博弈。晚行动的参与者，能够根据早

[1] 这一游戏最早流行于罗马人中。这里将其简化为一个回合的博弈。但在它的一般玩法中，这一博弈将持续进行，直至有人胜出。

行动的参与者已采取的行动，或者说，根据博弈的历史选择自己的策略。我们首先探讨有限次重复博弈。在第一回合或者说在第一阶段，参与者进行一个同时行动博弈。我们假设每个参与者都观察到所有对手此前的行动。〔1〕设 h_i^t 是参与者 i 在时期 t 博弈开始前观察到的博弈历史。就是说，在进行第二阶段博弈时，参与者 i 的历史 h_i^2，是第一阶段的行动组合 a^1；在第 t 阶段，参与者 i 的历史，是此前阶段所有的行动组合 $a^1,\cdots,a^{t-1}$ 构成的历史。同一个同时行动的阶段博弈，在每个阶段进行一次。一个阶段 t 策略，是博弈历史的一个函数。在两阶段重复博弈中，参与者 i 的一个策略是一个选择 $s_i\equiv(s_i^1,s_i^2(h_i^2))\in S_i\times S_i$。

T 阶段重复博弈的一个策略组合是一个 $s=(s^1,\cdots,s^T)$，策略组合集为 $S=S^1\times\cdots\times S^T$，其中，$S^t=\underset{i\in\mathfrak{I}}{\times}S_i$，$t=1,\cdots,T$。参与者 $i\in\mathfrak{I}$ 的阶段 t 收益为 $u_i(s^t)$。未来收益以因子 δ 贴现。就是说，如果策略组合为 $s\in S$，则参与者 i 的收益为：

$$U_i(s)=\sum_{t=1}^{T}\delta^{t-1}u_i(s^t)$$

企业之间的策略竞争一般涉及多个时期中对市场份额的争夺。除了现有企业之间的竞争外，还可能有新企业在以后时期进入到行业中。如果商品为非耐用品，则每个阶段的博弈都与此前阶段相同或相似。我们将看到，甚至在这种情况中，博弈的历史依然影响未来阶段的行动。如果商品为耐用品，并且在未来阶段中，将有新产品上市，则问题更复杂，因为引入更高质量新产品的企业不仅与对手企业竞争，而且与自己的旧产品竞争。

我们证明如果 $\bar{s}^t$——$t=1,\cdots,T$——是第 t 阶段博弈的纳什均衡，则 $\bar{s}=(\bar{s}^1,\cdots,\bar{s}^T)$就是重复博弈的纳什均衡。

设 $\bar{s}$ 是纳什均衡策略组合。我们看参与者 i 对其均衡策略的偏离策略 s_i：

$$U_i(s_i,\bar{s}_{-i})-U_i(\bar{s}_i,\bar{s}_{-i})=\sum_{t=1}^{T}\delta^{t-1}\left[u_i(s_i^t,\bar{s}_{-i}^t)-u_i(\bar{s}_i^t,\bar{s}_{-i}^t)\right]$$

根据假设，$\bar{s}^t$ 是第 t 个阶段博弈的纳什均衡。因此，$u_i(s_i^t,\bar{s}_{-i}^t)-u_i(\bar{s}_i^t,\bar{s}_{-i}^t)\leqslant 0$。这一不等式对所有的 t 都成立，所以，$U_i(s_i,\bar{s}_{-i})-U_i(\bar{s}_i,\bar{s}_{-i})\leqslant 0$。我们证明了命题 9.2-1 中的(ⅰ)。

命题 9.2-1：有限次重复博弈的纳什均衡

设策略组合 $\bar{s}^t$，$t=1,\cdots,T$ 是阶段博弈的纳什均衡，则：(ⅰ)策略组合 $s=(\bar{s}^1,\cdots,\bar{s}^T)$是 T 阶段重复博弈的纳什均衡；(ⅱ)如果 $\hat{s}$ 是阶段博弈唯一的纳什均衡，则$(\hat{s},\cdots,\hat{s})$是重复博弈的唯一纳什均衡。

现在证明(ⅱ)。设 $\bar{s}\in S$ 是重复博弈的纳什均衡。我们看参与者 i 在阶段 t 对其均衡策略的偏离，就是说，除阶段 t 外，在所有阶段里，s_i 与 $\bar{s}_i$ 相同：

$$U_i(s_i,\bar{s}_{-i})-U_i(\bar{s}_i,\bar{s}_{-i})=\delta^{t-1}\left[u_i(s_i^t,\bar{s}_{-i}^t)-u_i(\bar{s}_i^t,\bar{s}_{-i}^t)\right]$$

〔1〕使用随机化策略的参与者，可以通过允许第三方监督他的随机化机制而公开自己的混合策略。但在下面讨论的博弈中，均衡策略都是纯策略，所以，观察到以前的行动等同于观察到以前的策略。

根据假定，$\hat{s}$ 是阶段博弈唯一的纳什均衡。因此，存在唯一的 $s^t=\hat{s}$ 使得对所有的 $i\in\Im$ 和所有的 $s^t\in S$，$u_i(s_i^t,s_{-i}^t)-u_i(\hat{s}_i^t,s_{-i}^t)\leqslant 0$。这个不等式对所有的 t 都成立，所以，$s=(\hat{s},\cdots,\hat{s})$。

例子：两阶段合伙博弈

我们看前一节讨论过的合伙博弈。表 9.2－1 给出了这一博弈的收益。前一节证明了这个博弈的两个纯策略均衡为(1,1)和(2,2)。

正如命题 9.2－1 所指出的，这两个策略组合的任意混合，都是这个两阶段博弈的纳什均衡。在这些均衡中，对每个参与者最好的均衡是策略组合(2,2)的重复使用。给定贴现因子 $\delta\in[0,1]$，这一博弈的均衡收益为 $16+\delta 16$。

表 9.2－1　有多个纳什均衡的阶段博弈

		参与者 2		
		1	2	3
参与者 1	1	5,5	11,4	17,−9
	2	4,11	16,16	28,9
	3	−9,17	9,28	27,27

均衡威胁

我们现在证明，对足够高的贴现因子，在这个两阶段博弈中存在帕累托更优的均衡。它的基本思想是，每个参与者通过威胁在第二个阶段中使用差的纳什均衡而能够在第一个阶段诱生出更有利的行为。设 $s_i^t(h^t)$ 是参与者 i 在阶段 t 依据历史 h^t 选择的策略。

我们看如下策略：

$$s_i^1=3;\text{如果 } h^2=(3,3)\text{，则 } s_i^2(h^2)=2;\text{如果 } h^2\neq(3,3)\text{，} s_i^2(h^2)=1$$

在这一均衡策略中，每个参与者在第一阶段选择 $s_i=3$。只要对手在第一阶段使用这一策略，参与者 i 就在第二阶段选择好的(即高收益的)阶段博弈纳什均衡策略。但是，如果对手在第一阶段“背叛”，即使用了其他策略，参与者 i 就在第二阶段选择差的(即低收益的)阶段博弈纳什均衡。

假设参与者 2 采用这一策略。我们分析参与者 1 在第一阶段的选择。如果参与者 1 也采用这一策略，则双方在第一阶段都选择 3，在第二阶段都选择 2。参与者 1 的收益于是为 $27+\delta 16$。如果参与者 1 在第一阶段“背叛”，选择了 2，则他在第一阶段的收益为 28。这将使参与者 2 在第二阶段选择行动 1，参与者 1 的最优反应于是也为行动 1。他在第二阶段的收益于是为 5。就是说，参与者 1 从背叛行为中能得到的最大收益为 $28+\delta 5$。比较这两个收益。背叛行为所实现的净收益为：

$$(28+\delta 5)-(27+\delta 16)=1-\delta 21$$

在 $\delta>\frac{1}{21}$时，这一净收益小于零。因此，在贴现因子大于$\frac{1}{21}$时，上述策略是这个两阶段博弈的纳什均衡。

在有更多个阶段时,在此后所有阶段上采取行动 1 的威胁,是阻止背叛的强大力量。对剩下的每个阶段,通过在多个阶段里使用差的纳什均衡,能让背叛者付出更大代价。假设贴现因子 δ 略小于临界值 $\frac{1}{21}$。在只剩下一个阶段时,使用差的阶段博弈纳什均衡的威胁不具有可信赖性。但是,如果剩下多个阶段,这种威胁就具有可信赖性。就是说,在 T 阶段博弈中,如果 $T>2$,则两个参与者在最后两个阶段使用 $s_i=2$ 和在其他所有阶段使用 $s_i=3$ 的策略是纳什均衡。

序贯行动博弈

现在探讨参与者依顺序行动的博弈。我们看第 9.1 节中的三人猜硬币游戏,只是在这里,三个人现在依次行动而非同时行动。我们常用*博弈树*描述这种序贯行动博弈。每个参与者的可能的行动用连接节点的树枝表示,见图 9.2-1。

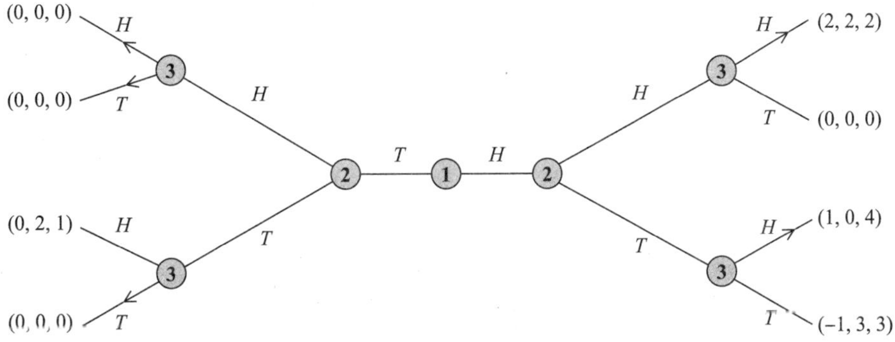

图 9.2-1 序贯行动猜硬币游戏

博弈的起点被称为*初始节点*。在每个节点上,一位参与者做选择。从一个节点发出的所有树枝,表示此节点上做选择的参与者的所有可能的行动。习惯上,我们把在初始节点做选择的参与者称为参与者 1;按照各个参与者第一次行动的顺序,标记参与者。

从最后的决策节点发出的每个树枝的末端(称为*终节点*)是博弈的一个可能的结果。对应每个结果,有一个收益向量 $u(a)$。例如,如果所有参与者都选择 H,收益向量就为 $u(H,H,H)=(2,2,2)$。从初始节点至一个终节点或结果的行动列,是一个结果组合。除初始节点和终节点外,所有节点都连接一个前节点和至少两个后节点。正是这一特征才使博弈具有树状结构。

把博弈描述为树状结构的这种表示形式,被称为博弈的*扩展形式表示*或简称为博弈的*扩展形式*。

在序贯行动博弈中,除第一个参与者外,所有参与者都能根据博弈历史做决策。如果和我们在这里所假定的一样,所有行动都可观察到,则 $h^t=(a_1,a_2,\cdots,a_{t-1})$。在这个例子中,参与者 2 的决策节点上的历史为 $h^2=a_1\in A_1$,参与者 3 的决策节点上的历史为 $h^3=(a_1,a_2)$。参与者 1 可以选择混合策略 $s_1\in\Delta(A_1)$。参与者 2

观察到博弈的历史，根据这一历史选择自己的策略 $s_2(h^2)\in\Delta(A_2)$，如此等等。

求解序贯行动博弈的关键，是先分析博弈的最后一个阶段，然后向前逐阶段分析。在这个例子中，我们首先看决策者 3 的每个决策节点。在图 9.2－1 中，我们用箭头标明了参与者 3 在每个节点的最优反应。我们用最优反应收益替换参与者 3 的决策节点，得到图 9.2－2 中的决策树。图中用箭头标明了参与者 2 的最优反应。给定这些最优反应，参与者 1 选择 H。纳什均衡收益向量于是为(2,2,2)，纳什均衡策略组合于是为(H,H,H)。

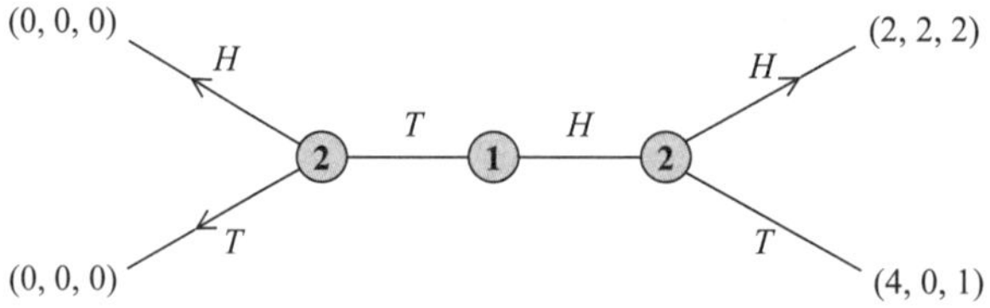

图 9.2－2　反向归纳法

子博弈

在序贯行动博弈中，可能存在一些极不可能发生的纳什均衡。我们先用一个例子说明这种可能性，然后对纳什均衡进行“精炼”，剔除这种荒谬的均衡。在这个例子中，一个在位企业面对着一个潜在的进入者。图 9.2－3 绘出了博弈树。参与者 1(进入者)先行动，决定自己“进入”还是“不进入”。如果他选择“进入”，参与者 2(在位企业)就必须决定自己是“反击”还是与进入者“分享”市场。假设参与者 2 选择“反击”(始自其决策节点的箭头标明了这一选择)。进入者如果选择“进入”，得到的收益为－2；如果选择“不进入”，得到的收益为 0。他的最优反应因此是“不进入”。但当他选择“不进入”时，“反击”是参与者 2 的最优反应。(参与者 2 永远不会兑现这一威胁。)(进入，分享)是这一博弈的另一纳什均衡。

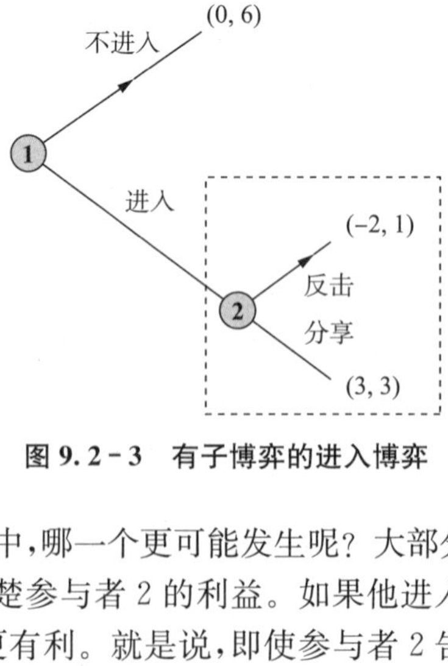

图 9.2－3　有子博弈的进入博弈

那么，在这两个均衡中，哪一个更可能发生呢？大部分人会认为参与者 1 没有看得足够远，没有算计清楚参与者 2 的利益。如果他进入行业，则相对于“反击”，“分享”市场对参与者 2 更有利。就是说，即使参与者 2 告诉进入者 1 自己的策略是反击，她的这一策略依然不具有可信赖性。

我们对这种情况进行正式分析。一棵博弈树,有一个初始节点,有一些树枝和节点表示每个序贯行动,在每个终节点有收益。我们看图 9.2-3 中位于虚线方框内的部分博弈。它满足博弈树的所有要件:有一个初始节点,有一些终节点。这种博弈被称为子博弈。

> **定义:子博弈**
> 在博弈树中,自一个节点开始的部分,是一个子博弈。

子博弈精炼均衡

我们看图 9.2-3 虚线方框内的子博弈。我们可以深化对策略均衡的定义,要求纳什均衡策略必须是每个子博弈的均衡策略。

> **定义:子博弈精炼均衡**
> 序贯行动博弈的纳什均衡策略组合是子博弈精炼均衡,如果这一策略组合是每个子博弈的纳什均衡策略。

在我们的例子中,唯一的子博弈的唯一均衡是参与者 2 选择"分享"市场。我们可以把博弈树中的这个子博弈剪去,把它的纳什均衡收益写在它的位置上。见图 9.2-4。参与者 1 的最优反应是进入。进入博弈的唯一的子博弈精炼均衡因此为(进入,分享)。

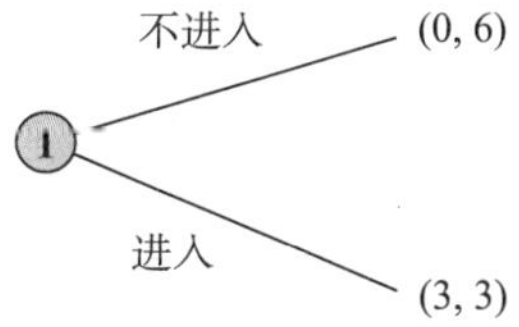

图 9.2-4 进入博弈(其中的收益源自子博弈)

单阶段偏离原理[1]

有一种简便方法,能验证某个策略组合是否是子博弈精炼均衡。按照这种方法,我们只需分析参与者在每个决策节点上的单阶段偏离行为。

> **命题 9.2-2:单阶段偏离原理**
> 在一个 T 阶段序贯行动博弈中,对策略组合 $\bar{s}=(\bar{s}^1,\bar{s}^2(h^2),\cdots,\bar{s}^T(h^T))$,如果任何参与者对它的单阶段偏离都无法提高自己的收益,则这一策略组合是子博弈精炼均衡。

证明:证明思路源自反向归纳法。设 $s=(s^1,s^2(h^2),\cdots,s^T(h^T))$ 是另外某个策略组合。定义策略组合 $s(\theta)$ 为:对 $t<\theta$,它与 s 一致;对 $t\geq\theta$,它与 $\bar{s}$ 一致。就是说:

---

〔1〕 Fudengberg 和 Tirole(1991)对重复博弈中的单阶段偏离原理进行了精彩的阐述。

$$\bar{s}(\theta)=(s^1,\cdots,s^{\theta-1}(h^{\theta-1}),\bar{s}^\theta(h^\theta),\cdots,\bar{s}^T(h^T))$$

由于对 s 的任何单阶段偏离不会提高任何参与者的收益，所以在 $t\geqslant\theta$ 时，对任何一个阶段 t 子博弈，不存在对 $\bar{s}(\theta)$ 的单阶段偏离。

我们看参与者 i 的偏离。设阶段 a 是参与者 i 偏离行为的最后一个阶段。则对 $t\geqslant a+1$，策略组合 s 与 $\bar{s}$ 一致，即 $s=\bar{s}(a+1)$。现证明在策略组合 $\bar{s}(a)$ 下，参与者 i 的收益至少与策略组合 $\bar{s}(a+1)$ 下的收益一样大。

我们看阶段 a 的子博弈。根据假定，对 $\bar{s}(a)$ 的任何单阶段偏离都无法提高参与者 i 的收益。由于 $\bar{s}(a)$ 与 $\bar{s}(a+1)$ 之间的唯一区别是阶段 a 的策略，因此：

$$\bar{s}(a)\succcurlyeq_i\bar{s}(a+1)=s \tag{9.2-1}$$

设阶段 b 是参与者 i 偏离行为中的倒数第二个阶段。我们看阶段 b 的子博弈。由于在阶段 $b+1$ 与阶段 a 之间没有任何偏离，所以 $\bar{s}(b+1)=\bar{s}(a)$。由于 $\bar{s}(b+1)$ 是对 $\bar{s}(b)$ 的单阶段偏离，因此，$\bar{s}(b)\succcurlyeq_i\bar{s}(b+1)$。于是，$\bar{s}(b)\succcurlyeq_i\bar{s}(a)$。综合这一结论与(9.2-1)得出，$\bar{s}(b)\succcurlyeq_i s$。对参与者 i 偏离行为中的每个阶段，重复这一过程，得到 $\bar{s}\succcurlyeq_i s$。 □

虽然这里探讨的是序贯行动博弈，但上述结论对有限次重复博弈同样成立。我们因此有下面的推论。

推论 9.2-3：有限次重复博弈中的单阶段偏离原理

在有限次重复博弈中，对策略组合 $\bar{s}=(s^1,s^2(h^2),\cdots,s^T(h^T))$，如果任何参与者的单阶段偏离行为都无法提高自己的收益，则这个策略组合是子博弈精炼均衡。

习　题

习题 9.2-1：蜈蚣博弈

开始时，桌上有一元钱。参与者 1 或者将其“拿走”或者说“不要”。如果她“拿走”这一元钱，博弈结束。如果她说“不要”，桌上就增加一元钱，然后由参与者 2 做选择，他可以将其“拿走”，也可以说“不要”。如果出现四次“不要”，则博弈结束，桌上的四元钱被拿走，参与者 1 得到 u，参与者 2 得到 v。图 9.2-5 画出了博弈树。

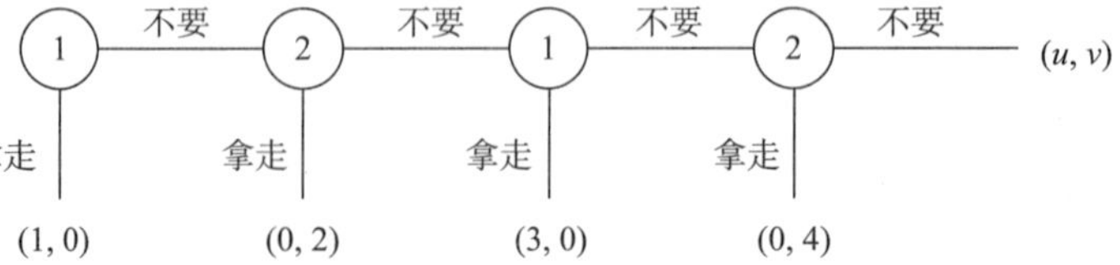

图 9.2-5　蜈蚣博弈

(a) 假设 $(u,v)=(5,5)$。证明存在唯一的子博弈精炼均衡。

(b) 概括另一个纯策略纳什均衡的特征。

(c) 如果 $(u,v)=(3.5,3.5)$，则子博弈精炼均衡是什么？

(d) 证明在$(u,v)=(6,4)$时,$(6,4)$和$(1,0)$都是子博弈精炼均衡结果。

(e) 如果$(u,v)=(6,4)$,则存在每个终节点都以正概率到达的均衡吗?

习题 9.2-2:轮流出价博弈

价值为 v 的一件资产要在两人之间瓜分,前提是他们就各自得到的份额达成一致。在每一轮中,一位参与者提出分配方案,另一位参与者接受或拒绝这一方案。在第一轮中,参与者 1 首先行动,提出自己的要价 x_1,也就是说,给参与者 $2v-x_1$。如果这一方案被接受,博弈结束。如果这一方案被拒绝,则参与者 2 提出自己的要价 x_2。博弈以这种方式进行下去。但是在每一轮博弈中,资产价值丧失$\frac{1}{4}v$。就是说,在四轮博弈后,这件资产将消耗殆尽。

(a) 我们假定对对方提出的方案,参与者在"接受"与"拒绝"之间无差异时,他或她接受对方的方案。我们看开始自第四轮的子博弈。现在只剩下 1/4 件资产。如果参与者 2 的要价为 $x_4<\frac{1}{4}v$,参与者 1 将接受这一方案,因为这能给他带来收益 $u_{14}=\frac{1}{4}v-x_4>0$;如果他拒绝参与者 2 的方案,资产消耗干净。根据假定,参与者如果在"接受"与"拒绝"之间无差异,他或她接受对方方案,所以,参与者 2 的最优反应为 $x_4=\frac{1}{4}v$。用反向归纳法证明初始要价为$\frac{1}{2}v$ 并且这一方案被对方接受。

(b) 证明如果参与者 1 在最后阶段以概率 $p_4<1$ 接受对方的方案,则他没有最优反应。利用这一结论证明(a)中的均衡是唯一的子博弈精炼均衡。

(c) 给定任意整数 T,设在每一轮博弈中丧失 v/T 件资产。求解子博弈精炼均衡收益。

(d) 对参与者 1 最有利的纳什均衡是什么?对参与者 2 最有利的纳什均衡是什么?

习题 9.2-3:鲁宾斯坦(Rubinstein)讨价还价博弈

如习题 8.2-2 一样,价值为 v 的一件资产要在参与者之间瓜分。现在,资产的价值不再损耗。但我们假定在任意两个相邻时期之间存在固定贴现因子 δ。参与者 1 在奇数时期行动,参与者 2 在偶数时期行动。这一博弈没有终结期。设 u_{it} 为参与者 i 在阶段 t 的子博弈精炼均衡收益。我们看第二个时期,参与者 2 提出要价。参与者 1 在时期 3 的子博弈精炼均衡收益为 u_{13}。贴现到时期 2,在他拒绝参与者 2 的要价时,参与者 1 的均衡收益为 δu_{13}。

(a) 说明参与者 2 在时期 2 的子博弈精炼均衡收益为什么是

$$u_{22}=\max_{x1}\{x_1,v-x_1\geqslant\delta u_{13}\}=v_1-\delta u_{13}$$

(b) 证明参与者 1 在时期 1 的子博弈精炼均衡收益为 $u_{11}=v-\delta u_{22}$。

(c) 为什么 $u_{11}=u_{13}$?

(d) 证明$(u_{11},u_{21})=\left(\frac{1}{1+\delta}v,\frac{\delta}{1+\delta}v\right)$。

(e) 对每个参与者最有利的纳什均衡结果是什么?

习题 9.2-4:接受还是拒绝?

A 与 B 两人将在一家赌场进行一次博弈。博弈的奖金将以现金支票形式于次日寄给获胜者。博弈规则如下:赌场向 A 提供 500 元奖金。如果他接受这笔奖金,博弈结束。A 同时被告知,如果他拒绝这笔奖金,则在他离开赌场后,总额为 1 000+x 元钱的奖金将提供给 B。B 可能接受也可能拒绝这笔奖金。如果 B 拒绝,则每人将得到 1 000 元的现金支票。

(a) 设 $x>0$。解释 A 的唯一的子博弈精炼均衡为什么是每个参与者都接受奖金?

(b) 设(ⅰ) $x=500$ 元,(ⅱ) $x=2\ 000$ 元。如果你是 B,在这两种情况中,你会怎么做?

(c) 在上述两种情况中,如果你是 A,你会怎么做?

(d) 设两个参与者都在博弈结束之后才离开赌场。你的答案会因此改变吗?

(e) 你认为大部分人会怎么做?

(f) 如果你的答案偏离了子博弈精炼均衡策略,你认为什么因素导致了这种情况?

9.3 双寡头博弈

关键词:连续策略空间;伯尔川德定价博弈;最优反应映射;轮流行动博弈;后发优势;消耗战

在此前所探讨的博弈中,策略集都是有限集。在只有两个参与者时,我们很自然地用矩阵分析这种博弈,因为我们能用收益矩阵展示参与者的策略与收益。另一种处理方法是假定策略变量是实向量,用微积分为工具探讨纳什均衡的特征。

我们看两个例子。第一个例子是伯尔川德定价博弈,它有唯一的纯策略均衡。我们将概括这一均衡的特征,探讨随着两种产品替代程度上升,均衡价格与利润如何变化。第二个例子是消耗战。两个企业在市场上竞争。如果一个企业退出市场而进入其他行业,双方的利润都会提高,但留下的企业比退出者实现更高收益。在这一博弈中,对称的纳什均衡是所有可能的退出时间上的混合策略均衡。

伯尔川德定价博弈

两个企业生产的产品是不完全替代品。企业 $i=1,2$ 的产品定价为 P_i。企业 i 的竞争对手的产品定价为 P_{-i}。[1] 产品需求为:

$$q_i=\alpha-\beta P_i+\theta(P_{-i}-P_i),i=1,2$$

两个企业的单位生产成本都为常数 c。为简化分析,我们定义一个新的变量:$p_i=$

---

[1] 这一处理方式并不严谨,因为市场需求不可能取负值。但是,你可以验证,即使引入非负约束条件,下面的分析依然成立。

P_i-c。它是企业的成本加成。我们把上式写为:

$$q_i=\alpha-\beta c-\beta p_i+\theta(p_{-i}-p_i),i=1,2$$

为避免烦琐的符号,我们通过对 q 与 p 的计量单位的选择使 $\alpha-\beta c$ 与 β 都等于 1。于是:

$$q_i=1-p_i+\theta(p_{-i}-p_i),i=1,2$$

这一模型因此等价于无生产成本且价格向量为 $p=(p_1,p_2)$ 的模型。[1] 这里要看到,参数 θ 越大,产品之间的替代程度就越高。我们想知道在这一参数上升时,定价决策如何变化。

由于模型的对称性,我们可以把价格向量写为 (p_i,p_{-i})。企业 i 的利润于是为:

$$u_i(p_i,p_{-i})=p_iq_i=p_i(1-p_i+\theta(p_{-i}-p_i)) \qquad (9.3-1)$$

这里要看到,$u_i(p_i,p_{-i})$ 是 p_{-i} 的增函数,并且:

$$\frac{\partial u_i}{\partial p_i}(p)=(1+\theta p_{-i})-2(1+\theta)p_i \qquad (9.3-2)$$

就是说,对任意的 p_{-i},企业 i 的利润随 p_i 上升,直至 $p_i=\frac{1+\theta p_{-i}}{2(1+\theta)}$,然后下降。图 9.3-1a 中画出了企业 1 的无差异曲线。由于企业 2 产品的价格越高则对企业 1 越有利,所以,更高的无差异曲线带来更高的利润。

对任意的 p_{-i},在 $p_i=\frac{1+\theta p_{-i}}{2(1+\theta)}$ 时,企业 i 的利润最大,就是说:

$$BR_i(p_{-i})=\frac{1+\theta p_{-i}}{2(1+\theta)}$$

图 9.3-1a 中画出了企业 1 的最优反应映射。给定价格 $\hat{p}_2$,企业 1 可选择水平虚线上任何一个点。最优反应 $\hat{p}_1=BR_1(\hat{p}_2)$ 是使无差异曲线水平的那个点。

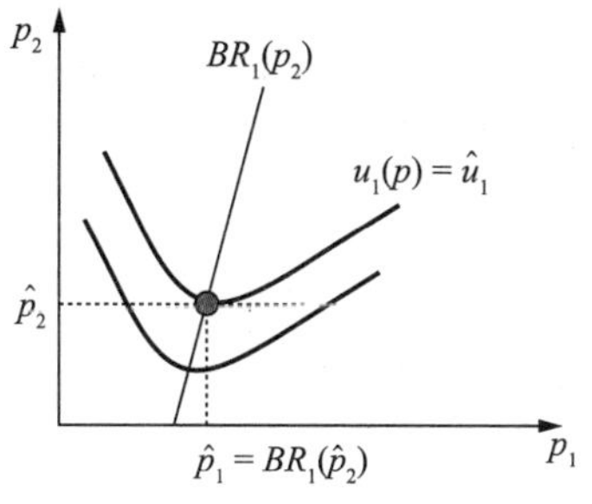

图 9.3-1a 最优反应映射

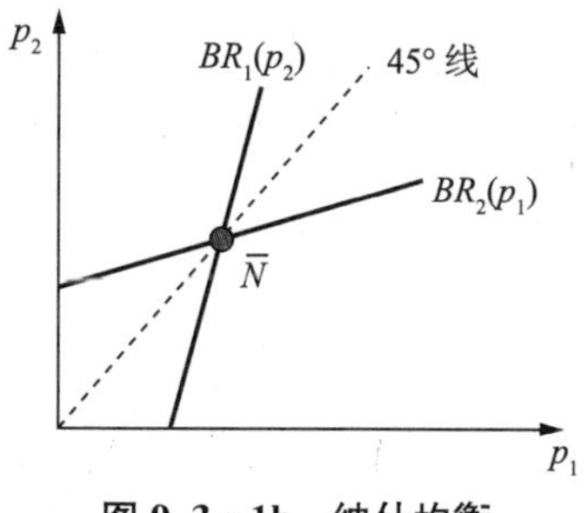

图 9.3-1b 纳什均衡

在纳什均衡上,双方的策略必须互为最优反应,就是说:

$$p_i=BR_i(p_{-i})=\frac{1+\theta p_{-i}}{2(1+\theta)},i=1,2$$

[1] 在这一零成本模型中,我们依然称 p 为价格向量,但它实际上是企业成本上的加成。

满足这一条件的点是图 9.3－1b 中的点 $\bar{N}$。求解上述两个线性方程不是难事，但有更简单的方法：这个问题的对称性必然产生对称解。就是说，$p_1=p_2=p$。

把有对称解的事实代入上面的表达式，得到：

$$p=\frac{1+\theta p}{2(1+\theta)}$$

得到：

$$p=\frac{1}{2+\theta}$$

$$q_1=q_2=\frac{1+\theta}{2+\theta}$$

这些结论相当直观。随着产品之间的替代程度上升，企业之间的策略竞争加剧，纳什均衡价格下降。在极限上，对企业 $i=1,2$，$p_i=P_i-c$ 趋向零，每个企业的产量趋向 1。由于在单位成本为常数时，瓦尔拉斯均衡价格等于单位成本，所以，在极限意义上，纳什均衡价格收敛于瓦尔拉斯均衡价格。

在这一博弈中，两个企业同时做出决策。现在假定企业 2 能观察到企业 1 的产品定价，然后做出最优反应。我们探讨在这种博弈中企业 2 所具有的优势。

轮流行动时的双寡头定价博弈

设企业 1 选择价格 p_1。从前面的分析中，我们知道，企业 2 的最优反应函数为：

$$p_2=BR_2(p_1)=\frac{1+\theta p_1}{2(1+\theta)} \tag{9.3-3}$$

图 9.3－2 绘出了企业 2 的最优反应曲线和企业 1 的穿过点 $\bar{N}$——同时行动博弈的纳什均衡点——的无差异曲线。前面说过，在点 $\bar{N}$，无差异曲线肯定水平。由于企业 2 的最优反应映射向上倾斜，所以，企业 1 的最优反应为价格 p_1^N——在这一价格水平上，它的一条无差异曲线与企业 2 的最优反应曲线相切。N 因此是轮流行动博弈的纳什均衡。由于 N 位于 $\bar{N}$ 右上方，所以，相对于两个企业同时行动，在轮流行动博弈的均衡点 N 上，价格更高，两个企业的利润更大。

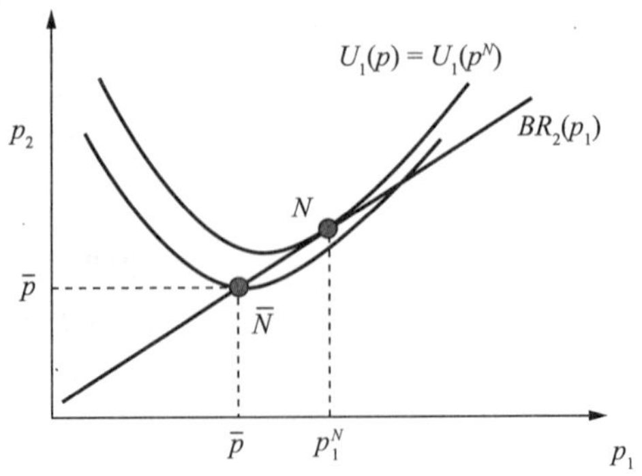

图 9.3－2　轮流行动博弈的纳什均衡

现在正式分析这一博弈。企业 1 的利润函数为:

$$u_1(p_1, BR_2(p_1)) = p_1 q_1 = p_1(1 - p_1 + \theta(BR_2(p_1) - p_1)) \quad (9.3-4)$$

我们把它与企业 1 在同时行动博弈中的利润进行比较。根据(9.3-1),有:

$$u_1(p_1, p_2) = p_1(1 - p_1 + \theta(p_2 - p_1))$$

我们看到,在序贯行动模型中,多出一个与 p_1 有关的项。由于最优反应映射严格递增,因此,相对于同时行动博弈,在序贯行动博弈中,提高价格能提高边际利润。

为求解企业 1 的最优反应函数,我们对(9.3-4)求导,得到:

$$\frac{d}{dp_1} u_1(p_1, BR_2(p_1)) = \frac{\partial u_1}{\partial p_1} + \frac{\partial u_1}{\partial p_2} \frac{d}{dp_1} BR_2(p_1)$$

将(9.3-2)与(9.3-3)代入上式。在得到 $p_1 = BR_1(p_2)$ 时:

$$\frac{du_1}{dp_1} = 1 - 2(1+\theta)p_1 + \theta p_2 + \frac{\theta^2}{2(1+\theta)} p_1 = 0$$

解得:

$$BR_1(p_2) = \frac{2(1+\theta)}{4 + 8\theta + 3\theta^2}(1 + \theta p_2) \quad (9.3-5)$$

在纳什均衡上,(9.3-3)与(9.3-5)肯定得到满足。把(9.3-3)代入(9.3-5),得到:

$$p_1 = \frac{2 + 3\theta}{2(2 + 4\theta + \theta^2)}$$

$$p_2 = \frac{4 + 10\theta + 5\theta^2}{4(1+\theta)(2 + 4\theta + \theta^2)} \quad (9.3-6)$$

从图 9.3-3 中我们知道,相对于同时行动博弈,在轮流行动博弈中,两个企业都有更高的均衡价格,有更高的均衡收益。从(9.3-6)中可以看出,随着替代参数变大,两个企业的价格都趋向零。表 9.3-1 对不同的替代参数值给出了一些数值结果。表中第 2 列是同时行动博弈中的均衡净价格 $p = \bar{P} - c$。第 3 列与第 4 列分别是轮流行动博弈中两个企业的净价格。从表中可以看到,后行动的相对优势随 θ 上升。这容易理解。给定相同的价格降幅、更高的替代参数,导致更多客户购买企业 2 的产品。但是,随着替代参数变大,后行动的相对优势却有上界限制。

表 9.3-1 后发优势

θ	p	p_1	p_2	$p_1/\bar{P}$	$p_2/\bar{P}$	p_1/p_2	q_1	q_2	U_1/U_2
0	0.5	0.5	0.5	1	1	1	0.5	0.5	1
1	0.33	0.36	0.34	1.07	1.02	1.05	0.63	0.68	0.97
5	0.14	0.18	0.16	1.27	1.11	1.14	0.71	0.95	0.85
10	0.08	0.11	0.10	1.35	1.16	1.17	0.73	1.06	0.80
100	0.010	0.015	0.012	1.48	1.24	1.20	0.75	1.23	0.73
1E+6	1E−0.6	1.5E−06	1.2E−06	1.50	1.25	1.2	0.75	1.25	0.72

谁先行动?

我们看到,如果一个企业先行动并公开自己的价格,则两个企业都能从中得到好处。现假设两个企业没有自然的行动顺序。每个企业既可以在 $t=1$ 时宣布下一周的商品价格,也可以选择等待而在 $t=2$ 时宣布自己的价格。由于两个企业都有动机等待直至对方宣布价格,所以,存在一个纳什均衡,在这个均衡中,两个企业都选择等待,直至 $t=2$,然后进行同时行动博弈。这似乎表明同时行动博弈更接近现实。

但是,两个企业还能做得更好,如果它们能通过观察某个随机变量所实现的值而协调彼此的策略的话。例如,两个企业观察每周彩票中奖号码的末位数是奇数还是偶数。于是,在有企业行动之前,博弈中已经有了一段历史:$h^1 \in H^1=$ {奇数,偶数}。帕累托最优的相关纳什均衡是:如果这个数字为奇数,则企业 1 在时期 1 行动;如果这个数字为偶数,则企业 2 在时期 1 行动。虽然实际进行的博弈是不对称博弈,但在随机变量取值确定之前,两个企业有相同的期望收益。

消耗战

与前一例子一样,假设两个企业生产具有类似特征的产品(例如,两种不同型号汽车)。为简化分析,我们假定这两种产品在特征上的差异使得它们在进行对称双寡头定价博弈。设 a 是单位时间里每个企业实现的均衡双寡头利润。现在,由于需求变化或新技术,两个企业同时意识到双方都有机会实现更高利润,如果其中一个企业革新自己的生产工具以生产另一类型的汽车的话。[1] 采取革新行动的企业能在单位时间里实现利润 $m>a$,同时,由于它的技术革新行为,没有进行革新的企业能借机提高自己的垄断能力,使利润上升至 n。

如果革新企业的利润大于未革新企业的利润,则每个企业都会迅速进行技术革新。如果未革新的企业的利润流更高,就是说,$n>m>a$,则两个企业都不想技术革新。这意味着两个企业都丧失了提高利润的机会。那么,这两个企业应该怎么做呢?

我们还没有阐述两个企业同时进行革新时各自能实现的收益。假定在两个企业选择同时革新时,我们随机地从两个企业中选择一个,只由它进行技术革新(在这两个企业同时行动时,以其他方式产生革新者,均衡策略依然相同)。

这一博弈有两个纯策略均衡。如果企业 1 选择永不革新,则企业 2 的最优反应是马上革新。在企业 2 选择马上革新时,企业 1 通过不革新实现最大利润流。就是说,企业 1 永不革新的策略是最优反应。另一个纳什均衡是:企业 2 永不革新,企业 1 马上革新。(这两个均衡是这一博弈全部的纯策略均衡。)

当然,还有一个问题:两个企业喜欢不同的纳什均衡。在这种情况中,经

[1] 例如,两个汽车制造企业在开始时都生产普通轿车。消费者对 SUV 的偏好逐渐形成。如果一个企业利用自己的生产设施改产 SUV,能实现更大利润。当一个企业转产 SUV 时,另一个企业就能提高普通轿车价格。

济学家常常首先寻找对称均衡。现在证明这一博弈有一个混合策略对称均衡。设$\mu(t)$是时点t之前有企业采取革新行动的概率。如果在时点t,两个企业都没有采取革新行动,则其中一个企业在时间区间Δt内实行技术革新的条件概率为:

$$\frac{\mu(t+\Delta t)-\mu(t)}{1-\mu(t)}\approx\frac{\mu'(t)\Delta t}{1-\mu(t)}\equiv p(t)\Delta t \qquad (9.3-7)$$

求解均衡的关键是要看到,在混合策略均衡上,每个企业对革新时间上的概率分布的支持中的所有行动肯定无差异。具体地说,企业1,对在时点t革新和在时点$t+\Delta t$革新无差异。假设在时点t之前,没有企业进行革新。如果企业1在时点t革新,则在时间区间$[t,t+\Delta t]$上它得到利润$m\Delta t$。如果企业1选择等待,则它在这个时段上赚得双寡头利润流$a\Delta t$。而且,以概率$p(t)\Delta t$企业2选择在这一时间区间内革新,企业1赚得的未来利润流于是为n而非m。给定利率r,所增加的未来利润流的现值为$\frac{n-m}{r}$。企业1因为选择等待而获得的期望净收益于是为:

$$\Delta u_1=a\Delta t+p(t)\Delta t\left(\frac{n-m}{r}\right)-m\Delta t=\left[a-m+p(t)\left(\frac{n-m}{r}\right)\right]\Delta t$$

但是,在均衡中,企业1对在时点t革新与在时点$t+\Delta t$革新无差异,就是说,企业1因为选择等待而实现的均衡期望净收益为零。发生革新的均衡概率于是为:

$$p=r\left(\frac{m-a}{n-m}\right)$$

根据(9.3-7),得到:

$$\frac{\mu'(t)}{1-\mu(t)}=-p \qquad (9.3-8)$$

对这一表达式积分,得到:

$$\ln(1-\mu(t))=\ln k-pt$$

就是说,$\mu(t)=1-ke^{-pt}$。如果$k<1$,则在$t=0$上存在一个密度点。我们能够证明在对称均衡中,不存在任何密度点。[1] 唯一的对称均衡累积分布函数因此为:

$$\mu(t)=1-e^{-pt},\text{其中},p=r\left(\frac{m-a}{n-m}\right)$$

关于均衡的必要条件的上述推导并不严密,这里给出更严谨的阐述。

首先,给定利率r,时间区间$[0,t]$上的1元钱的利润流的现值为$B(t)=\int_0^t e^{-rs}ds$。不难证明:$B(\infty)=\frac{1}{r}$,$B'(t)=e^{-rt}$。

〔1〕 如果两个企业都以正概率选择t,则一个企业可以通过坚守时间略超过t而打破两者之间的平局,得到更大利润。

如果企业 1 决定在时点 t_1 革新，企业 2 决定在时点 t_2 革新，我们就用 $v_1(t_1,t_2)$表示企业 1 的收益。

情况（ⅰ）$t_1<t_2$：

企业 1，在时点 t_1 之前，得到双寡头利润流；在时点 $t>t_1$ 上，赚得革新行动所实现的利润流。因此，$v_1(t_1,t_2)=aB(t_1)+e^{-rt_1}\dfrac{m}{r}$。

情况（ⅱ）$t_1>t_2$：

企业 1，在时点 t_2 之前，得到双寡头利润流；在时点 t_2 上，企业 2 进行革新。就是说，对所有更大的 t，企业 1 赚得的是从等待中实现的利润流。因此，$v_1(t_1,t_2)=aB(t_2)+e^{-rt_2}\dfrac{n}{r}$。

情况（ⅲ）$t_1=t_2$：

在这种情况中，实际革新者以随机方式产生，就是说，两个企业以相同概率选择“等待”和革新。由于 $t_1=t_2$，因此，$v_1(t_1,t_2)=aB(t_1)+e^{-rt_1}\dfrac{\frac{1}{2}(n+m)}{r}$。

设 $\mu(t)$是对称均衡累积分布函数，也就是说，$\Pr\{\tilde{t}_i\leqslant t\}=\mu(t)$。假定这是个连续分布。如果企业 2 使用这一对称均衡混合策略且企业 1 选择在时点 t 革新，则企业 1 的期望收益为：

$$u_1(t,\bar{s}_2)=(1-\mu(t))\left[aB(t)+e^{-rt}\frac{m}{r}\right]+\int_0^t\left[aB(s)+e^{-rs}\frac{n}{r}\right]\mu'(s)ds \tag{9.3-9}$$

在这一对称均衡中，企业 1 也使用混合策略。这意味着在所有可能的革新时点上，企业 1 得到相同收益。因此，$\dfrac{\partial}{\partial t}u_1(t,\bar{s}_2)=0$。对(9.3－9)求导，得到必要条件(9.3－8)。

通过猜测均衡概率分布相同且连续，我们找到了一个纳什均衡。完整的分析要求排除其他可能的均衡。现在证明在任意革新时点 $t>0$ 上，纳什均衡混合策略没有密度点。我们使用反证法。

假设如图 9.3－3a 所示，$\mu_1(t)$在 t'点不连续。我们证明 $\mu_1(t)$是最优反应的必要条件是存在时间区间[t'',t']，在这一区间上，企业 2 永不革新。如果企业 2 计划在时点 $t'+\delta$ 而非 $t'-\delta$ 上进行革新，则它因为拖延革新而得到更高收益的概率，不连续地上升。在 δ 足够小时，这一高收益不可能被进行革新所增加的收益流抵消。所以，肯定存在区间[t'',t']，在这个区间上，企业 2 永不革新。

在这个区间上，企业 1 能把自己的密度点从 t'移动到 t''从而避免区间[t',t'']上的双寡头损失。因此，以正概率在时点 t'上实行革新不可能是企业 1 的最优反应。

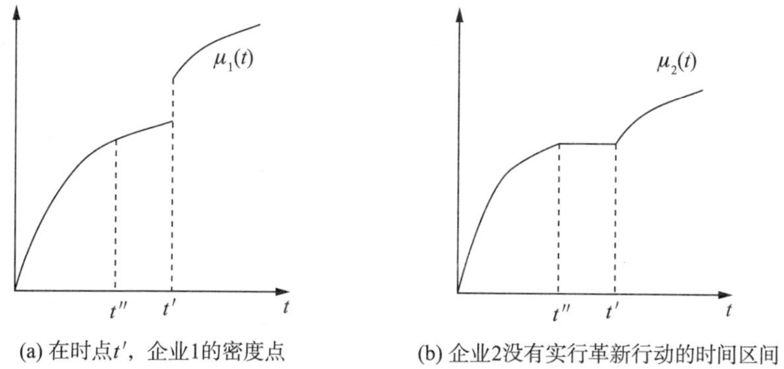

图 9.3-3　在 $t>0$ 时,没有密度点

习　题

习题 9.3-1:产品之间替代程度不断上升时的轮流行动定价博弈

(a) 在本节讨论的定价博弈中,定义变量 $z_i=\theta p_i$,$i=1,2$。把两个必要条件表示为 z_1 与 z_2 的线性方程。

(b) 在 $\theta\to\infty$时,证明$(z_1,z_2)\to\left(\frac{6}{4},\frac{5}{4}\right)$。

(c) 求证两个企业的产量收敛于$\left(\frac{3}{4},\frac{5}{4}\right)$。

习题 9.3-2:古诺生产博弈

设市场需求曲线为 $p=a-q$。市场上只有两个企业,企业 j 的产量为 q_j。两个企业的单位生产成本都为常数 c。这一博弈只进行一次。

(a) 求解纳什均衡,将其与对称的串谋结果进行比较。

(b) 设市场上有 n 个相同企业。求证最优反应所满足的一阶条件为:

$$\frac{\partial\Pi}{\partial q_i}=a-c-b(s+q_i)=0,\text{其中},s=\sum_{j=1}^{n}q_j$$

对这 n 个企业的产量求和,证明 $n(a-c)-(n+1)s=0$;证明均衡价格为 $p^n=\frac{1}{n+1}a+\frac{n}{n+1}c$。

(c) 在 n 变大时,把上述结果与瓦尔拉斯均衡结果进行比较。

习题 9.3-3:存在竞争边缘(Competitive Fringe)的古诺生产博弈

设需求为 $p=100-q$。企业 1 的成本函数为 $TC_1(q_1)=c_1q_1$,企业 2 的成本函数为 $TC_2(q_2)=c_2q_2$。

(a) 求解每个企业的最优反应函数,求解均衡产量和价格。提示:在什么条件下,两个企业相互竞争?在什么条件下,只有企业 1 进入这个市场?

(b) 假设存在 n 个与企业 2 完全相同的企业。求解均衡价格。(你得假定在均衡中,所有相同的企业选择相同的产量水平。)

(c) 讨论在 n 变大时所发生的变化。

习题 9.3-4:存在序贯进入时的生产博弈

设需求为 $p=24-q$,其中,$q=q_1+q_2$。企业 1 的成本函数为 $C_1=4q_1$;企业 2 的成本函数为 $C_2=8q_2$。

(a) 假设每个企业在做出自己的生产决策时,观察不到对手的决策。求解每个企业的最优反应函数,求解同时行动均衡。

(b) 假设企业 1 首先行动。利用企业 2 将选择最优反应的事实,推导企业 1 的利润的表达式,将其表示为 q_1 的函数。

(c) 求解企业 1 的最优产量决策,并将两个企业的产量与利润与同时行动均衡中的结果进行比较。

习题 9.3-5:3 个企业序贯进入市场时的生产博弈

市场需求价格函数为 $p=a-q_1-q_2-q_3$。三个企业的单位成本都为 c。

(a) 证明第三个行动者(企业 3)的最优反应为 $q_3=BR_3(q_1,q_2)=\frac{1}{2}(a-c-q_1-q_2)$。

(b) 证明企业 2 的利润函数可写为 $U_2(q_1,q_2)=\frac{1}{2}(a-c-q_1-q_2)q_2$。

(c) 证明企业 2 的最优反应为 $q_2=BR_2(q_1)=\frac{1}{2}(a-c-q_1)$。

(d) 写出企业 1 的利润函数并证明企业 1 的最优反应为 $q_1=\frac{1}{2}(a-c)$。

(e) 比较这三个企业的均衡产量并求解均衡价格。

习题 9.3-6:均衡的存在性

两个企业生产完全相同的产品,企业 i 的单位成本为 c_i,设 $c_1<c_2$。所有消费者向低价企业购买商品。如果两个企业定价相同,则企业 1 的市场份额为 f_1,企业 2 的市场份额为 $f_2=1-f_1$。消费者对两个企业的产品的需求为:

$$(q_1,q_2)=\begin{cases}(a-p_1,0), & p_1<p_2\\(f_1(a-p_1),f_2(a-p_2)), & p_1=p_2\\(0,a-p_2), & p_1>p_2\end{cases}$$

两个企业的行动集均为区间$[0,a]$。

(a) 证明不存在价格严格大于 c_2 的纯策略均衡。

(b) 假设企业 1 使用混合策略。设 p_1^* 是企业 1 的最大价格。就是说,$\mu_1(p_1^*)=1$ 且对所有的 $p_1<p_1^*$,$\mu_1(p_1)<1$。假设 $p_1^*>c_2$,请推导出矛盾的结论。提示:企业 2 的最优反应是选择价格 $p_2<p_1^*$,因此,价格 p_1^* 不可能是企业 1 的最优反应。

(c) 证明:如果 $f_1=1$,则$(p_1,p_2)=(c_2,c_2)$是唯一的纳什均衡。

(d) 证明:如果 $f_1<1$,则不存在纳什均衡。

(e) 对有限策略集,证明存在唯一的均衡。

(f) 你认为通过假定 $f_1=1$ 而探讨伯尔川德价格竞争具有合理性吗?

习题 9.3-7:消耗战

(a) 利用式(9.3-9)推导对称均衡混合策略的必要条件[即条件(9.3-8)]。

(b) 均衡期望收益是什么?

(c) 证明存在其他混合策略均衡,企业 1 以严格正概率马上进行技术革新,即 $\mu_1(0)>0$ 而 $\mu_2(0)=0$。

(d) 假设行业内有三个企业。如果一个企业进行技术革新,则三个企业的利润都将提高,但没有进行技术革新的两个企业的利润比革新企业的利润更高。概括这一博弈的纳什均衡的特征。

习题 9.3-8:寻租战

两个竞争企业竞相投入资源收买一位政客。企业 i 的支出为 x_i。在这位政客竞选活动中投入资源最多的企业,将获得他的支持。如果企业 1 赢得政客支持,则它的利润上升 W_1,企业 2 的利润下降 L_2。如果企业 2 赢得政客支持,则它的利润上升 W_2,企业 1 的利润下降 L_1。如果两个企业投入相同数量的资源,则各以 0.5 的概率赢得政客支持。两个企业利润的增减是共同知识。两个企业同时选择自己的支出水平。

(a) 设 $(W_i, L_i)=(W,0)$,$i=1,2$。说明为什么不存在纯策略纳什均衡。

(b) 求证:概率分布为 $\mu_i(x)=\Pr\{x_i\leqslant x\}=x_i/W$ 的混合策略是纳什均衡。

(c) 说明为什么在 $x>0$ 上,均衡概率分布 $(\mu_1(x), \mu_2(x))$ 不可能有密度点。

(d) 设 $(W_i, L_i)=(W, L)$,$i=1,2$。求解均衡混合策略。

(e) 设 $W_1>W_2>L_1=L_2=0$。求解均衡混合策略。

9.4 无限次重复博弈

关键词:阶段博弈;触发策略;偏离均衡路径的策略;无名氏定理;单阶段偏离原理

在无限次重复博弈中,一个同时行动阶段博弈被重复进行。设 $S=S_1\times\cdots\times S_I$ 是这个阶段博弈的所有可行的策略组合构成的集合。对参与者 i 的对手的任意策略 s_{-i},参与者 i 的最大收益为:

$$\max_{s_i\in S_i}\{u_i(s_i, s_{-i})\}$$

为分析无限次重复博弈的均衡,我们首先把阶段博弈带给参与者 i 的最小最大值(minmax value)定义为对手的目标是最小化 i 的收益时 i 能得到的最大收益。这是参与者 i 能确保得到的最大收益。这一最小最大值为:

$$\underline{u}_i=\min_{s_{-i}\in S_{-i}}\max_{s_i\in S_i}\{u_i(s_i, s_{-i})\}$$

定义对手的最小最大化策略向量为:

$$\underline{s}_{-i}\in\arg\min_{s_{-i}\in S_{-i}}\max_{s_i\in S_i}\{u_i(s_i, s_{-i})\}$$

设 $u(s)=(u_1(s),\cdots,u_I(s))$ 是阶段博弈的策略组合 s 实现的收益向量。我们要证明如果参与者足够有耐性(就是说,他们的贴现因子足够接近 1),则任意收

益向量 $u(s)\gg\underline{u}$ 都是无限次重复博弈的纳什均衡收益向量。

先看表 9.4－1 中的同时行动定价阶段博弈。它是第 9.1 节探讨的定价博弈的变形。它有唯一的纳什均衡收益向量，为(50,50)。

表 9.4－1　阶段博弈

		参与者 2		
		高价	中间价	低价
参与者 1	高价	100,100	40,170	20,90
	中间价	170,40	50,50	0,40
	低价	90,20	40,0	10,10

如果参与者 2 选择“高价”，参与者 1 的最大收益为 170（当他选择“中间价”时）。如果参与者 2 选择“中间价”，参与者 1 的最大收益为 50。如果参与者 2 选择“低价”，参与者 1 的最大收益为 20。因此，参与者 1 的最小最大收益为 20。这是个对称博弈，所以，最小最大收益向量为 $\underline{u}=(20,20)$。

图 9.4－1 画出了这个阶段博弈可能的收益向量。图中浅色和深色区域是这些收益向量的凸组合构成的集合。

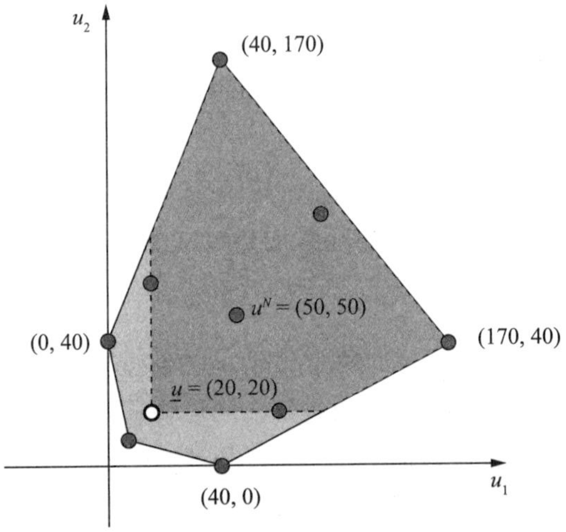

图 9.4－1　阶段博弈中的帕累托更优收益向量

如果两个参与者使用公共随机工具，则图中任何一个收益向量都可能实现。[1] 假设随机工具生成的建议是等概率使用策略组合（高价，中间价）和（中间价，高价）。如果两个参与者遵循这一建议，各人得到收益 $\frac{1}{2}\times170+\frac{1}{2}\times40=105$。图中深色区域中的收益向量，相对于最小最大收益，帕累托更优。

任取阶段博弈中帕累托严格更优收益的策略组合 s；就是说，$u(s)\gg\underline{u}$。我们

〔1〕 只要每个参与者的贴现因子足够接近 1，我们可以以恰当的速度在策略之间轮换而逼近随机化机制的期望收益。

看如下“触发策略”:各参与者首先按照策略组合 s 进行博弈,一直使用策略组合 s 直至有人偏离;在有人偏离之后,其他所有参与者联手使用最小化最大值策略,惩罚此人的偏离行为。就是说,如果第一次偏离发生在阶段 t 且是参与者 i 偏离了策略组合 s,则其他所有参与者在此后所有阶段一直使用最小化最大值策略 $\underline{s}_{-i}$。我们有下面的命题。

命题 9.4-1:无名氏定理[1]

对阶段博弈中实现收益向量 $u(s)\gg\underline{u}$ 的每个纯策略组合 s,存在贴现因子 $\underline{\delta}$ 使得对所有的 $\delta\in(\underline{\delta},1)$,触发策略是无限次重复博弈的纳什均衡策略,实现收益向量 $u(s)$。

证明:我们探讨在什么条件下,如果其他所有参与者均按照策略组合 s 行动,则参与者 i 没有动机在第一个阶段偏离策略组合 s。设 u_i^D 是在其他所有人都选择 s_{-i} 时参与者 i 从偏离行为中获得的最大收益。参与者 i 要有动机偏离策略 s,意味着 $u_i^D>u_i(s)$。给定其他人对 i 的这一偏离行为的反应,参与者 i 的贴现收益为:

$$u_i^D+\sum_{t=2}^{\infty}\delta^{t-1}\underline{u}_i=u_i^D+\delta\underline{u}_i\sum_{t=1}^{\infty}\delta^{t-1}=u_i^D+\frac{\delta}{1-\delta}\underline{u}_i$$

如果参与者 i 永不偏离策略组合 s,则他的收益就为:

$$u_i(s)+\sum_{t=2}^{\infty}\delta^{t-1}u_i(s)=u_i(s)+\delta u_i(s)\sum_{t=1}^{\infty}\delta^{t-1}=u_i(s)+\frac{\delta}{1-\delta}u_i(s)$$

因此,偏离行为降低参与者 i 的收益,如果:

$$u_i^D-u_i(s)+\frac{\delta}{1-\delta}(\underline{u}_i-u_i(s))<0 \qquad (9.4-1)$$

整理上式,我们可以看到,参与者 i 的收益下降,如果:

$$\frac{u_i^D-u_i(s)}{u_i^D-\underline{u}_i}<\delta$$

对从偏离行为中获得一时好处的每个参与者,都进行上述分析,我们就能看到,存在 $\delta<1$ 使得没有人能从第一阶段的偏离行为中获益。由于这一博弈无限次重复进行,这一结论对每个阶段都成立。 □

那么,使用最小化最大值策略到底有多可行呢?我们看表 9.4-1 中的收益矩阵。如果参与者 1 背叛而参与者 2 的反应是使用最小化最大值策略(即选择“低价”),则参与者 1 的最优反应是选择“高价”。但是,如果参与者 1 选择“高价”,参与者 2 就能通过选择“中间价”而把自己的收益提高至 170。由于在每个阶段,参与者们都在开始一个无限次重复子博弈,所以,当参与者 1 在这一子博弈中始终选择

[1] 这一定理被称为“无名氏定理”,因为在它被正式证明之前已非常有名。我的祖先格雷海姆帮也许对此有贡献。这个帮派的信条是“不忘记朋友,不宽恕敌人”。

“高价”时，选择“低价”不是参与者 2 的最优反应。因此，上述纳什均衡策略不是子博弈精炼均衡。

无限次重复博弈的子博弈精炼均衡

设 s^N 是阶段博弈的纳什均衡策略组合，实现纳什均衡收益向量 u^N。假设博弈已到达第 t 阶段。不管阶段博弈将被重复多少次（有限次或无限次），如果参与者 i 认为他的对手在未来所有阶段里都将选择 s_{-i}^N，则他的最优反应是 s_i^N。就是说，阶段博弈的这一纳什均衡是重复博弈的子博弈精炼均衡。

> **命题 9.4－2：无限次重复博弈的子博弈精炼均衡**
> 设 $s^N=(s_1^N,\cdots,s_n^N)$ 是阶段博弈的一个纳什均衡，则 $s^t(h^t)=s^N$ 是无限次重复博弈的子博弈精炼均衡。

这一命题给出了另一触发策略。面对参与者 i 的背叛，其他参与者可以威胁使用自己的阶段博弈纳什均衡策略 s_{-i}^N 而非最小化最大值策略。给定对手的这种反应，参与者 i 通过选择 s_i^N 最大化自己在后续博弈中的收益。设 $u^N=(u_1(s^N),\cdots,u_I(s^N))$ 是阶段博弈纳什均衡收益向量。我们于是可以用 u^N 替换命题 9.4－1 中的 $\underline{u}$。根据命题 9.4－2，在发生背叛时，后续博弈中的策略组合是子博弈精炼均衡。我们因此证明了下面的结论。

> **命题 9.4－3：无限次重复博弈的子博弈精炼均衡（Friedman）**
> 设 s^N 是阶段博弈的纳什均衡，实现收益向量 u^N。对每个纯策略组合 s，如果它实现收益向量 $u(s)\gg u^N$，则存在贴现因子 $\underline{\delta}<1$ 使得对所有的 $\delta\in(\underline{\delta},1)$，收益向量 $u(s)$ 是无限次重复博弈的每个阶段上的子博弈精炼均衡结果。

对使用帕累托更优策略组合 s 的均衡路径的偏离行为，上述触发策略不是唯一的反应。这里的要害是长期惩罚应该超过短期收益。一种简单的报复措施是：对参与者 i 在第一阶段对策略 s_i 的偏离，其他参与者在第 2 到第 T 时期使用纳什均衡策略，然后在第 $T+1$ 时期回到策略 s 上。在这种惩罚机制下，如果偏离策略 s_i，参与者 i 得到的收益至多为：

$$u_i^D+\sum_{t=2}^{T}\delta^{t-1}u_i^N+\sum_{t=T+1}^{\infty}\delta^{t-1}u_i(s)=u_i^D+\frac{1-\delta^{t-1}}{1-\delta}\delta u_i^N+\sum_{t=T+1}^{\infty}\delta^{t-1}u_i(s)$$

而如果不背叛，他得到的收益为：

$$u_i(s)+\sum_{t=2}^{T}\delta^{t-1}u_i(s)+\sum_{t=T+1}^{\infty}\delta^{t-1}u_i(s)=u_i(s)+\frac{1-\delta^{t-1}}{1-\delta}\delta u_i(s)+\sum_{t=T+1}^{\infty}\delta^{t-1}u_i(s)$$

如果：

$$u_i^D-u_i(s)-\frac{\delta-\delta^T}{1-\delta}(u_i(s)-u_i^N)<0$$

就是说，如果：

$$\frac{u_i^D - u_i(s)}{u_i(s) - u_i^N} - \frac{\delta - \delta^T}{1-\delta} < 0$$

则背叛行为降低参与者 i 的收益。只要在 $T\to\infty$ 时这一表达式成立,则对所有足够大的 T,它肯定成立。

在这里,使用哪种策略似乎不重要,因为在均衡中,这些策略都不会被用到。但是,我们始终假定在博弈的每个阶段使用的策略,都是这个博弈的历史的组成部分。在下一章中我们将看到,在有些情况中事实并非如此,惩罚期的长度变得重要。

例子:重复进行的古诺生产博弈

设 n 个完全相同的企业同时选择各自的产量$(q_1,\cdots,q_n)$,需求价格函数为 $p=1-Q=1-\sum_{j=1}^{n} q_j$。为方便解释,假定生产成本为零。这里将反复用到如下结论:

$$x^* = \underset{x}{\arg\max}(a-x)x = a/2 \text{ 和 } (a-x^*)x^* = (a/2)^2 \qquad (9.4-2)$$

对称的联合利润最大化结果

总利润为 $\Pi(Q)=p(Q)Q=(1-Q)Q$。根据(9.4-2),在 $Q=\frac{1}{2}$时,总利润最大。因此,每个企业的对称利润最大化产量为 $q^*=\frac{1}{2n}$,价格为 $p^*=\frac{1}{2}$,企业 i 的利润因此为 $u_i^*=\frac{1}{4n}$。

对称的纳什均衡

企业 i 的利润为:

$$u_i = (1 - \sum_{\substack{j=1 \\ j\neq i}}^{n} q_j - q_i) q_i \qquad (9.4-3)$$

根据(9.4-2),在 $q_i=\frac{1}{2}(1-\sum_{\substack{j=1 \\ j\neq i}}^{n} q_j)$ 时,上式取最大值。根据对称性,$q_i^N=\frac{1}{n+1}$,则:

$$u_i^N = \frac{1}{(n+1)^2}$$

偏　离

根据(9.4-3),如果其他所有企业都选择策略 q^*,则企业 i 的利润为:

$$u_i = \left(1 - \frac{n-1}{2n} - q_i\right) q_i = \left(\frac{n+1}{2n} - q_i\right) q_i$$

根据(9.4－2)，在 $q_i^D=\frac{n+1}{4n}$ 时，上式取得最大值，企业 i 的利润为：

$$u_i^D=\left(\frac{n+1}{4n}\right)^2$$

把这些结果代入(9.4－1)中，则所有的背叛行为都严格无利可图当且仅当：

$$\left(\left(\frac{n+1}{4n}\right)^2-\frac{1}{4n}\right)-\frac{\delta}{1-\delta}\left(\frac{1}{4n}-\frac{1}{(n+1)^2}\right)=\frac{(n+1)^2-4n}{16n^2}-\frac{\delta}{1-\delta}\frac{(n+1)^2-4n}{4n(n+1)^2}$$
$$=\frac{(n-1)^2}{4n}\left(\frac{1}{4n}-\frac{\delta}{1-\delta}\frac{1}{(n+1)^2}\right)<0$$

就是说：

$$\frac{(n+1)^2}{4n}<\frac{\delta}{1-\delta}$$

在这个不等式中，随着企业数量变大，左边项上升且无上界。就是说，不管贴现因子为多大，如果市场上有足够多的企业，则垄断结果就不是这一重复博弈的纳什均衡。

无限次博弈的单阶段偏离原理

我们说过，对有限次重复博弈，要验证某个策略组合是子博弈精炼均衡，我们只需探讨每个参与者的单阶段偏离。我们现在证明这一结论适用于无限次重复博弈。证明思路很简单。如果无限次偏离行为能给偏离者带来更高收益，由于遥远未来的偏离行为所实现的收益要被贴现到现在，所以肯定存在很长的有限偏离，能给偏离者带来好处。但是，根据对有限次重复博弈的分析，这种情况不可能发生。

命题 9.4－4：无限次重复博弈的单时期偏离原理〔1〕

在无限次重复博弈中，假设阶段收益有上界且贴现因子严格小于1。如果对策略组合 $\{s^t(h^t)\}_{t=1}^{\infty}$，任何参与者的任何单阶段偏离行为都无法提高其收益，则这一策略组合是子博弈精炼均衡。

证明： 设参与者 i 偏离策略组合 $\{s^t(h^t)\}_{t=1}^{\infty}$，新的策略组合为 $s\equiv\{s^t(h^t)\}_{t=1}^{\infty}$。设 $U_i^t(s)$ 是策略 s 在阶段 t 子博弈中实现的收益。如果 $\bar{s}$ 不是子博弈精炼均衡，则存在阶段 τ、历史 h^τ 和相对应的阶段 τ 子博弈使得参与者 i 在这一子博弈中的收益满足 $U_i^\tau(s)-U_i^\tau(\bar{s})=\varepsilon>0$。定义策略组合 $\hat{s}$：在 $t<\hat{t}$ 时，$\hat{s}$ 与 s 一致；对所有更大的 t，$\hat{s}$ 与 $\bar{s}$ 一致。由于收益有界且贴现因子 $\delta<1$，则：

$$\lim_{\hat{t}\to\infty}U_i^\tau(\hat{s})-U_i^\tau(s)=0$$

在这里：

---

〔1〕 这里借鉴了 Fudenberg 和 Tirole(1991)中的证明。

$$U_i^\tau(\hat{s})-U_i^\tau(\bar{s})=[U_i^\tau(\hat{s})-U_i^\tau(s)]+[U_i^\tau(s)-U_i^\tau(\bar{s})]$$

刚才证明了等号右边第一个括号内的表达式在 $\hat{t}\to\infty$ 时收敛于零;根据假定,第二个括号内的表达式等于 ε。因此,存在阶段 $\hat{t}$ 使得:

$$U_i^\tau(\hat{s})-U_i^\tau(\bar{s})\geqslant\frac{1}{2}\varepsilon$$

这里要看到,策略组合 $\hat{s}$ 是对 $\bar{s}$ 的有限个阶段的偏离。但是,根据对有限次重复博弈的分析,如果单阶段偏离无利可图,则任何有限个阶段的偏离都不会给偏离者带来好处。因此,我们得到了矛盾的结论。 □

习　题

习题 9.4－1:重复进行的古诺生产博弈

设 $c=4, p=16-q_1-q_2, q_1, q_2\in\mathbb{R}^+$。

(a) 证明一次性博弈的帕累托效率策略满足 $q_1+q_2=6$。

(b) 求解唯一的纳什均衡。

(c) 在贴现因子满足什么条件时,合作产量向量 $(x,x)<(q_1^N,q_2^N)$ 是无限次重复博弈的子博弈精炼均衡结果?

习题 9.4－2:重复博弈的纳什均衡

在习题 9.4－1 的背景下,研究策略组合 $q^*=(3,3)$。

(a) 解释为什么两个参与者的最小化最大值策略是纳什均衡威胁却不是子博弈精炼均衡威胁。

(b) 在贴现因子满足什么条件时,$q^*=(3,3)$ 是无限次重复博弈的纳什均衡结果。

习题 9.4－3:存在 T 个时期威胁的古诺博弈

在习题 9.4－1 的背景下进行分析:支持利润最大化产量 $q^*=(3,3)$ 的 T 时期威胁,要构成子博弈精炼均衡,必须满足什么条件?请将这一条件写为 $T\leqslant f(\delta)$ 的不等式形式。

参考文献

Aumann, Robert. (1987). "Correlated Equilibrium as an Extension of Bayesian Rationality." *Econometrica* **55**: 1－18.

Benoit, J. P. and Krishna, V. (1985). "Finitely Repeated Games." *Econometrica* **53**: 890－904.

Bertrand, J. (1883). "Théeorie mathématique de la richesse sociale." *Journal des Savants*, 499－508.

Cournot, A. (1838). *Recherches sur les Principes Mathematiques de la Théorie des Richesses*. English edition (ed. N. Bacon): *Researches into the*

Mathematical Principles of the Theory of Wealth, New York: Macmillan, 1987.

Dasgupta, P. and Maskin, E. (1986). "The Existence of Equilibrium in Discontinuous Economic Games I: Theory." *Review of Economic Studies* **53**: 1 - 26.

Debreu, Gerard. (1952). "A Social Equilibrium Existence Theorem." *Proceedings of the National Academy of Sciences* **38**: 886 - 893.

Fan, K. (1952). "Fixed Point and Minimax Theorems in Locally Convex Topological Linear Spaces." *Proceedings of the National Academy of Sciences* **38**: 121 - 126.

Friedman, J. (1971). "A Noncooperative Equilibrium for Supergames." *Review of Economic Studies* **38**: 1 - 12.

Fudenberg, D. and Levine, D. (1983). "Sub-Game Perfect Equilibria of Finite and Infinite Horizon Games." *Journal of Economic Theory* **31**: 227 - 256.

Fudenberg, D., Levine, D., and Maskin, E. (1994). "The Folk Theorem with Imperfect Public Information." *Econometrica* **62**: 997 - 1039.

Fudenberg, Drew and Maskin, Eric. (1986). "The Folk Theorem in Repeated Games with Discounting or with Incomplete Information." *Econometrica* **54**: 533 - 554.

Fudenberg, Drew and Tirole, Jean. (1991). *Game Theory*. Cambridge, MA: MIT Press.

Glicksberg, I. L. (1952). "A Further Generalization of the Kakutani Fixed Point Theorem with Application to Nash Equilibrium Points." *Proceedings of the National Academy of Sciences* **38**: 170 - 174.

Nash, J. (1950). "Equilibrium Points in N-Person Games." *Proceedings of the National Academy of Sciences* **36**: 48 - 49.

Rubinstein, A. (1982). "Perfect Equilibrium in a Bargaining Model." *Econometrica* **50**: 97 - 109.

Selten, R. (1965). "Spieltheoretische Behandlung eines Oligopolmodells mit Nachfragetragheit." *Zeitschrift fur die gesamte Staatswissenschaft* **12**: 301 - 324.

第十章
不对称信息博弈

10.1 不完全信息博弈

关键词：贝叶斯博弈；共同知识；自然在行动；同时行动博弈中的贝叶斯纳什均衡；序贯行动博弈中的贝叶斯纳什均衡；拍卖中的均衡

在前一章探讨的博弈中，唯一的不确定性体现在各个参与者所使用的策略上。参与者拥有关于对手收益的完全信息。而且，在多回合博弈中，所有参与者都拥有关于历史——已使用的策略——的完全信息，并且，这是共同知识。现在放松这些假定。在本节中，一个或多个参与者，仅在概率意义上知道对手的偏好。他或他们在此前提下选择自己的行动。正式地说，如果参与者 $i \in \mathfrak{I}$ 的效用函数为 $u_i(\cdot, \theta_i)$，我们就称他是类型 θ_i 参与者，$\theta_i \in \Theta_i = \{\theta_{i1}, \cdots, \theta_{im_i}\}$，$\Theta_i$ 是参与者 i 的类型集。

同时行动博弈——例子

为说明这类博弈的特征，我们看一个古诺双寡头博弈。设企业 i 的类型为 θ_i，则其单位成本为 $c(\theta_i)$。企业 i 知道自己的类型但不知道对手的类型。企业 $i=1, 2$ 选择产量 q_i。两个企业的产品完全替代，市场出清价格为：

$$p(q) = a - q_1 - q_2$$

在产出向量为 q 时，企业 i 的利润为：

$$u_i(q_i, q_{-i}, \theta_i) = (a - q_i - q_{-i} - c(\theta_i))q_i$$

企业 i 不知道对手的类型，因此最大化自己在对手的所有可能的类型上的期望：

$$U_i(q_i, \theta_i) \equiv \underset{q-i}{E}\{u_i(q_i, q_{-i}, \theta_i)\} = (a - q_i - E\{q_{-i}\} - c(\theta_i))q_i$$

它所选择的产量为：

$$q_i(\theta_i) = \underset{qi}{\operatorname{argmax}}\{U_i(q_i, \theta_i)\}$$

这里要看到，U_i 是 q_i 的严格凹函数；一阶条件因此是必要条件也是充分条件。一阶条件为：

$$\frac{\partial U_i}{\partial q_i}=a-E\{q_{-i}\}-c_i(\theta_i)-2q_i=0,i=1,2$$

得到：

$$q_i^{BR}(\theta_i)=\frac{1}{2}(a-E\{q_{-i}\}-c_i(\theta_i)),i=1,2 \tag{10.1-1}$$

假设企业 2 的成本是公开信息，企业 1 的成本是私人信息。现在探讨概率推断上的变化所产生的影响，借此分析双方的推断如何影响企业 1 的决策。

一阶推断

企业 2 向上修正自己对企业 1 的单位成本的推断。由于单位成本越高，企业 1 的产量越低，所以，企业 2 向下修正自己对 q_1 的推断。企业 2 于是提高自己的产量。

二阶推断

企业 1 认为企业 2 已向上修正了对 c_1 的推断。如果企业 2 向上修正了对 c_1 的推断，则企业 2 将提高自己的产量。根据对企业 2 的这些推断，企业 1 将降低自己的产量。就是说，二阶推断也影响最优反应。

三阶推断

企业 2 认为企业 1 推断企业 2 已向上修正了对 c_1 的推断。根据上面的分析，企业 2 认为企业 1 将降低产量。根据这些推断，企业 2 将进一步提高自己的产量。因此，三阶推断也影响最优反应。

这种推理能无穷尽地进行下去。这意味着每个层次上的推断都影响最优反应。简化这种复杂性的一种办法是把共同知识假定应用于推断。

> **定义：共同知识推断**
>
> 类型空间 $\Theta=\times_{i\in\mathfrak{I}}\Theta_i$ 上的联合概率分布 $f(\theta_1,\cdots,\theta_I)$ 是共同知识。

现在修改这个双寡头博弈，假定每个企业的类型都服从独立同分布。联合概率密度函数于是为 $f(\theta_1,\theta_2)=g(\theta_1)g(\theta_2)$。我们假定它是共同知识。

企业 i 的一个纯策略是一个映射 $q_i(\theta_i)$，它把每个可能的类型 $\theta_i\in\Theta_i$ 映射到行动集 $A_i=\mathbb{R}_+$ 上。给定关于对手企业的策略的共同知识和关于类型分布的共同知识，企业 i 计算产量水平 q_i 所实现的期望收益。

根据(10.1-1)，有：

$$q_i^{BR}(\theta_i)=\frac{1}{2}(a-\underset{\theta-i}{E}\{q_{-i}(\theta_{-i})\}-c(\theta_i))$$

在企业 i 的类型上取期望，得到：

$$\underset{\theta_i}{E}\{q_i(\theta_i)\}=\frac{1}{2}(a-\underset{\theta_{-i}}{E}\{q_{-i}(\theta_{-i})\}-\underset{\theta_i}{E}(c(\theta_i)))$$

由于所有类型有相同的成本函数 $c(\theta_i)$，并且，类型的联合分布具有对称性，所以，所有的类型有相同的期望成本 $\bar{c}$。我们可以解得：

$$\underset{\theta_i}{E}\{q_i(\theta_i)\}=\frac{1}{3}(a-\bar{c}),i=1,2$$

把上式代入(10.1－1)，整理得到：

$$q_i^{BR}(\theta_i)=\frac{1}{3}(a-\bar{c})-\frac{1}{2}(c(\theta_i)-\bar{c}),i=1,2$$

得到：

$$p(\theta)=a-q_1(\theta_1)-q_2(\theta_2)=\frac{1}{3}a+\frac{2}{3}\bar{c}+\left[\frac{1}{2}(c(\theta_1)+c(\theta_2))-\bar{c}\right]$$

期望价格于是为 $\bar{p}=\frac{1}{3}a+\frac{2}{3}\bar{c}$。价格 $p(\theta)$ 与期望价格 $\bar{p}$ 的差，等于所实现的单位成本 $c(\theta_1)$ 与 $c(\theta_2)$ 的平均值减去单位成本均值 $\bar{c}$。

同时行动博弈

假设在一个同时行动博弈中，参与者 $i\in\Im$ 的类型为 $\theta_i\in\Theta_i$，行动集为 A_i。设 S_i 是 A_i 上的概率测度集，定义 $S=S_1\times\cdots\times S_I$。参与者 $i\in\Im$ 的一个策略 s_i，对每个 $\theta_i\in\Theta_i$，指定了一个概率测度 $s_i(\theta_i)\in S_i$。策略组合 $s=(s_1,\cdots,s_I)$ 给出了每个参与者的依赖其类型的策略。

这种博弈被称为贝叶斯博弈，它的均衡被称为贝叶斯纳什均衡。

> **定义：同时行动博弈的贝叶斯纳什均衡**
>
> 对参与者 $i\in\Im$，$u_i(s,\theta_i)$ 是当其类型为 $\theta_i\in\Theta_i$ 和策略组合为 $s\in S$ 时的收益。设 $f(\theta_1,\cdots,\theta_I)$ 是类型上的联合概率分布，它是共同知识。则策略组合 s 是贝叶斯纳什均衡，如果在共同知识推断下，对每个 $i\in\Im$ 和对 i 的每种类型 $\theta_i\in\Theta_i$，$s_i^{\cdot}(\theta_i)$ 是最优反应。

由于贝叶斯纳什均衡强调共同知识推断的作用，我们可将其视为序贯行动博弈的纳什均衡，只是在这一博弈中增加了个参与者，我们称其为“自然”。自然第一个行动，选择每个参与者的类型。自然得到的收益独立于其他所有参与者的行动，所以，对自然而言，任何混合策略都是最优反应。在纳什均衡中，所有参与者的策略都是共同知识，因此，在自然行动之后，其他参与者知道自然所采用的混合策略即类型上的联合概率分布，做出自己的反应。所以，有 I 个参与者的不完全信息博弈的贝叶斯纳什均衡，可以看作是自然第一个行动的有 $I+1$ 个参与者的博弈的纳什均衡。

闭标最高价格拍卖与闭标次高价格拍卖

竞价博弈是一类重要的同时行动贝叶斯博弈。所竞购的商品对每个参与者

(买方)的价值,是这个参与者的私人信息。参与者通过选择自己的行动,竞购这件商品。商品的最终配置取决于各个参与者所选择的行动。

拍卖便是这样一种竞价博弈。有一件待售商品。各个买方以闭标形式提交自己的报价,出价最高的人得到商品。在有多人报出最高价格时,赢家在他们之间随机产生。在最高价格(或高价)拍卖中,胜出方支付自己的报价(最高价格)。在次高价格拍卖中,胜出的买方支付次高价格(第二高价)。[1]

在次高价格闭标拍卖中,如果参与者 i 对商品的价值认定为 θ_i,则他的占优策略是报出自己的价值认定 θ_i。我们证明这一结论。设 m 是其他所有人报出的最高价。假设买方 i 的报价为 $x<\theta_i$ 而非 θ_i。如果 $m<x$,买方 i 胜出,支付 m(即次高报价)。如果 $m>\theta_i$,买方 i 没有赢得商品。如果 $x<m<\theta_i$,买方 i 得不到商品,收益为零;但是,如果他的报价为 θ_i,他就可能胜出,实现利润 θ_i-m。就是说,报价 θ_i 弱优于报价 $x<\theta_i$。同理,报价 θ_i 弱优于报价 $x>\theta_i$。

设 $\{\theta_{(1)},\theta_{(2)},\cdots,\theta_{(n)}\}$ 是按从高到低顺序对所有人的价值认定的排列。[2] 如果所有人都按照自己的占优策略报价且买方 i 胜出,则 $\theta_i=\theta_{(1)}$,买方 i 支付 $\theta_{(2)}$。在胜出前提下买方 i 的期望支付为 $E\{\theta_{(2)}|\theta_{(1)}=\theta_i\}$。

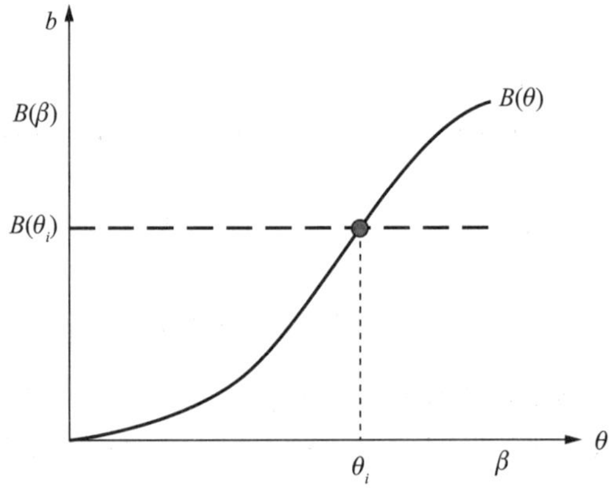

图 10.1-1　均衡报价函数

现在看闭标最高价格拍卖。在价值认定服从独立同分布的假定下,很自然地,我们寻找对称均衡。对待售商品的价值认定越高的人,如果报出的价格很低而没有得到商品,他的损失就越大。所以,我们要寻找的是严格递增的均衡报价策略 $B(\theta_i)$。最后,在累积分布函数连续可微的假定下,我们假定 $B(\cdot)\in\mathbb{C}^1$。假设除买方 i 外,所有人都按照图 10.1-1 中严格递增的报价函数 $B(\cdot)$ 提交自己的报价。在其他所有人均按照均衡报价策略提交自己的报价时,买方 i 在自己的价值认定为 θ_i 和自己的报价为 $B(\theta_i)$ 时的胜出概率,是 θ_i 为最高价值认定的概率,即 $w(\theta_i)=F^{n-1}(\theta_i)$。

---

〔1〕 在课堂上可以进行这种拍卖:所有人从钱包中抽出一张钞票,记下钞票号码中的第二位与第三位数字。这个两位数便是每个人对现金奖品(例如 10 元钱)的价值认定。每个人的价值认定显然位于这笔 10 元钱奖品的 0%与 99%之间。由于各个数字的发生概率相同,所以,价值认定服从均匀分布。

〔2〕 第 j 个最高值被称为第 j 个秩统计量。

我们求解均衡收益而不直接求解均衡报价函数。均衡收益等于均衡胜出概率 $w(\theta)$ 乘以净收益 $\theta-B(\theta)$，即：

$$u(\theta)=w(\theta)(\theta-B(\theta))$$

由于我们知道均衡胜出概率，所以，我们可以用这个方程求解均衡报价函数。

假设买方 i 偏离其均衡策略：无论其价值认定为多大，他的报价都为 $B(\theta_i)$。此时，如果其价值认定为 θ，则其期望收益为：

$$u=w(\theta_i)(\theta-B(\theta_i))$$

这一期望收益随其价值认定 θ 线性上升，见图 10.2 - 2。并且，它的斜率等于胜出概率 $w(\theta_i)$。

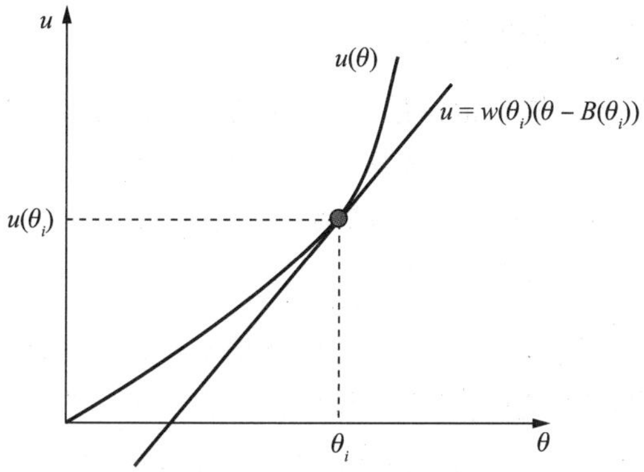

图 10.1 - 2 均衡收益函数

由于 $u(\theta)$ 是在买方 i 做出最优反应时的收益，所以，对所有的 $\theta\in[0,\beta]$，有：

$$u(\theta)\geqslant w(\theta_i)(\theta-B(\theta_i))$$

并且：

$$u(\theta_i)=w(\theta_i)(\theta_i-B(\theta_i)) \tag{10.1 - 2}$$

因此，在 θ_i 上，函数 $u(\theta)$ 与直线 $u=w(\theta_i)(\theta-B(\theta_i))$ 有相同斜率，即：

$$\frac{du}{d\theta}(\theta_i)=w(\theta_i)$$

对 $[0,\beta]$ 中的每个值，这一结论都成立。而且，价值认定为零的买方，报出的价格为零，得到的收益为零。因此：

$$u(\theta_i)=\int_0^{\theta_i}\frac{du}{d\theta}d\theta=\int_0^{\theta_i}w(\theta)\,d\theta$$

分部积分，得到：

$$u(\theta_i)=\theta_i w(\theta_i)-\int_0^{\theta_i}\theta dw(\theta)=w(\theta_i)\left(\theta_i-\frac{\int_0^{\theta_i}\theta dw(\theta)}{w(\theta_i)}\right)$$

把这一表达式与(10.1－2)进行比较，得到均衡报价函数：

$$B(\theta_i)=\frac{\int_0^{\theta_i}\theta dw(\theta)}{w(\theta_i)} \qquad (10.1-3)$$

这里要看到：

$$\frac{w(\theta)}{w(\theta_i)}=\Pr\{\theta_{(2)}\leqslant\theta\,|\,\theta_{(1)}=\theta_i\}$$

就是说，买方 i 的均衡报价是在他有最高价值认定的前提下对次高价值认定的期望。

我们看到，这一报价也是闭标次高价格拍卖中有最高价值认定的买方的均衡期望支付。我们因此有下面的结论。

命题 10.1－1：闭标最高价格拍卖与闭标次高价格拍卖的收入等价性

在 n 个人参与的拍卖中，如果所有人都风险中性，他们的价值认定服从独立同分布，累积分布函数为 $F\in\mathbb{C}^1$，支持为$[0,\beta]$，则闭标最高价格拍卖与闭标次高价格拍卖中的均衡期望收入相等。

为理解这一结论，我们再看闭标次高价格拍卖。设 $u(\theta)$ 是均衡期望收益。如果所有买方均按照其均衡策略报价，则价值认定为 θ_i 的买方 i 的报价为 $b_i=\theta_i$，胜出概率为 $w(\theta_i)=F^{n-1}(\theta_i)$。设 $r(\theta_i)$ 是买方 i 的均衡期望支付。则买方 i 在自己的价值认定为 θ_i 时的期望收益为：

$$u(\theta_i)=w(\theta_i)\theta_i-r(\theta_i)$$

现在假设买方 i 偏离其均衡报价策略，不管其价值认定为多大，报出的价格都为 θ_i。他的胜出概率因此为 $w(\theta_i)$，期望支付为 $r(\theta_i)$。他的收益于是为：

$$u=w(\theta_i)\theta-r(\theta_i)$$

这是个可行策略。由于 $u(\theta)$ 是最优反应收益，因此：

$$u(\theta)\geqslant w(\theta_i)\theta-r(\theta_i)$$

同时，$u(\theta_i)=w(\theta_i)\theta_i-r(\theta_i)$。因此，均衡收益函数以直线 $u=w(\theta_i)\theta-r(\theta_i)$ 为下界且在 $\theta=\theta_i$ 时与这条直线相切。见图 10.1－3。收益函数的斜率因此为：

$$\frac{du}{d\theta}(\theta_i)=w(\theta_i)$$

因此，与和闭标最高价格拍卖一样，有：

$$u(\theta_i)=u(\theta_i)-u(0)=\int_0^{\theta_i}\frac{du}{d\theta}d\theta=\int_0^{\theta_i}w(\theta)\,d\theta$$

我们于是有下面的结论。

> **命题 10.1-2：闭标最高价格拍卖与闭标次高价格拍卖中的买方等价性**
>
> 在有 n 个人参与的拍卖中，如果所有买方都风险中性，他们的价值认定服从独立同分布，累积分布函数为 $F \in \mathbb{C}^1$，支持为 $[0,\beta]$，则每种买方类型在闭标最高价格拍卖与闭标次高价格拍卖中得到相同的均衡收益。

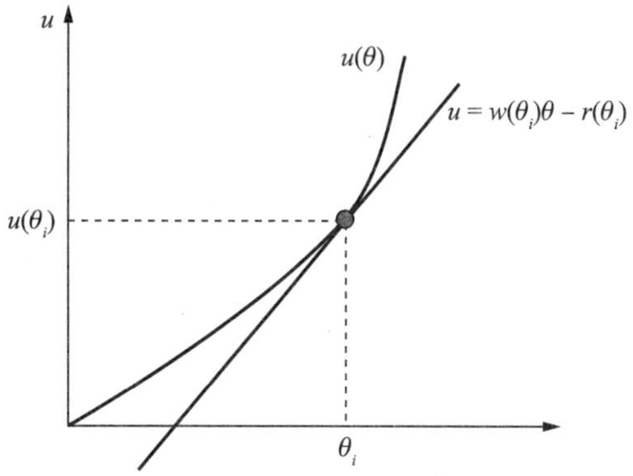

图 10.1-3　闭标次高价格拍卖中的均衡收益

在这两种拍卖方式中，总剩余都等于所拍卖商品从卖方转移给有最高价值认定的买方时实现的价值。因此，在这两种拍卖方式中，总剩余相同。在均衡中，买方对这两种拍卖方式无差异；因此，博弈中的另一参与者（即卖方）肯定对这两种拍卖方式无差异。我们因此有以上收入等价性结论。

策略上等价的公开喊价拍卖

我们现在证明，对应上述每种拍卖形式，存在着公开喊价拍卖形式，其中的均衡策略与相应闭标拍卖的均衡策略相同。

荷兰式拍卖

在荷兰阿姆斯特丹，传统上一直通过降序喊价拍卖方式出售郁金香。郁金香展示在买方面前。一个"价格钟"开动，从高价走向低价。当有买方举手购买时，价格钟停止走动。我们现在证明，这种拍卖形式等价于闭标最高价格拍卖，就是说，两种拍卖方式中的贝叶斯一纳什均衡策略完全相同。首先要指出的是，除非买方能通过观察其他人的表现而知道其他人将如何报价，否则，在商品被卖出前，他没有收获任何信息。所以，他完全可以在纸上写下自己计划的报价 $B(\theta_i)$。如果所有买方都这么做，拍卖人完全可以扔掉价格钟，直接要求他们提交写在纸上的价格。写下最大数字的买方是胜出者，支付自己的报价。这正是闭标最价格拍卖的进行方式。所以，这两种拍卖形式等价。

> **命题 10.1-3：闭标最高价格拍卖与荷兰式拍卖的等价性**
>
> 在闭标最高价格拍卖与荷兰式拍卖中，均衡报价策略相同。

升序喊价拍卖(英式拍卖)

在企业竞标业务时,闭标竞价是标准形式;拍卖行中使用的喊价拍卖形式也被普遍使用。在艺术品拍卖中,喊价拍卖是主要形式;在其他商品拍卖中,这种形式也越来越普及。[1] 就理论目的而言,我们可以用价格不断走高的价格钟而不是由拍卖人连续喊出更高的价格来分析"英式"拍卖。[2] 在电脑屏幕上,在每个买方号码旁有一盏灯,由持有这个号码的买方控制。拍卖开始时,所有买方的灯都开着,表示他们在参与竞价。一个买方按下自己的按钮,他的灯熄灭,表示自己退出。价格钟不停地走向高价,直至最后两盏灯中的一盏熄灭。价格钟不再走动。剩下的那位买方就是胜出者,支付价格钟上指示的价格。如果最后剩下 m 个买方且他们的 m 盏灯同时熄灭,则以随机方式从这 m 个买方中产生胜出者。

在这种拍卖中,对每个买方,只要询价(价格钟指示的价格)低于她的价值认定,她就应该留下而非退出。无论对手的报价策略是什么,她都应该这样做。就是说,买方的占优策略是"报出"自己的价值认定,换句话说,她应该留下直至价格钟上的价格等于其价值认定。

我们将上述结论概括为以下命题。

> **命题 10.1-4:闭标次高价格拍卖与英式拍卖的等价性**
>
> 在闭标次高价格拍卖与升序喊价拍卖中,均衡报价策略都是买方报出自己的价值认定。

这一结论和闭标最高价格拍卖与次高价格拍卖之间的收入等价性,解释了英格兰与苏格兰在市场制度上的一个显著差别。精明的苏格兰人主要以闭标最高价格拍卖方式出售不动产;英格兰人一般通过升序喊价拍卖方式出售不动产。收入等价性结论有力地说明了这两种制度为什么能够并存。

序贯行动博弈

我们向序贯行动博弈中引入不完全信息。与完全信息博弈一样,我们把在第 t 阶段行动的参与者称为参与者 i_t。参与者 i_t 在阶段 t 的纯策略集为 A_t。设 S_t 是 A_t 上的概率测度集。在完全信息下,阶段 t 上的策略 $s_t(h^t)$ 是个概率测度,对每个可能的历史赋予一个概率。在不完全信息下,阶段 t 上的策略 $s_t(h^t,\theta_t)\in S_t$ 也是个概率测度,对每个可能的历史和类型赋予一个概率。对每个 $i\in J$,收益 $u_i(s,\theta_i)$ 给出了策略组合 s 所实现的收益。

> **定义:序贯行动博弈的贝叶斯—纳什均衡**
>
> 设 $u_i(s,\theta_i)$ 是参与者 $i\in J$ 在类型为 $\theta_i\in\Theta_i$ 和策略组合为 $s\in S$ 时的收益。设 $f(\theta_1,\cdots,\theta_I)$ 是类型的联合概率分布,它是共同知识。一个策略组合是贝叶斯纳什均衡,如果对每个 t 和 $\theta_{i_t}\in\Theta_{i_t}$,$s_t(h^t,\theta_{i_t})$ 是在给定的共同知识推断下的最优反应。

---

[1] 在韩国,二手车通过电子公开升价拍卖的形式交易。按下按钮,买方可以提高最高报价,提价幅度则是事先规定好的——除非他已经是最高出价人。互联网上的拍卖不过是这种公开升价拍卖的各种变形。

[2] 在升价拍卖中,拍卖人的作用类似于这种价格钟的作用。

在序贯博弈中，参与者所采取的行动一般包含着关于采取这一行动的参与者的类型的信息。如果类型之间有相关性，则后行动的参与者根据这一信息更新自己的推断。共同知识假定在这里十分关键，因为它意味着所有参与者能用贝叶斯法则更新自己的推断。第 10.2 节将讨论这些问题。这里看个简单例子，其中，各个类型相互独立。

包含序贯行动古诺双寡头博弈

再看古诺产量博弈。企业 $i=1,2$ 只知道自己的单位成本 c_i，选择产量 q_i。市场出清需求价格为 $p=a-q_1-q_2$。企业 1 首先行动，选择自己的产量。企业 2 观察到企业 1 的产量，选择自己的最优反应 $q_2^{BR}(q_1,c_2)$。企业 1 预测企业 2 的这一选择。但是，在没有关于成本的共同知识时，企业 1 不知道企业 2 的单位成本。它只能形成自己对这一成本的推断，即 $E_1\{c_2\}$。

企业 2 的利润为：

$$U_2(q,c_2)=(a-q_1-q_2-c_2)q_2$$

企业 2 的最优反应于是为：

$$q_2^{BR}(q_1,c_2)=\underset{q2}{\operatorname{argmax}}U_2(q,c_2)=\frac{1}{2}(a-c_2-q_1)$$

给定企业 1 的推断，它认为企业 2 的最优反应函数为：

$$q_2^{BR}(\bar{c}_2)=\frac{1}{2}(a-E_1\{c_2\}-q_1)$$

企业 1 的期望利润于是为：

$$U_1=(a-q_1-q_2^{BR}(\bar{c}_2)-c_1)q_1$$

代入最优反应函数，解得：

$$q_1^{BR}=\frac{a-c_1}{2}+\frac{1}{2}E_1\{c_2\}$$

给定企业 1 的这一反应，企业 2 的最优反应为：

$$q_2^{BR}=\frac{1}{2}(a-c_2-q_1^{BR})=\frac{1}{4}a+\frac{1}{2}(c_2-c_1)-\frac{1}{4}E_1\{c_2\}$$

总产量于是仅是两个企业的边际成本的函数，还是企业 1 对企业 2 的边际成本的一阶推断的函数。

在行业中有三个企业时，行业产量还决定于二阶推断。企业 2(第二个采取行动的参与者)在选择自己的产量时，必须考虑自己的边际成本和它对企业 3 的边际成本的期望 $E_2\{c_3\}$。企业 1 于是得形成对企业 2 的边际成本的期望即 $E_1\{c_2\}$，还得就企业 2 对企业 3 的边际成本的期望形成自己的期望即 $E_1\{E_2\{c_3\}\}$。

根据这一逻辑，如果向行业中增加至 n 个企业，则企业 1 需要增加 $n-1$ 个期望值，即：

$$E_1\{c_2\}, E_1\{E_2\{c_3\}\}, \cdots, E_1\{\cdots E_{n-1}\{c_n\}\cdots\}$$

总产量不仅是 n 个边际成本的函数，还是 $1+2+\cdots+(n-1)=\frac{1}{2}(n-1)n$ 个期望值的函数。但是，在标准的共同知识假定下，求解过程被大大简化，因为后行动者的 $n-1$ 个期望边际成本都是共同知识。

习　题

习题 10.1-1:蝙蝠侠与乔克(Joker)

蝙蝠侠刚知道乔克要在明天搞一次大破坏，但不知道乔克攻击的目标是博物馆还是塔楼。蝙蝠侠能保护其中一个目标却无法兼顾两个目标。明天的结果取决于蝙蝠侠和乔克的行动以及天气情况。

- 如果蝙蝠侠没有守对目标(即守卫的不是乔克攻击的目标)，则无论天气如何，乔克都将得手。这一结果带给蝙蝠侠的效用为-4，带给乔克的效用为$+4$。
- 如果蝙蝠侠防守博物馆而乔克攻击的正是博物馆，如果天气糟糕，则蝙蝠侠将抓获乔克。蝙蝠侠得到的效用为$+8$，乔克得到的效用为-20。
- 在其他情况中，乔克的破坏行动将失败但能逃掉。这一结果带给蝙蝠侠与乔克的效用都为 0。

蝙蝠侠必须在今天知道明天天气之前做出自己的选择。乔克则可以在明天，在了解了当天天气之后，再做出自己的选择。两个人都观察不到对方的行动。明天为好天气的概率是 3/4，为坏天气的概率是 1/4。这一概率分布是共同知识。

(a) 把这一贝叶斯博弈表示为扩展形式(博弈树)。

(b) 解释:为什么这一博弈没有纯策略均衡?

(c) 设 y 是蝙蝠侠防守博物馆的概率。证明存在唯一的 y 使得在明天为坏天气时，乔克在袭击博物馆与袭击塔楼之间无差异;证明存在另一个 y 使得在明天为好天气时，乔克在袭击博物馆与袭击塔楼之间无差异。

(d) 设 x 是乔克袭击博物馆的概率。分别就题目(c)中找到的两个 y 来计算蝙蝠侠的收益，证明在这一博弈中存在唯一的贝叶斯纳什均衡。

习题 10.1-2:行业中有三个企业时的序贯行动博弈

三个企业出售同一种产品。市场出清价格为 $p(q)=a-q_1-q_2-q_3$。企业 i 的单位成本为 c_i，这是它的私人信息。三个企业的单位成本服从独立分布，分布的支持为 $\Gamma\subset[0,a]$。每个企业的成本都是私人信息。企业 1 首先选择自己的产量;企业 2 观察到企业 1 的选择，然后选择自己的产量;企业 3 观察到 q_1 和 q_2 后，选择自己的产量 q_3。

(a) 在没有共同知识假定时，求解这一博弈的纳什均衡。

(b) 把企业 1 的选择与三个企业的单位成本的分布为共同知识时企业 1 的选择进行比较。

习题 10.1-3:全支付拍卖

假设各个买方对商品的价值认定相互独立，每个人的价值认定服从[0,1]上的均匀分布。假设卖方改变了拍卖规则:商品出售给最高出价人，但所有人都按自己的报价付钱给卖方。

(a) 假设只有两个买方。证明对称均衡报价函数为 $b(\theta)=\frac{1}{2}\theta^2$。

(b) 假设有 n 个买方。证明精炼贝叶斯均衡报价函数的形式为 $b(\theta)=k\theta^n$。

(c) 设每个买家的价值认定服从$[0,1]$上的独立同分布，设累积分布函数为 $F(\cdot)\in\mathbb{C}^1$，求解均衡报价函数。

习题 10.1-4：出售两件相同商品的闭标最高价格拍卖

设有三个买方。每个买方的价值认定的支持都为$[0,\beta]$，三个买方的价值认定的概率密度函数为 $f(\theta_1)f(\theta_2)f(\theta_3)$。每个买方只想买一件商品。买方以闭标形式给出报价。出价最高的两个人胜出，支付自己的报价。

(a) 证明买方 i，在自己的价值认定为 θ_i 时，以概率 $2F(\theta_i)-F(\theta_i)^2$ 为两个有最高价值认定的买方中的一个。

(b) 证明在对称均衡中，买方 i 的均衡收益函数的斜率为$\frac{du}{d\theta}(\theta_i)=2F(\theta_i)-F(\theta_i)^2$。

(c) 求解均衡报价函数。

(d) 将上述结论推广至有 n 个买方情况中。

10.2 对贝叶斯纳什均衡的精炼

关键词：精炼贝叶斯均衡；颤抖的手精炼；序贯均衡；直觉标准

即使有共同知识假定，一般情况下，一个博弈依然可能有许多贝叶斯纳什均衡。更糟的是，在一类重要的信号揭示博弈中，存在贝叶斯纳什均衡连续统。这种情况很让人失望，因为均衡的泛滥意味着无法得到可检验的理论预测；一切结果几乎都能被理论所解释。贝叶斯纳什均衡的另一个问题是，在众多均衡中，一些均衡，相对于其他均衡，被普遍认为更不可能发生。针对这些缺陷，大量的研究集中在对均衡概念的"精炼"上。精炼后的均衡概念保留了一些贝叶斯纳什均衡同时剔除了不可能发生的均衡。这里介绍使用最多的一些精炼概念。

我们看一个例子，它是第 9.2 节中的进入博弈的变形，其有个不可行的纳什均衡。参与者 1(潜在进入者)与参与者 2(在位者)必须在知道参与者 1 的资金实力之前选择自己的策略。〔1〕 如果参与者 1 的资金实力很弱，则收益矩阵为表 10.2-1a。如果参与者 1 的资金实力很强，则收益矩阵为表 10.2-1b。图 10.2-1 则给出了这一博弈的扩展形式。

表 10.2-1a 潜在进入者的资金实力弱

		参与者 2(在位者)	
		反击	共享
参与者 1(进入者)	进入	−2,40	3,30
	不进入	0,60	0,60

〔1〕 对参与者 1(进入者)使用"他"指代性，对参与者 2(在位者)使用"她"指代。

表 10.2－1b　潜在进入者的资金实力强

		参与者 2(在位者)	
		反击	共享
	进入	4,29	3,30
参与者 1(进入者)	不进入	0,60	0,60

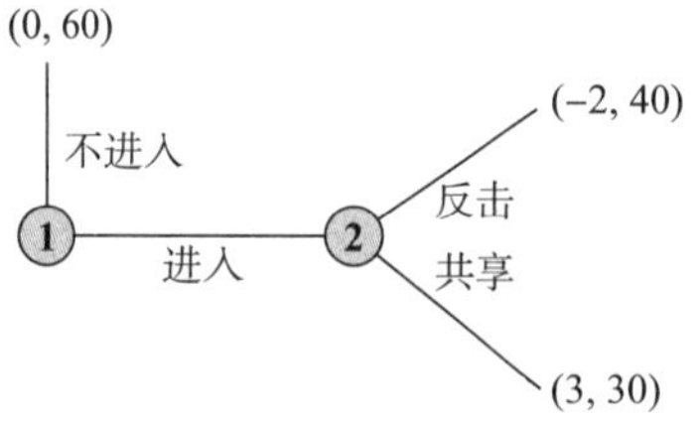

图 10.2－1a　进入者的资金实力弱

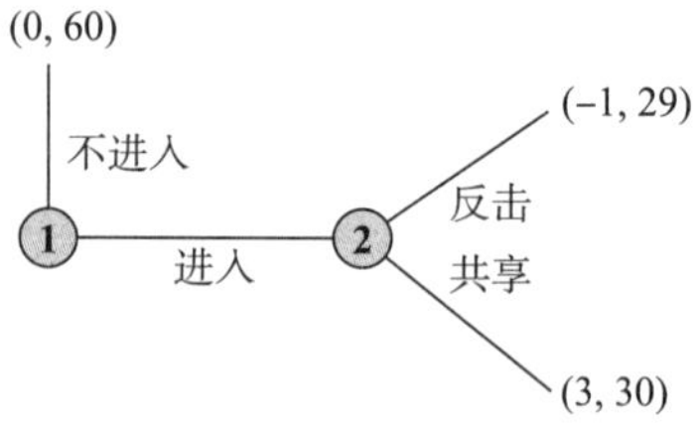

图 10.2－1b　进入者的资金实力强

首先看在进入者为实力弱或实力强型上存在完全信息时的情况。在进入者力量弱时，如果参与者 1 选择进入，则参与者 2 的最优反应是反击，于是，参与者 1 选择不进入能提高自己的收益。所以，(不进入，反击)是唯一的纳什均衡策略组合。

在进入者力量强时，策略组合(不进入，反击)与(进入，共享)都是纳什均衡。我们看策略组合(不进入，反击)。在参与者 2 反击时，参与者 1 的最优反应是不进入。在参与者 1 不进入时，参与者 2 的任何策略都是最优反应。但这是个不可能的均衡，因为，如果参与者 1 进入，参与者 2 的最优反应是共享。

利用始自第二个节点的子博弈，我们能剔除这一均衡。在进入者力量强时，子博弈的纳什均衡策略是共享。我们用这一子博弈的均衡终节点上的收益即(3，30)，替换第二个节点。我们看到，选择进入，参与者 1 能提高自己的收益。所以，纳什均衡策略组合(不进入，反击)不是子博弈精炼均衡。

精炼贝叶斯均衡

精炼贝叶斯均衡概念上的争议最少，它推广了子博弈精炼概念。

为说明精炼贝叶斯均衡概念，我们再看进入博弈。我们说过，两个参与者必须在不知道进入者为实力弱(只有有限的资金支持)或实力强(即有大量资金)时做出自己的选择。图 10.2－2 画出了这一博弈的扩展形式。图中连接参与者 1 的两个决策节点的虚线的含义是，参与者 1 只知道自己位于其中一个节点上，他必须在此前提下选择自己的行动。由于参与者 1 拥有的信息仅是他位于其中一个节点上，所以，这种节点集被称为“信息集”。同样地，参与者 2 必须在仅知道自己位于一个信息集上的前提下，选择自己的反应。设进入者为实力弱型的概率 p 是共同知识。

这一博弈没有子博弈。参与者 2 的最优反应决定于她对参与者 1 的实力的推断。如果她认为参与者极可能为实力弱型，她对进入的最优反应是反击。如果她认为参与者 1 极可能是实力强型，则她对进入的最优反应是共享。

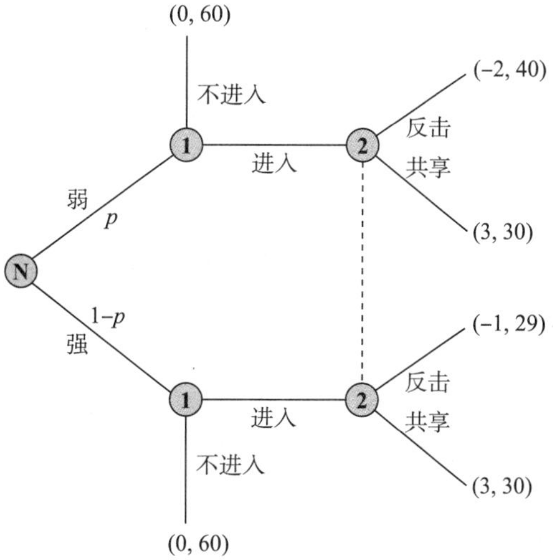

图 10.2-2　两个参与者都缺乏信息

为计算自己从进入中实现的期望收益，参与者 1 必须沿着博弈树向前看，计算参与者 2 的最优反应。

存在进入行为的贝叶斯纳什均衡

假设参与者 2 选择共享。则选择进入带给参与者 1 的期望收益为：

$$U_1 = pu_{1w}(\text{进入},\text{共享}) + (1-p)u_{1s}(\text{进入},\text{共享}) = 3$$

由于选择不进入时的收益为零，所以，参与者 1 的最优反应是进入。

在参与者 1 选择进入时，他为实力弱型的概率为 p。给定这一概率，参与者 2 在选择共享时得到的期望收益为 $U_2(\text{共享})=30$，在选择反击时得到的期望收益为 $U_2(\text{反击})=p40+(1-p)29=29+11p$。她从选择反击中得到的净收益因此为：

$$U_2(\text{反击}) - U_2(\text{共享}) = 11\left(p-\frac{1}{11}\right) \qquad (10.2-1)$$

策略共享于是为参与者 2 的最优反应当且仅当 $p<\frac{1}{11}$。当参与者 2 选择共享时，参与者 1 的最优反应是进入。

无进入行为的贝叶斯纳什均衡

假设参与者 2 选择反击。参与者 1 如果选择进入，则获得的期望收益为：

$$\begin{aligned} U_1 &= pu_{1w}(\text{进入},\text{反击}) + (1-p)u_{1s}(\text{进入},\text{反击}) \\ &= p(-2) + (1-p)(-1) < 0 \end{aligned}$$

由于选择不进入时的收益为零，所以，参与者 1 的最优反应是不进入。

这里要看到，如果参与者 1 选择不进入，则参与者 2 的决策节点永远不会被到达。因此，(不进入，反击)是贝叶斯纳什均衡。

我们看到，如果进入者为实力弱型的概率足够低（即如果 $p<\frac{1}{11}$），这一博弈就有两个均衡。其中一个均衡是否比另一个均衡更可能发生呢？大部分经济学家认为，无进入行为发生的均衡不可能出现。如果 $p=0$，则这一均衡被子博弈精炼给排除掉。因此，根据连续性，在 p 很小时，这一均衡依然是不可能发生的结果。而且，对所有的 $p<\frac{1}{11}$，根据(10.2-1)，参与者 2 如果选择共享而非反击，就能提高自己的收益。而在参与者 2 选择共享时，参与者 1 选择进入，能提高自己的收益。由于这个原因，有进入行为的均衡似乎更可能发生。

均衡路径上的推断与不在均衡路径上的推断

反击不可行的结论取决于在博弈的第二个阶段上什么样的推断是合理推断。在有进入行为的均衡中，每个决策节点都已正概率被到达。我们称这种节点和指向这些节点的树枝“在均衡路径上”。其他一切节点与树枝均不在均衡路径上。在没有进入行为发生的均衡中，参与者 2 的信息集中的两个节点永远不会被到达。因此，参与者 2 选择反击的推断无法被验证。因此，要剔除这一策略，我们需要对不在均衡路径上的推断施加限制。

> **定义：精炼贝叶斯均衡**
>
> 一个贝叶斯纳什均衡策略组合是精炼贝叶斯均衡，如果在偏离均衡路径的所有节点上，存在着与贝叶斯法则一致的策略与推断使得（在均衡路径上和不在均衡路径上的）这些策略是最优反应。〔1〕

在上面的例子中，在 $p<\frac{1}{11}$ 时，（进入，共享）与（不进入，反击）都是贝叶斯纳什均衡。其中，（进入，共享）是精炼贝叶斯均衡，因为其中的所有节点在贝叶斯纳什均衡中都被到达，精炼贝叶斯均衡的条件得到满足。在贝叶斯纳什均衡（不进入，反击）中，参与者 2 信息集中的两个节点不在均衡路径上。这一策略组合要成为精炼贝叶斯均衡，我们必须探讨这一信息集上的最优反应。只有当参与者 2 认为参与者 1 以概率 $p\geqslant\frac{1}{11}$ 为实力弱型时，反击才是最优反应。但是，先验概率 $p<\frac{1}{11}$ 是共同知识。并且，没有其他信息能使参与者 2 更新自己的推断。因此，参与者 2 关于 $p\geqslant\frac{1}{11}$ 的推断与贝叶斯法则不一致。所以，（不进入，反击）不是精炼贝叶斯均衡。

颤抖的手精炼均衡

关于精炼贝叶斯均衡的早期文献认为，偏离均衡路径的任何节点都会以正概率被到达，如果在每个节点或信息集上，参与者的手“颤抖”从而以很小的严格正概

---

〔1〕 这个定义并不很正式。一般来说，对精炼贝叶斯均衡的完整描述，需要明确关于先验推断的假定对后验推断施加的限制。下面将对两种重要的精炼贝叶斯均衡给出精确定义。

率选择其策略集中的每个纯策略。正式地说，假设在第 t 阶段做决策的参与者的行动集为 A_t，再假设 A_t 是有限集。设 $\bar{\pi}_t$ 是阶段 t 上的贝叶斯纳什均衡策略，则 $\bar{\pi}=(\bar{\pi}_1\times\cdots\times\bar{\pi}_T)$。我们说策略 π_t（它赋予第 t 阶段上的行动以概率）是"完全混合的"，如果它对所有行动都赋予正概率。我们看收敛于 $\bar{\pi}$ 的完全混合的策略组合的列 $\{\pi^k\}_{k=1}^{\infty}$。我们可以想象这些概率源于博弈中每个参与者的手颤抖。每个参与者都试图使用自己的均衡策略，却以某个很小的概率颤抖，选择了错误的行动。列 $\{\pi^k\}_{k=1}^{\infty}$ 因此被称为"颤抖"列。在极限上，颤抖趋于零，策略组合列于是收敛于贝叶斯纳什均衡策略组合。由于完全混合的策略赋予博弈树每个树枝正的概率，所以，参与者能用贝叶斯法则对其信息集中的每个节点赋予条件概率并选择最优反应。

> **定义:颤抖的手精炼均衡**
>
> 一个贝叶斯纳什均衡是颤抖的手精炼贝叶斯均衡，如果存在某个完全混合策略组合的列 $\{\pi^k\}_{k=1}^{\infty}$ 收敛于均衡策略，使得对所有足够大的 k，均衡策略为最优反应。

颤抖的手精炼均衡对每个均衡节点施加限制，进一步精炼了精炼贝叶斯均衡。

序贯均衡

引入颤抖的手，诱生了对每个节点被到达的可能性的推断。我们不去验证颤抖的手精炼的条件，而把每个决策节点上的推断定义为颤抖的概率趋向零时颤抖下的推断的极限。克雷普斯(Krcps)用这一思路发展了泽尔腾(Selten)的均衡概念。

> **定义:序贯均衡**
>
> 一个贝叶斯纳什均衡策略组合是序贯均衡，如果当博弈树每个节点上的推断是在颤抖的概率趋向零时与颤抖相对应的推断列的极限时，每个节点上的策略都是最优反应。

由于颤抖的手精炼均衡只考虑任意小的颤抖，所以，极限策略必然为最优反应。因此，一个均衡，如果为颤抖的手精炼均衡，则是序贯均衡。[1]

有私人信息的序贯行动博弈

但在序贯行动博弈中，当首先行动的参与者拥有私人信息时，甚至这些精炼概念也不是很有帮助。

例 1:第一个行动者拥有信息，第二个行动者缺乏信息

图 10.2-3 中的博弈是前面的进入博弈的变形。参与者 1 知道自己的类型，参与者 2 不知道参与者 1 的类型。图中博弈树上连接参与者 2 的两个节点的虚线

[1] 习题 10.2-3 中的例子里，一个"疯狂的"均衡是序贯均衡但不是颤抖的手精炼均衡。在实际应用中，验证一个均衡是否为序贯均衡常常更简单，所以这应该是首先要做的工作。

标明了这一点。

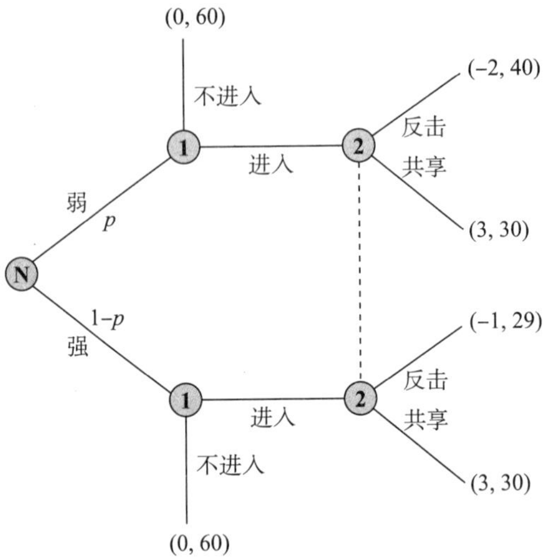

图 10.2-3　先行动者拥有信息

这里要看到，如果参与者 1 的资金实力强，则他的严格占优策略是选择进入。假设参与者 1 在自己实力弱时，也选择进入。则参与者 2 的期望收益为：

$$U_2(\text{进入,反击})=p(4)+(1-p)(-2)=6p-2$$
$$U_2(\text{进入,共享})=p(3)+(1-p)(3)=3$$

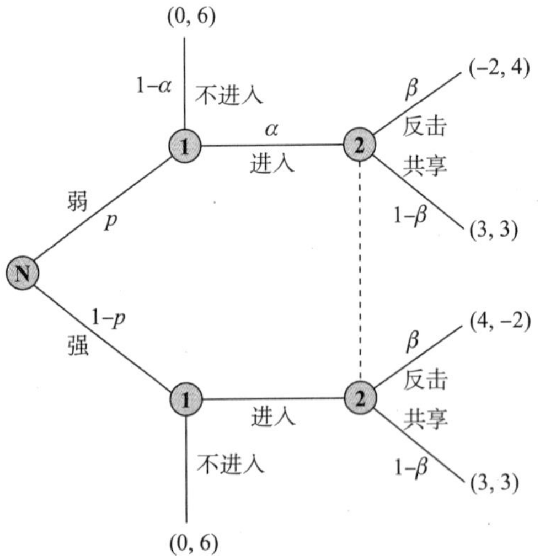

图 10.2-4　混合策略均衡

首先假设 $p<5/6$。则 $U_2(\text{进入,反击})<3$，参与者 2 的最优反应于是为共享。给定这一反应，实力弱型参与者 1 选择进入，能实现更高收益。所以，唯一的精炼贝叶斯均衡是无论参与者 1 为何种类型，他都选择进入，而参与者 2 选择共享。

再假设 $p>5/6$。如果参与者 1 在自己实力弱时选择进入，则参与者 2 将选择反击。给定这一反应，在参与者 1 为实力弱型时，进入不是他的最优反应。所以，不存在纯策略均衡。现在证明存在一个精炼贝叶斯均衡，参与者 2 使用混合策略，参与者 1 在自己为力量弱型时也使用混合策略。图 10.2－4 中的树状图明确了这一混合策略组合。

假设参与者 1 在自己为实力弱型时，以概率 α 选择进入。应用贝叶斯法则，得到：

$$p\{\text{实力弱型}\mid\text{进入}\}=\frac{\Pr\{\text{实力弱型,进入}\}}{\Pr\{\text{实力弱型,进入}\}+\Pr\{\text{实力强型,进入}\}}=\frac{p\alpha}{p\alpha+1-p}$$

$$p\{\text{实力强型}\mid\text{进入}\}=\frac{\Pr\{\text{实力强型,进入}\}}{Pr\{\text{实力弱型,进入}\}+\Pr\{\text{实力强型,进入}\}}=\frac{1-p}{p\alpha+1-p}$$

参与者 2 在选择反击而非进入时所获得的净期望收益为：

$$\frac{p\alpha}{1-p+p\alpha}4+\frac{1-p}{p\alpha+1-p}(-2)-3=\frac{p}{p\alpha+1-p}\left(\alpha-\frac{5(1-p)}{p}\right)$$

就是说，在 $\alpha=\frac{5(1-p)}{p}$ 时，参与者 2 在反击与共享之间无差异，换句话说，她愿意混合。

实力弱型参与者 1 肯定也愿意混合。假设参与者 2 以概率 β 选择反击。实力弱型参与者 1 从选择进入而非不进入中获得的净收益为 $\beta(-2)+(1-\beta)3=5\left(\frac{3}{5}-\beta\right)$。因此，在 $\beta=\frac{3}{5}$ 时，实力弱型参与者 1 在“进入”与“不进入”之间无差异，他因此愿意混合。

我们看到，这种博弈一般有多个均衡。

例 2

我们看进入博弈的另一变形。图 10.2－5 中的博弈树与图 10.2－4 中的博弈树有相同的枝节结构，但收益不同。设 $s_1(\theta)$ 是参与者 1 在自己的类型为 θ 时使用的策略，$\theta\in\Theta=\{\text{实力强型,实力弱型}\}$。设 $s_2(h^1)$ 是参与者 2 的策略，$h^1\in\{\text{不进入,进入}\}$ 是她在做选择时所拥有的信息。现在证明，以下两个策略组合都是贝叶斯纳什均衡。

ⅰ. s_1(实力弱型)＝不进入，s_1(实力强型)＝进入，s_2(进入)＝共享；

ⅱ. s_1(实力弱型)＝s_1(实力强型)＝不进入，s_2(进入)＝反击。

先看第一个策略组合。给定两种类型的参与者 1 的选择，参与者 2 可以应用贝叶斯法则确定进入者为实力强型的概率。由于实力弱型参与者 1 选择不进入，所以，这一概率等于 1。参与者 2 的最优反应于是为共享，得到的收益为 1。如果参与者 2 选择共享，则参与者 1 就应在自己为实力强型时选择进入，在自己为实力弱型时选择不进入。因此，上述策略互为最优反应。

再看第二个策略组合。如果不管参与者 1 为实力强型还是实力弱型，参与者 2 都选择反击，则参与者 1 最好选择不进入和获得收益为 0 而非选择进入和获得负收益。由于参与者 1 始终选择不进入，参与者 2 实现最大收益 6。因此，上述策略互为最优反应。

我们现在证明这两个贝叶斯纳什均衡都是精炼贝叶斯均衡，为此，我们证明它

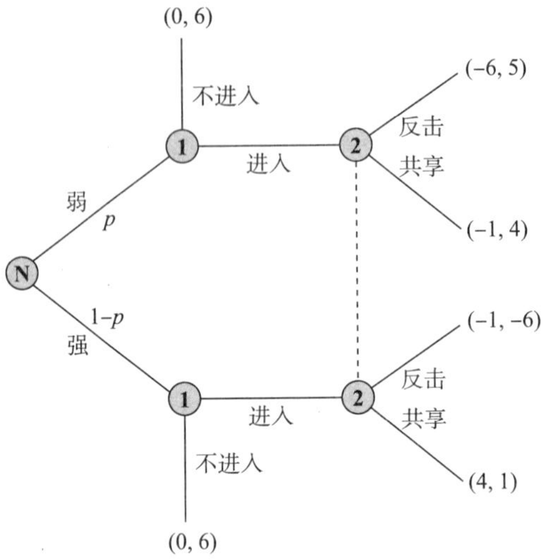

图 10.2-5　进入者拥有信息

们都是序贯均衡。首先看均衡(ⅰ)。设 ε_W 是参与者 1 在自己为实力弱型时的颤抖概率，ε_s 是在他为实力强型时的颤抖概率。则 Pr{实力弱型，进入} = $p\varepsilon_W$，Pr{实力强型，进入} = $(1-p)\varepsilon_W$。因此，进入者为实力弱型的概率为：

$$\Pr\{\text{实力弱型}\mid\text{进入}\}=\frac{\Pr\{\text{实力弱型，进入}\}}{\Pr\{\text{实力弱型，进入}\}+\Pr\{\text{实力强型，进入}\}}$$

$$=\frac{p\varepsilon_W}{p\varepsilon_W+(1-p)(1-\varepsilon_S)}$$

取极限。在颤抖趋向零时，条件概率 Pr{实力弱型 | 进入}→0。因此，这一贝叶斯纳什均衡推断是序贯推断。

再看均衡(ⅱ)。由于在均衡中参与者 1 没有选择进入，所以，贝叶斯纳什均衡策略没有对参与者 1 选择了进入时参与者 2 的推断施加任何限制。现在证明在这个例子中，序贯均衡也没有对这些推断施加限制。为计算序贯推断，我们对参与者 1 的两种类型引入颤抖概率 ε_W 与 ε_s。现在，进入者为力量弱型的条件概率为：

$$\Pr\{\text{实力弱型}\mid\text{进入}\}=\frac{\Pr\{\text{实力弱型，进入}\}}{\Pr\{\text{实力弱型，进入}\}+\Pr\{\text{实力强型，进入}\}}$$

$$=\frac{p\varepsilon_W}{p\varepsilon_W+(1-p)\varepsilon_S}$$

对任意 ε_W，令 $\varepsilon_S=\frac{p}{1-p}\theta\varepsilon_W$。则 Pr{实力弱型 | 进入} $=\frac{1}{1+\theta}$。取极限。$\varepsilon_W\to 0$ 对这个条件概率没有任何影响。在 θ 很大时，这一概率趋于零；在 θ 很小时，这一概率趋于 1。因此，通过选择足够大的 θ，参与者 2 的最优反应是共享。[1] 因此，这

[1] 我们已经看到，这一条件概率可以位于区间(0,1)中的任何位置上。假设 $(\varepsilon_W,\varepsilon_S)=(\delta,\delta^2)$。则 p {力量弱型 | 进入} $=\frac{p\delta}{p\delta+(1-p)\delta^2}=\frac{p}{p+(1-p)\delta}$。在 $\delta\to 0$ 时，这一极限为 1，所以 Pr{力量弱型 | 进入} = 1 的推断也是序贯均衡推断。

两个贝叶斯纳什均衡都是颤抖的手精炼均衡。

更复杂的私人信息博弈一般有许多精炼贝叶斯均衡。实际上，对受到广泛研究的一类信号揭示博弈，甚至存在精炼贝叶斯均衡连续统。因此，我们或者满足于这样一种粗糙的行为理论，或者设法进一步精炼这个均衡概念。

直觉标准

我们看两种类型的参与者 1 都选择不进入的均衡。如果参与者 1 为实力强型，他可能会对自己或对参与者 2 说："如果我是实力弱型且选择进入，我的可能的收益将是－1 和－6，而我的均衡收益是零。所以我不会选择进入。而如果我选择进入，我可信地告诉参与者 2 我是实力强型。她的最优反应将为共享。我于是得到 1 个单位的收益。由于这比选择不进入实现的收益更大，所以，我应该选择进入。"

在任何纳什均衡中，如果某一类型的参与者能进行这种推理，则这个均衡不满足直觉标准。我们正式定义直觉标准。

在一个博弈中，参与者 1 首先行动，选择行动 $a \in A$。其他参与者观察到参与者 1 的行动，做出自己的选择。参与者 1 的类型 $\theta \in \Theta$ 是他的私人信息，所以，均衡收益决定于其他参与者对参与者 1 的类型的推断。

弱直觉标准[1]

在一个精炼贝叶斯均衡中，设 $\hat{a}$ 是以零概率被选中的参与者 1 的行动。设 $u_1(\hat{a},\theta,\theta')$ 是参与者 1 在自己的类型为 θ 但被其他人以为其类型为 $\theta' \in \Theta$ 时选择 $\hat{a}$ 所获得的收益。设 $u_1^N(\theta)$ 是类型 θ 的精炼贝叶斯均衡收益。则这一精炼贝叶斯均衡不满足直觉标准，如果存在类型为 $\hat{\theta} \in \Theta$ 的参与者 1 使得 $u_1(\hat{a},\hat{\theta},\hat{\theta}) > u_1^N(\hat{\theta})$ 且对 Θ 中所有的其他类型，$\max_{x\in\Theta}\{u_1(\hat{a},\theta,x)\} < u_1^N(\theta)$。

在这里，信号发送者所发出的信息是"我是类型 $\hat{\theta}$，你应该相信我，因为如果你相信我是类型 $\hat{\theta}$，则我的收益将高于均衡收益——因为只有当我确实为类型 $\hat{\theta}$ 时，我才能做到这一点。而其他任何一种类型都不会这么做，不管你认为他们是什么类型"。

在我们的例子中，我们看到，两种类型都选择不进入的精炼贝叶斯均衡不满足弱直觉标准。实力强型通过选择不在均衡路径上的策略，能使收益高于均衡收益。在另一均衡中，实力强型通过选择进入，"告知"对手自己是实力强型。没有任何不在均衡路径上的策略能被实力弱型参与者用于提高自己的收益。因此，这一均衡满足直觉标准。

但是，在类型多于两种时，这一弱直觉标准和曹和克雷普斯(Cho and Kreps)最初提出的直觉标准，都用处不大。曹和克雷普斯(Cho and Kreps，1987)和班克斯和索贝尔(Banks and Sobel，1987)提出了更强的精炼概念，用以处理这种更一般

〔1〕 这一标准等价于有两种类型时的曹和克雷普斯的直觉标准，但是弱于多于两种类型时的直觉标准。

情况。我们并不精确仿效他们所提出的方法，而只是对直觉标准做如下强化。

强直觉标准

在一个精炼贝叶斯均衡中，设 $\hat{a}$ 是以零概率被选中的参与者 1 的行动。设 $u_1(\hat{a},\theta,\theta')$ 是参与者 1 在自己的类型为 θ 但被其他人以为其类型为 $\theta'\in\Theta$ 时选择 $\hat{a}$ 所获得的收益。设 $u_1^N(\theta)$ 是这一类型的精炼贝叶斯均衡收益。这一精炼贝叶斯均衡不满足直觉标准，如果存在类型 $\hat{\theta}\in\Theta$ 使得 $u_1(\hat{a},\hat{\theta},\hat{\theta})>u_1^N(\hat{\theta})$ 且对 Θ 中所有其他类型，$u_1(\hat{a},\theta,\hat{\theta})<u_1^N(\theta)$。

在弱直觉标准中，其他类型都被排除掉，因为无论反应者认为这些类型是什么，对行动 $\hat{a}_i$ 的任何反应都不能提高这些类型的收益。在强直觉标准下，信号发送者发出的信息是“我的类型为 $\hat{\theta}$，你应该相信我，因为如果你相信我的类型为 $\hat{\theta}$，则我的收益将高于均衡中收益——而只有在我确实为类型 $\hat{\theta}$ 时，才能做到这一点”。

在只有两种类型时，强直觉标准与弱直觉标准等价。在类型多于两种时，强直觉标准则是更有力的精炼。[1] 但是，它弱于曹和克雷普斯对班克斯和索贝尔所提出的 Universal Divinity 精炼概念的发展，即 D1 精炼。

习 题

习题 10.2－1：多个序贯均衡

我们看图 10.2－6 中的扩展式博弈。设 $a_1(w)$ 是在自然选择了实力弱型进入者时参与者 1 的纯策略。$a_1(s)$ 是在自然选择了实力强型进入者时参与者 1 的纯策略。参与者 2 观察到参与者 1 的行动，选择行动 $a_2(a_1)$。

(a) 解释为什么表 10.2－2 中前两行中的策略都是贝叶斯纳什均衡。第三行中的策略是均衡策略呢？

(b) 解释为什么前两行中的策略是序贯均衡？

(c) 在这些均衡中，哪一个不满足直觉标准？

习题 10.2－2：闭标次高价格拍卖的均衡

买方 A 与 B 对一件待售商品各有自己的价值认定，为 2 或 4。两人的价值认定服从独立分布。以概率 p，买方的价值认定为 4。这件商品以次高价格闭标拍卖形式卖给出价最高的人。如果两人出价相同，则赢家在两人之间随机产生。买方的报价为 $b\in B=\{2,3,4\}$。

表 10.2－2　首先行动者拥有完全信息的博弈

参与者 1(进入者)		参与者 2(在位者)	
$a_1(w)$	$a_1(s)$	$a_2(O)$	$a_2(E)$
O	O	E	
E	E		L
O	E	H	L

〔1〕 它因此有更多争议。对其常见的批判是，满足强直觉标准的 PBE 独立于类型分布。见习题 10.2－3。

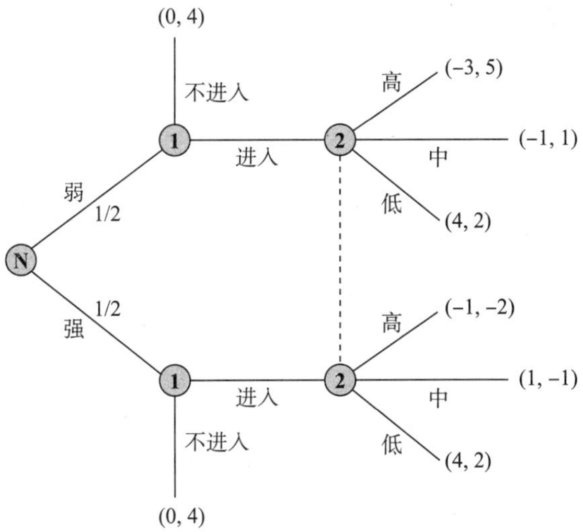

图 10.2-6 进入者拥有信息

(a) 解释为什么无论实际价值认定为多大，买方 A 报价为 4 与买方 B 报价为 2，构成贝叶斯纳什均衡？

(b) 解释为什么这一均衡不是颤抖的手精炼均衡？提示：把这个博弈看作是序贯行动博弈，买方 A 首先行动，买方 B 不知道买方 A 的报价而提出自己的报价。画出博弈树。探讨表 10.2-3 中买方 A 的颤抖。

表 10.2-3 首先行动者的颤抖

买方 A		报价		
		2	3	4
价值	2	ε	ε	1−2ε
	4	ε	ε	1−2ε

(c) 这个贝叶斯纳什均衡是序贯均衡吗？

(d) 证明一个贝叶斯纳什均衡要为颤抖的手精炼均衡，则在两个买方的价值认定都为 4 时，两人都以 1 的概率报出价格 4。

(e) 在买方的价值认定为 2 时，报价为 2 是唯一的颤抖的手精炼均衡报价策略吗？

习题 10.2-3：两种类型时的信号揭示均衡

有两种类型的工人。类型 θ 的边际产品价值为 $v_\theta=\theta\in\Theta=\{1,2\}$。对低类型工人，信号 z 的成本为 $C_1(z)=z$；对高类型工人，信号成本为 $C_2(z)=(1-\varepsilon)z$。工人以概率 p 为类型 1。为获得这个工人，两个企业进行贝尔川德工资竞价博弈。就是说，均衡工资为这个工人的期望边际产品价值。

(a) 证明存在分离精炼贝叶斯均衡，类型不发出信号，类型 2 选择 $z\in Z\equiv\left(1,\dfrac{1}{1-\varepsilon}\right)$。

(b) 证明在没有信号揭示行为的混同均衡中，工人的均衡收益为 $w(p)=2-p$。

(c) 证明满足弱直觉标准的唯一的分离均衡是 $z=1$ 的精炼贝叶斯均衡。

(d) 证明在这一均衡中，当 $(p,\varepsilon)\to 0$，高生产率类型工人的均衡收益收敛于 1。把这一均衡与无信号揭示行为的精炼贝叶斯均衡中两种类型工人的均衡收益进行比较。把这一均衡与 $p=\varepsilon=0$ 时的极限均衡进行比较。

习题 10.2-4：曹和克雷普斯的直觉标准

曹和克雷普斯问道，对不在均衡路径上的行动 $\hat{a}$，给定足够有利的反应，是否存在类型集 $\hat{\Theta}$ 的一个子集，这一子集中的类型变得比精炼贝叶斯均衡中更好。对在 $\Theta/\hat{\Theta}$ 中的所有类型，不管其他参与者的推断如何，所实现的收益都低于精炼贝叶斯均衡中的收益。曹和克雷普斯认为，如果存在这种情况，则其他参与者应该将其推断集中在 $\hat{\Theta}$ 中的类型上，精炼贝叶斯均衡不满足直觉标准，如果存在某个类型 $\hat{\theta}\in\hat{\Theta}$，给定集中于 $\hat{\Theta}$ 上的所有推断，这一类型通过选择 $\hat{a}$ 能提高收益。正式地说，$\theta\in\hat{\Theta}$ 当且仅当 $\max_{\theta'}\{u_1(\hat{a},\theta,\theta')\}\geqslant u_1^N(\theta)$；并且，这一精炼贝叶斯均衡不满足直觉标准，如果存在 $\hat{\theta}\in\hat{\Theta}$ 使得 $\min_{\theta\in\hat{\Theta}}\{u_1(\hat{a},\hat{\theta},\theta)\}>u_1^N(\theta)$。

我们看习题 9.2-3 中的工人模型，只是，现在有三种类型的工人，他们的生产率水平为 $v_\theta=\theta,\theta\in\Theta=\{1,2,3\}$。类型 θ 的信号揭示成本为 $C_\theta(z)=z/\theta$。三种类型的发生概率相同。

(a) 证明满足直觉标准的分离精炼贝叶斯均衡集为教育－工资数对 $\{(z_1,w_1),(z_2,w_2),(z_3,w_3)\}=\{(0,1),(z_2,2),(z_2+3,3)\}$，其中，$z_2\in Z_2=[1,2]$。

(b) 证明只有类型 3 发出信号的精炼贝叶斯均衡也满足直觉标准。

(c) 还存在其他部分混同均衡满足直觉标准吗？

10.3 策略无法被观察到但有公开信号的博弈

关键词：无限次重复生产博弈；触发策略；古诺均衡；帕累托更优纳什均衡

前面一直假定在博弈的历史上存在着的完全的共同知识。以前所有回合中使用的策略（纯策略或混合策略）都是共同知识。如果只在博弈结束后参与者才知道最终收益，则博弈中不存在任何历史。这种博弈等价于同时行动博弈。但是，在大部分经济应用中，存在着多个连续时期 $T=\{1,2,\cdots,T\}$，每个时期中的结果取决于在时期 t 采取的行动。因此，结果揭示了关于对手的行动的信息。现在假设在时期 t 中，存在可观察到的信号 p_t，它与参与者们的行动有相关性。本节探讨无限次重复博弈，其中的行动无法被观察到，但存在着关于偏好和公开信号历史的共同知识。

设 $p^t=\{p_1,\cdots,p_{t-1}\}$ 是公开信号构成的历史，a_i^t 是相对应的参与者 i 的行动构成的历史。因此，对参与者 i 而言，博弈的历史为 $h_i^t=\{a_i^t,p^t\}$。这种博弈的纳什均衡与子博弈精炼均衡的定义与第 9.4 节中完全一样。这里要探讨的问题是，在贴现因子足够接近 1 时，什么样的收益是可行的。

我们用古诺产量博弈为例回答这一问题。每个企业都知道自己的生产决策列，观察到市场出清价格。如果需求价格函数已知，则每个企业都知道与合作产量向量 $q^C=(q_1^C,\cdots,q_n^C)$ 相联系的市场出清价格 $p(q^C)$。如果企业 i 背叛合作安排，生产更多产品，则市场出清价格下降。其他所有企业都能推断出有企业背叛，就可能回到阶段博弈的纳什均衡上。均衡集因此与第 9.4 节中的完全一样。

现在假设需求同时遭遇冲击 θ_t，它服从独立同分布。设 $p_t=p(\theta_t,q_t)$ 是在产量向量为 $q_t=(q_{1t},\cdots,q_{It})$ 时的市场出清需求价格。如果 θ_t 无法被观察到，则市场出清价格就是个公开信号，与 I 个参与者的行动相关。

假设只有两个企业，它们的单位生产成本都为零。[1] 需求价格函数为：

$$\tilde{p}=1+\tilde{\varepsilon}-q_1-q_2$$

其中，截距变化参数 $\tilde{\varepsilon}$ 是对称分布的随机变量，均值为零，支持为 $[-\alpha,\alpha]$，其累积分布函数为 $F\in\mathbb{C}^2$。设 $p(q)$ 是期望价格，就是说，$p(q)=1-q_1-q_2$。则 $\tilde{p}=p(q)+\tilde{\varepsilon}$。

假设这一随机变量的实现值是独立的，就是说，则无论历史是什么，企业 j 的单时期期望收益为：

$$u_j=q_j(1-q_1-q_2)$$

从第 9.4 节中我们知道，对称的垄断产量为 $q_1^*=q_2^*=\frac{1}{4}$，纳什均衡产量为 $q_1^N=q_2^N=\frac{1}{3}$；相应的期望收益分别为 $u_j^*=\frac{1}{8}$ 和 $u_j^N=\frac{1}{9}$，$j=1,2$。

现在探讨在什么条件下，对称的合作产量向量 $q^C\equiv(q_1^C,q_2^C)$ 是纳什均衡。这个均衡肯定严格优于阶段博弈的纳什均衡 $q^N\equiv(q_1^N,q_2^N)$，因此，$q_1^C<q_1^N$。我们探讨企业 1 的背叛行为。如果企业 1 选择 q_1，则它在阶段博弈中的期望收益为：

$$u_1(q_1,q_2^C)=(1-q_2^C-q_1)q_1$$

在 $\bar{q}_1=\frac{1}{2}(1-q_2^C)$ 时，它有最大期望收益。对任意的 $\hat{q}_1>\bar{q}_1$，存在产量水平 $q_1^D<\bar{q}_1$ 使得企业 1 的短期收益更高。而且，企业 1 的产量越高，出现低价的概率就越大，背叛行为的发生概率就越大。因此，最大化企业 1 利润的背叛行为位于区间 $D(q_1^C)=[q_1^C,\bar{q}_1]$。

每个企业只知道自己的策略和市场出清价格历史。

对每个企业，我们探讨如下触发策略：只要均衡价格永不低于触发价格 p，企业 j 就在每个时期中生产产量 q_j^C。如果价格严格低于 p，所有企业进入惩罚阶段。在接下来的 $t-1$ 个时期中，每个企业生产阶段博弈的纳什均衡产量。在惩罚期结束后，所有企业回到自己的合作策略上，继续这一策略直至价格再次低于触发价格 p。

合作所实现的期望收益

即使企业相互合作，它们依然面临着被惩罚的可能性，因为随机冲击可能使价格落到触发价格以下。我们定义 V_j^C 为两个企业合作时参与者 j 的收益流的现值；定义 V_j^P 为参与者 j 的收益流在惩罚开始时的现值。由于惩罚持续 $t-1$ 个时期，所以：

---

[1] 这等价于生产成本为 c，p 是单位成本上的加成。

$$V_j^P=\sum_{s=1}^{t-1}\delta^{s-1}u_j(q^N)+\delta^{t-1}V_j^C$$

我们把持续使用阶段博弈的纳什均衡时实现的结果作为参照系。设 V_j^N 是这种情况中企业 j 的收益。利用反向归纳法，得：

$$V_j^N=\sum_{s=1}^{t-1}\delta^{s-1}u_j(q^N)+\delta^{t-1}V_j^N。$$

在这两个表达式中，前 $t-1$ 个时期中的收益相同，所以，两个现值的差等于时期 t 开始的贴现收益的差，即：

$$V_j^P-V_j^N=\delta^{t-1}(V_j^C-V_j^N) \tag{10.3-1}$$

设 $q\equiv(q_1,q_2)$ 为时期 1 的产量向量。则 $\tilde{p}=p(q)+\tilde{\varepsilon}$。定义 $\lambda(q)$ 为触发价格没有被触发的概率。就是说：

$$\lambda(q)=\Pr\{\tilde{p}\geqslant p\}=\Pr\{p(q)+\tilde{\varepsilon}\geqslant p\}=\Pr\{\tilde{\varepsilon}\geqslant p-p(q)\}=1-F(p-p(q)) \tag{10.3-2}$$

设 $V_j(q)$ 是企业 j 的期望收益，如果在所有未来时期中，参与者都选择合作策略——除非他们处在惩罚期。通过反向归纳法，我们得到合作所实现的期望价值：

$$V_j(q)=u_j(q)+\delta(\lambda(q)V_j(q^C)+(1-\lambda(q))V_j^P) \tag{10.3-3}$$

再次利用反向归纳法，得到：

$$V_j^N=u_j^N+\delta V_j^N$$

我们可以将上式写为下面的形式：

$$V_j^N=u_j^N+\delta(\lambda(q)V_j^N+(1-\lambda(q))V_j^N) \tag{10.3-4}$$

用(10.3-3)减(10.3-4)，得到：

$$V_j(q)-V_j^N=u_j(q)-u_j^N+\delta(\lambda(q)(V_j^C-V_j^N)+\delta(1-\lambda(q))(V_j^P-V_j^N))$$

把(10.3-1)代入上式，得到：

$$\begin{aligned}V_j(q)-V_j^N&=u_j(q)-u_j^N+\delta(\lambda(q))(V_j^C-V_j^N)+\delta^t(1-\lambda(q))(V_j^C-V_j^N)\\&=u_j(q)-u_j^N+[\delta(\lambda(q))+\delta^t(1-\lambda(q))](V_j^C-V_j^N)\end{aligned} \tag{10.3-5}$$

假设两个企业在时期 1 都选择合作策略。在(10.3-5)中，令 $q=q^C$，得到：

$$V_j^C-V_j^N=u_j(q^C)-u_j^N+[\delta\lambda(q^C)+\delta^t(1-\lambda(q^C))](V_j^C-V_j^N) \tag{10.3-6}$$

整理得到：

$$V_j^C-V_j^N=\frac{u_j(q^C)-u_j^N}{1-\delta\lambda(q^C)-\delta^t(1-\lambda(q^C))} \tag{10.3-7}$$

在上式中，分母随惩罚期延长而变大；也随触发价格没有被触发的概率上升而变大，因此随触发价格下降而变大。所以，均衡期望收益是惩罚期的长度和触发价格的减函数。这一结论很直观。更高的触发价格提高了进入惩罚阶段的概率，更长的惩罚期提高了惩罚力度。它们都降低均衡期望收益。

企业 1 背叛

根据(10.3-5)，如果企业 1 背叛，就是说，如果第一阶段的产出向量为 $q^D=(q_1^D,q_2^C)$，则企业 1 的期望收益为：

$$V_1(q^D)-V_1^N=u_1(q^D)-u_1^N+[\delta\lambda(q^D)+\delta^t(1-\lambda(q^D))](V_1^C-V_1^N) \tag{10.3-8}$$

(10.3-8)减(10.3-6)，得到背叛行为的净收益：

$$V_1(q^D)-V_1^C=u_1(q^D)-u_1(q^C)-(\delta-\delta^t)(\lambda(q^C)-\lambda(q^D))(V_1(q^C)-V_1^N) \tag{10.3-9}$$

根据(10.3-2)，如果企业 1 背叛，则触发机制被启动的概率上升，上升幅度为：

$$\lambda(q^C)-\lambda(q^D)=F(p-\bar{p}(q^D))-F(p-\bar{p}(q^C)) \tag{10.3-10}$$

单时期偏离无利可图当且仅当 $V_1(q^D)-V_1(q^C)\leqslant 0$。根据(10.3-9)，单时期偏离无利可图当且仅当：

$$V_1(q^C)-V_1^N\geqslant\frac{u_1(q^D)-u_1(q^C)}{(\delta-\delta^t)(\lambda(q^C)-\lambda(q^D))} \tag{10.3-11}$$

根据(10.3-7)，有：

$$V_1(q^C)-V_1^N=\frac{u_1(q^C)-u_1^N}{1-\delta^t-(\delta-\delta^t)\lambda(q^C)}$$

合并最后两个结果，得到偏离行为无利可图的充分必要条件：

$$V_1(q^C)-V_1^N=\frac{u_1(q^C)-u_1^N}{1-\delta^t-(\delta-\delta^t)\lambda(q^C)}\geqslant\frac{u_1(q^D)-u_1(q^C)}{(\delta-\delta^t)(\lambda(q^C)-\lambda(q^D))}$$

小偏离

要满足激励一致性，激励约束条件必须对所有的偏离——包括小偏离——都成立。在 $q_1\to q_1^C$ 时，(10.3-11)右边项中的分子与分母都收敛于零。利用洛必达法则，[1]这一商在 q_1^C 的极限是分子与分母在 q_1^C 上的导数的商。于是，无限小的偏离无利可图当且仅当：

$$V_1^C-V_1^N\geqslant\frac{\frac{\partial u_1}{\partial q_1}(q_1^C,q_2^C)}{(\delta-\delta^t)F'(p-\bar{p}(q^C))} \tag{10.3-12}$$

假设密度函数 $F'(\varepsilon)$ 如图 10.3-1 所示具有单峰特征。如果在零附近存在足够大

[1] 见附录 C。

的密度(就是说,$F'(0)$足够大),如果触发价格等于$\bar{p}(q^C)$,由于$F'(p-\bar{p}(q^C))=F'(0)$,所以,这一不等式肯定成立。在下面的讨论中,我们假定情况确是如此。

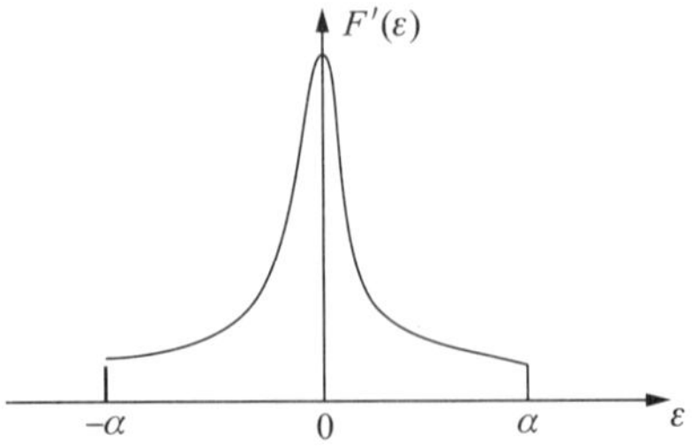

图 10.3-1　需求冲击参数的密度函数

无价格战的合作均衡

假设无法观察到的随机变量均匀分布,则 $F(\varepsilon)=\dfrac{\alpha+\varepsilon}{2\alpha}$,$\varepsilon\in[-\alpha,\alpha]$。

微小偏离

根据(10.3-12),偏离行为无利可图当且仅当:

$$V_1^C-V_1^N\geqslant\frac{\dfrac{\partial u_1}{\partial q_1}(q_1^C,q_2^C)}{(\delta-\delta^t)\dfrac{1}{2\alpha}}\tag{10.3-13}$$

有限偏离

由于F与$\bar{p}(q)$都是线性的,$\lambda(q^C)-\lambda(q^D)=F(p-\bar{p}(q^C))-F(p-\bar{p}(q^D))$是$q_1^D$的线性函数,并且:

$$\lambda(q^C)-\lambda(q^D)=F'(p-\bar{p}(q^C))(q_1^C-q_1^D)$$

而且,$u_1(q_1,q_2^C)$在q_1上是凹的,因此:

$$u_1(q^D)-u_1(q^C)\leqslant\frac{\partial u_1}{\partial q_1}(q^C)(q_1^D-q_1^C)$$

于是:

$$\frac{u_1(q^D)-u_1(q^C)}{(\delta-\delta^t)(\lambda(q^C)-\lambda(q^D))}\leqslant\frac{\dfrac{\partial u_1}{\partial q_1}(q^C)(q_1^D-q_1^C)}{(\delta-\delta^t)F'(p-\bar{p}(q^C))(q_1^C-q_1^D)}=\frac{\dfrac{\partial u_1}{\partial q_1}(q^C)}{(\delta-\delta^t)\dfrac{1}{2\alpha}}$$

根据(10.3-11)与(10.3-13),如果对小偏离,激励约束条件得到满足,则所有的激励约束条件都得到满足。

在随机变量服从均匀分布时,(10.3-13)右边的项独立于触发价格。而且,降低触发价格,降低了触发价格被触发的概率,因此提高了合作的收益。所以,最优均衡触发价格策略是让触发价格等于$\bar{p}(q^C)-\alpha$,从而使得只有在有企业背叛时,市场价格才以正概率跌到触发价格以下。但是,在均衡中,没有企业有动机背叛。

所以，合作永久持续。

有价格战的合作均衡

现在证明只有当密度在较低的支持上高于零时，才有包含价格战的合作均衡。我们看不等式(10.3-12)，即对微小偏离的激励约束条件：

$$V_1^C - V_1^N \geqslant r(p) \equiv \frac{1}{\delta-\delta^t} \frac{\frac{\partial u_1}{\partial q_1}(q_1^C, q_2^C)}{F'(p-\bar{p}(q^C))}$$

如果在 $p \to \bar{p}(q^C)-\alpha$ 时，密度收敛于零，则上式右边的项递增且无上界。约束条件因此无法得到满足。触发价格因此必须定得更高，从而使得阶段博弈的纳什均衡策略最终被使用。如果密度函数是对称的且是单峰的，则函数 $r(p)$ 肯定如图10.3-2所示，即递增且在最大价格与最小价格上没有上界。

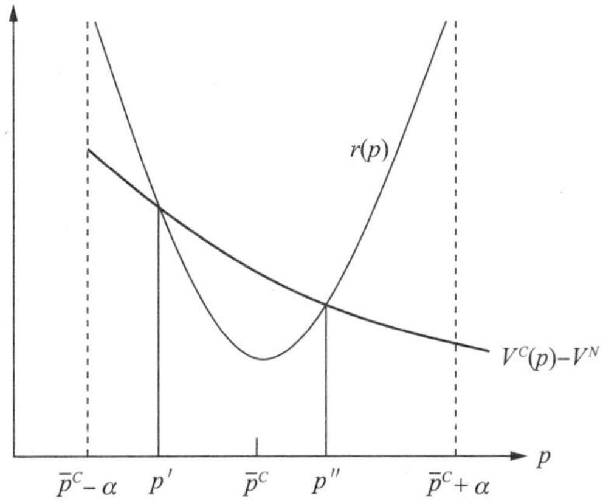

图 10.3-2 激励一致的触发价格

我们说过，$V^C(p)$是减函数。因此，正如图中所示，可行的触发价格集为区间$[p', p'']$。而且，最优触发价格是最小的可行价格 p'。

当然了，这一触发价格取决于惩罚期的长度。对最优触发价格的全面分析，应给出每个时点 t 上的均衡收益和最优触发价格 $p'(t)$，这里的关键结论是，最优惩罚期应为有限个时期，最优触发价格以有限概率导致惩罚。所以，正如波特(Porter)所说，这一模型指出，合作期与惩罚期("价格战")交织在一起，在惩罚之后，继续合作。

习 题

习题 10.3-1：含私人策略的单阶段偏离原理

(a) 在过去使用过的策略为公开信息的博弈中，单阶段偏离原则使用。就是说，如果没有参与者因为单阶段偏离策略组合 s 而受益，则这一策略组合就是子博弈精炼。证明对参与者只观察到公开信号的博弈，如果策略组合 s 满足单阶段偏离原则，则没有参与者能从有限个阶段的偏离中受益。

(b) 这一结论能推广至无限个阶段的偏离吗？

习题 10.3-2:罗森伯格(Rotemberg)与萨洛纳(Saloner)的"价格战"

需求既可能高也可能低。如果两个企业选择同一价格 p,则每个企业的利润,在高需求状态中为 $u_H(p)$,在低需求状态中为 $u_L(p)$。在每个时期之初,在公开自己的价格之前,两个企业都了解真实状态。设 p_H 与 $p_L<p_H$ 分别为两种状态中最大化利润的价格,生产成本为 c。则这一价格博弈的纳什均衡为$(p_1,p_2)=(c,c)$,利润为零。高需求状态的发生概率为 θ。一个企业可以略微降低价格就能占领全部市场从而偏离串谋结果。对这种情况,其对手将使用残酷的纳什均衡策略。

(a) 设贴现因子为 δ。假定两个企业永久合作,在高需求状态中选择 p_H,在低需求状态中选择 p_L。求每个企业在两种状态中的期望收益。

(b) 设初始状态为高需求状态 H。解释在时期 1 双方合作的充分必要条件是 $U_H^C\geqslant 2u_H(p_H)$。

(c) 设(b)中的条件成立。证明在初始状态为低需求状态 L 时,在时期 1 中,两个企业依然选择合作。

(d) 如果合作是子博弈精炼均衡,说明(b)中的条件为什么是必要充分条件?

(e) 证明如果 $\delta\geqslant\frac{1}{2}$,则双方总能实现合作。

参考文献

Abreu, D., Pierce, D. and Stachetti, E. (1990). "Towards a Theory of Discounted Repeated Games with Imperfect Monitoring." *Econometrica* **58**: 1041-1064.

Banks, J. S. and Sobel, J. (1987). "Equilibrium Selection in Signaling Games." *Econometrica* **55**: 647-662.

Cho, In-Koo and Kreps, D. M. (1987). "Signaling Games and Stable Equilibria." *Quarterly Journal of Economics* **102**.

Fudenberg, Drew and Tirole, Jean (1991). *Game Theory*. Cambridge, MA: MIT Press.

Harsanyi, J. (1967—1968). "Games with Incomplete Information Played by Bayesian Players." *Management Science* **14**: 159-182, 320-334, 486-502.

Kohlberg, E. and Mertens, J.-F. (1986). "On the Strategic Stability of Equilibria." *Econometrica* **54**: 1003-1038.

Kreps, D. M. and Sobel, J. (1994). "Signaling." In *Handbook of Game Theory*, Volume Ⅱ, R. Aumann and S. Hart (eds.). New York: Elsevier.

Kreps, D. M. and Wilson, R. (1982). "Sequential Equilibria." *Econometrica* **50**: 889-904.

Porter, R. (1983). "Optimal Cartel Trigger Price Strategies." *Journal of Economic Theory* **29**: 313-338.

Selten, R. (1965). "Re-Examination of the Perfectness Concept for Equilibrium Points in Extensive Games." *International Journal of Game Theory* **4**: 25-55.

第十一章
激励一致性与机制设计

11.1 激励一致性

关键词:激励约束条件;偏好的强度;单交叉性;局部向上约束条件;局部向下约束条件

信号揭示博弈

我们看一个序贯行动博弈。自然首先行动,确定参与者 1 的偏好,换句话说,自然选择参与者 1 的类型。参与者 1 了解自己的类型,选择自己的行动。其他参与者观察到参与者 1 所采取的行动,但观察不到他的类型。博弈就此进行下去。这一博弈被称为信号揭示博弈,因为拥有类型信息的参与者 1 的选择,潜在地向其他参与者揭示了关于其类型的信息,影响其他参与者的反应。第 10.2 节中的进入博弈便是信号揭示博弈。进入者既可能实力强也可能实力弱。如果潜在进入者的均衡策略是在自己实力弱时不进入市场和在自己实力强时进入市场,则其进入行为揭示了其实力,在位企业在选择自己的反应时会考虑到这一点。

我们因为三个探讨原因信号揭示博弈:第一,它是一类重要的经济博弈;第二,在这种博弈中,私人信息下的激励问题是其核心;第三,我们可以将信号揭示博弈分析应用于机制设计理论。

设参与者 1 的类型集为 Θ,是有限集,就是说,$\Theta=\{\theta_1,\cdots,\theta_T\}$。这里的分析适用于连续类型。在类型数量有限时,我们定义 $\mathcal{T}=\{1,\cdots,T\}$,把类型集写为 $\Theta=\{\theta_t\}_{t\in\mathcal{T}}$。

如果参与者 1 的类型为 θ_t,则他的偏好可以用 $Q\times R$ 上的效用函数 $u(\theta_t,q,r)$ 表示,其中 Q 是参与者 1 的行动集,R 是参与者 1 的收益集。为简化分析,我们常把类型 θ_t 的效用函数写为:

$$U_t(q,r)\equiv u(\theta_t,q,r)$$

设 $f(\cdot)$ 是类型集上的概率测度。它是共同知识。在最简单的情况中,类型为 θ_t 的参与者选择纯策略 $q_t\in Q$。(这里的分析适用于混合策略。)参与者 1 的一个纯策略于是为积空间 Q^T 中的一个向量 $\{q\}_{t\in\mathcal{T}}$。如果只有一位不拥有类型信息的参与者，则她应用贝叶斯法则更新自己对所面对的参与者 1 的类型的推断，选择自己的最优反应。在有多个反应者时，这些反应者都更新自己的推断。设所有反应者都认为参与者 1 的策略为 $\{q_t\}_{t\in\mathcal{T}}$。他们根据所观察到的具体行动，应用贝叶斯法则更新自己对参与者 1 的类型的推断。就是说，参与者 1 的策略 $\{q_t\}_{t\in\mathcal{T}}$ 中的每个行动都诱生其他参与者做出反应，这给参与者 1 带来收益 $r_t\in R$。图 11.1－1 描述了这一博弈。

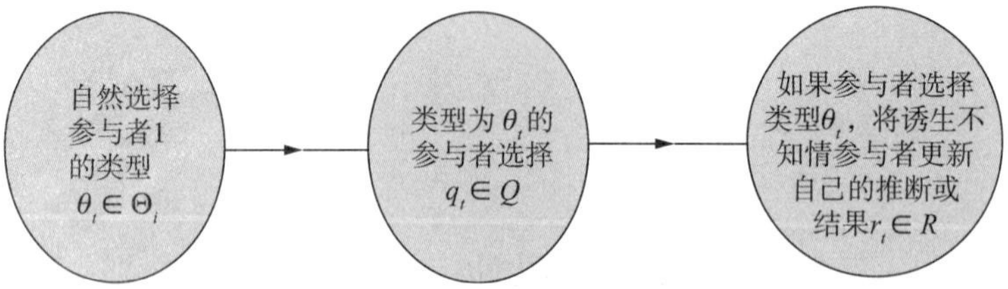

图 11.1－1　序贯行动信号揭示博弈

给定自己的策略，参与者 1 也能计算出对手们的最优反应，借此正确推断出博弈的结果 $\{q_t,r_t\}_{t\in\mathcal{T}}$。问题是，参与者 1 在知道其他人的反应后，是否依然选择策略 $\{q_t\}_{t\in\mathcal{T}}$。假设他的类型为 θ_t，他选择了 q_s 而非 q_t。由于其他人认为自己知道参与者 1 的策略为 $\{q_t\}_{t\in\mathcal{T}}$，他们的反应于是为 r_s，参与者 1 的收益于是为 $U_t(q_s,r_s)$ 而非 $U_t(q_t,r_t)$。因此，除非 $U_t(q_t,r_t)\geqslant U_t(q_s,r_s)$，否则，参与者 1 有动机偏离。

对其他每一种类型，类型 θ_t 的结果都必须满足这一不等式。而且，对每一种可能的类型，这些激励约束条件都必须成立。就是说，$\{q_t,r_t\}_{t\in\mathcal{T}}$ 要为这一博弈的贝叶斯纳什均衡结果，那么下面这些条件必须成立：对所有的 $t,s\in\mathcal{T}$ 且 $s\neq t$ 有

$$U_t(q_t,r_t)\geqslant U_t(q_s,r_s)\qquad\text{激励约束条件}$$

如果所有这些激励约束条件都得到满足，我们就说映射 $M\equiv\{q_t,r_t\}_{t\in\mathcal{T}}$ 具有激励一致性。

另外，参与者 1 还必须愿意参与到博弈中来。设 $\{U_{0t}\}_{t\in\mathcal{T}}$ 为每种类型的参与者 1 的外部机会所实现的收益。则在参与者 1 始终参与博弈的均衡中，下面的约束条件对每一种类型都成立：对所有的 $t\in\mathcal{T}$ 有

$$U_t(q_t,r_t)\geqslant U_{0t}\qquad\text{参与约束条件}$$

从类型到结果的映射 $\{q_t,r_t\}_{t\in\mathcal{T}}$ 是贝叶斯纳什均衡，如果：

(1) $\{q_t,r_t\}_{t\in\mathcal{T}}$ 满足激励约束条件和参与约束条件；

(2) 给定参与者 1 的策略所诱生的推断，r_t 是不拥有类型信息的反应者的最优反应。

例题：教育的信号揭示功能

一位咨询专家具有的价值为 $\theta_t\in\Theta=\{1,2\}$（单位：百万美元）。他为获取受教育水平 q 而付出的成本为 $C_t(q)=q/\theta_t$。根据这个成本函数，提高受教育程度的边际成本为 $1/\theta_t$，这意味着具有更高价值的咨询专家能以更低成本得到教育水平

q。因此,受教育水平成为潜在信号。设他的外部机会为$(U_{01},U_{02})=\left(\frac{1}{4},\frac{5}{4}\right)$。两个企业观察到他的受教育水平,为获得他的专业服务而进行贝尔川德工资博弈。

在一个均衡中,类型 θ_2 成功地发出信号,其他参与者于是知道参与者 1 的价值。因此,在这一均衡中,$(r_1,r_2)=(\theta_1,\theta_2)=(1,2)$。

我们证明对所有的 $a\in\left(0,\frac{1}{2}\right)$,$(q_1,r_1)=(0,1)$与$(q_2,r_2)=(1+a,2)$是精炼贝叶斯均衡。

由于$U_t(q,r)=r-q/\theta_t$,则:

$$U_1(q_1,r_1)=1,U_1(q_2,r_2)=2-(1+a)=1-a$$

因此,在 $a\geqslant 0$ 时,类型 θ_1 的激励约束条件得到满足。

同时:

$$U_2(q_1,r_1)=1,U_2(q_2,r_2)=2-\frac{1}{2}(1+a)=\frac{1}{2}(3-a)$$

因此,当$U_2(q_2,r_2)-U_2(q_1,r_1)=\frac{1}{2}(1-a)>0$ 时,就是说,当 $a\in[0,1]$时,类型 θ_2 的激励约束条件得到满足。

参与约束条件为:

$$U_1(q_1,r_1)=1\geqslant\frac{1}{4}=U_{01}$$

$$U_2(q_2,r_2)=\frac{1}{2}(3-a)\geqslant\frac{5}{4}=U_{02}$$

如果 $a\in\left[0,\frac{1}{2}\right]$,则最后一个不等式成立。因此,在 $a\in\left[0,\frac{1}{2}\right]$时,所有的激励约束条件和参与约束条件都得到满足。

第 11.2 节将详细探讨一般的信号揭示博弈。

机制设计

还有一类模型也具有这种结构。在它的最简单形式中,只有两个参与者。参与者 1 首先行动,宣布自己将与参与者 2 进行的博弈 G 的规则。参与者 2 的类型集为 Θ。参与者 2 知道自己的类型,但这一信息是私人信息。类型上的概率测度是共同知识。如果参与者 2 的类型为 θ_t,则在这一博弈中,她的均衡结果为(q_t,r_t)。均衡结果集于是为$\{q_t,r_t\}_{t\in T}$。这样一个博弈被称为一个机制,首先行动者则被称为机制设计者。

我们看个例子。[1] 机制设计者是某种媒体服务的唯一提供方。参与者 2 购买媒体服务,有需求价格函数 $p(\theta_t,q)$,$\theta_t\in\Theta$。博弈 G 为买方提供了两个定价方

〔1〕 另一个机制设计例子是对拍卖规则的选择。第十二章将探讨最优拍卖机制。

案。在方案 a 中,每分钟服务的价格为 p_a。在方案 b 中,买方每月支付一笔入网费 F_b,并为每分钟的服务支付价格 $p_b<p_a$。在这两个方案下,各种类型的买方选择最有利于自己的方案 $\{q_t,r_t\}_{t\in\mathcal{T}}$,购买对自己最优的服务数量,发生相应的支付。

给定反应映射 $M(G)=\{q_t,r_t\}_{\theta_t\in\Theta}$,机制设计者的期望收益为:

$$U^d(G)=\sum_{t\in\mathcal{T}} f_t U_t^d(q_t,r_t)$$

设计者先行动,选择最大化其期望收益的机制(即博弈规则)。

机制设计者不知道参与者 2 的类型,所以,参与者 2 总是能选择任一类型 $\theta_s\in\Theta$ 的最优反应,得到结果 (q_s,r_s)。设 $U_t(q,r)\equiv u(\theta_t,q,r)$ 是类型 θ_t 的效用函数。则 (q_t,r_t) 要成为类型 θ_t 的最优反应结果,如下激励约束条件必须得到满足:

$$U_t(q_t,r_t)\geqslant U_t(q_s,r_s),\ \forall s\in\mathcal{T}$$

就是说,与信号揭示博弈一样,这一博弈的均衡结果 $M(G)=\{q_t,r_t\}_{\theta_t\in\Theta}$ 必须是激励一致的。第 11.3 节将探讨机制设计。

激励一致性的充分必要条件

这里要看到,如果有 T 种类型,则对每种类型 $\theta_t\in\Theta$,有 $T-1$ 个激励约束条件必须得到满足。就激励一致性而言,这一结论适用于所有 T 种类型,因此,共有 $T\times(T-1)$ 个激励约束条件。此外,还有 T 个参与约束条件。一般情况下,对有如此多约束条件的模型,我们几乎无能为力。为进行分析,我们对各种类型的参与者的偏好,施加更多的限制。设 $U_t(q,r)$ 是类型 θ_t 的收益函数。我们对这一函数施加如下假定。

假设 1:

对所有的 $t\in\mathcal{T}$,收益函数 $U_t(q,r)$ 在闭集 $Q\times R$ 上连续可微并且 $\frac{\partial U_t}{\partial r}>0$ 或 $\frac{\partial U_t}{\partial r}<0$。

这一模型的关键假定是任何一对类型之间的差异,反映他们对 q 的偏好强度的差异。

定义:对 q 的更强偏好

与类型 θ_s 相比,类型 θ_t 对 q 有更强偏好,如果对任意的 $(\hat{q},\hat{r})$ 与 $(q,r)\in Q\times R$,如果 $q>\hat{q}$,则 $(q,r)\succcurlyeq_s(\hat{q},\hat{r})\Rightarrow(q,r)\succ_t(\hat{q},\hat{r})$。

图 11.1-2 在 $\frac{\partial U_t}{\partial r}>0$ 和 $\frac{\partial U_t}{\partial r}<0$ 两种情况中描述了这一定义。我们看图 11.1-2 中穿过点 $(\hat{q},\hat{r})$ 的垂直虚线右方的结果集。深色区域中的结果被类型 θ_s 参与者认为弱优于 $(\hat{q},\hat{r})$。深色区域与点画区域中的结果,则被类型 θ_t 认为弱优于 $(\hat{q},\hat{r})$。在左右两种情况中,随着 q 增加,类型 θ_t 的无差异曲线都从类型 θ_s 的上优集开始穿过其下劣集。由于不存在从下劣集穿过上优集的情况,所以,θ_t 对 q 有更强偏好的假定,被称为单交叉性质。

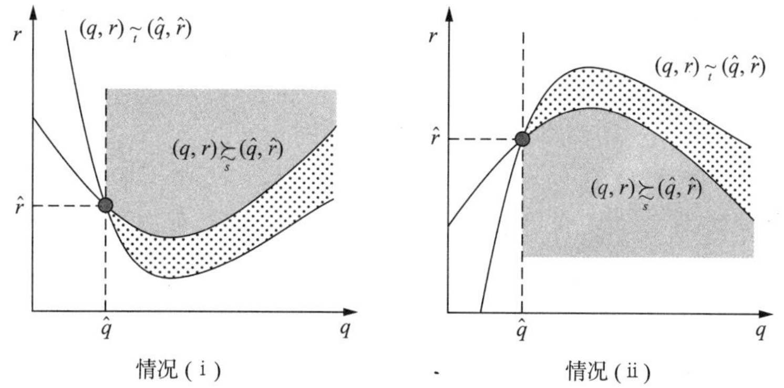

图 11.1-2 类型 θ_t 对 q 有更强的偏好。(i)$\frac{\partial U_t}{\partial r}>0, t\in\mathcal{T}$;(ii)$\frac{\partial U_t}{\partial r}<0, t\in\mathcal{T}$

> **假设 2:单交叉性质(SCP)**
> 类型下标更大的类型,对 q 有更强的偏好。

我们有下面的引理。

> **引理 11.1-1:单交叉性质下的偏好序**
> 设 $\hat{q}<q$。如果单交叉性质成立,则:
> (i) $(\hat{q},\hat{r})\preccurlyeq_s(q,r)\Rightarrow(\hat{q},\hat{r})\prec_t(q,r)$, $\forall t>s$;
> (ii) $(\hat{q},\hat{r})\succcurlyeq_t(q,r)\Rightarrow(\hat{q},\hat{r})\succ_s(q,r)$, $\forall s<t$。

证明:条件(i)只是在单交叉性质下,对更强偏好的定义的重新表述。我们证明条件(ii)。假设存在某个 $\theta_s<\theta_t$ 使得(ii)不成立。就是说,存在某个 $\theta_s<\theta_t$ 使得:

$$\text{(a) } (\hat{q},\hat{r})\succcurlyeq_t(q,r), \qquad \text{(b) } (\hat{q},\hat{r})\preccurlyeq_s(q,r)$$

但是,根据单交叉性质,如果(b)成立,则 $(\hat{q},\hat{r})\prec_t(q,r)$,与(a)矛盾。 □

我们看图 11.1-2 中类型 θ_t 的穿过 $(\hat{q},\hat{r})$ 的无差异曲线。我们依然定义边际替代率为:

$$MRS_t(\hat{q},\hat{r})=\frac{\frac{\partial U_t}{\partial q}}{\frac{\partial U_t}{\partial r}}$$

你可能认为,如果单交叉性质成立,则类型 θ_s 与 θ_t 的边际替代率(MRS)肯定处处不同。这种想法并不全对。下面的引理给出了正确结论。[1]

> **引理 11.1-2:单交叉性质**
> 假设在 $Q\times R$ 上,相对于类型 θ_s,类型 θ_t 对 q 有更强偏好。
> 如果 $\frac{\partial U_\tau}{\partial r}>0, \tau\in\mathcal{T}$,则对所有的 $(q,r)\in Q\times R$, $MRS_t(q,r)\geqslant MRS_s(q,r)$。
> 如果 $\frac{\partial U_\tau}{\partial r}<0, \tau\in\mathcal{T}$,则对所有的 $(q,r)\in Q\times R$, $MRS_t(q,r)\leqslant MRS_s(q,r)$。

---

〔1〕 这是个纯粹的技术结论。在实际应用中,经济学家们通常简单地假定边际替代率在类型上严格单调。

证明：无差异曲线 $U_s(q,r)=U_s(\hat{q},\hat{r})$ 上的点隐含地定义了函数 $r_s(q)$。就是说，对所有的 $q>\hat{q}$，有：

$$U_s(q,r_s(q))-U_s(\hat{q},r_s(\hat{q}))=0$$

对所有的 $t\in\mathcal{T}$，定义 $D_t(q)\equiv U_t(q,r_s(q))-U_t(\hat{q},r_s(\hat{q}))$。根据构造，$D_s(q)=0$。而且，如果类型 θ_t 对 q 有更强偏好，则对所有的 $q>\hat{q}$，有：

$$D_t(q)\equiv U_t(q,r_s(q))-U_t(\hat{q},r_s(\hat{q}))>0$$

并且，$D_t(\hat{q})=0$。因此：

$$\frac{d}{dq}D_t(\hat{q})\geqslant 0 \tag{11.1-1}$$

由于 $D_s(q)=0$，根据隐函数定理，有：

$$\frac{dr_s}{dq}(q)=-\frac{\partial U_s}{\partial q}\Big/\frac{\partial U_s}{\partial r}=-MRS_s(q,r_s(q))$$

因此：

$$\frac{d}{dq}D_t(q)=\frac{\partial U_t}{\partial q}+\frac{\partial U_t}{\partial r}\frac{dr_s}{dq}=\frac{\partial U_t}{\partial r}\left(\frac{dr_s}{dq}+\frac{\frac{\partial U_t}{\partial q}}{\frac{\partial U_t}{\partial r}}\right)$$

$$=\frac{\partial U_t}{\partial r}\left[MRS_t(\hat{q},\hat{r})-MRS_s(\hat{q},\hat{r})\right]$$

根据(11.1-1)，右边的项肯定为正。 □

为理解上述引理，我们看几个例子。

例 1：教育的信号揭示功能(Spence)

类型为 θ_t 的咨询专家对潜在客户具有的价值为 $v(\theta_t)$。他知道自己的类型，但客户观察不到他的类型。咨询专家为类型 θ_t 的概率是 f_t。类型为 θ_t 的咨询专家能以成本 $C_t(q)$ 获得可观察到的受教育水平 q。类型值越高，获得教育的边际成本就越低。就是说，如果 $\theta_s>\theta_t$，$C'_s(q)<C'_t(q)$。对不同的受教育水平 q，客户支付不同的咨询费用 r。(q,r) 能描述客户所提供的合同。设 $\{(q_t,r_t)\}_{t\in\mathcal{T}}$ 是提供给各个类型咨询专家的合同。类型为 θ_t 的咨询专家的收益于是为 $U_t(q_t,r_t)=r_t-C_t(q_t)$；如果这份合同被接受，则客户企业(第二个行动者)的利润为 $v(\theta_t)-r_t$。图 11.1-3 画出了偏好方向和类型 θ_t 与类型 $\theta_s>\theta_t$ 的穿过 $(\hat{q},\hat{r})$ 的无差异曲线。由于类型 θ_t 的无差异曲线的斜率是他在 q 上的边际成本，由于越高的类型有越低的边际成本，所以，单交叉性质成立。

例 2：保险(Rothschild-Stiglitz)

一个"投保人"想向风险中性的承保人购买保单，以求在发生损失 L 的事件中得到补偿。投保人不发生损失的概率为 $\theta_t\in\Theta=\{\theta_1,\cdots,\theta_T\}$。只有投保人自己知道这一概率。保单承诺在发生损失时，承包人赔偿投保人，赔偿金额等于损失额减去某一免赔额 $q\in Q$。最大免赔额为全部损失 L，就是说，$Q=[0,L]$。为得到保险，投保人

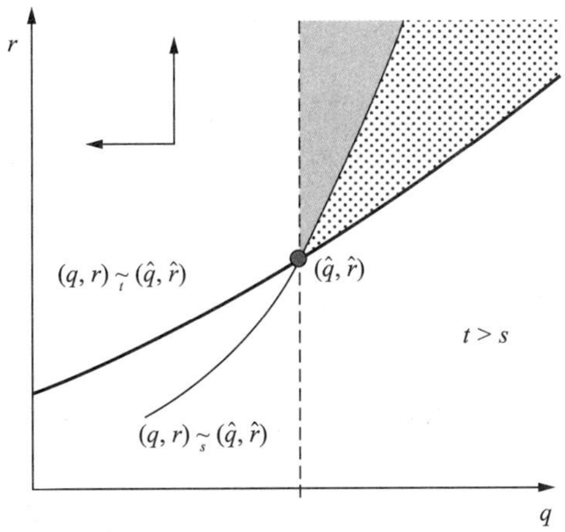

图 11.1-3 教育的信号揭示功能

必须支付保费 r 而不管是否发生损失。向量(q,r)于是构成一份完整的保单。

投保人的期望效用

在发生损失与没有发生损失时，投保人都得支付保费 r。在发生损失时，投保人的损失额为 L，承保人赔付 $L-q$。给定冯·诺依曼-摩根斯坦效用函数 u，类型为 θ_t 的投保人的期望效用为：

$$U_t(q,r)=\theta_t u(w-r)+(1-\theta_t)u(w-q-r)$$

风险中性的承保人

如果购买保单(q,r)的投保人类型为 θ_t，则投保人为类型 θ_t 且发生损失的联合概率为 $f_t(1-\theta_t)$。如果免赔额为 q，则承保人赔付 $L-q$。就是说，如果类型为 θ_t 的投保人选择保单(q_t,r_t)，则承保人的期望利润为：

$$U_0=\sum_{t\in T} f_t(r_t-(1-\theta_t)(L-q_t))$$

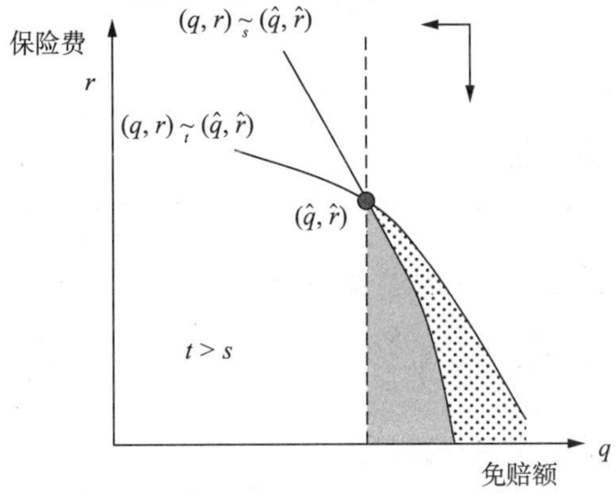

图 11.1-4 通过购买更少的赔付额而发出信号

单交叉性质

图 11.1-4 画出了类型 θ_s 和 $\theta_t>\theta_s$ 的穿过点 $(\hat{q},\hat{r})$ 的无差异曲线。其中，类型 θ_t 的投保人穿过 $(\hat{q},\hat{r})$ 的无差异曲线的斜率为：

$$\left.\frac{dr}{dq}\right|_{U_t}=-\frac{\dfrac{\partial U_t}{\partial q}}{\dfrac{\partial U_t}{\partial r}}=-\frac{(1-\theta_t)u'(w-\hat{q}-\hat{r})}{\theta_t u'(w-\hat{r})+(1-\theta_t)u'(w-\hat{q}-\hat{r})}=-\frac{1}{\dfrac{\theta_t}{1-\theta_t}\dfrac{u'(w-\hat{r})}{u'(w-\hat{q}-\hat{r})}+1}$$

随着 θ_t 上升，分母增大，无差异曲线的斜率增大。因此，单交叉性质成立。

例 3：竞标

对一件待售商品，竞标人对它的价值认定为 $\theta_t\in\Theta$。竞标人风险中性。所有竞标人竞价购买此商品。设 q 为赢得此商品的概率，r 为竞标人的期望支出。在竞标人对商品的价值认定为 θ_t 时，他的期望收益为：

$$U_t(q,r)=q\theta_t-r$$

边际替代率于是为：

$$MRS_t(q,r)=\frac{\dfrac{\partial U_t}{\partial q}}{\dfrac{\partial U_t}{\partial r}}=-\theta_t$$

由于 $\dfrac{\partial}{\partial r}U_t(q,r)<0$ 并且对价值认定越高的买家，边际替代率越小，所以，单交叉性质成立。

现在证明，如果假设 1 和 2 成立，则寻找具有激励一致性的行动与结果 $\{(q_t,r_t)\}_{t\in T}$ 的工作能大大简化。

> **定义：局部向上约束条件与局部向下约束条件**
>
> 在 (q_t,r_t) 与 (q_{t+1},r_{t+1}) 之间，如果类型 θ_t 偏好 (q_t,r_t)，则对类型 θ_t，局部向上约束条件得到满足。在 (q_t,r_t) 与 (q_{t-1},r_{t-1}) 之间，如果类型 θ_t 偏好 (q_t,r_t)，则对类型 θ_t，局部向下约束条件得到满足。

下面两个命题是关键结论。

> **命题 11.1-3：单调性**
>
> 如果单交叉性质成立，则局部激励约束条件蕴含 $q_1\leqslant\cdots\leqslant q_T$。

证明：假设存在类型 θ_t 与 θ_{t+1} 使得 $q_t>q_{t+1}$。局部向上激励约束条件为 $(q_{t+1},r_{t+1})\leqslant_t(q_t,r_t)$。由于 $q_t>q_{t+1}$，根据引理 11.1-1，$(q_{t+1},r_{t+1})\prec_{t+1}(q_t,r_t)$。但这不可能，因为它违反了类型 θ_{t+1} 的局部向下激励约束条件。 □

> **命题 11.1-4：局部激励一致性蕴含全局激励一致性**
>
> 如果假设 1 与 2 成立且所有的局部激励约束条件都得到满足，则映射 $M\equiv\{(q_t,r_t)\}_{t\in T}$ 满足所有的激励约束条件。

证明:假定$\frac{\partial U_{\tau}}{\partial r}>0,\tau\in\mathcal{T}$。偏导数$\frac{\partial U_{\tau}}{\partial r}$始终为负时的证明与这里的证明几乎完全相同。

根据命题中的前提条件,对类型θ_t,局部向上约束条件成立;对类型θ_{t+1},局部向下约束条件成立。就是说:

$$(\text{i})\ (q_t,r_t)\succcurlyeq_t(q_{t+1},r_{t+1}),(\text{ii})\ (q_t,r_t)\preccurlyeq_{t+1}(q_{t+1},r_{t+1})$$

任取s与t使得$s<t$。取$\tau\in\{s,s+1,\cdots,t-1\}$。根据命题11.1-3,单调性得到满足,因此,$q_{\tau}\leqslant q_{\tau+1}$。

情况(a):$q_{\tau}=q_{\tau+1}$。

则根据(i)与(ii),$r_{\tau}=r_{\tau+1}$。因此,$(q_{\tau},r_{\tau})\sim_{\tau}(q_{\tau+1},r_{\tau+1})$。

情况(b):$q_{\tau}<q_{\tau+1}$。

对类型$\theta_{\tau+1}$,局部向下约束条件成立;就是说,$(q_{\tau},r_{\tau})\preccurlyeq_{\tau+1}(q_{\tau+1},r_{\tau+1})$。由于$\tau+1\leqslant t$,根据引理11.1-1中的(i),$(q_{\tau},r_{\tau})\preccurlyeq_t(q_{\tau+1},r_{\tau+1})$。

就是说,在(a)和(b)两种情况中,$(q_{\tau},r_{\tau})\preccurlyeq_{\tau}(q_{\tau+1},r_{\tau+1})$。由于对所有的$\tau\in\{s,s+1,\cdots,t-1\}$,这一偏好关系都成立,所以:

$$(q_s,r_s)\preccurlyeq_t(q_{s+1},r_{s+1})\preccurlyeq_t\cdots\preccurlyeq_t(q_t,r_t)$$

同理,根据引理11.1-1中的(ii):

$$(q_s,r_s)\succcurlyeq_s(q_{s+1},r_{s+1})\succcurlyeq_s\cdots\succcurlyeq_s(q_t,r_t)$$

就是说,对所有的s与$t>s$,[1]我们证明了:

$$(q_s,r_s)\succcurlyeq_s(q_t,r_t)\text{和}(q_s,r_s)\preccurlyeq_t(q_t,r_t)$$

因此,所有的激励约束条件都得到满足。 □

在下面两节中我们将看到,在一些重要的应用中,对每种类型,或者局部向上约束条件起作用,或者局部向下约束条件起作用;就是说,对$\{(q_t,r_t)\}_{t\in\mathcal{T}}$,或者(i)$(q_t,r_t)\sim_t(q_{t+1},r_{t+1})$或者(ii)$(q_t,r_t)\sim_{t+1}(q_{t+1},r_{t+1})$。

由于单调性是激励一致性的必要条件,我们假定单调性得到满足;就是说,$q_t\leqslant q_{t+1}$。假设(i)成立,即局部向上约束条件得到满足。应用单交叉性质,$(q_t,r_t)\preccurlyeq_{t+1}(q_{t+1},r_{t+1})$,即局部向下约束条件肯定也得到满足。

假定(ii)得到满足,即局部向下约束条件得到满足。则局部向上约束条件得到满足。

反证,设局部向上约束条件被违背,即$(q_t,r_t)\prec_t(q_{t+1},r_{t+1})$。但这不可能,因为根据单交叉性质,这意味着$(q_t,r_t)\prec_{t+1}(q_{t+1},r_{t+1})$,与(ii)矛盾。因此,$(q_t,r_t)\succcurlyeq_t(q_{t+1},r_{t+1})$,即局部向上约束条件得到满足。下面的结论得自命题11.1-4。

推论11.1-5:局部约束条件起作用

设$\{(q_t,r_t)\}_{t\in\mathcal{T}}$在$q$上递增,单交叉性质得到满足,并且对每一种类型,或者局部向上约束条件起作用或者局部向下约束条件起作用。则所有局部约束条件肯定得到满足,所有激励约束条件因此都得到满足。

[1] 如果存在类型τ使得$q_s<q_{\tau}<q_t$,则偏好序为严格序。

参与约束条件

到目前为止,我们一直假定反应者肯定选择某个 $q\in Q$。但在许多应用中,每种类型的反应者除了有 Q 中的选项可供选择外,还有外部机会。我们现在探讨这一因素。设在类型为 θ_t 的反应者选择其外部机会时,U_{0t} 是其收益。根据假设 1,存在某个 r_{0t} 使得 $U_t(0,r_{0t})=U_{0t}$。我们于是可以用结果 $(0,r_{0t})$ 替换外部机会。相对于结果 $(0,r_{0t})$,如果类型 θ_t 偏好某个 $q\in Q$,我们就说他满足参与约束条件。一般情况下,增加参与约束条件会使分析变得复杂。对任意映射 $M=\{(q_t,r_t)\}_{t\in\mathcal{T}}$,设 P 是每种类型都严格偏好自己的外部机会的类型子集。则一个结果是可行的,如果对其他类型即 $\hat{T}=\mathcal{T}/P$ 中的类型,激励一致性约束条件得到满足。

我们将看到,在一些应用中,下面的假设自然成立。

> **假设 3:只有一个外部机会**
>
> 对所有类型,参与约束条件可以表示为如下形式:
>
> $$U_t(q,r)\geqslant U_t(0,r_0)$$

设假设 3 与单交叉性质成立并且 $Q\subset\mathbb{R}_+$。假设对最低类型,参与约束条件得到满足,就是说:

$$U_1(q_1,r_1)\geqslant U_1(0,r_0)$$

首先,设 $q_1=0$。设 $U_t(q,r)$ 在 r 上严格递增。则 $r_1\geqslant r_0$。于是,对所有 $t\in\mathcal{T}$,$U_t(q_1,r_1)\geqslant U_t(0,r_0)$。当效用函数 $U_t(q,r)$ 在 r 上递减时,有相同结论。再设 $q_1>0$。根据单交叉性质,对所有的 $t\in T$,$U_t(q_1,r_1)\geqslant U_t(0,r_0)$。因此,要验证参与约束条件得到满足,我们只需验证类型 1 的约束条件得到满足。

这里要看到,类型 θ_1 的参与约束条件也是个局部向下约束条件。我们因此可以推广命题 11.1-4。

> **命题 11.1-6**
>
> 如果假设 1 到 3 都成立且局部向上和向下激励约束条件(包括最低类型的向下约束条件)都得到满足,则 $\{(q_t,r_t)\}_{t\in\mathcal{T}}$ 满足所有的激励与参与约束条件。

类型服从连续分布

现在介绍类型服从连续分布时的模型。类型为 θ 的参与者的效用函数为 $u=u(\theta,q,r)$,$\theta\in\Theta=[\alpha,\beta]$。假设 1 与 2 可以表述为下面的形式:

> **假设 1′**
>
> 对所有的 $(\theta,q,r)\in\Theta\times Q\times R$,收益函数 $u(\theta,q,r)$ 连续可微并且 $\dfrac{\partial u}{\partial r}>0$ 或 $\dfrac{\partial u}{\partial r}<0$。
>
> **假设 2′:单交叉性质**
>
> 设 $q^1>q^0$。如果 $u(\theta,q^1,r^1)\geqslant u(\theta,q^0,r^0)$,则对所有的 $\varphi>\theta$,$u(\varphi,q^1,r^1)>u(\varphi,q^0,r^0)$。

在连续模型中，我们探讨结果组合$\{(q(\theta),r(\theta))\}_{\theta\in\Theta}$，其中，$q(\theta)$与$r(\theta)$分段连续可微。这一结果组合具有激励一致性，如果对所有的θ和$x\in\Theta$，有：

$$u(\theta,q(x),r(x))\leqslant u(\theta,q(\theta),r(\theta)) \tag{11.1-2}$$

定义：

$$U(\theta,x)\equiv u(\theta,q(x),r(x))\text{ 和 }V(\theta)=U(\theta,\theta)$$

我们有以下命题。

命题 11.1-7 激励一致性

如果假设 1 与 2 成立且$q(t)$和$r(t)$连续和分段可微，则$\{(q(\theta),r(\theta))\}_{\theta\in\Theta}$要具有激励一致性，(ⅰ)$q(\theta)$必须是非递减函数，(ⅱ)$\dfrac{dV}{d\theta}=\dfrac{\partial u}{\partial\theta}(\theta,q(\theta),r(\theta))$，其中，$V(\theta)=u(\theta,q(\theta),r(\theta))$。

这些条件一起构成了激励一致性的充分条件。

证明：如果单交叉性质成立，则套用有限类型模型中的证明思路，可证明$q(\cdot)$是增函数，因此(ⅰ)成立。对任意的θ_1与$\theta_2>\theta_1$，$U(\theta_1,\theta_2)\leqslant U(\theta_1,\theta_1)$。因此：

$$U(\theta_2,\theta_2)-U(\theta_1,\theta_2)\geqslant U(\theta_2,\theta_2)-U(\theta_1,\theta_1)$$

由于$U(\theta_2,\theta_1)\leqslant U(\theta_2,\theta_2)$，因此：

$$U(\theta_2,\theta_2)-U(\theta_1,\theta_1)\geqslant U(\theta_2,\theta_1)-U(\theta_1,\theta_1)$$

合并这两个不等式，得到：

$$\frac{U(\theta_2,\theta_2)-U(\theta_1,\theta_2)}{\theta_2-\theta_1}\geqslant\frac{U(\theta_2,\theta_2)-U(\theta_1,\theta_1)}{\theta_2-\theta_1}\geqslant\frac{U(\theta_2,\theta_1)-U(\theta_1,\theta_1)}{\theta_2-\theta_1}$$

如果$\{(q(\theta),r(\theta))\}_{\theta\in\Theta}$连续，则上式中的上界与下界收敛于同一极限。就是说：

$$V'(\theta)=\frac{d}{d\theta}U(\theta,\theta)=u_\theta(\theta,q(\theta),r(\theta))$$

我们证明了命题中的陈述(ⅱ)。另外：

$$\theta=\underset{x\in\Theta}{\operatorname{argmax}}\{u(\theta,q(x),r(x))\}$$

最大值的一阶条件因此为

$$u_q q'(\theta)+u_r r'(\theta)=0$$

就是说：

$$r'(\theta)=-\frac{u_q}{u_r}q'(\theta)=-MRS(\theta,q(\theta),r(\theta))q'(\theta) \tag{11.1-3}$$

最后要看到：

$$\frac{\partial U}{\partial x}(\theta,x)=u_q(\theta,q(x),r(x))q'(x)+u_r(\theta,q(x),r(x))r'(x)$$

$$=u_r(\theta,q(x),r(x))\left[\frac{r'(x)}{q'(x)}+\frac{u_q(\theta,q(x),r(x))}{u_r(\theta,q(x),r(x))}\right]q'(x)$$

(11.1－3)对所有的 $\theta\in\Theta$ 成立,因此对 $\theta=x$ 成立。则:

$$\frac{\partial U}{\partial x}(\theta,x)=u_r[MRS(x,q(x),r(x))-MRS(\theta,q(x),r(x))]q'(x)$$

根据引理 11.1－2,如果单交叉性质成立,则:

$$x<\theta\Rightarrow u_r[MRS(\theta,q(x),r(x))-MRS(x,q(x),r(x))]\geqslant 0$$
$$x>\theta\Rightarrow u_r[MRS(\theta,q(x),r(x))-MRS(x,q(x),r(x))]\leqslant 0$$

$q(\theta)$是非递减函数,所以,当 $x<\theta$ 时,$\frac{\partial U}{\partial x}(\theta,x)\geqslant 0$;当 $x>\theta$ 时,$\frac{\partial U}{\partial x}(\theta,x)\leqslant 0$。就是说,在 $x=\theta$ 时,$U(\theta,x)$取最大值,所以,上述必要条件实际上也是充分条件。□

习　题

习题 11.1－1:单交叉性质的充分条件

在证明命题 11.1－6 中的必要性时,我们探讨了 $u(\theta,q,r)$是(q,r)的增函数时的情况。对任意的 $q^1>q^0$,我们在类型 θ 的穿过(q^0,r^0)的无差异曲线上选择了点$(q^1,\hat{r})$。我们接着定义$(q(\lambda),r(\lambda))$为穿过(q^0,r^0)与$(q^1,\hat{r})$的无差异曲线上的点,证明了对所有的 $\lambda\in(0,1)$,有:

$$\frac{d}{d\lambda}u(\varphi,q(\lambda),r(\lambda))=(q^1-q^0)u_r[MRS(\varphi,q,r)-MRS(\theta,q,r)]$$

现在,利用这一结论证明:如果对任意的$(q,r)\in Q\times R$,$MRS(\varphi,q,r)>MRS(\theta,q,r)$,则类型 φ 对 q 有更强偏好。

习题 11.1－2:教育的信号揭示功能

类型为 θ_t 的咨询专家的边际产出为 $m(\theta_t)=\theta_t$,其中,$\Theta=\{1,2,3\}$。类型服从均匀分布。最好的外部机会为$(0,r_0)=\left(0,\frac{1}{2}\right)$。取得教育程度 q 的成本为 $C(\theta_t,q)=\frac{q}{\theta_t}$。就是说,类型为 θ 的咨询专家,如果从提供咨询服务中获得的报酬为 r,则得到的收益为:

$$u(\theta_t,q,r)=r-\frac{q}{\theta_t}$$

(a) 这一博弈的最好的分离均衡是什么?
(b) 如果较低的两种类型被混同在一起,则最好的混同均衡是什么?
(c) 如果所有三种类型被混同在一起,则最好的混同均衡是什么?
(d) 比较均衡收益。

(e) 对两种最低类型被混同在一起的精炼贝叶斯均衡集,分析其特征。

习题 11.1-3:类型服从连续分布时教育的信号揭示功能

类型为 θ 的咨询专家的边际产出为 $m(\theta)=k\theta$,其中,$\theta\in\Theta=[0,\beta]$。取得教育程度 q 的成本为 $C(\theta,q)=\frac{q}{\theta^2}$。就是说,如果类型为 θ 的咨询专家从提供咨询服务中获得的报酬为 r,则她的收益为:

$$u(\theta,q,r)=r-\frac{q}{\theta^2}$$

(a) 证明在分离均衡中激励一致性的必要条件为:

$$q'(\theta)=k\theta^2$$

(b) 设 $V(\theta)=k\theta-\frac{q(\theta)}{\theta^2}$ 为均衡收益。证明:

$$V'(\theta)=\frac{2q(\theta)}{\theta^3}$$

(c) 证明均衡收益肯定满足如下微分方程:

$$2\theta V(\theta)+\theta^2 V'(\theta)=k\theta^2$$

(d) 求解这一微分方程,证明:

$$V(\theta)=\frac{2}{3}k\theta$$

(e) 对选择信号 q 的咨询专家,设 $r=R(q)$ 是支付给他的均衡工资。求证:

$$R'(q)=\frac{1}{\theta^2}$$

(f) 求证:$R(q)^2R'(q)=k^2$。

(g) 求解均衡支付函数。

11.2 信息显示、逆选择和信号揭示

关键词: 分离原理;逆选择;信号揭示;满足直觉标准的信号揭示均衡

在本节和下一节中,我们利用激励一致性概念,探讨私人信息在其中起关键作用的各种经济环境。在本节探讨的博弈中,拥有有利私人信息的参与者主动把这一信息揭示给其他参与者。我们想象一种具体情况:卖方出售商品,但商品质量不确定。设 $v(\theta_t)$ 是类型为 θ_t 的参与者所出售的产品或服务(如二手车、咨询服务等)的真实价值(或者说,是完全信息价值),其中,$\theta_t\in\Theta=\{\theta_1,\cdots,\theta_T\}$。设更高类型值的卖方的产品,具有更高价值。我们定义 $\mu(\theta_t)=E\{v(\theta_s)\mid\theta_s\leqslant\theta_t\}$ 为类型小于或等于 θ_t 的卖方的平均市场价值。对所有的 $\theta_t>\theta_1$,这一均值严格小于 $\{\theta_1,\cdots,$

$\theta_t\}$中最高类型 θ_t 的价值，即 $\mu(\theta_t)<v(\theta_t)$。

分离原理（The Unraveling Principle）

假设所有类型的卖方都出现在市场上。由于商品的实际价值不能被买方直接观察到，所以，买方对商品的期望价值为总体均值。买方之间的竞争把均衡价格推高到 $\mu(\theta_T)$。但是，$\mu(\theta_T)$低于最高类型θ_T 的价值。因此，如果这一类型的卖方能可信地揭示自己的真实类型，他就会这样做并因此赚得 $v(\theta_T)$。假设只有这一类型的卖方揭示了自己的类型，则待售商品的市场价值就是剩下的 $T-1$ 种类型的均值，即 $\mu(\theta_{T-1})$。这一市场价值低于 $v(\theta_{T-1})$，所以，次高类型的卖方能通过揭示自己的类型而得到好处。重复这一过程，我们看到，除最低类型外，所有类型的卖方都有动机揭示自己的私人信息。于是，没有揭示自己类型的卖方的市场价值就为 $v(\theta_1)$——虽然没有揭示自己的信息，最低类型的价值依然被揭示出来。

这一结论的关键在于所有卖方能无成本地可信地揭示自己的私人信息。现在探讨信息揭示成本很高时可能出现的结果。

逆选择——退出还是交易？

潜在的卖方只有两个选项。他们可以在反映待售商品平均价值的价格水平上进行交易或者退出市场。这里使用连续类型模型而非有限类型模型进行分析。设类型为 θ 的商品的价值为 $v(\theta)$，$\theta\in\Theta=[\alpha,\beta]$。$\theta$ 的累积分布函数为 $F\in\mathbb{C}^1$。则低于 θ 的类型的均值为：

$$\mu(\theta)=E\{v(x)\mid x\leqslant\theta\}=\frac{\int_\alpha^\theta v(x)F'(x)dx}{F(\theta)}$$

于是，$\mu(\alpha)=v(\alpha)$；当 $\theta>\alpha$ 时，$\mu(\theta)<v(\theta)$。

设 $v_o(\theta)$ 是类型为 θ 的卖方的最好的替代选项或“外部”机会。例如，如果这件商品是二手车，则 $v_o(\theta)$ 便是继续拥有此车给卖主带来的价值。为简化分析，我们假定这一外部机会所具有的价值是此商品真实市场价值 $v(\theta)$ 的某一比例 γ。图 11.2－1 中画出了商品的真实价值、低于 θ 的类型的平均价值和外部机会所具有的价值。

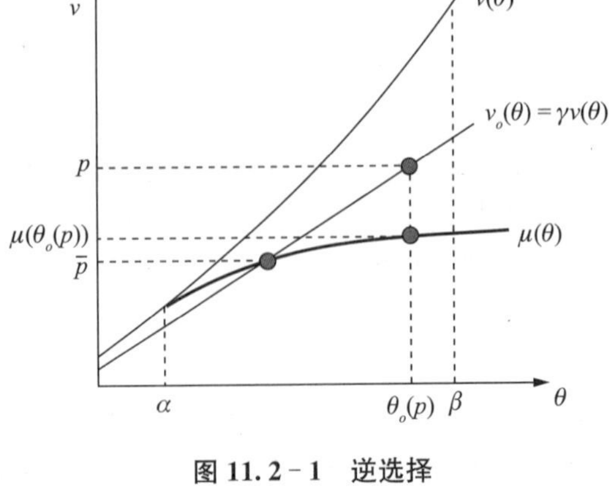

图 11.2－1　逆选择

假设最高类型的外部价值 $v_o(\beta)$ 大于所有类型的均值 $\mu(\beta)$。则函数 $\mu(\theta)$ 与 $v_o(\theta)$ 至少相交一次。为简化分析，我们假定它们只相交一次。

如图 11.2-1 中那样，任取价格 $p>\hat{p}$。在以这个价格出售商品和选择自己的外部机会之间，类型 $\theta_o(p)$ 无差异。高于 $\theta_o(p)$ 的所有类型选择退出市场；低于 $\theta_o(p)$ 的所有类型，选择出售商品。因此，依然留在市场上的类型的均值为 $\mu(\theta_o(p))$。它小于 p，就是说，价格 p 过高。同理可证明任意价格 $p<\hat{p}$，都导致均值超过 p，就是说说，价格 p 过低。所以，$\hat{p}$ 是唯一的市场出清价格。买方的不完全信息因此对市场交易量和所交易商品的平均质量皆产生不利效应。随着 γ 上升，外部机会具有的价值 $v_o(\theta)$ 上升，结果，均衡价格 $\hat{p}(\gamma)$ 下降。随着外部价值与 $v(\theta)$ 之间的差收敛于零，在极限意义，只有质量最低的商品被交易。[1]

由于高价值卖方无法得到高于其保留价值的交易价格，他们有动机耗费成本向买方揭示自己产品的质量。正如前一节所指出的，一个可观察到的行动能成为潜在的信号，如果这种行动对低类型卖方而言无法做到。我们现在探讨信号揭示行为。

信号揭示均衡

第 11.1 节探讨的是两阶段信号揭示博弈中的第一个阶段，考察了激励一致性的必要条件和充分条件。要完成这一模型，还需要增加一些假定，主要是关于这一博弈的均衡结果和参与者 1 的假定。设类型集为 $\Theta=\{\theta_1,\theta_2,\cdots,\theta_T\}$。参与者 1 在类型为 θ_t 时的收益为 $u(\theta_t,q,r)$，其中，q 是参与者 1 的行动，r 是其他参与者的反应。和第 11.1 节一样，我们假定假设 1 至 3 成立。就是说，收益函数连续可微，单交叉性质成立，参与者 1 的每种类型有相同的外部机会。我们假定参与者 1 的收益函数是 r 的增函数。

我们寻找纯策略均衡；就是说，对每个类型 θ_t，我们要找到一个均衡行动 $q(\theta_t)$。由于单交叉性质成立，激励一致性要求更高的类型选择更高的行动。如果 $q(\theta_\tau)$ 是类型 θ_τ 的选择，则肯定存在某一类型子集 $\hat{\Theta}=\{\theta\mid\theta_s\leqslant\theta\leqslant\theta_t\}$ 使得 $q(\theta_\tau)=q(\theta_t)$ 当且仅当 $\theta_\tau\in\hat{\Theta}$。

假设反应者观察到信号 q，并根据这一信号，推断参与者 1 的类型位于某个集合 $\hat{\Theta}\subset\Theta$。假定对这种推断，反应者有唯一的均衡反应。一般情况下，这一反应决定于对 q 的选择和在第二阶段中形成的推断，所以，我们把这一反应写为 $r=R(\hat{\Theta},q)$。在 $\hat{\Theta}=\{\theta_t\}$ 时，我们把这一反应写为 $r=R(\theta_t,q)$ 而非 $r=R(\{\theta_t\},q)$。

设 Θ' 与 Θ'' 是 Θ 的两个不同子集。如果只在 Θ' 中的所有类型都低于只在 Θ'' 中的所有类型，我们就将两个集合之间的这种关系写为 $\Theta'<\Theta''$。[2] 对反应函数，我们做如下假定。

假设 4：参与者 1 的均衡结果

参与者 1 在类型为 θ_t 且被认为位于子集 $\hat{\Theta}\subset\Theta$ 中时的收益 $u(\theta_t,q,R(\hat{\Theta},q))$，

〔1〕 市场几乎完全消失，但这并不意味着有很大的社会损失。因为，如果 $v(\theta)$ 与 $v_o(\theta)$ 之间的差很小，则这一市场失灵导致的社会损失亦很小。

〔2〕 用集合术语表示，就是 $\Theta'/\Theta'\cap\Theta''<\Theta''/\Theta'\cap\Theta''$。

是 q 的连续可微的严格拟凹函数，且有最大值 $q^*(\hat{\Theta})<q^{\max}$，其中，$q^{\max}$ 为最大的可行的行动。更高的类型产生更有利的反应，就是说：

$$\Theta'<\Theta''\Rightarrow R(\Theta',q)<R(\Theta'',q)$$

假设 5：参与约束条件〔1〕

（ⅰ）对所有的类型，外部机会等价于结果 $(0,r_o)$；

（ⅱ）存在某个 q 使得 $(q,R(\theta_1,q))\succ_{\theta_1}(0,r_o)$。

根据单交叉性质，对所有的买方类型，偏好序（ⅱ）都成立。〔2〕

图 11.2-2 阐述了假设 4 与 5 的主要意义。图中的点画线是类型 θ_t 的无差异曲线。根据假设 5，存在行动 q 使得相对于外部机会 $(0,r_o)$，q 被 θ_t 严格偏好。根据假设 4，$u(\theta_t,q,R(\theta_t,q))$ 在点 $q^*(\theta_t)$ 上取得唯一的最大值。并且，当 $q<q^*(\theta_t)$ 时，$u(\theta_t,q,R(\theta_t,q))$ 在 q 上递增；当 $q>q^*(\theta_t)$ 时，$u(\theta_t,q,R(\theta_t,q))$ 在 q 上递减。在图上看，沿着反应曲线 $R(\theta_t,q)$，类型 θ_t 的收益上升直至 $q=q^*(\theta_t)$，然后下降。就是说，类型 θ_t 的每条无差异曲线或者处处位于反应曲线 $r=R(\theta_t,q)$ 上方或者在 $q^*(\theta_t)$ 的右方与反应曲线相交一次。

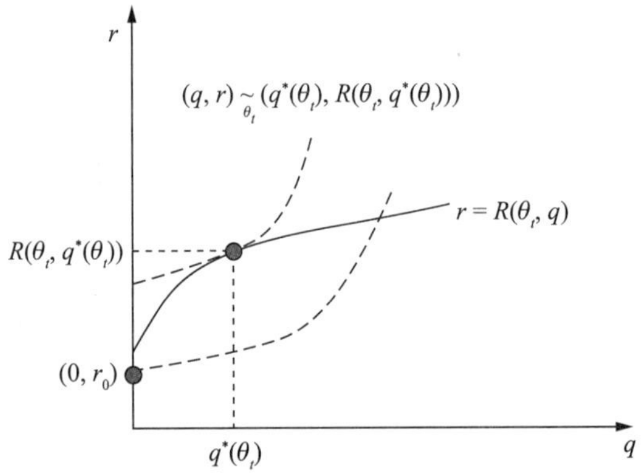

图 11.2-2　类型 θ_t 的偏好与反应曲线的关系

在概括私人信息分离均衡的特征之前，我们首先假定反应者都观察到参与者 1 的类型。在参与者 1 的类型为 θ_t 且行动为 q 时，最优反应为 $R(\theta_t,q)$。认识到这一点，类型 θ_t 选择：

$$q^*(\theta_t)=\arg\max_q\{u(\theta_t,q,R(\theta_t,q))\}$$

博弈的结果于是为 $\{q^*(\theta_t),R(\theta_t,q^*(\theta_t))\}_{\theta_t\in\Theta}$。我们称这一完全信息结果为效率结果。

〔1〕如果条件（ⅱ）不成立，我们就定义一个新的类型子集 $\bar{\Theta}=\{\theta\in\Theta\mid\theta\geqslant\theta_s\}$，其中 θ_s 是对某个 q 满足 $(q,R(\theta,q))\succ_{\theta_s}(0,r_o)$ 的最小类型。习题中讨论了条件（ⅰ）没有得到满足时的情况。

〔2〕下文将证明，在精炼贝叶斯均衡中，最低的可能的反应为 $R(\theta_1,q)$。于是，根据条件（ⅰ），在精炼贝叶斯均衡中，所有类型都选择参与这一博弈而不选择其外部机会。

那么,这一完全信息效率结果是不对称信息下的均衡结果吗? 根据图 11.2-2,答案是肯定的。假设存在两种类型 θ_1 与 $\theta_2>\theta_1$。我们看效率合同$\{(q^*(\theta_t),R(\theta_t,q^*(\theta_t))\}_{t\in T}$。对 $t=1,2$,类型 θ_t 在点 $q^*(\theta_t)$ 上实现最大效用——在这个点上,其无差异曲线与反应曲线 $r=R(\theta_t,q)$ 相切。如图所示,$(q^*(\theta_2),R^*(\theta_2))$ 位于类型 θ_1 的无差异曲线下方,所以,类型 θ_1 的向上激励约束条件得到满足。$(q^*(\theta_1),R^*(\theta_1))$ 位于类型 θ_2 的无差异曲线下方,所以,类型 θ_2 的向下激励约束条件得到满足。

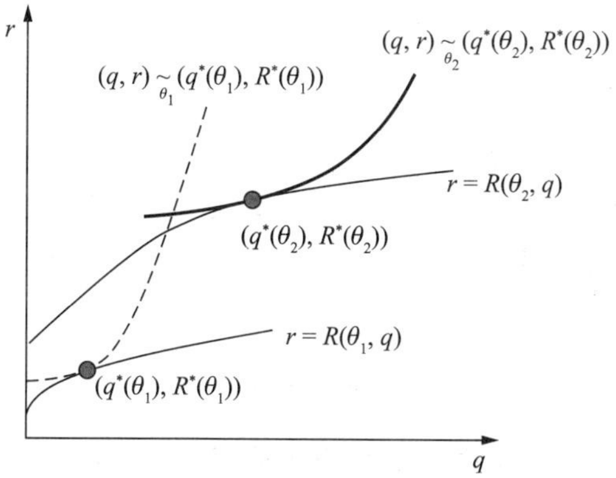

图 11.2-3 完全信息结果是激励一致的

现在证明,如果相邻类型足够接近,这种结果不可能发生。我们因此不考虑这种不可能的(并因此无意义的)情况。

> **引理 11.2-1:如果相邻类型足够接近,则分离均衡不可能是效率结果。**[1]
> 如果假设 1 至假设 5 成立且相邻类型之间的差足够小,则对效率策略$\{q^*(\theta_t)\}_{\theta_t\in\Theta}$,局部向上约束条件都被违反。

证明:对任意的 θ,定义效率行动为:

$$q^*(\theta)=\underset{q}{\operatorname{argmax}}\{u(\theta,q,R(\theta,q))\mid q\geqslant 0\} \tag{11.2-1}$$

由于 $u(\theta,q,R(\theta,q))$ 是 q 的严格拟凹函数,因此,$q^*(\theta)$ 是最大化问题的唯一解。$u(\theta,q,R(\theta,q))$ 的严格拟凹性与连续性意味着 $q^*(\theta)$ 连续。

根据包络定理,有:

$$\frac{d}{d\theta}u(\theta,q^*(\theta),R(\theta,q^*(\theta)))=\frac{\partial u}{\partial\theta}+\frac{\partial u}{\partial r}\frac{\partial R}{\partial\theta} \tag{11.2-2}$$

并且:

$$\frac{d}{d\theta}u(\theta,q^*(\theta),R(\theta,q^*(\theta)))\bigg|_{\theta=\theta_t}=\frac{\partial u}{\partial\theta}\bigg|_{\theta=\theta_t}+\frac{d}{d\theta}u(\theta_t,q^*(\theta),R(\theta,q^*(\theta)))\bigg|_{\theta=\theta_t} \tag{11.2-3}$$

〔1〕 你可以跳过这部分技术性证明。习题 11.2-2 用简单的例子阐述了这一引理。

在 $\theta=\theta_t$ 时,(11.2-2)中等号左边的项与等号右边第一项与(11.2-3)中对应的项相同,因此,这两个表达式等号右边的第二项也相同。就是说:

$$\left.\frac{d}{d\theta}u(\theta,q^*(\theta),R(\theta,q^*(\theta)))\right|_{\theta=\theta_t}=\left.\frac{\partial u}{\partial r}\frac{\partial R}{\partial \theta}\right|_{\theta=\theta_t}>0$$

因此,对足够接近 θ_t 的任意 θ_{t+1},有:

$$u(\theta_t,q^*(\theta_{t+1}),R(\theta_{t+1},q^*(\theta_{t+1})))-u(\theta_t,q^*(\theta_t),R(\theta_t,q^*(\theta_t)))>0 \quad \square$$

构造分离精炼贝叶斯均衡

给定我们的假定,我们能构造出分离精炼贝叶斯均衡策略 $\{\bar{q}(\theta_t)\}_{\theta_t\in\Theta}$。

选择 $\bar{q}(\theta_1)$:在分离 PBE 中,类型为 θ_1 的参与者选择不同于其他所有类型的行动;借此让反应者知道他为类型 θ_1,反应函数于是为 $R(\theta_1,q)$。类型 θ_1 进而选择完全信息效率行动:

$$\bar{q}(\theta_1)=q^*(\theta_1)\equiv\underset{q}{\arg\max}\{u(\theta_1,q,R(\theta_1,q))\}$$

选择 $\bar{q}(\theta_2)$:图 11.2-4 中的点画线是类型 θ_1 的穿过 $q^*(\theta_1)$ 的无差异曲线。根据假设 4,它与反应函数的图在 $\bar{q}(\theta_1)$ 右方相交一次。设 $(\bar{q}(\theta_2),\bar{r}(\theta_2))$ 是交点。

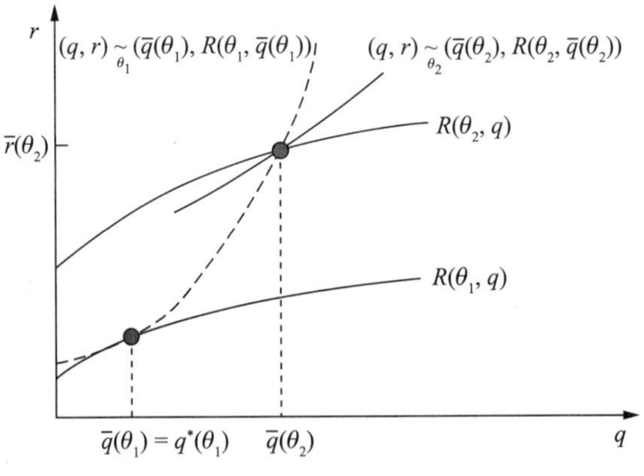

图 11.2-4　选择类型 θ_1 和 θ_2 的行动

选择 $\bar{q}(\theta_t)$:我们用归纳法选择其他信号值。给定 $\bar{q}(\theta_{t-1})$,选择 $(\bar{q}(\theta_t),\bar{r}(\theta_t))$——在这个点上,类型 θ_t 的穿过 $(\bar{q}(\theta_{t-1}),R(\theta_{t-1},q(\theta_{t-1})))$ 的无差异曲线在 $\bar{q}(\theta_{t-1})$ 右方与 $R(\theta_t,q)$ 相交。

由于所有的局部向上约束条件都起作用并且 $\{\bar{q}(\theta_t)\}_{\theta_t\in\Theta}$ 递增,所以,所有的激励与参与约束条件都得到满足。$\{\bar{q}(\theta_t),\bar{r}(\theta_t)\}_{\theta_t\in\Theta}$ 因此是贝叶斯纳什均衡。

我们证明下面的结论。

命题 11.2-2

局部向上约束条件都起作用且最低类型选择其效率行动的贝叶斯纳什分离均衡,是精炼贝叶斯均衡。

证明:我们证明存在序贯推断支持这一贝叶斯纳什均衡。假设对所有类型,颤抖都服从均匀分布,设 ε_t 是类型 θ_s 颤抖的概率。则(不在均衡路径上的)某个行动 q 被类型 θ_t 选中的条件概率为:

$$p(\theta_t|q)=\frac{\varepsilon_t}{\sum_{s=1}^{T}\varepsilon_s}$$

设 $\varepsilon_t=\delta,\varepsilon_s=\delta^2,s\neq t$,则:

$$p(\theta|q)=\frac{\delta}{\delta+(T-1)\delta^2}=\frac{1}{1+(T-1)\delta}$$

取极限,随着颤抖的概率趋向零时,$p(\theta_t|q)\to 1$。因此,对哪种类型采取行动 q,我们可任意做出推断。

情况(ⅰ):$q<\bar{q}(\theta_1)$

设类型 θ_1 被认为选择了偏离均衡路径行动 q。根据构造,有:

$$\bar{q}(\theta_1)=\underset{q}{\operatorname{argmax}}\{u(\theta_1,q,R(\theta_1,q))\}$$

因此,$(q,R(\theta_1,q))\prec_{\theta_1}(\bar{q}(\theta_1),R(\theta_1,\bar{q}(\theta_1)))$。

根据引理 11.1-1,所有更高的类型也都严格偏好 $(\bar{q}(\theta_1),R(\theta_1,\bar{q}(\theta_1)))$。由于这一贝叶斯纳什均衡满足激励一致性,所以,对所有的 $\theta_t\in\Theta$,有:

$$(\bar{q}(\theta_1),R(\theta_1,\bar{q}(\theta_1)))\preccurlyeq_{\theta_t}(\bar{q}(\theta_t),R(\theta_t,\bar{q}(\theta_t)))$$

就是说,给定我们的推断,没有哪种类型能通过选择 q 而增加自己的收益。

情况(ⅱ):$\bar{q}(\theta_{s-1})<q<\bar{q}(\theta_s)$

这里的证明思路与情况(ⅰ)相同。设类型 θ_{s-1} 被认为选择了行动 q。通过构造,在 $q>\bar{q}(\theta_{s-1})$ 时,$u(\theta_{s-1},q,R(\theta_{s-1},q))$ 严格递增。于是:

$$(q,R(\theta_{s-1},q))\prec_{\theta_{s-1}}(\bar{q}(\theta_{s-1}),R(\theta_{s-1},\bar{q}(\theta_{s-1})))$$

根据引理 11.1-1(ⅱ),所有更低的类型都有这一偏好序。并且,通过构造,局部向上约束条件起作用。因此:

$$(q,R(\theta_{s-1},q))\prec_{\theta_{s-1}}(\bar{q}(\theta_{s-1}),R(\theta_{s-1},\bar{q}(\theta_{s-1})))\sim_{\theta_{s-1}}(\bar{q}(\theta_s),R(\theta_s,\bar{q}(\theta_s)))$$

根据引理 11.1-1(ⅰ),对所有的 $\theta_t>\theta_{s-1}$,有:

$$(q,R(\theta_{s-1},q))\prec_{\theta_t}(\bar{q}(\theta_s),R(\theta_s,\bar{q}(\theta_s)))$$

由于这一贝叶斯纳什均衡满足激励一致性,所以:

$$(\bar{q}(\theta_s),R(\theta_s,\bar{q}(\theta_s)))\preccurlyeq_{\theta_t}(\bar{q}(\theta_t),R(\theta_t,\bar{q}(\theta_t)))$$

就是说,没有任何更高的类型愿意选择 q。

在 $q>\bar{q}(\theta_T)$ 时,证明思路与上相同。

因此,在偏离均衡路径的每个点上,都存在着推断使得每种类型因为偏离其贝叶斯纳什均衡策略而导致收益下降。 □

类型服从连续分布时的信号揭示

现在探讨类型服从连续分布时的模型。给定有限类型模型中的结论，我们概括在最低类型上有效率的分离均衡的特征。

类型为 θ 的参与者的收益函数为 $u(\theta,q,r)$。类型在区间 $[\alpha,\beta]$ 上连续分布。如果此参与者的类型被认为是 θ，并且他选择 q，则这一博弈的第二个阶段中的反应为 $r=R(\theta,q)$。假定在这里假设 1 至 5 成立。

设 $\{q(\theta)\}_{\theta\in\Theta}$ 是在分离均衡中各种类型做出的选择。设 $q(\theta)$ 连续。类型为 θ 的参与者的均衡收益于是为 $V(\theta)=u(\theta,q(\theta),R(\theta,q))$。根据第 11.1 节的讨论，这一收益具有激励一致性，如果它满足微分方程：

$$V'(\theta)=u_\theta(\theta,q(\theta),R(\theta,q)) \tag{11.2-1}$$

设 $q^*(\theta)$ 是完全信息效率结果，就是说，$q^*(\theta)=\text{argmax}_q u(\theta,q,R(\theta,q))$。由于在有限类型模型中，$q(\theta_t)\geqslant q^*(\theta_t)$，所以，我们寻找均衡映射 $q(\theta)\geqslant q^*(\theta)$。定义 $V^*(\theta)=u(\theta,q^*(\theta),R(\theta,q^*(\theta)))$。我们知道最低类型选择完全信息信号。就是说，$V(\alpha)=V^*(\alpha)$。

假设对 α 以上的所有类型 θ，$V^*(\theta)>V(\theta)$，于是，$q(\theta)>q^*(\theta)$。我们在这一假设下，寻找微分方程的解。给定严格拟凹性，对所有的 $q>q^*(\theta)$，$V=u(\theta,q,R(\theta,q))$ 是 q 的严格减函数。我们可求解它的反函数，将其写为 $q=h(\theta,V)$。将它代入(11.2-4)，得到关于 V 的常微分方程：

$$\frac{dV}{d\theta}=u_\theta(\theta,h(\theta,V),R(\theta,h(\theta,V)))$$

由于 $V(\theta)$ 是类型 θ 的最大收益，因此：

$$V(\theta)=u(\theta,q(\theta),r(\theta))$$

我们于是可以利用这两个条件求解出信号揭示均衡。

例子：教育的信号揭示功能

类型为 θ 的咨询专家的边际产品为 $m(\theta)$，$m(\cdot)$ 是严格递增连续函数。类型在 $[\alpha,\beta]$ 上连续分布，其中，$\alpha>0$，$m(\alpha)=0$。取得教育程度 q 的成本为 $C(\theta,q)=\frac{q}{\theta}$。因此，对于类型为 θ 的咨询专家，如果从其服务中获得的报酬为 r，则收益为：

$$u(\theta,q,r)=r-\frac{q}{\theta}$$

设 $\{q(\theta),r(\theta)\}_{\theta\in\Theta}$ 是这一信号博弈的分离均衡。由于所有类型相互分离，贝尔川德工资竞价过程将把工资抬高至这个咨询专家的边际产品水平上，因此，$r(\theta)=m(\theta)$。设 $V(\theta)$ 是类型 θ 的均衡收益，就是说：

$$V(\theta)=u(\theta,q(\theta),r(\theta))=m(\theta)-\frac{q(\theta)}{\theta} \tag{11.2-2}$$

根据包络定理，$V'(\theta)=\dfrac{q(\theta)}{\theta^2}$。于是：

$$\theta V'(\theta)=\frac{q(\theta)}{\theta} \tag{11.2-3}$$

把这一结果代入(11.2－5)，整理得到：

$$V(\theta)+\theta V'(\theta)=m(\theta)$$

对上式两边积分。由于最低类型不发出信号，所以，$V(0)=0$。于是：

$$\theta V(\theta)=\int_\alpha^\theta m(x)dx$$

均衡收益因此为 $V(\theta)=\dfrac{1}{\theta}\int_\alpha^\theta m(x)dx$。将这一结果代入(11.2－5)，得到：

$$q(\theta)=\theta(m(\theta)-V(\theta))=\theta m(\theta)-\int_\alpha^\theta m(x)dx$$

有限个类型时的分离均衡的连续统

在类型数量有限时，最好的分离精炼贝叶斯均衡不唯一。事实上，存在着这种均衡的连续统。我们探讨只有两种类型时的情况。图 11.2－5 画出了最好的分离精炼贝叶斯均衡策略$\{q^*(\theta_1),\underline{q}(\theta_2)\}$。

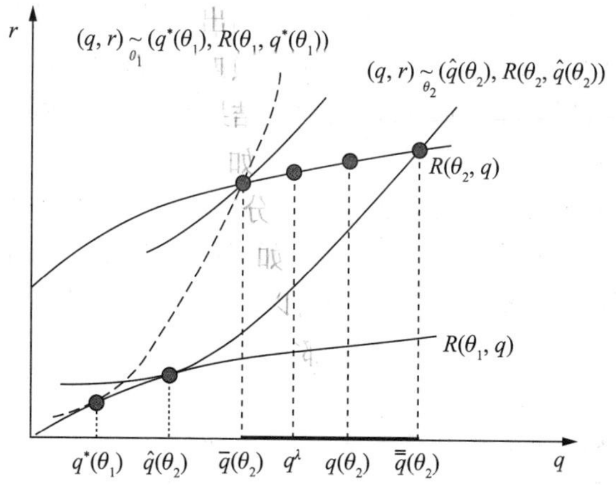

图 11.2－5 帕累托劣的分离精炼贝叶斯均衡

定义 $\hat{q}(\theta_2)=\text{argmax}_q\{u(\theta_2,q,r)\mid r\leqslant R(\theta_1,q)\}$。图 11.2－5 中标出了 $\hat{q}(\theta_2)$。定义 $\overline{q}(\theta_2)>\underline{q}(\theta_2)$使得：

$$(\hat{q}(\theta_2),R(\theta_1,\hat{q}(\theta_2)))\sim_{\theta_2}(\overline{q}(\theta_2),R(\theta_1,\overline{q}(\theta_2)))$$

我们看策略$\{q^*(\theta_1),q(\theta_2)\}$，其中，$q(\theta_2)\in[\underline{q}(\theta_2),\overline{q}(\theta_2)]$。由于：

$$(q^*(\theta_1),R(\theta_1,q^*(\theta_1)))\succ_{\theta_1}(q(\theta_2),R(\theta_2,q(\theta_2)))$$
$$(q^*(\theta_1),R(\theta_1,q^*(\theta_1)))\prec_{\theta_2}(q(\theta_2),R(\theta_2,q(\theta_2)))$$

因此，两个激励约束条件都得到满足，$\{q^*(\theta_1), q(\theta_2)\}$因此是精炼贝叶斯均衡。

现在证明没有这种帕累托劣的精炼贝叶斯均衡满足强直觉标准。

设类型 θ_2 选择偏离均衡的行动 q^λ，则：

$$q^\lambda=(1-\lambda)\bar{q}(\theta_2)+\lambda q(\theta_2),0<\lambda<1$$

由于对所有的 $q>\bar{q}(\theta_2)$，$u(\theta_2,q,R(\theta_2,q))$是 q 的减函数，所以，这一行动能使这一类型得到更高收益，如果他被认为是高类型的话。并且，通过构造，对所有的 $q>\bar{q}(\theta_2)$，

$$u(\theta_1,q,R(\theta_2,q))<u(\theta_1,\bar{q}(\theta_2),R(\theta_2,\bar{q}(\theta_2)))=u(\theta_1,\bar{q}(\theta_1),R(\theta_1,\bar{q}(\theta_1)))$$

就是说，类型 θ_1 如果模仿这一偏离均衡的行动，他的收益将下降，即使他被认为是高类型的参与者。

类似的证明思路适用于类型数更多时的情况。我们于是有如下命题。

命题 11.2-3
满足强直觉标准的唯一分离精炼贝叶斯均衡是最好的分离均衡。

混同均衡

我们探讨了首先行动的参与者的分离精炼贝叶斯均衡策略。还存在一些精炼贝叶斯均衡策略，两个或多个类型选择相同的行动。这些策略被称为混同策略。我们看只有两种类型时的情况。图 11.2-6 画出了最好的混同精炼贝叶斯均衡。图中的间断曲线是类型 1 的穿过其分离精炼贝叶斯均衡结果的无差异曲线，点画曲线是类型 2 的穿过其分离精炼贝叶斯均衡结果的无差异曲线。设 $R(\Theta,q)$是在这两种类型选择相同的行动时的反应函数。如图所示，对低于某一临界值的所有的 $\hat{q}$，两种类型都偏好混同反应而非各自的分离反应。为说明具有这种特征的 $\hat{q}$ 为什么是混同均衡，我们看图 11.2-7。正如我们所指出的，对不在均衡路径上的行动，我们可使用任意推断。所以，我们可以推断它是类型 θ_1。与 $R(\theta_1,q)$上的任意点相比，在$(\hat{q},R(\Theta,\hat{q}))$上，两种类型都得到更高收益，所以，这一混同贝叶斯纳什均衡是精炼贝叶斯均衡。

但是，所有这种混同均衡都被强直觉标准剔除掉。设 q^* 与 q^{**} 分别是两种类型的(穿过均衡结果的)无差异曲线与 $R(\theta_2,q)$的交点对应的行动。类型为 θ_2 的参与者可以这样思考：我已选择 $q\in(q^*,q^{**})$，你应该相信我是类型 θ_2。因为如果你相信，你的反应将是 $R(\theta_2,q)$，我的收益就会提高。而如果我是类型 θ_1 的话，情况就不是这样。

在类型数超过 2 时，我们能用这一思路证明：如果两种最低类型混同的话，直觉标准得不到满足。我们于是可用归纳法证明如下结论。

命题 11.2-4
没有混同精炼贝叶斯均衡满足强直觉标准。

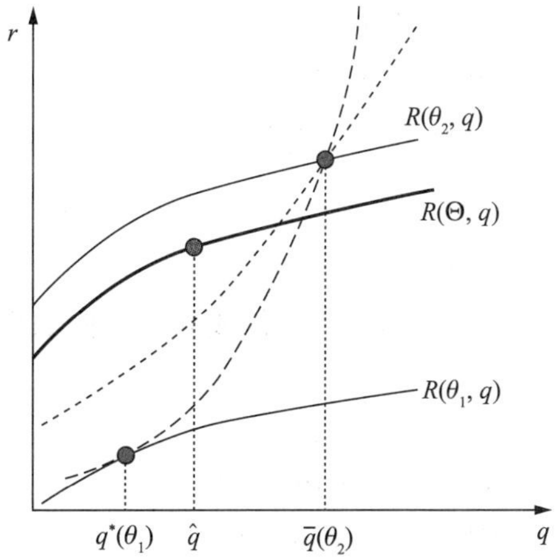

图 11.2-6　帕累托最优的混同均衡图

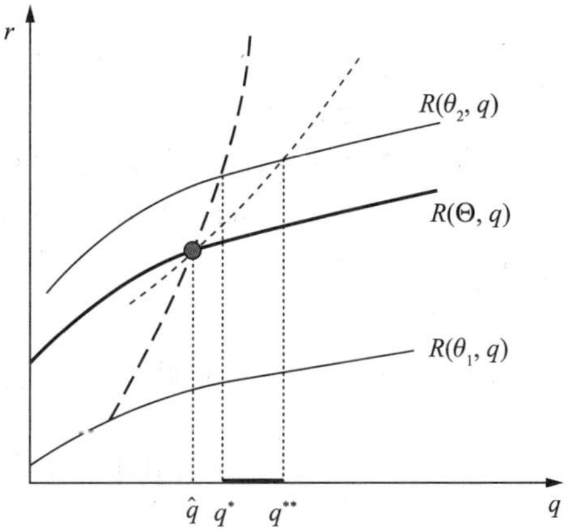

11.2-7　直觉标准没有得到满足

习　题

习题 11.2-1:对信号的选择

类型为 θ 的工人的边际产出为 $m(\theta)=a\theta$,其中,$\theta\in\{1,2\}$。她的外部机会工资为 $w_0\in\{a,2a\}$。她可以选择 x,y 或 z 作为信号,其中:

(ⅰ) $C(\theta,x)=x/\theta$,(ⅱ)$C(\theta,y)=y^2/\theta$,(ⅲ)$C(\theta,z)=z/\theta^2$

(a) 比较三种情况中的均衡收益。

(b) 哪个信号对这个工人最有利?说明其中的原因。

(c) 将上述分析推广至有三种类型即 $\theta\in\{1,2,3\}$ 的情况中。

习题 11.2-2:对有效率的信号,局部激励约束条件能成立吗?

类型 θ_t 的收益函数为 $u(\theta_t,q,r)=r-\dfrac{q^2}{2\theta_t}$。设有 T 种类型,$\theta_1<\cdots<\theta_T$。如果发出信号 q 的类型被认为是 θ,则第二阶段的反应函数为 $R(\theta,q)=\theta q$。

(a) 证明对类型 θ_t,效率行动为 $q^*(\theta_t)=\theta_t^2$。求解效率反应 $R(\theta_t, q^*(\theta_t))$ 和它所实现的效用 $U^*(\theta_t)$。

(b) 设 $\theta_{t+1}=a\theta_t$。证明局部向上约束条件

$$u(\theta_t, q^*(\theta_{t+1}), r^*(\theta_{t+1}))\leqslant U^*(\theta_t)$$

得到满足当且仅当 $2a^3-a^4-1\leqslant 0$。

(c) 证明对所有的 $a\geqslant 2$,这一约束条件成立;但是,如果 $a\in(1,1.5)$,这一条件被违反。

习题 11.2-3:最小信号

类型为 θ 的工人的边际产出为 $m(\theta)$,$\theta\in\{\theta_1,\cdots,\theta_T\}$。她的外部工资为 $r_0\in(m(\theta_1), m(\theta_T))$。信号的成本为 $C(\theta,q)$。

(a) 证明要满足强直觉标准,发出信号的最低类型必须满足以下条件:

$$(\text{i})\, m(\theta_t)-C(\theta_{t-1},\alpha,q_t)=w_0,\quad (\text{ii})\, m(\theta_{t-1})\leqslant r_0$$

(b) 取极限。证明当类型之间的差趋于零时,$q_t\to 0$ 且 $m(\theta_t)\to r_0$。

习题 11.2-4:连续类型时的信号选择

这里依然沿用前一题中给出的背景,但假定类型在区间[1,2]上连续分布。信号成本函数为 $C(\theta,q,\alpha)=q/\theta^\alpha$。类型为 θ 的工人的边际产品为 $m(\theta)=\theta$。(根据前一题中的极限分析,最低信号 $q(\theta_0)$ 为零。)

(a) 求解 θ_0。

(b) 写出激励一致性的一阶条件。积分,证明类型 θ 的均衡信号成本为:

$$C^e(\theta,\alpha)=\frac{a\theta}{1+\alpha}(1-\tau^{1+\alpha}),\text{其中},\tau=\frac{\theta_0}{\theta}$$

(c) 证明 $\dfrac{C^e(\theta,\beta)}{C^e(\theta,\alpha)}=\dfrac{1+\alpha}{1+\beta}\dfrac{1-\tau^{1+\beta}}{1-\tau^{1+\alpha}}$;证明对所有的 $\theta>\theta_0$,$C^e(\theta,2)<C^e(\theta,1)$。

(d) 对所有的 $\theta>\theta_0$ 和 $\beta>\alpha$,证明 $C^e(\theta,\beta)<C^e(\theta,\alpha)$。

习题 11.2-5:教育的信号揭示功能

类型为 θ 的咨询专家的收益函数为 $u(\theta,q,r)=r-\dfrac{B(q)}{A(\theta)}$,其中,$A'(\theta)>0$,$B'(q)>0$。类型集为 $\Theta=[\alpha,\beta]$。类型为 θ 的咨询专家的边际产出为 $m(\theta)=\theta$。

(a) 定义 $V(\theta)$ 为类型 $\theta\geqslant\alpha$ 的均衡收益。解释在分离均衡中,为什么有:

$$V'(\theta)=u_\theta(t,q(\theta),\theta)=\frac{A'(\theta)B(q(\theta))}{A^2(\theta)},V(\theta)=\theta-\frac{B(q(\theta))}{A(\theta)}$$

(b) 证明:替换 $B(q(\theta))$ 并整理,得到

$$A'(\theta)V(\theta)+A(\theta)V'(\theta)=\theta A'(\theta)$$

(c) 积分,证明类型 θ 的均衡收益满足:

$$A(\theta)V(\theta)-A(\alpha)\alpha=\int_\alpha^\theta xA'(x)dx$$

(d) 证明：

$$V(\theta)=\theta-\int_{\alpha}^{\theta}\frac{A(x)}{A(\theta)}dx$$

(e) 假设存在两种可能的信号技术，它们的信号成本为 $C_i(\theta,q)=\frac{B_i(q)}{A_i(\theta)}$，$i=1,2$。假设$\frac{A_2(\theta)}{A_1(\theta)}$严格递增使得$\frac{MC_2(\theta,q)}{MC_1(\theta,q)}$是 θ 的严格减函数。证明在第二种技术下，除最低类型外，所有类型实现更高收益。提示：利用$\frac{A_2(\theta)}{A_1(\theta)}>\frac{A_2(x)}{A_1(x)}$。

习题 11.2－6：生产率信号

在受教育水平为 q 时，类型为 θ 的工人的边际产出为 $m(\theta,q)=2\theta q^{\frac{1}{2}}$，教育成本为 $C(\theta,q)=\frac{q}{\theta}$。类型在区间[0,4]上连续分布。工人没有外部机会。

(a) 证明在完全信息下，类型 θ 选择 $q^*(\theta)=\theta^4$，他的工资为 $m(\theta,q^*(\theta))=\theta^3$。

(b) 证明在不对称信息下，均衡工资函数 $r(q)$ 满足如下常微分方程：

$$2r(q)\frac{dr}{dq}=4q^{1/2}$$

(c) 求解均衡教育水平 $q(\theta)$ 与工资函数 $r(q)$。

习题 11.2－7：选择信号技术

工人们可以在信号 y 与 z 之间做出选择。类型在区间[0,1]上连续分布。类型为 θ 的工人对相互竞争的企业具有的价值为 θ。在选择信号 y 时，信号成本为 $C_1(\theta,y)=\frac{y}{\theta}$；在选择信号 z 时，信号成本为 $C_2(\theta,z)=\frac{z}{1+\theta^2}$。

(a) 设所有人都使用信号 y。求解均衡收益 $V_1(\theta)$。

(b) 设所有人都使用信号 z。证明均衡收益函数为 $V_2(\theta)=\frac{2\theta^3}{3(1+\theta^2)}$。

(c) 在两种信号技术都可选择时，对每种类型的工人，均衡结果是什么？

(d) 如果 $\Theta=[0,3]$呢？

习题 11.2－8：高质量工人有更好外部机会时的均衡

类型为 θ 的工人具有的价值为 $g(\theta)=\theta$，信号成本为 $C(\theta,q)=\frac{q}{\theta}$。类型在[0,1]上连续分布。类型 θ 的工人的外部收益为：

$$w_0(\theta)=\gamma+\beta\theta\text{，其中，}\gamma<\alpha$$

(a) 证明在完全信息下，对每种类型 $\theta<\theta^*=\frac{\gamma}{\alpha-\beta}$，外部机会是更好的选择。

(b) 设在不对称信息下，类型 $\hat{\theta}$ 在信号 $q(\hat{\theta})>0$ 与外部机会之间无差异，而所有更高类型都会选择发出信号。对 $\theta\geqslant\hat{\theta}$，定义：

$$V(\theta)=u(\theta,q(\theta),r(\theta))=\theta-\frac{q(\theta)}{\theta}$$

证明$\dfrac{dV}{d\theta}=\dfrac{q(\theta)}{\theta^2}$；证明均衡收益函数$V(\theta)$满足微分方程$\theta\dfrac{dV}{d\theta}+V(\theta)=\theta$。积分，证明：

$$V(\theta,k)=\frac{1}{2}\theta+\frac{k}{\theta}$$

(c) 画出45°线和$k>0$时的曲线$V(\theta,k)$。说明在这一曲线与45°线的交点上，收益函数的斜率等于零。

(d) 画出外部机会曲线，解释为什么帕累托更优的信号揭示函数肯定与外部机会曲线相切。

(e) 求解发出信号$\hat{\theta}$的最低类型和最低信号$q(\hat{\theta})$。

习题 11.2－9：有限类型与连续类型

(a) 在有限类型模型中，设$V(\theta_t)$是类型θ_t的收益，即$V(\theta_t)\equiv u(\theta_t,q_t,r_t)$。假设对类型$\theta_{t+1}$，局部向下约束条件成立。解释为什么有：

$$V(\theta_{t+1})-V(\theta_t)\geqslant u(\theta_{t+1},q_t,r_t)-u(\theta_t,q_t,r_t)$$

(b) 假设对类型θ_t，局部向上约束条件成立。解释为什么有：

$$V(\theta_{t+1})-V(\theta_t)\leqslant u(\theta_t,q_{t+1},r_{t+1})-u(\theta_t,q_{t+1},r_{t+1})$$

(c) 证明这些约束条件蕴含

$$\frac{u(\theta_{t+1},q_{t+1},r_{t+1})-u(\theta_t,q_{t+1},r_{t+1})}{\theta_{t+1}-\theta_t}\geqslant\frac{V(\theta_{t+1})-V(\theta_t)}{\theta_{t+1}-\theta_t}\geqslant\frac{u(\theta_{t+1},q_t,r_t)-u(\theta_t,q_t,r_t)}{\theta_{t+1}-\theta_t}$$

(d) 证明如果上述各项收敛，则局部向上和向下约束条件在极限上为如下常微分方程：

$$\frac{dV}{d\theta}=\frac{\partial u}{\partial\theta}(\theta,q(\theta),r(\theta))$$

11.3 机制设计

关键词：激励约束条件与参与约束条件；显示原理；单交叉性质；起作用的局部约束条件；间接差别定价；最优控制；最优所得税

在此前所探讨的博弈中，博弈规则外生给定。在本节探讨的博弈中，参与者1首先行动，宣布博弈规则G。其他参与者在这一规则下与参与者1一起博弈。为方便解释，我们探讨一个两人博弈。参与者2的偏好定义在$Q\times R$上，其中，$q\in Q$是某种商品的配置，$r\in R$是参与者2的支付。

如果参与者2的类型为$\theta_t\in\Theta$，则其偏好可以表示为效用函数$u(\theta_t,q,r)$；设$U_0(\theta_t)$是参与者2拒绝参与博弈时得到的效用。不失一般性，我们通过对r_{0t}的选择使$U_0(\theta_t)=u(\theta_t,0,r_{0t})$。为简化对参与约束条件的分析，假定对所有的类型，$r_{0t}$相同。就是说，拒绝参与等价于参与这个博弈$G$，只要可行的结果集中包含结果$(0,r_0)$。这是这里所采用的处理方式。参与者 2 知道自己的类型 θ_t。设 $(q_t,r_t)\equiv(q(\theta_t),r(\theta_t))$是她的均衡结果。则对所有的 $t\in T$,参与约束条件为:

$$u(\theta_t,q_t,r_t)\geqslant u(\theta_t,0,r_0)$$

由于(q_t,r_t)是均衡最优反应,所以,模仿其他类型的参与者的均衡策略并不能提高类型 θ_t 的效用。就是说,对所有的 $t\in T$ 和所有的 $s\neq t$,有:

$$u(\theta_t,q_t,r_t)\geqslant u(\theta_t,q_s,r_s)$$

设 $u^D(\theta_t,q,r)$是当参与者 2 的类型为 θ_t 时,机制设计者即参与者 1 获得的收益。参与者 1 只知道参与者 2 的类型的概率分布。设 f_t 是参与者 2 的类型为 θ_t 的概率。则对任意机制 G,机制设计者可以计算出最优反应映射 $M=\{q(\theta_t),r(\theta_t)\}_{\theta_t}\in\Theta$ 并算出自己的期望收益:

$$U^D(G)=\sum_{\theta_t\in\Theta}f_t u^D(\theta_t,q_t,r_t)$$

参与者 1 于是选择最大化自己收益的博弈(即机制)G。

例题:两部分定价

参与者 1 是个垄断企业,它以固定单位成本 c 生产产品。参与者 2 是买方,其需求价格函数为 $p(\theta_t,q)$。参与者 1 不知道参与者 2 的类型,于是提供了几种支付方案供参与者 2 选择。如果选择方案 1,参与者 2 就能以价格 P_1 购买任意数量的商品。其他方案中的价格 P_a 都小于 P_1。但是,要得到更低价格 P_a,参与者 2 必须每月支付一笔接入费 K_a。这一机制因此是一组定价方案,即 $G=\{P_u,K_u\}_{u-0}^{A}$。如果参与者 2 的类型为 θ_t,则他选择自己最偏好的方案(P_t,K_t);然后,通过对 q_t 的选择使自己得到的边际价值等于方案中的价格;就是说,使 $p(\theta_t,q_t)=P_t$。他的总支付于是为 $r_t=P_tq_t+K_t$。

参与者 1 则选择最大化其期望利润的一组定价方案 $G=\{P_a,K_a\}_{a=0}^{A}$。

假定第 11.1 节中的假设 1 至 2 得到满足,并且,单交叉性质成立。从机制设计者角度看,两个参与者的期望收益分别为:

$$U^D(G)=\sum_{\theta_t\in\Theta}f_t u^D(\theta_t,q_t,r_t)$$

$$U(G)=\sum_{t\in T}f_t V(\theta_t)$$

其中,$V(\theta_t)\equiv u(\theta_t,q_t,r_t)$。图 11.3-1 画出了可行的期望收益集。如果机制设计者是个垄断企业,提供某种商品或服务和获得收入,则在可行集边界上,他将选择使 U^D 最大的点即点 M。如果两个或多个完全相同的机制设计者在进行贝尔川德博弈,利用各自所提出的机制相互竞争,则在均衡结果上,竞争成功的机制设计者实现的期望利润肯定为零。在这种情况中,均衡结果为可行集边界上的点 B。我们有时也使用其他社会目标。所以,可行集的整个边界都在考虑范围内。

对机制设计问题,还有另一种解释。我们不认为存在一个拥有信息的参与者 2,而是研究一个人口密度为 N 的参与者群体,$f(\theta_t)$是类型 θ_t 在人口中的比重。社会收益 W 是各类型参与者 2 的效用的凹转换的加权平均,权数为各类型参与者

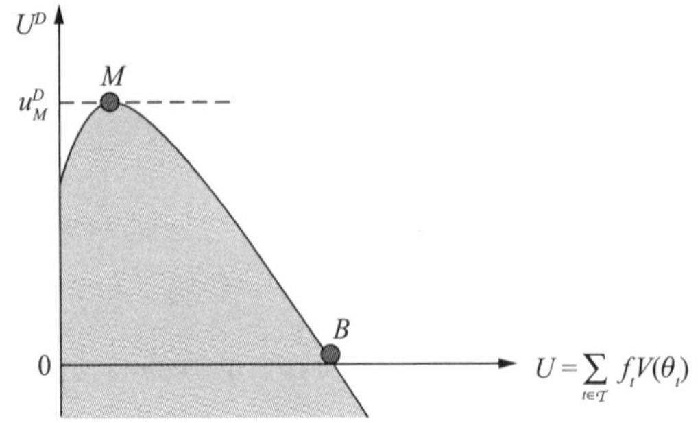

图 11.3-1　可行收益集

在人口中的比重,即:

$$W = N\sum_{t\in T} f_t w(u(\theta_t, q_t, r_t))$$

例如,设 r_t 是从类型 θ_t 的工人那里征得的税收,则政府的全部税收收入为 $U^D = N\sum_{t\in T} f_t r_t$。这里的机制设计问题是对给定的政府税收目标 T,设计税收方案,最大化整个人口的福利。

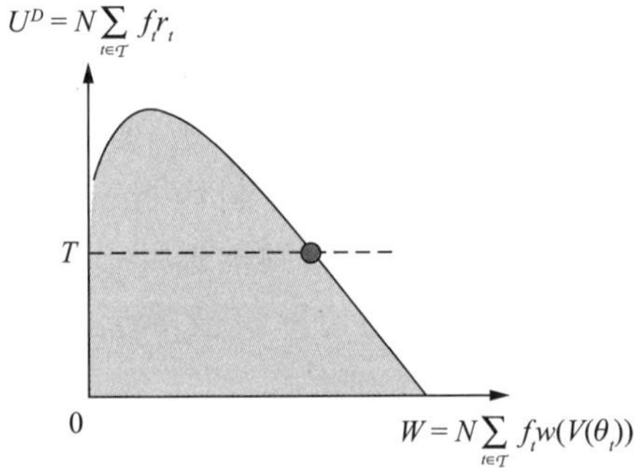

图 11.3-2　最优税收

直接机制与显示原理

对机制设计者所选择的任意博弈 G,存在最优反应结果映射 $M=\{q(\theta_t), r(\theta_t)\}_{\theta_t\in\Theta}$。由于它是最优反应映射,所以,对所有的 t 和所有的 $s\neq t$,有:

$$u(\theta_t, q(\theta_t), r(\theta_t)) \geqslant u(\theta_t, q(\theta_s), r(\theta_s))$$

假设机制设计者计算出博弈 G 中的最优反应。他没有宣布博弈规则而是宣布最优反应映射 $M^D=\{x, q(x), r(x)\}_{x\in\Theta}$,然后为选择 x 的参与者提供结果$(q(x), r(x))$。类型为 θ_t 的参与者的收益于是为 $U(\theta_t, x)\equiv u(\theta_t, q(x), r(x))$。正如我们刚才说到的,对类型为 θ_t 的参与者,他的最优反应是选择 $x=\theta_t$。这一等价机制把类型直接映射到结果上,所以,它被称为直接机制。而上述认识,被称为显示原理。

对直接机制,我们可以把局部向上和向下的约束条件写为:

$$U(\theta_t,\theta_{t-1})\leqslant U(\theta_t,\theta_t)$$
$$U(\theta_t,\theta_t)\geqslant U(\theta_t,\theta_{t+1})$$

根据命题 11.1－6，我们有以下直接结论。

> **命题 11.3－1：激励一致的直接机制**
>
> 如果第 11.1 节中的假设 1 至 3 成立并且对直接机制 $M^D=\{x,q(x),r(x)\}_{x\in\Theta}$，局部向上和向下约束条件都得到满足，则 $\{q(\theta_t)\}_{\theta_t\in\Theta}$ 递增且所有的激励与参与约束条件都得到满足。

我们将看到，当类型连续分布时，我们更容易处理直接机制。

应用 1：间接差别定价

我们探讨利润最大化垄断企业的机制设计问题。买方的人口密度为 $N=1$。类型为 θ_t 的买方，如果购买 q 件商品并支付 r，则他增加的效用为 $u(\theta_t,q,r)$。如果他没有进入市场，则购买数量为零且支付为零，结果为 $(q_0,r_0)=(0,0)$。由于我们把 $u(\theta_t,q,r)$ 定义为增加的效用，所以，这一“外部效用”为零。假定第 11.1 节的假设 1 和 2 都成立。由于 r 是买方的支付，所以，$\frac{\partial u}{\partial r}(\theta_t,q,r)<0$。

设效用函数为拟线性函数，即 $u(\theta,q,r)=B(\theta,q)-r$。其中，收益 $B(\theta,q)$ 可以理解为消费者需求曲线 $p(\theta,q)$ 下方区域的面积。效用函数于是可以写为：

$$u(\theta,q,r)=B(\theta,q)-r=\int_0^q p(\theta,x)\,dx-r$$

我们需要用到下面的结论。

> **命题 11.3－2：利润最大化的充分必要条件**
>
> 如果假设 1 到 3 成立且 $\frac{\partial u}{\partial r}<0$，则所有的局部向下约束条件肯定起作用。

证明：取机制 $\mathcal{M}=\{q_t,r_t\}_{t\in\mathcal{T}}$。假设在局部向下约束条件不起作用的所有类型中，$\theta_s$ 是最低类型；就是说：

$u(\theta_s,q_s,r_s)>u(\theta_s,q_{s-1},r_{s-1})$；并且，对所有的 $\tau<s$，$u(\theta_\tau,q_\tau,r_\tau)=u(\theta_\tau,q_{\tau-1},r_{\tau-1})$

由于效用在 r 上严格递减，我们可以把类型 θ_s 的支付增加至 $\hat{r}_s>r_s$ 使得：

$$u(\theta_s,q_s,\hat{r}_s)=u(\theta_s,q_{s-1},r_{s-1})$$

这是个可行机制，所以，对类型 θ_{s+1}，局部向下约束条件肯定得到满足，就是说：

$$u(\theta_{s+1},q_{s+1},r_{s+1})\geqslant u(\theta_{s+1},q_s,r_s)$$

由于类型 θ_{s+1} 的效用在 r 上严格递减，所以：

$$u(\theta_{s+1},q_s,r_s)>u(\theta_{s+1},q_s,\hat{r}_s)$$

就是说，对类型 θ_{s+1}，局部向下约束条件不再起作用。我们于是可以把 r_{s+1} 增加至

$\hat{r}_{s+1}$ 以使这一约束条件以等式形式得到满足。我们可以对所有的 $t>s$ 重复这一过程直至所有的局部向下约束条件都起作用。根据推论 11.1－4，如果所有的局部向下约束条件都起作用，则这一机制就满足激励一致性且满足参与约束条件。 □

边际收益

在完全信息世界中，如果在信息的使用上没有任何法律或经济限制[1]，卖方就可以通过对支付结构的选择使买方在购买与不购买之间无差异，从而获取所有的消费者剩余。在不完全信息世界中，类型为 θ_t 的买方比类型 θ_{t-1} 得到更高收益。我们称这两种类型的收益之间的差为类型 θ_t 的边际收益。（在文献中，它常被称为类型 θ_t 的边际信息租金。它与传统的经济租金概念不同。）

根据命题 11.3－2，利润最大化的必要条件是局部向下约束条件起作用。因此：

$$V(\theta_t)\equiv u(\theta_t,q_t,r_t)=u(\theta_t,q_{t-1},r_{t-1})$$

于是，类型 θ_t 与类型 θ_{t-1} 的收益差（即类型 θ_t 的边际收益）为：

$$\mathcal{M}_t\equiv V(\theta_t)-V(\theta_{t-1})=u(\theta_t,q_{t-1},r_{t-1})-u(\theta_{t-1},q_{t-1},r_{t-1}) \tag{11.3-1}$$

在拟线性情况中：

$$u(\theta,q,r)=B(\theta,q)-r=\int_0^q p(\theta,x)\,dx-r$$

根据(11.3－1)，类型 θ_t 的边际收益为：

$$\mathcal{M}_t=(B(\theta_t,q_{t-1})-r_{t-1})-(B(\theta_{t-1},q_{t-1})-r_{t-1})=B(\theta_t,q_{t-1})-B(\theta_{t-1},q_{t-1})$$

买方的总收益

由于对类型为 θ_1 的买方，参与约束条件起作用，所以，他的收益为零。利用上述差分方程，我们能算出每种类型买方得到的全部信息租金。类型为 θ_t 的买方的信息租金（即他的均衡收益）为：

$$V(\theta_t)=\sum_{s=2}^{t}M_s$$

买方的全部收益为：

$$U=\sum_{\theta_t\in\Theta}f_tV(\theta_t)$$

这里要看到，类型为 θ_t 的买方的边际收益 M_t 出现在类型 θ_t 和所有更高类型的信息租金中。替换 $V(\theta_t)$，将归拢边际收益项，得到：

---

[1] 例如，买方能按大包购买，每包中有 q 件商品。他将大包商品重新包装为多个小包，每包中有 q^* 件商品，然后出售。他能削弱机制设计者的垄断能力。这就是一种经济限制。

$$U=\sum_{t=2}^{T}(1-F_{t-1})M_t \tag{11.3-2}$$

其中，$F_t\equiv\sum_{s=1}^{t}f_t$。现在求解机制设计者的总收入的表达式。由于类型为 θ_t 的买方的收益为 $V(\theta_t)=B(\theta_t,q_t)-r_t$，机制设计者的总收入为：

$$TR=\sum_{t=1}^{T}f_tr_t=\sum_{t=1}^{T}f_tB(\theta_t,q_t)-f_tV(\theta_t)=\sum_{t=1}^{T}f_tB(\theta_t,q_t)-U$$

我们说过，要实现最大利润，局部向下约束条件都必须起作用，因此，买方的总收益满足(11.3-2)。机制设计者的最大收入于是为：

$$TR^D=\sum_{t=1}^{T}f_tB(\theta_t,q_t)-\sum_{t=2}^{T}(1-F_{t-1})M_t=\sum_{t=1}^{T}f_tB(\theta_t,q_t)-\sum_{t=1}^{T-1}(1-F_t)M_{t+1} \tag{11.3-3}$$

其中：

$$M_{t+1}=B(\theta_{t+1},q_t)-B(\theta_t,q_t)$$

设垄断企业的单位生产成本为常数 c。总成本于是为：

$$TC^D=\sum_{t=1}^{T}f_tcq_t$$

机制设计者的利润于是为：

$$U^D=TR^D-TC^D=\sum_{t=1}^{T}f_tB(\theta_t,q_t)-\sum_{t=0}^{T-1}(1-F_{t+1})M_{t+1}(q_t)$$

要具有激励一致性，配置 $\{q_t\}_{t=1}^{T}$ 必须递增。利润最大化的配置因此是如下标准优化问题的解：

$$\max_{q\geqslant 0}\{U^D(q)\mid q_{t+1}\geqslant q_t,t=1,\cdots,T-1\}$$

为理解这一问题的解，我们分析每种买方类型对总收入的边际贡献。把(11.3-3)对 q_t 求导，得到类型为 θ_t 的买方创造的边际收入：

$$\begin{aligned}\frac{\partial}{\partial q_t}TR^D&=f_tp(\theta_t,q_t)-(1-F_{t+1})(p(\theta_{t+1},q_t)-p(\theta_{t+1},q_t))\\&=f_t\left[p(\theta_t,q_t)-\frac{1-F_{t+1}}{f_t}(p(\theta_{t+1},q_t)-p(\theta_{t+1},q_t))\right]\end{aligned}$$

由于有 f_t 个类型为 θ_t 的买方，所以，一个类型为 θ_t 的买方创造的边际收入为：

$$MR_t(q_t)=p(\theta_t,q_t)-\frac{1-F_{t+1}}{f_t}(p(\theta_{t+1},q_t)-p(\theta_{t+1},q_t))$$

我们增加一个正则性假设，以求简化分析。

> **正则性假设：边际收入递增**
>
> 对更高的类型，$MR_t(q_t)=p(\theta_t,q_t)-\dfrac{1-F_{t+1}}{f_t}(p(\theta_{t+1},q_t)-p(\theta_{t+1},q_t))$ 更高。

在单位成本为 c 时，每个类型为 θ_t 的买方的边际利润为：

$$MU_t^D(q_t)=MR_t(q_t)-c$$

我们不考虑单调性约束条件而直接最大化每个类型的利润。如果 $MR_1(0)>c$，则利润最大化的 q_1 严格为正。否则，它就为零。如果正则性假设成立，则 $MR_2(q)>MR_1(q)$。因此，如果 $q_1>0$，则利润最大化的 q_2 就大于 q_1。否则，$q_1=0$。所以，$q_2\geqslant q_1$。这一逻辑对每种类型都成立，所以，解 $\{q_t\}_{t\in T}$ 单调递增。所有的激励约束条件于是都得到满足。

例题 1：两种类型时的情况

类型 θ_1 和 θ_2 的需求价格函数分别为 $p(\theta_1,q)$ 和 $p(\theta_2,q)>p(\theta_1,q)$。垄断企业有固定边际生产成本 c。我们用图形求解。

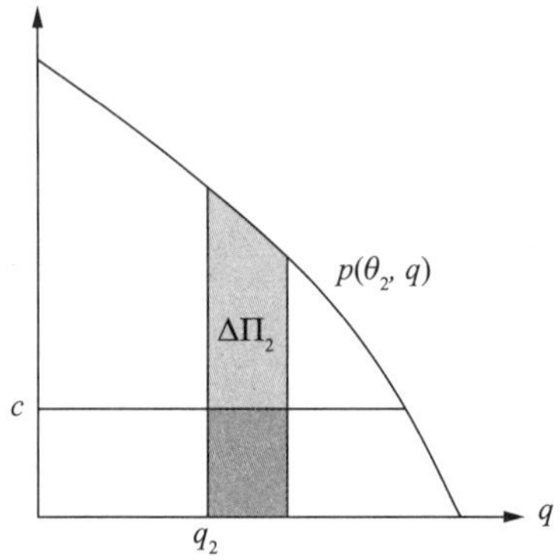

图 11.3-3　增加 q_2 所增加的边际利润

类型 θ_2 的局部向下约束条件为：

$$u(\theta_2,q,r)=B(\theta_2,q)-r\geqslant u(\theta_2,q_1,r_1)$$

给定任意的 q_2，选择 $r_2=B(\theta_2,q_2)-u(\theta_2,q_1,r_1)$，能使收入最大。因此，如果 q_2 增长 Δq_2，则收入增长 $B(\theta_2,q_2+\Delta q_2)-B(\theta_2,q_2)$，即图 11.3-3 中阴影区域面积之和。成本的增幅为图中深色区域。就是说，如果方案中的数量恰好使需求价格 $p(\theta_2,q_2)$ 等于边际成本，则利润最大。

现在增加方案 1 中的商品数量。思路与上相同。商品数量如果增加 Δq_1，所增加的收入就为需求价格函数下方和边际成本曲线上方区域所增加的面积。类型 1 买方的边际利润于是为：

$$\Delta\Pi_1=(p(\theta_1,q_1)-c)\Delta q_1$$

即图 11.3-4 中浅色区域。但是，还有个因素需要考虑。

对类型 2，方案 1 更有吸引力，因为方案 1 增加他的所得，增加的一块福利为图中阴影区域与格纹区域的面积之和。但方案 1 也增加了他的支出，增加的支出为两块阴影区域面积之和。由于对方案 2 的设计要使类型 2 在方案 1 与方案 2 之间无差异，所以，方案 1 中的支付必须下降，下降幅度为图中格纹区域的面积，即：

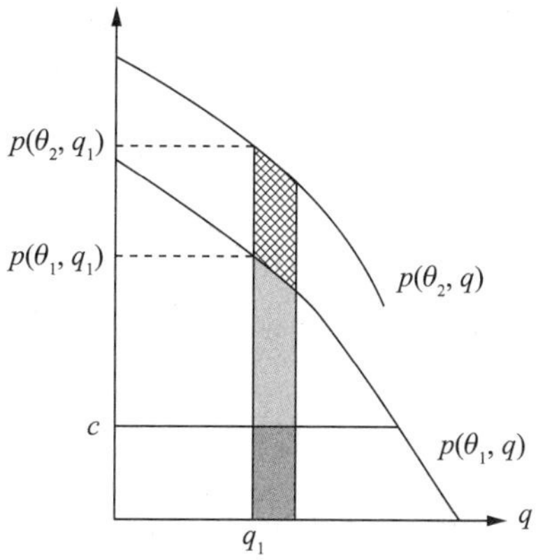

图 11.3-4 增加 q_1 所增加的边际利润

$$\Delta r_2 = -(p(\theta_2, q_1) - p(\theta_1, q_1))\Delta q_1$$

上述两个表达式乘以每种类型买方的数量，得到机制设计者的净收益：

$$\Delta U^D = f_1 \Delta \Pi_1 - f_2 \Delta r_2 = f_1(p(\theta_1, q_1) - c)\Delta q_1 - f_2(p(\theta_2, q_1) - p(\theta_1, q_1))\Delta q_1$$

两边同除以 Δq_1，取极限，得到：

$$\frac{\partial U^D}{\partial q_1} = f_1(p(\theta_1, q_1) - c) - f_2(p(\theta_2, q_1) - p(\theta_1, q_1))$$

设(q_1^*, q_2^*)是一阶条件的解。如果 $q_1^* > 0$，则：

$$p(\theta_1, q_1^*) - c = \frac{f_2}{f_1}(p(\theta_2, q_1^*) - p(\theta_1, q_1^*)) > 0 = p(\theta_2, q_2^*) - c$$

这里要看到，给类型 θ_2 的配置具有效率，因为类型 θ_2 买方的需求价格（他的边际支付意愿）等于边际成本。但是，机制设计者为类型 θ_1 选择的配置，却使需求价格超过边际成本。因此，和简单的垄断模型一样，通过使总产量低于社会效率产量，垄断企业实现最大利润。

假设两个需求价格函数都是线性函数且有相同的斜率，即 $p(\theta_t, q) = a_t - bq$。把它们代入关于 q_1 的一阶条件中，得到：

$$\begin{aligned}\frac{\partial U^D}{\partial q_1} &= f_1(p(\theta_1, q_1) - c) - f_2(p(\theta_2, q_1) - p(\theta_1, q_1)) \\ &= f_1\left(a_1 - bq_1 - c - \frac{f_2}{f_1}(a_2 - a_1)\right) \\ &= f_1\left(\left[a_1 - c - \frac{f_2}{f_1}(a_2 - a_1)\right] - bq_1\right)\end{aligned}$$

括号内的项是概率比率的减函数，且在这一比率足够大时取负值。就是说，高类型对低类型的比率越大，给类型 1 的配置就越小。实际上，当这一比率足够大时，$q_1^* = 0$。低类型买方被彻底挤出市场。

这一结论很直观。垄断企业得权衡。如果降低给类型 1 的配置，它从这一类型身上赚得的利润下降。但这意味着方案(q_1, r_1)对类型 2 的吸引力下降，激励约束条件于是不起作用,机制设计者因此能提高 r_2。类型 θ_2 买方在人口中的比重越高,垄断企业降低方案 1 中商品数量的动力就越大。于是,在极限上,类型 1 买方被彻底挤出市场。

例题 2:三种类型与混同

设有三种类型。类型 θ_t 的需求价格函数为 $p(\theta_t,q)=a_t-q$,其中,$t=1,2,3$,$(a_1,a_2,a_3)=(40,50,60)$。边际成本为 10。三种类型所占人口比重为:

$$(f_1,f_2,f_3)=\left(\frac{1}{2},\frac{1}{8},\frac{3}{8}\right)$$

这道例题可以用例题 1 中的图形方法求解,但是,这里采用一般方法求解。

$$\begin{aligned}U^D&=\sum_{t=1}^{3}f_t(B(\theta_t,q_t)-cq_t)-\sum_{t=1}^{2}(1-f_t)(B(\theta_{t+1},q_t)-B(\theta_t,q_t))\\&=\sum_{t=1}^{3}f_t\left(a_tq_t-\frac{1}{2}q_t^2-10q_t\right)-\sum_{t=1}^{2}(1-f_t)10q_t\end{aligned}$$

单位密度的每种类型的边际利润于是为:

$$\frac{\partial U^d}{\partial q_1}=f_1(40-q_1-10)-(f_2+f_3)10=\frac{1}{2}[20-q_1]$$

$$\frac{\partial U^d}{\partial q_2}=f_2(50-q_2-10)-f_3 10=\frac{1}{8}[10-q_2]$$

$$\frac{\partial U^d}{\partial q_3}=f_3(60-q_3-10)=\frac{3}{8}[50-q_3]$$

不考虑单调性约束而直接求解利润最大化配置,得到 $\{q^*(\theta_t)\}_{\theta_t\in\Theta}=\{20,10,50\}$。但这个解不可行。我们增加单调性约束,即 $q_2\geqslant q_1$。这一问题的拉格朗日函数为 $\mathcal{L}=U^d+\lambda(q_2-q_1)$。我们有以下一阶条件:

$$\frac{\partial\mathcal{L}}{\partial q_1}=\frac{\partial U^d}{\partial q_1}-\lambda=\frac{1}{2}[20-q_1]-\lambda=0$$

$$\frac{\partial\mathcal{L}}{\partial q_2}=\frac{\partial U^d}{\partial q_2}+\lambda=\frac{1}{8}[10-q_2]+\lambda=0$$

$$\frac{\partial\mathcal{L}^d}{\partial q_3}=\frac{\partial U^d}{\partial q_3}=\frac{3}{8}[50-q_3]=0$$

由于影子价格不为零,所以它肯定严格为正。于是,$q_1=q_2=\hat{q}$。前两个条件相加,得到类型 1 和 2 的边际利润:

$$\frac{\partial U^d}{\partial q_1}+\frac{\partial U^d}{\partial q_2}=\frac{1}{2}[20-\hat{q}]+\frac{1}{8}[10-\hat{q}]=0$$

因此,$\hat{q}=18$。

说明:数量还是质量?

上文把这一模型理解为垄断企业的差别定价模型。我们还可以将其理解为垄断企业选择不同产品质量。对更高质量的产品，消费者有不同的支付意愿。每个人或者购买一件产品或者不购买。设 $B(\theta_t, q)$ 是类型为 θ_t 的消费者对质量 q 的支付意愿，$C(q)$ 是生产一件质量为 q 的产品的成本。则期望成本为：

$$C^d = \sum_{\theta_t \in \Theta} f_t C(q_t)$$

利润最大化的垄断企业在各种可行的机制之间做选择，以最大化自己的期望利润。

连续类型

我们把上述分析推广至连续类型情况中。设需求曲线为 $p(\theta, q)$，其中，$\theta \in \Theta = [\alpha, \beta]$。买方的人口密度为 $N=1$。类型为 θ 的买方的效用函数为：

$$u(\theta, q, r) = B(\theta, q) - r$$

我们看直接机制 $\mathcal{M}^D = \{x, q(x), r(x)\}_{x \in \Theta}$。定义 $U(\theta, x)$ 为类型 θ 在选择 $(q(x), r(x))$ 时获得的收益。根据激励一致性条件，在 $x=\theta$ 时，这一收益达到最大。我们定义 $V(\theta) = U(\theta, \theta)$。根据第 11.1 节中的讨论，我们有如下激励一致性必要条件：

$$V'(\theta) = U_\theta(\theta, \theta) = u_\theta(\theta, q(\theta), r(\theta)) = B_\theta(\theta, q(\theta)) \qquad (11.3-4)$$

和有限类型模型一样，我们加总边际收益以求得所有买方的总收益：

$$U = \int_\alpha^\beta V(\theta) F'(\theta) d\theta$$

分部积分。由于 $\frac{d}{d\theta}[-(1-F(\theta))] = F'(\theta)$，得到：

$$U = V(\alpha) + \int_\alpha^\beta V'(\theta)(1-F(\theta)) d\theta$$

要实现最大利润，参与约束条件必须对最低类型起作用，就是说，$V(\alpha)=0$。

把(11.3-4)代入上式，得到：

$$U = \int_\alpha^\beta B_\theta(\theta, q(\theta))(1-F(\theta)) d\theta$$

类型 θ 的均衡收益为 $V(\theta) = B(\theta, q(\theta)) - r(\theta)$。整理，在类型上求和，得到机制设计者的期望收入：

$$TR = \int_\alpha^\beta B(\theta, q(\theta)) F'(\theta) - U = \int_\alpha^\beta TR^D(\theta, q(\theta)) F'(\theta) d\theta$$

其中：

$$TR^D(\theta, q) \equiv B(\theta, q) - \frac{1-F(\theta)}{F'(\theta)} B_\theta(\theta, q)$$

对 q 求导，得到：

$$MR^D(\theta, q) \equiv p(\theta, q) - \frac{1-F(\theta)}{F'(\theta)} p_\theta(\theta, q) \qquad (11.3-5)$$

在前面的有限类型模型中,我们假定对更高类型的买方,边际收益

$$MR_t^D(q_t)\equiv p(\theta_t,q_t)-\frac{1-F_{t+1}}{f_t}(p(\theta_{t+1},q_t)-p(\theta_{t+1},q_t))$$
$$=p(\theta_t,q_t)-\frac{1-F_{t+1}}{F_{t+1}-F_t}(p(\theta_{t+1},q_t)-p(\theta_{t+1},q_t))$$

更高。定义 $\Delta\theta=\theta_{t+1}-\theta_t$。则边际收益可以写为:

$$MR_t^D(q_t)=p(\theta_t,q_t)-\frac{1-F(\theta_t+\Delta\theta)}{\dfrac{F(\theta_t+\Delta\theta)-F(\theta_t)}{\Delta\theta}}\frac{p(\theta_t+\Delta\theta,q_t)-p(\theta_t,q_t)}{\Delta\theta}$$

取极限。在 $\Delta\theta\to 0$ 时,上式右边的项趋向(11.3-5)。因此,对应着有限类型模型中的正则性假定,我们做如下假定:

正则性假设:边际收益递增

边际收益 $MR^D(\theta,q)\equiv p(\theta,q)-\dfrac{1-F(\theta)}{F'(\theta)}p_\theta(\theta,q)$ 是 θ 的增函数。

这是个很弱的假定。首先,需求价格函数在 θ 上严格递增。其次,对许多分布,失灵率 $h(\theta)=\dfrac{F'(\theta)}{1-F(\theta)}$ 是增函数,$\dfrac{1}{h(\theta)}$ 因此递减。所以,只要随着 θ 上升,$p_\theta(\theta,q)$ 增长得不是很快,正则性假定就能得到满足。

这个解很容易用图形表述。设 $\hat{q}(\theta)$ 是 $MR^D(\theta,q)=c$ 的解。在正则性假定下,它是如图 11.3-5 所示的增函数。

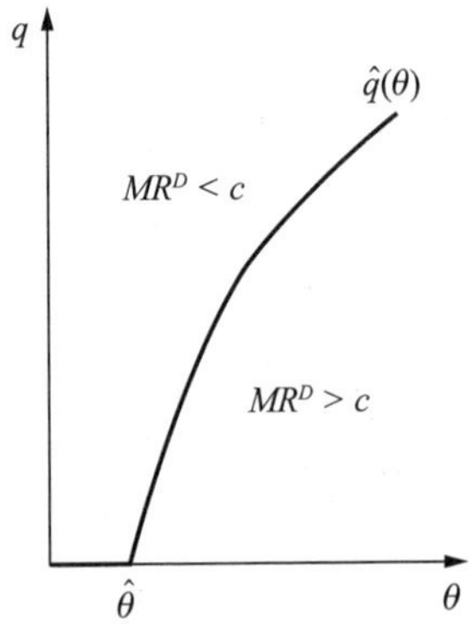

图 11.3-5 求解最优配置

在 $\hat{q}(\theta)$ 的图的下方,边际收益超过边际成本;在 $\hat{q}(\theta)$ 的图的上方,边际收益小于边际成本。就是说,如果不考虑单调性条件,则在 $\theta<\hat{\theta}$ 时,通过选择 $q(\theta)=0$,利润最大;在 $\theta\geqslant\hat{\theta}$ 时,通过选择 $q(\theta)=\hat{q}(\theta)$,利润最大。如此定义的 $q(\theta)$ 单调,就是说,单调性约束得到满足。

我们看一个线性模型,设 $p=\theta-q$。将其代入边际收益表达式中,得到:

$$MR^D(\theta,q)=J(\theta)-q,\text{其中},J(\theta)\equiv\theta-\frac{1-F(\theta)}{F'(\theta)}$$

给定固定单位成本 c,类型 θ 的边际利润为:

$$MR^D(\theta,q)-c=J(\theta)-c-q$$

如果正则性假定成立,则 $J(\theta)$ 递增。于是,存在某个 $\hat{\theta}\in[\alpha,\beta)$ 使得 $J(\hat{\theta})-c=0$。对所有的 $\theta<\hat{\theta}$,$q(\theta)=0$;对所有的 $\theta\geqslant\hat{\theta}$,$q(\theta)=J(\theta)-c$。

例题：把最优直接机制作为非线性定价机制来执行

设类型服从[0,1]上的均匀分布。于是：

$$J(\theta)=\theta-\frac{1-F(\theta)}{F'(\theta)}=2\theta-1$$

利润最大化配置于是为：

$$q(\theta)=\begin{cases}0, & \theta\leqslant\frac{1}{2}(1+c)\\ 2\theta-1-c, & \theta>\frac{1}{2}(1+c)\end{cases} \tag{11.3-6}$$

$q(\theta)$是增函数，我们可以定义增函数$R(\cdot)$使得：

$$r(\theta)=R(q(\theta))$$

类型θ买方如果选择数量q，就必须支付$R(q)$。见图11.3-6。

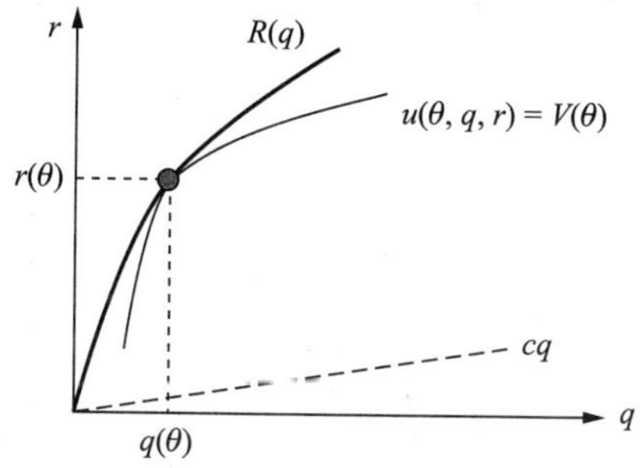

图 11.3-6 非线性定价

要求解最优非线性支付函数，首先要看到：

$$\theta=\underset{x}{\operatorname{argmax}}\{u(\theta,q(x),R(q(x)))\}=\underset{x}{\operatorname{argmax}}\left\{\int_0^{q(x)}p(\theta,x)dx-R(q(x))\right\}$$

激励一致性的一阶条件于是为：

$$[p(\theta,q(\theta))-R'(q)]q'(\theta)=0,\theta\geqslant\frac{1}{2}(1+c)$$

因此，$R'(q)=p(\theta,q)=\theta-q$。根据(11.3-6)，$q=2\theta-1-c$。剔除$\theta$，得到：

$$R'(q)=\frac{1}{2}(1+c-q)$$

因此：

$$R(q)=\frac{1}{2}(1+c)q-\frac{1}{4}q^2$$

我们因此证明了如下事实：垄断企业能够通过向客户出售q件商品和索取总

支付 $R(q)$ 而执行利润最大化直接机制。这里要看到，单位价格 $\frac{R(q)}{q}$ 随购买数量的上升而下降，所以，数量折扣最优。并且，在 $q(1)=1-c$ 上，$R'(q(1))=c$。就是说，在最高类型上，没有任何扭曲。但是，对其他所有类型，边际支付超过边际成本，因此，垄断企业供给不足。

当边际收入在一个类型子集上递减时的配置规则

正如正则性情况中那样，我们定义 $\hat{q}(\theta)$ 为 $MR^D(\theta,q)=c$ 的解。如果正则性假定得不到满足，$\hat{q}(\theta)$ 就不是单调函数。但这不妨碍我们概括最优配置规则的特征。在图 11.3-7 中，$\hat{q}(\theta)$ 在一个区间上递减。在中间的图上，在阴影区域内部，$MR^D(\theta,q)>c$。因此，配置 $q^-(\theta)$ 实现的收入高于其下方阴影区域中任何一个配置实现的收入。在右图中的阴影区域内部，$MR^D(\theta,q)<c$，因此，配置 $q^+(\theta)$ 实现的收入高于其上方阴影区域中任何一个配置实现的收入。利润最大化配置 $q(\theta)$ 因此满足 $q^-(\theta)\leqslant q(\theta)\leqslant q^+(\theta)$。

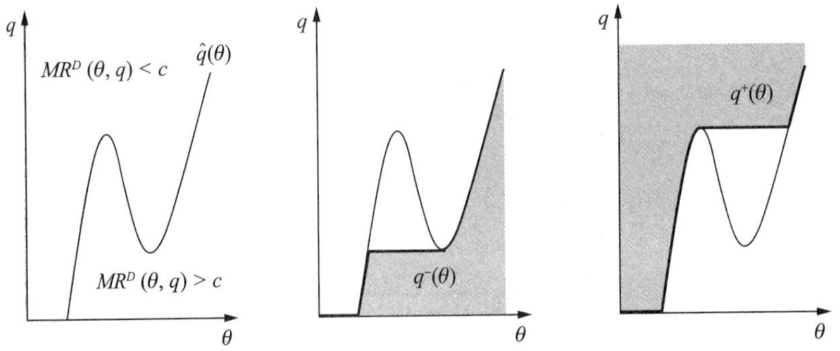

图 11.3-7　最优配置的特征

再看图 11.3-8 中的两幅图。在左图上，在区间 (θ_A,θ_B) 内，肯定存在 θ_C 使得 $q(\theta)=\hat{q}(\theta)$。在 θ_C 左方的阴影区域中，$MR^D(\theta,q)>c$。因此，在区间 $[\theta_A,\theta_C]$ 上，沿着阴影区域的上边界，利润达到最大。在 θ_C 右方的阴影区域中，$MR^D(\theta,q)<c$。因此，在区间 $[\theta_C,\theta_B]$ 上，沿着阴影区域的下边界，利润达到最大。就是说，除了在 $q(\theta)$ 取常数的区间上，利润最大化配置规则与 $\hat{q}(\theta)$ 重合。

应用 2：最优所得税[1]

工人在消费 x 与劳动力供给 l 上的偏好可用可分离的函数表示：$U(x,l)=B(x)-C(l)\in\mathbb{C}^2$。其中，$B(x)$ 是严格递增的严格凹函数，$C(l)$ 是严格递增的凸函数。类型为 θ 的工人有劳动生产率参数 θ。类型服从连续分布，且支持 $\Theta=[\alpha,\beta]$，累积分布函数为 $F(\cdot)\in\mathbb{C}^1$。类型为 θ 的工人通过付出努力水平 l，实现收入 $q=\theta L$。如果他的税负为 r，则他的效用为：

---

〔1〕这一部分内容技术性较强，你需要对庞特利亚金的最大值定理有基本了解。

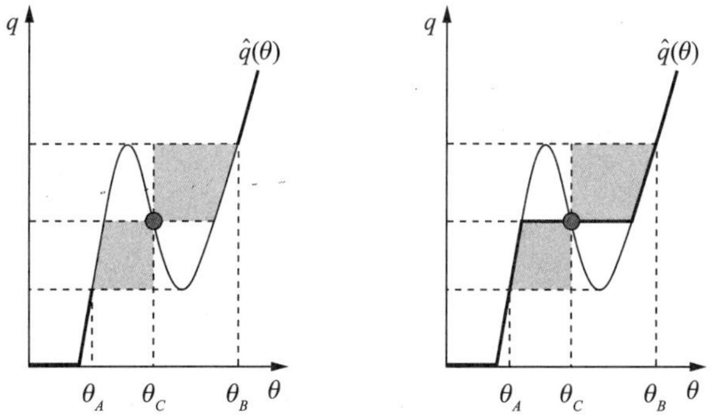

图 11.3-8 混同

$$u(\theta,q,r)=B(q-r)-C\left(\frac{q}{\theta}\right)$$

在完全信息下,对类型为 θ 的工人所缴纳的任何税收 t^*,效率最大化要求工人实现效用最大化。见图 11.3-9a。使工人效用最大的收入水平 q^* 是无差异曲线的斜率等于零时的收入水平。

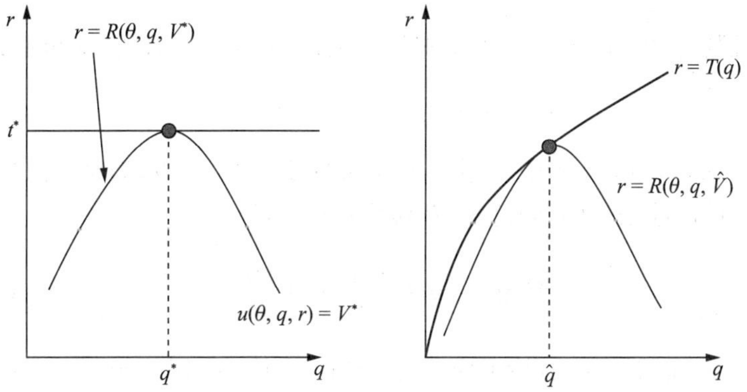

(a) 有效率的一次性税收 (b) 无效率的所得税

图 11.3-9

无差异曲线 $u(\theta,q,r)=V$ 上的点 (q,r) 隐含地定义了函数 $r=R(\theta,q,V)$。根据我们的假定,$u(\theta,q,r)$ 的上优集严格凸。因此,$R(\theta,q,V)$ 是 q 的严格拟凹函数。因此,对所有的 $q<q^*$,$R_q>0$;对所有的 $q>q^*$,$R_q<0$。在右图上,所得税函数是严格增函数,因此,在 $\hat{q}$ 上,$R_q>0$。就是说,工人的劳动力供给小于有效率的供给水平。

我们现在概括函数 $R(\theta,q,V)$ 的特征。沿着一条无差异曲线,有:

$$u(\theta,q,r)=B(q-R)-C\left(\frac{q}{\theta}\right)=V \qquad (11.3-7)$$

把(11.3-7)对 V 求导,得到:

$$B'(q-R)R_V=1$$

因此:

$$R_V = -\frac{1}{B'(q-R)} \tag{11.3-8}$$

利用(11.3－7)求解反函数，得到：

$$q-R=B^{-1}\left(V+C\left(\frac{q}{\theta}\right)\right)$$

因此：

$$R=q-B^{-1}\left(V+C\left(\frac{q}{\theta}\right)\right) \tag{11.3-9}$$

为给后面求解最优所得税结构做准备，我们首先概括激励一致性税收方案集的特征。首先要看到：

$$MRS(\theta,q,r)=\frac{u_q}{u_r}=\frac{B'(q-R)-\frac{1}{\theta}C'\left(\frac{q}{\theta}\right)}{-B'(q-R)}=-1+\frac{\frac{q}{\theta}C'\left(\frac{q}{\theta}\right)}{qB'(q-R)}$$

由于 $C(\cdot)$ 是递增凸函数，所以，最右边的项在 θ 上严格递减。因此，单交叉性得到满足。

一个机制 $\{q(\theta),r(\theta)\}_{\theta\in\Theta}$ 具有激励一致性，如果对所有的 $\theta\in\Theta$ 有：

$$\theta=\underset{\theta\in\Theta}{\operatorname{argmax}}\,u(\theta,q(x),r(x))$$

定义 $V(\theta)=u(\theta,q(\theta),r(\theta))$。由于单交叉性质成立，所以，激励一致性的充分必要条件就是单调性条件($q(\theta)$ 递增)和包络定理条件：

$$V'(\theta)=u_\theta=\frac{q(\theta)}{\theta^2}C'\left(\frac{q(\theta)}{\theta}\right) \tag{11.3-10}$$

我们知道 $q(\theta)$ 递增。因此，给定任意的 s 和 $\theta>s$ 使得 $q(\theta)>q(s)$，有：

$$u(\theta,q(\theta),r(\theta))=B(q(\theta)-r(\theta))-C\left(\frac{q(\theta)}{\theta}\right)<B(q(\theta)-r(\theta))-C\left(\frac{q(s)}{\theta}\right)$$

因此，如果 $q(\theta)-r(\theta)\leqslant q(s)-r(s)$，则：

$$u(\theta,q(\theta),r(\theta))<u(\theta,q(s),r(s))$$

但这违背激励一致性。因此：

$$q(\theta)-r(\theta)>q(s)-r(s)$$

就是说，对更高类型工人，税后收入更高。

机制设计者必须完成总额为 T 的税收。就是说：

$$\int_\alpha^\beta r(\theta)f(\theta)d\theta=\int_\alpha^\beta R(\theta,q(\theta),V(\theta))f(\theta)d\theta\geqslant T \tag{11.3-11}$$

由于 $V(\theta)$ 肯定递增，我们可以把最大化工人效用的加权平均值作为机制设计者的目标：

$$U^D = \int_\alpha^\beta w(\theta) V(\theta) f(\theta) d\theta \tag{11.3-12}$$

其中,权数(弱)递减。权数递减得越快,平等程度就越大。

机制设计者在(11.3－10)、(11.3－11)和单调性条件下最大化(11.3－12)。这一问题的哈密尔顿函数为:

$$H = w(\theta)V(\theta)f(\theta) + \lambda(\theta)\frac{q(\theta)}{\theta^2}C'\left(\frac{q(\theta)}{\theta}\right) + \mu R(\theta, q(\theta), V(\theta))f(\theta)$$

设 Q 是在 Θ 上递增的函数构成的集合。根据最大值原理,得:

$$q^*(\theta) = \arg\max_{q \in Q}\{H(\theta, q, V, \lambda)\}$$

我们先不考虑单调性约束。设无单调性约束的最大化问题的解为 $q^*(\theta)$,就是说:

$$q^*(\theta) = \arg\max_{q}\{H(\theta, q, V, \lambda)\}$$

我们不难找到一些例子,其中,这一最大化问题的解满足单调性。

由于 $q = \theta l$,我们可以把哈密尔顿函数写为:

$$H = w(\theta)V(\theta)f(\theta) + \frac{\lambda(\theta)}{\theta}lC'(l) + \mu R(\theta, \theta l, V(\theta))f(\theta)$$

把(11.3－9)代入上式,得到:

$$H = w(\theta)V(\theta)f(\theta) + \frac{\lambda(\theta)}{\theta}lC'(l) + \mu(\theta l - B^{-1}(V + C(l)))f(\theta)$$

因此:

$$q^*(\theta) = \theta l^*(\theta) = \theta \arg\max_{l}\{H(\theta, \theta l, V, \lambda)\}$$

求导,得到:

$$\frac{\partial H}{\partial l}H(\theta, \theta l, V, \lambda) = \lambda(\theta)\frac{d}{dl}(lC'(l)) + \mu\left(\theta - \frac{\partial}{\partial V}B^{-1}(V + C(l))\right)f(\theta) \leqslant 0$$

这一最大化问题的一阶条件于是为:

$$\frac{\partial H}{\partial l} \leqslant 0; \text{如果 } l(\theta) > 0, \text{则} \frac{\partial H}{\partial l} = 0$$

我们马上将看到,存在一个区间 $[\hat{\theta}, \beta]$,在这个区间上,$\lambda(\theta)$ 递增。由于 $C(l)$ 是递增的和凸的,因此,在这个区间上:

$$\frac{\partial}{\partial \theta}\frac{\partial H}{\partial l} = \lambda'(\theta)\frac{d}{dl}(lC'(l)) + \mu > 0$$

因此,对 $\theta > \hat{\theta}$,工人的努力函数 $l(\theta)$ 递增。

这里要看到,所得税问题对最小效用 $V(\alpha)$ 或最大效用 $V(\beta)$ 没有施加任何限制。对这样的自由终点问题,$\lambda(\alpha) = \lambda(\beta) = 0$。因此:

$$\frac{\partial H}{\partial l}(\alpha,\alpha l,V(\alpha),\lambda)=\mu\left(\theta-\frac{\partial}{\partial V}B^{-1}(V+C(l))\right)f(\theta)$$

因此，当 α 足够小时，$\frac{\partial H}{\partial l}(\alpha,\alpha l,V(\alpha),\lambda)<0$。我们因此假定这一条件成立。就是说，存在类型子集$[\alpha,\gamma]$使得最优劳动力供给为零。这些类型因此得到补贴或“负所得税”s。

现在看$[\gamma,\beta]$上的类型，即真正在工作的类型。我们回到原始哈密尔顿函数：

$$H=w(\theta)V(\theta)f(\theta)+\frac{\lambda(\theta)}{\theta}\left(\frac{q(\theta)}{\theta}C'\left(\frac{q}{\theta}\right)+\mu R(\theta,q,V(\theta))\right)f(\theta)$$

对那些在工作的人：

$$\frac{\partial H}{\partial q}=\frac{\lambda(\theta)}{\theta}\frac{d}{dq}\left(\frac{q}{\theta}C'\left(\frac{q}{\theta}\right)+\mu R_q(\theta,q(\theta),V(\theta))\right)f(\theta)\qquad(11.3-13)$$

如果对所有的 $\theta>\gamma$，$\lambda(\theta)=0$，则：

$$R_q(\theta,q(\theta),V(\theta))=0$$

但这不可能，因为这意味着所得税制没有任何扭曲。

影子价格 $\lambda(\theta)$ 满足：

$$\lambda'(\theta)=-\frac{\partial H}{\partial V}=(-w(\theta)V(\theta)+\mu R_V(\theta,q,V(\theta)))f(\theta)$$

将(11.3-8)代入上式，得到：

$$\lambda'(\theta)=\left(-w(\theta)V(\theta)+\frac{\mu}{B'(q-R)}\right)f(\theta)\qquad(11.3-14)$$

我们可以把(11.3-14)写为：

$$\lambda'(\theta)=-\frac{\partial H}{\partial V}=f(\theta)g(\theta)$$

其中：

$$g(\theta)=-w(\theta)+\frac{\mu}{B'(q(\theta)-r(\theta))}$$

我们说过，要满足激励一致性，税后收入 $q(\theta)-r(\theta)$ 必须严格递增，如果 $q(\theta)$ 严格递增的话。并且，$w'(\theta)\leqslant 0$。因此，$g(\theta)$ 在$[\gamma,\beta]$上严格递增。

设 $\lambda'(\beta)<0$，则 $g(\beta)<0$。由于 $g(\theta)$ 严格递增，所以，对所有的 $\theta<\beta$，$g(\theta)<0$，因此在$[\alpha,\beta]$上，$\lambda'(\theta)<0$。于是，$\lambda(\alpha)>0$。但对自由终点问题，这是不可能的。因此，$\lambda'(\beta)\geqslant 0$。同理可证明 $\lambda'(\alpha)\leqslant 0$。于是，存在某个 $\hat{\theta}$ 使得 $\lambda(\hat{\theta})<0$ 且 $\lambda'(\hat{\theta})=0$。由于 $g(\theta)$ 递增，所以，对所有的 $\theta<\hat{\theta}$，$\lambda'(\theta)\leqslant 0$；对所有的 $\theta>\hat{\theta}$，$\lambda'(\theta)\geqslant 0$。因此，在$[\alpha,\beta]$上，$\lambda(\theta)\leqslant 0$；在$(\gamma,\beta)$上，$\lambda(\theta)<0$。

根据(11.3-13)，在$[\gamma,\beta)$上，$R_q(\theta,q(\theta),V(\theta))>0$。因此，最优税收向下扭

曲除最高类型工人外的所有工人的收入。

图 11.3－10 画出了最优税收曲线。对低于 γ 的类型，$q(\theta)=0$，就是说，这些人不工作，并且得到固定补贴 $r(\theta)=s$。高于 γ 的所有类型必须交税，并且除最高类型外，所有人承担正的边际税率。最高类型缴纳的税收最多，但是其边际税率为零。

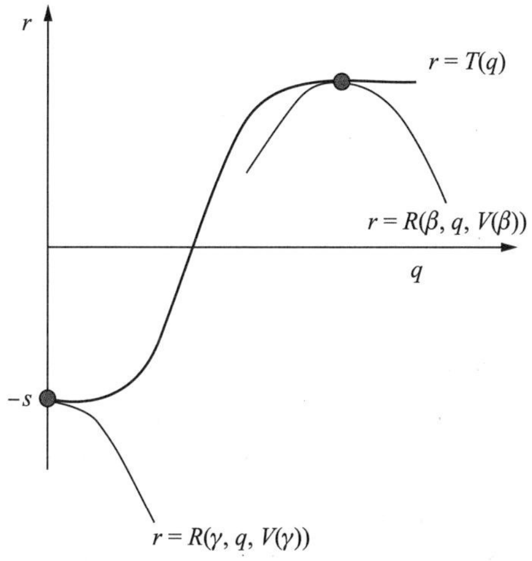

图 11.3－10　最优所得税

有一点要注意。在中等收入水平上，边际税率肯定上升，然后，在高收入水平上下降。这与政治家们通常提出的税率方案形成鲜明反差。

习　题

习题 11.3－1：三种类型时的利润最大化方案

设 $p(\theta_t,q)=140-b(\theta_t)q$，其中，$(b(\theta_1),b(\theta_2),b(\theta_3))=(4,2,1)$。单位成本为 20。

(a) 设三种类型在人口中的比重相同。求解在每种方案中垄断企业提供的最优产品数量。

(b) 设类型 2 在人口中的比重下降而类型 3 的比重上升。分析这一变化对这些方案的影响。

习题 11.3－2：最优销售方案

一家商店有件商品（一件古董）要出售。一位顾客走进商店。他知道自己对这件商品的价值认定为 $\theta\in\Theta=[0,\beta]$。但商店主人只知道可能的价值认定的分布，就是说，只知道概率密度函数 $f(\theta)$。

(a) 设 $q(\theta)$ 是商品出售给类型 θ 买方的均衡概率，$r(\theta)$ 是这一类型的均衡期望支付，$U(\theta)$ 为买方的期望收益。证明均衡边际信息租金为 $U'(\theta)=q(\theta)$；证明卖方的均衡收入为：

$$\bar{R}=\int_0^\beta q(\theta)J(\theta)f(\theta)d\theta-U(0)$$

其中，$J(\theta)=\theta-\dfrac{1-F(\theta)}{f(\theta)}$。

(b) $q(\theta)$肯定是增函数吗？

(c) 设 $J(\theta)$是严格增函数。解释为什么存在 $\theta_0\in(0,\beta)$使得 $J(\theta)>0$ 当且仅当 $\theta>\theta_0$？

(d) 证明最优方案为 $q(\theta)=\begin{cases}0, & \theta<\theta_0\\ 1, & \theta\geqslant\theta_0\end{cases}$。

(e) 这一最优方案的简单执行是什么？

(f) 设 $J(\theta)$在 θ_0、θ_1 和 θ_2 上改变符号。为什么在最优方案中，在 $\theta<\theta_0$ 时，$q(\theta)=0$；在 $\theta\geqslant\theta_0$ 时，$q(\theta)=1$？解释为什么

$$\bar{R}=\int_{\theta_0}^{\theta_2}J(\theta)q(\theta)f(\theta)d\theta+\int_{\theta_2}^{\beta}J(\theta)f(\theta)d\theta$$

证明如果 $q(\theta)$在某个子区间$[\theta_0,\theta_2]$上严格递增，则收入没有被最大化。就是说，在$[\theta_0,\theta_2]$上，$q(\theta)=\hat{q}$。

(g) 证明 $\hat{q}=0$ 或 $\hat{q}=1$ 是最优方案，讨论这一方案的执行。

习题 11.3－3：垄断与产品质量

每个消费者从一个企业的产品线中或者只购买一件商品或者不购买。不同消费者对产品质量有不同价值认定。类型为 θ_t 的消费者对一件质量为 q 的产品的价值认定为：

$$B(\theta_t,q)=\theta_t\left(10q-\frac{1}{2}q^2\right)$$

价值认定是他的私人信息。生产一件质量为 q 的产品的成本为 $6q$。假设有三种类型，即 $\theta_t\in\{1,2,3\}$，每种类型的消费者数量相同。

(a) 求解最优质量水平。

(b) 求解利润最大化的质量水平。

(c) 求解垄断企业对产品线中每种产品的最优定价。

习题 11.3－4：供给量固定时的差别定价

类型 θ 的需求价格函数为 $p(\theta,q)=\theta-q$，θ 在$[0,1]$上连续分布。类型不大于 θ 的消费者的比重为 $F(\theta)$。商品的总供给量为 Q。法律禁止垄断企业直接差别定价，但允许它提供形式为(q,R)的定价方案，即以 R 的总价出售 q 件产品。

(a) 设 $V(\theta)$是类型为 θ 的消费者在利润最大化方案中获得的收益，$q(\theta)$是这一方案中的配置规则。证明$\dfrac{dV}{d\theta}=q(\theta)$，推导总利润 R 的表达式。

(b) 总供给量固定，所以，垄断企业设计激励一致性方案以求解如下最大化问题：

$$\max_{q(\theta)}\left\{R\,\middle|\,\int_0^q q(\theta)f(\theta)d\theta\leqslant Q\right\}$$

说明为什么这一约束下的优化问题的拉格朗日乘数是垄断企业的边际收入。

(c) 求解最优配置规则，将其表示为影子价格的函数。

(d) 积分，求总配置的表达式，把影子价格表示为总供给的函数，即 $\lambda(Q)=MR(Q)$。

(e) 给定成本函数 $C(Q)$，说明如何求解利润最大化销售方案。

习题 11.3-5：无拟线性偏好时的间接差别定价

类型为 θ 的买方，如果以 r 的总价购买 q 件产品，则得到的收益为 $B(\theta,q,r)$。如果不购买，他得到的收益为 $B(\theta,0,0)$。定义他的净收益为 $u(\theta,q,r)=B(\theta,q,r)-B(\theta,0,0)$，其中，$u_q>0$，$u_r<0$。单位生产成本为 c。设 $\frac{\partial}{\partial\theta}\frac{u_q}{u_r}<0$，从而使单交叉性质成立。

(a) 解释为什么效率方案 $(q(\theta),r(\theta))$ 肯定是如下优化问题的解：

$$\max_{(q,r)}\{r-cq \mid u(\theta,q,r)\geqslant u(\theta,q(\theta),r(\theta))\}$$

求解效率方案所满足的必要条件。

(b) 对映射 $V=u(\theta,q,r)$，将其反函数写为 $r=R(\theta,q,V)$ 的形式。证明效率方案的必要条件可以写为：

$$\frac{\partial R}{\partial q}(\theta,q,V(\theta))=c$$

(c) 假设买方的类型为私人信息，机制设计者的目标是最大化利润。写出他的优化问题。设 $V(\theta)$ 是类型为 θ 的买方得到的收益。证明：

$$\frac{dV}{d\theta}=u_\theta(\theta,q(\theta),r(\theta))$$

(d) 映射 $V=u(\theta,q,r)$ 隐含地定义了逆映射 $r=R(\theta,q,V)$。证明机制设计者的问题可以简化为有一个固定终点的标准控制问题。

(e) 定义：

$$g(\theta,q,V)\equiv u_\theta(\theta,q,R(\theta,q,V))$$

说明上式为什么可以写为：

$$g(\theta,q,V)\equiv\frac{\partial}{\partial\theta}u(\theta,q,R(\varphi,q,V))\Big|_{\varphi=\theta}$$

因此：

$$g_q(\theta,q,V)=\frac{\partial}{\partial\theta}\frac{\partial}{\partial q}u(\theta,q,R(\varphi,q,V))\Big|_{\varphi=\theta}$$

如对最优所得税的讨论那样，证明：

$$g_q(\theta,q(\theta),V(\theta))>0$$

(f) 证明如果 $\lambda(\theta)=0$，则 $\frac{d\lambda}{d\theta}>0$。解释为什么对所有的 $\theta<\beta$，$\lambda(\theta)<0$。

(g) 证明对除最高类型外的所有买方类型，垄断企业供给不足。

参考文献

Akerlof, G. (1970). "The Market for Lemons." *Quarterly Journal of Economics* **89**: 488 - 500.

Maskin, E. S. and Riley, J. G. (1984). "Monopoly with Incomplete Information." *Rand Journal of Economics* **15**: 171 - 196.

Maskin, E. and Tirole, J. (1990). "The Principal-Agent Relationship with an Informed Principal: The Case of Private Values." *Econometrica* **58**: 379 - 409.

Mirrlees, J. (1971). "An Exploration in the Theory of Optimum Income Taxation." *Review of Economic Studies* **38**: 175 - 208.

Mussa, M. and Rosen, S. (1978). "Monopoly and Product Quality." *Journal of Economic Theory* **18**: 301 - 317.

Myerson, R. (1983). "Mechanism Design by an Informed Principal." *Econometrica* **51**: 1767 - 1797.

Riley, John G. (1979). "Informational Equilibrium." *Econometrica* **48**: 331 - 359.

Rothschild, Michael and Stiglitz, J. E. (1976). "Equilibrium in Competitive Insurance Markets: An Essay on the Economics of Imperfect Information." *Quarterly Journal of Economics* **80**: 629 - 649.

Spence, A. M. (1974). *Market Signaling*. Cambridge, MA: Harvard University Press.

第十二章
拍卖和公共品

12.1 拍卖

关键词：私人价值时的均衡报价；共同价值时的均衡报价

第十章探讨了在私人价值闭标最高价格拍卖与次高价格拍卖中均衡报价的特征。本节先更完整地探讨私人价值下的报价行为，然后探讨当竞标人有不同私人信息但对待售商品有相同的公开价值认定时的报价行为。

独立私人价值拍卖

第十一章证明了对独立私人价值拍卖博弈，单交叉性质成立。我们因此能用一阶方法概括均衡报价行为的特征。这里探讨一族闭标高价拍卖，闭标最高价格拍卖与次高价格拍卖是其中的极限形式。

一件商品要出售给 n 个风险中性的买方中的一位。买方 $i=1,\cdots,n$ 对此商品的价值认定为 θ_i，θ_i 服从独立同分布，分布的支持为$[0,\beta]$，累积分布函数为 $F(\cdot)\in\mathbb{C}$。这些都是共同知识。赢家支付 $\lambda b_{(1)}+(1-\lambda)b_{(2)}$，即最高报价与次高报价的加权平均。设 $B(\cdot)$是均衡报价函数，m 是其他所有买方的价值认定的最大值。如果买方 i 没有中标，其支付为零。如果他有最高价值认定并赢得这件商品，则其均衡支付为：

$$R(\theta_i,m)=\lambda B(\theta_i)+(1-\lambda)B(m)$$

定义：

$$w(\theta)=\Pr\{\theta_j\leqslant\theta:j\neq i\}=F^{n-1}(\theta)$$

所有其他买方的价值认定以概率 $w(m)$ 低于 m。买方 i 的均衡期望支付因此为：

$$\begin{aligned}r(\theta_i)&=\int_0^{\theta_i}R(\theta_i,m)w'(m)dm=\int_0^{\theta_i}(\lambda B(\theta_i)+(1-\lambda)B(m))w'(m)dm\\&=\lambda B(\theta_i)w(\theta_i)+(1-\lambda)\int_0^{\theta_i}B(m)w'(m)dm\end{aligned}$$

我们将看到，这一函数的导数极其有用。对 θ_i 求导，得到：

$$r'(\theta_i)=\lambda B'(\theta_i)w(\theta_i)+B(\theta_i)w'(\theta_i) \tag{12.1-1}$$

我们把拍卖作为直接揭示机制来分析。设 $U(\theta_i,x)$ 是价值认定为 θ_i 的买方 i 在报价为 $B(x)$ 而非 $B(\theta_i)$ 时得到的均衡收益。就是说：

$$U(\theta_i,x)=\theta_i w(x)-r(x)$$

由于 $B(\theta_i)$ 是买方 i 在自己的价值认定为 θ_i 时的最优反应，因此：

$$\theta_i=\underset{x}{\operatorname{argmax}}\{U(\theta_i,x)\}$$

根据一阶条件为，在 $x=\theta_i$ 时，有：

$$\frac{\partial U}{\partial x}(\theta_i,x)=\theta_i w'(x)-r'(x)=0$$

因此：

$$\theta_i w'(\theta_i)-r'(\theta_i)=0$$

把这一表达式代入(12.1-1)中，整理得到关于均衡报价函数的常微分方程：

$$B'(\theta)=\frac{1}{\lambda}\frac{w'(\theta)}{w(\theta)}(\theta-B(\theta)) \tag{12.1-2}$$

为求解这一微分方程，我们定义：

$$H(\theta)=w(\theta)^{1/\lambda}$$

于是：

$$\frac{H'(\theta)}{H(\theta)}=\frac{1}{\lambda}\frac{w'(\theta)}{w(\theta)}$$

这一微分方程因此可以写为：

$$B'(\theta)=\frac{H'(\theta)}{H(\theta)}(\theta-B(\theta))$$

整理得到：

$$H(\theta)B'(\theta)+H'(\theta)B(\theta)=\theta H'(\theta)$$

对等式两边积分，得到：

$$H(\theta_i)B(\theta_i)=\int_0^{\theta_i}\theta H'(\theta)d\theta=\theta_i H(\theta_i)-\int_0^{\theta_i}H(\theta)d\theta$$

均衡报价函数因此为：

$$B(\theta_i)=\theta_i-\int_0^{\theta_i}\frac{H(\theta)}{H(\theta_i)}d\theta=\theta_i-\int_0^{\theta_i}\left(\frac{w(\theta)}{w(\theta_i)}\right)^{1/\lambda}d\theta \tag{12.1-3}$$

赢家的支付为 $\lambda b_{(1)}+(1-\lambda)b_{(2)}$。如果 $\lambda=1$，这一拍卖就是闭标最高价格拍

卖。随着 λ 下降,被积项下降,均衡报价因此上升。当 $\lambda \to 0$,积分收敛于零,均衡报价 $B(\theta_i) \to \theta_i$。这正是闭标次高价格拍卖中的均衡报价。

> **说明:最低报价**
> 假设价值认定的支持为 $[\alpha,\beta]$,$\alpha > 0$。我们可以用上述分析思路求解 $B(\alpha)=\alpha$ 的均衡使得最低类型的均衡期望报价为 $V(\alpha)=0$。

那么,是否存在一个均衡,价值认定最低的买方报出更低价格呢?答案是否定的,我们说明其中原因。

根据假定,均衡报价函数严格递增。因此,有最低价值认定 α 的买方的均衡期望收益为零,因为他胜出的概率为零。就是说,没有任何报价能带给他严格正收益。但是,如果 $B(\alpha) < \alpha$,类型为 α 的买方,在报价为 $\frac{1}{2}(B(\alpha)+\alpha)$ 时,将以严格正概率胜出,因为根据连续性,存在某些类型,这些类型的报价低于 $\frac{1}{2}(B(\alpha)+\alpha)$。作为赢家,他的收益为 $\alpha - \frac{1}{2}(B(\alpha)+\alpha) = \frac{1}{2}(\alpha - B(\alpha)) > 0$。但这不可能,因为我们已经证明他的均衡收益为零。因此,$B(\alpha) \geqslant \alpha$。

如果 $B(\alpha) > \alpha$,则存在某个价值认定区间 $(\alpha,\hat{\theta})$ 使得在这一区间上,$B(\theta) > \theta$。价值认定落于这一区间的买方,以严格正概率胜出,因此有严格负收益。但这不可能,因为不参与拍卖,能带来更高收益。

对闭标最高价格拍卖的比较静态分析

现在探讨价值认定的分布的变化,如何影响闭标最高价格拍卖中的报价行为。

价值认定的分布向右移动

设 $B(\cdot)$ 是当每个买方的类型服从累积分布函数 F 时的均衡报价策略,$\hat{b}(\cdot)$ 是当价格认定服从累积分布函数 $\hat{F}$ 时的均衡报价策略。假设 $\hat{F}$ 随机优于 F。直觉告诉我们,从 F 到 $\hat{F}$ 的变化,将导致更高的均衡报价。因为,如果分布的左尾部上的分量减轻,买方将被迫更凶猛地报价,以与更可能有高价值认定的对手竞价。事实上,我们需要使用更强的条件随机占优假定:对任意的 y 和任意的 $x < y$,有

$$\Pr\{\hat{\theta} \leqslant x \mid \hat{\theta} \leqslant y\} = \frac{\hat{F}(x)}{\hat{F}(y)} \leqslant \frac{F(x)}{F(y)} = \Pr\{\theta \leqslant x \mid \theta \leqslant y\}$$

原因是:决定均衡行为的是对有更低价值认定的买方的推断。

> **命题 12.1-1:条件随机占优和均衡报价**
> 在闭标最高价格拍卖中,如果价值认定的分布改变,新的分布条件随机优于初始分布时,则所有报价都上升。

证明:在(12.1-3)中,令 $\lambda=1$,得到:

$$B(\theta_i) = \theta_i - \int_0^{\theta_i} \frac{w(\theta)}{w(\theta_i)} d\theta$$

假定 $\hat{F}$ 条件随机优于 F，就是说：

$$\frac{\hat{F}(\theta)}{\hat{F}(\theta_i)} \leqslant \frac{F(\theta)}{F(\theta_i)}$$

由于 $w(\theta)=F^{n-1}(\theta)$，则：

$$\frac{\hat{w}(\theta)}{\hat{w}(\theta_i)} \leqslant \frac{w(\theta)}{w(\theta_i)}$$

因此：

$$\hat{b}(\theta) \geqslant B(\theta) \qquad \square$$

不严格地说，这一命题指出，随着分布的均值上升，均衡报价上升。

保持均值展开型

现在固定住均值，探讨在分布的方差上升时，均衡报价行为如何变化。第七章指出，$\hat{F}$ 是 F 的保持均值展开型，如果对 $\theta \in [0,\beta]$，有：

$$\hat{T}(\theta)-T(\theta) \equiv \int_0^\theta (\hat{F}(\theta)-F(\theta))\,d\theta \geqslant 0$$

并且：

$$\hat{T}(\beta)-T(\beta)=0$$

我们首先探讨对最高报价的影响。均衡收益随类型上升的速度为：

$$V'(\theta)=F^{n-1}(\theta) \qquad (12.1-4)$$

最高类型的均衡收益因此为：

$$V(\beta)=\int_0^\beta F^{n-1}(\theta)\,d\theta$$

当 $n=2$ 时，通过分部积分，得到：

$$V(\beta)=\beta-\mu$$

其中：

$$\mu=\int_0^\beta \theta f(\theta)\,d\theta$$

最高报价因此为均值。

当 $n>2$ 时，最高类型的收益的变化为：

$$\hat{V}(\beta)-V(\beta)=\int_0^\beta (\hat{F}^{n-1}-F^{n-1})\,d\theta=\int_0^\beta (\hat{F}(\theta)-F(\theta))H(\theta)\,d\theta$$

其中：

$$H(\theta) \equiv \sum_{j=1}^{n-2} \hat{F}^j(\theta)F^{n-1-j}(\theta)$$

这里要看到,在 $n>2$ 时,$H(\theta)$ 严格递增。

分部积分,得到:

$$\hat{V}(\beta)-V(\beta)=[\hat{T}(\beta)-T(\beta)]H(\beta)-\int_0^\beta(\hat{T}(\theta)-T(\theta))H'(\theta)d\theta$$

由于 $\hat{F}$ 是 F 的保持均值展开型,所以,上式中的第一项等于零。在 $n>2$ 时,第二项为负。我们因此证明了下面的命题。

命题 12.1-2:保持均值展开后最大收益的变化

如果价值认定的分布发生变化,新的分布是初始分布的保持均值展开型,则有最高价值认定的买方的报价,在只有两个买方时,保持不变;在买方数量多于两个时,降低。

在简单的保持均值展开中,存在某个 $\hat{\theta}$,使得对一切 $\theta<\hat{\theta}$ 有:

$$\hat{F}(\theta)-F(\theta)\geqslant 0$$

对一切 $\theta>\hat{\theta}$,有:

$$\hat{F}(\theta)-F(\theta)\leqslant 0$$

于是,根据(12.1-4),对一切 $\theta<\hat{\theta}$,有:

$$\hat{V}'(\theta)-V'(\theta)\geqslant 0$$

对一切 $\theta>\hat{\theta}$,有:

$$\hat{V}'(\theta)-V'(\theta)\leqslant 0$$

就是说,$\hat{V}(\theta)-V(\theta)$ 先递增后递减。并且,$\hat{V}(0)=V(0)=0$。根据命题 12.1-2,最高报价下降,因此,$\hat{V}(\beta)\geqslant V(\beta)$。我们于是有如下推论。

推论 12.1-3:保持均值展开后均衡收益的变化

如果价值认定的分布改变,新的分布是初始分布的简单的保持均值展开型,则均衡收益上升。

为理解这一结论,设 $\hat{F}$ 是均值为 μ 的任意分布。在只有两个买方时,最高报价为 μ。在有更多买方时,报价上升,最高报价超过 μ。设 F 是连续分布函数,是对一个阶梯函数的逼近。在这一阶梯函数中,所有概率密度都集中在均值上。就是说:

$$F(\theta)\approx F^*(\theta)=\begin{cases}0, & \theta<\mu\\ 1, & \theta\geqslant\mu\end{cases}$$

$\hat{F}$ 是 F^* 的保持均值展开型,因此是 F 的保持均值展开型。当所有密度都集中在均值时,不存在任何信息租金。不管有多少买方,对称均衡报价为均值 μ。

在只有两个买方时,我们可以以类似方式分析卖方的期望收入。给定收入等价性原理,我们探讨闭标次高价格拍卖。设 $F_{(2)}(\theta)$ 是第二秩统计量的累积分布函数。它是两个买方的价值认定都低于 θ 的概率。

命题 12.1－4:保持均值展开后的收入效应

如果只有两个买方且 $\hat{F}$ 是 F 的保持均值展开型,则在分布 $\hat{F}$ 下,期望收入更高。

证明:次高价格的累积分布函数为

$$F_{(2)}(\theta)=\Pr\{\theta_{(2)}\leqslant\theta\}=1-\Pr\{\tilde{\theta}_1\geqslant\theta,\tilde{\theta}_2\geqslant\theta\}=1-(1-F(\theta))^2=2F(\theta)-F^2(\theta)$$

在次高价格拍卖中,期望收入是次高价值认定的期望:

$$U^D=\int_0^\beta \theta dF_{(2)}(\theta)=\beta-\int_0^\beta F_{(2)}(\theta)d\theta=\beta-\int_0^\beta(2F-F^2)d\theta$$

由于在闭标最高价格与次高价格拍卖中,期望收入相同,所以,闭标最高价格拍卖的期望收入上的变化为:

$$\hat{U}^D-U^D=\int_0^\beta(2F-F^2)d\theta-\int_0^\beta(2\hat{F}-\hat{F}^2)d\theta$$

由于均值相同,上式可以写为:

$$\hat{U}^D-U^D=\int_0^\beta(\hat{F}^2-F^2)d\theta=\int_0^\beta(\hat{F}(\theta)-F(\theta))M(\theta)d\theta$$

其中,$M(\theta)=\hat{F}(\theta)+F(\theta)$ 严格递增。

分部积分,得到:

$$\hat{U}^D-U^D=-\int_0^\beta(\hat{T}(\theta)-T(\theta))M'(\theta)d\theta<0$$

由于 $M(\cdot)$ 是增函数,所以,右边的项为负。 □

为理解这一结论,我们看一种极端情况:分布 F 的方差为零,因此,两个买方的报价都是 μ。商品于是在价格 μ 上出售。对有这一均值的任何连续分布 $\hat{F}$,最大报价为 μ,所以,这件商品以 1 的概率在更低价格上出售。

有公开价值认定时的报价行为

上述分析中,用到了一个关键假定:所有买方的价值认定都是私人信息且相互独立。这是个相当方便的近似,但在许多情况中,所拍卖商品对所有潜在买方有相同价值。买方之间存在不对称性,因为商品的真实价值未知,并且,对商品的真实价值,不同人有不同的私人信息。买方 i 的私人信息概括于其“信号”θ_i 中。

为简化分析,我们看只有两个买方时的情况。如果买方 i 已知道两个人的信号,他会用这两个信号估计商品的价值 $\phi(\theta_i,\theta_{-i})$,这里的函数 $\phi(\cdot)$ 严格递增和对称。[1] 问题是买方 i 只在知道自己是否胜出之后才知道另一个买方的信号。

---

〔1〕 例如,$\phi(\theta)=\frac{1}{2}\theta_1+\frac{1}{2}\theta_2$。

如果这两个信号都与某个公开价值相联系，很自然地，我们应假定这两个信号正相关而非相互独立。就是说，如果买方 $-i$ 有较高的信号，则他认为买方 i 的信号也更可能较高。表示这种相关关系的一种方式，是假定随着买方信号上升，所有"左尾"条件概率下降。

如果买方 $-i$ 的信号为 θ_{-i}，买方 i 的价值认定在小于 y 的前提下小于 x 的概率为：

$$\Pr\{\theta_i \leqslant x \mid \theta_i \leqslant y, \theta_{-i}\} = \frac{F(x \mid \theta_{-i})}{F(y \mid \theta_{-i})}$$

在独立信号情况中，这个概率值独立于买方 $-i$ 的价值认定。从这里开始，我们假定：

$$\frac{\partial}{\partial \theta_{-i}} \Pr\{\theta_i \leqslant x \mid \theta_i \leqslant y, \theta_{-i}\} = \frac{\partial}{\partial \theta_{-i}} \frac{F(x \mid \theta_{-i})}{F(y \mid \theta_{-i})} \leqslant 0$$

则对任意的 $\theta'_{-i} > \theta_{-i}$，有：

$$\frac{F(x \mid \theta'_{-i})}{F(y \mid \theta'_{-i})} \leqslant \frac{F(x \mid \theta_{-i})}{F(y \mid \theta_{-i})}$$

如果这一不等式成立，我们说这一联合分布满足条件随机占优性质。

定义：条件随机占优特征和强条件随机占优特征

设 $\Theta = [\alpha, \beta]$。对称联合密度函数 $f(\theta_1, \theta_2)$ 在 $\Theta \times \Theta$ 上具有条件随机占优特征，如果对所有的 $x, y \in \Theta$：

$$\frac{\partial}{\partial \theta_{-i}} \Pr\{\theta_i \leqslant x \mid \theta_i \leqslant y, \theta_{-i}\} = \frac{\partial}{\partial \theta_{-i}} \frac{F(x \mid \theta_{-i})}{F(y \mid \theta_{-i})} \leqslant 0$$

如果对所有的 $x, y \in (\alpha, \beta)$，这一不等式为严格不等式，则说联合密度函数具有强条件随机占优特征。

这里要看到，如果条件随机占优性质成立，则对所有的 $\theta' < \theta$ 和 $x < y$，有：

$$\frac{F(\theta \mid y) - F(\theta' \mid y)}{F(\theta \mid y)} = 1 - \frac{F(\theta' \mid y)}{F(\theta \mid y)} \geqslant 1 - \frac{F(\theta' \mid x)}{F(\theta \mid x)} = \frac{F(\theta \mid x) - F(\theta' \mid x)}{F(\theta \mid x)}$$

两边同除以 $\theta - \theta'$，取极限。当 $\theta' \to \theta$ 时，对所有的 y 和 $x < y$，有：

$$\frac{f(\theta \mid y)}{F(\theta \mid y)} \geqslant \frac{f(\theta \mid x)}{F(\theta \mid x)} \tag{12.1-5}$$

均衡报价行为

自这里开始，假定条件随机占优性质成立。我们比较闭标最高价格和次高价格拍卖。在闭标次高价格拍卖中，我们有下面的结论。

命题 12.1-5：闭标次高价格拍卖中的均衡报价策略

如果胜出者支付次高价格，则对称的均衡报价策略为 $\phi(\theta,\theta)$，其中，$\theta\in\Theta_i=[\alpha,\beta]$，并且在胜出前提下，均衡期望支付为：

$$\bar{B}(\theta)=\int_{\alpha}^{\theta}\phi(z,z)\frac{F(z|\theta)}{F(\theta|\theta)}dz \tag{12.1-6}$$

证明：设买方 $-i$ 使用均衡策略，信号为 θ 的买方 i 的报价为 $\phi(x,x)<\phi(\theta,\theta)$。

如果买方 $-i$ 的报价低于 $\phi(x,x)$，则买方 i 胜出，支付 $\phi(x,x)$。

如果买方 $-i$ 的报价高于 $\phi(\theta,\theta)$，则买方 i 落败。

假设买方 $-i$ 的报价为 $\phi(\theta_{-i},\theta_{-i})\in\{\phi(x,x),\phi(\theta,\theta)\}$，则 $\theta_{-i}\in\{x,\theta\}$。

如果买方 i 的报价为 $\phi(x,x)$，他落败。

如果他报价 $\phi(\theta,\theta)$，则他胜出，收益为 $\phi(\theta,\theta_{-i})-\phi(\theta_{-i},\theta_{-i})>0$，因为 $\theta_{-i}<\theta$。

就是说，如果买方 i 报价 $\phi(x,x)$ 而非 $\phi(\theta,\theta)$，他得到的期望收益更低。

同理可证明买方 i 如果报价高于 $\phi(\theta,\theta)$，则期望收益更低。

所以，报价 $\phi(\theta,\theta)$ 是唯一的最优反应。 □

现在看闭标最高价格拍卖中的报价行为。如果买方 2 按照对称均衡报价函数 $B(\cdot)$ 报价，价值认定为 θ 的买方 1 的报价为 $B(x)$，则买方 1 的期望收益为：

$$U(\theta,x)=\int_{\alpha}^{x}(\phi(\theta,z)-B(x))f(z|\theta)dz$$

在 $x=\theta$ 时，最大值的一阶条件肯定成立。

$$\begin{aligned}\frac{\partial U}{\partial x}&=(\phi(\theta,x)-B(x))f(x|\theta)-\int_{\alpha}^{x}B'(x)f(z|\theta)dz\\&=(\phi(\theta,x)-B(x))f(x|\theta)-B'(x)F(x|\theta)\end{aligned}$$

在 $x=\theta$ 时，令上式等于零，得到：

$$(\phi(\theta,\theta)-B(\theta))f(\theta|\theta)-B'(\theta)F(\theta|\theta)=0$$

整理得到：

$$B'(\theta)=\frac{f(\theta|\theta)}{F(\theta|\theta)}(\phi(\theta,\theta)-B(\theta)) \tag{12.1-7}$$

现在要把这一微分方程的解与满足(12.1-6)的 $\bar{B}(\theta)$ 进行比较。这里的关键是首先探讨另一种情况中的均衡报价：对每个 $y\in\Theta$，如果拥有信号 y 的买方是天真的并认为价值认定服从独立分布且累积分布函数为 $F(\theta|y)$，则均衡报价行为具有什么特征？假设此种推断下的均衡报价函数为 $B(\theta,y)$。假设每个类型的买方都是天真的。则拥有信号 y 的买方的报价为 $B(y,y)$，就好像他认为均衡报价函数为 $B(\theta,y)$ 一样。拥有信号 $z>y$ 的买方则报价 $B(z,z)$，就好像他认为均衡报价函数为 $B(\theta,z)$ 一样。图 12.1-1 描绘了这种情况。

当所有买方都有这种天真推断时，均衡报价策略为 $B(\theta,\theta)$。

我们说过，在价值认定相互独立时，存在收入等价性。因此，信号为 θ 的买方

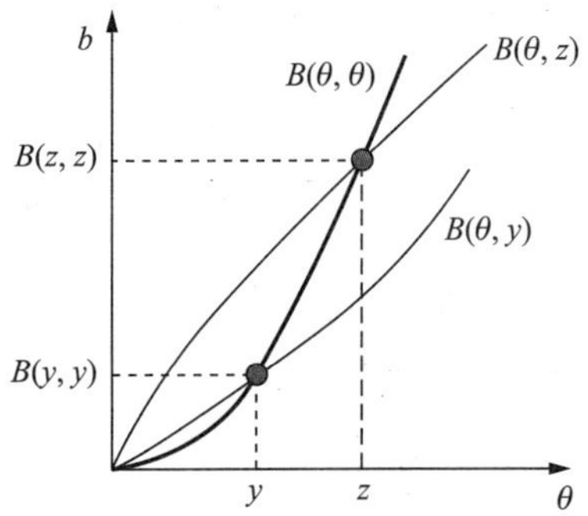

图 12.1-1　有天真推断时的均衡

在闭标次高价格拍卖中的报价等于均衡期望支付。就是说，$B(\theta,\theta)=\bar{B}(\theta)$。所以，要比较两种拍卖方式中的收入，我们只需把正确推断下的闭标最高价格拍卖与天真推断下的闭标最高价格拍卖进行比较。

这里的直观解释是，天真的买方认为，有更低价值认定的人的推断随机优于他们的真实推断。就是说，天真的买方关于其他人将如何报价的推断是向上偏的。结果，他的反应是也报出更高价格，借此增加自己的胜出概率。由于在天真报价下，存在收入等价性，所以，在闭标最高价格拍卖中，期望收入更低。

我们首先探讨天真推断下的均衡报价行为。如果买方 2 按照天真的对称均衡报价函数 $B(\theta,y)$ 报出自己的价格且价值认定为 θ 的买方 1 的报价为 $B(x,y)$，则买方 1 的期望支付为：

$$U(\theta,x,y)=\int_{\alpha}^{x}(\phi(\theta,z)\quad B(x,y))f(z\mid y)dz$$

一阶条件在 $x=\theta$ 上肯定成立。

$$\frac{\partial U}{\partial x}(\theta,x,y)=(\phi(\theta,x)-B(x,y))f(x\mid y)-\frac{\partial B}{\partial x}(x,y)F(x\mid y)$$

在 $x=\theta$ 时，让上式等于零，得到：

$$\frac{\partial B}{\partial \theta}(\theta,y)=\frac{f(\theta\mid y)}{F(\theta\mid y)}(\phi(\theta,\theta)-B(\theta,y)) \qquad (12.1-8)$$

对所有的 θ，这个式子都成立。我们可以把式子(12.1-8)写为：

$$\frac{\partial}{\partial \theta}(B(\theta,y)F(\theta\mid y))=\phi(\theta,\theta)f(\theta\mid y)$$

等号两边积分，整理得到：

$$B(\theta,y)=\int_{\alpha}^{\theta}\phi(z,z)\frac{f(z\mid y)}{F(\theta\mid y)}dz=\phi(\theta,\theta)-\int_{\alpha}^{\theta}\frac{d\phi}{dz}(z,z)\frac{F(z\mid y)}{F(\theta\mid y)}dz \qquad (12.1-9)$$

现在证明如果条件随机占优性质成立，则 $B(\theta)\leqslant B(\theta,\theta)$。我们反证，设法找到矛盾的结论。如果无 $B(\theta)\leqslant\bar{B}(\theta)$，则存在 y 使得 $B(y,y)$。图 12.1-2 画出了报价函数 $B(\theta)$ 和 $B(\theta,y)$ 的图。由于 $B(0)=B(0,y)=0$，肯定存在某个 $x\geqslant 0$ 使

得 $B(x)=B(x,y)$ 并且在 $(x,y]$ 上 $B(\theta)>B(\theta,y)$。

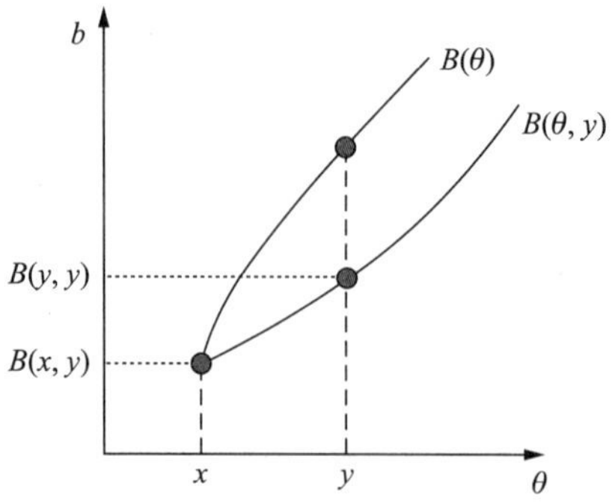

图 12.1－2　均衡报价函数

根据(12.1－8)，有：

$$\frac{\partial B}{\partial \theta}(\theta,y)=\frac{f(\theta|y)}{F(\theta|y)}(\phi(\theta,\theta)-B(\theta,y)) \tag{12.1-10}$$

根据(12.1－7)，有：

$$B'(\theta)=\frac{f(\theta|\theta)}{F(\theta|\theta)}(\phi(\theta,\theta)-B(\theta))$$

这里要注意的是，$\theta\in(x,y]$。利用条件随机占优假定和(12.1－5)，得：

$$B'(\theta)\leqslant\frac{f(\theta|y)}{F(\theta|y)}(\phi(\theta,\theta)-B(\theta))$$

在 $(x,y]$ 区间上，由于 $B(\theta)>B(\theta,y)$，所以：

$$\frac{f(\theta|y)}{F(\theta|y)}(\phi(\theta,\theta)-B(\theta))<\frac{f(\theta|y)}{F(\theta|y)}(\phi(\theta,\theta)-B(\theta,y))$$

根据(12.1－10)，有：

$$\frac{f(\theta|y)}{F(\theta|y)}(\phi(\theta,\theta)-B(\theta,y))=\frac{\partial B}{\partial \theta}(\theta,y)$$

因此，$B(y)<B(y,y)$。这与我们的初始假定矛盾。所以：

$$B(y)\leqslant B(y,y) \tag{12.1-11}$$

现在证明如果强条件随机占优性质成立，则这一不等式为严格不等式。假设存在某个 $\hat{\theta}$ 使得 $B(\hat{\theta})=B(\hat{\theta},\hat{\theta})$。由于(12.1－11)成立，所以，$B(\hat{\theta})\geqslant\frac{d}{d\theta}B(\theta,\theta)$。根据(12.1－10)和(12.1－7)，有：

$$\begin{aligned}\frac{\partial B}{\partial \theta}(\hat{\theta},y)\bigg|_{y=\hat{\theta}}&=\frac{f(\hat{\theta}|\hat{\theta})}{F(\hat{\theta}|\hat{\theta})}(\phi(\hat{\theta},\hat{\theta})-B(\hat{\theta},\hat{\theta}))\\&=\frac{f(\hat{\theta}|\hat{\theta})}{F(\hat{\theta}|\hat{\theta})}(\phi(\hat{\theta},\hat{\theta})-B(\hat{\theta}))=B'(\hat{\theta})\end{aligned}$$

并且，根据(12.1-9)，由于强条件随机占优性质成立，则：

$$\frac{\partial B}{\partial \theta}(\theta,y)=-\int_{\alpha}^{\theta}\frac{d}{dz}\phi(z,z)\frac{\partial}{\partial y}\frac{F(z\mid y)}{F(\theta\mid y)}dz>0$$

因此：

$$\frac{d}{d\theta}B(\hat{\theta},\hat{\theta})=\frac{\partial B}{\partial \theta}(\hat{\theta},y)\bigg|_{y=\hat{\theta}}+\frac{\partial B}{\partial y}(\hat{\theta},y)\bigg|_{y=\hat{\theta}}>B'(\hat{\theta})$$

这与前面的结论矛盾。我们因此证明了下面的命题：

命题 12.1-6：条件随机占优下的收入比较(Milgrom 和 Weber)

如果(强)条件随机占优性质成立，则在闭标最高价格拍卖中，买方的报价(严格)低于买方天真地(和不正确地)认为其他所有买方有和他们相同的推断时的报价。由于天真推断的假定蕴含收入等价性，所以和闭标次高价格拍卖相比，闭标最高价格拍卖中的期望收入(严格)更低。

习　题

习题 12.1-1：当卖方规定保留价格时的报价行为

如果卖方规定了最低(或“保留”)价格 $\hat{\theta}$，则价值认定低于 $\hat{\theta}$ 的买方都不会参加竞价。

(a) 在闭标最高价格拍卖中，价值认定高于 $\hat{\theta}$ 的所有人为什么都应该参加竞价？从而使得均衡报价策略是定义域为 $[\hat{\theta},1]$ 的映射 $B(\theta)$？

(b) 证明均衡报价函数为：

$$B(\theta)=\frac{F(\hat{\theta})^{n-1}\hat{\theta}+\int_{\hat{\theta}}^{\theta}x(n-1)xF(x)^{n-2}dx}{F(\theta)^{n-1}}$$

(c) 分部积分。证明：

$$B(\theta)=\theta-\int_{\hat{\theta}}^{\theta}\left(\frac{F(x)}{F(\theta)}\right)^{n-1}dx$$

(d) 如果 $\bar{F}$ 条件随机占优于 F，报价会更高吗？如果 $\bar{F}$ 随机优于 F 呢？

(e) 如果竞价人数上升，证明对所有的 $\theta>\hat{\theta}$，均衡报价严格更高。

习题 12.1-2：全支付拍卖

一件商品要通过闭标最高价格拍卖出售给出价最高的人。每个买方，按照自己的报价把现金装在信封中，交上信封。现金不返还。卖方打开信封，报价最高的人得到商品。

(a) 设均衡报价函数为 $B(\cdot)$，设其他所有买方都使用均衡策略而买方 i 的报价为 $\hat{b}=B(x)$。推导买方 i 的收益表达式。

(b) 分析直接显示博弈并求解均衡报价函数；求解每种类型的均衡收益。

(c) 将上述结果与标准闭标最高价格拍卖中的均衡收益进行比较。

习题 12.1-3:价值认定的分布上的变化

设价值认定服从$[\alpha,\beta]$上的连续分布,$B(\theta)$是均衡报价函数。假设分布函数向右移动,新的累积分布函数为$\bar{F}(\theta)=F(\theta-\kappa)$,$\theta\in[\alpha+\kappa,\beta+\kappa]$。证明新的均衡报价函数为$\bar{B}(\theta)=\kappa+B(\theta-\kappa)$。

习题 12.1-4:只有两个买方时的共同价值拍卖

买方i的"类型"θ_i是随机变量,其支持为$[\alpha,\beta]$,累积分布函数为$F(\cdot)$,密度函数为$f(\cdot)$。每个买方对商品的价值认定为类型的均值,就是说,$v_i(\theta)=\sum_{j=1}^{n}\frac{1}{n}\theta_j$。设$B(\cdot)$是均衡报价策略。

(a) 在只有两个买方时,设买方i的对手使用均衡报价函数并且买方i的报价为$\hat{b}=B(x)$。证明她的收益为:

$$u(x,\theta_i)=\int_{\alpha}^{x}\left(\frac{1}{2}\theta_i+\frac{1}{2}y\right)dF(y)-F(x)B(x)$$

(b) 分析直接显示博弈,证明均衡满足以下必要条件:

$$xf(x)=\frac{d}{dx}F(x)B(x)$$

(c) 求解均衡报价函数。

习题 12.1-5:赢家的诅咒

在一个共同价值拍卖中,共有n个买方。他们的类型服从$[0,1]$上的均匀分布,就是说,$F(\theta)=\theta$。每个买方的价值认定为$v_i=\frac{1}{n}\sum_{j=1}^{n}\theta_j$。就是说,我们可以把买方的类型看作是她对商品价值的初始私人估计,把v_i看作是当她知道所有人的初始私人估价时的估计值。

(a) 把这一拍卖看作是直接显示博弈,证明:

$$\begin{aligned}u(x,\theta_i)&=\frac{1}{n}\theta_iF^{n-1}(x)+\frac{n-1}{n}F^{n-2}(x)\int_{\alpha}^{\theta_i}ydF(y)-F^{n-1}(x)B(x)\\&=\frac{1}{n}\theta_ix^{n-1}+\frac{n-1}{2n}x^n-x^{n-1}B(x)\end{aligned}$$

(b) 写出一阶条件,证明均衡报价函数为:

$$B(\theta_i)=\left(1-\frac{1}{n}\right)\left(1+\frac{2}{n}\right)\frac{\theta_i}{2}$$

(c) 证明当$n\geqslant 4$时,随着买方数量增加,报价下降。

说明:赢家被诅咒,是因为只有当她对商品价值的初始私人估计在所有人中最高时,她才能赢得商品。除非在计算商品的期望价值时她将这个因素考虑在内,否则,她的报价将过高。

习题 12.1-6:只有有限个类型时的报价

假设只有两个买方。买方i对商品的私人价值认定以p_i的概率为2,以1－

p_i 的概率为 1。这件商品以闭标最高价格拍卖形式出售。在多人报出最高价格时，随机选择胜出方。

(a) 说明价值认定低的买方的均衡报价为 $B(1)=1$。

(b) 解释价值认定高的买方的报价策略为什么是混合策略。

(c) 设 $p_1=p_2=p$。求解均衡混合策略的累积分布函数。

(d) 设 $p_1\neq p_2$。证明不存在均衡。提示：设 $[1,\bar{b}_i]$ 是买方 i 在自己的价值认定为 2 时其报价的分布的支持。解释为什么 $\bar{b}_1=\bar{b}_2$。

习题 12.1-7：在闭标最高价格拍卖中，更厌恶风险的买方的报价更高

价值认定为 θ 的买方，在支付为 b 时，获得的效用为 $U(\theta-b)$。如果他风险中性，则 $U(\theta-b)=\theta-b$。如果他厌恶风险，则 $U(\cdot)$ 是严格凹函数。只有两个买方，他们的价值认定服从 $[0,1]$ 上的独立同分布，累积分布函数为 $F(\cdot)\in\mathbb{C}^1$。

(a) 如果函数 $h(\cdot):\mathbb{R}\to\mathbb{R}$ 是递增的严格凹函数且 $h(0)=0$，证明对所有的 $x>0$，有：

$$\frac{h(x)}{h'(x)}>x$$

(b) 设 $B_N(\theta)$ 是在所有买方风险中性时的均衡报价函数；$B_A(\theta)$ 是在所有买方都厌恶风险时的均衡报价函数。证明这两个报价函数满足以下微分方程：

(ⅰ) $B_N'(\theta)=\dfrac{f(\theta)}{F(\theta)}(\theta-B_N)$；

(ⅱ) $B_A'(\theta)=\dfrac{f(\theta)}{F(\theta)}\dfrac{U(\theta-B_A)}{U'(\theta-B_A)}$。

(c) 利用(a)证明：

$$B_A'(\theta)>\frac{f(\theta)}{F(\theta)}(\theta-B_A)$$

(d) 假设存在某个 θ^* 使得 $B_A(\theta^*)<B_N(\theta^*)$。由于 $B_A(0)=B_N(0)=0$，所以，存在 $\theta^{**}\in[0,\theta^*)$ 使得 $B_A(\theta^{**})=B_N(\theta^{**})$；存在 $\theta\in(\theta^{**},\theta^*]$ 使得 $B_A(\theta^*)<B_N(\theta^*)$。利用(c)证明：

$$B_A(\theta^*)-B_A(\theta^{**})=\int_{\theta^{**}}^{\theta^*}B'_A(\theta)\,d\theta>B_N(\theta^*)-B_N(\theta^{**})$$

矛盾。

(e) 因此，$B_A(\theta)\geqslant B_N(\theta)$。利用(ⅱ)证明对所有的 $\theta>0$，有：

$$B_A(\theta)>B_N(\theta)$$

12.2 收入等价性定理

关键词：均衡胜出概率；均衡边际收益；最优保留价格

在第十章中，我们看到，如果 n 个风险中性买方的价值认定都服从联合密度函

数 $f(\theta_1)\times\cdots\times f(\theta_n)$，则对每种买方类型，闭标拍卖与公开喊价拍卖产生相同的期望收益。给定这一买方收益等价性，每种买方类型的期望支付在这两种拍卖方式下肯定相同，因此，卖方所实现的期望收入在这两种拍卖方式下相同。现在证明一个更一般的结论。

对卖方所设计的任何机制，价值认定为 θ_i 的买方 i 的期望毛收益等于他的胜出概率 w 乘以他的价值认定。设 r 是买方的期望支付，则他的期望收益为：

$$u(\theta_i, w, r) = w\theta_i - r$$

假设卖方设计了一个对称机制使得所有买方能公平竞争。我们很自然地应该寻找对称均衡。设价值认定为 $\theta\in\Theta$ 的买方的均衡胜出概率为 $w(\theta)$，均衡期望支付为 $r(\theta)$。

和第十一章一样，假定单交叉性质成立。均衡的必要条件因此是对任意的 $\hat{\theta}_i > \theta_i$，买方 i 的胜出概率 $w(\hat{\theta}_i)\geqslant w(\theta_i)$。均衡期望支付于是为 $r(\hat{\theta}_i)\geqslant r(\theta_i)$。否则，价值认定为 θ_i 的买方，就能通过模仿价值认定为 $\hat{\theta}_i$ 的行为来增加自己的期望收益。

我们看具有如下均衡特征的销售机制：如果待售商品最终卖出，则得到商品的人是对它有最高价值认定的人。（如果多个人有最高价值认定，则赢家从他们中随机产生。）闭标最高价格拍卖就是这样一种机制。给定保留价格（和入场费），价值认定低于某个门槛值 $\hat{\theta}$ 的买方不参加竞价。所有其他买方都参与竞价，有最高价值认定的买方胜出。

价值认定高于门槛值的买方的胜出概率，是她的价值认定在所有人中最高的概率。就是说：

$$w(\theta)=\begin{cases}0, & \theta<\hat{\theta}\\ F^{n-1}(\theta), & \theta\geqslant\hat{\theta}\end{cases}$$

由于均衡胜出概率是严格增函数，均衡期望支付 $r(\theta)$ 肯定也是严格增函数。[1] 我们寻找一个均衡，均衡胜出概率 $w(\theta)$ 与均衡期望支付 $r(\theta)$ 都连续可微。

首先进行图形分析。设 $V(\cdot)$ 是均衡收益函数。则价值认定为 θ_i 的买方 i 的均衡收益为：

$$V(\theta_i) = w(\theta_i)\theta_i - r(\theta_i)$$

假设其他所有买方都按照均衡策略报价，但买方 i 偏离均衡策略，不管自己的价值认定为多少，都如同他的价值认定为 θ_i 时那样报价。他的胜出概率因此为 $w(\theta_i)$，他的期望支付为 $r(\theta_i)$。他的收益因此为：

$$\hat{V}(\theta_i) = w(\theta_i)\theta - r(\theta_i)$$

图 12.2-1 画出了函数 $V(\theta)$ 与 $\hat{V}(\theta)$。

首先，因为 $V(\theta)$ 是最优反应收益，所以 $V(\theta)\geqslant\hat{V}(\theta)$。其次，$V(\theta_i)=\hat{V}(\theta_i)$，因为买方 i 在自己的价值认定为 θ_i 时将报出自己的最优反应。最后，函数 $\hat{V}(\theta)$ 是线

〔1〕 否则，价值认定较低的买方，就会通过模仿价值认定较高的买方来增加自己的收益。

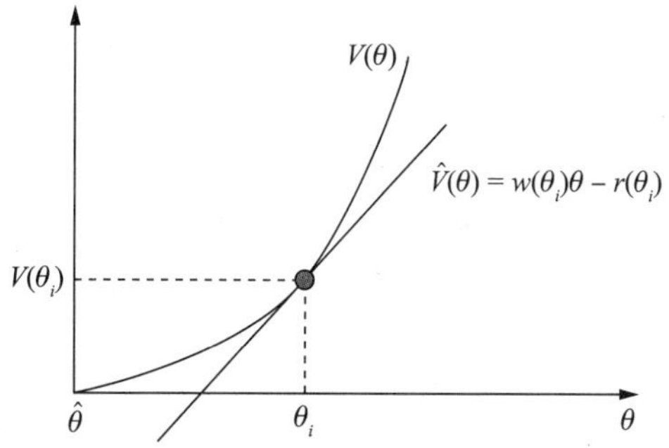

图 12.2-1 均衡边际收益

性函数，斜率为 $w(\theta_i)$。于是，如图所示，在 θ_i 上，两条曲线有相同的斜率，即：

$$\frac{dV}{d\theta}(\theta_i)=w(\theta_i)$$

现在应用直接揭示原理进行正式分析。机制设计者计算均衡胜出概率和期望支付函数 $\{w(x),r(x)\}_{x\in\Theta}$，邀请每个买方报告类型 $x\in\Theta$，如果价值认定为 θ_i 的买方 i 报告的是 x，则他的胜出概率为 $w(x)$，期望支付为 $r(x)$。他的收益于是为：

$$U(\theta_i,x)=\theta_i w(x)-r(x)$$

均衡最优反应产生结果 $(w(\theta_i),r(\theta_i))$。设 $V(\theta_i)$ 是这个买方的均衡收益，则：

$$\theta_i=\underset{x\in\Theta}{\operatorname{argmax}}\{U(\theta_i,x)\},V(\theta_i)=U(\theta_i,\theta_i)$$

应用包络定理，得：

$$\frac{dV}{d\theta}(\theta_i)=w(\theta_i)$$

由于对每个 θ_i 这一结论都成立，所以均衡边际收益是胜出概率。由于参与竞价的最低类型的买方的收益为零，所以：

$$V(\theta)=\int_{\hat{\theta}}^{\theta}w(x)\,dx$$

就是说，所有设置门槛值 $\hat{\theta}$ 的销售机制，只要它们都把商品卖给有最高价值认定的买方，它们都实现相同的均衡收益。并且，$V(\theta_i)=\theta_i w(\theta_i)-r(\theta_i)$。均衡期望收益支付因此为：

$$r(\theta_i)=\theta_i w(\theta_i)-\int_{\hat{\theta}}^{\theta_i}w(\theta)\,d\theta \qquad (12.2-1)$$

所有此类销售机制，都有这一结果。我们于是有下面的结论。

---

〔1〕 这个结论最早于 1979 年早春时得到证明。比尔·萨缪尔森(Bill Samuelson)和我在研究过大量例子后，越来越坚信在这些例子背后肯定存在一般原理。我还清楚地记得当时在麻省牛顿高地当一切都水落石出时，那令我们激动的一刻。在接下来的夏天，梅耶森(Myerson)证明，不可能通过把商品卖给有最高价值认定的买方之外的任何人而获得更高收入——除非在相当极端的情况下。

命题 12.2-1:收入等价性定理[1]**(Riley 和 Samuelson)**

如果买方的价值认定服从联合密度函数 $f(\theta_1)\times\cdots\times f(\theta_n)$,商品将出售给有最高价值认定且这个价值认定高于某个"保留"值 $\hat{\theta}$ 的买方,则对所有的 θ,买方的均衡收益独立于销售机制,卖方的期望收入也因此独立于销售机制。

例子 1:全支付拍卖

假设一件商品通过闭标最高价格拍卖方式出售,但所有竞标人都必须支付其报价,则均衡报价 $B(\theta)$ 是价值认定为 θ 的买方的期望支付。就是说,$B(\theta)=r(\theta)$,均衡报价于是为公式(12.2-1)。

例子 2:消耗战

有两个买方。拍卖人开动一只时钟;当其中一人叫停时,时钟停止走动。两个买方按照时钟上所指时间,支付相应金钱给拍卖人。

设 $B(\cdot)$ 是均衡报价函数。设第一个人的价值认定为 θ,第二个人的价值认定为 θ_2,则买方 1 的支付为 $\min\{B(\theta),B(\theta_2)\}$。他的期望支付于是为:

$$\begin{aligned}r(\theta)&=\int_0^{\theta}B(\theta_2)f(\theta_2)d\theta_2+\int_{\theta}^{1}B(\theta)f(\theta_2)d\theta_2\\&=\int_0^{\theta}B(\theta_2)f(\theta_2)d\theta_2+B(\theta)[1-F(\theta)]\end{aligned}\tag{12.2-2}$$

我们将看到,要求解均衡报价函数,我们需要用到这一支付函数的导数。对(12.2-2)求导,得到:

$$r'(\theta)=B(\theta)f(\theta)+B'(\theta)[1-F(\theta)]-B(\theta)f(\theta)=B'(\theta)[1-F(\theta)]$$

应用直接显示原理,我们能得到激励一致性的必要条件。如果价值认定为 θ_i 的买方 i 的报价为 $B(x)$,则他的收益为:

$$U(\theta_i,x)=\theta_iF(x)-r(x)$$

但是,$B(\theta_i)$ 是此人的均衡最优反应。因此:

$$\theta_i=\underset{x}{\operatorname{argmax}}\{U(\theta_i,x)=\theta_iF(x)-r(x)\}$$

根据一阶条件为,在 $x=\theta_i$ 时,有:

$$\theta_if(x)-r'(x)=0$$

因此,$r'(\theta)=\theta f(\theta)$。让这两个关于 $r'(\theta)$ 的表达式相等,得到:

$$B'(\theta)=\frac{\theta f(\theta)}{1-F(\theta)}$$

因此:

$$B(\theta_i)=\int_0^{\theta_i}\frac{\theta f(\theta)}{1-F(\theta)}d\theta$$

最优保留价格

所谓的保留价格，是存在某个$\hat{\theta}$使得均衡收益$V(\hat{\theta})=0$且$V(\theta)>0$当且仅当$\theta>\hat{\theta}$。根据收入等价性定理，我们可以选择任意拍卖方式来研究保留价格变化对收入的影响。我们使用闭标次高价格拍卖。在这种情况中，$\hat{\theta}$是卖方设定的保留价格。设保留价格从$\hat{\theta}$提高到$\hat{\theta}+\Delta\theta$。

首先看一阶效应。有多个买方的价值认定位于$\hat{\theta}$与$\hat{\theta}+\Delta\theta$之间的概率具有二阶效应。如果有多个买方的价值认定在$\hat{\theta}+\Delta\theta$以上，则价格将被抬高到$\hat{\theta}+\Delta\theta$以上，所以，改变保留价格对收入没有任何影响。因此，我们可以忽视这两种情况。假设买方1是价值认定超过$\hat{\theta}$的唯一买方。他的价值认定高于$\hat{\theta}+\Delta\theta$的概率为$1-F(\hat{\theta}+\Delta\theta)$，在$\hat{\theta}$与$\hat{\theta}+\Delta\theta$之间的概率为$F(\hat{\theta}+\Delta\theta)-F(\hat{\theta})$。在第一种情况中，卖方的收入的增长为$\Delta\theta$；在第二种情况中，商品没能出售出去，所以，损失为$\hat{\theta}$。卖方的期望收入的增长因此为：

$$F^{n-1}(\hat{\theta})(1-F(\hat{\theta}+\Delta\theta))\Delta\theta-\hat{\theta}(F(\hat{\theta}+\Delta\theta)-F(\hat{\theta}))$$

由于这只是一个买方产生的效应，因此，所有n个买方产生的效应是上述变化的n倍。取一阶逼近，卖方的期望收入的增长为：

$$\Delta r=nF^{n-1}(\hat{\theta})[1-F(\hat{\theta})-\hat{\theta}f(\hat{\theta})]\Delta\theta$$

上式等号两边同除以$\Delta\theta$，取极限，得到卖方的边际期望收入：

$$\frac{dr}{d\hat{\theta}}=nF^{n-1}(\hat{\theta})(1-F(\hat{\theta})-\hat{\theta}f(\hat{\theta}))$$

首先要看到，如果最低价值认定足够小，则在$\hat{\theta}=\alpha$上，上式严格为正。卖方因此能通过排除价值认定足够低的买方来最大化利润。这是个标准的垄断结果。为最大化利润，垄断企业比较边际收入与边际成本而非比较社会收益与边际成本。因此，除非边际收入始终高于边际成本，否则，相对于效率结果，垄断企业供给不足。

其次要看到，我们可以把卖方的边际收入写为：

$$\frac{dr}{d\hat{\theta}}=nF^{n-1}(\hat{\theta})(1-F(\hat{\theta}))(1-\hat{\theta}h(\hat{\theta}))$$

其中，$h(\theta)=\dfrac{f(\theta)}{1-F(\theta)}$是分布$F$的“失灵率”。在很多分布上，失灵率是增函数。因此，存在唯一的保留价格满足一阶条件$\dfrac{dr}{d\hat{\theta}}=0$。就是说，收入最大化的保留价格独立于竞标者数量。

习 题

习题 12.2-1:只有有限个类型时的最优拍卖

只有两个买方,各自的价值认定位于集合 $\Theta=\{1,2\}$。他们的价值认定服从独立同分布,每个买方有高价值认定的概率为 p。

(a) 证明在闭标最高价格与次高价格拍卖中,均衡收益为 $(V(1),V(2))=(0,1-p)$。

(b) 证明存在 $\hat{p}$ 使得卖方因为设立保留价格而发生损失当且仅当 $p<\hat{p}$。

(c) 假设卖方宣布两个买方必须从集合 $B=\{1,b\}$ 中选择报价。求解最大化卖方期望收入的 b,证明有高价值认定的买方的收益 $V^*(2)$ 小于 $V(2)$,卖方的收入因此更高。

习题 12.2-2:最优保留价格

买方风险中性。每个买方的价值认定服从支持 $[\alpha,\beta]$ 上的独立分布,累积分布函数为 $F(\cdot)$,概率密度函数为 $f(\cdot)$。

(a) 利用前一题目中的结论,证明如果卖方设立保留价值 $\hat{\theta}$,则买方 i 的均衡期望支付为:

$$\bar{r}_i(\hat{\theta})=\int_{\hat{\theta}}^{\beta}\theta F^{n-1}(\theta)f(\theta)d\theta+\int_{\hat{\theta}}^{\beta}H(\hat{\theta},\theta)f(\theta)d\theta$$

其中:

$$H(\hat{\theta},\theta)=\int_{\hat{\theta}}^{\theta}F^{n-1}(x)dx$$

这里要看到:

$$H(\hat{\theta},\hat{\theta})=0,\frac{\partial H}{\partial \theta}(\hat{\theta},\theta)=F^{n-1}(\theta)$$

(b) 证明:

$$\frac{d\bar{r}_i}{\hat{d}\theta}=-F^{n-1}(\hat{\theta})(\hat{\theta}f(\hat{\theta})-(1-F(\hat{\theta})))$$

(c) 阐述最大化卖方期望收入的保留价值的特征。假设卖方对商品的价值认定为 θ_0,这是在商品没有卖出时,他获得的收益。概括在这种情况下,最优保留价值的特征。

(d) 假设各个人的价值认定服从 $[\alpha,\beta]$ 上的均匀分布。在参数取什么值时,卖方设定高于 α 的保留价格对他最优?

12.3 最优拍卖

关键词:应用显示原理;期望买方剩余(信息租金);期望卖方剩余;最大化收入的拍卖设计

在第 12.2 节探讨的拍卖中，商品出售给有最高价值认定的买方，只要这一价值认定超过某个最低值 $\hat{\theta}$。并且，我们证明了在风险中性、对称性和独立分布等基本假定下，改变拍卖规则对价值认定为 θ 的买方的期望收益没有影响。卖方的收入因此独立于拍卖规则。现在证明，只要增加一个很弱的假定，把商品出售给有最高价值认定的买方以外的任何人，都不无法增加卖方收入。这种情况下，买方能做的只是确定最优保留价格，利用两种常见拍卖方式中的一种，出售商品。本节还将放松所有买方服从同分布的假定，概括最优拍卖的特征。

假定所有买方的价值认定位于区间$[\alpha,\beta]$，有联合密度函数 $f_1(\theta_1)\times\cdots\times f_n(\theta_n)$ 和联合累积分布函数 $F_1(\theta_1)\times\cdots\times F_n(\theta_n)$。卖方的保留价值为 θ_0，这是在商品没能卖出时他的收益。

在分析非线性定价时，我们对需求价格函数 $p(\theta,q)$ 施加过如下正则性假定。

正则性假定：边际收入递增

$$MR(\theta,q)=p(\theta,q)-\frac{1-F(\theta)}{F'(\theta)}p_\theta(\theta,q)$$

是 θ 的增函数。

在拍卖中，价值认定为 θ_i 的买方 i 如果以概率 q 购得商品，则他的收益为 $B(\theta_i,q)=\theta_i q$。设 $p(\theta_i,q)$ 为需求价格函数。就是说：

$$p(\theta_i,q)\equiv\begin{cases}\theta_i, & q\leqslant 1\\ 0, & q>1\end{cases}$$

于是：

$$B(\theta_i,q)=\int_0^q p(\theta_i,q)=\theta_i q$$

设 $F_i(\cdot)$是买方 i 的价值认定的累积分布函数。给定一种拍卖形式，正则性假定得到满足当且仅当

$$MR_i(\theta,q)=J_i(\theta)\equiv\theta-\frac{1-F_i(\theta)}{F'_i(\theta)}$$

是增函数。在对最优拍卖的分析中，我们使用这个假定。

如前节所述，价值认定为 θ_i 的买方 i 的收益可以写为：

$$U_i=w\theta_i-r$$

由于单交叉性质成立，所以，有更高价值认定的买方，通过报出更高价格，选择更高的胜出概率。

这里要指出的是，对任意销售机制，即对卖方宣布的一系列规则，均衡最优反应导致参与者 i 以某个均衡概率 $w_i(\theta_1,\cdots,\theta_n)$赢得商品，发生均衡期望支付 $r_i(\theta_1,\cdots,\theta_n)$。在所有其他买方上取期望，定义：

$$\varpi_i(\theta_i)=\underset{\theta-i}{E}\{w_i(\theta)\}$$

$$\bar{r}_i(\theta_i)=\underset{\theta-i}{E}\{r_i(\theta)\} \tag{12.3-1}$$

我们看直接揭示博弈：卖方宣布胜出概率和收益，要求每个买方揭示自己的类型。假设买方 i 没有报出自己的最优反应，而宣布自己的价值认定为 x。则他的期望收益为：

$$U_i(\theta_i,x)=\bar{w}_i(x)\theta_i-\bar{r}_i(x) \tag{12.3-2}$$

由于买方 i 的最优反应是宣布自己的真实价值认定，所以，$U_i(\theta_i,x)$ 在 $x=\theta_i$ 上取得最大值。就是说：

$$\theta_i=\underset{x}{\operatorname{argmax}}\{U_i(\theta_i,x)\}=\max_x\{\bar{w}_i(x)\theta_i-\bar{r}_i(x)\}$$

设 $V_i(\theta_i)$ 是价值认定为 θ_i 的买方 i 的均衡收益，就是说：

$$V_i(\theta_i)=\max_x\{U_i(\theta_i,x)\}=\max_x\{\bar{w}_i(x)\theta_i-\bar{r}_i(x)\}$$

根据包络定理，有：

$$\frac{dV_i}{d\theta_i}=\bar{w}_i(\theta_i)$$

积分，得到买方 i 的均衡收益：

$$V_i(\theta_i)=V_i(\alpha)+\int_\alpha^{\theta_i}\bar{w}_i(x)dx$$

这里将不考虑可能给最低类型买方带来收益的销售机制，就是说，这里将假定 $V_i(\alpha)=0$。

在所有可能的价值认定上取期望，得到：

$$\underset{\theta i}{E}\{V_i(\theta_i)\}=\int_\alpha^\beta f_i(\theta_i)\int_\alpha^{\theta_i}\bar{w}_i(x)dxd\theta_i$$

分部积分，得到买方 i 的均衡事前期望收益：

$$\underset{\theta i}{E}\{V_i(\theta_i)\}=\underset{\theta i}{E}\left\{\frac{1-F_i(\theta_i)}{f_i(\theta_i)}\bar{w}_i(\theta_i)\right\} \tag{12.3-3}$$

假设卖方的价值认定为 θ_0。如果买方的价值认定向量为 θ，则无人赢得商品的概率为：

$$1-\sum_{i=1}^n w_i(\theta)$$

卖方的收益于是为：

$$u_0(\theta)=\sum_{i=1}^n r_i(\theta)+\left(1-\sum_{i=1}^n w_i(\theta)\right)\theta_0$$

在类型上取期望，卖方的期望收益为：

$$U_0=\underset{\theta}{E}\left\{\sum_{i=1}^n r_i(\theta)+\left(1-\sum_{i=1}^n w_i(\theta)\right)\theta_0\right\}=\theta_0+\sum_{i=1}^n\underset{\theta}{E}\{r_i(\theta)-w_i(\theta)\}\theta_0$$

$$=\theta_0+\sum_{i=1}^{n}\underset{\theta_i}{E}\underset{\theta_{-i}}{E}\{r_i(\theta)-w_i(\theta)\}\theta_0=\theta_0+\sum_{i=1}^{n}\underset{\theta}{E}\{\bar{r}_i(\theta)-\bar{w}_i(\theta)\}\theta_0$$

并且,$V(\theta_i)=\theta_i\bar{w}(\theta_i)-\bar{r}(\theta_i)$。替换上式中的 $\bar{r}_i(\theta_i)$,得到:

$$U_0=\theta_0+\sum_{i=1}^{n}\underset{\theta_i}{E}\{(\theta_i-\theta_0)\bar{w}_i(\theta_i)-V_i(\theta_i)\}$$

代入(12.3-3),得到:

$$U_0=\theta_0+\underset{\theta}{E}\left\{\sum_{i=1}^{n}\left(\theta_i-\theta_0-\frac{1-F_i(\theta_i)}{f_i(\theta_i)}\right)\bar{w}_i(\theta)\right\}$$
$$=\theta_0+\underset{\theta}{E}\left\{\sum_{i=1}^{n}[J_i(\theta_i)-\theta_0]w_i(\theta)\right\}$$

买方和机制设计者的均衡收益因此只决定于配置规则 $w(\theta)=(w_1(\theta),\cdots,w_n(\theta))$。我们于是有下面的命题。

命题 12.3-1:均衡收益

价值认定为 θ_i 的买方 i 的均衡收益为:

$$V_i(\theta_i)=\int_{\alpha}^{\theta_i}\bar{w}_i(x)dx$$

卖方的均衡收益为:

$$U_0=\theta_0+\underset{\theta}{E}\left\{\sum_{i=1}^{n}w_i(\theta)(J_i(\theta_i)-\theta_0)\right\}$$

其中:

$$J_i(\theta_i)=\theta_i-\frac{1-F_i(\theta_i)}{f_i(\theta_i)}$$

我们看每个买方的价值认定服从同一分布 $F(\cdot)$时的对称情况。根据正则性假定,存在某个 $\hat{\theta}\in[\alpha,\beta)$使得 $J(\theta_i)\geqslant\theta_0$ 当且仅当 $\theta_i\geqslant\hat{\theta}$。我们现在证明,商品被出售给有最高价值认定且这一价值认定高于 $\hat{\theta}$ 的买方的销售机制,对机制设计者最优。

我们看 $\sum_{i=1}^{n}w_i(\theta)(J(\theta_i)-\theta_0)$ 的最大化问题。如果所有价值认定都低于 $\hat{\theta}$,则令每个概率都等于零,就能得到 $\sum_{i=1}^{n}w_i(\theta)(J(\theta_i)-\theta_0)$ 的最大值。如果有一个或多个价值认定高于 $\hat{\theta}$,则令有最高价值认定的买方的胜出概率等于 1,$\sum_{i=1}^{n}w_i(\theta)(J(\theta_i)-\theta_0)$ 取得最大值。这正是卖方宣布保留价格 $\hat{\theta}$ 和用闭标最高价格拍卖或公开喊价升序拍卖的形式出售商品时所使用的配置规则。

命题 12.3-2:最优拍卖(Myerson)

一件商品对 n 个卖方出售。卖方的价值认定为 θ_0。买方的价值认定服从同分布,累积分布函数为 $F(\cdot)$,概率密度函数为 $f(\cdot)$,并且 $J(\theta)=\theta+\dfrac{1-F(\theta)}{f(\theta)}$ 是增函数。如果 $J(\alpha)\geqslant\theta_0$,则最优销售机制是无保留价格的常见拍卖形式;如果 $J(\alpha)<\theta_0$,则最优销售机制是保留价格为 $\hat{\theta}$ 的常见拍卖形式,其中 $\hat{\theta}$ 使得 $J(\hat{\theta})=\theta_0$。

不对称拍卖

此前讨论的拍卖都是对称拍卖,即买方的价值认定服从同分布的拍卖。现在探讨只有两个买方的拍卖,但其中一个买方"更强"(就是说,其价值认定的分布对他更有利)。我们将看到,利润最大化拍卖规则将为弱买方提供补贴。直观地说,给他以补贴,能让他更激进地报价,从而迫使有高价值认定的买方也更激进地报价。

我们看一种具体情况:两个人的价值认定都服从均匀分布,但分布的支持分别为 $[0,\beta_1]$ 和 $[0,\beta_2]$,$\beta_1>\beta_2$。由于买方 1 的分布更有利,我们称买方 1 为强买方,买方 2 为弱买方。假定卖方的价值认定为零。给定这些假设,得:

$$J_i(\theta_i)=2\theta_i-\beta_i$$

根据命题 12.3-1,如果 J_1 与 J_2 都为负,就是说,如果对 $i=1,2,\theta_i<\dfrac{\beta_i}{2}$,这件商品就不应该出售。在这种情况以外,商品应该出售给强买方当且仅当 $J_1(\theta_1)\geqslant J_2(\theta_2)$,就是说,当且仅当 $\theta_1>\theta_2+\dfrac{1}{2}(\beta_1-\beta_2)$。利用公开喊价升序拍卖,并且在拍卖中卖方设定保留价格 $\hat{\theta}=\dfrac{1}{2}\beta_1$,对弱买方的任何报价都补贴 $s=\dfrac{1}{2}(\beta_2-\beta_1)$,就能实现这一结果。在提供这种补贴时,报价如果等于保留价格,买方 2 就会发生如下净成本:

$$\hat{\theta}-s=\frac{1}{2}\beta_1-\frac{1}{2}(\beta_1-\beta_2)=\frac{1}{2}\beta_2$$

就是说,只要 $\theta_2>\dfrac{1}{2}\beta_2$,买方 2 就会参与竞价。假设两个人都竞价。在得到补贴时,参与者 2 的占优策略是坚持竞价直至卖方的问价等于 θ_2+s。如果她胜出,则她支付 θ_2。如果 $\theta_1\geqslant\theta_2+s$,就是说,如果 $\theta_1\geqslant\theta_2+\dfrac{1}{2}(\beta_1-\beta_2)$,买方 1 报出的价格更高。

习　题

习题 12.3-1:最优保留价格

(a) 设卖方的价值认定为零,买方的价值认定在区间 $[0,\beta]$ 上均匀分布。证明最优保留价格为 $r^*=\beta/2$。

(b) 设买方的价值认定在区间$[\alpha,\beta]$上均匀分布使得$F(\theta)=\frac{\theta-\alpha}{\beta-\alpha}$,找出在什么条件下设定保留价格能提高卖方利润。

(c) 设卖方有正的价值认定θ_0。回答(b)中问题。

习题 12.3-2:共同价值认定拍卖

买方i的类型θ_i服从独立分布,其分布的支持为$[\alpha,\beta]$,累积分布函数为$F(\cdot)$,概率密度函数为$f(\cdot)$。他的价值认定是买方的类型的对称函数$v(\theta_1,\cdots,\theta_n)$。

(a) 如私人价值拍卖中的证明那样,证明买方i的期望剩余为:

$$\underset{\theta}{E}\left\{\frac{1-F(\theta_i)}{f(\theta_i)}\frac{\partial v}{\partial\theta_i}(\theta)q_i(\theta)\right\}$$

(b) 设卖方的价值认定为零,证明卖方的期望利润为:

$$\underset{\theta}{E}\{U_0(\theta)\}=\underset{\theta}{E}\left\{\sum_{i=1}^{n}q_i(\theta)\left[v(\theta)-\frac{1-F(\theta_i)}{f(\theta_i)}\frac{\partial v}{\partial\theta_i}\right]\right\}$$

(c) 解释为什么闭标最高价格拍卖与闭标次高价格拍卖在收益上等价。

(d) 假设只有两个买方,每个买方类型服从$[0,1]$上的均匀分布,卖方只把商品卖给类型值大于$\hat{\theta}$的买方。求卖方的期望收益的表达式;证明在$\hat{\theta}=\frac{2}{5}$时,卖方收入最大。

(e) 在这种情况中,最大化收入的保留价格是什么?

习题 12.3-3:最优不对称拍卖

两个买方的价值认定都服从$[0,1]$上的连续分布。买方i的累积分布函数是$F_i(\theta)$。第二个买方有更高的失灵率,就是说:

$$\frac{f_1(\theta)}{1-F_1(\theta)}<\frac{f_2(\theta)}{1-F_2(\theta)}$$

(a) 证明对$\theta\in(0,1)$,$F_1(\theta)<F_2(\theta)$,就是说,买方1是"强"买方。

(b) 证明在任何销售机制中,买方$i=1,2$的收益都可以表示为配置规则$w_i(\theta_1,\theta_2)$——商品卖给买方i的概率——的函数。

(c) 证明期望卖方收入为:

$$\int_0^1\int_0^1[q_1(\theta)J_1(\theta_1)+q_2(\theta)J_2(\theta_2)]dF(\theta_1)dF(\theta_2)$$

其中:

$$J_i(v)=v-\frac{1-F_i(v)}{f_i(v)}$$

(d) 说明最优销售机制应该是对称机制还是应该向有利于弱买方的方向倾斜。

习题 12.3-4:有限个类型

设只有两个买方,他们的价值认定服从独立分布。每个买方的价值认定为1的概率是$1-p$,价值认定为2的概率是p。

(a) 证明在闭标最高价格拍卖中,均衡策略为:价值认定低的买方的报价等于其价值认定，价值认定高的买方的报价为混合策略 $\tilde{b}$，$\tilde{b}$ 的支持为$[1,1+p]$。

(b) 证明在闭标最高价格拍卖与公开喊价升序拍卖中，每个买方类型实现相同收益。

(c) 对最优拍卖，如第 11.3 节中的垄断问题中那样，证明局部向下约束条件肯定起作用。概括最优直接显示机制的特征。

(d) 证明最优销售机制是闭标次高价格拍卖，但每个买方只能从两个可能的报价中做出选择。

12.4 设计效率机制

关键词：公共品；效率机制；维基-克拉克-格罗夫斯(Vickrey-Clarke-Groves)机制

此前关于机制设计的讨论，关注的是对私人目标而非社会目标的追求。垄断企业通过间接差别定价最大化利润，艺术品所有者通过设计拍卖机制最大化期望销售收入。在本节，我们探讨如何设计机制以最大化社会福利。在我们将探讨的问题中，参与者 $i\in\mathfrak{I}$ 的私人收益 $B_i(\theta_i,q)$ 决定于其类型 $\theta_i\in\Theta_i=[\alpha_i,\beta_i]$ 和配置规则 $q=(q_1,\cdots,q_n)\in Q$。我们假定参与者 i 的最低类型为 α_i，最高类型为 β_i，并且，$B_i(\theta_i,q)$ 是 θ_i 的增函数。

偏好为拟线性。因此，如果参与者 i 的支付为 r_i，他的收益为：

$$u_i=B_i(\theta_i,q)-r_i$$

社会剩余则是私人收益之和减配置成本，即：

$$S(\theta,q)=\sum_{i\in\mathfrak{I}}B_i(\theta_i,q)-C(q) \tag{12.4-1}$$

配置规则 $q^*(\theta)$ 具有效率，如果：

$$q^*(\theta)=\underset{q\in Q}{\arg\max}\{S(\theta,q)\} \tag{12.4-2}$$

我们可以把社会剩余写为：

$$S(\theta,q)=\sum_{i\in\mathfrak{I}}(B_i(\theta_i,q)-r_i)+\sum_{i\in\mathfrak{I}}r_i-C(q)=\sum_{i\in\mathfrak{I}}u_i(\theta_i,q)+\left[\sum_{i\in\mathfrak{I}}r_i-C(q)\right]$$

括号中的表达式是设计者的收入减公共品的生产成本。在所有效率机制中，我们寻找对设计者而言成本最小(利润最大)的机制。

我们已经研究过的一种具体情况，即拍卖——一件商品以概率 q_i 出售给买方 i，买方 i 获得的私人收益为：

$$B_i(\theta_i,q)=\theta_i q$$

这件商品的社会价值于是为：

$$S(\theta,q)=\sum_{i\in\mathfrak{I}}\theta_i q$$

其中：

$$Q=\{q \mid q \geqslant 0, \sum_{i \in \Im} q_i=1\}$$

下文中将详细探讨的另一个应用是公共品的效率生产。一件商品是“公共品”，如果对它的消费不具有排他性。就是说，一个人从这件商品中获得的效用，不降低其他人从中获得的效用。城市管理当局考虑治理空气污染，治理成本为 k。市民 $i \in \Im$ 对清洁空气的价值认定为 θ_i。从社会效率角度讲，空气质量应予以改善当且仅当所实现的收益之和超过成本。由于消费不具有排他性，所以，这件公共品的总价值是个人价值之和，即：

$$\sum_{i \in \Im} \theta_i$$

这件公共品的成本为 k。设 $q(\theta)$ 是在市民 $i \in \Im$ 的价值认定为 θ_i 时，这件公共品被生产出来的概率。社会剩余于是为：

$$S(\theta, q(\theta))=q(\theta)\left(\sum_{i \in \Im} \theta_i-k\right)$$

我们将看到，实现效率供给的关键是使私人利益与社会利益一致。假设 $q^*(\theta)$ 最大化社会剩余。就是说，对所有的 $\theta \in \Theta$，最大化问题写为如下形式：

$$q^*(\theta)=\underset{q}{\operatorname{argmax}}\left\{\sum_{j \in \Im} B_j(\theta_j, q)-C(q)\right\}$$

就是说，对所有的 x 和 $\theta \in \Theta$，有：

$$\theta \in \underset{x}{\operatorname{argmax}}\left\{\sum_{j \in \Im} B_j(\theta_j, q^*(x))-C(q^*(x))\right\} \qquad (12.4-3)$$

令 $x_{-i}=\theta_{-i}$。对所有的 $\theta \in \Theta$，有：

$$\theta_i \in \underset{x_i \in \Theta_i}{\operatorname{argmax}}\left\{\sum_{j \in \Im} B_j(\theta_j, q^*(x_i, \theta_{-i}))-C(q^*(x_i, \theta_{-i}))\right\}$$

我们探讨第 i 的行为。对所有的 $\theta \in \Theta$，上式可写为：

$$\theta_i \in \underset{x_i \in \Theta_i}{\operatorname{argmax}}\{B_i(\theta_i, q^*(x_i, \theta_{-i}))+t_i(x_i, \theta_{-i})\} \qquad (12.4-4)$$

其中：

$$t_i(x_i, \theta_{-i}) \equiv \sum_{\substack{j \in \Im \\ j \neq i}} B_j(\theta_j, q^*(x_i, \theta_{-i}))-C(q^*(x_i, \theta_{-i})) \qquad (12.4-5)$$

因此，对所有的 $\theta_i \in \Theta_i$ 和 $x_{-i} \in \Theta_{-i}$，有：

$$\theta_i \in \underset{x_i \in \Theta_i}{\operatorname{argmax}}\{B_i(\theta_i, q^*(x_i, x_{-i}))+t_i(x_i, x_{-i})\}$$

其中：

$$t_i(x_i, x_{-i}) \equiv \sum_{\substack{j \in \Im \\ j \neq i}} B_j(\theta_j, q^*(x_i, x_{-i}))-C(q^*(x_i, x_{-i})) \qquad (12.4-6)$$

现在探讨激励。假设机制设计者邀请每个人在 Θ_i 中做出选择。如果参与者 $i\in\Im$ 选择了 $x_i\in\Theta_i$，机制设计者便使用分配规则 $q^*(x)$。一旦所有人都宣布了自己的选择，参与者 i 便得到转移支付 $t_i(x)$。他的私人收益于是为 $B_i(\theta_i, q^*(x_i, x_{-i}))$。他的净收益于是为：

$$U_i(\theta_i, x_i, x_{-i}) = B_i(\theta_i, q^*(x_i, x_{-i})) + t_i(x)$$
$$= B_i(\theta_i, q^*(x_i, x_{-i})) + \sum_{\substack{j\in\Im\\ j\neq i}} B_j(\theta_j, q^*(x_i, x_{-i})) - C(q^*(x_i, x_{-i}))$$

我们实际上证明了对所有的 $x_{-i}\in\Theta_{-i}$，上式右边的项在 $x_i=\theta_i$ 时达到最大。因此，不管其他人所宣布的是什么，宣布 $x_i=\theta_i$ 对 $i\in\Im$ 是最优策略。就是说，揭示真相是 $i\in\Im$ 的占优策略。这一结论对每个参与者都成立，因此，宣布自己的私人参数，对所有人而言都是占优策略。如果所有人都使用自己的占优策略，则配置为 $q^*(\theta)$，效率因此实现。

参与者 $i\in\Im$ 的均衡收益因此为：

$$U_i(\theta) = u_i(\theta_i, \theta_i, \theta_{-i})$$
$$= B_i(\theta_i, q^*(\theta_i, \theta_{-i})) + t_i(\theta_i, \theta_{-i})$$
$$= B_i(\theta_i, q^*(\theta_i, \theta_{-i})) + \sum_{\substack{j\in\Im\\ j\neq i}} B_j(\theta_j, q^*(\theta_i, \theta_{-i})) - C(q^*(\theta_i, \theta_{-i}))$$
$$= S^*(\theta_i, \theta_{-i})$$

也就是说，通过使每个人的均衡收益等于整个社会收益，效率得以实现。但是，还有一个更加简单的方法。最大社会剩余是增函数，因此，参与者 i 的最小收益为 $S^*(\alpha_i, \theta_{-i})$。转移支付为：

$$t_i^*(x) = t_i(x) - S_i(\alpha_i, x_{-i})$$

于是：

$$U_i^*(\theta) = S^*(\theta_i, \theta_{-i}) - S^*(\alpha_i, \theta_{-i}) \qquad (12.4-7)$$

这里要看到，当参与者 i 的类型为 α_i 时，参与约束条件始终有其作用。因此，$t_i^*(x)$ 是满足激励一致性的最小的转移支付。

最后要指出的是，上述激励机制使参与者 i 的收益与其对社会剩余的贡献一致，并且其贡献超过最低贡献水平。根据 Ostroy，我们称这一贡献为参与者 i 对社会剩余的边际贡献。让转移支付等于参与者 i 对社会剩余的边际贡献，使得参与者 i 有动机揭示自己的类型。下面的命题概括了这些结论。

命题 12.4-1：维基-克拉克-格罗夫斯(Vickrey-Clark-Groves, V-C-G)机制

效率配置 $q^*(\theta)$ 能作为占优策略均衡而实现，如果根据所宣布的价值认定向量 x，配置为 $q^*(x)$ 并且参与者 $i\in\Im$ 得到(可能为负的)补贴 $t_i^*(x_i, x_{-i})$：

$$t_i^*(x_i, x_{-i}) = \sum_{\substack{j\in\Im\\ j\neq i}} B_j(x_j, q^*(x_i, x_{-i})) + S_i^*(\alpha_i, q^*(\alpha_i, x_{-i}))$$

在这样的转移支付下，参与者 i 的均衡收益等于他对社会剩余的边际贡献 $S_i^*(\theta_i, x_{-i}) - S_i^*(\alpha_i, x_{-i})$。因此，对最低类型，参与约束条件得到满足。

为完成分析，我们求解每个人的均衡期望收益 $V_i(\theta_i)$。假设类型服从连续分布，则：

$$V_i(\theta_i) = E_{\theta-i}\{S^*(\theta_i, \theta_{-i}) - S^*(\alpha_i, \theta_{-i})\}$$

我们说过，$V_i(\alpha_i) = 0$。并且：

$$S^*(\theta_i, \theta_{-i}) \equiv S(\theta, q^*(\theta)) = \sum_{j \in \Im} B_j(\theta_j, q^*(\theta)) - C(q^*(\theta))$$

根据包络定理，有：

$$\frac{\partial}{\partial \theta_i} S(\theta, q^*(\theta)) = \frac{\partial}{\partial \theta_i} B_i(\theta_i, q^*(\theta))$$

因此：

$$V_i'(\theta_i) = E_{\theta-i}\left\{\frac{\partial}{\partial \theta_i} B_i(\theta_i, q^*(\theta))\right\}$$

我们因此有如下结论。

命题 12.4－2：V-C-G 机制中参与者的均衡期望收益

假设类型服从连续分布并且用 V-C-G 机制实现效率配置，则参与者 $i \in \Im$ 的最小均衡期望收益 $V_i(\theta_i)$ 满足：

$$V_i(\alpha_i) = 0$$

$$V_i'(\theta_i) = E_{\theta-i}\left\{\frac{\partial B_i}{\partial \theta_i}(\theta_i, q^*(\theta))\right\}$$

例子：单件不可分割商品的配置

我们知道，对单件不可分割的商品，使用闭标次高价格拍卖，能有效率地配置这件商品。现在证明这种次高价格拍卖是 V-C-G 机制。

假设只有两个买方。他们对商品的价值认定 θ_1 和 θ_2 在 $\Theta = [0,1]$ 上连续分布。一个配置规则是一个概率向量 $q^*(\theta)$。就效率目的而言，这件商品应配置给价值认定最高的人。[1] 因此：

$$B_1(\theta_1, q^*(\theta)) = \begin{cases} 0, & \theta_1 < \theta_2 \\ \theta_1, & \theta_1 > \theta_2 \end{cases}$$

$$B_2(\theta_2, q^*(\theta)) = \begin{cases} 0, & \theta_2 < \theta_1 \\ \theta_2, & \theta_2 > \theta_1 \end{cases}$$

并且，如果买方 1 的价值认定为零，则最大剩余为 θ_2。因此，$S_1^*(0, \theta_2) = \theta_2$。设 $r_i(x)$ 是向买方 i 收取的费用，就是说，$r_i(x) = -t_i^*(x)$。如果两个买方都使用自己的占优策略，宣布自己的真实类型，则对买方 1 收取的费用为：

$$r_1(\theta_1, \theta_2) = S_1^*(0, \theta_2) - B_2(\theta_2, q^*(\theta)) = \begin{cases} 0, & \theta_1 < \theta_2 \\ \theta_2, & \theta_1 > \theta_2 \end{cases}$$

〔1〕 由于两人价值认定相等的概率为零，所以我们不考虑双方报价相同的情况。

于是：

$$r_1(x_1,x_2)=\begin{cases}0, & x_1<x_2\\ x_2, & x_1>x_2\end{cases}$$

如果两人宣布的价值认定为 $x=(x_1,x_2)$，则买方 1 的净收益为：

$$U_1(\theta_1,x)=B_1(\theta_1,q^*(x))-r_1(x)=\begin{cases}0, & x_1<x_2\\ \theta_1-x_2, & x_1>x_2\end{cases}$$

情况（ⅰ），$x_2<\theta_1$：买方 1 始终想得到这件商品，所以，他通过选择 $x_1\geqslant\theta_1$ 最大化自己的收益。

情况（ⅱ），$x_2>\theta_1$：买方 1 不想得到这件商品，所以，他通过选择 $x_1\leqslant\theta_1$ 最大化自己的收益。

买方 1 能通过选择 $x_1=\theta_1$ 而同时满足这两个不等式。就是说，他的最优反应是宣布自己的真实价值认定。这里要看到，这一效率机制能作为次高价格拍卖而被执行。如果参与者 1 所宣布的价值认定在两人中最高，则他得到这件商品，支付所宣布的次高价值认定。

有效率的公共品生产

参与者 $i\in\Im$，对这件公共品的私人价值认定为 θ_i。公共品的生产成本为 k。最大社会剩余于是为：

$$S^*(\theta)=\max_q\left\{q\left(\sum_{i\in\Im}\theta_i-k\right)\right\}$$

如果 $\sum_{i\in\Im}\alpha_i>k$，则生产这件公共品始终是最优选择。如果 $\sum_{i\in\Im}\beta_i<k$，则不生产公共品始终是最优选择。为排除这两种没有意思的情况，我们假定：

$$\sum_{j\in\Im}\alpha_i<k<\sum_{j\in\Im}\beta_i \tag{12.4-8}$$

为简化分析，我们定义：

$$\sigma(\theta_{-i})\equiv\sum_{\substack{j\in\Im\\ j\neq i}}\theta_j$$

最大社会剩余于是为：

$$S^*(\theta_i,\sigma)=\max_q\left\{q\left[\theta_i+\sum_{\substack{j\in\Im\\ j\neq i}}\theta_j-k\right]\right\}=\max_q\{q[\theta_i+\sigma-k]\}$$

最优配置规则因此为：

$$q^*(\theta_i,\sigma)=\arg\max_q\{q[\theta_i+\sigma-k]\}=\begin{cases}0, & \theta_i+\sigma<k\\ 1, & \theta_i+\sigma\geqslant k\end{cases}$$

这里要看到：

$$q^*\Big(\sum_{\substack{j\in\Im\\ j\neq i}}\theta_j-k\Big)=q^*(\theta_i,\sigma)(\sigma-k)$$

并且：

$$S^*(\alpha_i,\sigma)=q^*(\alpha_i,\sigma)(\alpha_i+\sigma-k)$$

参与者 $i\in\Im$ 的支付于是为：

$$r_i(\theta_i,\sigma)=-t_i^*(\theta_i,\sigma)=q^*(\alpha_i,\sigma)(\alpha_i+\sigma-k)-q^*(\theta_i,\sigma)(\sigma-k)$$

情况(ⅰ)：$\theta_i+\sigma<k$，因此，$q^*(\theta_i,\sigma)=0$。

这种情况下，$q^*(\alpha_i,\sigma)=0$，因此，$r_i(\theta_i,\sigma)=0$。宣布 α_i 而非 θ_i，对配置没有任何影响。因为收益为零(没有公共品)，参与约束条件起作用，因此不收取任何费用。

情况(ⅱ)：$\alpha_i+\sigma\geqslant k$，因此，$q^*(\alpha_i,\theta_{-i})=1$。

这种情况下，$q^*(\theta_i,\sigma)=1$，因此，$r_i(\theta)=\alpha_i$。这里要看到，即使参与者 i 低报自己的价值认定，生产公共品依然是有效率的选择。由于最小私人价值认定为 α_i，设计者可以向参与者 i 收取费用 α_i 而不违反参与约束条件。

情况(ⅲ)：$q^*(\alpha_i,\sigma)=0$，$q^*(\theta_i,\sigma)=1$。

这种情况下，$r_i(\theta)=k-\sigma$。这里要看到，当 $\alpha_i+\sigma<k$ 时，即当 $k-\sigma>\alpha_i$ 时，就是说，所收取费用超过 α_i 时，$q^*(\alpha_i,\sigma)=0$。因此，如果 $\theta_i+\sigma\geqslant k$，就是说，$\theta_i\geqslant k-\sigma$，生产公共品是有效率的选择。为生产这件公共品而向参与者 i 收取费用 $k-\sigma$，能实现这一结果。

我们看到，在 V-C-G 机制下，每个人或者付费或者不付费。遗憾的是，正如我们现在要证明的，这些费用之和，始终小于公共品的生产成本。就是说，除非设计者愿意发生损失，否则，V-C-G 机制不可行。

假设从效率角度看，应该生产公共品。这意味着 $S_i^*(\theta_i,\theta_{-i})=S(\theta,q^*(\theta))>0$。就是说：

$$S_i^*(\theta_i,\theta_{-i})=\max\Big\{0,\theta_i+\sum_{\substack{j\in\Im\\ j\neq i}}\theta_j-k\Big\}=\theta_i+\sum_{\substack{j\in\Im\\ j\neq i}}\theta_j-k$$

这里有两种可能性：(a)对每个参与者 $i\in\Im$，$S_i^*(\alpha_i,\theta_{-i})>0$；(b)存在 J 个参与者使得对其中每个人，$S_i^*(\alpha_i,\theta_{-i})=0$。

先看情况(a)。在这一情况中，对每个参与者 $i\in\Im$ 有：

$$S_i^*(\alpha_i,\theta_{-i})=\alpha_i+\sum_{\substack{j\in\Im\\ j\neq i}}\theta_j-k$$

参与者 i 的均衡收益是他对社会剩余的边际贡献：

$$U_i^e=S_i^*(\theta_i,\theta_{-i})-S_i^*(\alpha_i,\theta_{-i})$$

因此：

$$U_i^e=\theta_i-\alpha_i$$

在所有参与者上求和，得到：

$$\sum_{i\in\Im}U_i^e=\sum_{i\in\Im}\theta_i-\sum_{i\in\Im}\alpha_i$$

根据假定，$\sum_{i\in\Im}\alpha_i<k$。因此：

$$\sum_{i\in\Im}U_i^e>\sum_{i\in\Im}\theta_i-k=S_i^*(\theta,\theta_{-i})$$

就是说，所有参与者得到的总收益超过总剩余。

再看情况(b)：存在 J 个参与者使得对其中每个人，$S_i^*(\alpha_i,\theta_{-i})=0$。重新命名参与者，使得对前 J 个参与者，这一等式成立。参与者 i 的均衡收益为他对社会剩余的边际贡献：

$$U_i^e=S_i^*(\theta_i,\theta_{-i})-S^*(\alpha_i,\theta_{-i})$$

于是，对前 J 个参与者中的每个人 $i=1,\cdots,J$，有：

$$U_i^e=S^*(\theta_i,\theta_{-i})$$

和前面一样，对其他参与者，$U_i^e=\theta_i-\alpha_i$。在所有参与者上加总，得到：

$$\sum_{i\in\Im}U_i^e=JS^*(\theta_i,\theta_{-i})+\sum_{\substack{j\in\Im\\ i>J}}(\theta_i-\alpha_i)>JS^*(\theta_i,\theta_{-i}) \qquad (12.4-9)$$

就是说，在这两种情况中，收益之和都超过总剩余。由于总剩余在所有参与者与设计者之间分配，所以，设计者得到的收益为负。我们于是有下面的命题。

> **命题 12.4－3：利用 V-C-G 机制有效率地提供公共品时，设计者的收益**
> 在 V-C-G 机制中，如果生产公共品，则设计者的均衡收益严格小于零。

我们在只有两个参与者和两种类型的简单情况中，阐述 V-C-G 机制的应用。

例子：只有有限个类型时的 V-C-G 机制

假设只有两个参与者。公共品对参与者 i 的价值为 $\theta_i\in\{0,1\}$。公共品的生产成本为 $k<1$。

首先要看到，除非两个人的价值认定都很低，否则，从效率角度看，应该生产公共品。我们看参与者 1。最大社会剩余为：

$$\begin{aligned}S^*(\theta_1,\theta_2)&=B_1(\theta_1,q^*(\theta))+[B_1(\theta_1,q^*(\theta))-C(q^*(\theta))]\\&=q^*(\theta)\theta_1+[q^*(\theta)(\theta_2-k)]\end{aligned}$$

这里要看到：

$$S^*(0,\theta_2)=\begin{cases}0, & \theta_2=0\\ 1-k, & \theta_2=1\end{cases}$$

如果两人都揭示自己的真实类型，则参与者 1 所支付的费用为：

$$r_1(\theta)=S^*(0,\theta_2)-q^*(\theta)(\theta_2-k)$$

表 12.4－1 和表 12.4－2 对每一种可能性，算出了参与者 1 所支付的费用。表 12.4－3a 和表 12.4－3b 则给出了在两人报告的类型为 $x=(x_1,x_2)$ 时参与者 1 得到的收益。在表 12.4－3a 中，参与者 1 的价值认定很低；在表 12.4－3b 中，其价值认定很高。当参与者 1 的价值认定很低时，他的占优策略是宣布“低”；当他的价值认定很高时，他的占优策略是宣布“高”。根据这一模型的对称性特征，对参与者 2 有相同的结论。设 p 是每个人的价值认定都很低时的概率。从表 12.4－2 中可以看出，参与者 1 支付 k 仅当他的价值认定很高且买方 2 的价值认定很低，在这时，他的期望支付为 $p(1-p)k$。这一点对参与者 2 亦成立，所以，设计者的期望收入为 $2p(1-p)k$。除非两人的价值认定都很低，否则公共品将被生产。公共品的期望生产成本因此为 $(1-p)^2k$。设计者的期望利润于是为：

$$E\{U^D\}=2(1-p)pk-(1-p)^2k=-k(1-p)^2<0 \qquad (12.4-10)$$

表 12.4－1 $q^*(\theta)(\theta_2-k)$

		θ_2	
		0	1
θ_1	0	0	$1-k$
	1	$-k$	$1-k$

表 12.4－2 $r_1(\theta)=S_1^*(0,\theta_2)-q^*(\theta)(\theta_2-k)$

		θ_2	
		0	1
θ_1	0	0	0
	1	k	0

表 12.4－3a $U_1(0,x_1,x_2)$

		x_2	
		低	高
x_1	低	0	1
	高	$-k$	1

表 12.4－3b $U_1(1,x_1,x_2)$

		x_2	
		低	高
x_1	低	0	1
	高	$1-k$	1

表 12.4－4　支付表

		x_2	
		低	高
x_1	低	0	0
	高	c	0

表 12.4－5a　$U_1(0,x_1,x_2)$

		x_2	
		低	高
x_1	低	0	0
	高	$-c$	0

表 12.4－5b　$U_1(1,x_1,x_2)$

		x_2	
		低	高
x_1	低	0	1
	高	$1-c$	1

一个重要的问题是：如果设计者使用其他某种机制而非 V-C-G 机制，他的期望利润能提高多少。在这个例子中，设计者确实能够提高期望利润。而且，在某些参数值上，设计者的期望利润为正。假设支付结构为表 12.4－4 中所示。

对应每个可能的价值，表 12.4－5a 和表 12.4－5b 给出了参与者 1 的收益。如上所述，只要 $c<1$，说真话便是买方 1 的严格占优策略。设计者的期望利润因此为：

$$E\{U^D\}=2(1-p)pc-(1-p)^2k=k(1-p)\left(\frac{2pc}{k}-1-p\right)$$

不难验证，只要 $k<\frac{2p}{1+p}$，在 c 足够接近 1 时，上式为正。

这个例子阐述了一个一般结论。设计者有可能把自己的收益提高到 V-C-G 收益以上，因为在有限个类型模型中，对有正收益的类型，局部向下约束条件不起作用。随着有限个类型模型趋向连续模型，在极限意义上，对 V-C-G 机制，局部向下约束条件起作用。在下一节中我们将看到，V-C-G 机制最大化收入。

习　题

习题 12.4－1：有限个类型

只有两个参与者。参与者 1 的价值认定为 $\theta_1\in\{5,12\}$，参与者 2 的价值认定

为 $\theta_2 \in \{0,10\}$。各个值以等概率发生。公共品的生产成本为 6。

(a) 证明 V-C-G 费用如表 12.4－6 所示。

表 12.4－6　V-C-G 支付

$r_1(x_1,x_2)$		x_2		$r_2(x_1,x_2)$		x_2	
		0	10			0	10
x_1	5	0	5	x_1	5	0	1
	12	6	5		12	10	0

(b) 证明在两人的价值认定都取高值时，V-C-G 机制发生损失。

(c) 证明在表中的一些情况中，能降低净补贴同时依然能满足激励一致性。

(d) 证明机制设计者能榨取到期望利润。

习题 12.4－2：类型服从连续分布时的 V-C-G 机制

只有两个参与者，他们的价值认定都服从$[0,1]$上的连续分布。公共品的生产成本为 $k \in (1,2)$。

(a) 证明在 V-C-G 机制中，每个参与者的均衡期望收益等于期望总剩余。

(b) 说明为什么机制设计者的损失等于期望总剩余。

(c) 假设有三个参与者且 $k>2$。证明机制设计者发生损失。损失为多大？

习题 12.4－3：通过对轴心参与者收费而有效率地供给公共品

假设参与者 i 的价值认定 θ_i 是个随机变量，其支持为$[0,\beta_i]$。每个参与者提交报价 x_i。公共品(其生产成本为 k)将被生产，如果 $\sum_{i\in\Im} x_i \geqslant k$。如果这一条件得不到满足，则参与者不发生支付。如果 $\sum_{i\in\Im} x_i \geqslant k$，定义 $\sigma(x_{-i})$为除参与者 i 以外的所有人的报价之和，就是说：

$$\sigma(x_{-i})=\sum_{\substack{j\in\Im\\ j\neq i}} x_j$$

如果 $k-\sigma(x_{-i})-\beta_i \leqslant 0 < k-\sigma(x_{-i})$，则公共品被生产当且仅当参与者 i 的价值认定足够高。这种参与者被称为“轴心”参与者。

定义：

$$p(x_{-i})=\max\{0,k-\sigma(x_{-i})\}$$

如果参与者 i 是轴心参与者且其报价高于这个价格，则他支付 p_i；否则，他不发生任何支付。

(a) 证明：如果参与者 i 的报价等于其价值认定，则其收益如图 12.4－1 所示是 σ_i 的函数。

(b) 分别画出(ⅰ)$x_i<\theta_i$ 和(ⅱ)$x_i>\theta_i$ 时的收益图。

(c) 解释参与者 i 的报价等于其价值认定为什么是占优策略。

(d) 设参与者 $i\in\Im$ 的最低价值认定为 α_i。回答上述问题。

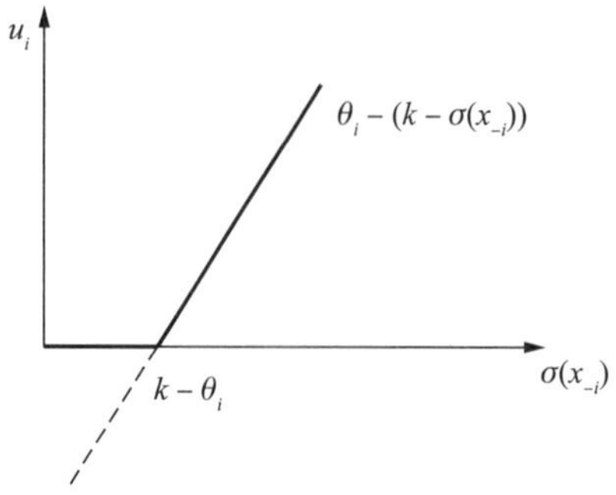

图 12.4-1　有效率地提供公共品

习题 12.4-4:对轴心参与者收费时的总支付

设买方 i 的价值认定 θ_i 是个随机变量,其支持为$[0,\beta_i]$。执行机制是习题12.4-3 中描述的机制。

(a) 证明:如果所有人都是轴心参与者,则总支付小于公共品的生产成本。

(b) 证明:如果除前 J 个人外,所有人都是轴心参与者,则总支付小于公共品的生产成本。

12.5　效率与设计者的利润之间的替代关系

关键词:抵挡者;效率与机制设计者的损失;减少公共品供给而降低机制设计者的损失

在本节中,我们探讨当类型服从独立分布时的一般配置机制。设 $B_i(\theta_i,q)$是参与者 $i\in\Im$ 的私人收益,其中,θ_i 是参与者 i 的类型。假定 $\theta_i\in\Theta_i=[\alpha_i,\beta_i]$,并且,每个参与者的价值认定服从连续分布,累积分布函数为 $F_i(\cdot)$,概率密度函数为 $f_i(\cdot)$。对某个机制 m,设 $q(\theta)$是在类型向量为 θ 时,公共品被生产的概率。社会剩余于是为:

$$S(\theta,q)=\sum_{i\in\Im}B_i(\theta_i,q)-C(q)$$

其中,$\theta_i\in\Theta_i$。首先探讨效率机制,就是说,配置规则为:

$$q^*(\theta)=\underset{q}{\arg\max}\left\{S(\theta,q)=\sum_{i\in\Im}B_i(\theta_i,q)-C(q)\right\}$$

在以上假设下,我们证明 V-C-G 机制最大化机制设计者的期望收益。正如我们已经看到的,V-C-G 机制给设计者造成损失。因此,只有当这一机制以某种方式得到支持时,效率才能实现。我们然后探讨效率与机制设计者的利润之间的替代关系。

激励一致性

这里对激励一致性的分析,与拍卖背景中对激励一致性的分析几乎完全相同。如果所有人都宣布自己的真实价值认定,则公共品被生产的概率为 $q(\theta)$。从参与

者 i 的角度，把这一概率写为 $q_i(\theta_i,\theta_{-i})$ 更方便。在其他参与者上取期望，参与者 i 的收益就为他的私人价值认定乘以生产公共品的概率减去期望成本，就是说：

$$\begin{aligned} u_i(\theta_i,x_i) &= E_{\theta-i}\{B(\theta_i,q_i(x_i,\theta_{-i}))\} - E_{\theta-i}\{r_i(\theta_i,\theta_{-i})\} \\ &\equiv E_{\theta-i}\{B(\theta_i,q_i(x_i,\theta_{-i}))\} - \bar{r}_i(\theta_i) \end{aligned}$$

这一机制要具有激励一致性，参与者 i 就不能通过宣布其他价值类型而获益。就是说：

$$\begin{aligned} u_i(\theta_i,x_i) &= E_{\theta-i}\{B(\theta_i,q_i(x_i,\theta_{-i}))\} - \bar{r}_i(x_i)\text{，在这里，}x_i \in \Theta_i \\ &\leqslant E_{\theta-i}\{B(\theta_i,q_i(\theta_i,\theta_{-i}))\} - \bar{r}_i(\theta_i) \equiv u_i(\theta_i,\theta_i) \end{aligned}$$

与对拍卖的分析一样，激励一致性的充分必要条件是 $E_{\theta-i}\{B(\theta_i,q_i(\theta))\}$ 是增函数。设 $V_i(\theta_i)$ 是均衡收益。则：

$$V_i(\theta_i) = E_{\theta-i}\{u_i(\theta_i,x_i)\} = E_{\theta-i}\{\max_{x_i}\{B(\theta_i,q_i(x_i,\theta_{-i})) - \bar{r}_i(x_i)\}\}$$

其中，$x_i \in \Theta_i$。应用包络定理，均衡边际收益为：

$$V_i'(\theta_i) = E_{\theta-i}\left\{\frac{\partial B_i}{\partial \theta_i}(\theta_i,q_i(\theta))\right\} \tag{12.5-1}$$

这一机制要为非强制机制，参与者就不能因为参与这一机制而收益下降。就是说，参与约束条件为：

$$u_i(\alpha_i,\alpha_i) \geqslant 0, i=1,\cdots,n$$

为最大化收入，设计者最小化最低类型得到的收益。就是说，对所有的 $i \in \mathfrak{I}$，有：

$$V_i(\alpha_i) = 0$$

并且，根据(12.5-1)，得：

$$V_i'(\theta_i) = E_{\theta-i}\left\{\frac{\partial B_i}{\partial \theta_i}(\theta_i,q_i(\theta))\right\}$$

根据命题 12.4-2，在收入最大化机制中，参与者 i 的均衡收益与在 V-C-G 机制中的收益相同。我们因此有如下命题：

> **命题 12.5-1：最大化收入的效率机制**
>
> 如果价值认定服从独立连续分布，则 V-C-G 机制是最大化收入的效率机制，设计者因此发生期望损失。

前一节指出，在 V-C-G 机制中，参与者 i 的均衡收益为：

$$u_i = S^*(\theta_i,\theta_{-i}) - S^*(\alpha_i,\theta_{-i}) \tag{12.5-2}$$

当上式中第二项等于零时，参与者 i 的均衡收入最大(设计者的损失因此最大)。如果在参与者 i 的类型为 α_i 时，生产公共品不具有效率，则参与者 i 能通过宣布自己的类型为 α_i 而单方面阻挡公共品的生产。我们称这种参与者为抵挡者。

定义:抵挡者

参与者 i 是抵挡者,如果在他的价值认定足够低时,从效率角度看,不应该进行公共品生产。正式地说,对所有的 $\theta_{-i}\in\Theta_{-i}$,如果:

$$\alpha_i+\sum_{\substack{j\in\mathfrak{I}\\ j\neq i}}\theta_j<k$$

则从效率角度看,不应该进行公共品生产。

根据抵挡者的定义得出:

$$S(\alpha_i,\theta_{-i})=0$$

因此,根据(12.5-2),任何抵挡者得到的收益都等于总的最大社会剩余。下面的命题概括了这一结论。

命题 12.5-2:存在抵挡者时,效率机制的成本

在最大化设计者的收益的效率机制中,任何抵挡者的期望收益都等于期望社会剩余。

公共品生产中,效率与机制设计者的利润之间的消长关系

现在探讨效率与机制设计者的利润之间的消长关系。为简化分析,我们探讨公共品配置问题。在这一问题中,$B_i(\theta_i,q)=\theta_i q$。

图 12.5-1 画出了机制设计者的利润(或损失)与机制所产生的期望社会剩余之间的关系。社会剩余在横轴下方某个点上达到最大,反映了机制设计者的期望利润肯定为负。

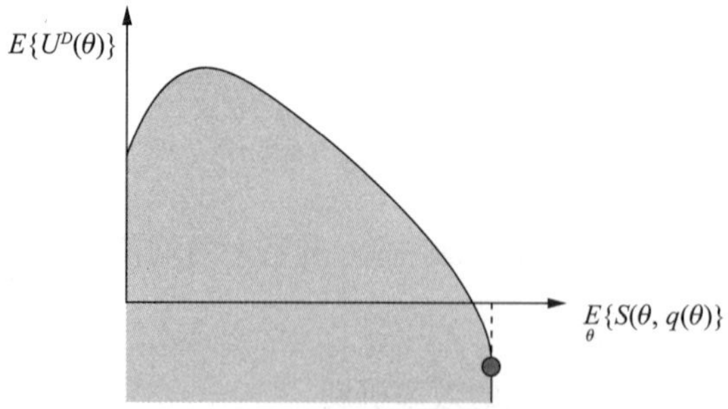

图 12.5-1 设计者利润与社会剩余之间的替代关系

对任意期望社会剩余 $E_\theta\{S(\theta,q(\theta))\}$,我们来概括最大化机制设计者的期望利润的机制的特征。设 $q(\theta)$ 是激励一致的配置规则。我们探讨没有人因为所设计的机制而收益降低的种种机制。就是说,如果公共品不被生产,则参与者 i 的支付 $r_i(\theta)$ 为零。参与者 i 的均衡收益因此为:

$$u_i=(\theta_i-r_i(\theta))q(\theta)$$

与对拍卖的分析一样,我们做以下假定。

假设 1:价值认定服从独立分布

参与者 i 的价值认定服从支持$[\alpha_i,\beta_i]$上的独立分布，累积分布函数是 F_i，概率密度函数是 f_i。

假设 2:正则性条件

对 $i=1,\cdots,n$，有：

$$J_i(\theta_i)\equiv\theta_i-\frac{1-F_i(\theta_i)}{f_i(\theta_i)}$$

严格递增。

这里要看到，失灵率 $h_i(\theta_i)=\frac{1-F_i(\theta_i)}{f_i(\theta_i)}$递增，是正则性的充分条件。在许多分布中，失灵率确实是增函数。

因为后文将用到，这里定义函数：

$$J_i(\theta_i,\lambda)\equiv\theta_i-\lambda\frac{1-F_i(\theta_i)}{f_i(\theta_i)}$$

其中，$i=1,\cdots,n$。根据假设 2，在 $\lambda=1$ 时，这个函数在 θ_i 上严格递增。因此，对所有的 $\lambda\in[0,1]$，$J_i(\theta_i,\lambda)=(1-\lambda)\theta_i+\lambda J_i(\theta_i,1)$也是增函数。并且，对 $\lambda>0$，$J_i(\theta_i,\lambda)<\theta_i$。根据(12.5-1)，有：

$$\frac{dV_i}{d\theta_i}=E_{\theta-i}\{q(\theta)\} \tag{12.5-3}$$

其中，$E_{\theta-i}\{q(\theta)\}$是$\theta_i$ 的非递减函数。分部积分，得到参与者 i 的均衡期望收益：

$$E_{\theta i}\{V_i(\theta_i)\}=\int_{\alpha i}^{\beta i}V_i(\theta_i)f_i(\theta_i)d\theta_i=V_i(\alpha_i)+\int_{\alpha i}^{\beta i}\frac{dV_i}{d\theta_i}(1-F_i(\theta_i))d\theta \tag{12.5-4}$$

最低类型得到的收益是从机制设计者到最低类型参与者的纯转移支付，因此，不影响社会剩余。在图 12.5-1 中，它是沿着边界线向下的垂直移动。由于我们想概括机制设计者的利润与社会剩余之间的消长关系的特征，我们让 $V_i(\alpha_i)=0$。根据(12.5-3)和(12.5-4)，参与者 i 的期望收益为：

$$E_\theta\{u_i(\theta)\}=\int_{\alpha i}^{\beta i}E_{\theta-i}\{q(\theta)(1-F_i(\theta_i))\}d\theta_i=E_\theta\left\{q(\theta)\frac{1-F_i(\theta_i)}{f_i(\theta_i)}\right\}$$

同时：

$$E_\theta\{u_i(\theta)\}=E_\theta\{(\theta_i-r_i(\theta))q(\theta)\}$$

合并这些结论，得到参与者 i 的期望收入：

$$E_\theta\{r_i(\theta)q(\theta)\}=E_\theta\{J_i(\theta_i)q(\theta)\} \tag{12.5-5}$$

机制设计者的期望利润是从 I 个参与者那里获得的期望收入减公共品的生产成本，就是说：

$$E_{\theta}\{U^{D}\}=E_{\theta}\Big\{\sum_{i\in\Im}(r_i(\theta)-k)q(\theta)\Big\}=E_{\theta}\Big\{\Big(\sum_{i\in\Im}J_i(\theta_i,1)-k\Big)q(\theta)\Big\} \tag{12.5-6}$$

期望总剩余为：

$$E_{\theta}\{S(\theta,q(\theta))\}=E_{\theta}\Big\{\Big(\sum_{i\in\Im}\theta_i-k\Big)q(\theta)\Big\}$$

为求解出社会剩余-设计者利润边界，我们最大化如下加权平均值：[1]

$$W^{\lambda}=(1-\lambda)E_{\theta}\{S(\theta,q(\theta))\}+\lambda E_{\theta}\{u_0\}$$

代入(12.5-5)和(12.5-6)，得到：

$$\begin{aligned}W&=E_{\theta}\Big\{(1-\lambda)\Big(\sum_{i\in\Im}\theta_i-k\Big)+\lambda\Big(\sum_{i\in\Im}J_i(\theta_i,1)-k\Big)q(\theta)\Big\}\\&=E_{\theta}\Big\{\Big(\sum_{i\in\Im}J_i(\theta_i,\lambda)-k\Big)q(\theta)\Big\}\end{aligned} \tag{12.5-7}$$

对(12.5-7)逐点最大化，得到解：

$$q(\theta,\lambda)=\begin{cases}0, & \sum_{i\in\Im}J_i(\theta_i,\lambda)<k\\ 1, & \sum_{i\in\Im}J_i(\theta_i,\lambda)\geqslant k\end{cases}$$

给定我们的假设，$q(\theta,\lambda)$是增函数。因此，激励一致性条件得到满足。图12.5-2中画出了只有两个参与者时的解。

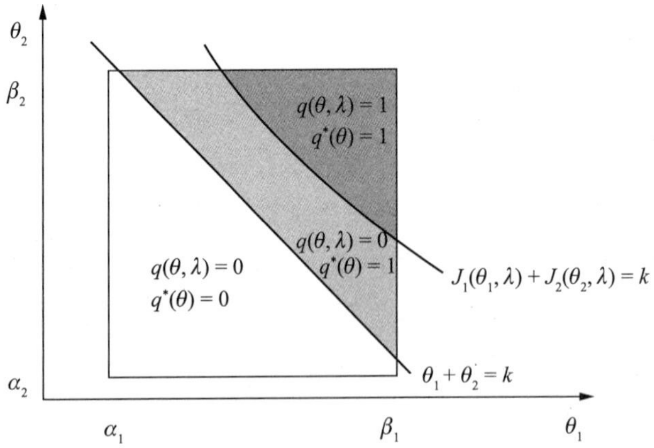

图 12.5-2　减少公共品供给从而减少设计者的损失

在图中阴影区域的点上，从效率角度看，应该生产公共品。这是当$\lambda=0$时的解。随着设计者利润上的权重上升，边界线向右移动。这一点很容易理解。要赚得更多收入，设计者必须向价值认定高的参与者收取更高费用。而做到这一点的唯一途径，是使宣布低价值类型更缺乏吸引力。在公共品情况中，设计者只能通过不提供公共品而做到这一点。

[1] 社会剩余与设计者利润都以线性形式决定于配置规则$q(\theta)$，因此，我们很容易证明可行集为凸集。

习　题

习题 12.5－1:抵制者

设有两个参与者。参与者 i 对公共品的价值认定服从区间 $\Theta_i=[\alpha_i,\beta_i]$ 上的连续分布。公共品的生产成本为 k。

(a) 设 $\Theta_i=[0,1]$ 且公共品的生产成本 $k\in(1,2)$。证明要有效率地提供公共品,机制设计者的损失至少等于期望社会剩余。

(b) 如果 $\Theta_1=[1,2]$、$\Theta_2=[2,3]$ 且 $k\in(4,5)$ 呢?

(c) 如果有三个参与者,他们的价值认定都在区间 $[0,1]$ 内并且 $k\in(2,3)$ 呢?

习题 12.5－2:价值认定服从对称均匀分布

假设每个参与者的价值认定服从区间 $[\alpha,\beta]$ 上的均匀分布。对每个 $\lambda\in[0,1]$,求解最大化如下社会剩余的配置规则 $\pi(\theta)$:

$$W^{\lambda}=(1-\lambda)E_{\theta}\{S(\theta,q(\theta))\}+\lambda E_{\theta}\{u_0\}$$

习题 12.5－3:社会选择集的凸性

设 m^0 与 m^1 是两个激励一致的非强制机制,它们给最低类型的收益都为零。对应这两个机制的配置规则分别是 $q^0(\theta)$ 和 $q^1(\theta)$。

(a) 证明机制 $m^{\mu}=(1-\mu)m^0+\mu m^1$——其中,$0<\mu<1$——是激励一致的和非强制的,并且,参与者 $i=1,\cdots,n$ 的期望收益为:

$$E_{\theta}\{u_i^{\mu}\}=(1-\mu)E_{\theta}\{u_i^0\}+\mu E_{\theta}\{u_i^1\}$$

(b) 证明期望社会剩余为:

$$E_{\theta}\{S(\theta,q^{\mu}(\theta))\}=(1-\mu)E_{\theta}\{S(\theta,q^0(\theta))\}+\mu E_{\theta}\{S(\theta,q^1(\theta))\}$$

(c) 证明:

$$E_{\theta}\{u_0^{\mu}\}=(1-\mu)E_{\theta}\{u_0^0\}+\mu E_{\theta}\{u_0^1\}$$

(d) 这里上述结论证明图 12.5－1 中的集合是凸集。

12.6　价值认定与成本皆为私人信息时的效率生产与交换

关键词: 成本节省;抵制者;不可能性定理;有两个或更多个买方时的可赢利机制

在对拍卖的分析中,我们指出,如果有 n 个买方和一个卖方且生产成本(或使用价值)已知,则总能设计出一个机制,把这件商品卖给价值认定最高的买方(也就是说,是效率机制)并为拍卖设计者创造出利润。实际上,存在许多这种机制包括保留价格等于卖方成本的闭标最高和次高价格拍卖。但是,有一点很关键。拍卖之所以有效率,是因为卖方的成本是公开信息。我们将看到,我们能应用公共品模型证明在需要诱使卖方揭示其价值认定时，可能不存在这种自我支持的机制。

我们首先探讨商品由一个卖方生产出来，出售给一个买方的情况。参与者 1 即买方，对商品的价值认定为 $\theta_1 \in \Theta_1 = [\alpha_1, \beta_1]$。参与者 2 即卖方，能以成本 $c_2 \in C = [\gamma, \kappa]$ 生产这件商品。假定 θ_1 与 c_2 独立地连续分布。并且，价值认定与生产成本都是私人信息。

这一商品交换具有的社会收益为 $\theta_1 - c_2$。由于价值与成本都是私人信息，所以，和公共品提供一样，我们需要诱生出两个私人信号的线性组合。这里分析卖方的成本与最大的可能成本之间的差 $\theta_2 = \kappa - c_2$，而不直接分析卖方的成本。我们称这个差为成本节省。

定义 Θ_2 为可能的成本节省构成的集合，就是说，$\Theta_2 = [\alpha_2, \beta_2] = [0, \kappa - \gamma]$。我们于是可以把最大社会剩余写为：

$$S^* = \max\{0, \theta_1 - c_2\} = \max\{0, \theta_1 - (\kappa - \theta_2)\} = \max\{0, \theta_1 + \theta_2 - \kappa\}$$

其中，$\theta_1 \in \Theta_1$，$\theta_2 \in \Theta_2$。通过这种变量变换，我们把问题转化为了只涉及两个人的公共品问题。

我们说过，如果一个人的价值认定足够低，使得从效率角度看不应该生产公共品，则此人被称为抵制者。在这里，买方是抵制者，如果 $\alpha_1 + \theta_2 < \kappa$，就是说，如果对所有的 $c_2 \in C$，有：

$$\alpha_1 \leqslant \kappa - \theta_2 = c_2$$

卖方是抵制者，如果 $\theta_1 + \alpha_2 \leqslant \kappa$。由于 $\alpha_2 = 0$，因此，卖方是抵制者，如果对所有的 $\theta_1 \in \Theta_1$，$\theta_1 \leqslant \kappa$。

下面的结论是命题 12.5-2 的直接应用。

> **命题 12.6-1：抵制者之间的交易**
>
> 如果最大成本超过最大价值认定（即卖方是抵制者）且最小价值认定小于最小成本（即买方是抵制者），则机制设计者的最小期望损失等于从交易中实现的期望收益。

下面的命题则是命题 12.5-1 的直接应用。

> **命题 12.6-2：梅耶森-萨特思维特（Myerson-Satterthwaite）不可能性定理**
>
> 设只有一位买方和一位卖方。买方的价值认定服从区间 $\Theta_1 = [\alpha_1, \beta_1]$ 上的连续分布，卖方的成本服从 $C = [\gamma, \kappa]$ 上的连续分布。假设在随机变量的某些结果但非所有结果上，存在贸易收益（$\alpha_1 < \kappa$）。如果成本与价值认定都是私人信息且独立分布，则要实现买方与卖方之间的效率交换，机制设计者肯定发生期望损失。

如果有两个或多个买方，这一命题还可以进一步拓展。设买方集为 $\Im = \{1, \cdots, I\}$，设第 $I+1$ 个人为卖方。假设每个买方的价值认定与卖方的成本有相同的支持 $[\alpha, \beta]$。我们看 V-C-G 机制。最大总剩余是：

$$S^*(\theta,c)=\max_q\left\{\sum_{i\in\mathfrak{I}}q_i(\theta_i-c)\mid 0\leqslant\sum_{i\in\mathfrak{I}}q_i\leqslant 1\right\}$$

在卖方为其最差类型时(即 $c=\beta$ 时),最大总剩余为:

$$S^*(\theta,\beta)=\max_q\left\{\sum_{i\in\mathfrak{I}}q_i(\theta_i-\beta)\mid 0\leqslant\sum_{i\in\mathfrak{I}}q_i\leqslant 1\right\}$$

根据假设,$\theta_i\leqslant\beta$,因此,$S^*(\theta,\beta)=0$。卖方因此是抵制者。

在 V-C-G 机制中,每个人的均衡收益都等于其对社会剩余的边际贡献。卖方的均衡收益因此为:

$$u_{I+1}(\theta,c)=S^*(\theta,c)-S^*(\theta,\beta)=S^*(\theta,c)$$

由于卖方的收益等于总剩余,所有收益之和肯定超过总剩余,V-C-G 机制给机制设计者造成损失。

我们还得证明对任何有效率的激励一致性机制,每个买方与唯一的卖方的期望收益不可能超过 V-C-G 收益。这里,对每个买方的证明,与公共品模型中对参与者的证明几乎完全一样。对卖方的证明,也与此类似。下面的命题概括了这些结论。

命题 12.6-3:存在多个买方时的不可能性定理

假设每个买方的价值认定和卖方的成本都服从区间 $\Theta=[\alpha,\beta]$ 上的连续分布。如果成本与价值认定都是私人信息且独立分布,则要实现 n 个买方与卖方之间的效率交换,卖方即机制设计者肯定发生期望损失。

在这里,卖方抵制,仅因为他的最大成本等于(或高于)所有买方的最大价值认定。下文中假定最大成本低于最大的买方价值认定从而使卖方不再抵制。

命题 12.6-4:在价值认定与成本未知时,可赢利的效率机制设计

假设每个买方的价值认定服从区间 $\Theta=[\alpha,\beta]$ 上的独立连续分布,并且,卖方的成本服从 $C=[\gamma,\kappa]$ 上的独立连续分布,其中,$\kappa<\beta$。如果 $\kappa-\gamma$ 足够小或买方数量足够大,则 V-C-G 机制可赢利。

我们在只有两个买方的情况中,证明(ⅰ)成立。V-C-G 收益为:

$$u_1=S^*(\theta_1,\theta_2,c)-S^*(\alpha,\theta_2,c)$$
$$u_2=S^*(\theta_1,\theta_2,c)-S^*(\theta_1,\alpha,c)$$
$$u_3=S^*(\theta_1,\theta_2,c)-S^*(\theta_1,\theta_2,\kappa)$$

设计者的收益于是为:

$$\begin{aligned}u^D(\theta_1,\theta_2,c)&=S^*(\theta_1,\theta_2,c)-\sum_{i=1}^{3}u_i\\&=S^*(\alpha,\theta_2,c)+S^*(\theta_1,\alpha,c)+S^*(\theta_1,\theta_2,\kappa)-2S^*(\theta_1,\theta_2,c)\end{aligned}\tag{12.6-1}$$

在 $\theta_1\geqslant\theta_2$ 时,我们求解设计者的利润。为此,我们分别探讨图 12.6-1 中的六个区域。在每个区域中,表达式(12.6-1)右边所有项都写在表 12.6-1 的前四行中。最下一行则给出了每个区域中机制设计者的收益。

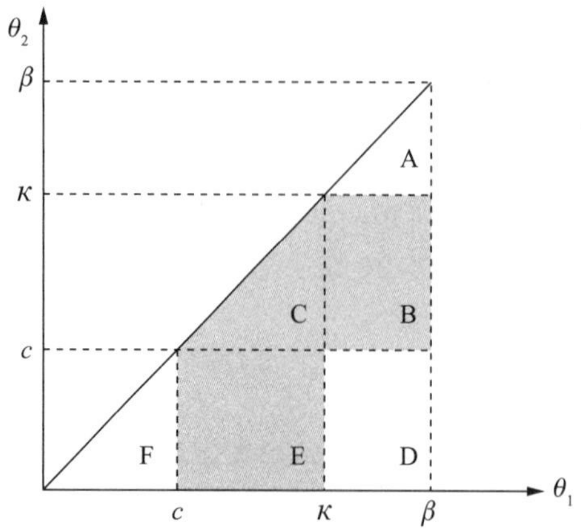

图 12.6-1　计算设计者的收益

表 12.6-1　计算设计者的收益

	A	B	C	D	E	F
$S^*(\alpha,\theta_2,c)$	θ_2-c	θ_2-c	θ_2-c	0	0	0
$S^*(\theta_1,\alpha,c)$	θ_1-c	θ_1-c	θ_1-c	θ_1-c	θ_1-c	0
$S^*(\theta_1,\theta_2,\kappa)$	$\theta_1-\kappa$	$\theta_1-\kappa$	0	$\theta_1-\kappa$	0	0
$S^*(\theta_1,\theta_2,c)$	θ_1-c	θ_1-c	θ_1-c	θ_1-c	θ_1-c	0
u^D	$\theta_2-\kappa$	$-(\kappa-\theta_2)$	$-(\theta_1-\theta_2)$	$-(\kappa-c)$	$-(\theta_1-c)$	0

这里要看到，当 $c\to\kappa$ 时，三个阴影区域消失，剩下 A、D 和 F 三个区域。在区域 F，机制设计者的收益为零；在区域 D，负收益趋于零。但在区域 A，机制设计者的收益以 1 的概率严格为正。就是说，如果 $\kappa-c$ 足够小，则机制设计者的期望收益为正。

对这一结论，有个简单的直观解释。随着卖方成本上的不确定性逐渐消失，这里问题更加接近有已知成本的标准拍卖问题。

现在探讨增加买方数量所导致的后果。假设 $\theta_{(1)}$ 与 $\theta_{(2)}$ 分别是最高与次高价值认定。如果 $S^*(\theta,c)=0$，则所有收益都为零，机制设计者的利润因此为零。设 $S^*(\theta,c)>0$。由于在 V-C-G 机制中，只有价值认定最高买方有正收益，所以，买方收益之和为：

$$\sum_{i=1}^{n} u_i = \min\{\theta_{(1)}-\theta_{(2)},\theta_{(1)}-c\}$$

根据假定，最大成本小于最小价值认定。因此，随着买方数量增加，次高价值认定 $\theta_{(2)}>c$ 的概率趋近 1。并且，$E\{\theta_{(1)}-\theta_{(2)}\}\to 0$。因此：

$$E\left\{\sum_{i=1}^{I} u_i\right\}\to 0$$

并且，$u_{I+1}=S^*(\theta,c)-S^*(\theta,\kappa)$。因此：

$$E\{S^*(\theta,c)\}-E\{u_{I+1}\}=E\{S^*(\theta,\kappa)\}>0$$

综合这些结论，我们看到：如果买方数量足够大，则：

$$E\{S^*(\theta,c)\}-E\{\sum_{i=1}^{I+1}u_i\}>0$$

存在双边竞争时，机制设计者的利润

最后在多个卖方和多个买方背景下探讨机制设计者的利润。假设政府拥有一块受污染土地。它想恢复这块土地，然后把土地出售给能实现最大增值的房地产开发商，进行住宅开发。设在土地恢复这个行当中，共有 m 个企业。c_j 是企业 j 的成本；c_L 则是最低成本。设有 n 个企业想在复原后的土地上开发住宅。θ_i 是这块土地对开发商 i 的价值；θ_H 是最高价值。从效率角度讲，这块土地应由能以最低成本清理污染的企业负责恢复和由价值认定最高的开发商开发住宅当且仅当 $\theta_H-c_L\geqslant 0$。

假设所有价值认定与成本都服从支持$[\alpha,\beta]$上的同一分布，累积分布函数为 $F\in\mathbb{C}^1$。设 $G(\cdot)$是最低成本的累积分布函数，$H(\cdot)$是最高价值认定的累积分布函数。因此：

$$G=(1-(1-F)^m)$$
$$H=F^n$$

最大期望总剩余因此为：

$$E\{S^*(n,m)\}=\int_\alpha^\beta dG\int_0^\theta \max\{0,(\theta_H-c_L)\}dH=\int_\alpha^\beta dG(c_L)I(c_L)$$

其中：

$$I(x)=\int_x^\theta(\theta-x)dH(\theta)$$

在这里，$I(\beta)=0,I'(c)=-(1-H(c))$。分部积分，得到：

$$S^*(n,m)=\int_\alpha^\beta G(c_I)I'(c_I)dc_I=\int_\alpha^\beta G(x)(1-H(x))dx$$
$$=\int_\alpha^\beta(1-(1-F)^m)(1-F^n)dx \qquad (12.6-2)$$

买方 i 对社会剩余的期望边际贡献为：

$$E\{u_i^B\}=E\{S^*(n,m)\}-E\{S^*(n-1,m)\} \qquad (12.6-3)$$

卖方 j 对社会剩余的期望边际贡献为：

$$E\{u_j^S\}=E\{S^*(n,m)\}-E\{S^*(n,m-1)\} \qquad (12.6-4)$$

机制设计者的期望利润于是为：

$$E\{u_0\}=E\{S^*(n,m)\}-\sum_{i=1}^{n}E\{u_i^B\}-\sum_{j=1}^{m}E\{u_j^S\}$$

代入(12.6－3)和(12.6－4),得到:

$$\begin{aligned}E\{u_0\}&=nE\{S^*(n-1,m)\}+mE\{S^*(n,m-1)\}-(n+m-1)E\{S^*(n,m)\}\\&=\int_{\alpha}^{\beta}I(n,m,F(x),1-F(x))dx\end{aligned}$$

其中:

$$\begin{aligned}I(n,m,F(x),1-F(x))=&n(1-(1-F)^m)(1-F^{n-1})+m(1-(1-F)^{m-1}(1-F)^n)\\&-(n+m-1)(1-(1-F)^m)(1-F^n)\end{aligned}$$

在只有两个买方和两个卖方时,定义 $E\equiv1-F$。得到:

$$\begin{aligned}I(2,2,F,E)&=2(1-E^2)(1-F)+2(1-E)(1-F^2)-3(1-E^2)(1-F^2)\\&=2(1-E^2-F+E^2F)+2(1-E-F^2+EF^2)-3+3E^2+3F^2\\&\quad-3E^2F^2\\&=1+(E^2+F^2)-2(E+F)+2EF(E+F)-3E^2F^2\end{aligned}$$

由于 $E+F=1$,因此:

$$I(2,2,F,E)=-3E^2F^2=-3(1-F)^2F^2<0,\forall F\in(0,1)$$

我们于是有下面的结论。

> **命题 12.6－5:只有两个买方和两个卖方时的设计者损失**
>
> 假设每个买方的价值认定和每个卖方的成本都独立地服从区间 $\Theta=[\alpha,\beta]$ 上的连续分布,累积分布函数为 F。所有的价值认定和成本都是私人信息。如果只有两个买方和两个卖方,则有效率的交换机制给设计者造成期望损失。

在有三个买方和三个卖方时,定义 $E\equiv1-F$。得到:

$$\begin{aligned}I(3,3,F,E)&=3(1-E^3)(1-F^2)+3(1-E^2)(1-F^3)-5(1-E^3)(1-F^3)\\&=3(1-E^3-F^3+E^3F^3)+3(1-E^2-F^3+E^2F^3)-5-5E^3-5F^2-5E^3F^3\\&=[1-3(E^2+F^2)+2(E^3+F^3)]+3E^2F^2(E+F)-5E^3F^3\\&=[1-3(E^2+F^2)+2(E+F)(E^2-EF+F^2)]+3E^2F^2(E+F)-5E^3F^3\\&=1-E^2-2EF-F^2+3E^2F^2-5E^3F^3,\text{因为 }E+F=1\\&=3E^2F^2-5E^3F^3\\&=(1-F)^2F^2[3-5(1-F)F]\end{aligned}$$

由于 $F(1-F)$ 在 $F=\frac{1}{2}$ 时,取得最大值,因此,对 $F\in(0,1)$,$I(3,3,F,1-F)>0$。我们因此证明了以下结论。

> **命题 12.6－6:有三个买方和三个卖方时,机制设计者的利润**
>
> 假设每个买方的价值认定和每个卖方的成本都独立地服从区间 $\Theta=[\alpha,\beta]$ 上的连续分布,累积分布函数为 F。所有的价值认定和成本都是私人信息。如果三个买方和三个卖方,则有效率的交换机制给机制设计者实现期望利润。

在买方和卖方数量很大时,分析就有些烦琐。但是,函数 $I(n,m,F,1-F)$ 即机制设计者的期望收益很容易用数值法算得。这里留一道计算题:假设至少有三个买方和三个卖方,V-C-G 机制才能给机制设计者实现正期望利润。

习 题

习题 12.6-1:只有一个买方和一个卖方时的抵制者

假设买方的价值认定分布在区间[3,5]上的,卖方的成本分布在区间[4,6]上。

(a) 把这个问题转化为公共品问题,证明这两个人都是抵制者。

(b) 假设成本与价值认定都服从均匀分布。在有效率的交换机制中,机制设计者的最小期望损失是多少?

习题 12.6-2:类型参数服从均匀分布时,机制设计者的利润

假设只有两个买方。每个人的价值认定服从区间[0,1]上的独立均匀分布。卖方的成本服从$[0,\kappa]$上的独立均匀分布,$\kappa<1$。联合密度函数为 $f(\theta_1,\theta_2,c)=1/\kappa$。我们探讨最小成本的 V-C-G 机制。

(a) 解释卖方的均衡收益为什么满足 $u_3=S(\theta,c)-S(\theta,\kappa)$;解释社会剩余 $S(\theta,\kappa)$ 为什么如图 12.6-2a 所示。在买方的价值认定上取期望,证明:

$$E_\theta\{u_3(\theta,c)\}=E_\theta\{S(\theta,c)\}-\frac{1}{3}(2-3\kappa+\kappa^3)$$

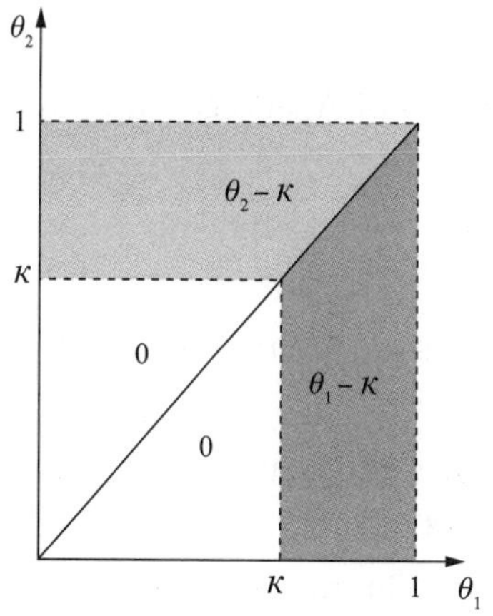

图 12.6-2a $u_3(\boldsymbol{\theta},\boldsymbol{\kappa})$

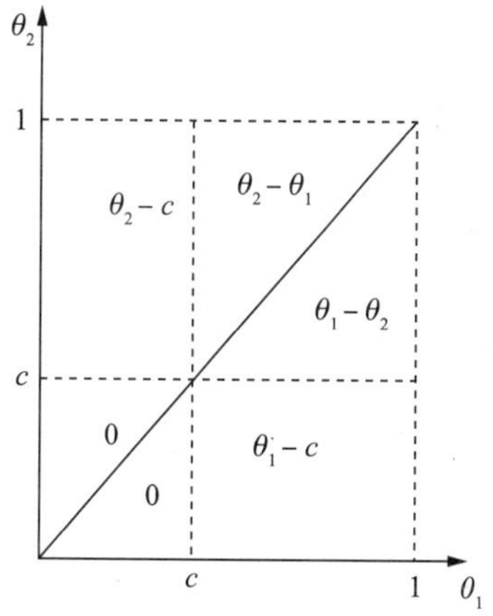

图 12.6-2b $u_1(\boldsymbol{\theta},c)+u_2(\boldsymbol{\theta},c)$

(b) 假设卖方的成本为 c。解释两个买方的均衡收益之和为什么如图 12.6-2b 所示。证明:

$$E_\theta\{u_1(\theta,c)+u_2(\theta,c)\}=\frac{1}{3}(1-c)^2(1+2c)$$

提示:在图 12.6-2 中,在 45°线下方,$u_1(\theta,c)+u_2(\theta,c)=u_1(\theta,c)$。在 45°线下方区域上积分,求得 $E_\theta\{u_1(\theta,c)\}$。再利用对称性,求得 $E_\theta\{u_1(\theta,c)+u_2(\theta,c)\}$。

(c) 证明期望买方收益之和为:

$$E_{\theta,c}\{u_1(\theta,c)+u_2(\theta,c)\}=\frac{1}{3}\left(1-\kappa^2+\frac{1}{2}\kappa^3\right)$$

利用(a)和(b)的答案,证明在 $\kappa=\frac{1}{3}$ 时,机制设计者的期望利润为正。用数值求解使机制设计者得期望利润为正的最大的 κ 值。

习题 12.6-3:双边竞争

(a) 在类型参数服从均匀分布的情况中,用电子表格计算机制设计者的期望利润,并用数值法证明在 m、$n\geqslant 2$ 且 $n+m\leqslant 5$ 时,机制设计者的期望利润为负。

(b) 用数值法证明在 m、$n\geqslant 2$ 且 $m+n\geqslant 6$ 时,机制设计者的期望利润为正。

参考文献

Chattergee, K. and Samuelson, W. "Bargaining under incomplete information." *Operations Research* **31**: 835-851.

Clarke, E. (1971). "Multipart pricing of public goods." *Public Choice* **8**: 19-33.

Groves, T. (1973). "Incentives in Teams." *Econometrica* **41**: 617-631.

Klemperer, P. (2002). "What Really Matters in Auction Design." *Journal of Economic Perspectives* **16**: 169-189.

Maskin, E. and Riley, J. (2000). "Asymmetric Auctions." *The Review of Economic Studies* **67**: 413-438.

Milgrom, P. and Weber, R. (1982). "A Theory of Auctions and Competitive Bidding." *Econometrica* **50**: 1089-1122.

McAfee, P. and McMillan, J. (1987). "Auctions and Bidding." *Journal of Economic Literature* **25**: 699-738.

Myerson, R. (1981). "Optimal Auction Design." *Mathematics of Operations Research* **6**: 58-73.

Myerson, R. and Satterthwaite, M. (1983). "Efficient Mechanisms for Bilateral Trading." *Journal of Economic Theory* **28**: 265-281.

Riley, J. G. and Samuelson, W. F. (1981). "Optimal Auctions." *American Economic Review* **71**: 381-392.

Vickrey, W. (1961). "Counterspeculation, Auctions and Competitive Sealed Tenders." *Journal of Finance* **16**: 8-37.

Wilson, R. (1969). "Competitive Bidding with Disparate Information." *Management Science*, **15**: 446-448.

附录 A 数学基础

A.1 证明方法

关键词：直接证明；归纳法；逆否命题证明，反证法

构造数学模型的目的，是利用数学做分析工具，得到关于经济现象的结论。所以，掌握相当数量的数学工具非常重要。假设你想分析利润最大化企业的选择。它的产品在市场上的价格为 p，它的产量为 q。对任意一对数量－价格 (q,p)，存在利润 $f(q,p)$。要处理这一模型，你得对产量变化时利润的变化率有清晰的了解。图 A.1－1 绘出了两种情况。

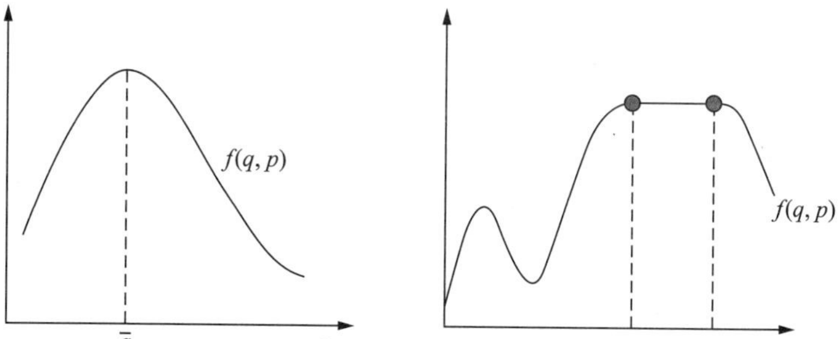

图 A.1－1　企业的利润

在第一种情况中，我们容易概括利润最大化产量的特征，因为利润曲线的顶点是唯一的斜率为零的点。在第二种情况中，在很多产量上，利润曲线的斜率为零，但不是所有这些产量都实现最大利润。我们需要探讨在哪些可行条件下，利润曲线的形状易于分析。在企业只生产一种产品时，这一点容易做到。但是，如果 q 是多种商品的产量向量呢？我们再深入一步：给定价格 p，设 $q(p)$ 是最大化问题的解。如果产量随价格光滑地变化，则企业行为分析相对简单。但产量随价格光滑变化的假定合理吗？

这些问题要求我们掌握经济学建模需要的数学方法。这在入门层次上能起作

用。但是，要想更深入地理解经济学模型，仅做到这一点还不够。如果不了解有关数学结论为什么成立和有关分析技术如何起作用，我们就很难决定如何分析问题。所以，理解有关结论的推导和知道有关分析手段如何产生是极为重要的。

那么，如何证明命题呢？如何以令人信服的方式证明命题正确呢？首先，存在一些我们耳熟能详的基本原理或结论，它们不需要重复或者重新证明。数学家使用几种证明方法。我们逐个介绍这些方法。

直接证明

直接证明方法建立在已被接受的命题基础上。我们计算一个投资项目的现值。这个项目的寿命为 n 个时期；在每个时期，它产生 1 元钱固定收益。在利率为 r 时，现值（即收益流量贴现至第一个时期时的价值）为：

$$V_n=1+\frac{1}{1+r}+\cdots+\left(\frac{1}{1+r}\right)^{n-1}$$

上式是个几何和，它的一般形式为 $S_n=1+a+a^2+\cdots+a^{n-1}$。对这类求和，我们有一个公式：

$$S_n=\frac{1-a^n}{1-a},a\neq 1$$

这个公式的直接证明相当简单：

$$aS_n=a(1+a+a^2+\cdots+a^{n-1})$$

因此：

$$1+aS_n=(1+a+a^2+\cdots+a^{n-1})+a^n$$

上式括号中的项正是 S_n，于是：

$$S_n(1-a)=1-a^n$$

如果 $a\neq 1$，上式两边同除以 $1-a$，得到：

$$S_n=\frac{1-a^n}{1-a}$$

这里要看到，这一简单证明也要求对代数法则有相当的了解。

归纳法

要证明某个命题 P_n 对所有整数 $n=1,2,\cdots$ 都成立，归纳法就很有用。第一步证明命题对 $n=1$ 成立。第二步证明，如果这一命题对 k 和 k 之前的所有整数都成立，则对 $n=k+1$ 成立。完成这两步，就完成了整个证明，因为，如果 P_1 成立，根据第二步，P_2 成立。由于 P_1 和 P_2 都成立，根据第二步，P_3 成立。这一过程一直重复下去。于是，对所有的 n，P_n 成立。

再看下面的例子。设 S_n 是前 n 个整数的和，即 $S_n=1+\cdots+n$。S_1、S_2、S_3、

S_4 和 S_5 分别为 1、3、6、10 和 15。你可能注意到公式 $S_n=\frac{1}{2}n(n+1)$对所有这五项都成立，于是猜测它对所有的 n 成立。(你猜对了！)我们用归纳法证明这一结论。假定对某个整数 k 和 k 之前的所有整数，这一猜想成立，证明它对整数 $k+1$ 成立。

设 $S_k=\frac{1}{2}k(k+1)$。我们想证明：

$$S_k+(k+1)=\frac{1}{2}(k+1)(k+2)$$

代入 S_k，得到：

$$S_k+(k+1)=\frac{1}{2}k(k+1)+(k+1)=\left(\frac{1}{2}k+1\right)(k+1)=\frac{1}{2}(k+1)(k+2)$$

就是说，这个命题如果对 $n=k$ 成立，则对 $n=k+1$ 成立。我们已经看到，这一猜想在 $n=1$ 时成立，因此，它对所有的 n 都成立。

逆否命题证明

假设我们想证明，如果命题 A 成立，则命题 B 成立。就是说，A 在其中为真的事件，也是 B 在其中为真的事件。[1]

我们看图 A.1－2 中的维恩图。方形区域为所有可能的事件构成的集合。深灰色区域为 A 在其中为真的事件构成的集合。A 在其中为假的事件构成的集合为 $\sim A$。在中间的图中，浅灰色区域为 B 在其中为真的事件构成的集合。在右边图中，集合 A 和 B 叠加在一起。从图中可以看出，A 是 B 的子集。因此，如果 A 为真，则 B 为真。现在要证明 A 是 B 的子集(即 $A\subset B$)。如果 A 是 B 的子集，则不在 B 中的任何事件亦不在 A 中的命题亦为真(即$\sim B\subset\sim A$)。换句话说，这两个命题等价：

$A\subset B$ 当且仅当$\sim B\subset\sim A$。

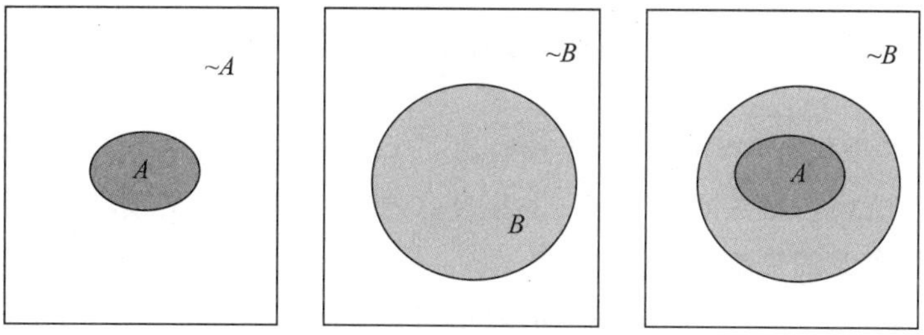

图 A.1－2　逆否命题证明

我们因此可以不直接证明 A 蕴含 B，而利用逆否命题，证明如果 B 不成立，则 A 不成立。

第 A.5 节给出了这种方法的一个应用。在 A.5 节中，我们要证明以下命题：

“如果光滑函数 f 在点 x 取最大值，则它在 x 点的斜率为零。”

〔1〕 等价地，条件 B 是条件 A 的必要条件。

这一命题的逆否命题是：如果函数在点 x 处的斜率不为零，则它在点 x 不取最大值。接下来的证明便是应用函数“斜率”的正式定义。

反证法

现在介绍反证法。我们经常通过假定命题不成立，推导由此导致的结果，证明命题成立。假设凭运气和算计，我们发现了某个不可能的结果。我们就知道命题不可能为假，因此它肯定为真！

为说明这一点，我们证明两个奇数的和为偶数。任一偶数都可以写为 $2n$ 的形式，其中，n 是整数；任意奇数可以写为 $2n+1$，其中，n 是整数。假设命题不成立，则存在某些整数 a,b,c，使得：

$$(2a+1)+(2b+1)=2c+1 \tag{A.1-1}$$

整理得到：

$$2(c-a-b)=1$$

$2(c-a-b)$ 能被 2 整除，所以，不等于 1。就是说，式子(A.1－1)导致了矛盾结论。因此，不存在这样的整数 a,b,c。命题因此成立。

A.2　单变量映射[1]

关键词：邻域；极限；连续函数；集值映射

在本书中，我们将用到实数集的各种子集，即 $\mathbb{R}=(-\infty,+\infty)$ 的子集。我们常处理区间形式的集合，如：

$$\{x \mid x\in \mathbb{R}, a\leqslant x\leqslant b\}$$

这种包含端点的区间被称为闭区间，写为 $[a,b]$。开区间则为 $(a,b)=\{x \mid x\in \mathbb{R}, a<x<b\}$。

函数把某个集合 X 中的每个点映射到 $(-\infty,+\infty)$ 中的一个点上。我们把映射的结果写为 $f(x)$。函数所赖以定义的集合 X 被称为 f 的定义域，写为 $X=D_f$。

例子 1：企业的供给函数

某企业只生产一种产品。在产量为 q 时，$C_1(q)$ 是最小生产成本：它是从产量到成本的单值映射，是这个企业的“成本函数”。假设成本函数如图 A.2－1 所示。给定价格 p，在产量为 $q(p)$ 时，利润最大，因为在这个产量上成本曲线与收益曲线 $R=pq$ 之间的距离达到最大。这个利润最大化企业因此供给 $q(p)$ 数量的产品。只要成本曲线的斜率处处递增，利润最大化的产量水平只有一个，从价格到产量的映射 $q(p)$ 因此是函数。见图 A.1－2。

我们现在引入固定成本。

[1] 本章复习一些基本数学概念。感到困难的读者最好准备一本微积分教材。

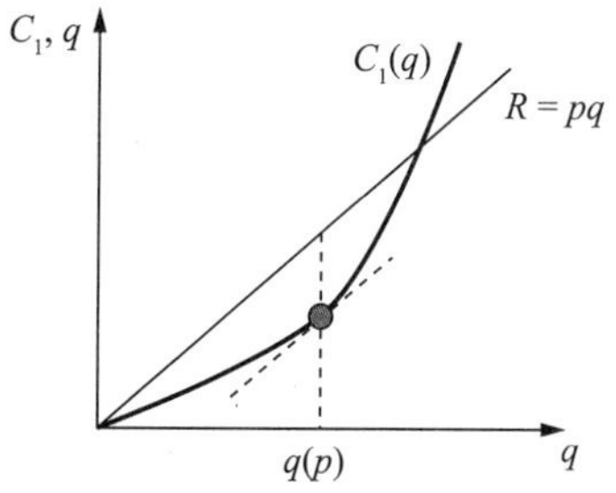

图 A. 2－1　利润最大化产量

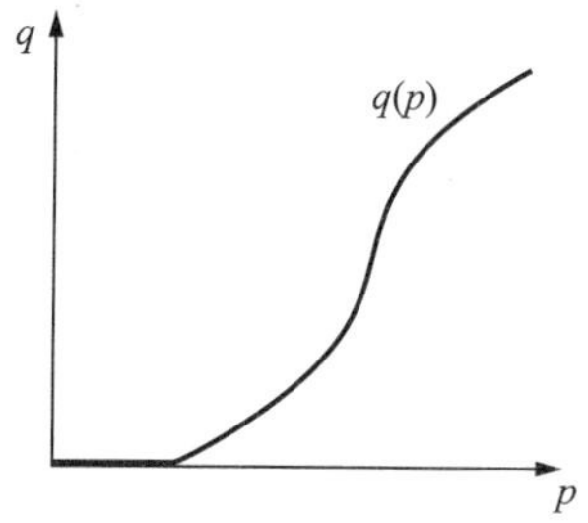

图 A. 2－2　企业的供给曲线

例子 2：不连续函数

设企业的成本为 $C_2(q)=F+C_1(q)$。图 A. 2－3 画出了它的成本曲线。设价格为 $\bar{p}$。在这一价格上，收益曲线与成本曲线在产量 $\bar{q}$ 上相切。企业可以停产或通过生产 $\bar{q}$ 数量的产品而实现零利润。在其他产量水平上，企业利润严格为负。假设企业选择产量 $\bar{q}$。[1] 在高于 $\bar{p}$ 的任意价格 p 上，利润最大化产量 $q(p)$ 严格为正；在低于 $\bar{p}$ 的价格上，企业停产。从价格到产量的映射如图 A. 2－4 所示。

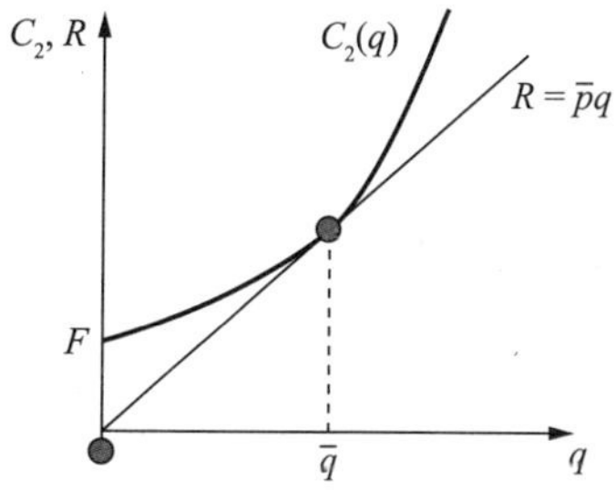

图 A. 2－3　产生零利润的价格

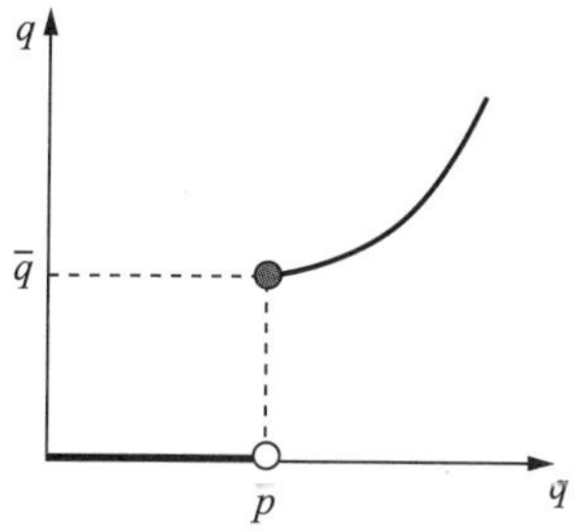

图 A. 2－4　企业的供给曲线

图 A. 2－2 中的供给曲线与图 A. 2－4 中的供给曲线有重要区别。在前一种情况中，产量随价格光滑地（连续地）变化。在后一种情况中，在价格为 $\bar{p}$ 时，产量发生跳跃，因此，供给曲线在 $\bar{p}$ 上不连续。

要精确定义连续性，我们要用到下面这些概念。

> **定义：邻域和去心邻域**
>
> 由到点 x^0 的距离严格小于 δ 的点构成的集合，被称为 x^0 的邻域（或 δ－邻域）。当这一距离严格小于 δ 同时严格大于 0 时（即 x^0 被剔除出去），这个集合被称为去心邻域。

> **定义：函数的极限**
>
> 函数 f 在点 x^0 有极限 L，如果对任意的 $\varepsilon>0$，对 x^0 的某个去心邻域中的所有的点 x，有：
>
> $$|f(x)-L|<\varepsilon$$

---

[1] 在图 A. 2－4 中，价格为 $\bar{p}$ 时的产量用圆点表示。用圆圈表示的点不在供给曲线上。另一种处理方法是把这两个点都看作是企业的可能的选择，但是，如果这样做，我们就不再有从价格到产量上的 1－1 映射。

定义：连续函数

设 f 是个函数，$x^0 \in D_f$。则 f 在点 x^0 连续，如果它在点 x^0 有极限且极限等于 $f(x^0)$。

例子 3：函数在点 x^0 没有极限

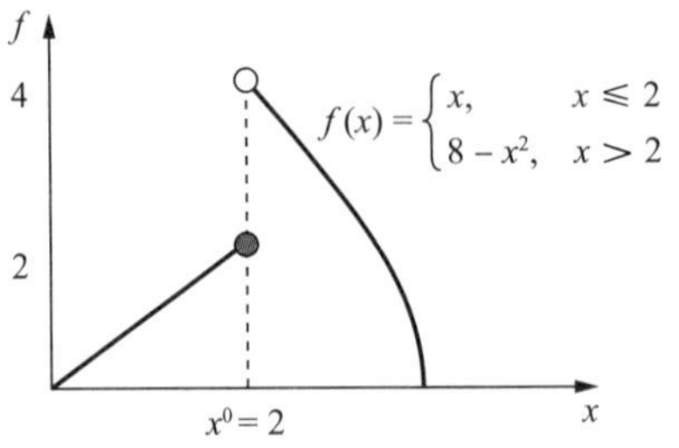

图 A.2-5　f 在点 x^0 没有极限

取很小的 δ。对区间 $(2-\delta,2)$ 中所有的点 x，$f(x)$ 接近 2。对区间 $(2,2+\delta)$ 中所有的点 x，$f(x)$ 接近 4。就是说，在 x 趋向 $x^0=2$ 时，函数没有收敛于某个极限 L。

函数 f 在定义域上不连续，如果它在某个 $x^0 \in D_f$ 上不连续。我们看下面的例子。

例子 4：有极限的不连续函数

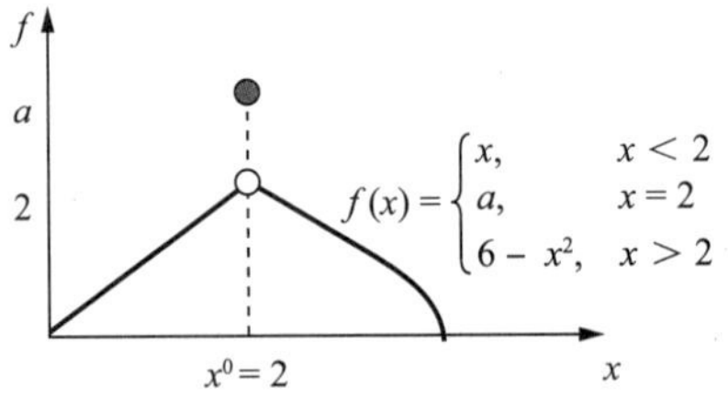

图 A.2-6　f 在 x^0 点有极限但是不连续

对 2 附近的所有的点 x，$f(x)$ 接近 2。函数的极限为 $L=2$。由于 $f(x^0)=a$，所以，除非 $a=2$，否则函数 f 在点 x^0 不连续。

集值映射

在经济学中，决策者的最优选择有时并不唯一。例如，在某些价格上，企业可能有两个或多个利润最大化产量水平。此时，从价格到产量的映射并不唯一。正式地说，映射有时候是集值的而不是单值的。就是说，集合 X 中的某些点或所有的点都被映射到实直线上的点集上。这种集值映射被称为对应。

我们看个例子。某个企业有两台机器。使用机器 1，它每天能以单位成本 c_1 生产最多 a 件产品；使用机器 2，它每天能以单位成本 c_2 生产最多 b 件产品，在这里，$c_2>c_1$。图 A.2-7 画出了它的成本曲线。

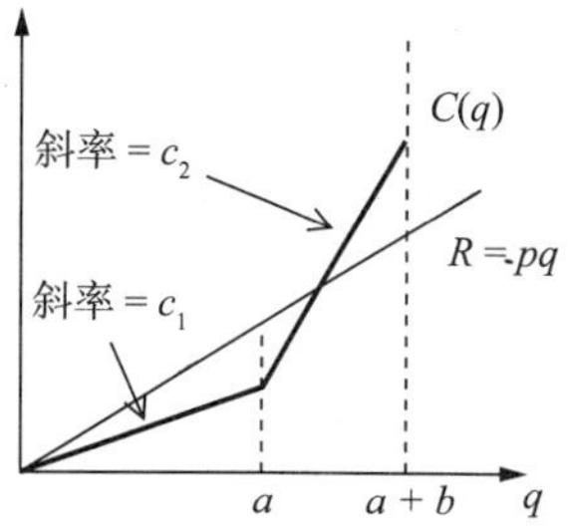

图 A.2-7 成本函数

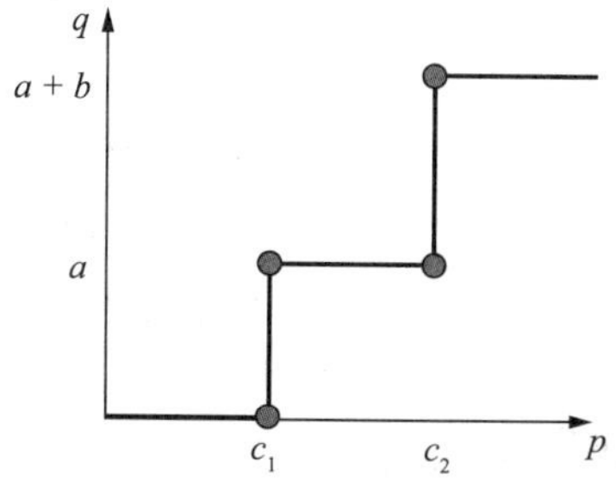

A.2-8 企业的供给曲线

如果如图所示，产品价格落在开区间(c_1, c_2)内，则在$q=a$时，收益曲线与总成本函数之间的垂直距离最大。就是说，使用第一台机器，利润最大。如果产品价格低于c_1，则利润最大化产量为零。如果价格高于c_2，则同时使用两台机器能使利润最大，利润最大化产量为$a+b$。如果价格为c_1或者c_2，则在一个产量区间上，利润最大。图 A.2-8 画出了从价格到利润最大化产量的映射。

在分析供给与需求时，经济学家始终遵循马歇尔传统，把价格画在纵轴上。见图 A.2-9。在图中，从q到p的"逆映射"是多值映射。图中画出了四条需求曲线。相对于供给函数，供给"对应"使得对需求移动的严格数学分析变得复杂，但图形分析不受影响。需求曲线从D_0移动到D_1，市场出清价格上升，产量却依然为a。需求曲线从D_2移动到D_3，产量上升，但市场出清价格却依然为c_2。

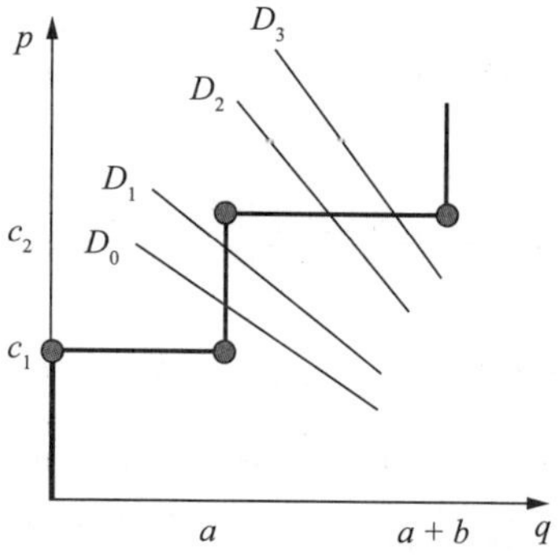

图 A.2-9 供给与需求

习　题

习题 A.2-1：极限法则

设函数f_1和f_2在点x^0的极限分别为L_1和L_2。

(a) 求证：这两个函数的和$g=f_1+f_2$的极限为L_1+L_2。

(b) 求证：$g=f_1f_2$的极限为L_1L_2。

A.3 导数与积分

关键词： 求导法则；增函数；积分作为反导数

函数的斜率

如果函数处处有斜率并且斜率连续变化，我们的分析就能简化。这种函数被称为“连续可微”函数，常表示为 $f \in \mathbb{C}^1$。

我们看图 A.3-1 中的函数 f。从图上看，函数在点 x^0 的导数是在点 x^0 与函数曲线相切的直线的斜率。取点 x^0 和它邻近的点 x^0+h，画出连接曲线上 A 点与 B 点的弦 AB。我们定义函数在点 x^0 的斜率为 h 趋近零时，弦 AB 的斜率的极限，即切线 AC 的斜率。

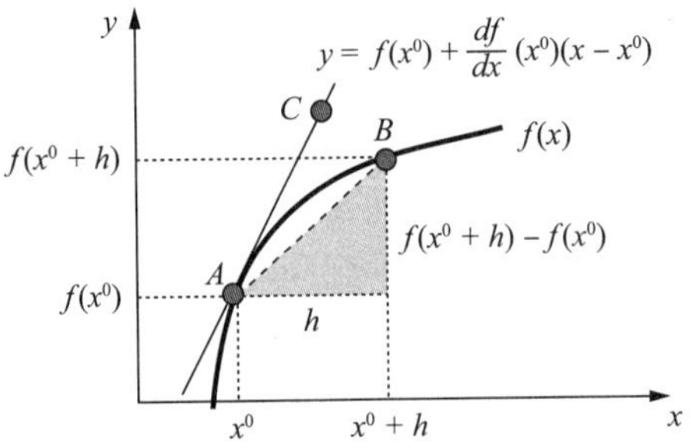

图 A.3-1　函数的导数

> **定义：函数的导数**[1]
>
> 函数 f 的导数 $\frac{df}{dx}(x^0)$ 是 $g(x) \equiv \frac{f(x)-f(x^0)}{x-x^0}$ 在点 x^0 的极限。

图 A.3-1 还画出了穿过点 A、斜率为 $\frac{df}{dx}(x^0)$ 的直线。这条直线的方程为：

$$y=f(x^0)+\frac{df}{dx}(x^0)(x-x^0)$$

由于在点 x^0，这条直线和函数 f 取相同的值且有相同的导数值，所以，这条直线在点 x^0 的邻域内逼近函数曲线。在点 x^0，这一线性逼近由于与函数 f 有相同的一阶导数，所以它也被称为 f 在点 x^0 的一阶逼近。

求导法则

利用导数的极限定义，我们有以下求导法则。

连锁法则

设 $y=f(x)$，$z=g(y)=g(f(x))$，则 $\frac{dg}{dx}(f(x))=\frac{dg}{dy}(y)\frac{dy}{dx}(x)$。

积的求导法则

$\frac{d}{dx}[f(x)g(x)]=\frac{df}{dx}(x)g(x)+f(x)\frac{dg}{dx}(x)$。

---

〔1〕我们常把函数 $f(x)$ 的导数写为 $f'(x)$，后面几章常使用这种表述形式。这种写法的缺点是它无法被推广至两变量或多变量情况中。

商的求导法则

$$\frac{d}{dx}\frac{f(x)}{g(x)}=\frac{\frac{df}{dx}(x)g(x)-f(x)\frac{dg}{dx}(x)}{g(x)^2}。$$

这些性质,如果在函数定义域内每个点都成立,则在定义域上成立。

经济学模型常用到随变量处处递增(或递减)的函数。

> **定义:递增[1]函数和严格递增函数**
>
> 函数 f 在点 x^0 递增,如果对 x^0 的某个去心邻域中的每个点 x,$\frac{f(x)-f(x^0)}{x-x^0}\geqslant 0$。
>
> 函数 f 在点 x^0 严格递增,如果对 x^0 的某个去心邻域中的每个点 x,$\frac{f(x)-f(x^0)}{x-x^0}>0$。

如果函数 f 严格递增,你可能认为它有严格正斜率。实际上,如果让你画出一些严格递增函数,你更会认为这是个"显而易见"的事实。但是,图形虽然极有用处,却只是完成证明的垫脚石。要证明命题不成立,一种方法是找到反例。

反例:立方函数

为说明严格递增函数的斜率未必严格为正,我们看立方函数 $f(x)=x^3$:设 $z\neq x$,则:

$$\frac{f(z)-f(x)}{z-x}=\frac{z^3-x^3}{z-x}=z^2+xz+x^2=\left(z+\frac{1}{2}x\right)^2+\frac{3}{4}x^2 \quad (A.3-1)$$

对所有的 x 和 $z\neq x$,上式严格为正。就是说,立方函数是实直线上的严格递增函数。但是,$\frac{df}{dx}(x)=\lim\limits_{z\to x}\frac{f(z)-f(x)}{z-x}=\lim\limits_{z\to x}z^2+xz+x^2=3x^2$。因此,$\frac{df}{dx}(0)=0$。就是说,在 $x=0$ 时,这个函数的斜率为零。

设函数 f 在点 x^0 可微。我们实际上证明了如下命题:

$$A=\{f\text{ 在 }x^0\text{ 严格递增}\}\text{不蕴含 }B=\{\frac{df}{dx}(x^0)>0\}$$

这一命题的逆命题成立。[2]

> **命题 A.3-1:函数在某个点严格递增/递减的充分条件**
>
> 如果$\frac{df}{dx}(x^0)>0$,则 f 在点 x^0 严格递增。如果$\frac{df}{dx}(x^0)<0$,则 f 在点 x^0 严格递减。

---

[1] 我们不区分"递增"与"非递减"。同理,如果 $x_1\geqslant 0$,我们说 x_1 为正或非负。

[2] 这种情况在数学上写为"$A\not\Rightarrow B$ 但 $B\Rightarrow A$"。

证明：设$\frac{df}{dx}(x^0)>0$。令$\varepsilon=\frac{1}{2}\frac{df}{dx}(x^0)$。$\varepsilon>0$，根据导数的定义，存在$\delta>0$使得如果$x^0-\delta<x<x^0+\delta$且$x\neq x^0$，则：

$$\varepsilon>\frac{f(x)-f(x^0)}{x-x^0}-\frac{df}{dx}(x^0)>-\varepsilon=-\frac{1}{2}\frac{df}{dx}(x^0)$$

整理上式。如果$x\in(x^0-\delta,x^0+\delta)$且$x\neq x^0$，则：

$$\frac{f(x)-f(x^0)}{x-x^0}>\frac{1}{2}\frac{df}{dx}(x^0)$$

如果$\frac{df}{dx}(x^0)>0$，$\frac{f(x)-f(x^0)}{x-x^0}>0$，即$f$在点$x^0$严格递增。

同理，如果f的导数在点x^0为负，则f在x^0严格递减。 □

函数的弹性

经济学家常常分析在变量x变化时，函数$y=f(x)$的相对变化，即函数的弹性。对有限变化，(弧)弹性是y的相对变化对x的相对变化的比率，就是说：

$$\frac{\frac{\Delta y}{y}}{\frac{\Delta x}{x}}=\frac{x}{y}\frac{\Delta y}{\Delta x}$$

在$\Delta x\to 0$时，取极限，得到(点)弹性：

$$\varepsilon(y,x)=\frac{x}{y}\frac{dy}{dx}$$

由于$\frac{d}{dx}\ln y=\frac{1}{y}\frac{dy}{dx}$，点弹性可以写为：

$$\varepsilon(y,x)=x\frac{d}{dx}\ln y$$

例题：需求弹性

设某种产品的需求函数为$y=f(p)=ap^{-\nu}$。取对数：

$$\ln y=\ln a-\nu\ln p$$

于是：

$$\frac{1}{y}\frac{dy}{dp}=\frac{-\nu}{p}$$

因此：

$$\varepsilon(y,p)=-\nu$$

弹性法则

积的法则：$\varepsilon(fg,x)=\varepsilon(f,x)+\varepsilon(g,x)$；

商的法则：$\varepsilon(f/g,x)=\varepsilon(f,x)-\varepsilon(g,x)$。

我们推导积的法则。$\varepsilon(fg,x)=x\dfrac{d}{dx}\ln fg$，$\ln(fg)=\ln f+\ln g$，所以：

$$\varepsilon(fg,x)=x\frac{d}{dx}(\ln f+\ln g)=x\frac{d}{dx}\ln f+x\frac{d}{dx}\ln g=\varepsilon(f,x)+\varepsilon(g,x)$$

用类似的方法可推导出商的法则。

函数的积分

我们看图 A.3-2 中的连续函数 f。函数在区间$[\alpha,\beta]$上的积分是函数曲线下方区域的面积。计算这一面积的一种方法，是把区间$[\alpha,\beta]$分割为 n 个相等长度的线段，每个线段的长度为 $\delta x=\dfrac{\beta-\alpha}{n}$。从每个线段上取一个点，把这些点标记为 $x_1,x_2,\cdots,x_{n-1}$；然后，把图中 n 个长方形的面积相加，即求和：

$$I_n=\sum_{i=0}^{n-1}f(x^i)\delta x$$

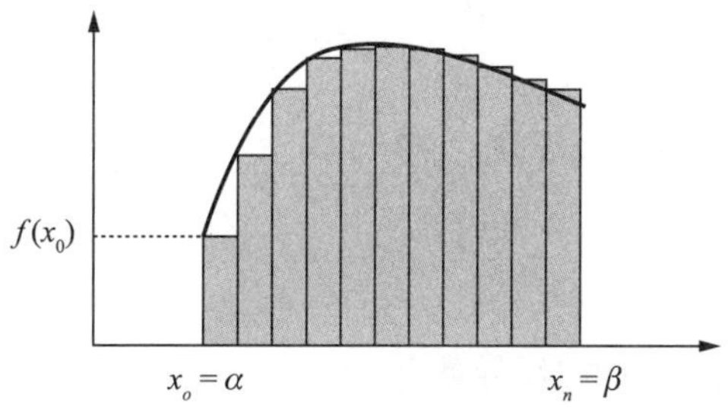

图 A.3-2 对曲线下方面积的逼近

随着 n 上升，图中的阶梯函数更好地逼近函数曲线。所以，确定曲线下方区域面积的一种方法是求这些逼近的极限：

$$I=\lim_{n\to\infty}\sum_{i=0}^{n-1}f(x^i)\delta x$$

上式便是函数 f 在$[\alpha,\beta]$上的积分。我们常把它写为下面的形式而不是其极限形式：

$$I=\int_{\alpha}^{\beta}f(x)dx$$

理论上说，对一些函数，通过以上步骤，我们有可能得到这一极限表达式。但是，在许多情况中，利用微分法则更容易求出积分。

把 β 增加至 $\beta+h$，我们看积分的变化。我们在改变右端点，所以，可以把积分记为 $I(\beta)$。曲线下方区域面积的变化于是为 $I(\beta+h)-I(\beta)$。为简化分析，设函数 f 递增，见图 A.3-3。

曲线下方区域面积的变化(图中灰色区域)有下界，即长方形 $ABCD$ 的面积；有上界，即长方形 $AEFD$ 的面积。就是说：

$$f(\beta)h\leqslant I(\beta+h)-I(\beta)\leqslant f(\beta+h)h$$

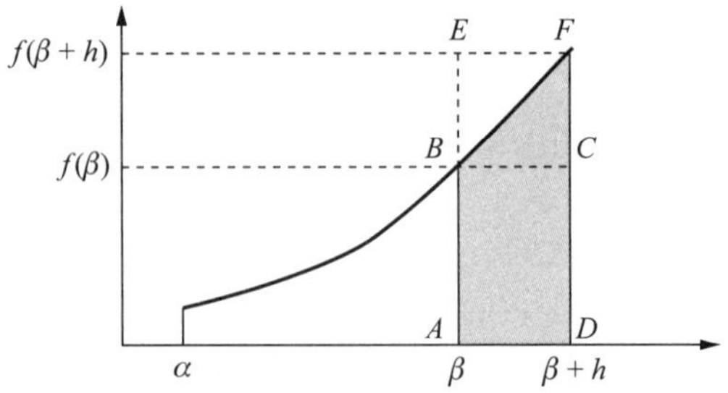

图 A. 3－3　曲线下方区域面积的变化

上式各项同除以 h，得到：

$$f(\beta) \leqslant \frac{I(\beta+h)-I(\beta)}{h} \leqslant f(\beta+h)$$

随着 $h \to 0$，右边表达式趋向 $f(\beta)$。中间项的极限为 I 的导数。即：

$$\frac{dI}{d\beta}(\beta)=f(\beta)$$

上述关系对任意 β 值都成立，所以：

$$\frac{dI}{dx}(x)=f(x)$$

所以说，函数的积分是函数的"反导数"。

但是，反导数不唯一。我们可以给反导数增加任意常数而不影响其导数。由于这个原因，反导数被称为不定积分。在区间 $[\alpha,\beta]$ 上，曲线下方区域的面积被称为定积分。这个面积为：

$$\int_{\alpha}^{\beta} f(x)\,dx=I(\beta)+k$$

其中，k 是个常数。随着 $\beta \to \alpha$，曲线下方区域的面积收敛于零，就是说，$I(\alpha)+k=0$。因此：

$$\int_{\alpha}^{\beta} f(x)\,dx=I(\beta)-I(\alpha)$$

例子：积分为反导数

设 $f(x)=x^n$。由于 x^{n+1} 的导数为 $(n+1)x^n$，因而 $\frac{1}{n+1}x^{n+1}$ 的导数就为 x^n。$\frac{1}{n+1}x^{n+1}$ 因此是 x^n 的反导数。我们将这一关系写为：

$$I(x)=\frac{1}{n+1}x^{n+1}$$

函数 x^n 在区间 $[\alpha,\beta]$ 上的定积分因此为 $\frac{1}{n+1}(\beta^{n+1}-\alpha^{n+1})$。

求函数 f 的积分的一种技巧是看它能否写为 $f(x)=u(x)v(x)$ 的形式，其中，函数 $u(x)$ 的积分已知，为 $U(x)$。如果 f 能写为这种形式，它的积分就可以分部求出：

命题：A.3－2 分部积分

设 $f(x)=u(x)v(x)$，其中，$u(x)$ 的积分为 $U(x)$，则：

$$\int_{\alpha}^{\beta} f(x)\,dx = U(\beta)v(\beta) - U(\alpha)v(\alpha) - \int_{\alpha}^{\beta} U(x)\frac{dv}{dx}dx$$

证明：根据积的求导法则，有：

$$\frac{d}{dx}U(x)v(x) = u(x)v(x) + U(x)\frac{dv}{dx}$$

整理得到：

$$u(x)v(x) = \frac{d}{dx}U(x)v(x) - U(x)\frac{dv}{dx}$$

对上式两边积分，由于函数 $U(x)v(x)$ 的导数的积分是这一函数本身，命题得证。□

习　题

习题 A.3－1 求导法则

(a) 设 $y(x)=f(x)g(x)$。求证：

$$\frac{y(x+h)-y(x)}{h} = f(x+h)\frac{g(x+h)-g(x)}{h} + g(x)\frac{f(x+h)-f(x)}{h}$$

(b) 求 $h \to 0$ 时上式的极限，即证明积的求导法则。

(c) 设 $y=f(x)$ 和 $y+k=f(x+h)$。求证：

$$\frac{g(f(x+h))-g(f(x))}{h} = \frac{g(y+k)-g(y)}{k}\frac{f(x+h)-f(x)}{h}$$

即证明连锁法则。

* **习题 A.3－2：不连续的可微函数**[1]

设函数 $f(x)=\begin{cases} x^2\left(\sin\dfrac{1}{x}-1\right), & x\neq 0 \\ 0, & x=0 \end{cases}$。

(a) 由于 $\dfrac{d}{dx}\sin x=\cos x$，应用连锁法则和积的求导法则，证明对所有的 $x\neq 0$，有：

$$\frac{df}{dx}(x) = 2x\left(\sin\frac{1}{x}-1\right) - \cos\frac{1}{x}$$

---

〔1〕（＊）表示题目有些难。这些题目是为有厚实数学背景的学生设计的。

(b) 解释：为什么随着 x 趋于零，斜率变化得越来越快？

(c) 解释：为什么 $-2x^2 \leqslant f(x) \leqslant 0$？画出函数图形。利用导数的极限定义，证明 $\frac{df}{dx}(0)=0$。说明：这个函数处处可微，但在点 $x=0$ 上，不连续可微。

习题 A.3－3 分部积分

(a) 设 $u(x)=1$。利用 $\ln x = u(x)\ln x$ 和 $\frac{d}{dx}\ln x = \frac{1}{x}$ 两个事实，证明：

$$\int_{\alpha}^{\beta} \ln x dx = \beta(\ln\beta - 1) - \alpha(\ln\alpha - 1)$$

(b) 推导 $\int_{\alpha}^{\beta} x^{\gamma} \ln x dx$ 的表达式，其中，$\gamma > 0$。

(c) 指数函数 $f(x)=e^x$ 的导数等于 e^x 本身，因此，$\int e^x dx = e^x$。推导 $\int_{\alpha}^{\beta} xe^x dx$ 的表达式。

A.4 优化

关键词：一阶条件和二阶条件；逼近函数；弹性

优化行为是几乎所有经济学模型的基础。在解释模型原理时，以相对不正式的方式解释优化行为，常常有帮助。但是，模型本身依然需要建立在坚实的数学基础上。假设需求向下移动，导致图 A.4－1 中的利润函数 $f(q)$。$f(q)$ 是减函数，并且，在所有严格正的产量上取负值。因此，企业的利润最大化策略是停产。

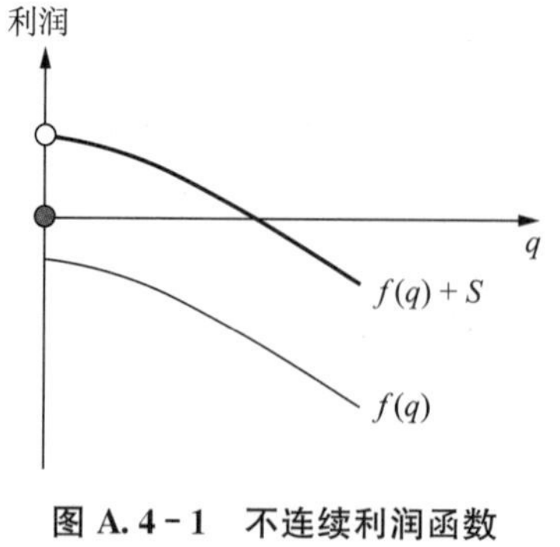

图 A.4－1 不连续利润函数

假设为支持本国产业，政府决定干预，销售这一产品的所有企业得到补贴 S。现在，利润函数为：

$$\Pi(q) = \begin{cases} 0, & q = 0 \\ f(q) + S, & q > 0 \end{cases}$$

从图上看，企业产量越小，利润则越大；如果不生产，利润为零。实际情况是，这个

企业的产量会"很小"。但从数学角度看,最大化问题

$$\max_q\{\Pi(q) \mid q \geqslant 0\}$$

没有解,就是说,这个企业没有利润最大化产量水平。

直观地看,如果假定被优化函数在某个区间$[a,b]$上连续,优化问题就肯定有解。下面的基本定理证实了这一结论。

> **极值定理**
>
> 如果函数 f 在闭区间上连续,则 f 在此区间中的某些点上取得最大值和最小值。

我们现在探讨可微(因此连续)的函数的最大值的特征。设 $D_f=\mathbb{R}$,任取点 x^0。设在这个点上,函数斜率严格为正。根据命题 A. 3-1,如果$\frac{df}{dx}(x^0)>0$,f 在点 x^0 严格递增。因此,存在点 $x^1<x^0$ 使得 $f(x^1)<f(x^0)$;存在点 $x^2>x^0$ 使得 $f(x^2)>f(x^0)$。所以,在点 x^0 上,f 没有取得最大或最小值。同理,在$\frac{df}{dx}(x^0)<0$ 时,我们有相同结论。我们因此证明了下面的命题。

> **命题 A. 4-1:一阶条件**
>
> 设定义在$\mathbb{R}$上的函数 f 在点 x^0 取得最大值。如果 f 在点 x^0 可微,则$\frac{df}{dx}(x^0)=0$。

在经济学中,我们常常需要限制函数的定义域,因为许多变量(冰激凌、工作小时数等)只有在为正数时(或者说,为非负数时)才有意义。我们需要修正一阶条件以反映这类限制。我们看下面的最大化问题:

$$\max_x\{f(x) \mid x \in \mathbb{R}^+\}$$

其中,$\mathbb{R}^+$表示正实数。如果最大值出现在这一定义域的内点集中的某个点 x^0 上,前述一阶条件依然适用。如果最大值出现在端点 $x^0=0$ 上,则 f 在$x^0=0$ 上不可能严格递增,但可以严格递减,见图 A. 4-2。

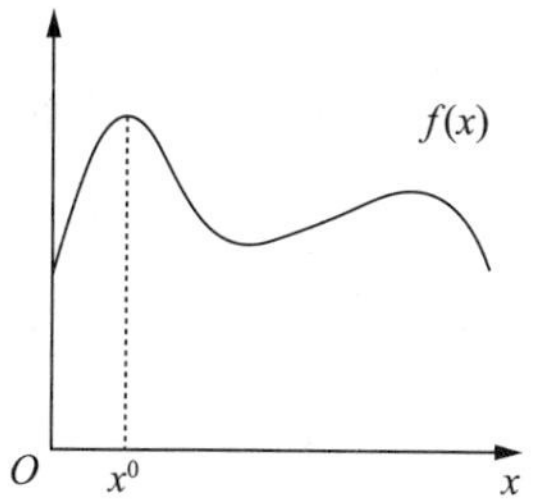

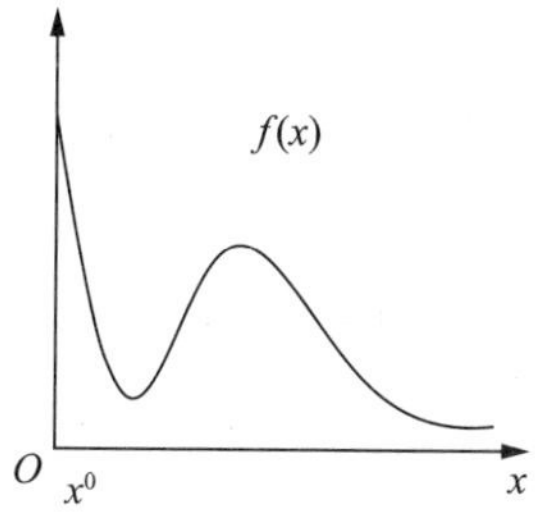

图 A. 4-2 一阶条件

在这种情况中,一阶条件包含两个部分:

（ⅰ）如果 $x^0>0,\frac{df}{dx}(x^0)=0$；

（ⅱ）如果 $x^0=0,\frac{df}{dx}(x^0)\leqslant 0$。

这一条件还可以更紧凑地表示为：

$$\frac{df}{dx}(x^0)\leqslant 0;\text{如果 } x^0>0,\text{则}\frac{df}{dx}(x^0)=0$$

高阶导数

如果函数 f 在 D_f 上可微，则它的导数是函数。利用导数的极限定义，我们可以定义 $\frac{df}{dx}(x)$ 在点 x^0 的导数——它是函数 f 的导数的导数，所以被称为 f 的二阶导数。我们定义 $\frac{d^nf}{dx^n}(x^0)$ 为 f 在点 x^0 的 n 阶导数。

命题 A.4－2：二阶条件

设 f 在 $\mathbb{R}$ 上可微且在点 x^0 二阶可微。如果 f 在点 x^0 取最大值，则 $\frac{d^2f}{dx^2}(x^0)\leqslant 0$。

证明：设命题不成立，f 在点 x^0 上取最大值且 $\frac{df}{dx}(x^0)=0$，但 $\frac{d^2f}{dx^2}(x^0)=\frac{d}{dx}\frac{df}{dx}(x^0)>0$。根据命题 A.3－1，一个函数 g 如果在点 x^0 的导数严格为正，则 g 在点 x^0 严格递增。由于 $\frac{d}{dx}\frac{df}{dx}(x^0)>0$，所以，$\frac{df}{dx}(x)$ 在点 x^0 严格递增。就是说，在点 x^0 的某个去心 δ－邻域中，有：

$$\frac{\frac{df}{dx}(x)-\frac{df}{dx}(x^0)}{x-x^0}>0$$

因此，在区间 $(x^0,x^0+\delta)$ 上，$\frac{df}{dx}(x)>0$。根据命题 A.3－1，f 在区间 $(x^0,x^0+\delta)$ 中的每个点上严格递增。令 $x^1=x^0+\frac{1}{2}\delta$，$f$ 在区间 $(x^0,x^1]$ 上严格递增。

由于 f 在点 x^0 取最大值，$f(x^1)\leqslant f(x^0)$。由于 f 在点 x^1 严格递增，所以，存在 $\hat{x}\in(x^0,x^1)$ 使得 $f(\hat{x})<f(x^1)$。根据极值定理，f 在某个点 $c\in(x^0,x^1)$ 取最小值。根据一阶条件，$\frac{df}{dx}(c)=0$。但这不可能，因为在区间 $(x^0,x^0+\delta)$ 上，$\frac{df}{dx}(x)>0$。所以，$\frac{d^2f}{dx^2}(x^0)\leqslant 0$。 □

图 A.4－3 是对这一证明的几何阐述。假设在点 x^0 上，函数 f 的二阶导数为正，则在某个区间 $(x^0-\delta,x^0+\delta)$ 上，函数的斜率严格递增，并且，这一斜率在点 x^0

上为零。因此，在点 $x\in(x^0-\delta,x^0)$ 上，斜率严格为负；在点 $x\in(x^0,x^0+\delta)$ 上，斜率严格为正。A.4-3 的中间的图描述了这一点。所以，f 在点 x^0 上肯定有局部最小值。

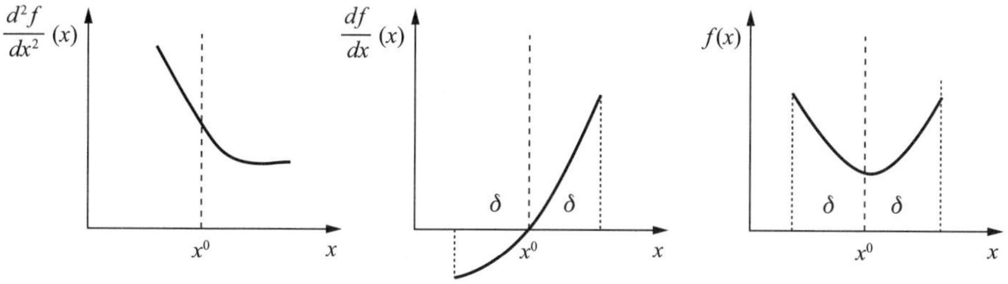

图 A.4-3 二阶条件

最后要指出的是，关于优化的上述许多结论只依赖函数的一阶和二阶导数。为理解这些结论，我们分析函数的二次方逼近。

逼近函数

我们要在 x^0 的某个邻域内，用如下二次方函数逼近函数 f：

$$f_\alpha(x)=\alpha_0+\alpha_1(x-x^0)+\alpha_2(x-x^0)^2$$

令 $x=x^0$，则 $f_\alpha(x^0)=\alpha_0$。因此，如果 $\alpha_0=f(x^0)$，则在点 x^0 上，逼近函数取得与 f 相同的值。求导，得到：

$$\frac{df_\alpha}{dx}(x)=\alpha_1+2\alpha_2(x-x^0)$$

如果 $\alpha_1=\frac{df}{dx}(x^0)$，则逼近函数在点 x^0 上有与 f 相同的斜率。再次求导，得到：

$$\frac{d^2f_\alpha}{dx^2}(x^0)=2\alpha_2$$

如果 $\alpha_2=\frac{1}{2}\frac{d^2f}{dx^2}(x^0)$，则逼近函数在点 x^0 上有与 f 相同的二阶导数。

综合这些结论，我们得到在点 x^0 上对函数 f 的二次方(或者说“二阶”)逼近：

$$f_\alpha(x)=f(x^0)+\frac{df}{dx}(x^0)(x-x^0)+\frac{1}{2}\frac{d^2f}{dx^2}(x^0)(x-x^0)^2$$

同理，我们能定义更高阶的逼近。但是，最有用的是一阶和二阶逼近。

回到优化问题 $\max_x\{f(x)\mid x\in\mathbb{R}\}$ 上。设 f 在点 x^0 取得最大值，我们可以利用一阶条件，把二阶逼近写为：

$$f_\alpha(x)=f(x^0)+\frac{1}{2}\frac{d^2f}{dx^2}(x^0)(x-x^0)^2$$

图 A.4-4 画出了三种可能的逼近函数。在前两种情况中，逼近函数在点 x^0 取最大值。在第三种情况中,逼近函数在点 x^0 取最小值。但是,正如我们所指出的,如果第三种情况成立,则原始函数 f 不可能在点 x^0 取最大值。

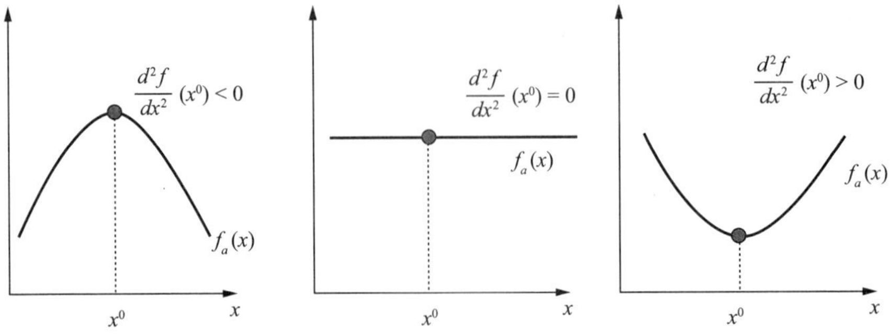

图 A.4－4　逼近二次方函数

函数的弹性

给定参数 p,假设函数 $x(p)$是某个优化问题的解。经济学中常用相对变化概括反应函数 $x(p)$的敏感性。设初始价格为 p^0,变化后的价格为 p^1,定义 $x^i=x(p^i)$,其中 $i=0,1$。随着 p 从 p^0 变化到 p^1,相对变化为:

$$\frac{\Delta p}{p^0}=\frac{p^1-p^0}{p^0},\frac{\Delta x}{x^0}=\frac{x^1-x^0}{x^0}$$

我们把 x 对 p 的弧弹性定义为上述两个相对变化的比率,即:

$$\frac{\frac{\Delta x}{x^0}}{\frac{\Delta p}{p^0}}=\frac{p^0}{x^0}\frac{\Delta x}{\Delta p}$$

取极限,得到 x 在 p^0 上的点弹性:

$$\varepsilon(x,p^0)=\frac{p^0}{x(p^0)}\frac{dx}{dp}(p^0)$$

由于 $\frac{d}{dx}\ln x=\frac{1}{x}$,所以,我们可以把点弹性写为下面的形式:

$$\varepsilon(x,p)=p\frac{d}{dp}\ln x$$

点弹性有相当好的性质。例如,积的弹性等于弹性的和:

$$\varepsilon(xy,p)=\varepsilon(x,p)+\varepsilon(y,p)$$

这一结论得自于对数函数的性质。根据(A.4－1)得:

$$\varepsilon(xy,p)=p\frac{d}{dp}\ln xy=p\frac{d}{dp}\ln x+p\frac{d}{dp}\ln y=\varepsilon(x,p)+\varepsilon(y,p)$$

习　题

习题 A. 4－1：一阶条件

求解下面的优化问题，并分别说明在什么条件下，最优解 $x^*=0$ 和 $x^*=b$：

$$\max_x\{f(x)=\alpha+\beta x-x^2 \mid x\in[0,b]\}$$

习题 A. 4－2：消费者的选择

某消费者能以单位价格 p 购买 x 数量的第一种商品，以 1 元钱的单价购买 y 数量的第二种商品。他的效用函数为 $u(x,y)=B(x)+y$，其中，B 是个凹函数。如果他购买了 x 件商品 1 且他的收入为 I，则他消费的第二种商品数量为 $y=I-px$。替换效用函数中的 y，得到：

$$U(x)=B(x)+I-px$$

消费者在 x 上的支出不可能超过他的收入，即 $0\leqslant x\leqslant\frac{I}{p}$。

(a) 通过完成下面的陈述，把一阶条件写完整：

如果 $x^*\in\left(0,\frac{I}{p}\right)$，则……；如果 $x^*=0$，则……；如果 $x^*=\frac{I}{p}$，则……

(b) 分别在(ⅰ) $B(x)=10\ln x$ 和(ⅱ) $B(x)=10\ln(5+x)$ 两种情况中，求解消费者对 x 的效用最大化选择。

习题 A. 4－3：鲁滨孙・克鲁索

鲁滨孙拥有的禀赋为 ω 件可可果。他投资其中 z 件，以求在下个时期中生产出可可果；在当前时期中，他消费剩下的 $x=\omega-z$ 件可可果。假设明年的产量为 $y=a\sqrt{z}$。鲁滨孙的两时期偏好可以用效用函数 $u(x,y)=x+b\ln y$ 表示，参数 a 和 b 是正数。

(a) 将鲁滨孙的效用表示为投入品数量 z 的函数。

(b) 在什么条件下，鲁滨孙的投资小于其禀赋(因而在当期能有消费)？如果这一条件得到满足，他将投资多少？

(c) 在什么条件下(如果存在这种条件的话)，鲁滨孙不会投资？

习题 A. 4－4：弹性

(a) 求证：$\varepsilon(ax,by)=\varepsilon(x,y)$，其中，$a$ 和 b 是参数。

(b) 求证：x 与 y 的商的弹性是 x 与 y 的弹性的差。

(c) 求证：$\varepsilon(x,y)\varepsilon(y,z)=\varepsilon(x,z)$。

(d) 求证：$\varepsilon\left(y,\frac{1}{x}\right)=-\varepsilon(y,x)$。

(e) 求证：$\varepsilon\left(\frac{1}{y},\frac{1}{x}\right)=\varepsilon(x,y)$。

A.5 最大值的充分条件

关键词：凹函数；凸函数；拟凹函数

如果只检验一阶条件便能概括最大化问题的解的特征的话，我们的工作就会轻松许多。在函数为凹函数时，我们就能做到这一点。

> **定义：凹函数和严格凹函数**
>
> 函数 f 在区间 $[a,b]$ 上是凹函数，如果对 $[a,b]$ 内任意两个点 x^0 与 x^1 和它们的任意凸组合 $x^\lambda=(1-\lambda)x^0+\lambda x^1$，$0<\lambda<1$，有：
>
> $$f(x^\lambda)\geqslant(1-\lambda)f(x^0)+\lambda f(x^1)$$
>
> 函数 f 是严格凹函数，如果 $f(x^\lambda)>(1-\lambda)f(x^0)+\lambda f(x^1)$。

用几何术语描述，函数 f 的图在任意两点 x^0 和 x^1 之间，位于连接 $(x^0,f(x^0))$ 和 $(x^1,f(x^1))$ 的弦的上方。我们证明这一结论。首先：

$$x^\lambda-x^0=\lambda(x^1-x^0)\tag{A.5-1}$$

即 x^0 与凸组合 x^λ 间的距离是 x^0 与 x^1 间的距离的 λ 倍。因此，垂直距离 AB 是垂直距离 CD 的 λ 倍，即 $AB=\lambda(f(x^1)-f(x^0))$。$f$ 是凹函数，$f(x^\lambda)\geqslant(1-\lambda)f(x^0)+\lambda f(x^1)$，于是：

$$f(x^\lambda)-f(x^0)\geqslant\lambda(f(x^1)-f(x^0))\tag{A.5-2}$$

因此，$AE\geqslant AB$。

如果这一函数是可微函数，则在任意点 x^0 上，函数的切线位于函数的图的上方，见图 A.5-1。我们有下面的命题。

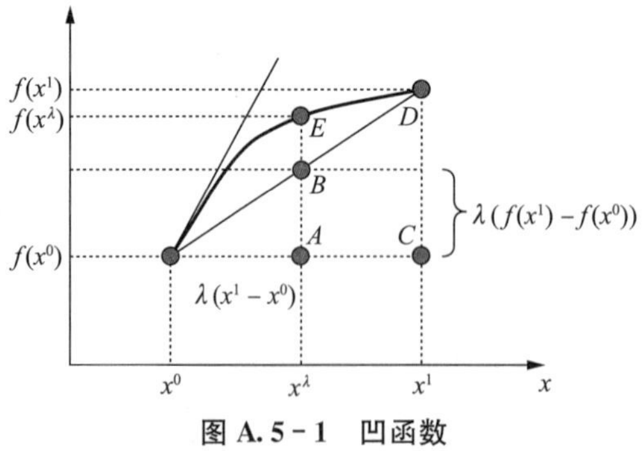

图 A.5-1 凹函数

> **命题 A.5-1**
>
> 如果 f 是凹函数，且在 x^0 和 x^1 上可微，则：
>
> $$\frac{df}{dx}(x^0)(x^1-x^0)\geqslant f(x^1)-f(x^0)\geqslant\frac{df}{dx}(x^1)(x^1-x^0)$$

证明:根据式子(A.5-1),$\frac{x^\lambda - x^0}{x^1 - x^0} = \lambda$。将这一结果代入不等式(A.5-2)中,得:

$$f(x^\lambda) - f(x^0) \geqslant \frac{x^\lambda - x^0}{x^1 - x^0}(f(x^1) - f(x^0))$$

整理得到:

$$\frac{f(x^\lambda) - f(x^0)}{x^\lambda - x^0}(x^1 - x^0) \geqslant f(x^1) - f(x^0)$$

取极限,在 $\lambda \to 0$ 时,我们得到命题中的第一个不等式。

由于 $x^1 - x^\lambda = (1-\lambda)(x^1 - x^0)$,根据凹函数的定义,有:

$$f(x^1) - f(x^\lambda) \leqslant (1-\lambda)(f(x^1) - f(x^0))$$

替换 $1-\lambda$,得:

$$f(x^1) - f(x^0) \geqslant \frac{f(x^1) - f(x^\lambda)}{x^1 - x^\lambda}(x^1 - x^0)$$

取极限,在 $\lambda \to 1$ 时,我们得到命题中的第二个不等式。 □

命题 A.5-1 的直接结论是,如果 $x^1 > x^0$,则在点 x^1 上函数的斜率更小。我们现在证明严格凹函数在 x^1 上的斜率严格小于在 x^0 上的斜率。

推论 A.5-2

在某个区间 X 上,函数 f 为严格凹函数且在点 x^0 上可微,则:

$$\frac{df}{dx}(x^0)(x^1 - x^0) > f(x^1) - f(x^0)$$

如果 f 同时在点 $x^1 > x^0$ 上可微,则 $\frac{df}{dx}(x^0) > \frac{df}{dx}(x^1)$。

证明:对任意的 $x^1 \neq x^0$,如果命题 A.5-1 成立,则对所有凸组合,第一个不等式成立,就是说:

$$\frac{df}{dx}(x^0)(x^\lambda - x^0) \geqslant f(x^\lambda) - f(x^0)$$

如果 f 是严格凹函数,则 $f(x^\lambda) - f(x^0) > \lambda(f(x^1) - f(x^0))$。综合这两个不等式,得到:

$$\frac{df}{dx}(x^0)(x^\lambda - x^0) > \lambda(f(x^1) - f(x^0))$$

利用(A.5-1),替换 $x^\lambda - x^0$,得:

$$\frac{df}{dx}(x^0)(x^1 - x^0) > f(x^1) - f(x^0)$$

如果 f 在 x^0 和 x^1 上可微,利用命题 A.5-1 中的第二个不等式,得到:

$$\frac{df}{dx}(x^0)(x^1-x^0)>\frac{df}{dx}(x^1)(x^1-x^0) \qquad \square$$

命题 A.5-1 的结论是：一个凹函数，如果处处可微，则其所有的切线都位于此函数的图的上方。我们现在证明这一结论的逆命题成立。

> **命题 A.5-3**
>
> 可微函数 f 在区间 X 上是凹的当且仅当对任意的 $x^0, x^1\in X$，有：
>
> $$f(x^1)\leqslant f(x^0)+\frac{df}{dx}(x^0)(x^1-x^0) \qquad (A.5-3)$$

证明： 我们已经证明了命题中的必要条件，现在证明充分性。任取 x^0 与 x^1 和它们的凸组合 $x^\lambda=(1-\lambda)x^0+\lambda x^1$。根据(A.5-3)，有：

$$f(x^0)\leqslant f(x^\lambda)+\frac{df}{dx}(x^\lambda)(x^0-x^\lambda)$$

$$f(x^1)\leqslant f(x^\lambda)+\frac{df}{dx}(x^\lambda)(x^1-x^\lambda)$$

第一个不等式乘以 $1-\lambda$，第二个不等式乘以 λ，把结果相加，得到：

$$(1-\lambda)f(x^0)+\lambda f(x^1)\leqslant f(x^\lambda) \qquad \square$$

我们看到，函数如果是凹的和可微的，则随着 x 上升，函数的斜率下降。就是说，如果一个凹函数二阶可微，则其二阶导数肯定为负。这一结论的逆命题成立。

> **命题 A.5-4**
>
> 二阶可微函数 f 在区间 X 上是凹的当且仅当对所有的 $x\in X$，$\frac{d^2f}{dx^2}\leqslant 0$。

证明： 我们证明充分性。定义 $g(\lambda)=f(x^\lambda)=f(x^0+\lambda(x^1-x^0))$，则：

$$\frac{dg}{d\lambda}(\lambda)=(x^1-x^0)\frac{df}{dx}(x^\lambda),\ \frac{d^2g}{d\lambda^2}(\lambda)=(x^1-x^0)\frac{d^2f}{dx^2}(x^\lambda)$$

由于 f 的二阶导数是负的，$\frac{dg}{d\lambda}(\lambda)$ 在区间 $(0,1)$ 上递减。因为这一导数处处递减，所以：

$$f(x^1)-f(x^0)=g(1)-g(0)=\int_0^1\frac{dg}{d\lambda}(\lambda)d\lambda\leqslant\int_0^1\frac{dg}{d\lambda}(0)d\lambda$$

将 $\frac{dg}{d\lambda}(0)$ 提到积分号外，由于 $\frac{dg}{d\lambda}(0)=(x^1-x^0)\frac{df}{dx}(x^0)$，因此：

$$f(x^1)-f(x^0)\leqslant\frac{df}{dx}(x^0)(x^1-x^0) \qquad \square$$

最大化

设函数 f 在 $\mathbb{R}$ 上可微，并且存在点 x^0 使得 $\frac{df}{dx}(x^0)=0$。我们不能保证这个

点是最大值点，因为存在三种可能性，见图 A.5－2。但是，如果 f 是凹函数，则它在点 x^0 肯定取得最大值。这一结论来自命题 A.5－4。由于 $\frac{df}{dx}(x^0)=0$，所以，对任意的 $x^1 \neq x^0$，$f(x^1) \leqslant f(x^0)+\frac{df}{dx}(x^0)(x^1-x^0)=f(x^0)$。我们因此证明了下面的结论。

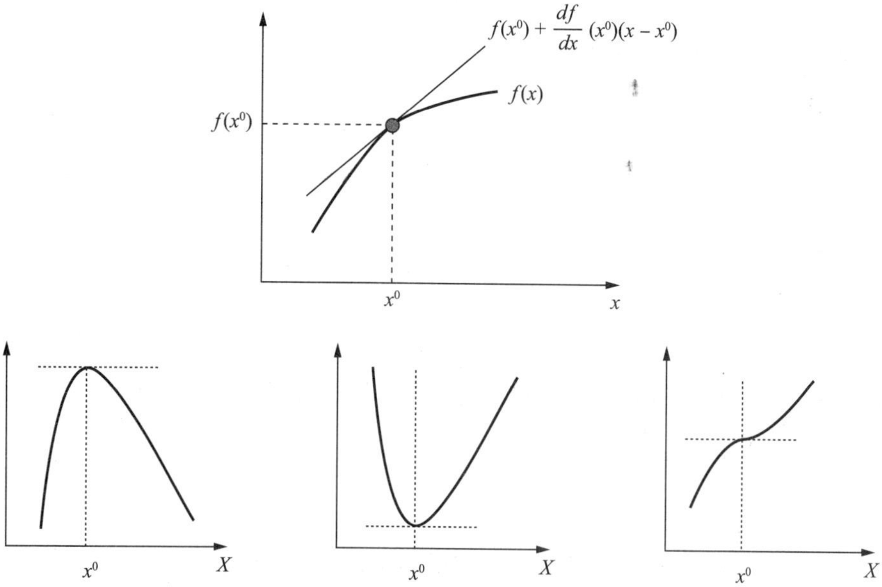

(a)最大值　(b)最小值　(c)折点

图 A.5－2　切线

命题 A.5－5：最大值的充分条件

设函数 f 在 $[a,b]$ 上是凹函数，并且存在点 $x^0 \in (a,b)$ 使得 $\frac{df}{dx}(x^0)=0$。则对所有的 $x \in [a,b]$，有：

$$f(x) \leqslant f(x^0)$$

函数的凹性保证了一阶条件是最大值的充分必要条件，但是，对经济学中的许多应用而言，函数的凹性假定过于苛刻。

定义：函数的局部性质

函数 f 在点 x^0 局部地满足性质 P，如果性质 P 在 x^0 的某个邻域上成立。

根据推论 A.5－2，如果一阶条件在点 x^0 成立，并且函数是局部严格凹的，则对点 x^0 的某邻域内的所有的点 $x \neq x^0$，$f(x)<f(x^0)$。此时，我们说 f 在点 x^0 有局部最大值。

如果函数 f 只有一个折点，则局部最大值肯定是"全局"最大值。在函数是拟凹函数时，情况便如此。

定义：拟凹函数

函数 f 在区间 $[a,b]$ 上是拟凹函数，如果对区间 $[a,b]$ 内任意两点 x^0 和 x^1，$f(x^1)\leqslant f(x^0)$，则：

$$f(x^\lambda)\geqslant f(x^0)$$

其中，$x^\lambda=(1-\lambda)x^0+\lambda x^1$，$\lambda\in(0,1)$。

命题 A.5-6：拟凹性和最大值的充分条件

如果 $\dfrac{df}{dx}(x^0)=0$，并且 f 在点 $x^0\in[a,b]$ 局部严格凹，则 f 在点 x^0 有局部最大值。如果 f 在 $[a,b]$ 上还是拟凹函数，则对所有的 $x\in[a,b]$，$f(x)<f(x^0)$。

证明：我们已经用推论 A.5-2 证明了此命题中的第一个结论。就是说，存在某个邻域 $N(x^0,\delta)$，在这个邻域内，对所有的 $x\neq x^0$，有：

$$f(x)<f(x^0) \tag{A.5-4}$$

假设存在点 x^1 使得 $f(x^1)>f(x^0)$。如果 f 是拟凹函数，则对所有凸组合 x^λ，$f(x^\lambda)\geqslant f(x^0)$。这一结论在 $N(x^0,\delta)$ 上成立，但与(A.5-4)矛盾。 □

最小化

我们可以利用最大值的充分条件，找到用一阶条件求解最小值的充分条件。如果 f 在点 x^0 取最小值，则 $f(x)\geqslant f(x^0)$，$-f(x)\leqslant -f(x^0)$。所以，f 在点 x^0 取最小值的一个充分条件是：$-f$ 是凹函数。就是说，对任意的 x^0 与 $x^1\neq x^0$ 和任意的凸组合 x^λ，有：

$$-f(x^\lambda)\geqslant(1-\lambda)(-f(x^0))+\lambda(-f(x^1))$$

上式两边同乘以-1，得到：

$$f(x^\lambda)\leqslant(1-\lambda)f(x^0)+\lambda f(x^1)$$

图 A.5-3 说明了这一点。在图中，函数 f 的图处处位于弦的下方。这种函数被称为凸函数。

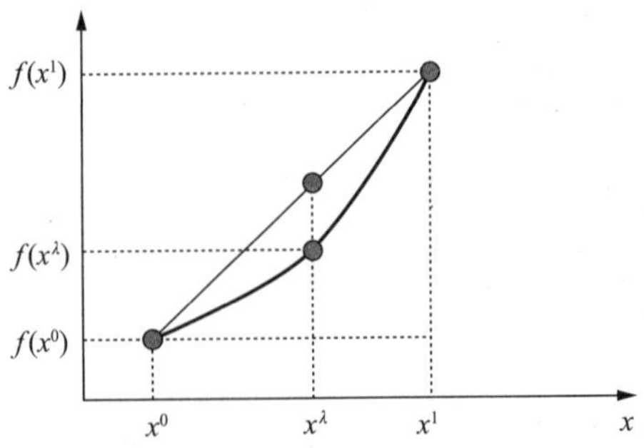

图 A.5-3　凸函数

定义:凸函数和严格凸函数

函数 f 在区间 $[a,b]$ 上是凸函数,如果对区间 $[a,b]$ 内任意两点 x^0 与 x^1 和它们任意凸组合 $x^\lambda=(1-\lambda)x^0+\lambda x^1$,$0<\lambda<1$,有:

$$f(x^\lambda)\leqslant(1-\lambda)f(x^0)+\lambda f(x^1)$$

函数 f 是严格凸函数,如果 $f(x^\lambda)<(1-\lambda)f(x^0)+\lambda f(x^1)$。

命题 A.5-7:最小值的充分条件

设 $D_f=\mathbb{R}$ 且 f 是凸函数。如果一阶条件在点 x^0 成立,则对所有的 $x\in\mathbb{R}$,$f(x)\geqslant f(x^0)$。

给出这个命题的目的是为了论述的完整性,但不值得牢记这个条件,因为,正如上面所指出的,我们总能把最小化问题转化为最大化问题。这便是我们的处理方法。

习　题

习题 A.5-1:利润最大化

一个企业雇用了 x 个劳动力,实现产量 $q(x)=10x^{\frac{1}{2}}$。产品价格为 p,工资率为 w。

(a) 求证:企业的利润 $f(x)=pq(x)-wx$ 是凹函数。

(b) 求解在利润最大时,企业对劳动力的需求和产品供给,将它们表示为工资和价格的函数。

习题 A.5-2:成本最小化

某个企业的生产函数为 $f(K,L)=4K+\sqrt{L}$。工资率为 w,资本设备的租赁成本为 r。

(a) 设企业的目标是生产 q 件产品,它现在雇用 L 个劳动力。在此前提下,写出它对资本设备的需求;写出总成本 $C(L)$ 的表达式,将其表示为 L 与参数 w、r 和 q 的函数。解释为什么 $L\in[0,q^2]$。

(b) 证明 $-C(L)$ 是 L 的凹函数。

(c) 利用最大值的一阶条件求解企业对劳动力的最优需求。

(d) 在参数取什么值时,企业对劳动力的需求和对资本的需求都严格为正?

习题 A.5-3:凹函数和拟凹函数的性质

利用凹函数和拟凹函数的定义,求证以下结论:

(a) n 个凹函数的和是凹函数(从 $n=2$ 开始)。

(b) 拟凹函数的递增函数是拟凹函数。

(c) 凹函数的递增凹函数是凹函数。

(d) 凹函数是拟凹函数。

习题 A.5-4:凹函数

一族被广泛使用的效用函数满足以下条件:

$$\frac{d}{dx}\ln\frac{dU}{dx}=\frac{\frac{d^2U}{dx^2}}{\frac{dU}{dx}}=-\frac{1}{a+bx}\text{，其中，}a\geqslant 0,b\geqslant 0$$

分别在 $a>0=b$、$b=1$ 以及 $b>0$ 且 $b\neq 1$ 三种情况下，通过积分，推导原始效用函数。

习题 A.5－5：拟凹性

(a) 画出一些拟凹函数。

(b) 画出下面的函数：

$$f(x)=\begin{cases}8-(x-2)^2, & x<2\\ 8, & 2\leqslant x\leqslant 3\\ 8+(x-3)^3, & x>3\end{cases}$$

证明 f 在$[2,3]$上是凹函数，在$\mathbb{R}^+$上是拟凹函数。

(c) 在 x 取何值时，一阶和二阶条件得到满足？证明在这些点上，局部最大值的充分条件不成立。

附录B 向量映射

B.1 向量和集合

关键词：正交向量；超平面；凸集；开集和闭集

我们现在探讨 n 维向量。向量 $x=(x_1,\cdots,x_n)$ 的每个坐标都是实数。在需要明确向量维数时，我们就将其写为 $x\in\mathbb{R}^n$。如果 x 的每个坐标都是正数，则 x 是正向量，写为 $x\in\mathbb{R}^n_+$。

如果向量 y 的每个坐标与 x 中对应的坐标至少一样大，我们就说 y 大于 x，写为 $y\geqslant x$。如果 $y\geqslant x$ 且 y 中至少一个坐标严格大于 x 中对应的坐标，我们就说 y 严格大于 x，写为 $y>x$。（我们有时用 $x\gg y$ 表示 x 在所有坐标上都严格大于 y。）

一个向量的邻域是这个向量附近的点构成的集合。因此，要定义邻域，我们需要衡量向量 $y=(y_1,\cdots,y_n)$ 和 $z=(z_1,\cdots,z_n)$ 之间的距离 $d(y,z)$。在 $n=1$ 时，两个点的距离是这两点的差的绝对值，即 $d(y,z)=|y-z|$。在 $n=2$ 时，两个点的距离一般为它们的欧几里得距离，即 $\|y-z\|$。根据勾股定理，有：

$$\|y-z\|^2=(y_1-z_1)^2+(y_2-z_2)^2$$

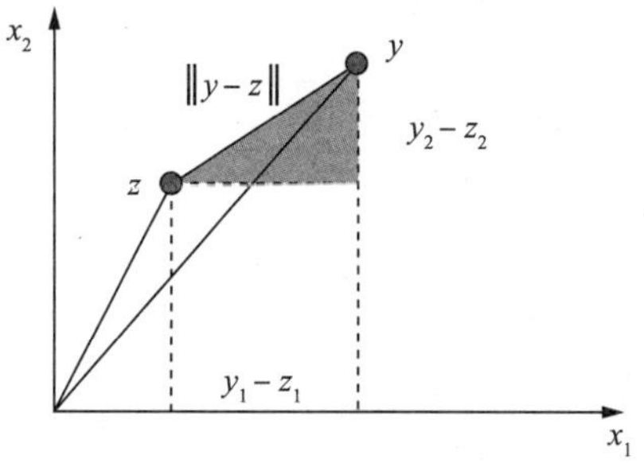

图 B.1-1 两个向量的距离

把这一概念推广至 n 维空间，两个向量的欧几里得距离的平方为：

$$\|y-z\|^2=\sum_{j=1}^{n}(y_j-z_j)^2$$

我们有时把距离表示为向量积的形式。

定义：向量积

n 维向量 y 和 z 的积（又称为"内积"或"和积"）为：

$$y \cdot z = \sum_{i=1}^{n} y_i z_i$$

根据这个定义，向量乘运算的分配律和数乘运算的分配律相同。

向量乘运算的分配律

$$a \cdot (b+c) = a \cdot b + a \cdot c$$

正交向量

图 B.1－2 中画出了三维空间中两个向量 x 和 p。向量的长度为其到原点的距离。如果 x 和 p 正交，则根据勾股定理，弦的平方等于另外两边的平方和，即：

$$\| p - x \|^2 = \| p \|^2 + \| x \|^2 \qquad \text{(B.1-1)}$$

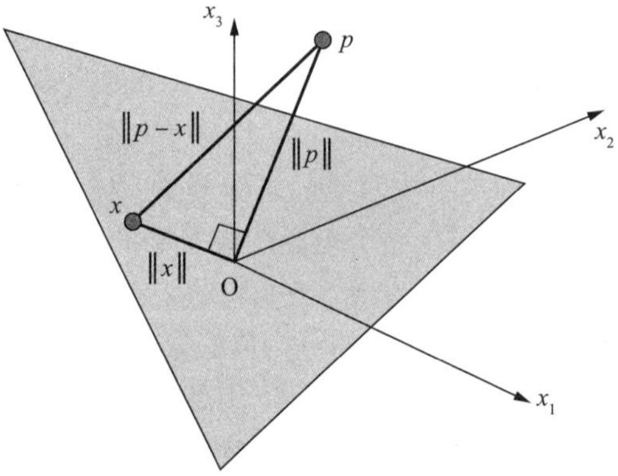

图 B.1－2　正交向量

根据向量积的定义，两个向量的欧几里得距离的平方可以写为如下形式：[1]

$$\| p - x \|^2 = \sum_{i=1}^{n} (p_i - x_i)(p_i - x_i) = (p - x) \cdot (p - x)$$

将上式代入(B.1－1)，得到：

$$(p - x) \cdot (p - x) = p \cdot p + x \cdot x$$

应用向量乘的运算法则，展开等号左边的项得：

$$p \cdot p + 2p \cdot x + x \cdot x = p \cdot p + x \cdot x$$

〔1〕 还有其他距离函数；例如 $d(y,z) = \left(\sum_{j=1}^{n} (y_j - z_j)^{2i}\right)^{\frac{1}{2i}}$，其中，$i=1,2,3,\cdots$。这个定义对更大的差赋予更大权重。在极限上，它等价于把所有权重赋予其中最大的差，就是说，$d(y,z) = \max_{j=1,\cdots,n} |y_j - z_j|$。

于是：

$$p \cdot x = 0$$

我们把这种正交特征推广至更高维度空间中。

> **定义：正交向量**
>
> 向量 x 和 p 正交，如果它们的积为：
>
> $$p \cdot x = \sum_{i=1}^{n} p_i x_i = 0$$

回到图 B.1-2。设 H 是与 p 正交的所有向量构成的集合，即 $H = \{x \mid p \cdot x = 0\}$。把图中阴影区域扩展，便得到这一集合。如果 p 是两维向量，集合 H 是条直线。如果 p 是三维以上向量，则集合 H 被称为超平面。

把超平面中的每个点与向量 x^0 相加，我们就平移了这个超平面，见图 B.1-3。如果向量 p 和 $x - x^0$ 正交，向量 x 就位于穿过 x^0 且与 p 正交的超平面上。就是说，穿过 x^0 的超平面为向量集 H^0：

$$H^0 = \{x \mid p \cdot (x - x^0) = 0\}$$

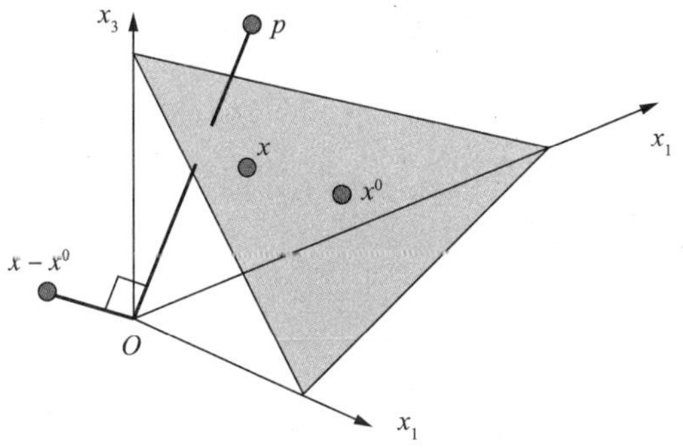

图 B.1-3　穿过 x^0 的超平面

超平面在价格理论中起重要作用。设价格向量为 p，我们看消费者在消费束 x 上的支出。支出等于 $p \cdot x^0$（即 x^0 上的支出）的所有消费束构成的集合为 $H = \{x \mid p \cdot x = p \cdot x^0\}$，即穿过 x^0 且与 p 正交的超平面。

向量的线性组合和凸组合

设 $x^0, \cdots, x^{m-1}$ 是 $\mathbb{R}^n$ 中的 m 个向量。$y \in \mathbb{R}^n$ 是这 m 个向量的一个线性组合，如果存在实数 $\alpha_0, \cdots, \alpha_{m-1}$ 使得：

$$y = \sum_{i=0}^{m-1} \alpha_i x^i$$

如果 $m < n$，$\mathbb{R}^n$ 中 m 个向量的所有可能的线性组合构成的集合是个维度小于 n 的空间。我们看图 B.1-4 中画出的 R^3 空间中的两个向量。这两个向量的所有线性组合构成一个二维平面。

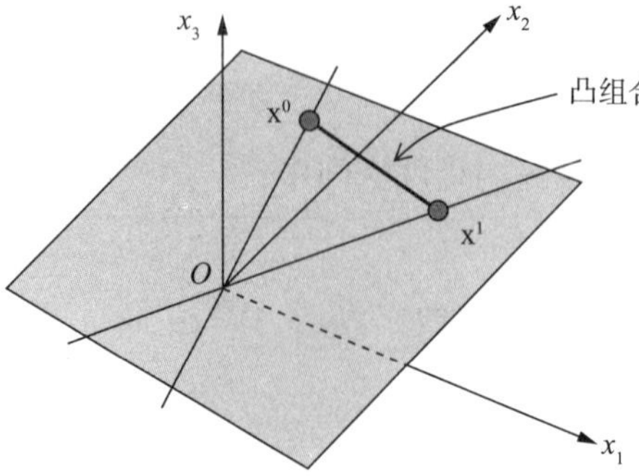

图 B. 1－4　线性组合和凸组合

两个向量的凸组合，是这两个向量的加权平均，其中的权重皆为正且和等于1。

> **两个向量的凸组合**
> 向量 y 是 $x^0, x^1 \in \mathbb{R}^n$ 的凸组合，如果存在 $\lambda \in [0,1]$ 使得 $y=(1-\lambda)x^0+\lambda x^1$。

我们常把凸组合写为下面的形式：

$$y=x^0+\lambda(x^1-x^0), \lambda \in [0,1]$$

就是说，向量 y 等于向量 x^0 加 x^1-x^0 的一部分。权重 λ 因此表示 x^0x^1 线段上的距离。为强调这一联系，我们常把 x^0 与 x^1 的凸组合写为 x^λ。在 λ 趋近 0 时，x^λ 趋近 x^0；在 λ 趋近 1 时，x^λ 趋近 x^1。

凸向量集

$\mathbb{R}^n$ 中的集合 S 是向量集。在单维空间中，我们谈过闭区间和开区间。这两个集合有一个相同性质：如果点 x^0 和 x^1 在这个集合中，则它们的任意凸组合 $x^\lambda=(1-\lambda)x^0+\lambda x^1$ 亦在这个集合中。

下面的定义是对区间概念的一种推广。

> **凸　集**
> $X \subset \mathbb{R}^n$ 是凸的，如果对任意的 x^0 和 $x^1 \in X$，$x^\lambda \in X$。

从图 B. 1－5 上看，如果两个点位于集合 X 中，则连接这两个点的线段上的每个点都位于集合 X 中。在两维空间中，这个集合的边界具有图 B. 1－5 所示的"向外鼓的"或者说凸的形状。

一个集合是严格凸的，如果它是凸的并且对任意一对向量 x^0 和 $x^1 \in X$，没有凸组合位于集合的边界上。

要表述这一概念，我们必须精确定义边界点。我们首先扩展邻域的定义。向量 y 的"δ－邻域"是到 y 的距离不超过 δ 的向量构成的集合，即：

$$N(y,\delta)=\{x \in \mathbb{R}^n \mid \|x-y\|<\delta\}$$

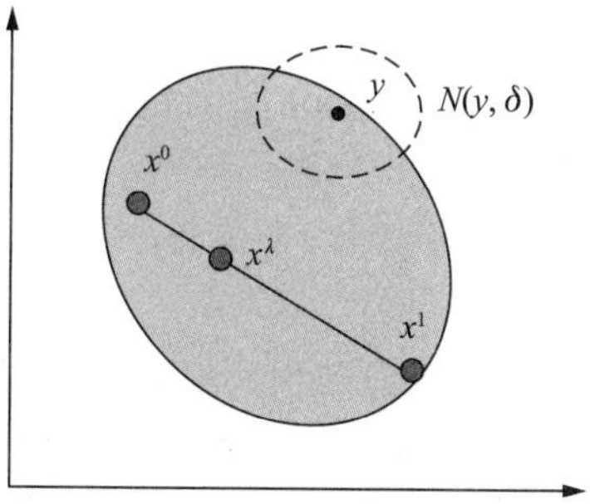

图 B.1-5 邻域和边界点

集合的边界点

向量 y 是集合 X 的边界点，如果 y 的每个 δ-邻域都包含 X 中的点和不在 X 中的点。

集合中的点，如果不是它的边界点，就是它的内点。就是说，y 是 X 的内点如果有个 y 的 δ-邻域包含于 X 内。

开集和闭集

在 $\mathbb{R}^n$ 中，一个集合是闭集如果它包含其全部边界点；一个集合是开集如果它不包含其任何边界点。

紧　集

一个集合是紧的如果它是闭的和有界的。

下面的定理是对极值定理的推广。

极值定理($\mathbb{R}^n$)

如果函数 f 在 $\mathbb{R}^n$ 的闭的有界子集 S 上连续，则在 S 中存在 x^0 和 x^1，f 在这两个点上分别取最大值和最小值。

集合 $B=\{x\in\mathbb{R}^n_+ \mid p\cdot x\leqslant I, I>0\}$ 是闭集。如果 $p\gg 0$，我们可以把这个集合看作是预算集。x_j 有下界 0，有上界 I/p_j。所以，集合 B 是有界集。设 f 是定义在 B 上的效用函数。根据极值定理，f 在这个预算集中的某个点 x^0 上取最大值。

习　题

习题 B.1-1：凸集

设集合 $X_1, X_2\subset\mathbb{R}^n$ 是凸集。

(a) 证明这两个集合的交集是凸集。

(b) 举例说明这两个集合的并集未必是凸集。

(c) 求证：$Y=X_1+X_2$ 和 $Z=X_1-X_2$ 是凸集。

B.2　向量函数

关键词:偏导数和全导数;向量函数;等值集;凹函数和拟凹函数

设函数 f 把向量 $x=(x_1,\cdots,x_n)$ 映射到实直线上的一个点上。一般情况下,我们都假定函数的定义域 D_f 是凸集。生产函数 $q=f(z)$ 把投入品向量 z 映射到产量 q 上,效用函数 $u=U(x)$ 把消费向量映射到消费者的效用上。在这两种情况中,函数的定义域都是非负向量构成的凸集,即 $\mathbb{R}_+^n$。

偏导数和全导数

给定一个 n 变量函数,我们固定其他所有变量,只探讨函数在一个变量上的导数,这个导数便是偏导数:

$$\frac{\partial f}{\partial x_j}=\lim_{h\to 0}\frac{f(x_1,\cdots,x_{j-1},x_j,x_j+h,x_{j+1},\cdots,x_n)-f(x)}{h}$$

我们可以以此方式定义高阶偏导数。[1]

定义:梯度向量

设函数 f 的定义域为 $D_f\subset\mathbb{R}^n$。函数 f 在点 x 上可微,如果对所有的 $i=1,\cdots,n$,f 可对 x_i 求偏导。偏导数向量

$$\frac{\partial f}{\partial x}(x)=\left(\frac{\partial f}{\partial x_1}(x),\cdots,\frac{\partial f}{\partial x_n}(x)\right)$$

是 f 在点 x 的梯度。

假设 x 的所有坐标都随变量 α 变化,就是说,$x=x(\alpha)$。见图 B.2-1。我们利用导数定义,对商

$$\frac{\Delta f}{\Delta\alpha}=\frac{f(x(\alpha+h))-f(x(\alpha))}{h}$$

求极限。令 $\bar{x}=x(\alpha)$,$k_1=x_1(\alpha+h)-x_1(\alpha)$,$k_2=x_2(\alpha+h)-x_2(\alpha)$。于是:

$$\begin{aligned}\frac{\Delta f}{\Delta\alpha}&=\frac{f(\bar{x}_1+k_1,\bar{x}_2+k_2)-f(\bar{x}_1,\bar{x}_2)}{h}\\&=\frac{f(\bar{x}_1+k_1,\bar{x}_2)-f(\bar{x}_1,\bar{x}_2)+f(\bar{x}_1+k_1,\bar{x}_2+k_2)-f(\bar{x}_1+k_1,\bar{x}_2)}{h}\\&=\left[\frac{f(\bar{x}_1+k_1,\bar{x}_2)-f(\bar{x}_1,\bar{x}_2)}{k_1}\right]\left[\frac{x_1(\alpha+h)-x_1(\alpha)}{h}\right]\\&\quad+\left[\frac{f(\bar{x}_1+k_1,\bar{x}_2+k_2)-f(\bar{x}_1+k_1,\bar{x}_2)}{k_2}\right]\left[\frac{x_2(\alpha+h)-x_2(\alpha)}{h}\right]\end{aligned}$$

---

[1] 我们通常把 $f(x,y)$ 的偏导数写为 $\frac{\partial f}{\partial x}$ 和 $\frac{\partial f}{\partial y}$,有时也写为 $f_x(x,y)$ 和 $f_y(x,y)$。

在 $h\to 0$ 时，上式最后一个等号右边的每个比率都是一个导数。取极限，得到：

$$\frac{df}{dx}=\frac{\partial f}{\partial x_1}\frac{\partial x_1}{\partial \alpha}+\frac{\partial f}{\partial x_2}\frac{\partial x_2}{\partial \alpha}$$

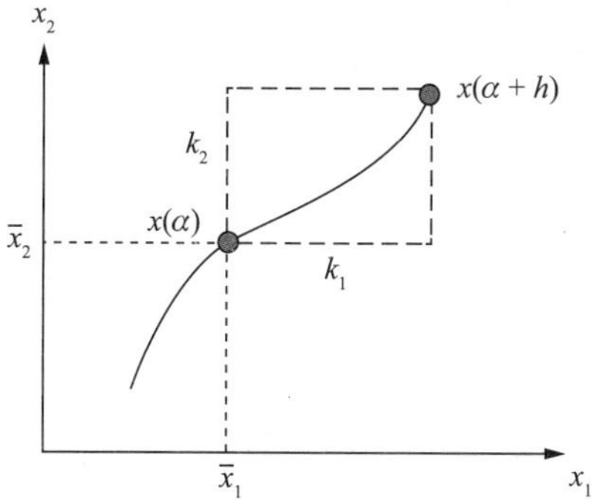

图 B.2-1　向量 $\boldsymbol{x}$ 随 $\boldsymbol{\alpha}$ 变化

上述分析可推广至多变量函数中。我们用向量表述这一结论：

$$\frac{df}{d\alpha}=\frac{\partial f}{\partial x}\frac{\partial x}{\partial \alpha}\text{(全导数)}$$

我们有时不把导致 x 变化的变量明确写出，而写为如下形式：

$$df=\frac{\partial f}{\partial x}dx\text{(全微分)}$$

一些特殊函数

下面两个从 $\mathbb{R}^n$ 到 $\mathbb{R}$ 的映射，在优化理论中起重要的作用。

线性函数[1]

$$f(x)=a_0+\sum_{j=1}^{n}a_jx_j=a_0+a\cdot x$$

在两变量情况中，函数 $y=a_0+a_1x_1+a_2x_2$ 为三维空间中的平面，见图 B.2-2。

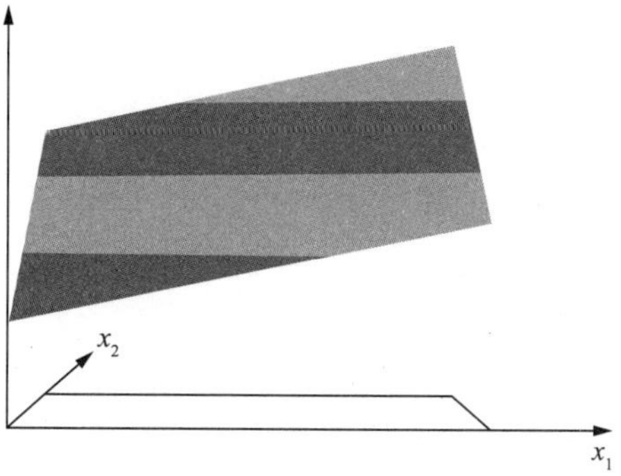

图 B.2-2　线性函数

〔1〕 在数学家定义的"线性函数"中，每一项都是一个变量的线性函数；经济学家则把常数项包含在函数里。

两项函数

$$f(x)=a_0+\sum_{i=1}^{n}a_ix_i+\sum_{i=1}^{n}\sum_{j=1}^{n}a_{ij}x_ix_j$$

就是说，两项函数 f 是线性函数 $a_0+\sum_{i=1}^{n}a_ix_i$ 加函数 $q(x)=\sum_{i=1}^{n}\sum_{j=1}^{n}a_{ij}x_ix_j$。两项函数又被称为二次型。对任意的 x_i 和 x_j，$j\neq i$，二次型中包含 $a_{ij}x_ix_j+a_{ji}x_jx_i=(a_{ij}+a_{ji})x_ix_j$。如果 $a_{ij}=a_{ji}$，则在只有两个变量时，我们可以把二次型写为：

$$q(x)=\sum_{i=1}^{2}\sum_{j=1}^{2}a_{ij}x_ix_j=a_{11}x_1^2+2a_{12}x_1x_2+a_{22}x_2^2$$

图 B.2-3 画出了一些二次型。上方的两个函数在点 $x=0$ 取最小值。下方左面的函数有最大值，右面的函数有鞍点。

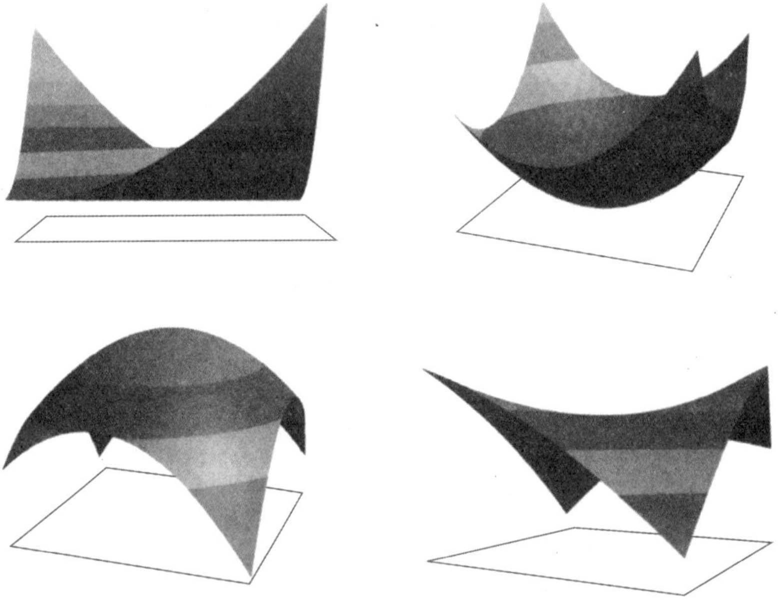

图 B.2-3　二次型

例题：有鞍点的二次型

我们看二次型 $q(x_1,x_2)=-x_1^2+4x_1x_2-x_2^2$。$q(x_1,0)=-x_1^2$ 和 $q(0,x_2)=-x_2^2$。就是说，只要把其中一个变量固定为零，此二次型似乎在 $x=0$ 上有最大值。但是，令 $x_1=x_2=z$，$q(z,z)=2z^2$。此二次型因此具有图 B.2-3 右下图所示的形状。

二次型的性质构成优化理论的基础，因为任何函数的图，都能用在点 x^0 有相同函数值且有相同一阶和二阶偏导数值的二次型逼近。在只有两个变量时，二次型逼近为：

$$h(x)=f(x^0)+\sum_{i=1}^{2}\frac{\partial f}{\partial x_i}(x^0)(x_i-x_i^0)+\frac{1}{2}\sum_{i=1}^{2}\sum_{j=1}^{2}\frac{\partial^2 f}{\partial x_i\partial x_j}(x^0)(x_i-x_i^0)(x_j-x_j^0)$$

可以看出：

$$h(x^0)=f(x^0)$$

对 x_1 求导，得到：

$$\frac{\partial h}{\partial x_1}(x)=\frac{\partial f}{\partial x_1}(x^0)+\frac{\partial^2 f}{\partial x_1^2}(x^0)(x_i-x_i^0)+\frac{\partial^2 f}{\partial x_1\partial x_2}(x^0)(x_2-x_2^0)$$

令 $x=x^0$，则：

$$\frac{\partial h}{\partial x_1}(x^0)=\frac{\partial f}{\partial x_1}(x^0)$$

$\frac{\partial h}{\partial x_1}$是线性函数，在偏导数$\frac{\partial^2 f}{\partial x_1^2}(x^0)$和$\frac{\partial^2 f}{\partial x_1\partial x_2}(x^0)$上为线性。因此，在点 x^0，h 和 f 的二阶偏导数相同。

我们首先在两变量情况中，找出在什么条件下，二次型取负值。如果对所有的 x，二次型取负值，即 $q(x)\leqslant 0$，我们说它负半定。如果对所有的 $x\neq 0$，$q(x)$严格为负，我们说它负定。

命题 B.2-1

$q(x)=\sum_{i=1}^{2}\sum_{j=1}^{2}a_{ij}x_ix_j$ 为负定的充分必要条件[1]，如果（ⅰ）$a_{11}<0$ 且（ⅱ）$a_{11}a_{22}-a_{12}a_{21}>0$，则对所有的 $x\neq 0$，$q(x_1,x_2)<0$。

命题 B.2-2

$q(x)=\sum_{i=1}^{2}\sum_{j=1}^{2}a_{ij}x_ix_j$ 为负半定的充分必要条件，$q(x_1,x_2)\leqslant 0$ 当且仅当（ⅰ）$a_{11},a_{22}\leqslant 0$ 且（ⅱ）$a_{11}a_{22}-a_{12}a_{21}\geqslant 0$。

我们证明命题 B.2-2。[2] 首先证明必要性。对表达式：

$$q(x_1,x_2)=\sum_{i=1}^{2}\sum_{j=1}^{2}a_{ij}x_ix_j \tag{B.2-1}$$

令 $x_2=0$，得到：

$$q(x_1,x_2)=a_{11}x_1^2 \tag{B.2-2}$$

因此，$q(x_1,x_2)$取负值的必要条件是 $a_{11}\leqslant 0$。同理，$a_{22}\leqslant 0$ 也是 $q(x_1,x_2)$取负值的必要条件。

设 $a_{11}=0$。对任意的 $x_1\neq 0$，有：

$$q(x_1,x_2)=2a_{12}x_1x_2+a_{22}x_2^2=\left(2a_{12}+a_{22}\frac{x_2}{x_1}\right)x_1x_2$$

---

〔1〕 如果（ⅰ）和（ⅱ）同时成立，则 $a_{22}<0$。

〔2〕 命题 B.2-1 的证明与此类似。

如果 $a_{12}>0$，让 x_2/x_1 足够接近零而使括号中的项严格为正。在 $x_1x_2>0$ 时，$q(x_1,x_2)>0$，$q(x)$ 不是负半定。因此，不可能有 $a_{12}>0$。同理，不可能有 $a_{12}<0$。所以，$q(x)$ 为负半定的必要条件是 $a_{12}=0$。（在 $a_{11}=0$ 时，$a_{11}a_{22}-a_{12}a_{21}\geqslant 0$ 等价于 $a_{12}=0$。）

设 $a_{11}<0$。(B.2-1)可以写为：

$$q(x_1,x_2)=a_{11}\left(x_1+\frac{a_{12}}{a_{11}}x_2\right)^2+\frac{1}{a_{11}}(a_{11}a_{22}-a_{12}a_{12})x_2^2$$

由于 $a_{12}=a_{21}$，上式可转化为：

$$q(x_1,x_2)=a_{11}\left(x_1+\frac{a_{12}}{a_{11}}x_2\right)^2+\frac{1}{a_{11}}(a_{11}a_{22}-a_{12}a_{21})x_2^2 \qquad \text{(B. 2-3)}$$

通过对 x_1 的选择，使(B. 2-3)等号右边第一项为零。由于 $a_{11}<0$，等号右边部分取负值的必要条件为：

$$a_{11}a_{22}-a_{12}a_{21}\geqslant 0 \qquad \text{(B. 2-4)}$$

所以说，条件(ⅰ)和(ⅱ)是必要条件。

充分性的证明则很容易。如果 $a_{11}=0$，根据(B. 2-4)，$a_{12}=0$，于是 $q(x_1,x_2)=a_{22}x_2^2$。根据条件(ⅰ)，$q(x)\leqslant 0$。如果 $a_{11}<0$，根据(B. 2-3)，$q(x_1,x_2)\leqslant 0$。

凹函数

在前一章，我们说函数 f 是凹函数，如果在 f 的图上任取两个点，则连接这两个点的直线段位于函数图的下方。我们把这一定义推广至 n 维空间。

> **定义：凹函数**
>
> 函数 f 在凸集 $X\subset\mathbb{R}^n$ 上是凹的，如果对 X 中任意两个向量 x^0 和 x^1 和任意凸组合 $x^\lambda=(1-\lambda)x^0+\lambda x^1$，$0<\lambda<1$，有：
>
> $$f(x^\lambda)\geqslant(1-\lambda)f(x^0)+\lambda f(x^1)$$
>
> 如果 $f(x^\lambda)>(1-\lambda)f(x^0)+\lambda f(x^1)$，则函数 f 是严格凹函数。

图 B. 2-4 画出了一个两变量凹函数。任取点 x^0，再任取另外一点 x^1，则函数曲线肯定弯向 x^1 的方向。在图 B. 2-5 中，我们画出了函数在点 x^0 的线性逼近。正如切线是与曲线相切的直线，这里的线性逼近被称为切平面。在高维空间中，它被称为切超平面。

> **切平面**
>
> 集合 $H=\left\{x\,\middle|\,\frac{\partial f}{\partial x}(x^0)\cdot(x-x^0)=0\right\}$ 是函数 f 在点 x^0 的切平面。

从图中可以看出，一个可微函数是凹的当且仅当其所有切超平面位于它的图的上方。

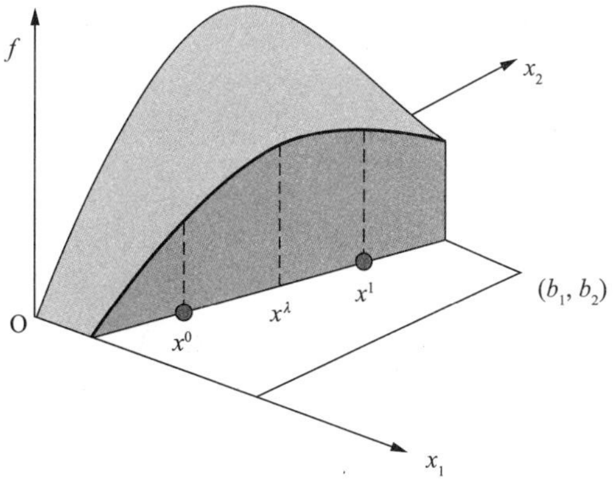

图 B. 2 - 4 凹函数

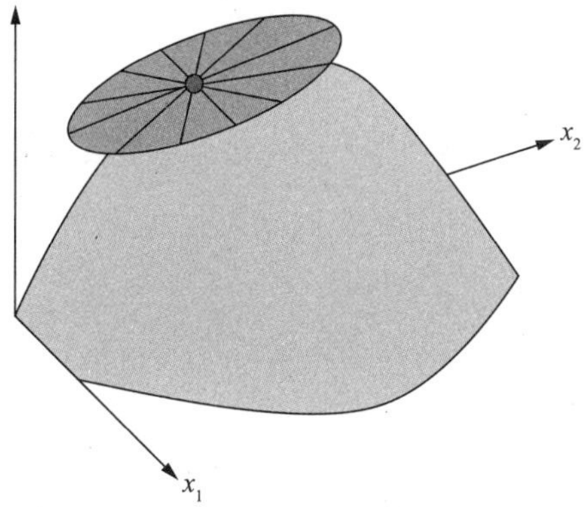

图 B. 2 - 5 切平面

命题 B. 2 - 3

可微函数 f 在凸集 $X\subset\mathbb{R}^n$ 上是凹的当且仅当对任意的 x^0 和 $x^1\in X$，有：

$$f(x^1)\leqslant f(x^0)+\frac{\partial f}{\partial x}(x^0)\cdot(x^1-x^0) \tag{B. 2 - 5}$$

证明：充分性的证明与单维度空间中的证明完全相同（见命题 A. 5 - 3）。

我们证明必要性。定义：

$$g(\lambda)=f(x^\lambda)=f(x^0+\lambda(x^1-x^0))$$

对 λ 求导，得到：

$$g'(\lambda)=\frac{\partial f}{\partial x}(x^\lambda)(x^1-x^0) \tag{B. 2 - 6}$$

f 是凹函数，所以：

$$g(\lambda)=f(x^\lambda)=f(x^0+\lambda(x^1-x^0))\geqslant(1-\lambda)f(x^0)+\lambda f(x^1)$$

由于 $g(0)=f(x^0)$，所以，对所有的 $\lambda\in(0,1)$，有：

$$g(\lambda)-g(0)\geqslant\lambda(f(x^1)-f(x^0))$$

整理得到：

$$\frac{g(\lambda)-g(0)}{\lambda-0}\geqslant f(x^1)-f(x^0)$$

在 $\lambda\to 0$ 时，对上式求极限，得到：

$$g'(0)\geqslant f(x^1)-f(x^0)$$

利用(B. 2 - 6)并设令 $\lambda=0$，得到：

$$\frac{\partial f}{\partial x}(x^0)\cdot(x^1-x^0)\geqslant f(x^1)-f(x^0)\qquad\square$$

现在把单变量情况中的第二个等价性定理(命题 A. 5 - 4)推广至 n 维空间中。

> **命题 B. 2 - 4**
>
> 二阶可微函数 f 在凸集 $X\subset\mathbb{R}^n$ 上是凹的当且仅当对所有的 $x^0,x\in X$，二次型
>
> $$q(x)=\sum_{i=1}^{n}\sum_{j=1}^{n}\frac{\partial^2 f}{\partial x_i\partial x_j}(x^0)(x_i-x_i^0)(x_j-x_j^0)$$
>
> 负半定。

证明：对任意的 x^0 和 $x^1=x^0+z$，定义 $x=x^0+\theta z$。我们看函数 $g(\theta)\equiv f(x^0+\theta z)$。图 B. 2 - 4 画出了这一函数在两维度空间中的形状。我们先证明必要性。

首先证明，如果 f 是凹的，则 g 是凹的。就是说，对任意的 θ^0,θ^1 和凸组合 θ^λ，我们证明：

$$g(\theta^\lambda)\geqslant(1-\lambda)g(\theta^0)+\lambda g(\theta^1)$$

根据 g 的定义，有：

$$g(\theta^\lambda)=f(x^0+(1-\lambda)\theta^0 z+\lambda\theta^1 z)=f((1-\lambda)(x^0+\theta^0 z)+\lambda(x^0+\theta^1 z))$$

f 是凹函数，因此：

$$g(\theta^\lambda)\geqslant(1-\lambda)f(x^0+\theta^0 z)+\lambda f(x^0+\theta^1 z)=(1-\lambda)g(\theta^0)+\lambda g(\theta^1)$$

所以，g 是凹的，$g''(0)\leqslant 0$。

根据 g 的定义，则：

$$g'(\theta)=\frac{\partial f}{\partial x}(x^0+\theta z)\cdot z,\ g''(\theta)=\sum_{i=1}^{n}\sum_{j=1}^{n}\frac{\partial^2 f}{\partial x_i\partial x_j}(x^0+\theta z)z_i z_j$$

令 $\theta=0$，有：

$$\sum_{i=1}^{n}\sum_{j=1}^{n}\frac{\partial^2 f}{\partial x_i\partial x_j}(x^0)z_i z_j=\sum_{i=1}^{n}\sum_{j=1}^{n}\frac{\partial^2 f}{\partial x_i\partial x_j}(x^0)(x_i-x_i^0)(x_j-x_j^0)\leqslant 0$$

现在证明充分性。如果二次型取负值，则 $g''(\theta)\leqslant 0$，就是说，$g'(\theta)$ 在区间 $[0,1]$ 上递减。对所有的 $\theta\in(0,1]$，$g'(\theta)\leqslant g'(0)$。根据 g 的定义，有：

$$f(x^1)-f(x^0)=g(1)-g(0)=\int_0^1 g'(\theta)\,d\theta\leqslant\int_0^1 g'(0)\,d\theta=g'(0)$$
$$=\frac{\partial f}{\partial x}(x^0)\cdot z=\frac{\partial f}{\partial x}(x^0)\cdot(x^1-x^0)\qquad\square$$

根据命题 B.2-2 和 B.2-4，二阶可微的两变量函数 $f(x_1,x_2)$ 是凹函数当且仅当

$$(\text{i})\ \frac{\partial^2 f}{\partial x_j^2}\leqslant 0,\ j=1,2;\ (\text{ii})\ \frac{\partial^2 f}{\partial x_1^2}\frac{\partial^2 f}{\partial x_2^2}-\left(\frac{\partial^2 f}{\partial x_1\partial x_2}\right)^2\geqslant 0$$

例题：柯布-道格拉斯函数

经济学家常使用如下形式的柯布-道格拉斯函数：

$$f(x)=x_1^{\alpha}x_2^{\beta},\alpha,\beta\geqslant 0,x\gg 0$$

首先，$\dfrac{\partial^2 f}{\partial x_1^2}=\alpha(\alpha-1)x_1^{\alpha-2}x_2^{\beta}$，$\dfrac{\partial^2 f}{\partial x_2^2}=\beta(\beta-1)x_1^{\alpha}x_2^{\beta-2}$。根据(i)，$f$ 要为凹函数，α 和 β 必须在区间 $[0,1]$ 内。

其次，$\dfrac{\partial^2 f}{\partial x_1\partial x_2}=\alpha\beta x_1^{\alpha-1}x_2^{\beta-1}$。根据(ii)，要求：

$$\frac{\partial^2 f}{\partial x_1^2}\frac{\partial^2 f}{\partial x_2^2}-\left(\frac{\partial^2 f}{\partial x_1\partial x_2}\right)^2=[(\alpha-1)(\beta-1)\alpha\beta-\alpha^2\beta^2]x_1^{2(\alpha-1)}x_2^{2(\beta-1)}$$
$$=\alpha\beta(1-\alpha-\beta)x_1^{2(\alpha-1)}x_2^{2(\beta-1)}$$

因此，柯布-道格拉斯函数要为凹函数，要求 $\alpha+\beta\leqslant 1$。

下面几个命题，对判断函数是否为凹函数，有时有帮助。

> **命题 B.2-5：凹函数的和**
>
> 如果 f 和 g 是凹函数，则 $f+g$ 是凹函数。

> **命题 B.2-6：函数的凹转换**
>
> 函数 $h(x)=g(f(x))$ 是凹函数，如果 g 是凹的且(a) g 是递增的，f 是凹的或(b) f 是线性函数。

在本节习题中，要求你证明这两个命题。

例题 1： $f(x)=\sum_{j=1}^{n}\ln x_j,x\in\mathbb{R}_+^n$。

这是个凹函数，因为其中每一项都是凹函数。

例题 2： $f(x)=(x_1^{\alpha}+x_2^{\beta})^{\gamma},\alpha,\beta,\gamma\in(0,1],x\gg 0$。

设 $y(x)=x_1^{\alpha}+x_2^{\beta}$，则 $f(x)=[y(x)]^{\gamma}$。$\alpha\in(0,1]$，所以，x^{α} 有负的二阶导数，x_1^{α} 因此是凹函数。同理，x_2^{β} 是凹函数。$y(x)$ 因此是凹函数，因为它是两个凹函数的和。y^{γ} 是 $\mathbb{R}_+$ 上的递增凹函数，因为它有负二阶导数。所以，f 是凹函数，因为它是凹函数的递增凹转换。

拟凹函数和拟凸函数

附录 A 还讨论了拟凹函数。我们把这一概念推广至 n 维空间。

定义:拟凹函数和拟凸函数

函数 f 在凸集 $X\subset\mathbb{R}^n$ 上拟凹,如果对任意向量 x^0 和 x^1 和它们的任意凸组合 x^λ,$0<\lambda<1$,有:

$$f(x^\lambda)\geqslant\min\{f(x^0),f(x^1)\}$$

函数 f 拟凸,如果对任意凸组合 x^λ,有:

$$f(x^\lambda)\leqslant\max\{f(x^0),f(x^1)\}$$

我们可以重新标记向量 x^0 和 x^1 使得 f 在 x^0 上更小。下面是拟凹函数的等价定义。

定义:拟凹函数

函数 f 在凸集 X 上拟凹,如果对任意向量 x^0 和 x^1 和任意凸组合 x^λ,有:

$$f(x^1)\geqslant f(x^0)\Rightarrow f(x^\lambda)\geqslant f(x^0)$$

下面的命题对检验函数的拟凹性相当有用。[1]

命题 B.2-7

凹函数是拟凹函数。

命题 B.2-8:凹函数的递增转换是拟凹函数

如果 f 是凹函数且 g 是递增函数,则 $h(x)=g(f(x))$ 是拟凹函数。

例题:柯布-道格拉斯函数

$$f(x)=x_1^{\alpha 1}x_2^{\alpha 2}\cdots x_n^{\alpha n},x\gg 0$$

定义 $g(x)=\ln f(x)=\sum_{j=1}^{n}\alpha_j\ln x_j$。由于其中每一项都是凹函数,$g(x)$ 是凹函数。求反函数,得到 $f(x)=\ln^{-1}g(x)=e^{g(x)}$。由于指数函数是增函数,所以,$f$ 是拟凹函数。

下面的命题在生产理论中尤其有用,因为在生产理论中,生产函数常被假定为一阶齐次函数,就是说,对所有的 $x\in\mathbb{R}_+^n$ 和所有的 $\mu>0$,$f(\mu x)=\mu f(x)$。

命题 B.2-9

一阶齐次的拟凹函数是凹函数。

证明:f 是一阶齐次函数,因此,对任意的 x^0 与 x^1 和 $\lambda\in(0,1)$,有:

$$(1-\lambda)f(x^0)+\lambda f(x^1)=f((1-\lambda)x^0)+f(\lambda x^1)$$

---

[1] 有关的证明留做习题。

并且，存在 $\theta>0$，使得：

$$f((1-\lambda)x^0)=\theta f(\lambda x^1) \quad (B.2-7)$$

因此：

$$(1-\lambda)f(x^0)+\lambda f(x^1)=(1+\theta)f(\lambda x^1) \quad (B.2-8)$$

由于 f 是一阶齐次函数，根据(B. 2 - 7)，$f((1-\lambda)x^0)=f(\theta\lambda x^1)$。同时：

$$\frac{\theta}{1+\theta}((1-\lambda)x^0+\lambda x^1)=\frac{\theta}{1+\theta}(1-\lambda)x^0+\frac{1}{1+\theta}\theta\lambda x^1$$

是 $(1-\lambda)x^0$ 和 $\theta\lambda x^1$ 的凸组合。f 是拟凹函数，因此：

$$f\left(\frac{\theta}{1+\theta}((1-\lambda)x^0+\lambda x^1)\right)\geqslant f(\theta\lambda x^1) \quad (B.2-9)$$

f 是一阶齐次函数，所以：

$$\frac{\theta}{1+\theta}f((1-\lambda)x^0+\lambda x^1)\geqslant f(\theta\lambda x^1)$$

因此：

$$f((1-\lambda)x^0+\lambda x^1)\geqslant(1+\theta)f(\lambda x^1)$$

根据(B. 2 - 8)，得：

$$f((1-\lambda)x^0+\lambda x^1)\geqslant(1-\lambda)f(x^0)+\lambda f(x^1)$$ □

设 x^0 与 x^1 线性无关，就是说，$(1-\lambda)x^0\neq\theta\lambda x^1$。在这一前提下，如果 f 严格拟凹，(B. 2 - 9)就为严格不等式。我们因此有下面的推论。

推论 B. 2 - 10

一阶齐次的严格拟凹函数是凹函数，并且，如果 x^0 与 x^1 线性无关(就是说，$x^1\neq\mu x^0$)，则：

$$f((1-\lambda)x^0+\lambda x^1)>(1-\lambda)f(x^0)+\lambda f(x^1),0<\lambda<1$$

例题：柯布-道格拉斯函数

$$f(x)=x_1^{\alpha1}x_2^{\alpha2}\cdots x_n^{\alpha n},\alpha,x\gg0$$

我们知道，对任意的 α，f 是拟凹函数。

设 $\sum_{i=1}^{n}\alpha_i=1$。

$$f(\lambda x)=(\lambda x_1)^{\alpha1}(\lambda x_2)^{\alpha2}\cdots(\lambda x_n)^{\alpha n}=\lambda x_1^{\alpha1}x_2^{\alpha2}\cdots x_n^{\alpha n}=\lambda f(x)$$

因此，f 是一阶齐次函数。根据推论 B. 2 - 10，f 是凹函数。

设 $\sum_{i=1}^{n}\alpha_i=\theta<1$。定义 $\beta_i=\frac{\alpha_i}{\theta}$。由于 $\sum_{i=1}^{n}\beta_i=1$，函数 $g(x)=x_1^{\beta1}x_2^{\beta2}\cdots x_n^{\beta n}$ 是凹函数。并且：

$$f(x)=x_1^{\alpha1}x_2^{\alpha2}\cdots x_n^{\alpha n}=x_1^{\theta\beta1}x_2^{\theta\beta2}\cdots x_n^{\theta\beta n}=(x_1^{\beta1}x_2^{\beta2}\cdots x_n^{\beta n})^{\theta}=(g(x))^{\theta}$$

所以，f 是 g 的递增凹函数。根据命题 B.2-6，f 是凹函数。

等值集

给定函数 $y=f(x_1,x_2)$，我们可以在平面上画出使此函数取某个值的所有的点，借此表示这个函数。见图 B.2-6。由这些点构成的集合被称为等值集（contour set 或 level curve），其数学表达式为：

$$C(x^0)=\{x \mid f(x)=f(x^0)\}$$

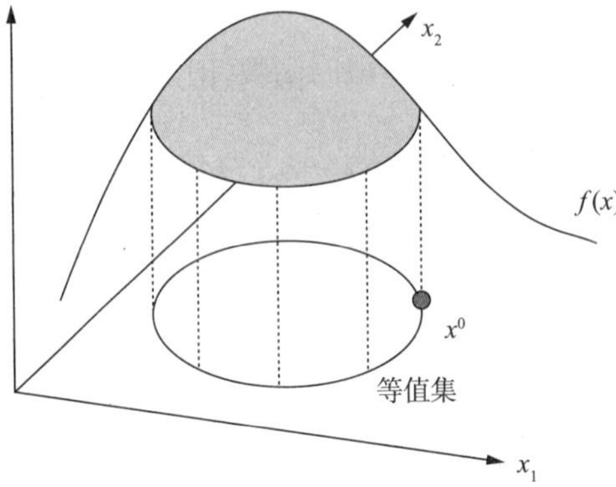

图 B.2-6　等值集

使函数值大于某一值的所有向量构成的集合，即集合

$$C_U(x^0)=\{x \mid f(x)\geqslant f(x^0)\}$$

被称为上优集（upper contour set）。在图上，它为圆圈内的点构成的集合。类似地，我们可以定义下劣集（lower contour sets）$C_L(x^0)$。

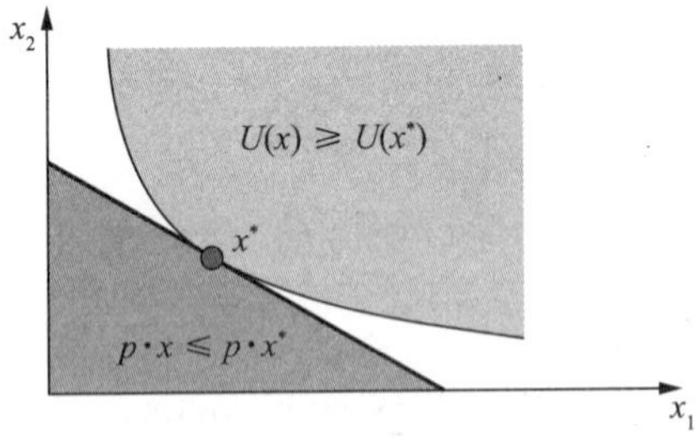

图 B.2-7　上优集和下劣集

例题：消费者的选择

设 x^* 是 $\max_x\{U(x) \mid p \cdot x \leqslant I\}$ 的解。在 $n=2$ 时，我们能在无差异曲线—预算线图上画出这个解。图中无差异曲线右方的消费向量构成的集合是效用函数 U 的一个上优集；预算线下方的消费向量构成的集合是支出函数 $e(x)=p \cdot x$ 的一个下劣集。

在经济学分析中，我们常假定某个函数的上优集是凸集。这是个有用（且合理的）假定。它等价于假定函数拟凹。

> **命题 B. 2 - 11**
> 一个函数是拟凹函数当且仅当它的上优集是凸集。

证明：设 f 是拟凹函数。对任意的 $\hat{x}$，我们分析位于函数 f 的上优集 $C_U(\hat{x})$ 中的点 x^0 和 x^1。根据上优集的定义，$f(x^0)\geqslant f(\hat{x})$，$f(x^1)\geqslant f(\hat{x})$。不失一般性，设 $f(x^1)\geqslant f(x^0)$。根据拟凹性的定义，对任意凸组合 $x^\lambda=(1-\lambda)x^0+\lambda x^1$，有：

$$f(x^\lambda)\geqslant f(x^0)$$

由于 $f(x^0)\geqslant f(\hat{x})$，所以，对任意凸组合 x^λ，则 $f(x^\lambda)\geqslant f(\hat{x})$。就是说，所有的凸组合都在上优集中。因此，$C_U(\hat{x})$ 是凸集。

现在证明逆命题：如果上优集是凸集，f 是拟凹函数。设 $f(x^1)\geqslant f(x^0)$。则 x^0 和 x^1 都在 $C_U(x^0)$ 中。$C_U(x^0)$ 是凸集，所以，x^0 与 x^1 的所有凸组合都在这一集合中。就是说，对所有的 λ，$0<\lambda<1$，有：

$$f(x^\lambda)\geqslant f(x^0) \qquad \square$$

如果 f 是可微函数，则在点 x^0，它有如下线性逼近：

$$f^L(x)=f(x^0)+\frac{\partial f}{\partial x}(x^0)\cdot(x-x^0)$$

$f^L(x)$ 的穿过 x^0 的等值集，由满足以下条件的点构成：

$$f^L(x)=f(x^0)\text{，就是说，}\frac{\partial f}{\partial x}(x^0)\cdot(x-x^0)=0$$

图 B. 2 - 8 画出了这个等值集，同时画出了上优集 $X_U=\{x\mid f(x)\geqslant f(x^0)\}$。线性逼近的等值集，在两维空间中是切线；在 $n>2$ 时，是切超平面。

从图中可以看出，如果 f 是拟凹函数，则其上优集的边界向外鼓，因此，f 的上优集肯定处处位于切超平面上方。我们现在证明这一结论，并证明其逆命题在 n 维空间中成立。

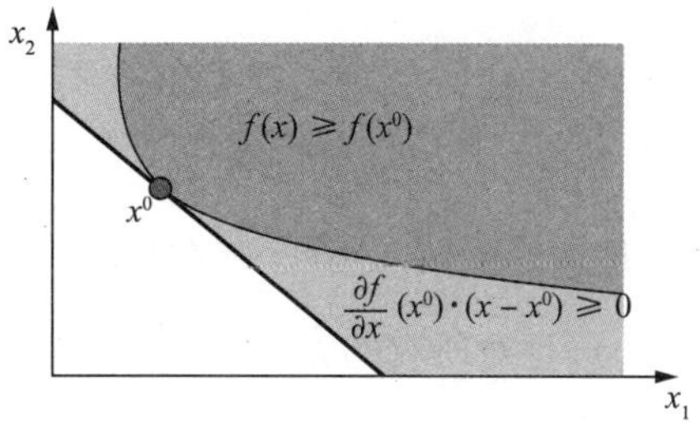

图 B. 2 - 8 切线

> **命题 B. 2 - 12：可微函数的拟凹性**
> 函数 $f\in\mathbb{C}^1$ 是拟凹函数当且仅当
>
> $$f(x)\geqslant f(x^0)\Rightarrow\frac{\partial f}{\partial x}(x^0)\cdot(x-x^0)\geqslant 0 \qquad (B.2-10)$$

证明:我们首先证明函数的拟凹性蕴含(B. 2 - 10)。图 B. 2 - 9 中画出了上优集$\{x \mid f(x) \geqslant f(x^0)\}$和穿过 x^0 的支持超平面。在这个上优集内任取点 x。由于 f 是个拟凹函数,如果 $f(x) \geqslant f(x^0)$,则对任意凸组合 $x^\lambda = (1-\lambda)x^0 + \lambda x = x^0 + \lambda(x - x^0)$,$f(x^\lambda) \geqslant f(x^0)$。

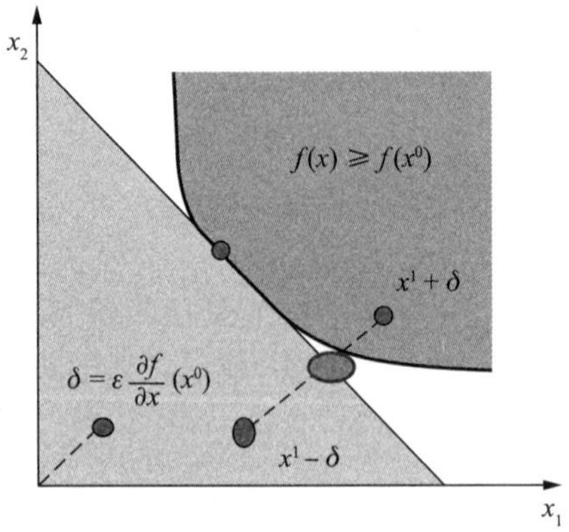

图 B. 2 - 9　拟凹函数

定义 $g(\lambda) \equiv f(x^\lambda) = f(x^0 + \lambda(x - x^0))$。对 λ 求导,得到:

$$\frac{dg}{d\lambda}(\lambda) = \frac{\partial f}{\partial x}(x^\lambda) \cdot (x - x^0)$$

我们已经证明对所有的 $\lambda \in (0,1)$,$g(\lambda) = f(x^\lambda) \geqslant f(x^0) = g(0)$,因此:

$$\frac{dg}{d\lambda}(0) \geqslant 0,\text{就是说,}\frac{\partial f}{\partial x}(x) \cdot (x - x^0) \geqslant 0$$

现在证明逆命题。假设它不成立,我们要推导出矛盾的结论。假定条件(B. 2 - 10)成立且存在某个 x^0 和 x^1 和它们的一个凸组合 $x^\beta = (1-\beta)x^0 + \beta x^1$ 使得:

$$f(x^1) \geqslant f(x^0) > f(x^\beta)$$

定义函数 $g(\lambda) = f((1-\lambda)x^0 + \lambda x^1) = f(x^0 + \lambda(x^1 - x^0))$,于是:

$$g(1) \geqslant g(0) > g(\beta)$$

f 是连续函数,所以,$g(\lambda)$ 是连续函数。因此,存在某个 $\alpha \in [0,\beta)$ 使得:

$$g(\alpha) = g(0),\text{且对所有的 } \lambda \in (\alpha,\beta],\ g(\lambda) < g(0) \qquad \text{(B. 2 - 11)}$$

见图 B. 2 - 10。

因此,对所有的 $\lambda \in [\alpha,\beta]$,有:

$$f(x^\lambda) = g(\lambda) \leqslant g(1) = f(x^1)$$

根据(B. 2 - 10),对所有的 $\lambda \in [\alpha,\beta]$,有:

$$\frac{\partial f}{\partial x}(x^\lambda) \cdot (x^1 - x^\lambda) \geqslant 0$$

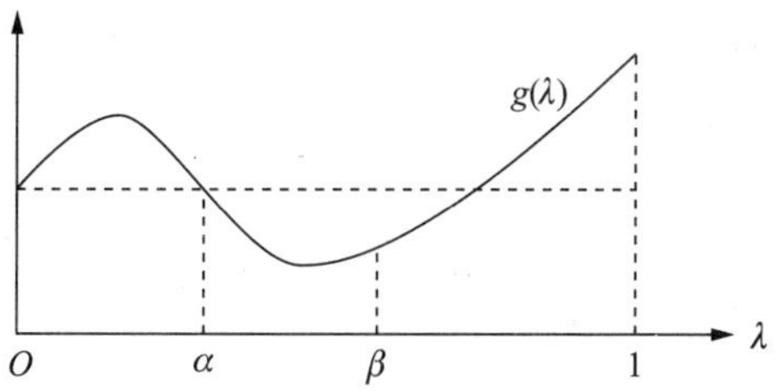

图 B. 2 - 10　逆命题的证明

由于 $x^1-x^\lambda=(1-\lambda)(x^1-x^0)$，因此，对所有的 $\lambda\in[\alpha,\beta]$ 有：

$$\frac{\partial f}{\partial x}(x^\lambda)\cdot(x^1-x^0)\geqslant 0 \qquad \text{(B. 2 - 12)}$$

同时：

$$g'(\lambda)=\frac{df}{d\lambda}f(x^0+\lambda(x^1-x^0))=\frac{\partial f}{\partial x}(x^\lambda)\cdot(x^1-x^0)$$

根据(B. 2 - 12)，对所有的 $\lambda\in[\alpha,\beta]$，$g'(\lambda)\geqslant 0$。因此，$g(\beta)\geqslant g(\alpha)$。这不可能，因为它与(B. 2 - 11)矛盾。 □

我们还有下面的推论。

推论 B. 2 - 13：拟凹函数的上优集和切超平面

给定任意可微的拟凹函数 f，如果 $\frac{\partial f}{\partial x}(x^0)\neq 0$，则：

$$f(x)>f(x^0)\Rightarrow\frac{\partial f}{\partial x}(x^0)\cdot(x-x^0)>0$$

证明：根据命题 B. 2 - 12，得：

$$f(x)>f(x^0)\Rightarrow\frac{\partial f}{\partial x}(x^0)\cdot(x-x^0)\geqslant 0 \qquad \text{(B. 2 - 13)}$$

于是，或者推论 B. 2 - 13 成立或者存在 $x^1\neq x^0$ 使得 $\frac{\partial f}{\partial x}(x^0)\cdot(x^1-x^0)=0$(即 x^1 在支持超平面内)且 $f(x^1)>f(x^0)$。我们分析图 B. 2 - 9 中的点 x^1。图中画出了向量 δ，它是梯度向量乘以因子 ε，即 $\delta=\varepsilon\frac{\partial f}{\partial x}(x^0)$。取 $x^2=x^1-\delta$。由于 $f(x^1)>f(x^0)$，对足够小的 $\varepsilon>0$，$f(x^2)>f(x^0)$。并且：

$$\frac{\partial f}{\partial x}(x^0)\cdot(x^2-x^0)=\frac{\partial f}{\partial x}(x^0)\cdot(x^2-x^1)+\frac{\partial f}{\partial x}(x^0)\cdot(x^1-x^0)$$

上式右边第二项等于零，并且，$x^2-x^1=-\varepsilon\frac{\partial f}{\partial x}(x^0)$。于是：

$$f(x^2)>f(x^0)\text{ 且}\frac{\partial f}{\partial x}(x^0)\cdot(x^2-x^0)=-\varepsilon\frac{\partial f}{\partial x}(x^0)\cdot\frac{\partial f}{\partial x}(x^0)<0$$

这一结论与(B. 2-13)矛盾,所以,不存在这样的 x^2。 □

习 题

习题 B. 2-1:正半定二次型

二次型 $q(x)=\sum_{i=1}^{2}\sum_{j=1}^{2}a_{ij}x_ix_j$ 处处非负的充分必要条件是什么? 提示:如果 $q(x)$ 非负,则 $-q(x)$ 非正。

习题 B. 2-2:正定二次型

对所有的 $x\neq0$, $q(x)=\sum_{i=1}^{2}\sum_{j=1}^{2}a_{ij}x_ix_j$ 严格为正的充分必要条件是什么?

习题 B. 2-3:凹函数和拟凹函数

证明命题 B. 2-5 和 B. 2-6。

习题 B. 2-4:凸的下劣集

(a) 求证:一个函数的下劣集是凸的当且仅当这个函数是拟凸函数。

(b) 对所有的 $j=1,\cdots,n$,商品 j 的生产对劳动力的需求为 $f_j(q_j)$, $j=1,\cdots,n$,其中 $f_j(\cdot)$ 是凸集。求证劳动力需求函数 $L(q)=\sum_{j=1}^{n}f_j(q_j)$ 是拟凸函数。

(c) 求证:如果劳动力供给固定,则可行的产出集是凸集。

习题 B. 2-5:等值集

在下面每种情况中,画出 $f(x)=0$、$f(x)=k$ 和 $f(x)=-k$ 时的等值集,$k>0$。

(a) $f(x)=p_1x_1+p_2x_2$, $p>0$。

(b) $f(x)=x_1x_2$。

(c) $f(x)=x_2^2-4x_1^2=(x_2-2x_1)(x_2+2x_1)$。

(d) $f(x)=-x_1^2+6x_1x_2+7x_2^2$。

B. 3 向量转换

关键词:线性转换;矩阵;二次型;逆矩阵

函数把 n 维向量映射为实数(单维度向量)。"转换"则把 n 维向量映射到 m 维向量上。这里探讨线性转换。我们看下面的 $m\times n$"矩阵",即 m 个行和 n 个列的排列:

$$A=\begin{bmatrix} a_{11} & \cdots & a_{1n} \\ \vdots & \ddots & \vdots \\ a_{m1} & \cdots & a_{mn} \end{bmatrix}$$

其中,每一行都是个 n 维向量。第 i 行为 $a_i=(a_{i1},\cdots,a_{in})$。把这个矩阵的 m 个行向量与 n 维向量 x 相乘,就把 x 转换为 m 维向量 y:

$$\begin{gathered} y_1=a_1\cdot x \\ \vdots \\ y_m=a_m\cdot x \end{gathered}$$

我们还可以把向量 x 和 y 写为只有一个列的矩阵(即"列向量")。于是:

$$y=\mathbf{A}x\text{，其中，}y_i=(\mathbf{A}\text{ 的第 }i\text{ 行})\cdot x$$

我们现在进行两个线性转换:$y=\mathbf{A}x$ 和 $z=\mathbf{B}y$。合并这两个转换,得到:

$$z=\mathbf{B}(\mathbf{A}x)$$

见图 B.3-1。线性转换的一个重要性质是,两个线性转换的积是线性转换,就是说:

$$z=\mathbf{B}(\mathbf{A}x)=\mathbf{C}x$$

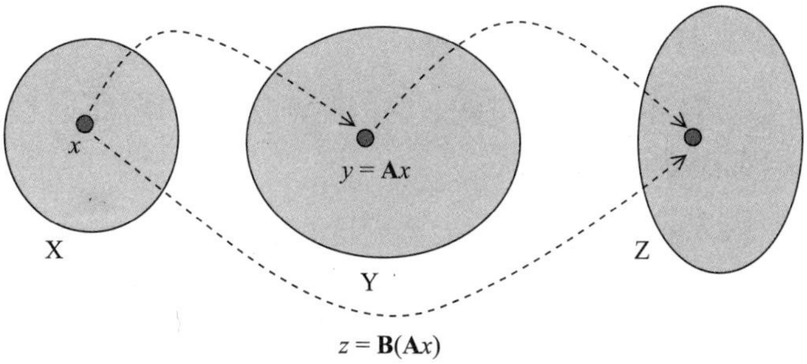

图 B.3-1 线性转换的积

计算矩阵 **C** 中元素的方法很简单:

$$c_{ij}=(\mathbf{B}\text{ 的第 }i\text{ 行})\cdot(\mathbf{A}\text{ 的第 }j\text{ 列})$$

我们用 2×2 矩阵演示这一点。设两个二维向量的线性转换为:

$$\begin{bmatrix}y_1\\y_2\end{bmatrix}=\begin{bmatrix}a_{11}&a_{12}\\a_{21}&a_{22}\end{bmatrix}\begin{bmatrix}x_1\\x_2\end{bmatrix}\text{和}\begin{bmatrix}z_1\\z_2\end{bmatrix}=\begin{bmatrix}b_{11}&b_{12}\\b_{21}&b_{22}\end{bmatrix}\begin{bmatrix}y_1\\y_2\end{bmatrix}$$

矩阵 **A** 的每一行乘以列向量 x,得到:

$$\begin{bmatrix}y_1\\y_2\end{bmatrix}=\begin{bmatrix}a_{11}x_1+a_{12}x_2\\a_{21}x_1+a_{22}x_2\end{bmatrix}$$

于是:

$$\begin{aligned}\begin{bmatrix}z_1\\z_2\end{bmatrix}&=\begin{bmatrix}b_{11}&b_{12}\\b_{21}&b_{22}\end{bmatrix}\begin{bmatrix}y_1\\y_2\end{bmatrix}=\begin{bmatrix}b_{11}&b_{12}\\b_{21}&b_{22}\end{bmatrix}\begin{bmatrix}a_{11}x_1+a_{12}x_2\\a_{21}x_1+a_{22}x_2\end{bmatrix}\\&=\begin{bmatrix}(b_{11}a_{11}+b_{12}a_{21})x_1+(b_{11}a_{12}+b_{12}a_{22})x_2\\(b_{21}a_{11}+b_{22}a_{21})x_1+(b_{21}a_{12}+b_{22}a_{22})x_2\end{bmatrix}\\&=\begin{bmatrix}b_{11}a_{11}+b_{12}a_{21}&b_{11}a_{12}+b_{12}a_{22}\\b_{21}a_{11}+b_{22}a_{21}&b_{21}a_{12}+b_{22}a_{22}\end{bmatrix}\begin{bmatrix}x_1\\x_2\end{bmatrix}\\&=\begin{bmatrix}c_{11}&c_{12}\\c_{21}&c_{22}\end{bmatrix}\begin{bmatrix}x_1\\x_2\end{bmatrix}\end{aligned}$$

其中,$c_{ij}=(\mathbf{B}\text{ 的第 }i\text{ 行})\cdot(\mathbf{A}\text{ 的第 }j\text{ 列})$。

矩阵的转置

把矩阵沿主对角线旋转，就得到它的“转置”。设 $\mathbf{A}'$ 是 $\mathbf{A}$ 的转置，则 $a'_{ij}=a_{ji}$，即 $\mathbf{A}$ 的第 i 行和第 j 列分别变为 $\mathbf{A}'$ 的第 i 列和第 j 行。根据矩阵的乘法规则，有：

$$(\mathbf{AB})'=\mathbf{B}'\mathbf{A}'$$

我们证明这一结论。设 $\mathbf{C}=\mathbf{AB}$。我们要证明 $\mathbf{C}'=\mathbf{B}'\mathbf{A}'$，就是说，$\mathbf{C}'$ 的第 ij 项是 $\mathbf{B}'$ 的第 i 行与 $\mathbf{A}'$ 的第 j 列的积。

$$\begin{aligned}c'_{ij}=c_{ji}&=(\mathbf{A}\text{ 的第 } j \text{ 行})\cdot(\mathbf{B}\text{ 的第 } i \text{ 列})=(\mathbf{B}\text{ 的第 } i \text{ 列})\cdot(\mathbf{A}\text{ 的第 } j \text{ 行})\\&=(\mathbf{B}'\text{的第 } i \text{ 行})\cdot(\mathbf{A}'\text{的第 } j \text{ 列})\end{aligned}$$

$n\times 1$ 列向量 x 的转置是 $1\times n$ 行向量 x'。因此，向量 x 与向量 y 之间的距离的平方可以写为内积或者矩阵积的形式：

$$\|x-y\|^2=(x-y)\cdot(x-y)=(x-y)'(x-y)$$

二次型

我们看矩阵积 $x'\mathbf{A}x$。在两维空间中，有：

$$\begin{aligned}x'\mathbf{A}x&=[x_1\quad x_2]\begin{bmatrix}a_{11}&a_{12}\\a_{21}&a_{22}\end{bmatrix}\begin{bmatrix}x_1\\x_2\end{bmatrix}=[x_1\quad x_2]\begin{bmatrix}a_{11}x_1+a_{12}x_2\\a_{21}x_1+a_{22}x_2\end{bmatrix}\\&=a_{11}x_1^2+(a_{12}+a_{21})x_1x_2+a_{22}x_2^2\end{aligned}$$

这是向量 $x\in\mathbb{R}^2$ 的二次型函数。一般情况下，给定 n 维向量 x 和 $n\times n$ 矩阵 $\mathbf{A}$，二次型函数(或矩阵 $\mathbf{A}$ 的“二次型”)可以写为：

$$q(x)=x'\mathbf{A}x=\sum_{i=1}^{n}\sum_{j=1}^{n}a_{ij}x_ix_j$$

其中，x_ix_j 项的系数是 $a_{ij}+a_{ji}$。

设 $\mathbf{A}$ 是对称矩阵，则 $a_{ij}=a_{ji}$。我们求二次型 $q(x)$ 的偏导数。把包含 x_1 的所有项聚拢到一起：

$$q(x)=a_{11}x_1^2+a_{12}x_1x_2+\cdots+a_{1n}x_1x_n+a_{21}x_2x_1+\cdots+a_{n1}x_nx_1+\text{所有与 } x_1 \text{ 无关的项}$$

$\mathbf{A}$ 是对称矩阵，所以：

$$q(x)=a_{11}x_1^2+2(a_{12}x_1x_2+\cdots+a_{1n}x_1x_n)+\text{所有与 } x_1 \text{ 无关的项}$$

于是：

$$\frac{\partial q}{\partial x_1}=2(a_{11},\cdots,a_{1n})\cdot(x_1,\cdots,x_n)=2(\mathbf{A}\text{ 的第一行})\cdot x$$

同理：

$$\frac{\partial q}{\partial x_i}=2(\mathbf{A}\text{ 的第 } i \text{ 行})\cdot x \qquad \text{(B. 3 - 1)}$$

于是,所有偏导数构成的向量为:

$$\frac{\partial q}{\partial x}=2\mathbf{A}x$$

并且,从(B.3-1)中,还可以得到:

$$\frac{\partial^2 q}{\partial x_j \partial x_i}=2a_{ij}$$

因此,二阶偏导数矩阵为:

$$\left[\frac{\partial^2 q}{\partial x_i \partial x_j}\right]=2\mathbf{A}$$

我们于是有下面的命题:

命题 B.3-1:二次型的导数

如果 $q(x)=x'\mathbf{A}x$,则 $\frac{\partial q}{\partial x}=2\mathbf{A}x$,$\left[\frac{\partial^2 q}{\partial x_i \partial x_j}\right]=2\mathbf{A}$。

方 阵

有一类重要的线性转换,把 n 维向量映射到 n 维向量上,即 $y=\mathbf{A}x$,x 与 y 都是 n 维向量。矩阵 $\mathbf{A}$ 要能与 x 相乘,它就必须有 n 列。y 要有 n 个元素,$\mathbf{A}$ 就必须有 n 行。所以,矩阵 $\mathbf{A}$ 是个 n 维方阵。我们看最简单的情况:$n=2$。

$$\begin{bmatrix} y_1 \\ y_2 \end{bmatrix}=\begin{bmatrix} a_{11} & a_{12} \\ a_{21} & a_{22} \end{bmatrix}\begin{bmatrix} x_1 \\ x_2 \end{bmatrix}=\begin{bmatrix} a_{11}x_1+a_{12}x_2 \\ a_{21}x_1+a_{22}x_2 \end{bmatrix}=\begin{bmatrix} a_{11} \\ a_{21} \end{bmatrix}x_1+\begin{bmatrix} a_{12} \\ a_{22} \end{bmatrix}x_2 \equiv x_1 a_{(1)}+x_2 a_{(2)}$$

就是说,y 是列向量 $a_{(1)}$ 和 $a_{(2)}$ 的线性组合。如果是在 n 维空间中,则向量 y 是 $\mathbf{A}$ 的 n 个列的线性组合。我们可以画出这一线性组合:首先画出所有列向量,延伸或缩小各个向量,把结果相加。

图 B.3-2 画出了 $n=2$ 时的两种可能的情况。在第一种情况中,两个列向量不仅仅大小不同,所以,这一映射是到整个两维空间的满射。$\mathbf{A}$ 的两个列向量线性无关。在第二种情况中,$a_{(2)}=\theta a_{(1)}$,因此,这一映射是从两维向量空间到一维直线的满射。$\mathbf{A}$ 的两个列向量线性相关。

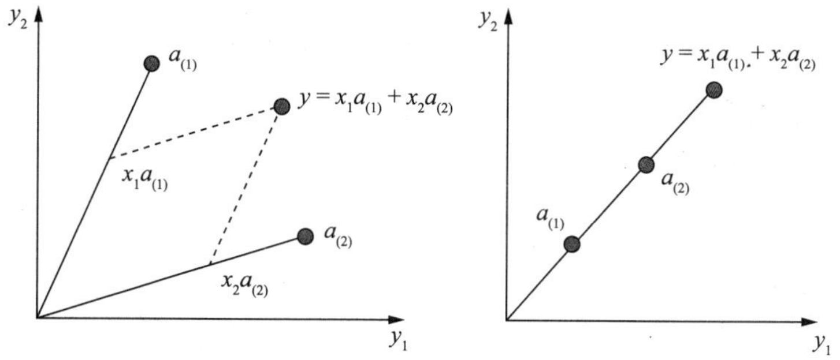

图 B.3-2 线性无关向量和线性相关向量

同理，在三维空间中，有：

$$y=\mathbf{A}x=\begin{bmatrix}a_{11}\\a_{21}\\a_{31}\end{bmatrix}x_1+\begin{bmatrix}a_{12}\\a_{22}\\a_{32}\end{bmatrix}x_2+\begin{bmatrix}a_{13}\\a_{23}\\a_{33}\end{bmatrix}x_3\equiv x_1a_{(1)}+x_2a_{(2)}+x_3a_{(3)}$$

在图 B. 3 - 3 画出的三维空间中，前两个向量的线性组合映射为三维空间中的一个平面。如果第三个向量在这一平面上，则它是前两个向量的线性组合，于是，三个向量的所有线性组合都在这一平面上。

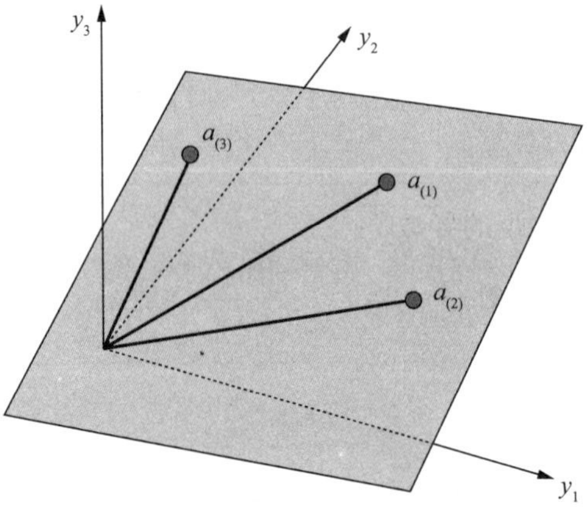

图 B. 3 - 3　线性相关

n 维方阵的列线性无关，如果没有任何列能表示为其他 $n-1$ 个列的线性组合。在这种情况中，映射是到整个 n 维空间的满射。对 n 维矩阵 $\mathbf{A}$，我们可以通过计算 $\mathbf{A}$ 的行列式 $|\mathbf{A}|$，确定 $\mathbf{A}$ 的列是否线性无关，从而确定映射是否是到整个 n 维空间的满射。

定义：方阵的行列式

在 $n=2$ 时，$|\mathbf{A}|=\begin{vmatrix}a_{11}&a_{12}\\a_{21}&a_{22}\end{vmatrix}=a_{11}a_{22}-a_{21}a_{12}$。

在 $n>2$ 时，我们可以以递归方式定义行列式：

$$|\mathbf{A}|=\sum_{j=1}^{n}(-1)^{i+j}a_{ij}\,|\mathbf{A}_{(ij)}|$$

其中，$\mathbf{A}_{(ij)}$ 是把 $\mathbf{A}$ 的第 i 行和第 j 列剔除后得到的矩阵。

例题 1：线性无关列

沿第一行展开，得到：

$$|\mathbf{A}|=\begin{vmatrix}2&3&0\\4&1&3\\1&1&2\end{vmatrix}=(-1)^2(2)\begin{vmatrix}1&3\\1&2\end{vmatrix}+(-1)^3(3)\begin{vmatrix}4&3\\1&2\end{vmatrix}+(-1)^4(0)\begin{vmatrix}4&1\\1&1\end{vmatrix}$$

$$=(-1)^2(2)(-1)+(-1)^3(3)(5)=-17$$

例题 2:线性相关列

沿第三行展开,得到:

$$|\mathbf{A}|=\begin{vmatrix}2&0&4\\1&1&4\\0&2&4\end{vmatrix}=(-1)^4(0)\begin{vmatrix}0&4\\1&4\end{vmatrix}+(-1)^5(2)\begin{vmatrix}2&4\\1&2\end{vmatrix}+(-1)^6(4)\begin{vmatrix}2&0\\1&1\end{vmatrix}=0$$

在这个例子中,第三个列向量是前两个列向量的和的两倍。因此,这些向量不是线性无关。

单位矩阵

在单位矩阵 **I** 中,所有的非对角元素都为零,所有的对角元素都为 1。根据矩阵的乘法规则,单位矩阵把每个向量映射到向量本身,就是说,$\mathbf{I}x=x$。

逆矩阵

设 **A** 是个有非零行列式的方阵,设矩阵 **B** 把向量 y 映射回 x,则:

$$x=\mathbf{B}y=\mathbf{B}(\mathbf{A}x)=(\mathbf{BA})x=\mathbf{I}x$$

就是说,"逆"映射 **B** 乘以矩阵 **A**,等于单位矩阵。并且,从向量 y 出发,映射到 x,再回到 y 上,有:

$$y=\mathbf{A}x=\mathbf{A}(\mathbf{B}y)=(\mathbf{AB})y=\mathbf{I}y$$

就是说,不管乘的顺序如何,矩阵 **A** 与其逆的积是单位矩阵。我们把 **A** 的逆写为 $\mathbf{A}^{-1}$,于是:

$$\mathbf{AA}^{-1}=\mathbf{A}^{-1}\mathbf{A}=\mathbf{I}$$

要计算逆矩阵,我们先定义矩阵 **A** 的"子行列式"。对 **A** 的每个元素 a_{ij},剔除 **A** 的第 i 行和第 j 列,得到子矩阵 $\mathbf{M}_{ij}$。子行列式 $|\mathbf{M}_{ij}|$ 是这一子矩阵的行列式。

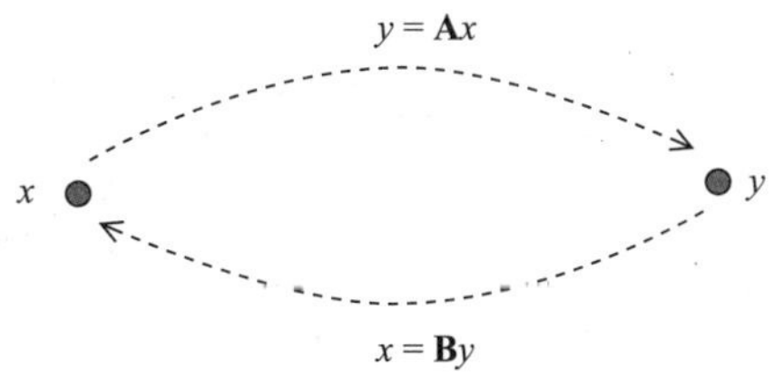

图 B.3-4　转换和它的逆

计算逆矩阵

如果 $|\mathbf{A}|\neq0$,则方阵 **A** 有逆矩阵 $\mathbf{A}^{-1}=[a_{ij}^{-1}]$,其中,$a_{ij}^{-1}=\dfrac{(-1)^{i+j}|\mathbf{M}_{ji}|}{|\mathbf{A}|}$。

例题:$\mathbf{A}=\begin{bmatrix}a_{11}&a_{12}\\a_{21}&a_{22}\end{bmatrix}$,则:

$$|\mathbf{M}_{11}|=a_{22}, |\mathbf{M}_{12}|=a_{21}, |\mathbf{M}_{21}|=a_{12}, |\mathbf{M}_{22}|=a_{11}$$

于是：

$$\mathbf{A}^{-1}=\begin{bmatrix} \frac{a_{22}}{|\mathbf{A}|} & -\frac{a_{12}}{|\mathbf{A}|} \\ -\frac{a_{21}}{|\mathbf{A}|} & \frac{a_{11}}{|\mathbf{A}|} \end{bmatrix}=\frac{1}{|\mathbf{A}|}\begin{bmatrix} a_{22} & -a_{12} \\ -a_{21} & a_{11} \end{bmatrix}$$

我们说过，如果 **A** 的列向量线性无关，则映射 **A** 就是到整个 n 维空间的满射。就是说，对任意向量 b，存在向量 x 使得：

$$\mathbf{A}x=b$$

由于逆矩阵存在，所以：

$$\mathbf{A}^{-1}(\mathbf{A}x)=(\mathbf{A}^{-1}\mathbf{A})x=\mathbf{I}x=x=\mathbf{A}^{-1}b$$

克莱姆法则

一旦求出了逆矩阵，求解线性方程组就是个机械过程。克莱姆法则为求解线性方程组提供了简单方法。用向量 b 替换矩阵 **A** 的第 j 列，把得到的新矩阵写为 $\mathbf{A}_{jb}$。于是：

$$x_j=\frac{|\mathbf{A}_{jb}|}{|\mathbf{A}|}$$

例题：方程组为

$$3x_1+4x_2=11$$
$$2x_1+3x_2=8$$

就是说：

$$\begin{bmatrix} 3 & 4 \\ 2 & 3 \end{bmatrix}\begin{bmatrix} x_1 \\ x_2 \end{bmatrix}=\begin{bmatrix} 11 \\ 8 \end{bmatrix}$$

应用克莱姆法则，得：

$$x_1=\frac{\begin{vmatrix} 11 & 4 \\ 8 & 3 \end{vmatrix}}{\begin{vmatrix} 3 & 4 \\ 2 & 3 \end{vmatrix}}=1, \quad x_2=\frac{\begin{vmatrix} 3 & 11 \\ 2 & 8 \end{vmatrix}}{\begin{vmatrix} 3 & 4 \\ 2 & 3 \end{vmatrix}}=2$$

你可以把结果代回到方程组中，确认它们是方程组的解。

负半定矩阵

上一节探讨了两变量函数，推导了二次型为负半定的必要条件。我们现在推广这一结论。

定义：主余子式

方阵 **A** 的第 i 个主余子式，是剔除除前 i 行和前 i 列以外的所有行和列而得到的矩阵。主余子式行列式便是这一矩阵的行列式。

命题 B.3-2：二次型为负半定的充要条件

二次型 $x'\mathbf{A}x$ 负半定当且仅当对所有的 $i=1,\cdots,n$，**A** 的第 i 个主余子式行列式的符号为 $(-1)^i$。

我们看两变量二次型。**A** 的主余子式为 $|a_{11}|$ 和 $\begin{vmatrix} a_{11} & a_{12} \\ a_{21} & a_{22} \end{vmatrix}$。因此，充分必要条件为 $a_{11}\leqslant 0$ 和 $a_{11}a_{22}-a_{12}a_{21}\geqslant 0$。

我们再看二次型 $x'\mathbf{A}x$，设它的 n 个变量满足线性约束条件 $b'x=0$，其中 $b\neq 0$。设 $b_i\neq 0$。则：

$$x_i=\frac{1}{b}\sum_{\substack{j=1\\ j\neq i}}^{n} b_j x_j$$

我们于是可以替换二次型中的 x_i，得到一个有 $n-1$ 个变量的二次型。通过烦琐的代数运算，我们能得到下面的命题。

命题 B.3-3

对满足线性约束条件 $b'x=0$ 的所有 x，二次型 $x'\mathbf{A}x$ 是负的当且仅当对所有的 $i=1,\cdots,n+1$，矩阵 $\begin{bmatrix} 0 & b' \\ b & \mathbf{A} \end{bmatrix}$ 的第 i 个主余子式的符号为 $(-1)^{i+1}$。

应用：拟凹性的必要条件

命题 B.3-3 使我们能相对容易地确定拟凹性赋予二阶连续可微函数的限制条件。从前一节中，我们知道，对拟凹函数 f，有：

$$f(x)>f(x^0)\Rightarrow\frac{\partial f}{\partial x}(x^0)\cdot(x-x^0)>0$$

于是，$\frac{\partial f}{\partial x}(x^0)\cdot(x-x^0)\leqslant 0$ 蕴含 $f(x)\leqslant f(x^0)$。

从点 x^0 的切超平面上任取点 x^1，$\frac{\partial f}{\partial x}(x^0)\cdot(x^1-x^0)=0$。因此，所有凸组合 $x^\lambda=x^0+\lambda(x-x^0)$ 都在这一切超平面上，也就是说：

$$\frac{\partial f}{\partial x}(x^\lambda)\cdot(x^1-x^0)=0$$

因此，对任意的 x^λ，$f(x^\lambda)\leqslant f(x^0)$。

定义 $g(\lambda)=f(x^\lambda)=f(x^0+\lambda\Delta)$，其中，$\Delta=x^1-x^0$。根据上面的结论，$g(\lambda)\leqslant g(0)$。但是：

$$g'(\lambda)=\frac{d}{d\lambda}f(x^0+\lambda\Delta)=\frac{\partial f}{\partial x}(x^\lambda)\cdot\Delta=\frac{\partial f}{\partial x}(x^\lambda)\cdot(x^1-x^0)$$

根据(B.3-2)，$g'(0)=0$。

我们要证明 $g''(0)\leqslant 0$。我们用反正法，假设 $g''(0)>0$，然后找到矛盾的结论。如果 $g''(0)>0$，则在 0 的某个邻域上，$g'(\lambda)$ 严格递增；由于 $g'(0)=0$，所以在这一邻域上，$g'(\lambda)>0$，因此，存在某个 λ 使得 $g(\lambda)>0$。但是，$g(\lambda)\leqslant g(0)$，因此矛盾。所以，$g''(0)\leqslant 0$。但是：

$$g''(\lambda)=\frac{d^2}{d\lambda^2}f(x^0+\lambda\Delta)=\frac{d}{d\lambda}\frac{\partial f}{\partial x}(x^0+\lambda\Delta)\cdot\Delta$$

所以，$g''(0)=\sum_j\sum_i f_{x_ix_j}(x^0)\Delta_i\Delta_j$，这里用下标表示偏导数。

因此，如果 f 是拟凹的，$\sum_i f_{x_i}(x^0)\Delta_i=0\Rightarrow\sum_j\sum_i f_{x_ix_j}(x^0)\Delta_i\Delta_j\leqslant 0$。

根据命题 B.3-3，我们有下面的结论。

命题 B.3-4：拟凹性的必要条件

如果 U 是拟凹的，则：

$$\begin{bmatrix}0 & U_{x1} & \cdots & U_{xn}\\ U_{x1} & U_{x1x1} & \cdots & U_{x1xn}\\ \vdots & \vdots & \cdots & \vdots\\ U_{xn} & U_{xnx1} & \cdots & U_{xnxn}\end{bmatrix}$$

的第 i 个主余子式的符号为 $(-1)^{i+1}$。

习题

习题 B.3-1：线性经济

生产 x_j 件商品 $j(j=1,2)$ 要用掉 a_{j1} 件商品 1 和 a_{j2} 件商品 2。每生产一件商品 j 还需要使用 a_{0j} 个劳动力。劳动力的供给为 L。

(a) 如果毛产出向量为 x，则净产出向量为 $y=(\mathbf{I}-\mathbf{A})x$。

(b) 设 $a_0=\begin{bmatrix}1\\1\end{bmatrix}$，$\mathbf{A}=\begin{bmatrix}\frac{1}{2} & \frac{1}{4}\\ \frac{3}{4} & \frac{1}{4}\end{bmatrix}$，$L=80$。证明：如果只生产商品 1，净产出向量为 $y^0=(40,-60)$。假设只生产商品 2，求净产出向量 y^1。

(c) 在图上画出这些向量。假设一半劳动力生产商品 1，另一半劳动力生产商品 2，画出此时的净产出。在这三个净产出向量中，哪一个是可行的？

(d) 证明净产出必须满足约束条件 $b\cdot y=a_0'(\mathbf{I}-\mathbf{A})^{-1}y\leqslant L$。利用题目中有关的数据，解出向量 b。

(e) 商品 1 的最大净产出是什么？

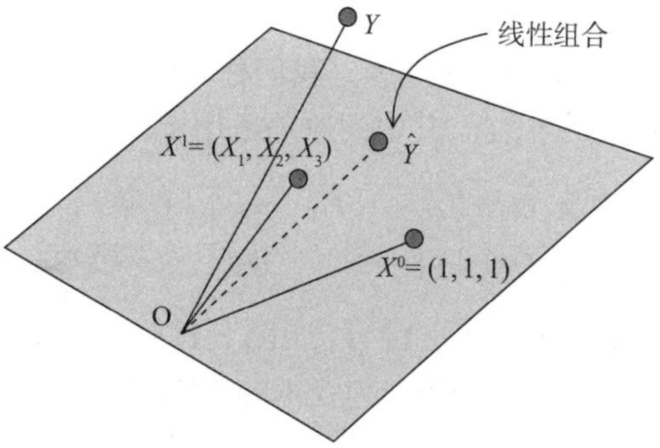

图 B.3-5 简单回归

习题 B.3-2:简单回归

一位数据分析师想估计 X 和 Y 之间的关系。对每个变量,她有 n 个观察值。定义向量 $X^0=(1,\cdots,1)$,$X^1=(X_1,\cdots,X_n)$,$Y=(Y_1,\cdots,Y_n)$。所估计的关系应是 X^0 和 X^1 的线性组合,即 $\hat{Y}=aX^0+bX^1$。图 B.3-5 中画出了只有三个观察值时的情况。

(a) 解释 Y 与 $\hat{Y}$ 之间距离的平方为什么是 $\|Y-\hat{Y}\|^2=\sum_{j=1}^{n}(Y_j-a-bX_j)^2$。

(b) 证明使这一距离最小的参数为 $a=\bar{Y}-b\bar{X}$,其中,$\bar{X}$ 和 $\bar{Y}$ 是样本均值。

(c) 定义 $x=X-\bar{X}$ 和 $y=Y-\bar{Y}$。利用(b)证明 $\|Y-\hat{Y}\|^2=\sum_{j=1}^{n}(y_j-bx_j)^2$。

(d) 求解使这一距离最小的 b 的值。

习题 B.3-3:最小平方误

$t\times n$ 矩阵 $\mathbf{X}$ 是由 n 个 t 维列向量构成的矩阵。

(a) 设 a 是个 n 维列向量,解释为什么 $\mathbf{X}a$ 是 $\mathbf{X}$ 的列向量 $x_{(1)},\cdots,x_{(n)}$ 的线性加权组合。

(b) 设 y 是个 t 维列向量。证明 y 与上述线性组合的距离可以表示为 $e'e=y'y-2a'\mathbf{X}'y'+a'\mathbf{X}'\mathbf{X}a$。

(c) 证明这个差的梯度为 $\frac{\partial}{\partial a}e'e=-2\mathbf{X}'y+2\mathbf{X}'\mathbf{X}a$。

(d) 选择 a 以最小化 $e'e$,等价于选择 a 以最大化 $-e'e$。证明 $-e'e$ 是 a 的凹函数。就是说,一阶条件是最大值的充分必要条件。提示:利用命题 B.3-1 得到二阶偏导数矩阵的表达式,然后证明这一矩阵为负定。

(e) 证明:要最小化这一差,所选择的权重必须满足 $a=(\mathbf{X}'\mathbf{X})^{-1}\mathbf{X}'y$。

B.4 线性差分方程组

关键词:相位图;特征值;特征向量;瓦尔拉斯价格的动态特征

经济学家常需研究经济变量向量在时间上的变化。我们看下面的差分方程组:

$$x(t+1)=\mathbf{A}x(t) \tag{B.4-1}$$

其中，$x(t)$是n 维向量，$\mathbf{A}$ 是 $n\times n$ 矩阵。我们称 $x(t)$是时点t 的状态变量。

我们探讨两维空间中的情况，其中的原理适用于多维空间。

$$\begin{bmatrix} x_1(t+1) \\ x_2(t+1) \end{bmatrix} = \begin{bmatrix} a_{11} & a_{12} \\ a_{21} & a_{22} \end{bmatrix} \begin{bmatrix} x_1(t) \\ x_2(t) \end{bmatrix}$$

在这里，$x(t+1)-x(t)=\mathbf{A}x(t)-\mathbf{I}x(t)=(\mathbf{A}-\mathbf{I})x(t)$。就是说，如果存在稳态点 $\bar{x}$，则$(\mathbf{A}-\mathbf{I})\bar{x}=0$。只要 $\mathbf{A}-\mathbf{I}$ 的行列式不等于零，唯一的稳态点就是 $\bar{x}=0$。本节中，我们使用这一假定。

例子

我们来概括动态过程的特征。设：

$$\mathbf{A}=\begin{bmatrix} 5 & -1 \\ 3 & 1 \end{bmatrix}$$

于是：

$$\begin{bmatrix} \Delta x_1(t) \\ \Delta x_2(t) \end{bmatrix} \equiv x(t+1)-x(t)=(\mathbf{A}-\mathbf{I})x(t)=\begin{bmatrix} 4x_1(t)-x_2(t) \\ 3x_1(t) \end{bmatrix} \tag{B.4-2}$$

因为 $\Delta x_2(t)=3x_1(t)$，因此，$x_2(t)$递增当且仅当 $x_1(t)\geqslant 0$。并且，根据(B.4-2)，有：

$$\Delta x_1(t)=x_1(t+1)-x_1(t)=4x_1(t)-x_2(t)$$

因此，$x_1(t)$递增当且仅当$x_2(t)\leqslant 4x_1(t)$。

我们看图 B.4-1。直线 $\Delta x_1=0$ 和 $\Delta x_2=0$ 把整个平面分割为四个区域。在每个区域，状态变量沿某一方向移动(东北、东南、西北或西南)。对此，我们说，动态路径位于某一“阶段”中。例如，在阶段 I，$x_1\geqslant 0$ 且 $x_2\leqslant 4x_1$，状态变量递增。

在状态空间中，通过探讨两个变量在其中以相同速度增长的子空间，我们能对动态过程有深入认识。根据(B.4-2)，有：

$$\frac{\Delta x_2}{\Delta x_1}=\frac{a_{21}x_1+(a_{22}-1)x_2}{(a_{11}-1)x_1+a_{12}x_2}=\frac{3x_1}{4x_1-x_2}$$

设 $x(t)$同比例增长，就是说，$x(t+1)=\lambda x(t)$。于是：

$$\frac{\Delta x_2}{\Delta x_1}=\frac{x_2(t+1)-x_2(t)}{x_1(t+1)-x_1(t)}=\frac{\lambda x_2(t)}{\lambda x_1(t)}=\frac{x_2(t)}{x_1(t)}$$

(因为根据我们的假定，$|\mathbf{A}-\mathbf{I}|\neq 0$，所以，$\lambda\neq 1$。)

在这个例子中，就是说：

$$3x_1^2-4x_1x_2+x_2^2=(3x_1-x_2)(x_1-x_2)=0$$

求解这个二次方程，得到 $x_2=x_1$ 或 $x_2=3x_1$。把第一个解代入差分方程，得到：

$$\begin{bmatrix} x_1(t+1) \\ x_2(t+1) \end{bmatrix} = \begin{bmatrix} 5 & -1 \\ 3 & 1 \end{bmatrix} \begin{bmatrix} x_1(t) \\ x_2(t) \end{bmatrix} = 4 \begin{bmatrix} x_1(t) \\ x_2(t) \end{bmatrix}$$

因此，增长因子为 $\lambda_1=4$。把第二个解代入差分方程，得到 $\lambda_2=2$。图 B.4-2 的"相位图"中的虚线为固定增长路径。沿着虚线 $x_2=3x_1$，$x(t)$ 以两倍速度增长；沿着虚线 $x_2=x_1$，$x(t)$ 以四倍速度增长。

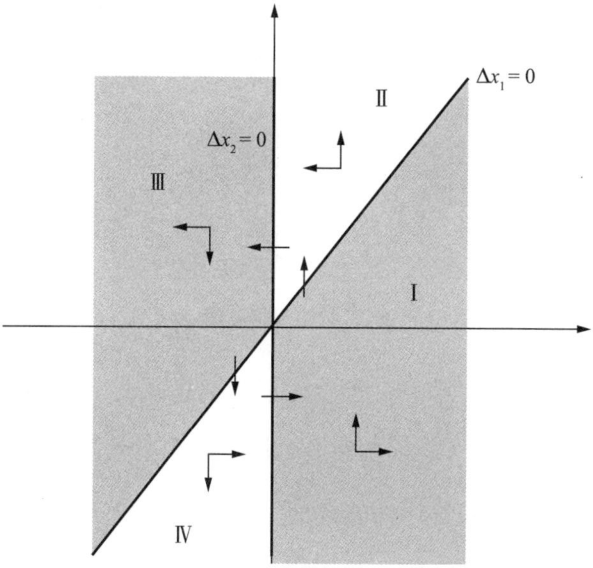

图 B.4-1 四个阶段

在 $x_2=x_1$ 上取向量 $v^1 \gg 0$，在直线 $x_2=3x_1$ 上取向量 $v^2 \gg 0$。因为 v^1 和 v^2 线性无关，任意初始向量 $x(1)$ 都可表示为向量 v^1 和 v^2 的线性组合。就是说：

$$x(1)=\alpha_1 v^1+\alpha_2 v^2$$

于是：

$$x(2)=\mathbf{A}x(1)=\mathbf{A}(\alpha_1 v^1+\alpha_2 v^2)=\alpha_1\mathbf{A}v^1+\alpha_2\mathbf{A}v^2=\alpha_1\lambda_1 v^1+\alpha_2\lambda_2 v^2$$

重复这一过程，得到 $x(t+1)=\alpha_1\lambda_1^t v^1+\alpha_2\lambda_2^t v^2$。在这里，由于 $|\lambda_1|>|\lambda_2|$，所以，对足够大的 t，有：

$$x(t+1)=\lambda_1^t\left(\alpha_1 v^1+\alpha_2\left(\frac{\lambda_2}{\lambda_1}\right)^t v^2\right)\approx\lambda_1^t\alpha_1 v^1 \tag{B.4-3}$$

就是说，对足够大的 t，增长率约等于 λ_1。并且：

$$\frac{x_2(t+1)}{x_1(t+1)}\to\frac{v_2^1}{v_1^1}$$

就是说，沿着高固定增长线，x_2 对 x_1 的比率收敛于 $\frac{v_2^1}{v_1^1}$。

回到相位图上。假设 $x(1)>0$。选择参数 (α_1,α_2) 使得 $x(1)=\alpha_1 v^1+\alpha_2 v^2$。如果 $x(1)$ 位于两条固定增长路径之间，则 α_1 和 α_2 都为正。于是，对所有的 t，有：

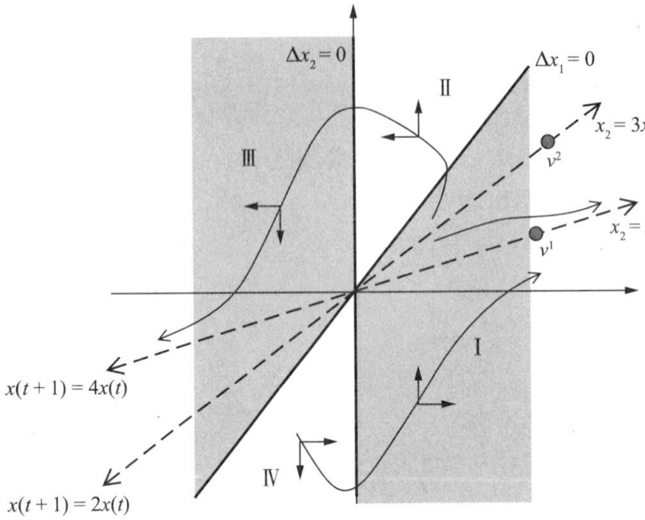

图 B.4－2　相位图

$$x(t+1)=\alpha_1\lambda_1^t v^1+\alpha_2\lambda_2^t v^2$$

就是说，$x(t+1)$是 v^1 和 v^2 的线性组合，其中，两个系数都为正。对所有的 t，这条增长路径位于 $x_2=x_1$ 和 $x_2=3x_1$ 之间。随着 t 增大，$\dfrac{x_2(t+1)}{x_1(t+1)}$收敛于 1，增长率收敛于 $\lambda_1=4$。

如果 $x(1)$位于高增长线 $x_2=x_1$ 下方，则 $\alpha_2<0<\alpha_1$，$x(t+1)$因此位于高固定增长路径下方。并且，$\dfrac{x_2(t+1)}{x_1(t+1)}$收敛于 1，增长因子收敛于 $\lambda_1=4$。

第三种可能性是 $x(1)$位于低增长线 $x_2=3x_1$ 上方。在这种情况中，$\alpha_1<0<\alpha_2$，并且，对足够大的 t，$x(t+1)$是负的。从图上看，$x(1)$位于阶段Ⅰ。这条路径穿过阶段Ⅱ，停止于阶段Ⅲ。

两变量模型

在上面的例子中，长期结果是两个状态变量以大致相同的速度增长。我们现在证明，对一类线性差分方程组，结果皆如此。我们首先寻找满足以下条件的初始状态 $x(1)$：

$$x(t+1)=\mathbf{A}x(t)=\lambda x(t)=\lambda\mathbf{I}x(t)$$

整理得到：

$$x(t+1)-\lambda x(t)=\mathbf{A}x(t)-\lambda\mathbf{I}x(t)=(\mathbf{A}-\lambda\mathbf{I})x(t)=0$$

在稳态上，在 $\lambda=1$ 时这一条件必须成立，就是说，$(\mathbf{A}-\mathbf{I})x(t)=0$。假设 $\mathbf{A}-\mathbf{I}\neq 0$，矩阵 $\mathbf{A}-\mathbf{I}$ 因此可逆。方程组$(\mathbf{A}-\mathbf{I})x(t)=0$ 的唯一解是 $x(t)=0$。

设 $\lambda\neq 1$。要有固定速度增长路径，方程组$(\mathbf{A}-\mathbf{I})x(t)=0$ 必须有非零根。根据上面的分析，如果 $\mathbf{A}-\lambda\mathbf{I}$ 可逆，它没有非零根。因此，对固定速度增长路径，有：

$$|\mathbf{A}-\lambda\mathbf{I}|=\begin{vmatrix}a_{11}-\lambda & a_{12}\\ a_{21} & a_{22}-\lambda\end{vmatrix}=\lambda^2-(a_{11}+a_{22})\lambda+|\mathbf{A}|=0 \quad (\text{B}.4-4)$$

这一方程被称为矩阵 **A** 的特征方程。它的两个根 λ_1 和 λ_2 被称为特征根或特征值。对应每个特征值,有一个位于单位圆上的状态向量 v^i。这些向量被称为特征向量。假设两个特征值不同。为证明特征向量线性无关,我们使用反证法。设 $v^1=\theta v^2=\nu$。由于两个特征向量都位于单位圆上,所以,$(\mathbf{A}-\lambda_1\mathbf{I})v=0=(\mathbf{A}-\lambda_2\mathbf{I})v$,即$(\lambda_2-\lambda_1)\mathbf{I}v=(\lambda_2-\lambda_1)v=0$。这不可能,因为 $v\neq0$。所以,两个特征向量线性无关。

实特征向量

我们可以把特征方程 $\lambda^2-(a_{11}+a_{22})\lambda+|\mathbf{A}|=0$ 写为:

$$(\lambda-\lambda_1)(\lambda-\lambda_2)=\lambda^2-(\lambda_1+\lambda_2)\lambda-\lambda_1\lambda_2=0 \quad (\text{B}.4-5)$$

其中,λ_1 和 λ_2 是特征根。这里要看到,这两个根的和是 **A** 的主对角线项的和,两个根的积是 **A** 的行列式。求解这个二次特征方程,解出这两个根:

$$\lambda_1=\frac{1}{2}(a_{11}+a_{22})+\sqrt{\frac{1}{4}(a_{11}+a_{22})^2-|\mathbf{A}|}$$

$$\lambda_2=\frac{1}{2}(a_{11}+a_{22})-\sqrt{\frac{1}{4}(a_{11}+a_{22})^2-|\mathbf{A}|} \quad (\text{B}.4-6)$$

因此,这个方程有两个不同的实根当且仅当

$$(a_{11}+a_{22})^2-4|\mathbf{A}|=(a_{11}+a_{22})^2-4a_{12}a_{21}>0$$

即使说,这个方程有两个实根的充分条件是 $a_{12}a_{21}>0$。

假设这个条件成立。和前面例题中的分析一样,任何初始状态向量 $x(1)$,都可以表示为 v^1 和 v^2 的线性组合,即:

$$x(1)=\alpha_1v^1+\alpha_2v^2$$

由于 $\mathbf{A}v^i=\lambda_iv^i,i=1,2$,因此,$A^tv^i=\lambda_i^tv^i,i=1,2$。于是:

$$x(t+1)=\alpha_1\lambda_1^tv^1+\alpha_2\lambda_2^tv^2$$

就是说,长期动态过程由有更大绝对值的特征值决定。

例题:瓦尔拉斯价格动态过程

假设瓦尔拉斯拍卖人以与超额需求成正比的方式调整价格。设 $\bar{p}$ 是均衡价格,定义 $x(t)=p(t)-\bar{p}$。则超额需求向量可以写为:

$$\hat{e}(x(t))=e(\bar{p})+x(t)$$

在这里,$\hat{e}(0)=0$。我们看 $\hat{e}(x)$ 在均衡点的邻域内的线性逼近:

$$\hat{e}(x)=\mathbf{E}x=\begin{bmatrix}e_{11} & e_{12}\\ e_{21} & e_{22}\end{bmatrix}\begin{bmatrix}x_1\\ x_2\end{bmatrix}$$

动态调整过程可以写为:

$$x(t+1)=\mathbf{A}x(t)$$

其中，$\mathbf{A}=k\mathbf{E},k>0$。

假设：

(a) 自价格效应严格为负，即 $e_{11},e_{22}<0$；

(b) 交叉价格效应严格为正，即 $e_{12},e_{21}>0$；

(c) 自价格效应超过交叉价格效应，即 $|\mathbf{E}|=e_{11}e_{22}-e_{12}e_{21}>0$；

(d) 调整速度缓慢，即 $k(e_{11}+e_{22})>-1$。

根据假设(b)，两个交叉效应有相同符号，$a_{12}a_{21}=k^2e_{12}e_{21}>0$，我们于是有两个不同的实根。根据假设(c)，两个根的积为正，所以，两个根有相同符号。根据假设(a)，两个根的和，即 $\lambda_1+\lambda_2=a_{11}+a_{22}$，是负的。$\lambda_1$ 和 λ_2 有相同符号，所以，它们肯定都是负的。根据假设(d)，$a_{11}+a_{22}=k(e_{11}+e_{22})>-1$。

由于 $|\mathbf{A}|>0,\sqrt{\frac{1}{4}(a_{11}+a_{22})^2-|\mathbf{A}|}<\frac{1}{2}|a_{11}+a_{22}|$。根据(B.4-6)，$\lambda_2=\frac{1}{2}(a_{11}+a_{22})-\sqrt{\frac{1}{4}(a_{11}+a_{22})^2-|\mathbf{A}|}>a_{11}+a_{22}>-1$。由于两个特征值都是负的，所以，它们都位于区间(0,1)。这一动态系统稳定地波动地趋向均衡。[1]

复特征值

我们分析特征方程的解。假设(B.4-6)中根号下的表达式为负。定义 $\alpha=\frac{1}{2}(a_{11}+a_{22}),\beta^2=|\mathbf{A}|-\frac{1}{4}(a_{11}+a_{22})^2$。(B.4-6)就可以写为：

$$\lambda_1=\alpha+\sqrt{-\beta^2},\lambda_2=\alpha-\sqrt{-\beta^2}$$

这一方程没有实根，所以不存在固定速度增长路径。我们引入复数，定义 $i=\sqrt{-1}$，则：

$$\lambda_1=\alpha+i\beta,\lambda_2=\alpha-i\beta$$

例题

设 $\mathbf{A}=\begin{bmatrix}1 & -\frac{1}{2}\\ \frac{1}{2} & 1\end{bmatrix}$。

图B.4-3画出了一个爆炸式过程。图中的圆点表示初始值 $x(1)=(x_1(1),x_2(1))$。特征方程为：

$$|\mathbf{A}-\lambda\mathbf{I}|=\begin{vmatrix}1-\lambda & -\frac{1}{2}\\ \frac{1}{2} & 1-\lambda\end{vmatrix}=(1-\lambda)^2+\frac{1}{4}=0$$

---

[1] 在参数 k 的变化速度足够大时，$\lambda_2<\frac{1}{2}(a_{11}+a_{22})=\frac{1}{2}(e_{11}+e_{22})<-1$，瓦尔拉斯调整系统不稳定。

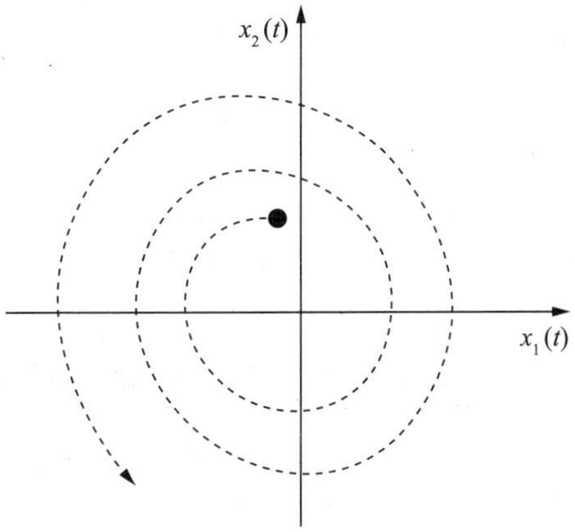

图 B.4-3 有复特征值的解

它没有实根。由于 $i^2=-1$，$(1-\lambda)^2=\frac{1}{4}i^2$。取平方根，得：

$$\lambda=1\pm\frac{1}{2}i$$

我们将看到的，这个例子包含着一个一般结论。$x_1(t)$ 和 $x_2(t)$ 肯定无限循环下去。从图上看，状态向量越来越远离稳态点，所以，系统不稳定。但是，在参数取其他某些值时，状态向量震荡地趋向稳态点。还有第三种可能性：这一系统有稳定的循环。例如，如果：

$$\mathbf{A}=\begin{bmatrix}\cos\frac{\pi}{n} & -\sin\frac{\pi}{n}\\ \sin\frac{\pi}{n} & \cos\frac{\pi}{n}\end{bmatrix}$$

情况便如此。图 B.4-4 描述了此种情况下解的特征。

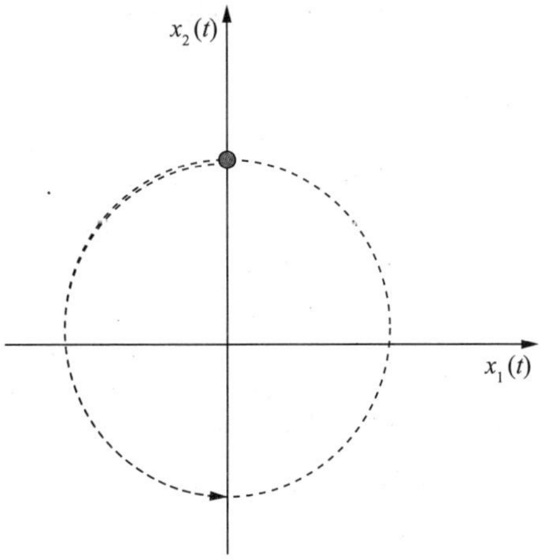

图 B.4-4 既非衰减也非爆炸的循环

要求一般解，首先要看到，特征值 λ_1 和相对应的特征向量 v 必须满足固定速度增长条件：

$$(\mathbf{A}-\lambda_1\mathbf{I})v=0$$

就是说，$(a_{11}-\lambda_1)v_1+a_{12}v_2=0$。不失一般性，令 $v_1=1$，于是，$v_2=-\frac{a_{11}-\lambda_1}{a_{12}}$。$\lambda_1$ 为复数，所以 v_2 是复数。我们将 v_2 写为 $v_2=k_1+ik_2$。

把参数向量(α,β)表示为极坐标形式，能帮助求解，见图 B.4－5。从图上看，$r=\sqrt{\alpha^2+\beta^2}$，$\tan\theta=\frac{\beta}{\alpha}$。我们于是可以把特征值写为 $\lambda_1=r(\cos\theta+i\sin\theta)$。并且，对任意的 z，有：

$$\cos z+i\sin z=e^{iz}$$ [1]

于是：

$$(\cos\theta+i\sin\theta)^t=e^{i\theta t}=\cos\theta t+i\sin\theta t$$

如果 $x(1)=v$，则：

$$x(t+1)=\mathbf{A}x(t)=\mathbf{A}^t v=\lambda_1^t v=r^t(\cos\theta t+i\sin\theta t)\begin{bmatrix}1\\k_1+ik_2\end{bmatrix}$$

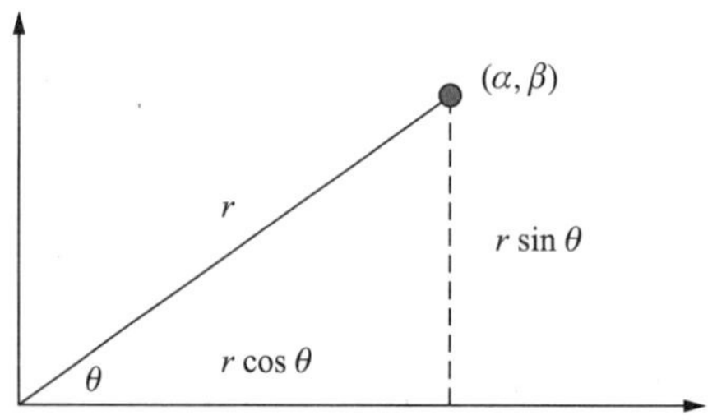

图 B.4－5　极坐标

归类实数项和复数项：

$$x(t+1)=r^t\begin{bmatrix}\cos\theta t\\k_1\cos\theta t-k_2\sin\theta t\end{bmatrix}+ir^t\begin{bmatrix}\sin\theta t\\k_1\sin\theta t+k_2\cos\theta t\end{bmatrix}$$

定义：

$$v^1(t+1)=r^t\begin{bmatrix}\cos\theta t\\k_1\cos\theta t-k_2\sin\theta t\end{bmatrix},v^2(t+1)=r^t\begin{bmatrix}\sin\theta t\\k_1\sin\theta t+k_2\cos\theta t\end{bmatrix}$$

我们现在证明，$v^1(t)$和$v^2(t)$是差分方程组的解。由于 $v^1(t)+iv^2(t)$是解，所以：

$$x(t+1)=v^1(t+1)+iv^2(t+1)=\mathbf{A}v^1(t)+i\mathbf{A}v^2(t)$$

---

〔1〕 习题 B.4－1 要求你用泰勒展开证明这一结论。

把实数项和复数项分别归类，得到：

$$v^1(t+1)=\mathbf{A}v^1(t),v^2(t+1)=\mathbf{A}v^2(t)$$

选择 α_1 和 α_2 从而使 $\alpha_1 v^1(1)+\alpha_2 v^2(1)=x(1)$。由于 $v^1(t)$ 和 $v^2(t)$ 是解，因此它们的任意的线性组合亦是解。于是，给定初始状态 $x(1)$，得：

$$x(t)=\alpha_1 v^1(t)+\alpha_2 v^2(t)$$

是通解。

稳定系统和不稳定系统

根据(B.4-6)，有：

$$\lambda_1=\alpha+i\beta=\frac{1}{2}(a_{11}+a_{22})+\sqrt{\frac{1}{4}(a_{11}+a_{22})^2-|\mathbf{A}|}$$

$$\lambda_2=\alpha-i\beta=\frac{1}{2}(a_{11}+a_{22})-\sqrt{\frac{1}{4}(a_{11}+a_{22})^2-|\mathbf{A}|}$$

根据图 B.4-5，我们可以把这些特征值表示为极坐标形式：

$$\lambda_1=r(\cos\theta+i\sin\theta),\lambda_2=r(\cos\theta-i\sin\theta)$$

其中，$r=\sqrt{\alpha^2+\beta^2}$，$(\alpha,\beta)=\left(\frac{1}{2}(a_{11}+a_{22}),\sqrt{|\mathbf{A}|-\frac{1}{4}(a_{11}+a_{22})^2}\right)$。代入 α 和 β 的表达式，得到 $r=\sqrt{|\mathbf{A}|}$。

根据(B.4-7)，在时点 t，震荡强度为 r^t。就是说，如果 $r>1$，震荡强度上升；如果 $r<1$，震荡强度下降。因此，当且仅当 $|\mathbf{A}|<1$，有复特征值的震荡系统的周期衰减。

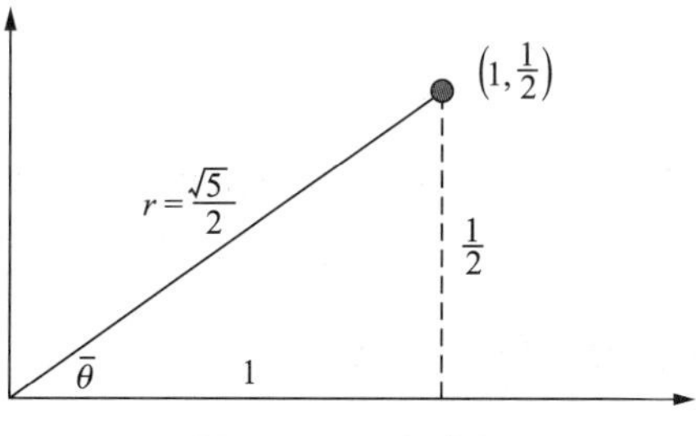

图 B.4-6　极坐标

例题(接上一例题)

我们已经知道，在 $\mathbf{A}=\begin{bmatrix}1 & -\frac{1}{2}\\ \frac{1}{2} & 1\end{bmatrix}$ 时，特征值为 $\lambda_1=1+\frac{1}{2}i$ 和 $\lambda_2=1-\frac{1}{2}i$。

把这两个特征值转换为极坐标：

$$\lambda_1=\frac{\sqrt{5}}{2}(\cos\bar{\theta}t+i\sin\bar{\theta}t),\lambda_2=\lambda_1=\frac{\sqrt{5}}{2}(\cos\bar{\theta}t-i\sin\bar{\theta}t)$$

其中，$\tan\bar{\theta}=\dfrac{1}{2}$。由于 $r=\sqrt{|\mathbf{A}|}>1$，所以，震荡强度在上升。因此，这一动态系统是不稳定的。

习　题

习题 B. 4 - 1：复数的极坐标表示

(a) 围绕着 $z=0$ 进行泰勒展开，借此证明 $\cos z=1-\dfrac{z^2}{2!}+\dfrac{z^4}{4!}$ 和 $\sin z=z-\dfrac{z^3}{3!}+\dfrac{z^5}{5!}$。因此：

$$\cos z+i\sin z=1+iz-\frac{z^2}{2!}+i\frac{z^3}{3!}+\frac{z^4}{4!}+\cdots$$

(b) 求证：$\cos z+i\sin z=1+iz+\dfrac{i^2z^2}{2!}+\dfrac{i^3z^3}{3!}+\dfrac{i^4z^4}{4!}+\cdots$。

(c) 围绕着 $z=0$ 进行泰勒展开，借此证明 $e^{iz}=1+\dfrac{iz}{1!}+\dfrac{i^2z^2}{2!}+\dfrac{i^3z^3}{3!}+\dfrac{i^4z^4}{4!}+\cdots$。因此：

$$e^{iz}=\cos z+i\sin z$$

习题 B. 4 - 2：鞍点动态性

设 $x(t+1)=\mathbf{A}x(t)$，其中 $\mathbf{A}=\begin{bmatrix}2 & \frac{3}{2}\\ \frac{1}{2} & 1\end{bmatrix}$。

(a) 证明特征值为 $\lambda_1=\dfrac{5}{2}$ 和 $\lambda_2=\dfrac{1}{2}$，并解出相对应的特征向量。

(b) 画出相位图。

(c) 在 $x(1)$ 取什么值时，解收敛于零？

习题 B. 4 - 3：振荡

设 $x(t+1)=Ax(t)$，其中 $\mathbf{A}=\begin{bmatrix}-1 & 1\\ 3 & 1\end{bmatrix}$。

(a) 求解特征值和相对应的特征向量。

(b) 在 $x(1)$ 取什么值时，解收敛于零？

(c) 对 $x(1)$ 的其他所有的值，概括状态变量的长期行为。

习题 B. 4 - 4：瓦尔拉斯动态过程

设时期 t 的瓦尔拉斯价格向量与均衡价格向量之间的差为 $x(t)$。价格调整与超额需求成正比，就是说：

$$x(t+1)=k\mathbf{E}x(t)$$

其中，$\mathbf{E}=\begin{bmatrix} -\frac{1}{4} & \frac{1}{4} \\ \frac{1}{8} & -\frac{3}{4} \end{bmatrix}$。

(a) 设 $k=1$。证明特征向量 $\hat{\lambda}_1$ 和 $\hat{\lambda}_2$ 都在区间 $(-1,0)$ 中，就是说，动态调整过程是稳定的。

(b) 设 $k\neq1$。证明特征向量 $(\lambda_1,\lambda_2)=k(\hat{\lambda}_1,\hat{\lambda}_2)$。

(c) 在 k 取什么值时，这一系统是稳定的？

附录 C
优　　化

C.1　两变量函数优化

关键词:必要条件与充分条件

我们首先探讨两变量函数优化问题而不直接分析多变量优化。设函数 f 在点 $x^0=(x_1^0,x_2^0)$ 可微。如果定义在$\mathbb{R}^2$ 上的 f 在 x^0 取最大值,则对每个变量求导,在点 x^0 上,两个一阶偏导数等于零。

> **命题 C.1-1:最大值的一阶条件**
>
> 如果定义在$\mathbb{R}^2$ 上的函数 $f(x_1,x_2)$ 在点 x^0 取最大值,则:
>
> $$\frac{\partial f}{\partial x_i}(x^0)=0,i=1,2$$

我们还知道,如果 f 在点 x^0 取最大值,则在点 x^0 上,二阶偏导数都为负。为得到更深入的必要条件,我们任取向量 x^1,探讨当 x 沿着某个方向偏离 x^0 时 f 的变化。x^0 和 x^1 的加权平均 x^λ 为:

$$x^\lambda=(1-\lambda)x^0+\lambda x^1=x^0+\lambda(x^1-x^0)$$

定义 $g(\lambda)=f(x^0+\lambda(x^1-x^0))$。见图 C.1-1。

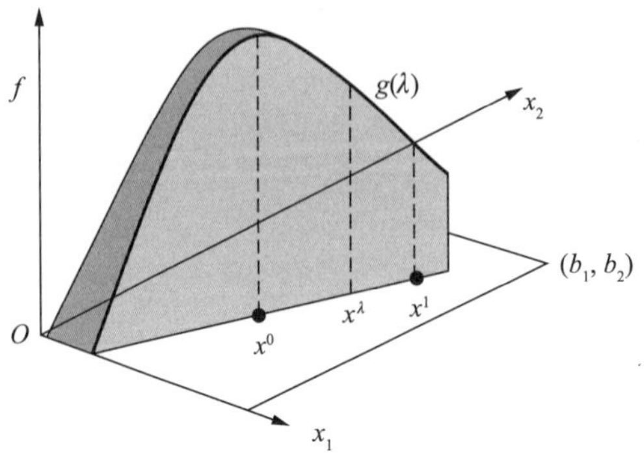

图 C.1-1　f 的横切面

映射 $g(\lambda)$ 是从 $\mathbb{R}$ 到 $\mathbb{R}$ 的函数。我们于是可以应用单变量最大值的必要条件。具体地说，当函数 f 在点 x^0 取得最大值时，$g(\lambda)$ 在点 $\lambda=0$ 的二阶导数肯定是负的。定义 $z\equiv x^1-x^0$，则 $g(\lambda)=f(x^0+\lambda z)=f(x_1^0+\lambda z_1, x_2^0+\lambda z_2)$。$g$ 的一阶导数为：

$$\frac{dg}{d\lambda}(\lambda)=\frac{\partial f}{\partial x_1}(x^\lambda)z_1+\frac{\partial f}{\partial x_2}(x^\lambda)z_2$$

在最大值点上，对所有的 z，这一导数肯定为零。因此，在 $\lambda=0$ 时，两个偏导数肯定都为零。

再次求导，并令 $\lambda=0$，得到：

$$\frac{d^2 g}{d\lambda^2}(0)=z_1^2\frac{\partial^2 f}{\partial x_1^2}(x^0)+2z_1z_2\frac{\partial^2 f}{\partial x_1\partial x_2}(x^0)+z_2^2\frac{\partial^2 f}{\partial x_2^2}(x^0)$$

$$=\begin{bmatrix} z_1 & z_2 \end{bmatrix}\begin{bmatrix} \dfrac{\partial^2 f}{\partial x_1^2} & \dfrac{\partial^2 f}{\partial x_1\partial x_2} \\ \dfrac{\partial^2 f}{\partial x_1\partial x_2} & \dfrac{\partial^2 f}{\partial x_2^2} \end{bmatrix}\begin{bmatrix} z_1 \\ z_2 \end{bmatrix}$$

将上式表示为矩阵形式：

$$\frac{d^2 g}{d\lambda^2}(0)=(x^1-x^0)'\left[\frac{\partial^2 f}{\partial x_i\partial x_j}(x^0)\right](x^1-x^0)$$

因为，$z\equiv x^1-x^0$。

这个表达式中等号右边的项是个二次型。利用命题 B.2-2，我们有以下结论：

> **命题 C.1-2：最大值的二阶条件**
>
> 如果定义在 $\mathbb{R}^2$ 上的函数 $f(x_1,x_2)$ 在点 x^0 取得最大值，则：
>
> （ⅰ）$\dfrac{\partial^2 f}{\partial x_i^2}(x^0)\leqslant 0, i=1,2$；（ⅱ）$\dfrac{\partial^2 f}{\partial x_1^2}(x^0)\dfrac{\partial^2 f}{\partial x_2^2}(x^0)-\left(\dfrac{\partial^2 f}{\partial x_1\partial x_2}(x^0)\right)^2\geqslant 0$

习 题

习题 C.1-1：消费者选择

某个消费者面对的价格为 p_1 和 p_2，收入为 I，效用函数 $U(x_1,x_2)$ 满足 $\dfrac{\partial U}{\partial x_j}(x)>0, j=1,2, x\in\mathbb{R}_+^2$。

(a) 证明这个消费者的预算约束条件肯定起作用。利用这一结论把他的优化问题转变为单变量优化问题，找出角解的一阶必要条件。

(b) 设 $\lim\limits_{x_j\downarrow 0}\dfrac{\partial U}{\partial x_j}(x)=\infty, j=1,2$。就是说，随着一种商品的消费趋于零，此商品的边际效用上升且无上界。证明在角点上，最大值的必要条件无法得到满足。

(c) 设 $U(x)=\sum_{j=1}^n \alpha_j \ln x_j$，其中 $\alpha_j>0, j=1,\cdots,n$。证明消费者的优化问题不可能有角解。

(d) 求此消费者的最优选择。

(e) 如果$U(x)=x_1^{\alpha_1}x_2^{\alpha_2}$ 呢?

习题 C.1-2:需求相互影响时的企业决策

某个企业出售两种产品。它们的需求价格函数分别为 $p_1=180-q_1-\dfrac{1}{2}q_2$ 和 $p_2=180-\dfrac{1}{2}q_1-q_2$;企业的成本函数为 $C(q)=q_1^2+\alpha q_1q_2+q_2^2$。

(a) 当 $\alpha=1$ 时,证明利润函数为凹函数,求解满足一阶条件的产量。

(b) 在 $\alpha=4$ 时,证明利润最大化的一阶条件在 $q=(20,20)$ 上得到满足。

(c) 在 $q=(20,20)$ 上,二阶(必要)条件得到满足吗?

(d) 证明一阶条件有两个角解。说明在这两个产量上,利润为什么达到最大。

(e) 证明利润是 q_1 的凹函数。对 q_2 的一切可能的取值,求商品 1 的利润最大化产量 $q_1^*(q_2)$。

(f) 全微分 $\Pi(q_1^*(q_2),q_2)$,说明为什么 $\dfrac{d\Pi}{dq_2}(q_1^*(q_2),q_2)=\dfrac{\partial\Pi}{\partial q_2}(q_1^*(q_2),q_2)$,并证明:

$$\frac{d\Pi}{dq_2}=\frac{\partial\Pi}{\partial q_2}(q_1^*,q_2)=180-45(1+\alpha)-\left(4-\frac{1}{4}\right)(1+\alpha)^2q_2$$

(g) 对 α 的不同取值,概括函数 $\Pi(q_1^*(q_2),q_2)$的特征。

C.2 无约束条件的优化

关键词: 必要条件与充分条件;拟凹性

我们探讨如下优化问题:

$$\max_x\{f(x)\mid x\in\mathbb{R}^n\}$$

其中,函数 f 二阶连续可微。前一节,在 $n=2$ 时,探讨了 f 在点 x^0 取最大值的必要条件和充分条件。n 变量情况与其类似。我们逐变量分析上述优化问题。根据单变量模型中的必要条件,我们知道,下面的一阶和二阶必要条件肯定成立:

$$\frac{\partial f}{\partial x_j}(x^0)=0,\frac{\partial^2 f}{\partial x_j^2}(x^0)\leqslant 0,j=1,\cdots,n$$

这些必要条件背后的原理,可以从函数在点 x^0 的二阶逼近中看出。我们看下面的二次方函数:

$$h(x)=f(x^0)+\frac{\partial f}{\partial x}(x^0)\cdot(x-x^0)+\frac{1}{2}(x-x^0)'\left[\frac{\partial^2 f}{\partial x_i x_j}(x^0)\right](x-x^0)$$

在点 x^0,函数 h 和 f 显然取相同的值且有相同的一阶和二阶导数。在 x 足够接近 x^0 时,上式中的线性项为主部,就是说,如果有某个一阶偏导数不等于零,则函数

在 x^0 点不可能取最大值。假设在 x^0 上，梯度向量 $\frac{\partial f}{\partial x}(x^0)$ 等于零。则在 x 足够接近 x^0 时，二次项为主部。因此，如果 f 在 x^0 取最大值，则在点 x^0 上，二次型必然为负半定。

> **命题 C.2-1：最大值的必要条件**
>
> 设定义在 $\mathbb{R}^n$ 上的函数 f 在点 x^0 取最大值。如果 f 在点 x^0 可微，则 $\frac{\partial f}{\partial x}(x^0)=0$。如果 f 在点 x^0 二阶可微，则二阶导数矩阵 $\mathbf{H}(x^0)=\left[\frac{\partial^2 f}{\partial x_i x_j}\right]$ 负半定。

证明：定义 $g(\lambda)=f(x^\lambda)=f(x^0+\lambda z)$，其中，$z\equiv x^1-x^0$。

我们现在证明：

$$g''(\lambda)=z'\mathbf{H}(x^\lambda)z\text{，其中，}\mathbf{H}(x)=\left[\frac{\partial^2 f}{\partial x_i x_j}\right]$$

对任意函数 $\phi(x^0+\lambda z)$，有：

$$\frac{d}{d\lambda}\phi(x^0+\lambda z)=\frac{\partial\phi}{\partial x}(x^0+\lambda z)\cdot z=z'\frac{\partial\phi}{\partial x}(x^0+\lambda z)$$

令 $\phi=f$，则：

$$g'(\lambda)=\frac{d}{d\lambda}f(x^0+\lambda z)=z'\frac{\partial f}{\partial x}(x^0+\lambda z)$$

于是：

$$g''(\lambda)=z'\frac{d}{d\lambda}\frac{\partial f}{\partial x}(x^0+\lambda z) \tag{C.2-1}$$

令 $\phi=\frac{\partial f}{\partial x_i}$，则：

$$\frac{d}{d\lambda}\frac{\partial f}{\partial x_i}=\left(\frac{\partial f}{\partial x_1}\frac{\partial f}{\partial x_i},\cdots,\frac{\partial}{\partial x_n}\frac{\partial f}{\partial x_i}\right)'z=\left(\frac{\partial f}{\partial x_i}\frac{\partial f}{\partial x_1},\cdots,\frac{\partial}{\partial x_i}\frac{\partial f}{\partial x_n}\right)'z$$

于是：

$$\frac{d}{d\lambda}\frac{\partial f}{\partial x}=\begin{bmatrix}\frac{d}{d\lambda}\frac{\partial f}{\partial x_1}\\ \vdots\\ \frac{d}{d\lambda}\frac{\partial f}{\partial x_n}\end{bmatrix}z=\left[\frac{\partial^2 f}{\partial x_i\partial x_j}\right]z$$

把上式代入(C.2-1)，得：

$$g''(\lambda)=\frac{d^2}{d\lambda^2}f(x^\lambda)=z'\left[\frac{\partial^2 f}{\partial x_i\partial x_j}\right]z$$

利用单变量优化中的有关结论，我们得到最大值的二阶必要条件：对所有的 x^1，在

$\lambda=0$ 时，$g(\lambda)$ 的二阶导数为负。 □

在附录 A 中，我们给出了最大值的充分条件。我们可以直接应用命题 A.5-5 和 A.5-6 的证明，验证以下结论。

命题 C.2-2：最大值的充分条件

设 $D_f=\mathbb{R}^n$，f 是凹函数。如果在点 x^0，一阶条件成立，则对所有的 $x\in D_f$，$f(x)\leqslant f(x^0)$。

命题 C.2-3：拟凹性和最大值的充分条件

如果 $\frac{\partial f}{\partial x}(x^0)=0$ 且 f 在点 x^0 的某邻域内严格凹。则在点 x^0，f 取局部最大值。如果 f 在 D_f 上是拟凹函数，则对所有的 $x\in D_f$，$f(x)<f(x^0)$。

习　题

习题 C.2-1：利润最大化

某个企业在所生产的 n 种产品的市场上都拥有垄断地位。商品 j 的需求价格函数为：

$$p_j=\alpha_j-\beta q_j-\gamma s\text{，其中，}s=\sum_{j=1}^{n}q_j$$

总成本为 $C(q)=\sum_{j=1}^{n}c_jq_j$。

(a) 写出它的总利润表达式，并证明它能被表示为 $\Pi(q)=\sum_{j=1}^{n}(\alpha_j-c_j)q_j-\sum_{j=1}^{n}\beta q_j^2-\gamma s^2$。证明利润是产出向量 q 的凹函数。

(b) 假设利润最大化的产出向量 $q^*=(q_1^*,\cdots,q_n^*)$ 严格为正，证明 $\alpha_j-c_j-2\beta q_j^*-2\gamma s=0$，其中，$j=1,\cdots,n$。

(c) 对所有商品加总，求产量和 s。

(d) 利用(b)求出商品 j 的产量。

(e) 证明利润最大化产量严格为正当且仅当 $\dfrac{\alpha_j-c_j}{\sum_{j=1}^{n}\alpha_j-c_j}>\dfrac{1}{n+\dfrac{\beta}{\gamma}}$。

(f) 利用前一不等式证明，如果不同产品的需求之间的相互依赖性很小，或者需求价格函数与成本函数非常接近，则所有商品的产量都严格为正。

习题 C.2-2：质量和数量决策

某个企业生产 q 件质量为 z 的商品，商品的需求价格函数为 $p(q,z)=8z-2q$。生产成本为 $C(q,z)=z^{\alpha}q$，其中，$0\leqslant z\leqslant 12$。

(a) 设 $\alpha=2$。写出利润最大化的一阶条件；求证：在 $(q^*,z^*)=(4,4)$ 时，所有的一阶条件都成立。

(b) 求证：在(4,4)的某个邻域内，利润函数是凹函数。解释为什么 $\Pi(q,z)$ 因此在(4,4)上取得局部最大值。

(c) 要证明这一局部最大值同时是全局最大值,我们得证明,无论企业采取怎样的产量决策,质量水平 4 都是它的最优选择。解释这个局部最大值为什么肯定是(全局)最大值。

(d) 在 $\alpha=1$ 时,回答上述问题。

C.3　隐函数定理

关键词:比较静态;从参数到选择变量的连续映射

要使理论能应用于数据,模型就必须具有一定的预测能力。我们看一个利润最大化企业。假设它有利润函数 $f(x,\alpha)$,其中,$x=(x_1,\cdots,x_n)$ 为产出向量,$\alpha=(\alpha_1,\cdots,\alpha_m)$ 为参数向量(价格和成本)。这一模型的预测能力在于分析者推断企业对环境变化(即参数向量 α 的变化)的反应方式的能力。如果我们能假定企业的利润最大化反应 $x=g(\alpha)$ 是个可微函数,这种分析就能大大简化。但是,我们能做到这一点吗?

为说明这些问题,首先看只有一种产品和一个成本参数的简单情况。假定利润 $f(x,\alpha)$ 二阶连续可微。利润最大值的必要条件为:

$$\frac{\partial f}{\partial x}(x^*,\alpha)\leqslant 0;\text{当 } x^*>0 \text{ 时},\frac{\partial f}{\partial x}(x^*,\alpha)=0$$

我们定义函数 $h(x,\alpha)$ 为 f 的梯度,即 $h(x,\alpha)=\dfrac{\partial f}{\partial x}(x,\alpha)$。设 h 是 x 的递减函数,使得其等值集 $\{x\mid h(x,\alpha)=0\}$ 如图 C.3-1 所示。

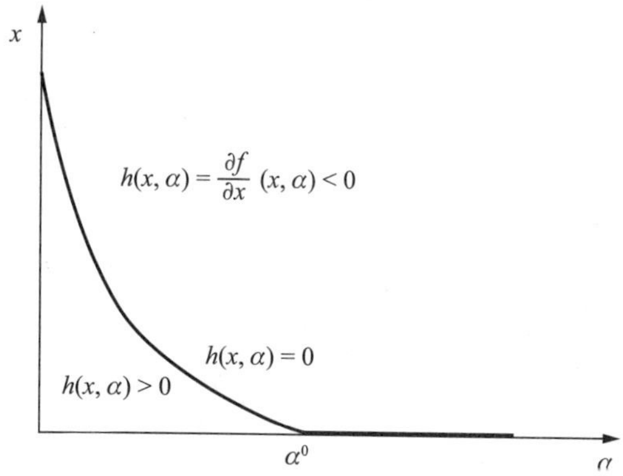

图 C.3-1　利润最大化产量

对每个 α,存在唯一的 $x=g(\alpha)$ 满足一阶条件。就是说,一阶条件以隐函数形式把利润最大化产量 $x=g(\alpha)$ 定义为成本参数 α 的函数,即图中的粗线。对所有的 $\alpha<\alpha^0$,利润最大化产量严格为正;对所有 $\alpha\geqslant\alpha^0$,利润最大化产量为零。

例题

一个企业以价格 $p=10$ 出售商品,成本函数为 $C(x,\alpha)=\alpha x+\frac{1}{2}(1+\alpha)x^2$。

利润于是为 $f(x,\alpha)=10x-\left(\alpha x+\frac{1}{2}(1+\alpha)x^2\right)$。对 x 求导，得到：

$$h(x,\alpha)=\frac{\partial f}{\partial x}(x,\alpha)=10-\alpha-(1+\alpha)x$$

我们可以把这一函数写为 $h(x,\alpha)=(1+\alpha)\left(\frac{11}{1+\alpha}-1-x\right)$。当企业在 x^* 上取最大值时，一阶条件为：$\frac{\partial f}{\partial x}=h(x^*,\alpha)\leqslant 0$；在 $x^*>0$ 时，$\frac{\partial f}{\partial x}=h(x^*,\alpha)=0$。因此，利润最大化产量为：

$$x=g(\alpha)=\begin{cases}\frac{11}{1+\alpha}-1, & \alpha\leqslant 10\\ 0, & \alpha>10\end{cases}$$

在这一例子中，我们解出了 $g(\alpha)$。

但是，一般情况中，我们无法明确地求出解，我们能得到只是满足方程 $h(x,\alpha)=0$ 的“隐函数”$g(\alpha)$。我们可能想，只要函数 h 连续可微，这个隐函数肯定也是可微的，于是，如同图 C.3－1 中的函数，利润最大化产量连续可微，除了在折点 $(g(\alpha^0),\alpha^0)$——在这个点上，利润最大化产量下降为零。但是，我们所做的假定不足以保证这一点。

为说明其中的原因，设 $h(x,\alpha)=2-\alpha-(2-x)^3$。图 C.3－2 给出了满足 $h(x,\alpha)=0$ 的点的集合 $x=g(\alpha)$。在 $\alpha=2$ 时，曲线垂直，就是说，在 $\alpha=2$ 时，$g(\alpha)$的导数没有定义。

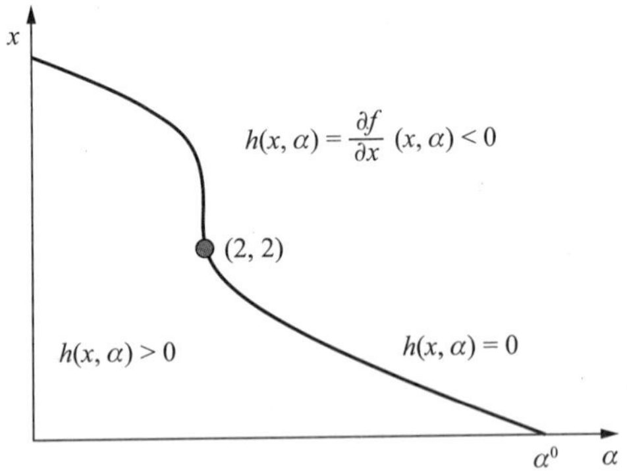

图 C.3－2　利润最大化产出

理解这一点的另一种方式是假定函数 $g(\alpha)$可微，进而探讨是否出现矛盾的结果。用 $g(\alpha)$代替 x，得到 $h(g(\alpha),\alpha)=0$。如果两个函数都可微，则：

$$\frac{\partial h}{\partial x}g'(\alpha)+\frac{\partial h}{\partial \alpha}=0$$

于是：

$$g'(\alpha)=-\frac{\partial h}{\partial \alpha}\Big/\frac{\partial h}{\partial x}$$

但是，只有在$\frac{\partial h}{\partial x}(g(\alpha),\alpha)\neq 0$时，上式等号右边的项才有定义。由于$\frac{\partial h}{\partial x}(2,2)=0$，故矛盾。

设$x=(x_1,\cdots,x_n)$必须满足n个方程$h_i(x,\alpha)=0,i=1,\cdots,n$；$\alpha=(\alpha_1,\cdots,\alpha_m)$为参数向量。假设$(\bar{x},\bar{\alpha})$满足这$n$个方程。我们想知道的是，这些方程是否以隐函数形式定义了连续可微函数$x=g(\alpha)$。这里不给出完整证明，而是通过对函数进行线性逼近，探讨对由此得到的线性方程组，得到对此问题的基本认识。线性化的方程组为：

$$\frac{\partial h_i}{\partial x}(\bar{x},\bar{\alpha})\cdot(x-\bar{x})+\frac{\partial h_i}{\partial \alpha}(\bar{x},\bar{\alpha})\cdot(\alpha-\bar{\alpha})=0,i=1,\cdots,n$$

将这n个方程写为矩阵形式：

$$\left[\frac{\partial h_i}{\partial x_j}(\bar{x},\bar{\alpha})\right]\cdot(x-\bar{x})=-\left[\frac{\partial h_i}{\partial \alpha_k}(\bar{x},\bar{\alpha})\right]\cdot(\alpha-\bar{\alpha})$$

$h=(h_1,\cdots,h_n)$的所有梯度向量在$(\bar{x},\bar{\alpha})$上的取值构成的矩阵被称为方程组$h(\bar{x},\bar{\alpha})=0$的雅可比矩阵。这一矩阵如果可逆，则：

$$x-\bar{x}=-\left[\frac{\partial h_i}{\partial x_j}(\bar{x},\bar{\alpha})\right]^{-1}\left[\frac{\partial h_i}{\partial \alpha_k}(\bar{x},\bar{\alpha})\right]\cdot(\alpha-\bar{\alpha})$$

就是说，对线性化方程组，只要雅可比矩阵可逆，就存在映射$x=g(\alpha)$。

命题C.3-1：隐函数定理

设$h_i(x,\alpha)$是$(x,\alpha)=(x_1,\cdots,x_n,\alpha_1,\cdots,\alpha_m)$的连续可微函数，$i=1,\cdots,n$；$(\bar{x},\bar{\alpha})$满足方程组$h_i(x,\alpha)=0,i=1,\cdots,n$。若由偏导数构成的雅可比矩阵$\left[\frac{\partial h_i}{\partial x_j}(\bar{x},\bar{\alpha})\right]$可逆，则存在$\bar{\alpha}$的开邻域$N_1(\bar{\alpha},\delta_1)$和$\bar{x}$的开邻域$N_2(\bar{x},\delta_2)$及唯一的连续可微函数$g:N_1\rightarrow N_2$，使得对任意的$\alpha\in N_1$，$h_i(g(\alpha),\alpha)=0,i=1,\cdots,n$。

回到本节开始时的利润最大化企业的例子中。我们证明存在唯一的连续隐函数$g(\alpha)$满足：

$$h(g(\alpha),\alpha)=\frac{\partial f}{\partial x}(g(\alpha),\alpha)=0$$

根据假设，$h(\bar{x},\bar{\alpha})=0$。我们再假设$h$在$(\bar{x},\bar{\alpha})$的某邻域内连续可微且$\frac{\partial h}{\partial x}(\bar{x},\bar{\alpha})\neq 0$。最大值的一个必要条件是$\frac{\partial h}{\partial x}(\bar{x},\bar{\alpha})=\frac{\partial}{\partial x}\frac{\partial f}{\partial x}(\bar{x},\bar{\alpha})\leqslant 0$。因此，如果$\frac{\partial h}{\partial x}(\bar{x},\bar{\alpha})\neq 0$，则它小于零。由于$h$连续可微，所以存在某个$a>0$和以$(\bar{x},\bar{\alpha})$为中心、边长为$2a$的正方形，即图C.3-3中的阴影部分。在这个正方形内，$\frac{\partial h}{\partial x}(x,\alpha)<0$。由于$h(\bar{x},\bar{\alpha})=0$，于是：

$$h(\bar{x}+a,\bar{\alpha})<0, h(\bar{x}-a,\bar{\alpha})>0 \tag{C. 3-1}$$

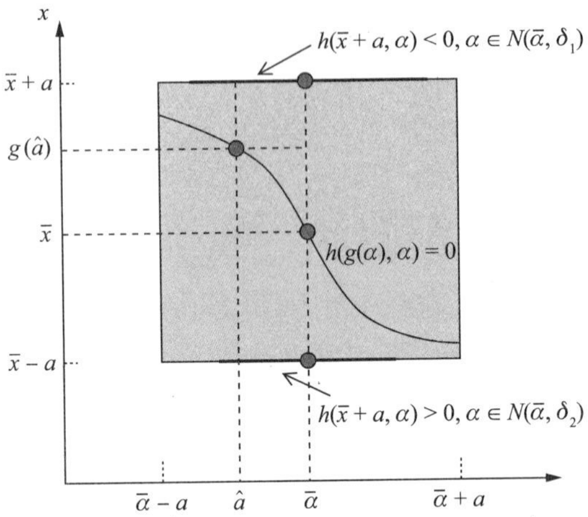

图 C. 3 - 3　隐函数

由于 h 连续，根据(C. 3 - 1)中第一个不等式，我们知道，存在 $\delta_1>0$ 使得：

$$\text{对所有的 } \alpha\in N(\bar{\alpha},\delta_1), h(\bar{x}+a,\alpha)<0 \tag{C. 3-2}$$

根据(C. 3 - 1)中的第二个不等式，存在 $\delta_2>0$ 使得：

$$\text{对所有的 } \alpha\in N(\bar{\alpha},\delta_2), h(\bar{x}-a,\alpha)>0 \tag{C. 3-3}$$

图 C. 3 - 3 中的粗线段即为这两个邻域。

定义 $\delta=\min\{\delta_1,\delta_2\}$，则对所有的 $\alpha\in N(\bar{\alpha},\delta)$，(C. 2 - 3)和(C. 2 - 4)都成立。取 $\hat{\alpha}\in N(\bar{\alpha},\delta)$。由于 $h(\bar{x}-a,\hat{\alpha})>0>h(\bar{x}+a,\hat{\alpha})$，并且 h 是 x 的严格递减函数，所以存在唯一的 $x=g(\alpha)$ 使得 $h(g(\alpha),\alpha)=0$。由于 h 连续，所以，隐函数 g 肯定连续。

应用：投入品需求

一个接受价格的企业有凹生产函数 $f(z_1,z_2)\in\mathbb{C}^2$。设 p 为产品价格，r 为投入品价格向量。企业利润于是为：

$$\Pi=pf(z)-r\cdot z$$

假设最大化利润的投入品向量 $z(p,r)$ 严格为正，则一阶条件为：

$$\frac{\partial\Pi}{\partial z_1}=p\frac{\partial f}{\partial z_1}(z)-r_1=0$$

$$\frac{\partial\Pi}{\partial z_2}=p\frac{\partial f}{\partial z_2}(z)-r_2=0$$

我们现在探讨投入品需求 $z(p,r)$ 如何随投入品 1 价格的变化而变化。对任意的 r，一阶条件在 $z^*(r)$ 上肯定成立。对一阶条件对 r_1 求导，得到：

$$p\frac{\partial^2 f}{\partial z_1^2}\frac{\partial z_1}{\partial r_1}+\frac{\partial^2 f}{\partial z_2\partial z_1}\frac{\partial z_2}{\partial r_1}=1 \text{ 和 } p\frac{\partial^2 f}{\partial z_1\partial z_2}\frac{\partial z_1}{\partial r_1}+\frac{\partial^2 f}{\partial z_2^2}\frac{\partial z_2}{\partial r_1}=0$$

把这两个方程写为矩阵形式：

$$p\begin{bmatrix}\dfrac{\partial^2 f}{\partial z_{11}} & \dfrac{\partial^2 f}{\partial z_{12}}\\ \dfrac{\partial^2 f}{\partial z_{21}} & \dfrac{\partial^2 f}{\partial z_{22}}\end{bmatrix}\begin{bmatrix}\dfrac{\partial z_1}{\partial r_1}\\ \dfrac{\partial z_2}{\partial r_1}\end{bmatrix}=\begin{bmatrix}1\\0\end{bmatrix}$$

根据隐函数定理，只要 f 的偏导数矩阵的行列式非零，$z(p,r)$ 就是 r_1 的连续可微函数。根据假设，生产函数为凹函数，则：

$$\begin{vmatrix}\dfrac{\partial^2 f}{\partial z_{11}} & \dfrac{\partial^2 f}{\partial z_{12}}\\ \dfrac{\partial^2 f}{\partial z_{21}} & \dfrac{\partial^2 f}{\partial z_{22}}\end{vmatrix}\geqslant 0$$

因此，只要强化凹性条件使这一不等式为严格不等式，就能保证 $z(r)$ 连续可微。[1]

习　题

习题 C.3－1：枪和玫瑰

某国只生产枪和玫瑰。由可能的产出 $y=(y_1,y_2)$ 构成的集合为 $Y=\{(y_1,y_2)\mid y\geqslant 0, h(y)\geqslant 0\}$，其中，$h$ 是严格递减函数且 $h(0)>0$。在什么条件下，集合 Y 的边界能表示为连续可微的隐函数（ⅰ）$y_2=f(y_1)$ 和（ⅱ）$y_1=g(y_2)$？

习题 C.3－2：利润最大化的企业

一个企业只生产两种商品，边际收入函数 $MR_1(q_1)$ 和 $MR_2(q_2)$ 都严格递减。生产成本为 $C(q)=g(\alpha_1 q_1+\alpha_2 q_2)$，其中，$\alpha>0$，$g$ 是个严格递增和严格凸的函数。在什么条件下，利润最大化的产量向量是成本参数 $\alpha=(\alpha_1,\alpha_2)$ 的连续可微函数？

C.4　约束条件下的最大化

关键词：收敛子列；偏好与约束条件上的参数变化；选择函数的连续性

在经济学中，我们经常想知道经济主体的决策如何受其偏好的变化和约束条件的变化影响。假设某个人的偏好发生变化但行动集没有变化。对这种情况，我们引入参数 α，把偏好函数或者说目标函数写为 $f(x,\alpha)$ 的形式。一般情况下，没有理由认为决策应随偏好参数 α 连续变化。见图 C.4－1。

假设随着 α 上升，偏好等值曲线变得平坦。在偏好参数为 α^0，穿过 x^A 点的等值集两次与可行集相切，所以有两个最优解。在 α 较小时（等值集因此更陡峭），最优解位于 x^A 右下方；在 α 较大时，最优解位于 x^A 左上方。就是说，优化问题

$$\max_x\{f(x,\alpha)\mid x\in X\subset\mathbb{R}^n_+\}$$

〔1〕 例如，对柯布-道格拉斯生产函数 $f(z)=z_1^{\alpha}z_2^{\beta}$，只要 $\alpha+\beta<1$，我们就能得到严格不等式。

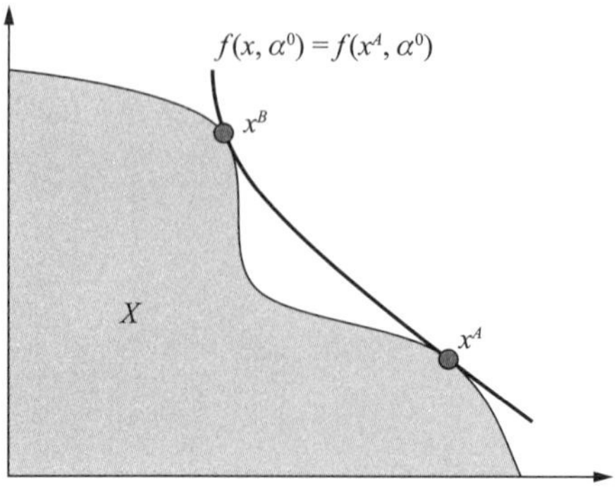

图 C.4-1　不连续的解

的解在 α^0 上不连续。我们现在证明，在有唯一解时，这种情况不可能发生。我们的证明需要用到下面这个重要的数学定理。

> **博尔扎诺-魏尔斯特拉斯(Bolzano-Weierstrass)定理**
> 有界向量列 $\{p^t\}_{t=1}^{\infty}$ 包含收敛子列。

这里介绍在两维空间中如何构造这样一个子列。这里的构造方法适用于多维空间。由于给定的列有界，所以，存在某个 a 和 $\delta>0$ 使得 $(a,a)\leqslant(p_1^t,p_2^t)<(a+\delta,a+\delta)$。就是说，这个列位于边长为 δ 的正方形中。把这个正方形分割为 4 个边长为 $\delta/2$ 的正方形。见图 C.4-2。由于这是个无限列，所以，至少在其中一个小正方形中，包含无限子列。选取这样一个正方形，将其分割为 4 个边长为 $\delta/4$ 的正方形。将这一过程重复 n 次，$n\to\infty$，我们就得到了一个无限子列，它位于边长为 $\delta/2^n$ 的正方形中。在第 n 个阶段，肯定有一个边长为 $\delta/2^n$ 的正方形包含一个无限子列。在极限上，这个正方形变为一个点，我们于是得到一个收敛的无限子列。

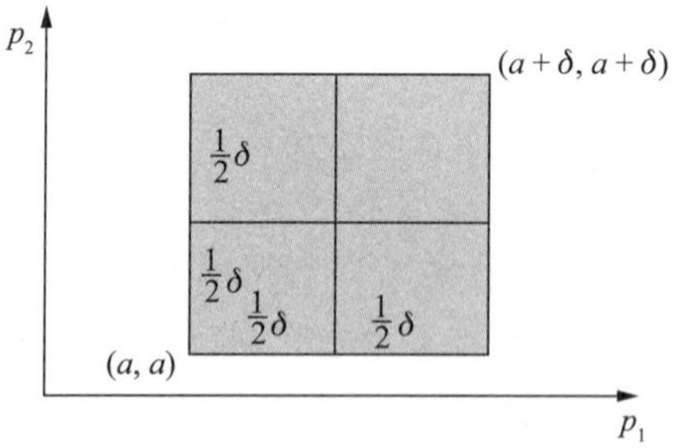

图 C.4-2　构造收敛子列

我们现在用这一定理，分析某个环境参数的变化对优化问题的解的影响。现在，设目标函数与可行集都依赖环境参数 α。定义：

$$F(\alpha)=\max_x\{f(x,\alpha)\mid x\in X(\alpha)\}$$

$$X^*(\alpha)=\arg\max_x\{f(x,\alpha)\mid x\in X(\alpha)\}$$

我们想知道，在目标函数连续且可行集 $X(\alpha)$ 随 α 连续变化的前提下，解集 $X^*(\alpha)$ 的特征。用数学语言说，$X(\alpha)$ 是个对应。为简化分析，我们分两步定义连续性。

定义：上半连续对应

集值映射 $X(\alpha)$ 在点 α^0 上半连续，如果对 $X(\alpha^0)$ 的任意开邻域 V，存在 α^0 的 δ-邻域 $N(\alpha^0,\delta)$ 使得对所有的 $\alpha\in N(\alpha^0,\delta)$，$X(\alpha)\subset V$。

就是说，如果 V 是包含集合 $X(\alpha^0)$ 的开集，则对足够接近 α^0 的 α，集合 $X(\alpha)$ 包含于 V 中。因此，映射 $X(\alpha)$ 可以在 α^0 点上不连续地变得更大，而不能不连续地变得更小。

定义：下半连续对应

集值映射 $X(\alpha)$ 在点 α^0 下半连续，如果对与 $X(\alpha^0)$ 相交的任意开集 V，存在 α^0 的 δ-邻域 $N(\alpha^0,\delta)$ 使得对所有的 $\alpha\in N(\alpha^0,\delta)$，$X(\alpha)$ 与 V 相交。

就是说，如果开集 V 中有 $X(\alpha^0)$ 中的点，则对足够接近 α^0 的 α，V 包含 $X(\alpha)$ 中的点。因此，映射 $X(\alpha)$ 可以在 α^0 不连续地变得更小，而不能不连续地变得更大。

一个映射是连续的，如果它上半连续且下半连续。

我们看图 C.4－3a 和图 C.4－3b 中的两个例子。在这两个例子中，$X(\alpha)$ 都是区间。图 C.4－3a 中的映射在 α^0 右方连续；图 C.4－3b 中的映射在 α^0 左方连续。但它们都不连续。图 C.4－3a 中的映射上半连续却不下半连续；图 C.4－3b 中的映射与其正好相反。

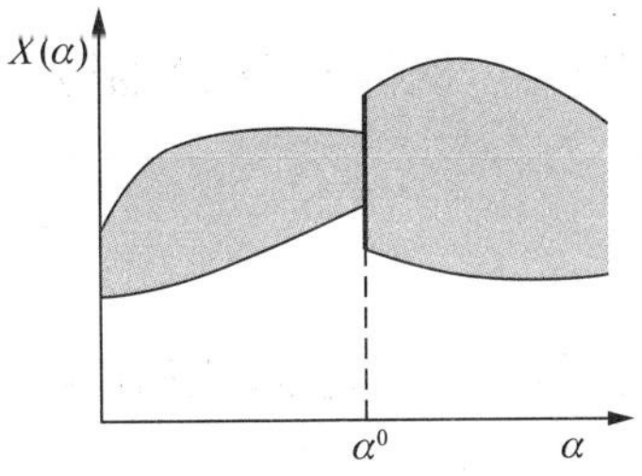

图 C.4－3a　上半连续性

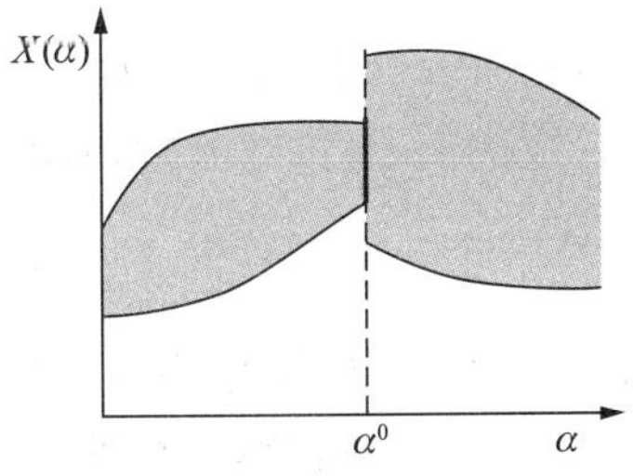

图 C.4－3b　下半连续性

我们看有唯一最大值点 $x(\alpha)$ 时的情况。

命题 C.4－1：最大值定理Ⅰ

定义 $F(\alpha)=\max_x\{f(x,\alpha)\mid x\geqslant 0,x\in X(\alpha)\subset\mathbb{R}^n,\alpha\in A\subset\mathbb{R}^m\}$，其中，$f$ 是连续函数。如果：

（ⅰ）对每个 α，存在唯一的 $x^*(\alpha)=\operatorname{argmax}_x\{f(x,\alpha)\mid x\geqslant 0,x\in X(\alpha),\alpha\in A\}$；

（ⅱ）$X(\alpha)$ 是紧值对应且在 α^0 上连续。

则 $x^*(\alpha)$ 在 α^0 上连续。

证明：$X(\alpha)$ 是紧集，所以，存在解 $x^*(\alpha)$。设 $x^*(\alpha)$ 在 α^0 上不连续。则存在

$\varepsilon>0$ 和点列$\{\alpha^t\}\to\alpha^0$，使得$\|x^*(\alpha^t)-x^*(\alpha^0)\|>\varepsilon$。由于$X(\alpha)$是有界集，所以，列$\{x^*(\alpha^t)\}$包含收敛子列。就是说，存在某个子列$\{x^*(\alpha^s)\}$，有：

$$\{x^*(\alpha^s)\}\to x^0\neq x^*(\alpha^0)$$

图 C.4-4 画出了对应 $X(\alpha)$。图中的粗线段是 $X(\alpha^0)$。上方的点画线为收敛子列$\{\alpha^s,x^*(\alpha^s)\}_{s=1}^{\infty}$，其极限点为$(\alpha^0,x^0)$。

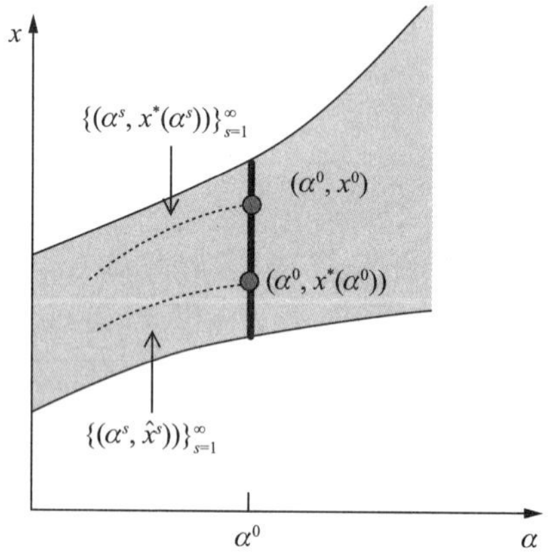

图 C.4-4　最大值定理

由于$x^*(\alpha^0)$是最大值点且是唯一的最大值点，所以：

$$f(x^*(\alpha^0),\alpha^0)>f(x^0,\alpha^0)$$

由于$X(\alpha)$连续，所以，存在列$\{\hat{x}^s\}$，其中$\hat{x}^s\in X(\alpha^s)$，使得$\hat{x}^s\to x^*(\alpha^0)$。见图 C.4-4。由于$f$是连续函数，所以，对足够大的$s$，有：

$$f(\hat{x}^s,\alpha^s)>f(x^*(\alpha^s),\alpha^s)$$

但这是不可能的，因为在$\alpha=\alpha^s$时，$x^*(\alpha^s)$是最大值点。就是说，我们证明了$x^*(\alpha)$在α^0上不连续的假定，导致了矛盾的结论。□

说明：设可行集是$g_m(x)$的上优集的交，就是说，$X=\{x\mid x\geqslant 0,g_i(x)\geqslant b_i,i=1,\cdots,m\}$。如果$g_i$拟凹，$i=1,\cdots,m$，则$X$是凸集。同时，如果目标函数是严格拟凹的连续函数，则最大化问题有唯一解，并且$x^*(\alpha)$，即$\max_x\{f(x,\alpha)\mid x\in X(\alpha)\subset\mathbb{R}^n,\alpha\in[a,b]\}$的解，是连续函数。

我们现在把上述结论推广至最大值问题的解不唯一的情况中。

> **命题 C.4-2：最大值定理Ⅱ**
>
> 定义$F(\alpha)=\max_x\{f(x,\alpha)\mid x\geqslant 0,x\in X(\alpha)\subset\mathbb{R}^n,\alpha\in A\subset\mathbb{R}^m$，其中，$f$是连续函数；定义$X^*(\alpha)=\operatorname{argmax}_x\{f(x,\alpha)\mid x\geqslant 0,x\in X(\alpha),\alpha\in A\}$。如果$X(\alpha)$是紧值对应且在$\alpha^0$连续（即上半连续且下半连续），则$F(\alpha)$在$\alpha^0$连续，并且，$X^*(\alpha)$是紧值对应且在$\alpha^0$上半连续。

证明：$X(\alpha)$是紧集，根据极值定理，有：

$$X^*(\alpha)=\underset{x}{\operatorname{argmax}}\{f(x,\alpha)\mid x\in X(\alpha)\}$$

是非空集。设$\{\alpha^t\}$是收敛于α^0的列。任取列$\{x(\alpha^t)\}$，$x(\alpha^t)\in X^*(\alpha^t)$。由于这个列有界，所以，存在$\{\alpha^t\}$的子列$\{\alpha^s\}$使得$\{x(\alpha^s)\}$收敛于某个点$x^0$。由于$X(\alpha)$在$\alpha^0$上半连续，$x^0\in X(\alpha^0)$。如果能证明$x^0\in X^*(\alpha^0)$，我们也就证明了$F(\alpha)$的连续性与$X^*(\alpha)$的上半连续性。这里使用反证法。

设$x^0\notin X^*(\alpha^0)$。则对足够小的ε，存在$\hat{x}\in X(\alpha^0)$使得$f(\hat{x},\alpha^0)>f(x^0,\alpha^0)+\varepsilon$。由于$X(\alpha)$下半连续，存在$\{\alpha^s\}$的子列$\{\alpha^k\}$使得列$\hat{x}^k\in X(\alpha^k)$收敛于$\hat{x}$。因此，对足够大的$k$，有：

$$f(\hat{x}^k,\alpha^k)>f(x(\alpha^k),\alpha^k)$$

但是，$x(\alpha^k)\in X^*(\alpha^k)$是在$\alpha=\alpha^k$时的最大值点，所以，上式不可能成立。因此，$x^0\in X^*(\alpha^0)$。

同理可以证明$X^*(\alpha^0)$在α^0上是紧值的。 □

在许多经济学模型中，解集

$$X^*(\alpha)=\underset{x}{\operatorname{argmax}}\{f(x,\alpha)\mid x\geqslant 0,x\in X(\alpha),\alpha\in A\}$$

具有单调性。我们可以通过对参数的定义使得$X^*(\alpha)$单调递增而不失一般性。在$X^*(\alpha)$单调递增时，$\underline{x}(\alpha)=\sup\{X^*(\alpha')\mid\alpha'<\alpha\}$与$\overline{x}(\alpha)=\inf\{X^*(\alpha')\mid\alpha'>\alpha\}$都存在。我们有下面的结论。

命题 C. 4－3:存在多解时的包络定理

定义$F(\alpha)=\max_x\{f(x,\alpha)\mid x\geqslant 0,x\in X\subset\mathbb{R}^n,\alpha\in A\subset\mathbb{R}^m\}$，其中，$f\in\mathbb{C}^1$；定义$X^*(\alpha)=\operatorname{argmax}_x\{f(x,\alpha)\mid x\geqslant 0,x\in X,\alpha\in A\}$。如果$X$是紧集且$X^*(\alpha)$在$\alpha^0$单调递增，则$F(\alpha)$在$\alpha^0$连续且半可微，其左、右导数分别为：

$$\frac{dF}{d\alpha_-}(\alpha^0)=\frac{\partial f}{\partial\alpha}(\underline{x}(\alpha^0),\alpha^0)\text{ 和 }\frac{dF}{d\alpha_+}(\alpha^0)=\frac{\partial f}{\partial\alpha}(\overline{x}(\alpha^0),\alpha^0)$$

证明：我们看递减列$\{\alpha^t\}\downarrow\alpha^0$。根据最大值定理，$X^*(\alpha)$上半连续且是紧集。因此，$\overline{x}(\alpha^0)=\inf\{X^*(\alpha')\mid\alpha'>\alpha^0\}\in X(\alpha^0)$，并且，存在递减列$x(\alpha^t)\in X^*(\alpha^t)$使得$\{x(\alpha^t)\}\downarrow\overline{x}(\alpha^0)$。

由于$\overline{x}(\alpha^0)\in X^*(\alpha^0)$，$x(\alpha^t)\in X^*(\alpha^t)$，所以：

$$f(\overline{x}(\alpha^0),\alpha^t)-f(\overline{x}(\alpha^0),\alpha^0)\leqslant F(\alpha^t)-F(\alpha^0)\leqslant f(\overline{x}(\alpha^t),\alpha^t)-f(\overline{x}(\alpha^t),\alpha^0)$$

上式除以$\alpha^t-\alpha^0$，取极限，得到：

$$\frac{\partial f}{\partial\alpha}(\overline{x}(\alpha^0),\alpha^0)\leqslant\frac{dF}{d\alpha_+}F(\alpha^0)\leqslant\frac{\partial f}{\partial\alpha}(\overline{x}(\alpha^0),\alpha^0)$$

所以：

$$\frac{dF}{d\alpha_+}F(\alpha^0)=\frac{\partial f}{\partial\alpha}(\overline{x}(\alpha^0),\alpha^0)$$

同理：

$$\frac{dF}{d\alpha_{-}}(\alpha^0)=\frac{\partial f}{\partial \alpha}(\underline{x}(\alpha^0),\alpha^0) \qquad \square$$

C.5 支持超平面

关键词：凸集的分离超平面；支持超平面

经济理论的核心思想是，价格能有效地指导决策。我们看一个例子。一个企业拥有固定数量的土地，并能生产出图 C.5－1 中凸集Υ内的产出向量。在Υ的边界上任取点 $\bar{y}$。如果这个集合确是凸的，则存在非零向量 p 使得对所有的 $y\in\Upsilon$，$p\cdot y\leqslant p\cdot\bar{y}$。就是说，向量 $\bar{y}$ 的价值，超过其他任何一个可行的向量的价值。我们分几步证明这一结论。首先看这个集合外部的向量。

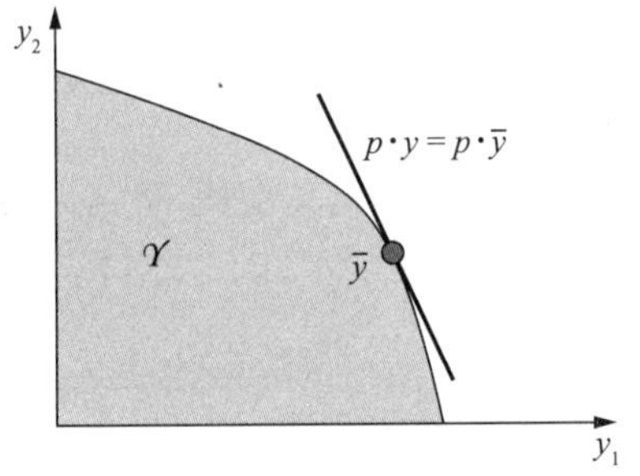

图 C.5－1 支持超平面

> **命题 C.5－1：分离超平面**
> 设$\Upsilon\subset\mathbb{R}^n$ 是非空凸集，$\bar{y}$ 不是Υ中的向量。则存在 $p\neq0$ 使得对Υ中任一向量 y，$p\cdot y<p\cdot\bar{y}$。

图 C.5－2 阐述了这一命题的证明方法。以 $\bar{y}$ 为圆心的球与集合Υ相切。因此，和Υ中任何点相比，y^0 更接近 $\bar{y}$。定义 $p=\bar{y}-y^0$。只要证明穿过 $\bar{y}$ 且垂直于 p 的超平面严格位于集合Υ的外部，我们也就完成了这一证明。

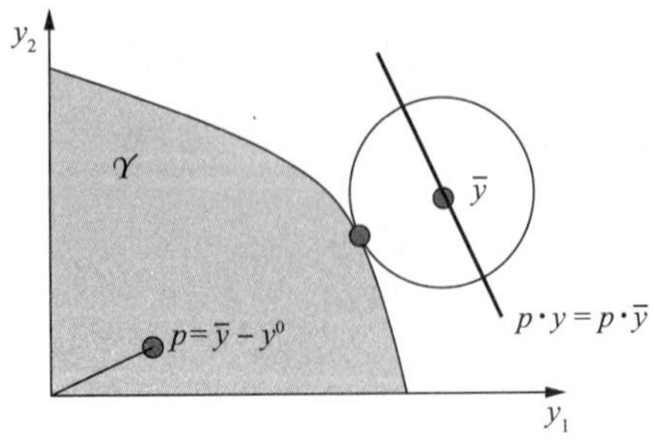

图 C.5－2 分离超平面

由于 $\bar{y}\notin S$，向量 $p\equiv\bar{y}-y^0\neq 0$。这意味着：

$$\|\bar{y}-y^0\|^2=(\bar{y}-y^0)\cdot(\bar{y}-y^0)=p\cdot(\bar{y}-y^0)>0$$

于是：

$$p\cdot y^0<p\cdot\bar{y}$$

对任意的 $y\in\Upsilon$，我们分析如下凸组合：

$$y^\lambda=(1-\lambda)y^0+\lambda y=y^0+\lambda(y-y^0),0<\lambda<1$$

由于 $y^0,y\in\Upsilon$ 且 Υ 是凸集，所以，凸组合 $y^\lambda\in\Upsilon$。于是：

$$\|\bar{y}-y^\lambda\|\geqslant\|\bar{y}-y^0\|$$

因此：

$$(\bar{y}-y^\lambda)\cdot(\bar{y}-y^\lambda)\geqslant(\bar{y}-y^0)\cdot(\bar{y}-y^0)$$

这就是说：

$$(\bar{y}-y^0-\lambda(y-y^0))\cdot(\bar{y}-y^0-\lambda(y-y^0))\geqslant(\bar{y}-y^0)\cdot(\bar{y}-y^0)$$

整理得到：

$$-2\lambda(\bar{y}-y^0)\cdot(y-y^0)+\lambda^2(y-y^0)\cdot(y-y^0)\geqslant 0$$

但是，$p=\bar{y}-y^0$。将其代入上式，除以 λ，得到：

$$-2p\cdot(y-y^0)+\lambda(y-y^0)\cdot(y-y^0)\geqslant 0$$

让 $\lambda\to 0$，得到：

$$-2p\cdot(y-y^0)\geqslant 0$$

因此：

$$p\cdot y\leqslant p\cdot y^0$$

但是，我们已经知道 $p\cdot y^0<p\cdot\bar{y}$。所以，对所有的 $y\in\Upsilon$，$p\cdot y<p\cdot\bar{y}$。现在说明如何把这一结论推广至向量 y^0 为 Υ 的边界点的情况中。

命题 C.5-2：支持超平面定理

设 $\Upsilon\subset\mathbb{R}^n$ 是凸集，$\bar{y}$ 不属于 Υ 的内点集。则存在 $p\neq 0$ 使得对任何的 $y\in\Upsilon$，$p\cdot y\leqslant p\cdot\bar{y}$。

证明： 任取收敛于 $\bar{y}$ 的点列 $\{\bar{y}^t\mid\bar{y}^t\notin\Upsilon\}$。根据分离超平面定理，存在向量列 p^t 使得对所有的 t 和所有的 $y\in\Upsilon$，有：

$$p^t\bar{y}^t-p^ty>0$$

定义 $\bar{p}^t=\dfrac{p^t}{\|p^t\|}$。则 $\bar{p}^t\cdot y<\bar{p}^t\cdot\bar{y}^t$，并且，对所有的 t，$\bar{p}^t$ 中的每个坐标都位于区间 $[-1,1]$ 内。从前一节中我们知道，$\mathbb{R}^n$ 中的有界列包含收敛子列。因此

$\{p^t\}_{t=1,\cdots}$有收敛子列，设其为$\{p^s\}_{s=1,\cdots}$。设$\bar{p}$是这一子列的极限点。则对这一收敛子列中所有的项，$p^t \cdot y^t - p^t \cdot y > 0$。

取极限，$\bar{p}\bar{y} - \bar{p}y \geqslant 0$。 □

C.6 泰勒展开

关键词：中值定理；一阶泰勒逼近；n阶泰勒展开

我们常常需要对函数进行多项式逼近。对使用这种逼近时出现的误差，泰勒展开提供了表示误差的方法。我们首先探讨单变量函数，并把下面的结论用作基本分析工具。

命题 C.6-1：中值定理

设函数f在区间$[a,b]$上可微，则在这一区间内存在某个点c使得$\frac{\partial f}{\partial x}(c) = \frac{f(b)-f(a)}{b-a}$。

证明：从图 C.6-1 看，在区间$[a,b]$内肯定存在点c，使得在这个点上曲线的斜率等于从A到B的弦的斜率。穿过A与B的直线的斜率为$\frac{f(b)-f(a)}{b-a}$，于是，直线AB的方程为：

$$y = f(a) + \frac{f(b)-f(a)}{b-a}(x-a)$$

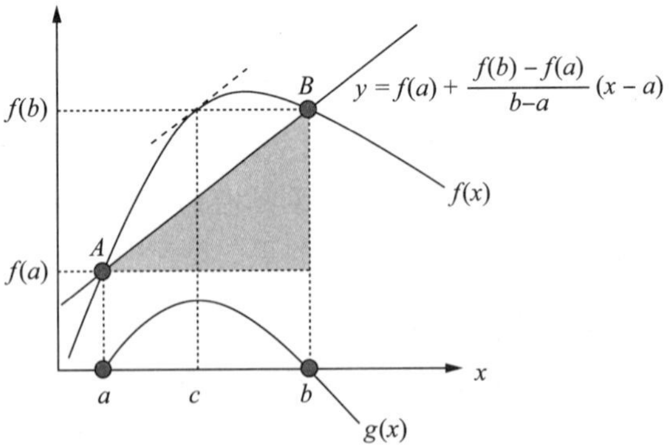

图 C.6-1 中值定理

定义函数g为函数f与这条直线之间的差，即：

$$g(x) = f(x) - f(a) - \frac{f(b)-f(a)}{b-a}(x-a)$$

见图 C.6-1。由于$g(a)=g(b)=0$，所以，或者在这一区间内的所有点上，$g(x)=0$；或者存在$\hat{x}\in(a,b)$使得$g(\hat{x})\neq 0$。如果$g(\hat{x})>0$，则存在点$c\in(a,b)$，g在这个

点上取最大值。如果 $g(\hat{x})<0$,则存在点 $c\in(a,b)$,在这个点上,g 取最小值。[1]

由于 f 可微,因此 g 可微。根据一阶条件,存在点 c 使得:

$$\frac{\partial g}{\partial x}(c)=\frac{\partial f}{\partial x}(c)-\frac{f(b)-f(a)}{b-a}=0 \qquad \square$$

命题 C.6-2:一阶泰勒展开

设 f 在包含 x^0 与 x^1 的某个区间上可微,则存在凸组合 $x^\mu=(1-\mu)x^0+\mu x^1$ 使得:

$$f(x^1)=f(x^0)+\frac{\partial f}{\partial x}(x^\mu)(x^1-x^0)$$

证明:任取 x^0 和 x^1,其凸组合为:

$$x^\lambda=x^0+\lambda(x^1-x^0),0\leqslant\lambda\leqslant 1$$

定义函数:

$$F(\lambda)\equiv f(x^\lambda)=f(x^0+\lambda(x^1-x^0)),0\leqslant\lambda\leqslant 1 \qquad (C.6-1)$$

如果 f 在包含 x^0 与 x^1 的某个区间上可微,则对 x^0 与 x^1 的所有凸组合,也就是对 0 与 1 之间的所有 λ,$F(\lambda)$ 可微。

对 λ 求导,得到:

$$\frac{\partial F}{\partial \lambda}(\lambda)=(x^1-x^0)\frac{\partial f}{\partial x}(x^\lambda)$$

根据中值定理,存在 $\mu\in[0,1]$,使得:

$$F'(\mu)=\frac{F(1)-F(0)}{1-0} \qquad (C.6-2)$$

其中,$F(0)=f(x^0)$,$F(1)=f(x^1)$。将这两个表达式代入式(C.6-2)中,得到:

$$f(x^1)=f(x^0)+\frac{\partial f}{\partial x}(x^\mu)(x^1-x^0) \qquad \square$$

推论 C.6-3:*n* 变量函数的一阶展开

$$f(x^1)-f(x^0)=(x^1-x^0)\cdot\frac{\partial f}{\partial x}(x^\mu)$$

证明:这里的证明如上相同,只是在这里,$x\in\mathbb{R}^n$。定义函数 $F(\lambda)\equiv f(x^\lambda)=f(x^0+\lambda(x^1-x^0)),0\leqslant\lambda\leqslant 1$,$F(\lambda)$ 的导数为:

$$F'(\lambda)=\frac{d}{d\lambda}f(x^0+\lambda(x^1-x^0))=(x^1-x^0)\cdot\frac{\partial f}{\partial x}(x^\lambda)$$

---

〔1〕 在高级微积分课本中,还会增加一个步骤:如果函数在闭区间$[a,b]$上连续,则它在此区间取得最大值和最小值。

根据中值定理，存在 $\mu \in [0,1]$，使得：

$$\frac{F(1)-F(0)}{1}=f(x^1)-f(x^0)=(x^1-x^0)\cdot\frac{\partial f}{\partial x}(x^\mu) \qquad \square$$

这一结论很容易推广至更高阶展开中，所要做的是写出所要的更高阶多项式逼近，再加上最后的"剩余"项。

命题 C.6-4：*m* 阶泰勒展开

如果 f 在区间 $[x^0,x^1]$ 上 n 阶可微，则存在凸组合 $x^\lambda=(1-\lambda)x^0+\lambda x^1$ 使得：

$$f(x)=f(x^0)+\frac{df}{dx}(x^0)(x-x^0)+\cdots+\frac{1}{m-1!}\frac{d^{m-1}f}{dx^{m-1}}(x^0)(x-x^0)^{m-1}$$
$$+\frac{1}{m!}\frac{d^m f}{dx^m}(x^\lambda)(x-x^0)^m$$

其中尤其有用的是泰勒二阶展开。令 $m=2$，则存在凸组合 x^λ 使得：

$$f(x)=f(x^0)+\frac{df}{dx}(x^0)(x-x^0)+\frac{1}{2}\frac{d^2 f}{dx^2}(x^\lambda)(x-x^0)^2 \quad \text{(C.6-3)}$$

证明：$(m=2)$任取 x^0 和 x^1，和其凸组合为 $x^\lambda=x^0+\lambda(x^1-x^0)$，定义：

$$G(\lambda)=f(x^0+\lambda(x^1-x^0))-f(x^0)-\frac{df}{dx}(x^0)(x^\lambda-x^0)-a\lambda^2$$
$$=f(x^0+\lambda(x^1-x^0))-f(x^0)-\lambda\frac{df}{dx}(x^0)(x^1-x^0)-a\lambda^2$$

令 $\lambda=0$，则 $G(0)=0$。通过对 a 的选择使得 $G(1)=0$ 并令上述表达式中的 $\lambda=1$，得到：

$$0=f(x^1)-f(x^0)-\frac{df}{dx}(x^0)(x^1-x^0)-a \quad \text{(C.6-4)}$$

对 $G(\lambda)$ 微分，得到：

$$\frac{dG}{d\lambda}(\lambda)=(x^1-x^0)\left[\frac{df}{dx}(x^0+\lambda(x^1-x^0))-\frac{df}{dx}(x^0)\right]-2a\lambda$$

令 $\lambda=0$，则$\frac{dG}{d\lambda}(0)=0$。再次微分，得到：

$$\frac{d^2G}{d\lambda^2}(\lambda)=(x^1-x^0)^2\frac{d^2 f}{dx^2}(x^\lambda)-2a \quad \text{(C.6-5)}$$

由于 $G(0)=G(1)=0$，根据中值定理，存在某个 $\nu\in[0,1]$，使得$\frac{dG}{d\lambda}(\nu)=0$。

而我们已经知道，$\frac{dG}{d\lambda}(0)=0$。根据中值定理，肯定存在某个 $\mu\in[0,\nu]$ 使得 $\frac{d^2G}{d\lambda^2}(\mu)=0$。根据(C.6-5)，$\frac{d^2G}{d\lambda^2}(\mu)=(x^1-x^0)^2\frac{d^2 f}{dx^2}(x^\mu)-2a=0$，于是得到，$a$

$=\frac{1}{2}\frac{d^2f}{dx^2}(x^\mu)(x^1-x^0)^2$。根据(C.6-4),在 $\lambda=1$ 时(即 $G(1)=0$ 时),有:

$$f(x^1)=f(x^0)+\frac{df}{dx}(x^0)(x^1-x^0)+\frac{1}{2}\frac{d^2f}{dx^2}(x^\mu)(x^1-x^0)^2 \qquad \square$$

推论 C.6-5:n 变量函数的二阶展开

$$f(x^1)=f(x^0)+(x^1-x^0)\frac{\partial f}{\partial x}(x^0)+\frac{1}{2}(x^1-x^0)'\mathbf{H}(x^\mu)(x^1-x^0)$$

其中,$\mu\in[0,1]$,$\mathbf{H}(x)=\left[\frac{\partial^2 f}{\partial x^2}\right]$是 f 的海塞矩阵。

下面的结论则是泰勒(一阶)展开的直接应用。

命题 C.6-6:洛必达法则

设 $f,g\in C^1$。如果 $f(x^0)=g(x^0)=0$ 且 $g'(x^0)\neq 0$,则:

$$\lim_{x\to x^0}\frac{f(x^0)}{g(x^0)}=\frac{f'(x^0)}{g'(x^0)}$$

习 题

习题 C.6-1:二阶展开

证明推论 C.6-5。

习题 C.6-2:隐函数定理

在第 C.3 节中,我们证明了在命题 C.3-2 的假设下,如果 $h(x^0,\alpha^0)=0$,则在 α^0 的某邻域内,存在唯一的连续函数 $g(\alpha)$满足 $h(g(\alpha),\alpha)=0$。利用泰勒展开,我们现在能证明这一函数是可微的。任取 α^1,并令 $x^1=g(\alpha^1)$。

(a) 解释:为什么只要 α^1 足够接近 α^0,对所有的 $\lambda\in[0,1]$,有:

$$F(\lambda)=h(x^0+\lambda(x^1-x^0),\alpha^1+\lambda(\alpha^1-\alpha^0))$$

是可微的。

(b) 利用泰勒展开证明:存在某个 $\lambda\in[0,1]$,使得:

$$F'(\lambda)=\frac{\partial h}{\partial x}(x^\lambda,\alpha^\lambda)(x^1-x^0)+\frac{\partial h}{\partial \alpha}(x^\lambda,\alpha^\lambda)(\alpha^1-\alpha^0)=0$$

(c) 定义 $\Delta x=x^1-x^0$ 和 $\Delta\alpha=\alpha^1-\alpha^0$。证明:

$$\frac{\Delta x}{\Delta \alpha}=-\frac{\frac{\partial h}{\partial \alpha}(x^\lambda,\alpha^\lambda)}{\frac{\partial h}{\partial x}(x^\lambda,\alpha^\lambda)}$$

(d) 假设 h 是连续可微的,利用极限证明:

$$g'(\alpha^0)=\frac{dx}{d\alpha}=-\frac{\frac{\partial h}{\partial \alpha}(x^0,\alpha^0)}{\frac{\partial h}{\partial x}(x^0,\alpha^0)}$$

习题 C. 6 - 3:洛必达法则

(a) 利用中值定理证明,对任意的 x^0 和 x,存在凸组合 x^λ 和 x^μ 使得:

$$\frac{f(x)}{g(x)}=\frac{f(x^0)+f'(x^\lambda)(x-x^0)}{g(x^0)+g'(x^\mu)(x-x^0)}$$

(b) 取极限,证明洛必达法则。

奇数习题答案

第一章　价格和优化

1.1　支持价格

习题 1.1－1:支持超平面

(a) 求和符号内的每一项都有负二阶导数,因此,每一项都是凹函数。U 因此是凹的,因为凹函数的和是凹函数。因此,函数 $U(x)$ 是拟凹函数。

(b) 梯度向量为$\frac{\partial U}{\partial x}(\bar{x})=\left(\frac{\alpha_1}{\bar{x}_1},\cdots,\frac{\alpha_n}{\bar{x}_n}\right)$。支持超平面因此为:

$$\sum_{i=1}^{n}\frac{\alpha_i}{\bar{x}_i}(x_i-\bar{x}_i)=0$$

(c) 我们可以把等值集 $U(x)=U(\bar{x})$ 理解为无差异曲线,它在点 $\bar{x}$ 与"预算线"相切。见图 1.6－1。

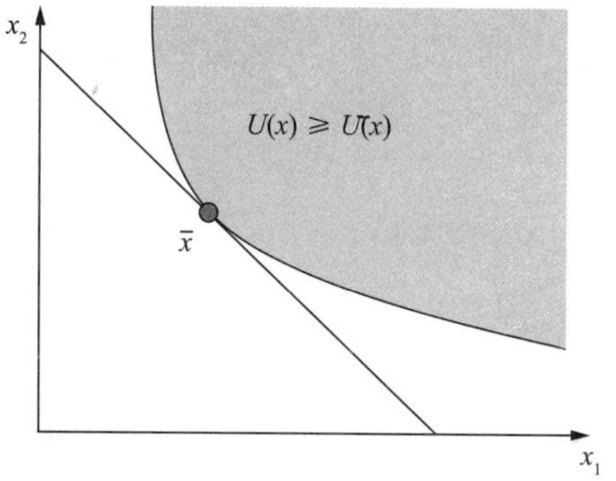

图 1.6－1　支持超平面

习题 1.1－3:支持价格

(a) 生产集为:

$$Y=\{(z_1,z_2,q)\mid h(z,q)=q-z_1^{\alpha_1}z_2^{\alpha_2}\leqslant 0\}$$

函数 h 是凸函数,因为它是两个凸函数的和。凸函数的下劣集是凸的,因此,这一生产集是凸集。

(b) 代入。(1,1,1)位于这一生产集的边界上，因此，h 在这个点上的梯度是支持生产集。

(c) 梯度向量为$(-r,p)=\left(\frac{\partial h}{\partial z_1},\frac{\partial h}{\partial z_2},\frac{\partial h}{\partial q}\right)=\left(-\frac{1}{3},-\frac{2}{3},1\right)$。这是个支持超平面，就是说：

$$(-r,p)\cdot(z_1-z_1^0,z_2-z_2^0,q-q^0)\leqslant 0$$

我们可以把这一结果改写为：

$$pq-rz\leqslant rq^0-rz^0$$

(d) 容易验证，这个生产集与(a)中的生产集相同。因此，$p=\left(\frac{1}{3},\frac{2}{3},1\right)$是支持价格向量。

习题 1.1-5:有三种商品的鲁滨孙·克鲁索经济

(a) 如果鲁滨孙选择投入品向量 z，则他对商品 1 的消费为 $x_1=\omega_1-z_1=32-z_1$，他对商品 2 的消费为 $x_2=\omega_2-z_2=160-z_2$。商品 3 的产量为 $y_3=z_1^{1/3}z_2^{2/3}$。他拥有的商品 3 的禀赋为零，所以，他对商品 3 的消费为 $x_3=y_3$。他的效用因此为：

$$U=\sum_{j=1}^{3}\ln x_j=\ln(32-z_1)+\ln(160-z_2)+\ln z_1^{1/3}z_2^{2/3}$$
$$=\ln(32-z_1)+\ln(160-z_2)+\frac{1}{3}\ln z_1+\frac{2}{3}\ln z_2$$

一阶条件十分类似于前一题目中的一阶条件，解得 $z_1^*=8,z_2^*=64$。因此，$y_3=32,x^*=(24,96,32)$。

(b) 价格是支持价格，如果它们最大化利润。

$$\Pi=py=p_3y_3-p_1z_1-p_2z_2=p_3z_1^{1/3}z_2^{2/3}-p_1z_1-p_2z_2$$

一阶条件为：

$$\frac{\partial\Pi}{\partial z_1}=p_3\ \frac{1}{3}z_1^{-2/3}z_2^{2/3}-p_1=0$$
$$\frac{\partial\Pi}{\partial z_2}=p_3\ \frac{2}{3}z_1^{1/3}z_2^{-1/3}-p_2=0$$

代入 $z^*=(8,64)$，得到：

$$\frac{\partial\Pi}{\partial z_1}=p_3\ \frac{1}{3}4-p_1=0$$
$$\frac{\partial\Pi}{\partial z_2}=p_3\ \frac{2}{3}\ \frac{1}{2}-p_2=0$$

(c) 容易证明 $p=(4,1,3)$满足这两个必要条件。因此，它是支持价格向量。

最大利润为零，因此，鲁滨孙的预算约束条件为 $px = p\omega$。

鲁滨孙于是求解如下优化问题：

$$\max_x \{U(x) \mid 4x_1 + x_2 + x_3 \leqslant p\omega = 288\}$$

可以证明，x^* 是这一优化问题的解。因此，在上述支持价格下，市场出清。

习题 1.1－7：线性技术

(a) 生产集为：

$$Y = \{(z, q) \mid x \geqslant 0, \mathbf{A}x \leqslant z, q \leqslant a_0' x\}$$

其中：

$$\mathbf{A} = \begin{bmatrix} 4 & 3 \\ 2 & 4 \end{bmatrix}, a_0 = \begin{bmatrix} 1 \\ 1 \end{bmatrix}$$

工厂 1 在水平 1 上运行，实现产量为 1，需要的投入品向量为 $z^1 = (4, 2)$。工厂 2 在水平 1 上运行，实现产量为 1，需要的投入品向量为 $z^2 = (3, 4)$。这两个投入品的任意凸组合，都能实现产量 1。因此，单位等产量线如图 1.6－2 所示。

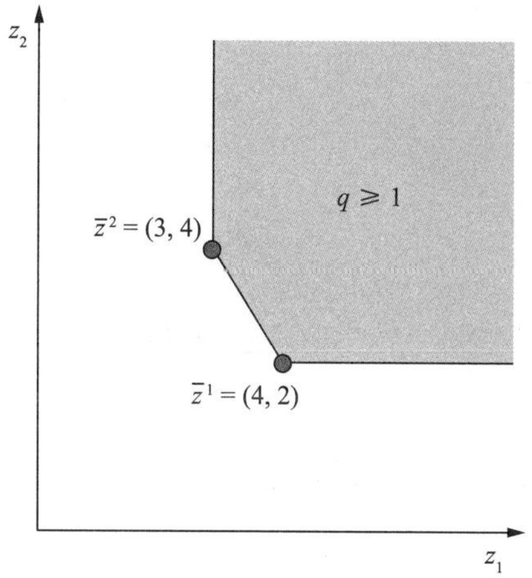

图 1.6－2　等产量线

(b) 对任意投入品向量 z^0，如果 q^0 是最大产量，则 (z^0, q^0) 位于边界上，就是说：

$$q^0 = \max\{a'_0 x \mid x \geqslant 0, \mathbf{A}x \leqslant z^0\}$$

(c) 这一问题可以用图形求解。画出可行集，证明等产量线的斜率位于两个约束函数的斜率之间。解得 $x^0 = (2, 2)$。[1]

(d) 由于两个工厂都在开工，所以，增加产量所实现的边际收益肯定都等于边际成本。x_1 上升一个单位所实现的边际价值为 1。边际成本为 $\lambda_1 4 + \lambda_2 2$。因此：

$$\lambda_1 4 + \lambda_2 2 = 1$$

〔1〕 也可以通过试错法求解。任选 x，计算相关影子价格。如果边际价值小于 MC，并且等于所开工的所有工厂的 MC，则它就是解。

同理：

$$\lambda_1 3+\lambda_2 4=1$$

求解得到：

$$\lambda=\left(\frac{1}{5},\frac{1}{10}\right)$$

1.2 影子价格

习题 1.2-1：她应该消费多少商品？

这里要求解的是：

$$\max_x\{U(x)\mid h(x)=20-4x_1-x_2\geqslant 0,x\geqslant 0\}$$

由于目标函数严格凹，所以，存在唯一解 $\bar{x}$。由于约束函数是线性，因此是凹的，并且$\frac{\partial h}{\partial x}(x)=(-4,-1)\neq 0$，所以，必要条件也是充分条件。我们只需要找到一阶条件的解。构造拉格朗日函数：

$$\mathcal{L}(x,\lambda)=\ln(a+x_1)+\ln x_2+\lambda(20-4x_1-x_2)$$

一阶条件为：

$$\frac{\partial\mathcal{L}}{\partial x_1}=\frac{1}{a+x_1}-4\lambda\leqslant 0;\text{如果 }\bar{x}_1>0,\frac{\partial\mathcal{L}}{\partial x_1}=0$$

$$\frac{\partial\mathcal{L}}{\partial x_2}=\frac{1}{x_2}-\lambda\leqslant 0;\text{如果 }\bar{x}_2>0,\frac{\partial\mathcal{L}}{\partial x_2}=0$$

$$\frac{\partial\mathcal{L}}{\partial\lambda}=20-4x_1-x_2\geqslant 0;\text{如果 }\lambda>0,\frac{\partial\mathcal{L}}{\partial\lambda}=0$$

这里要看到，如果 $\bar{x}_2=0$，第二个条件不成立；因此，$\bar{x}_2>0$，于是 $\lambda>0$，约束条件因此以等式形式成立。假设 $\bar{x}_1>0$。则所有三个条件都以等式形式成立。于是：

$$\frac{1}{4(a+x_1)}=\lambda=\frac{1}{x_2}$$

于是：

$$x_2=4(a+x_1)$$

将这一结果代入预算约束条件中，得到：

$$4x_1+4(a+x_1)=20$$

得到：

$$x_1=\frac{1}{2}(5-a)$$

$$x_2=10+2a$$

这里还要看到，只有当 $a<5$ 时，$\bar{x}_1>0$ 的假设才得到满足。现在设 $a\geqslant 5$。容易发现，$\bar{x}=(0,20)$ 满足一阶条件。

习题 1.2-3:多工厂企业

这个企业必须生产 q 件产品,因此,各个工厂所生产的产量必须满足约束条件 $\sum_j^n q_j \geqslant q$。总成本为 $TC(q_1,\cdots,q_n)=\sum_j^n \frac{q_j^2}{2\alpha_j}$。这个企业的优化问题因此为:

$$\min_{q_1,\cdots,q_n}\left\{TC(q_1,\cdots,q_n)\,\middle|\,\sum_{j=1}^n q_j \geqslant q, q\geqslant 0\right\}$$

把这一问题转化为标准形式,就是说,我们最大化 $-TC$ 而非最小化 TC:

$$\max_{q_1,\cdots,q_n}\left\{-TC(q_1,\cdots,q_n)\,\middle|\,h(q_1,\cdots,q_n,q)=\sum_{j=1}^n q_j - q\geqslant 0,\quad q\geqslant 0\right\}$$

由于$\frac{\partial h}{\partial q}\neq 0$,所以,约束限制得到满足:

$$\mathcal{L}(q_1,\cdots,q_n,\lambda)=-\sum_{j=1}^n \frac{q_j^2}{2\alpha_j}+\lambda\left(\sum_{j=1}^n q_j - q\right)$$

(a) 一阶条件为:

$$\frac{\partial\mathcal{L}}{\partial q_j}=-\frac{q_j}{\alpha_j}+\lambda\leqslant 0;\text{如果 } q_j^*>0,\text{则}\frac{\partial\mathcal{L}}{\partial q_j}=0, j=1,\cdots,n$$

至少一家工厂必须生产正的产量。假设是第一家工厂在生产,则:

$$\frac{\partial\mathcal{L}}{\partial q_1}=-\frac{q_1}{\alpha_1}+\lambda=0$$

因此,$\lambda^*>0$。于是,对每个工厂,根据一阶条件,$q_j^*>0$,因此,$q_j^*=\alpha_j\lambda^*$。

(b) 代入到约束条件中,得到:

$$\sum_{j=1}^n q_j^* = \sum_{j=1}^n \alpha_j\lambda^* = q$$

因此:

$$\lambda^*=\frac{q}{\sum_{j=1}^n \alpha_j}=\frac{q}{n\bar{\alpha}}$$

(c) $q_j=\alpha_j\lambda=\frac{\alpha_j}{n}\frac{q}{\bar{\alpha}}$。因此,$C_j(q_j)=\frac{\alpha_j}{2n^2}\frac{q^2}{\bar{\alpha}^2}$。对这 n 个工厂加总,得到:

$$TC=\sum_{j=1}^n \frac{\alpha_j}{2n^2}\frac{q^2}{\bar{\alpha}^2}=\frac{1}{2n}\frac{q^2}{\bar{\alpha}}$$

(d) 求导,得到 $MC(q)=\frac{q}{n\bar{\alpha}}$。

(e) 影子价格是放松约束条件的边际价值。在这里,它是产量增加一个单位给总成本造成的影响;就是说,它是边际成本。因此,我们并不一定要从头开始求解边际成本。根据(b),$MC(q)=\lambda=\frac{q}{n\bar{\alpha}}$。对这一表达式积分,得到 $TC(q)=\frac{1}{2n}\frac{q^2}{\bar{\alpha}}$。

1.3 包络定理

习题 1.3-1:利润的价格弹性

(a) $\Pi(p)=\max\limits_{q} p\cdot q-C(q)$ 。

保持产量固定,得到 $\frac{\partial \Pi}{\partial p_i}=q_i(p)$ 。

从题目中给出的数据,得到 $\Pi(10)=1\ 000-600=400$; $\frac{\partial \Pi}{\partial p_1}=q_1(p)=100$。

$$\varepsilon(\Pi,p_1)=\frac{p_1}{\Pi}\frac{\partial \Pi}{\partial p_1}=\frac{10}{400}\times 100=2.5$$

(b) 根据包络定理,$\frac{\partial \Pi}{\partial p_1}=q_1(p)$,因此,答案与前一题目中的答案相同。

(c) 根据题目中给出的数据,利润现在为 $10\times 80+20\times 50-1\ 000=800$。

根据包络定理,$\frac{\partial \Pi}{\partial p_1}=q_1(p)=80$。因此:

$$\varepsilon(\Pi,p_1)=\frac{p_1}{\Pi}\frac{\partial \Pi}{\partial p_1}=\frac{10}{800}\times 80=1$$

习题 1.3-3:交叉价格效应

(a) 企业的利润为 $\pi=p\cdot q-r\cdot z$。因此,企业求解如下最大化问题:

$$\max_{z,q}\{p\cdot q-r\cdot z\,|\,q,z\geqslant 0,h(q,z)\geqslant 0\}$$

设 $q(r,p)$ 是利润最大化产量向量,$\Pi(r,p)$ 是最大利润。设 $\Pi(r,p)\in C^2$ 从而有 $\frac{\partial}{\partial p_i}\frac{\partial \Pi}{\partial p_j}=\frac{\partial}{\partial p_j}\frac{\partial \Pi}{\partial p_i}$。这一问题的拉格朗日函数为:

$$\mathcal{L}(z,q,\lambda)=p\cdot q-r\cdot z+\lambda h(q,z)$$

根据包络定理,得:

$$\frac{\partial \Pi}{\partial p_j}=\frac{\partial \mathcal{L}}{\partial p_j}=q_j(r,p)$$

(b) 将前一结果对 p_i 求导,得到:

$$\frac{\partial}{\partial p_i}\frac{\partial \Pi}{\partial p_j}=\frac{\partial q_j(r,p)}{\partial p_i}$$

颠倒求导顺序,得到:

$$\frac{\partial}{\partial p_j}\frac{\partial \Pi}{\partial p_i}=\frac{\partial q_i(r,p)}{\partial p_j}$$

由于求导顺序不重要,因此:

$$\frac{\partial q_j(r,p)}{\partial p_i}=\frac{\partial q_i(r,p)}{\partial p_j}$$

(c) 对两种投入品的价格变化和一种投入品与一种产品的价格变化,可以进行同样的分析。

1.4 约束条件下优化的基础知识

习题 1.4-1:唯一最大值的充分条件

如果每个约束函数都拟凹,则可行集 X 是凸集。设 $\bar{x}^0$ 与 $\bar{x}^1$ 都是 $\max_x\{f(x)\mid x\in X\}$ 的解。则对所有的 $x\in X$,有:

$$f(\bar{x}^0)=f(\bar{x}^1)\geqslant f(x)$$

如果 X 是凸集,则每一个凸组合 $x^\mu\in X$。如果 f 严格拟凹,则:

$$f(x^\mu)>\min\{f(\bar{x}^0),f(\bar{x}^1)\}$$

这与前面的不等式矛盾。

习题 1.4-3:对偶线性优化问题

(a) 设 $\bar{x}$ 是标准线性规划问题的解;就是说:

$$\bar{x}=\underset{x}{\arg\max}\{a'_0x\mid x\geqslant 0,Ax\leqslant \bar{z}\}$$

根据线性规划基本定理,存在影子价格向量 $\bar{\lambda}\geqslant 0$ 使得互补性松弛条件得到满足。就是说:

$$(a'_0-\bar{\lambda}'A)\bar{x}=0$$
$$\bar{\lambda}'(\bar{z}-A\bar{x})=0$$

合并这两个条件,得到:

$$a'_0\bar{x}=\bar{\lambda}'A\bar{x}=\bar{\lambda}'\bar{z} \tag{1.6-1}$$

对偶问题为$\min\lambda\{\lambda'\bar{z}\mid\lambda'A\geqslant a'_0,\lambda\geqslant 0\}$。探讨满足对偶约束条件的任意 $\lambda\geqslant 0$。

(b) 由于 $\bar{x}\geqslant 0$,所以:

$$\lambda'A\bar{x}\geqslant a'_0\bar{x} \tag{1.6-2}$$

(c) 由于 $\bar{x}$ 可行,$Ax\leqslant\bar{z}$,因此:

$$\lambda'A\bar{x}\leqslant\lambda'\bar{z} \tag{1.6-3}$$

合并(1.6-2)和(1.6-3),$\lambda'\bar{z}\geqslant a'_0\bar{x}$。根据(1.6-1),对满足对偶约束条件的所有的 λ,$\lambda'\bar{z}\geqslant\bar{\lambda}'\bar{z}$。因此:

$$\bar{\lambda}=\underset{\lambda}{\arg\min}\{\lambda'\bar{z}\mid\lambda'A\geqslant a'_0,\lambda\geqslant 0\}$$

1.5 应用:联合成本条件下的垄断定价

习题 1.5-1:多产品企业与联合成本

图 1.6-3 画出了这个企业的结构。

(a) 如果砍下来的所有木材都在市场上销售,则总收入为:

$$R=p_1(q_1)q_1+p_2(q_2)q_2$$

代入 q_1 和 q_2,得到:

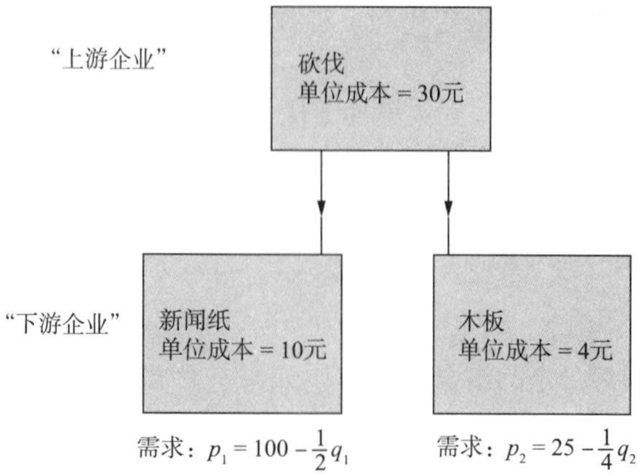

图 1.6－3　垂直一体化企业

$$R = 125q - \frac{3}{4}q^2$$

原木和把原木转化为最终产品的成本为：

$$C = 30q_0 + 10q_1 + 4q_2$$

由于 $q_1 = q_2 = q_0$，总成本因此为 $44q_0$，企业的利润于是为：

$$\Pi = 125q_0 - \frac{3}{4}q_0^2 - 44q_0$$

企业的边际利润因此为：

$$\frac{d\Pi}{dq_0} = 81 - \frac{3}{2}q_0$$

在 $q_0 = 54$ 时，利润达到最大。利用需求价格函数，可以算出企业在 73 元钱的价格上出售新闻纸，在 11.50 元钱的价格上出售木板。

(b) 假设企业决定降低木板产量，降低量为 1 件。单位成本为 4 元，所以，事业部 2 的成本下降 4 元。收入如何变化呢？由于 $p_2 = 25 - \frac{1}{4}q_2$，边际收入为 $MR_2 = 25 - \frac{1}{2}q_2 = -2$。因此，降低木板产量能提高收入和降低成本。利润因此上升。

(c) 要进行完整分析，我们需要意识到不是所有的原木都被转化为新闻纸和木板。设 q_1 是转化为新闻纸的原木的数量，q_2 是转化为木板的原木的数量。从出售这两种产品中实现的收入分别为：

$$R_1 = \left(100 - \frac{1}{2}q_1\right)q_1$$

$$R_2 = \left(25 - \frac{1}{4}q_2\right)q_2$$

如果砍伐的原木数量为 q_0，则这个企业面对的约束条件为：

$$q_1 \leqslant q_0, q_2 \leqslant q_0$$

总成本为：

$$C(q_0,q_1,q_2)=30q_0+10q_1+4q_2$$

这个企业的最大化问题因此为：

$$\max_{x,q}\{R(q_1)+R(q_2)-C(q_0,q_1,q_2)\mid q_1\leqslant q_0,q_2\leqslant q_0\}$$

从数学结构上看，这一问题与电力定价问题完全一样。由于拉格朗日函数是(q_0,q_1,q_2)的凹函数，所以，最大值的必要条件也是其充分条件。

构造拉格朗日函数：

$$\mathcal{L}(q_0,q,\lambda)=R(q_1)+R(q_2)-30q_0-10q_1-4q_2+\lambda_1(q_0-q_1)+\lambda_2(q_0-q_2)$$

求导，得到以下一阶条件：

$$MR_1-10-\lambda_1=90-q_1-\lambda_1=0,\text{如果 } q_1^*>0$$

$$MR_2-4-\lambda_2=21-\frac{1}{2}q_1-\lambda_2=0,\text{如果 } q_2^*>0$$

$$\lambda_1+\lambda_2-30=0,\text{如果 } q_0^*>0$$

而且，如果 $q_t<q_0,\lambda_t=0$。

根据前面的讨论，我们知道，只要其中一个约束条件起作用，肯定就有最大利润。假设木板产品的约束条件不起作用。则影子价格 λ_2^* 为零，$\lambda_1^*=30$。从其他的一阶条件中，得到 $q_1^*=60,q_2^*=42$。

(d) 社会剩余是需求价格函数下方区域的面积减总成本，就是说：

$$\int_0^{q1}p_1(x)dx+\int_0^{q2}p_2(x)dx-30q_0-10q_1-4q_2$$

社会剩余最大化问题的拉格朗日函数为：

$$\mathcal{L}(q_0,q,\lambda)=\int_0^{q1}p_1(x)dx+\int_0^{q2}p_2(x)dx-30q_0-10q_1-4q_2+\lambda_1(q_0-q_1)+\lambda_2(q_0-q_2)$$

一阶条件为：

$$p_1(q_1)-10-\lambda_1=90-\frac{1}{2}q_1-\lambda_1=0,\text{如果 } q_1^*>0$$

$$p_2(q_2)-4-\lambda_2=21-\frac{1}{4}q_2-\lambda_2=0,\text{如果 } q_2^*>0$$

$$\lambda_1+\lambda_2-30=0,\text{如果 } q_0^*>0$$

与前面一样，如果 $q_t<q_0,\lambda_t=0$。因此，只要一个约束条件起作用，社会剩余就有最大值。假设在木板产品上约束条件不起作用。则影子价格 λ_2^* 为零，$\lambda_1^*=30$。根据其他一阶条件，$q_1^*=120,q_2^*=84$。

(e) 在产品 2 的需求价格上升至 $p_2=35-\frac{q_2}{4}$ 时，我们看利润最大化问题。如果 $q_2^*<q_1^*=q_0^*$，则影子价格 λ_2^* 为零，$\lambda_1^*=30$。根据一阶条件，$q_1^*=60,q_2^*=62$。这与 $q_2^*<q_1^*$ 的假定矛盾。同理可证明 q_1^* 不可能小于 q_2^*。唯一的可能性是 q_2^*

$=q_1^*=q_0^*$。求解有三个未知数(q_0,λ_1,λ_2)的三个方程，得到了对商品 2 的新的需求函数下的最优解：$q_1^*=q_2^*=q_0^*=60\dfrac{2}{3}$。

习题 1.5－3：电力供给

(a) 生产函数为 $q_t^2=K_tL_t$。就是说，如果所租赁的资本品为 K_t 件，劳动力需求为 $L_t=\dfrac{q_t^2}{K_t}$。总成本于是为：

$$\frac{2q_1^2}{K_1}+\frac{2q_2^2}{K_2}+2K_1+2K_2+6K_0$$

拉格朗日函数为：

$$\mathcal{L}=-\left(\frac{2q_1^2}{K_1}+\frac{2q_2^2}{K_2}+2K_1+2K_2+6K_0\right)+\lambda_1(K_0-K_1)+\lambda_2(K_0-K_2)$$

(b) 一阶条件因此为：

$$\frac{\partial\mathcal{L}}{\partial K_0}=-6+\lambda_1+\lambda_2=0$$

$$\frac{\partial\mathcal{L}}{\partial K_t}=\frac{2q_t^2}{K_t^2}-2-\lambda_t=0,t=1,2$$

如果产量相近，则影子价格肯定相近；因此，它们肯定都为正。就是说，$K_t=K_0$，$t=1,2$，因此：

$$\frac{2q_1^2}{K_0^2}+\frac{2q_2^2}{K_0^2}=10$$

得到：

$$K_t=\frac{1}{\sqrt{5}}(q_1^2+q_2^2)^{\frac{1}{2}}$$

所以：

$$C(q)=4\sqrt{5}(q_1^2+q_2^2)^{\frac{1}{2}}$$

(c) 把 K_t 代入时期 t 的一阶条件中，得到：

$$\lambda_t=\frac{10q_t^2}{q_1^2+q_2^2}-2$$

由于 $q_1<q_2$，所以，产品 1 的影子价格更低。我们可以把产品 1 的影子价格写为：

$$\lambda_1=\frac{10q_t^2}{1+\left(\frac{q_2}{q_1}\right)^2}-2$$

它大于零当且仅当 $q_1>\dfrac{q_2}{2}$。在这一范围以外，不是所有的资本品都用于生产产品 1。

(d) 在这种情况中，产品 1 的影子价格为零。因此：

$$\frac{\partial \mathcal{L}}{\partial K_1}=\frac{2q_1^2}{K_1^2}-2=0,\frac{\partial \mathcal{L}}{\partial K_2}=\frac{2q_2^2}{K_2^2}-2-\lambda_2=0$$

得到 $K_1=q_1$。由于 $\lambda_2=6$,得到 $K_2=\frac{1}{2}q_2$。总成本因此为：

$$C(q)=4q_1+8q_2,q_1<\frac{1}{2}q_2$$

(e) 对称地,有：

$$C(q)=8q_1+4q_2,q_1>2q_2$$

固定 q_2,图 1.6－4 画出了这个企业的边际成本曲线。

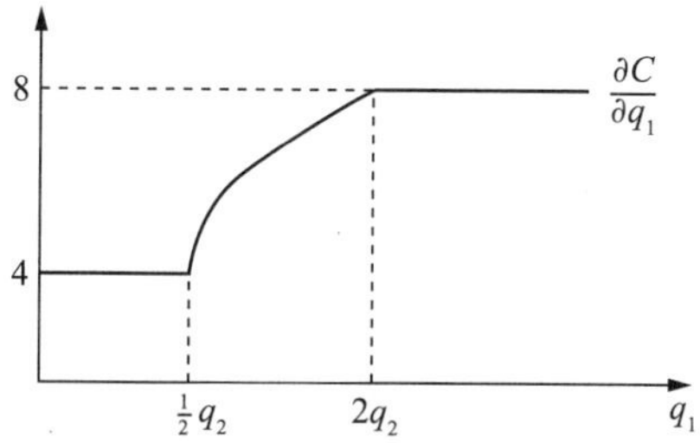

图 1.6－4 边际成本曲线

第二章 消费者

2.1 选择理论

习题 2.1－1:传递性

(a) 由于 $x\succcurlyeq_i y$ 且 $y\succcurlyeq_i z$,根据传递性,$x\succcurlyeq_i z$。于是,或者 $x\succ_i z$ 或者 $x\sim_i z$。反证,设 $x\sim_i z$。则 $z\succcurlyeq_i x$。由于 $x\succcurlyeq_i y$,根据传递性,$z\succcurlyeq_i y$。这与在 y 和 z 之间,消费者严格偏好 y 的前提矛盾。

(b) 是的。证明与前一题目类似。

习题 2.1－3:凸偏好的充分条件

(a) 对任意的 $x^0\succcurlyeq y$ 和 $x^1\succcurlyeq y$,我们想证明它们的任意凸组合都优于 y。就是说,如果 $U(x^0)\geqslant U(y)$,$U(x^1)\geqslant U(y)$,则 $U(x^\lambda)\geqslant U(y)$。

由于 $u(x)=f(U(x))$ 是凹函数,因此：

$$u(x^\lambda)\geqslant(1-\lambda)u(x^0)+\lambda u(x^1)$$

就是说：

$$f(U(x^\lambda))\geqslant(1-\lambda)f(U(x^0))+\lambda f(U(x^1))$$

由于 f 是增函数,所以,$f(U(x^0))\geqslant f(U(y))$,$f(U(x^1))\geqslant f(U(y))$。于是：

$$f(U(x^\lambda))\geqslant(1-\lambda)f(U(y))+\lambda f(U(y))=f(U(y))$$

由于 f 是增函数,所以,$U(x^\lambda)\geqslant U(y)$。

(b) 证明与上类似。

(c) 未必。设 $U(x)=a_1x_1+a_2x_2$。则 $u(x)=f(a\cdot x)$。无差异曲线为直线。

习题 2.1-5:严格凸偏好

(a) $U(x)$的对数在$\mathbb{R}^n_+$上有定义。定义 $u(x)=\ln U(x)=\ln(1+x_1)+\ln(1+x_2)$。由于等号右边每个项都是凹函数,根据前一道题,偏好是凸的。实际上,由于 $\ln(1+x_j)$ 是严格凹函数,所以,$u(x)$是严格凹函数,偏好是严格凸的。

(b) 对所有的 $x>0$,$U(x)$的对数有定义且是严格凹的。偏好因此是严格凸的。于是,对所有严格为正的 x^0、x^1 和它们的凸组合 $x^\lambda(0<\lambda<1)$,$U(x^1)\geqslant U(x^0)$,$U(x^\lambda)>U(x^0)$。由于$U(x)$是连续函数,因此,对所有非负 x,有:

$$U(x^\lambda)\geqslant U(x^0)$$

因此,偏好是拟凹的。

如果 $x^0=(0,a)$,$x^1=(0,b)$,则 $U(x^0)=U(x^\lambda)=U(x^1)=0$,就是说,偏好不是严格凸的。

习题 2.1-7:拟线性偏好

(a) 由于线性函数是凹函数,因此,如果 $V(z)$是凹函数,则它们的和 $U(x)=y+V(z)$是凹的并因此是拟凹的。

(b) 对任意向量 z^0 和 z^1,选择 y^0 和 y^1 使得:

$$U(y^0,z^0)=y^0+V(z^0)=y^1+V(z^1)=U(y^1,z^1)$$

如果U拟凹,则$U(y^\lambda,z^\lambda)\geqslant U(y^0,z^0)$,$U(y^\lambda,z^\lambda)\geqslant U(y^1,z^1)$。前一个不等式乘以$(1-\lambda)$,第二个不等式乘以 λ,得到:

$$\begin{aligned}U(x^\lambda)&=y^\lambda+V(z^\lambda)\geqslant(1-\lambda)(y^0+V(z^0))+\lambda(y^1+V(z^1))\\&=y^\lambda+(1-\lambda)V(z^0)+\lambda V(z^1)\end{aligned}$$

两边同减去 y^λ,可以看出,V 是凹函数。

2.2 预算约束下的选择:两种商品

习题 2.2-1:消费者的选择

(ⅲ) $U(x)=\ln(1+x_1)+\ln(1+x_2)$。因此,边际替代率为:

$$MRS(x_1,x_2)=\frac{\frac{\partial U}{\partial x_1}}{\frac{\partial U}{\partial x_2}}=\frac{1+x_2}{1+x_1}$$

如果 $x_1^*=0$,则 $x_2^*=\dfrac{I}{p_1}$,$MRS(x^*)=1+\dfrac{I}{p_2}\leqslant\dfrac{p_1}{p_2}$。调整这一表达式,得到 $p_2\leqslant p_1-I$。由于效用函数对称,所以,如果消费者只消费商品 1,则 $p_1\leqslant p_2-I$;就是说,$p_2\geqslant p_1+I$。因此,情况(c)对应第三幅图。

习题 2.2-3:弹性法则

(a) $\varepsilon(y,z)=\dfrac{z}{y}\dfrac{dy}{dz}=\dfrac{z}{y}\dfrac{dy}{dx}\Big/\dfrac{dz}{dx}=\dfrac{1}{y}\dfrac{dy}{dx}\Big/\dfrac{1}{z}\dfrac{dz}{dx}=\dfrac{d\ln y}{dx}\Big/\dfrac{d\ln z}{dx}$。

(b) $\varepsilon\left(\frac{1}{y},\frac{1}{x}\right)=\frac{d\ln y^{-1}}{dx}\Big/\frac{d\ln x^{-1}}{dx}=\frac{d\ln y}{dx}\Big/\frac{d\ln x}{dx}=\frac{x}{y}\frac{dy}{dx}=\varepsilon(y,x)$。

$$\varepsilon\left(\frac{y_2}{y_1},x\right)=\frac{d}{dx}\ln\frac{y_2}{y_1}\Big/\frac{d\ln x}{dx}=x\frac{d}{dx}\ln\frac{y_2}{y_1}=x\frac{d}{dx}\ln y_2-x\frac{d}{dx}\ln y_1$$
$$=\varepsilon(y_2,x)-\varepsilon(y_1,x)。$$

(c) 利用(a),得:

$$\varepsilon(y,\alpha x)=\frac{d\ln y}{dx}\Big/\frac{d\ln\alpha x}{dx}=\frac{d\ln y}{dx}\Big/\frac{d\ln x}{dx}=\varepsilon(y,x)$$

因此:

$$\varepsilon\left(\frac{x_2^c}{x_1^c},\frac{p_1}{p_2}\right)=\varepsilon\left(\frac{x_2^c}{x_1^c},p_1\right)=p_1\frac{d}{dp_1}\ln\frac{x_2^c}{x_1^c}=p_1\frac{d}{dp_1}\ln x_2^c-p_1\frac{d}{dp_1}\ln x_1^c$$
$$=\varepsilon(x_2^c,p_1)-\varepsilon(x_1^c,p_1)$$

习题 2.2-5:CES 偏好($\sigma>1$)$U^{1-\frac{1}{\sigma}}=x_1^{1-\frac{1}{\sigma}}+x_2^{1-\frac{1}{\sigma}}$

定义 $u=\bar{U}^{1-\frac{1}{\sigma}}$。则在任意一条无差异曲线上,$u=x_1^{1-\frac{1}{\sigma}}+x_2^{1-\frac{1}{\sigma}}$。在穿过$(a,a)$的无差异曲线上,有:

$$x_1^{1-\frac{1}{\sigma}}+x_2^{1-\frac{1}{\sigma}}=2a^{1-\frac{1}{\sigma}}$$

(a) 如果 $\sigma=2$,上式变为 $x_1^{1/2}+x_2^{1/2}=2a^{1/2}$。当 $x_i\to0$ 时,$x_{-i}\to4a$。

(b) $MRS(x_1,x_2)=\frac{\partial U}{\partial x_1}\Big/\frac{\partial U}{\partial x_2}=\left(\frac{x_2}{x_1}\right)^{1/\sigma}$。也就是说,随着 $x_1\to4a$,$MRS(x_1,x_2)$沿着无差异曲线收敛于零;随着 $x_1\to0$,$MRS(x_1,x_2)$沿着无差异曲线收敛于∞。

(c) 沿着穿过(a,a)的无差异曲线,有:

$$x_1^{1-\frac{1}{\sigma}}+x_2^{1-\frac{1}{\sigma}}=2a^{1-\frac{1}{\sigma}}$$

因此,在 $x_2=0$ 时,$x_{-i}=2^{1-\frac{1}{\sigma}}a$。这里要看到,$\ln x_{-i}=\left(1-\frac{1}{\sigma}\right)\ln2+\ln a$。由于右边的项随 σ 递增,所以,截距 x_{-i} 是σ 的增函数。

(d) 在极限意义上,$x_{-i}(\sigma)\to2a$。无差异曲线因此穿过点$(2a,0)$、(a,a)和$(0,2a)$。由于偏好是凸的,所以,它肯定是条斜率为-1 的直线。

2.3 消费者的选择:*n* 种商品

习题 2.3-1:柯布-道格拉斯偏好的支出函数

设消费者有柯布-道格拉斯效用函数:

$$U(x)=\prod_{i=1}^{n}x_i^{\alpha_i}=x_1^{\alpha_1}\cdots x_n^{\alpha_n},\sum_{j=1}^{n}\alpha_j=1$$

给定价格向量 p 和预算 I,消费者通过选择商品束以求解如下问题:

$$V(p,I)=\max_x\{U(x)\mid x\geqslant0,px\leqslant I\}$$

由于在后文中将用到,所以,这里要看到,$\ln U=\sum_{i=1}^{n}\alpha_i\ln x_i$。因此:

$$\frac{\partial}{\partial x_i}\ln U=\frac{1}{U}\frac{\partial U}{\partial x_i}=\frac{\alpha_i}{x_i}$$

因此：

$$\frac{\partial U}{\partial x_i}=\frac{\alpha_i U}{x_i}$$

由于随着消费数量趋向零，每种商品的边际效用递增且无上界，因此，每种商品的最优消费数量严格为正。拉格朗日函数为：

$$\mathcal{L}(x,\lambda)=U(x)+\lambda(I-px)$$

对商品束的最优选择满足一阶条件，即：

$$\frac{\partial U}{\partial x_i}-\lambda p_i=\frac{\alpha_i U(x)}{x_i}-\lambda p_i=0$$

整理得到：

$$\frac{\alpha_1}{p_1x_1}=\cdots=\frac{\alpha_n}{p_nx_n}=\frac{\lambda}{U(x)}$$

利用比率法则，得到：

$$\frac{\alpha_1}{p_1x_1}=\cdots=\frac{\alpha_n}{p_nx_n}=\frac{\sum_{i=1}^{n}\alpha_i}{px}=\frac{1}{I}$$

于是：

$$x_i=\frac{\alpha_i I}{p_i},i=1,\cdots,n$$

把解代入到效用函数中，得到最大效用：

$$V(p,I)=\prod_{i=1}^{n}x_i^{\alpha i}=I\prod_{i=1}^{n}\left(\frac{\alpha_i}{p_i}\right)^{\alpha i}$$

由于给定预算 I，$U^*=V(p,I)$ 是能够实现的最大效用，因此，I 是实现效用 U^* 的最小预算。就是说，I 是如下对偶问题的解：

$$M(p,U^*)\equiv\min\{px\mid x\geqslant 0,\quad U(x)\geqslant U^*\}$$

通过逆运算，我们可以求得支出函数：

$$M(p,U^*)=U^*\prod_{i=1}^{n}\left(\frac{p_i}{\alpha_i}\right)^{\alpha i}$$

习题 2.3-3：消费成对商品

假设消费者想在第一对商品上支出 y，在第二对商品上支出 z。在商品 1 和 2 上支出多少的问题，是标准的柯布-道格拉斯效用最大化问题。因此：

$$p_1x_1=p_2x_2=\frac{1}{2}y$$

同理，$p_3x_3=p_4x_4=\frac{1}{2}z$。带回到效用函数，得到如下衍生效用函数：

$$u(y,z,p)=(p_1p_2)^{-1/2}y+(p_3p_4)^{-1/2}z$$

在这里，y 和 z 的边际效用分别为：

$$\frac{\partial u}{\partial y}=(p_1p_2)^{-1/2}\text{ 和}\frac{\partial u}{\partial z}=(p_3p_4)^{-1/2}$$

如果它们相等，则消费者不在意多大比例的收入支出于前两种商品上。但是，如果它们不同，则他通过只购买有更高边际效用的那对商品，最大化自己的效用。

习题 2.3－5：补偿价格弹性

支出函数为 $M(p,\overline{U})=\min_{x\geqslant 0}\{px\,|\,U(x)\geqslant\overline{U}\}$。将其转换为最大化问题，得到：

$$-M(p,\overline{U})=\max_{x\geqslant 0}\{-px\,|\,U(x)\geqslant\overline{U}\}$$

这一最大化问题的拉格朗日函数为：

$$\mathcal{L}(x,\lambda)=-px+\lambda(U(x)-\overline{U})$$

应用包络定理，得到：

$$-\frac{\partial M}{\partial p_i}=\frac{\partial L}{\partial p_i}=-x_i^c$$

因此：

$$\frac{\partial^2 M}{\partial p_i\partial p_j}=\frac{\partial}{\partial p_j}\frac{\partial M}{\partial p_i}=\frac{\partial x_i^c}{\partial p_j}$$

支出函数是 p 的凹函数，因此，在任何一对价格上，海赛矩阵 $\left[\frac{\partial^2 M}{\partial p_i\partial p_j}\right]$ 肯定负半定。因此：

$$\frac{\partial^2 M}{\partial p_i\partial p_i}\frac{\partial^2 M}{\partial p_j\partial p_j}-\frac{\partial^2 M}{\partial p_i\partial p_j}\frac{\partial^2 M}{\partial p_i\partial p_j}\geqslant 0$$

利用上面的结论，得到：

$$\frac{\partial x_i^c}{\partial p_i}\frac{\partial x_j^c}{\partial p_j}-\frac{\partial x_i^c}{\partial p_j}\frac{\partial x_j^c}{\partial p_i}\geqslant 0$$

转换为弹性形式，即为所求结果。

2.4 消费者剩余与支付意愿

习题 2.4－1：消费者剩余、补偿变差和等价变差

(a) 见图 2.6－1a、图 2.6－1b。

(b) 设 $(\overline{x}_j,\overline{y})$ 是价格为 p_j 时的选择。预算线为：

$$p_jx_j+y=p_j\overline{x}_j+\overline{y}\equiv y_A$$

在图 2.6－1a 中，y_A 为 OA。在新的更高的价格上，补偿需求曲线为：

$$p'_j x_j + y = p'_j \bar{x}'_j + \bar{y} \equiv y_B$$

为补偿消费者所需增加的收入为 $y_B - y_A = AB$。

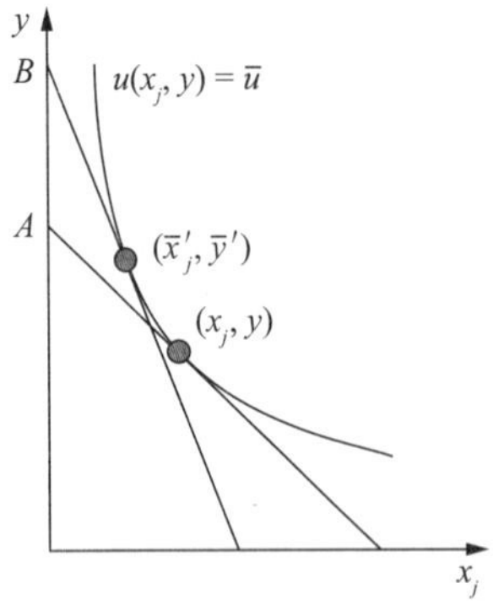

图 2.6－1(a)　补偿变差

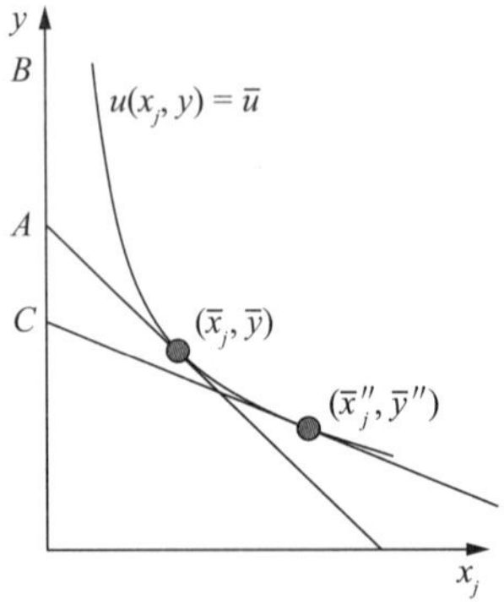

图 2.6－1(b)　等价变差

(c) 同理可证明 AC 是当价格降低到 p''_j 时的等价变差。

2.5　跨时期选择

习题 2.5－1：多种商品时的跨时期选择

(a) 设对 $i=0,1$，设 $\{x_t^i\}_{t=1}^T$ 是最优解，对应的支出列为 $\{c_t^i\}_{t=1}^T$。就是说，$U^*(c^i)=U(x^i)$。由于 $p_t \cdot x_t^i \leqslant c_t^i$，所以，$p \cdot x^\lambda = (1-\lambda) p \cdot x^0 + \lambda p \cdot x^1 \leqslant (1-\lambda)c^0 + \lambda c^1 = c^\lambda$。就是说，给定支出列 $\{c_t^\lambda\}_{t=1}^T$，x^λ 可行。设 $U^*(c^1) \geqslant U^*(c^0)$。则 $U(x^1) \geqslant U(x^0)$。根据拟凹性，$U(x^\lambda) \geqslant U(x^0)$。由于 x^λ 可行，所以，$U^*(c^\lambda) \geqslant U(x^\lambda) \geqslant U(x^0)$。

(b) 我们总是可以把这一优化问题转化为两阶段优化问题。在第一阶段上，对任意给定的支出向量 $(c_1, \cdots, c_T)$，消费者选择每个时期上的最优消费。在第二阶段上，在终生财富约束下，她把支出分配到各个时期中。

(c) 由于这里的效用函数为加法可分离的函数，所以，把支出预算分配到时期 t 中的选择，独立于其他时期中的消费。就是说，在时期 t，消费者求解如下问题：

$$\max_{x_t} \left\{ \sum_{j=1}^n \alpha_j \ln x_j \mid p_t \cdot x_t = c_t \right\}$$

这是个标准的柯布-道格拉斯问题。求解，解得 $x_{tj}^* = \dfrac{\alpha_j c_t}{p_{jt}}$。代回到时期 t 效用函数中，得到：

$$u^*(c_t) = \sum_{j=1}^n \alpha_j \ln \frac{\alpha_j c_t}{p_{jt}} = \ln c_t + \text{与 } c_t \text{ 无关的项}$$

因此：

$$U^*(c) = \sum_{t=1}^T \delta^{t-1} u^*(c_t) = \sum_{t=1}^T \delta^{t-1} \ln c_t + \text{与 } c_t \text{ 无关的项}$$

(d) 设 W_1 是其禀赋的现值。她的终生支出约束为：

$$c_1+\frac{c_2}{1+r}+\cdots+\frac{c_T}{(1+r)^{T-1}}\leqslant W_1$$

构造拉格朗日函数：

$$\mathcal{L}=\sum_{t=1}^{T}\delta^{t-1}\ln c_t+\lambda\left(W_1-\sum_{t=1}^{T}\frac{c_t}{(1+r)^{t-1}}\right)$$

一阶条件为：

$$\frac{\partial\mathcal{L}}{\partial c_1}=\frac{1}{c_1}-\lambda=0$$

$$\frac{\partial\mathcal{L}}{\partial c_{t+1}}=\frac{\delta^t}{c_{t+1}}-\lambda(1+r)^t=0$$

消掉 λ，得到：

$$c_{t+1}=(1+r)^t\delta^t c_1$$

(e) 把这一结果代入终生预算约束条件中，得到：

$$c_1(1+\delta+\cdots+\delta^{t-1})=W_1$$

利用几何级数公式，得到：

$$c_1(1+\delta+\cdots+\delta^{t-1})=\frac{1-\delta}{1-\delta^T}W_1$$

习题 2.5-3：存在消费者连续统时的交换经济中的借与贷

每个类型的消费者的财富为：

$$\omega_1+\frac{\omega_2}{1+r}=\omega\left(1+\frac{1}{1+r}\right)=\frac{2+r}{1+r}\omega$$

给定其对数偏好，类型为 α 的消费者在第一时期的消费为：

$$x_1(\alpha)=\frac{2+r}{1+r}\alpha\omega$$

他的储蓄于是为：

$$s(\alpha)=\omega-x_1(\alpha)=\omega\left(1-\frac{2+r}{1+r}\alpha\right)$$

(a) 求解零储蓄的类型，得到类型 α 为储蓄者，如果：

$$\alpha<\hat{\alpha}\equiv\frac{1+r}{2+r}$$

(b) 全部储蓄者的总储蓄为：

$$S(r)=\int_0^{\hat{\alpha}}s(\alpha)d\alpha=\omega\left(\alpha-\frac{1}{2}\frac{2+r}{1+r}\alpha^2\right)\Bigg|_0^{\hat{\alpha}}=\frac{\omega}{2}\frac{1+r}{2+r}$$

对其他所有消费者，$s(\alpha)<0$。则全部借款为：

$$B(r)=-\int_{\hat{\alpha}}^{0}s(\alpha)d\alpha$$
$$=-\int_{\hat{\alpha}}^{1}\left(1-\frac{2+r}{1+r}\alpha\right)d\alpha$$
$$=-\omega\left(\alpha-\frac{1}{2}\frac{2+r}{1+r}\alpha^{2}\right)\Bigg|_{\hat{\alpha}}^{1}$$
$$=\frac{\omega}{2}\frac{1+r}{2+r}-\frac{r}{1+r}$$
$$=\frac{\omega}{2}\frac{1}{(1+r)(2+r)}$$

图 2.6－2 画出了 $S(r)$ 与 $B(r)$。

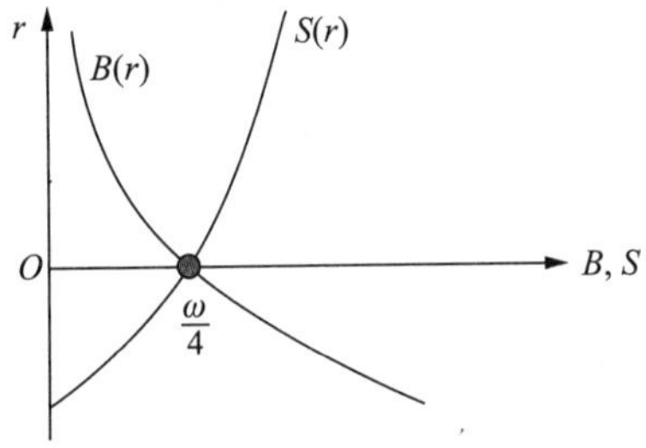

图 2.6－2　储蓄和借款

第三章　交换经济中的均衡与效率

3.1　2×2 交换经济

习题 3.1－1:拟线性偏好

由于偏好是凸的,一个配置是瓦尔拉斯均衡当且仅当它是帕累托效率配置。我们首先概括帕累托效率配置,然后,给定禀赋是帕累托效率,求解无交易均衡价格。对消费者 h,有:

$$MRS(x_1^h,x_2^h)=2(x_2^h)^{1/2}$$

对位于埃奇沃思图内点集中的效率配置,两个消费者肯定有相同的边际替代率;因此,$x_2^1=x_2^2=100$。沿着图 3.3－1 中的直线 AB,边际替代率等于 20。均衡价格因此为 $p_1/p_2=20$。

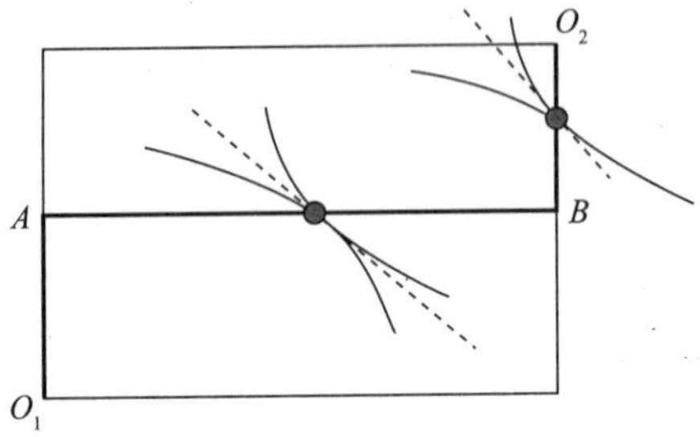

图 3.3－1　有效率的配置

现在看线段 BO_2。由于线段上的每个点都位于消费者 1 的消费集的内点集中，所以，在每个点上，均衡价格线肯定与其无差异曲线相切。就是说：

$$p_1/p_2=MRS(x_1^1,x_2^1)=2(100+\alpha)^{1/2}$$

因此，沿着线段 BO_2，价格从 20 上升到 $20\sqrt{2}$。

对称地，沿着线段 AO_1，价格从 20 上升到 $20\sqrt{2}$。

习题 3.1－3：瓦尔拉斯均衡

每个巨人有对称的柯布-道格拉斯偏好，禀赋都为(24,8)。因此，每个巨人把收入 $p_1 24+p_2 8$ 中的一半支出到一种商品上。他对商品 2 的需求于是为 $x_2^B=12r+4$，其中，$r=p_1/p_2$。

定义 $\hat{x}^L=x^L+a$，其中，$a=(4,6)$；定义 $\hat{\omega}=\omega+a=(24,16)$。于是，每个小矮人的优化问题可以写为：

$$\max_{\hat{x}}\{\ln\hat{x}_1+\ln\hat{x}_2 \mid p\cdot\hat{x}=p\cdot(x+a)\leqslant p\cdot\hat{\omega}\}$$

这又是个对称的柯布-道格拉斯优化问题，所以，$p_2\hat{x}_2^L=\frac{1}{2}p\cdot\hat{\omega}$。因此，$\hat{x}_2^L=12r+8$，$x_2^L=12r+2$。加总，每对巨人-矮人对商品 2 的市场需求为 $x_2=24r+6$。商品 2 的总供给为 18。让供给等于需求，均衡价格为$\frac{1}{2}$。

在内点帕累托效率配置上，边际替代率必须相等，就是说：

$$MRS^{l}-\frac{6+x_2^L}{4+x_1^L}=\frac{x_2^B}{x_1^B}=MRS^B$$

应用比率法则，得：

$$MRS=\frac{6+x_2^L}{4+x_1^L}=\frac{x_2^B}{x_1^B}=\frac{6+x_2}{4+x_1}=\frac{6+\omega_2}{4+\omega_1}=\frac{24}{48}=\frac{p_1}{p_2}$$

这里要看到，对所有的内点帕累托效率配置，边际替代率为常数，因此，总禀赋的再分配不影响均衡价格，除非新均衡不再位于埃奇沃思图的内点集中。

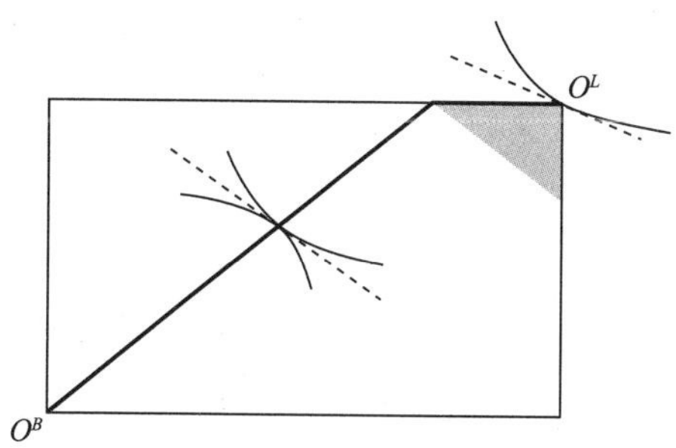

图 3.3－2　均衡价格

这是禀赋点 C。因为它是帕累托效率配置，所以没有进一步交换发生，均衡价格为$\frac{1}{2}$。

对图 3.3－2 中无阴影区域中的任何禀赋，瓦尔拉斯均衡价格都为$\frac{1}{2}$。

如果禀赋点位于图 3.3－2 的阴影区域内，则均衡配置位于埃奇沃思图的边界上。由于(42,18)是帕累托效率配置，位于 Bigg 的消费集的内点集中，所以：

$$MRS^B(x_1,x_2)=\frac{x_2^B}{x_1^B}=\frac{18}{42}=\frac{3}{7}=\frac{p_1}{p_2}$$

因此，瓦尔拉斯均衡价格为$\frac{3}{7}$。

习题 3.1－5：巨人族与矮人族

由于矮人族从商品 1 上得不到任何满足，所以，有效率的配置把所有的商品 1 给了巨人族；同样的道理，所有的商品 2 肯定都给了矮人族。所以，唯一的帕累托效率配置为埃奇沃思图右下角的点，见图 3.3－3。

连接禀赋点与帕累托效率配置的直线的斜率为$\frac{8}{20}=\frac{2}{5}$。所以，瓦尔拉斯均衡价格为$\frac{2}{5}$。巨人族出售其拥有的 8 件商品 2，购买 20 件商品 1。

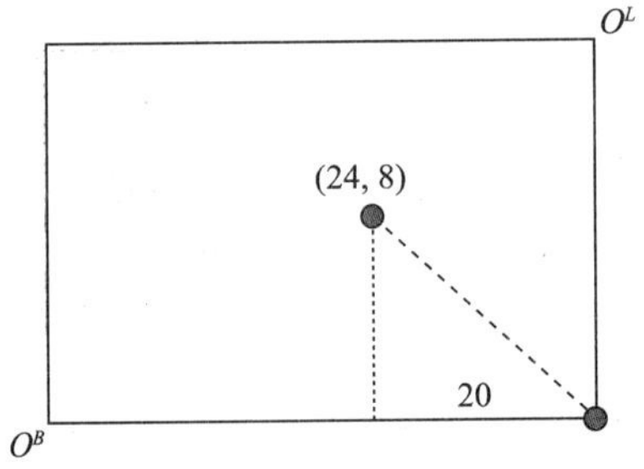

图 3.3－3　唯一的均衡配置

3.2　基本福利定理

习题 3.2－1：有相同的位似偏好时的第二福利定理

我们看只有一个代表性消费者的经济，他的效用函数为 $U(\cdot)$，禀赋为 $\omega=\sum_{h=1}^{H}\omega^h$。由于 U 是拟凹函数，根据引理 1.1－2，$U(x)\geqslant U(\omega)\Rightarrow\frac{\partial U}{\partial x}(\omega)\cdot(x-\omega)\geqslant 0$。令 $p=\frac{\partial U}{\partial x}(\omega)$。得到：

$$U(x)\geqslant U(\omega)\Rightarrow p\cdot(x-\omega)\geqslant 0$$

如果 $U(x)>U(\omega)$，则 $p\cdot x\geqslant p\cdot\omega$。我们证明这一不等式必然为严格不等式。反证，设它不是严格不等式，则存在某个 $\hat{x}$ 使得 $U(\hat{x})>U(\omega)$ 且 $p\cdot\hat{x}=p\cdot\omega$。如果 U 严格递增，则存在足够小的 $\delta>0$ 使得 $U(\hat{x}-\delta)>U(\omega)$ 且 $p\cdot(\hat{x}-\delta)<p\cdot\omega$。与此前的结论矛盾。

因此：

$$U(x)>U(\omega)\Rightarrow p\cdot x>p\cdot\omega$$

就是说：

$$\omega \in \operatorname{argmax}\{U(x) \mid p \cdot x \leqslant p \cdot \omega\}$$

选择 θ^h 使得 $p \cdot \omega^h = p \cdot \theta^h \omega$，其中，$\sum_{h=1}^{H} \theta^h = 1$。

根据齐次性，有：

$$\hat{x}^h \equiv \theta^h \omega \in \operatorname{argmax}\{U(x) \mid p \cdot x \leqslant p \cdot \omega^h = p \cdot \theta^h \omega\}$$

超额需求为：

$$\sum_{h=1}^{H} \bar{x} - \omega = \sum_{h=1}^{H} \theta^h \omega - \omega = 0$$

第四章　企　业

4.2　接受价格的企业的决策

习题 4.2－1：成本最小化

设 Υ 是可行的投入-产出向量 (z,q) 构成的集合。设 z^0 和 z^1 分别是投入品价格向量为 r^0 和 r^1 时的成本最小化投入品向量。设 z^λ 是当投入品价格向量为凸组合 $r^\lambda = (1-\lambda) r^0 + \lambda r^1$ 时的成本最小化投入品向量。

成本函数为：

$$C(r,q) = \min_z \{r \cdot z \mid (z,q) \in \Upsilon\}$$

(a) 由于 z^0、z^1 和 z^λ 分别是投入品价格向量为 r^0、r^1 和 r^λ 时成本最小化问题的解，所以：

$$C(r^0,q) = r^0 \cdot z^0 \leqslant r^0 \cdot z^\lambda$$
$$C(r^1,q) = r^1 \cdot z^1 \leqslant r^1 \cdot z^\lambda$$

把第一个式子乘以 λ，把第二个式子乘以 $1-\lambda$，把结果相加，得到：

$$\lambda C(r^0,q) + (1-\lambda) C(r^1,q) \leqslant \lambda r^0 \cdot z^\lambda + (1-\lambda) r^1 \cdot z^\lambda = r^\lambda \cdot z^\lambda = C(r^\lambda,q)$$

(b) 利用包络定理，$\dfrac{\partial C}{\partial r_i} = z_i^*$。或者，根据前一问题，有：

$$C(r^0,q) = r^0 \cdot z^0 \leqslant r^0 \cdot z^1$$

因此：

$$C(r^1,q) - C(r^0,q) \leqslant r^1 \cdot z^0 - r^0 \cdot z^0 = (r^1 - r^0) \cdot z^0$$

并且，由于：

$$C(r^1,q) = r^1 \cdot z^1 \leqslant r^1 \cdot z^0$$

所以：

$$C(r^0,q) - C(r^1,q) \leqslant r^0 \cdot z^1 - r^1 \cdot z^1 = (r^0 - r^1) \cdot z^1$$

合并这两个不等式，得到：

$$(r^1-r^0)\cdot z^1\leqslant C(r^1)-C(r^0)\leqslant(r^1-r^0)\cdot z^0$$

如果只有投入品 j 的价格变化，我们可以把上式除以这一价格变化，得到：

$$z_j(r^1)\leqslant\frac{C(r^1)-C(r^0)}{r_j^1-r_j^0}\leqslant z_j(r^0)$$

根据假定，$z(r)$ 是连续函数。取极限，得到：

$$\frac{\partial C}{\partial r_j}=z_j(r)$$

对 r_i 求导，得到：

$$\frac{\partial}{\partial r_i}\frac{\partial C}{\partial r_j}=\frac{\partial z_j}{\partial r_i}(r)$$

重复上述过程，可以得到：

$$\frac{\partial C}{\partial r_i}=z_i(r)$$

于是：

$$\frac{\partial}{\partial r_j}\frac{\partial C}{\partial r_i}=\frac{\partial z_i}{\partial r_j}(r)$$

根据杨定理，求导顺序不重要，因此：

$$\frac{\partial z_i}{\partial r_j}(r)=\frac{\partial^2 C}{\partial r_i\partial r_j}=\frac{\partial^2 C}{\partial r_j\partial r_i}=\frac{\partial z_j}{\partial r_i}(r)$$

(c) 设 z^0 是在产量向量为 q^0 时的成本最小化投入品向量，z^1 是在产量向量为 q^1 时的成本最小化投入品向量。由于生产集是凸集，所以，生产方案 (z^λ,q^λ) 是可行生产方案。于是，生产 q^λ 的最小成本有上界，上界为：

$$r\cdot z^\lambda=(1-\lambda)r\cdot z^0+\lambda r\cdot z^1=(1-\lambda)C(q^0,r)+\lambda C(q^1,r)$$

就是说：

$$C(q^\lambda,r)\leqslant(1-\lambda)C(q^0,r)+\lambda C(q^1,r),\lambda\in[0,1]$$

习题 4.2－3：CES 生产函数

(a) 我们分析对偶问题：在总成本约束下最大化产量。拉格朗日函数为：

$$\mathcal{L}=\sum_{j=1}^{2}z_j^{\frac{1}{2}}+\lambda(C-r\cdot z)$$

一阶条件为：

$$\frac{\partial\mathcal{L}}{\partial z_j}=\frac{1}{2}z_j^{-\frac{1}{2}}-\lambda r_j=0$$

于是：

$$z_j=\frac{1}{4\lambda^2 r_j^2}$$

把这一结果代入到生产函数中，得到：

$$q=\sum_{j=1}^{2} z_j^{\frac{1}{2}}=\frac{1}{2\lambda}\sum_{j=1}^{2}\frac{1}{r_j}$$

从一阶条件中还能得到：

$$r_j z_j=\frac{1}{4\lambda^2}\frac{1}{r_j}$$

在 j 上加总，得到：

$$C=\sum_{j=1}^{2} r_j z_j=\frac{1}{4\lambda^2}\sum_{j=1}^{2}\frac{1}{r_j}$$

利用这两个式子剔除影子价格，得到：

$$C=\frac{q^2}{\sum_{j=1}^{2}\frac{1}{r_j}}$$

(b) 生产集为$\{(z,q)\mid q^{\frac{1}{2}}\leqslant z_1^{\frac{1}{2}}+z_2^{\frac{1}{2}}\}$。如果用 q 替换其中的 $q^{\frac{1}{2}}$，它就与(a)中的生产集完全一样。成本函数因此为：

$$C=\frac{q}{\sum_{j=1}^{2}\frac{1}{r_j}}$$

习题 4.2-5：边际成本与投入品价格无关

(a) 定义 $v=h(z_1)+z_2$。我们看对偶产量最大化问题：

$$\max_z\{F(h(z_1)+z_2)\mid r\cdot z\leqslant C\}$$

假设投入品 2 的最优数量为 0。则 $z_1>0$，一阶条件为：

$$\frac{\partial\mathcal{L}}{\partial z_1}=F'(v)h'(z_1)-\lambda r_1=0$$

$$\frac{\partial\mathcal{L}}{\partial z_1}=F'(v)-\lambda r_2\leqslant 0$$

消除影子价格，得到：

$$h'(z_1)\geqslant r_1/r_2$$

由于我们已经假定 $z_2=0$，所以，z_1 肯定随 q 上升。由于 $h(\cdot)$是凹函数并且 $h'(\infty)=0$，所以，对所有足够大的产量——因此对足够大的 z_1——$h'(z_1)<r_1/r_2$。但这与刚才得到的结论矛盾。因此，对足够大的产量，在 $z_2=0$ 时，一阶条件不可能成立。

(b) 假设 q 足够大从而保证两种投入品都严格为正。从生产函数中可以

得到：

$$F^{-1}(q)=h(z_1)+z_2$$

于是：

$$z_2=F^{-1}(q)-h(z_1)$$

总成本因此为：

$$C=r_1z_1+r_2(F^{-1}(q)-h(z_1))$$

总成本最小化的一阶条件为：

$$C'(z_1)=r_1-r_2h'(z_1)=0$$

因此，投入品 1 的成本最小化数量，只是投入品价格比率的函数，不是产量的函数。应用包络定理，得到边际成本：

$$\frac{\partial C}{\partial q}=r_2\frac{d}{dq}F^{-1}(q)$$

边际成本与 r_1 无关。

习题 4.2-7：短期或长期

勒·夏特利埃(Le Chatelier)原理的证明，只假定企业在某个具体市场上是价格接受者。因此，这一原理依然适用。

4.3 规模收益

习题 4.3-1：规模收益递增

对任意的 $\mu\in(0,1)$，$z=\frac{1}{\mu}(\mu z)$。由于 $\frac{1}{\mu}>1$ 并且 $F(\cdot)$ 具有规模收益递增特征，所以，$F\left(\frac{1}{\mu}\mu z\right)>\frac{1}{\mu}F(\mu z)$。整理得到 $F(\mu z)<\mu F\left(\frac{1}{\mu}\mu z\right)$。

习题 4.3-3：局部规模收益与全局规模收益

(a) 在 z 上，这一函数具有局部规模收益递增特征，如果弹性 $\varepsilon(F(\lambda z),\lambda)|_{\lambda=1}=\dfrac{z\cdot\frac{\partial F}{\partial z}(z)}{F(z)}>1$。根据前提，这一函数在 μz 上具有局部规模收益递增特征，因此：

$$\varepsilon(F(\lambda\mu z),\lambda)|_{\lambda=1}=\frac{\mu z\cdot\frac{\partial F}{\partial z}(\mu z)}{F(\mu z)}>1$$

最后要看到，$(F(\mu z),\mu)=\dfrac{\mu z\cdot\frac{\partial y}{\partial z}(\mu z)}{F(\mu z)}$。

(b) $\dfrac{\partial}{\partial\mu}\ln F(\mu z)=\dfrac{z\cdot\frac{\partial F}{\partial z}(\mu z)}{F(\mu z)}$。根据(a)，等号右边的项大于 $\frac{1}{\mu}$。

(c) 对任意的 $\lambda>1$，有：

$$\ln\frac{F(\lambda z)}{F(z)}=\ln F(\lambda z)-\ln F(z)=\int_1^\lambda \frac{\partial}{\partial\mu}\ln F(\mu z)\,d\mu$$

根据(b),上式最右边一项大于$\int_1^\lambda \frac{1}{\mu}d\mu=\ln\lambda$。因此,$\frac{F(\lambda z)}{F(z)}>\lambda$。

4.4 企业与行业分析

习题 4.4-1:社会最优

社会剩余为 $S(q)=B(q)-\sum_{j=1}^{n}C_j(q_j)$。

社会剩余最大化的必要条件为:

$$\frac{\partial S}{\partial q_j}=\frac{\partial B}{\partial q_j}-C_j'(q_j)\leqslant 0;\text{如果 } q_j>0,\text{则}\frac{\partial S}{\partial q_j}=\frac{\partial B}{\partial q_j}-C_j'(q_j)=0$$

需求价格函数 $p(q)$满足:

$$\frac{\partial B}{\partial q}(q)=p(q)$$

因此,当社会剩余最大化时,有:

$$p_j(q)-C_j'(q_j)\leqslant 0;\text{如果 } q_j>0,\text{则 } p_j(q)-C_j'(q_j)=0$$

习题 4.4-3:竞争性企业的规模

(a) $C=r\cdot z$。对 q 求导,得到:

$$MC=\frac{\partial C}{\partial q}=\sum_{j=1}^{n}r_j\frac{\partial z_j}{\partial q}=\sum_{j=1}^{n}\frac{r_jz_j}{q}\frac{q}{z_j}\frac{\partial z_j}{\partial q}=\sum_{j=1}^{n}\frac{r_jz_j}{q}\varepsilon(z_j,q)$$

整理得到:

$$MC=\sum_{j=1}^{n}\frac{r_jz_j}{q}\varepsilon(z_j,q)=\sum_{j=1}^{n}\frac{r_jz_j}{C}\frac{C}{q}\varepsilon(z_j,q)=AC\sum_{j=1}^{n}k_j\varepsilon(z_j,q)$$

在平均成本最低点,$MC=AC$。因此:

$$1=\sum_{j=1}^{n}k_j\varepsilon(z_j,q)$$

(b) 上式可以写为:

$$\sum_{j=1}^{n}k_j(\varepsilon(z_j,q)-1)=0$$

当 $n=2$ 时,或者两个弹性都等于 1 或者其中一个大于 1 且另一个小于 1。

(c) 由于 $r_2z_2=\frac{\beta}{\alpha}(r_1z_1-\alpha r_1)$,因而:

$$r_2z_2=\frac{\beta}{\alpha}r_1z_1,\ r_2\frac{\partial z_2}{\partial q}=\frac{\beta}{\alpha}r_1\frac{\partial z_1}{\partial q}$$

因此:

$$\frac{\beta}{\alpha}\frac{r_1z_1}{r_2z_2}>1,\ r_2z_2\frac{q}{z_2}\frac{\partial z_2}{\partial q}=\frac{\beta}{\alpha}r_1z_1\frac{q}{z_1}\frac{\partial z_1}{\partial q}$$

后一表达式可以写为：

$$\varepsilon(z_2,q)=\left(\frac{\beta}{\alpha}\frac{r_1z_1}{r_2z_2}\right)\varepsilon(z_1,q)$$

因此，$\varepsilon(z_2,q)>\varepsilon(z_1,q)$，因为$\frac{\beta}{\alpha}\frac{r_1z_1}{r_2z_2}>1$。

(d) 根据命题 4.4-2，MC 比 AC 上升得更快并且 r_2 上升。因此，在初始成本最小化产量水平上，MC>AC。所以说，随着 r_2 上升，平均成本最小化产量水平上升。

4.5 垄断定价

习题 4.5-1：区分消费者群体，实行差别定价

(a) 垄断企业的总利润为：

$$\Pi(p_1,p_2)=p_1q_1(p_1)+p_2q_2(p_2)-c(q_1+q_2)$$

其中，$q_j(p)=a_j-p$。内点最大值的一阶条件为：

$$\frac{\partial\Pi}{\partial p_j}=a_j-2p_j-c=0,j=1,2$$

因此，$p_j^*=\frac{1}{2}(a_j-c)$，$q_j^*=\frac{1}{2}(a_j+c)$。

(b) 如果买方能从任何一个地区购买而无需发生其他成本，则两个地区的价格肯定相同。因此：

$$\Pi(p)=pq_1(p)+pq_2(p)-c(q_1(p)+q_2(p))$$

只要 $p\leqslant a_1$，$q_j(p)=a_j-p$，$j=1,2$。对 $a_1\leqslant p\leqslant a_2$，$q_1(p)=0$，$q_2(p)=a_2-p$。因此：

$$\Pi=\begin{cases}(p-c)(a_1-p+a_2-p), & p\leqslant a_1\\(p-c)(a_2-p), & a_1\leqslant p\leqslant a_2\end{cases}$$

于是：

$$\Pi=\begin{cases}a_1+a_2-4p-2c, & p\leqslant a_1\\a_2-2p-c, & a_1\leqslant p\leqslant a_2\end{cases}\qquad(4.6-1)$$

首先看 $\max\{\Pi(p)\mid p\leqslant a_1\}$。根据(4.6-1)，得：

$$\frac{\partial\Pi}{\partial p}=4\left(\frac{1}{4}(a_1+a_2)-\frac{1}{2}c-p\right),p\leqslant a_1$$

如果：

$$\frac{\partial\Pi}{\partial p}(a_1)=4\left(\frac{1}{4}(a_1+a_2)-\frac{1}{2}c-p\right)<0$$

最大化问题就有内解。就是说，如果 $a_2<2c+3a_1$，最大化问题有内解。如果这一不等式不成立，则解就位于区间$[a_1,a_2]$。假设存在内解，则一阶条件为：

$$\frac{\partial\Pi}{\partial p}=a_2-2p-c=0$$

就是说，$p=\frac{a_2+c}{2}$。由于 $a_2\geqslant 2c+3a_1$，所以，$p\geqslant\frac{3}{2}(c+a_1)>a_1$。就是说，随着 a_2 增加至 $2c+3a_1$ 以上，利润最大化的价格水平发生不连续的跳跃。

第五章　一般均衡

5.1　鲁滨孙·克鲁索经济

习题 5.1-1：均衡

(a) $x=(y+\omega)=(y_1+147,y_2)$。因此，$-y_1=147-x_1$。替换生产函数中的 y，得到 $x_2=y_2=2(147-x_1)^{1/2}$。鲁滨孙的效用于是为 $U=x_1x_2=2x_1(147-x_1)^{1/2}$。取对数，求导，得到 $\frac{\partial}{\partial x_1}\ln U=-\frac{1}{147-x_1}+\frac{1}{2x_1}$。令导数等于 0，得到 $x_1^*=98$。于是，$y_1^*=x_1^*-\omega_1=-49$，$x_2^*=14$。

(b) 设价格向量为 p。生产集为 $Y=\left\{(y_1,y_2)\,\middle|\,y_1+\frac{1}{4}y_2^2\leqslant 0\right\}$。鲁滨孙求解如下问题：

$$\Pi=\max_y\left\{py\,\middle|\,y_1+\frac{1}{4}y_2^2\leqslant 0\right\}$$

在最优点，约束条件起作用；替换掉 y_1，把利润表示为下面的形式：

$$\pi(y_2)=-\frac{1}{4}p_1y_2^2+p_2y_2$$

利润最大化的一阶条件为：

$$\frac{\partial\pi}{\partial y_2}=-\frac{1}{2}p_1y_2+p_2=0$$

于是，粮食供给量为 $y_2=\frac{2p_2}{p_1}$。把这个结果代入生产函数中，劳动力需求为 $L_D=\left(\frac{p_2}{p_1}\right)^2$。劳动需求量要达到最优水平，要求 $\frac{p_2}{p_1}=\frac{1}{7}$。

习题 5.1　3：非凸经济中均衡的存在

(a) 生产集的边界 $y_1+\gamma+\frac{1}{8}y_2^2=0$ 可以写为：

$$y_2=\sqrt{8(-y_1-\gamma)}$$

这一函数的图见图 5.7-1 所示。加上禀赋 $\omega=(2\gamma,0)$，把函数的图水平向右移动 2γ。

(b) 克鲁索的消费向量为 $x=y+\omega$，其中，$y_1=-\gamma-\frac{1}{8}y_2^2$，所以，$x_1=\gamma-\frac{1}{8}y_2^2$。克鲁索的效用为：

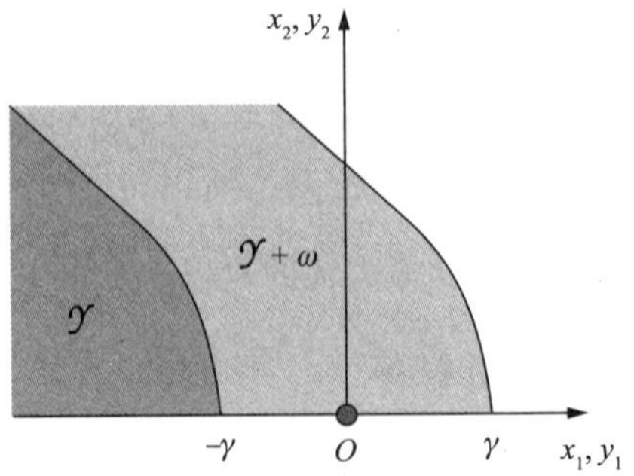

图 5.7－1　可行配置

$$U(x)=U(y+\omega)=y_1+2\gamma+\ln y_2=\gamma-\frac{1}{8}y_2^2+\ln y_2$$

一阶条件为：

$$-\frac{1}{4}y_2+\frac{1}{y_2}=0$$

于是，$y_2^*=2, y_1^*=-\gamma-\frac{1}{2}$。

(c)

$$y(p)=\arg\max_y\{p\cdot y \mid y\in Y\}$$

首先忽略产量为零的情况。则鲁滨孙求解如下最大化问题：

$$\max_{y2}\left\{p_1\left(-\gamma-\frac{1}{8}y_2^2\right)+p_2y_2\right\}$$

解得 $y_2=4\frac{p_2}{p_1}$。利润为：

$$\Pi(p)=2\frac{p_2^2}{p_1}-p_1\gamma=p_1\left(2\left(\frac{p_2}{p_1}\right)^2-\gamma\right)$$

上式为正当且仅当 $2\left(\frac{p_2}{p_1}\right)^2-\gamma\geqslant 0$。企业的供给曲线因此为：

$$y_2(p)=\begin{cases}0, & 2\left(\frac{p_2}{p_1}\right)^2\leqslant\gamma\\ 4\frac{p_2}{p_1}, & 2\left(\frac{p_2}{p_1}\right)^2\geqslant\gamma\end{cases}$$

这里要看到，这是个供给对应，因为在 $2\left(\frac{p_2}{p_1}\right)^2=\gamma$ 的临界点上，它是多值的。

(d) 如果存在瓦尔拉斯均衡，则均衡配置必然是有效率的配置。由于有效率的粮食产量为 2，所以，$4\frac{p_2}{p_1}=2$。就是说，如果存在瓦尔拉斯均衡，则均衡价格为$\frac{p_2}{p_1}=\frac{1}{2}$。

(e) 均衡利润为：

$$\Pi(p)=p_1\left(2\left(\frac{p_2}{p_1}\right)^2-\gamma\right)=p_1\left(\frac{1}{2}-\gamma\right)$$

(f) 就是说，瓦尔拉斯均衡存在当且仅当 $\gamma\leqslant\frac{1}{2}$。

5.2 生产经济中的均衡与效率

习题 5.2-1：柯布-道格拉斯经济

(a) 行业 j 中的企业成本最小化的一阶条件为：

$$\frac{\alpha_j}{r_1 z_{1j}^f}=\frac{1-\alpha_j}{r_2 z_{2j}^f}$$

整理得到：

$$\frac{z_{2j}^f}{z_{1j}^f}=\frac{1-\alpha_j}{\alpha_j}\frac{r_1}{r_2}$$

其中，$f=1,\cdots,F$。因此：

$$\frac{z_{2j}^f}{z_{1j}^f}=\frac{z_{2j}}{z_{1j}}$$

因此，存在某个 $\theta^f>0$ 使得 $z^f=\theta^f z$，其中，$\sum_{f=1}^F\theta^f=1$。因此：

$$\begin{aligned}q_j&=\sum_{f=1}^F q_j^f=\sum_{f=1}^F(\theta^f z_{1j})^{\alpha j}(\theta^f z_{2j})^{1-\alpha j}\\&=(z_{1j})^{\alpha j}(z_{2j})^{1-\alpha j}\sum_{f=1}^F\theta^f=(z_{1j})^{\alpha j}(z_{2j})^{1-\alpha j}\end{aligned}$$

(b)

$$\begin{aligned}U&=a_1\ln q_1+a_2\ln q_2\\&=a_1(\alpha_1\ln z_{11}+(1-\alpha_1)\ln z_{11})+a_2(\alpha_2\ln z_{12}+(1-\alpha_2)\ln z_{22})\end{aligned}$$

在约束条件 $z_{11}+z_{12}=\omega_1$ 和 $z_{21}+z_{22}=\omega_2$ 下，最大化效用。这里要看到，这一优化问题可以分拆为两个更简单的优化问题。第一个问题是：

$$\max_{z11,z12}\{a_1\alpha_1\ln z_{11}+a_2\alpha_2\ln z_{12}\mid z_{11}+z_{12}\leqslant\omega_1\}$$

解得：

$$(z_{11}^*,z_{12}^*)=\left(\frac{a_1\alpha_1\omega_1}{a_1\alpha_1+a_2\alpha_2},\frac{a_2\alpha_2\omega_1}{a_1\alpha_1+a_2\alpha_2}\right)$$

同理，可解得：

$$(z_{21}^*,z_{22}^*)=\left(\frac{a_1(1-\alpha_1)\omega_2}{a_1(1-\alpha_1)+a_2(1-\alpha_2)},\frac{a_2(1-\alpha_2)\omega_2}{a_1(1-\alpha_1)+a_2(1-\alpha_2)}\right)$$

(c) 根据(a)，得：

$$\frac{r_1}{\frac{\alpha_1}{z_{11}^*}}=\frac{r_2}{\frac{1-\alpha_1}{z_{21}^*}}$$

因此，$r=\left(\frac{\alpha_1}{z_{11}^*},\frac{1-\alpha_1}{z_{21}^*}\right)$是瓦尔拉斯均衡价格。

行业 j 的成本函数为：

$$C(q_j,r)=\left(\frac{r_1}{\alpha_j}\right)^{\alpha_j}\left(\frac{r_2}{1-\alpha_j}\right)^{1-\alpha_j}q_j$$

$$MC_j=AC_j=p_j=\left(\frac{r_1}{\alpha_j}\right)^{\alpha_j}\left(\frac{r_2}{1-\alpha_j}\right)^{1-\alpha_j}$$

习题 5.2-3:鲁滨孙遭遇星期五

(a) 由于两个消费者有相同偏好，我们看代表性消费者的决策问题。由于 $x_1=\omega_1-z_1, x_2=z_1^{\frac{1}{4}}$，代表性消费者的效用为：

$$U=\ln(\omega_1-z_1)+4a\ln z_1^{\frac{1}{4}}=\ln(\omega_1-z_1)+a\ln z_1$$

容易验证：$z_1^*=\frac{a\omega_1}{1+a}$。因此，$x^*=\left(\frac{\omega_1}{1+a},\left(\frac{a\omega_1}{1+a}\right)^{\frac{1}{4}}\right)$。

(b)代表性消费者的预算约束为：

$$p_1x_1+p_2x_2\leqslant p_1\omega_1+\Pi(p)$$

他的效用最大化问题于是为：

$$\max_x\{\ln x_1+4a\ln x_2\mid p_1x_1+p_2x_2\leqslant p_1\omega_1+\Pi(p)\}$$

一阶条件为：

$$\frac{1}{p_1x_1}=\frac{4a}{p_2x_2}=\lambda$$

整理得到：

$$\frac{p_1}{\frac{1}{x_1}}=\frac{p_2}{\frac{4a}{x_2}}$$

瓦尔拉斯均衡配置肯定是效率配置，因此，$x=x^*, p=\left(\frac{1}{x_1^*},\frac{4a}{x_2^*}\right)$是瓦尔拉斯均衡价格向量。

(c) 星期五没有任何利润。他的时间禀赋占总禀赋一半。他的最优消费束因此为：

$$x^F=\arg\max_x\left\{\ln x_1+4a\ln x_2\,\middle|\,p_1x_1+p_2x_2\leqslant p_1\left(\frac{1}{2}\omega_1\right)\right\}$$

一阶条件为：

$$\frac{1}{p_1x_1^F}=\frac{4a}{p_2x_2^F}=\frac{1+4a}{p_1x_1^F+p_2x_2^F}=\frac{1+4a}{\frac{1}{2}p_1\omega_1}$$

于是得到：

$$x_1^F=\frac{\omega_1}{2(1+4a)}$$

鲁滨孙对闲暇的需求为 $x_1^R=x_1^*-x_1^F=\left(\frac{1}{1+a}-\frac{1}{2(1+4a)}\right)\omega_1$。当 $a\to 0$ 时，这一结果收敛于$\frac{1}{2}\omega_1$。而且，当 a 大于零且足够小时，x_1^R 是 a 的增函数。但是，鲁滨孙的时间禀赋只有$\frac{1}{2}\omega_1$。所以，得对代表性消费者模型进行修正。

唯一的可能性是鲁滨孙把所有的时间禀赋都作为闲暇消费掉。就是说，星期五是提供劳动服务的唯一消费者。我们已经求得星期五的劳动力供给。对瓦尔拉斯均衡价格比率的选择必须使得企业对劳动力的需求为：

$$z_1^D=\underset{z1}{\arg\max}\{p_2z_1^{\frac{1}{4}}-p_1z_2\}=z_1^F=\frac{1}{2}\omega_1-x_1^F$$

5.3 均衡的存在性

习题 5.3-1：供给函数的连续性

首先证明利润最大化生产向量唯一。由于Y是紧集，$p\cdot y$ 连续，因此，最大化问题 $\max\limits_y\{p\cdot y\,|\,y\in Y\}$ 有解。为证明有唯一解，假设至少有两个解：y^0 和 y^1。则每个凸组合 y^λ 也都是解，因为 $p\cdot y^\lambda=(1-\lambda)p\cdot y^0+\lambda p\cdot y^0=p\cdot y^0$。由于$Y$严格凸，所以，每个凸组合 $y^\lambda\in\text{int}\,Y$。于是，对足够小的 $\delta\gg 0$，$y=y^\lambda+\delta\in Y$。于是，$p\cdot y=p\cdot y^\lambda+p\cdot\delta>p\cdot y^0$。这意味着 y^0 根本不是优化问题的解。因此，利润最大化反应是供给函数 $y(p)$。根据最大值定理(I)，这一函数连续。

习题 5.3-3：有最低消费门槛时均衡之存在或不存在

(a) 两个消费者有不同的位似偏好。根据第 5.2 节的讨论，帕累托效率配置如图 5.7-2 所示，并且，随着消费者 A 的效用上升，瓦尔拉斯均衡价格比率 p_1/p_2 沿着帕累托效率配置轨迹上升。最高的价格比率发生在 A 拥有全部禀赋的点 (ω,ω) 上。由于沿着 45°线，他的边际替代率为 α^A/β^A，所以，这是最大价格比率。同理，对消费者 B，最小价格比率为 α^B/β^B。

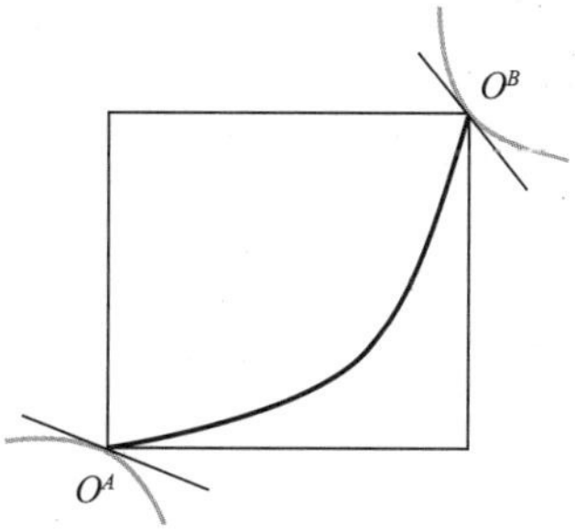

图 5.7-2　埃奇沃思图

(b) 在埃奇沃思图上，两个消费者的消费都不低于 γ 的唯一区域是图 5.7-3 中的正方形。重新定义单位使得 $U^h=\hat{x}_1^{\alpha^h}\hat{x}_2^{\beta^h}$。预算约束条件 $p\cdot x^h\leqslant p\cdot\omega^h$ 变为：

$$p\cdot\hat{x}^h=p_1(x_1^h-\gamma)+p_2(x_2^h-\gamma)\leqslant p_1(\omega_1^h-\gamma)+p_2(\omega_2^h-\gamma)=p\cdot\hat{\omega}^h$$

我们于是就能对图 5.7－3 埃奇沃思图内正方形中的点应用(a)中的答案。

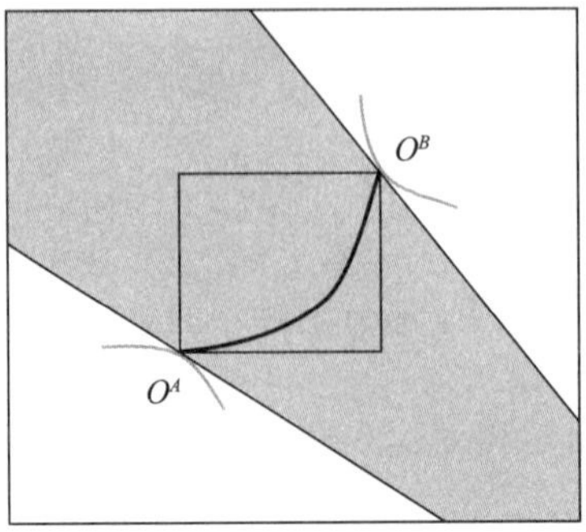

图 5.7－3　埃奇沃思图

根据第一福利定理，如果存在瓦尔拉斯均衡配置，它肯定是帕累托效率配置。就是说，对阴影区域以外的禀赋，不存在瓦尔拉斯均衡。

习题 5.3－5：无消费门槛时均衡的连续统

图 5.7－4 画出了埃奇沃思图。对阴影区域以外的帕累托效率配置，价格决定于更富有的消费者的斜率。沿着 45°线，A 的无差异曲线的斜率为 2，B 的无差异曲线的斜率为$\frac{1}{2}$。对阴影区域内部的帕累托效率配置，我们可以重新定义单位以使 $z_i=x_i-2$。偏好在 z 上是位似的；因此，根据前面的结论，我们可以断定，沿着帕累托效率轨迹，瓦尔拉斯均衡价格比率从$\frac{1}{2}$上升至 2。

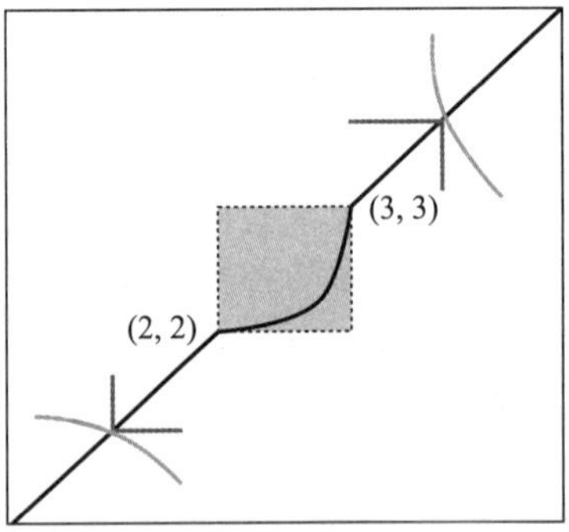

图 5.7－4　埃奇沃思图

沿用前一题中的证明思路，可证明在一个禀赋点上，存在着均衡的连续统。

5.4　公共品

习题 5.4－1：公共“厌恶品”

(a) 这里的问题是：

$$\max_{y,b}\{U(y,b)\mid G(y,b)\leqslant 0\}$$

拉格朗日函数为：

$$\mathcal{L}=U(y,b)-G(y,b)$$

一阶条件为：

$$\frac{\partial\mathcal{L}}{\partial y_j}=\frac{\partial U}{\partial y_j}(y,b)-\lambda\frac{\partial G}{\partial y_j}(y,b)=0,\quad j=1,2$$

$$\frac{\partial\mathcal{L}}{\partial b}=\frac{\partial U}{\partial b}(y,b)-\lambda\frac{\partial G}{\partial b}(y,b)=0$$

(b) 对两种商品引入价格 p_1 和 p_2，引入污染税 t。企业的优化问题于是为：

$$\max_{y,b}\{p\cdot y-tb\,|\,G(y,b)\leqslant 0\}$$

拉格朗日函数为：

$$\mathcal{L}=p\cdot y-tb-\mu G(y,b)$$

一阶条件为：

$$\frac{\partial\mathcal{L}}{\partial y_j}=p_j-\mu\frac{\partial G}{\partial y_j}(y,b)=0,\quad j=1,2$$

$$\frac{\partial\mathcal{L}}{\partial b}=-t-\mu\frac{\partial G}{\partial b}(y,b)=0$$

消费者让每一元钱的边际效用相等，即：

$$\frac{\dfrac{\partial U}{\partial y_1}}{p_1}=\frac{\dfrac{\partial U}{\partial y_2}}{p_2}$$

(c) 容易验证，在 $\dfrac{\partial U}{\partial y_j}=vp_j$ 和 $\mu=v/\lambda$，这些条件正是最优解上的一阶条件。

(d) 我们可以直接推广上述分析。新的优化问题为：

$$\max_{y,b}\left\{U(y,b)\;\middle|\;\sum_{f=1}^{2}b^f\leqslant b,G^f(y,b)\leqslant 0,f=1,2\right\}$$

(e) 政府的干预创造了一种新商品即“污染权”，政府使这种商品的禀赋等于最优污染水平。对接受价格的企业，污染权实际上是第三种投入品。当对污染权的需求等于固定的供给量时，市场出清，就是说，所增加的污染权市场行使了直接征税的功能。

5.5　均衡期货价格

习题 5.5-1：鲁滨孙·克鲁索经济

(a) 定义 $u=2\ln U=\ln x_1+\ln x_2$。由于效用函数严格递增，所以，$x_2=y_2$。因此：

$$u=\ln(108-z_1)+\ln 12+\frac{1}{2}\ln z_1$$

一阶条件为：

$$\frac{1}{108-z_1}=\frac{\frac{1}{2}}{z_1}=\frac{\frac{3}{2}}{108}$$

得到：

$$z_1^* = 36$$
$$x^* = (72, 72)$$

(b) 企业的利润为：

$$\Pi(p) = \max_{z_1}\{-p_1 z_1 + p_2 12 z_1^{1/2}\} = p_1 \max_{z_1}\left\{-z_1 + \frac{p_2}{p_1} 12 z_1^{1/2}\right\}$$

一阶条件为：

$$-1 + 6\frac{p_2}{p_1} z_1^{-1/2} = 0$$

得到：

$$z_1(p) = 36\left(\frac{p_2}{p_1}\right)^2$$

(c) 瓦尔拉斯均衡配置是帕累托效率配置。设 $\bar{p}$ 是均衡价格向量。则 $z_1(\bar{p}) = z_1^* = 36$，$\bar{p} = (1,1)$ 于是就是瓦尔拉斯均衡价格向量。均衡利润为 $\Pi(\bar{p}) = 36$。

代表性消费者的预算约束为：

$$p \cdot x \leqslant p_1 108 + \Pi(p)$$

令 $p = \bar{p}$，得到：

$$x_1 + x_2 \leqslant 144$$

(d) 设 r 是实际利率。就是说，在时期 1 放弃 1 件商品，消费者在时期 2 增加 $1+r$ 件商品。在时期 1，企业借入 z_1，在时期 2 赚得 $12z_1^{1/2}$。企业的最大现值因此为：

$$\Pi(r) = \max\left\{-z_1 + \frac{12 z_1^{1/2}}{1+r}\right\}$$

这一结果与 $1+r = \frac{p_1}{p_2}$ 时，现货和期货市场的瓦尔拉斯均衡中的结果一样。因此，均衡“实际”利率为零。

习题 5.5-3：理性预期均衡

(a) 设 $x_t = (x_{t1}, x_{t2})$ 是时期 t 的消费。于是：

$$x_{11} = \omega_{11} - z_{11},\ x_{12} = \omega_{12} - z_{12},\ x_{21} = 2z_{11} + \omega_{12},\ x_{22} = 4z_{12} + \omega_{22}$$

代入效用函数中，得到：

$$U = 2\ln(120 - z_{11}) + \ln(120 - z_{12}) + \ln(2z_{11} + 120) + \frac{1}{2}\ln(4z_{12} + 120)$$

一阶条件为：

$$\frac{\partial U}{\partial z_{11}} = -\frac{2}{120 - z_{11}} + \frac{1}{2z_{11} + 120} \leqslant 0;\text{如果 } z_{11} > 0\text{，则}\frac{\partial U}{\partial z_{11}} = 0$$

$$\frac{\partial U}{\partial z_{21}}=-\frac{1}{120-z_{21}}+\frac{4}{4z_{21}+120}\leqslant 0\text{；如果 } z_{21}>0\text{，则}\frac{\partial U}{\partial z_{21}}=0$$

容易验证，对所有的 $z_{11}\geqslant 0$，$\frac{\partial U}{\partial z_{11}}<0$；并且，在 $z_{12}=45$ 时，第二个条件得到满足。因此，最优消费向量为 $(x_1^*,x_2^*)=(120,120,75,300)$。

(b) 首先探讨存在现货和期货价格的经济。效用最大化的一阶条件为：

$$\frac{\partial U}{\partial x}=\left(\frac{2}{x_{11}^*},\frac{1}{x_{21}^*},\frac{1}{x_{12}^*},\frac{\frac{1}{2}}{x_{22}^*}\right)=\left(\frac{1}{60},\frac{1}{120},\frac{1}{75},\frac{\frac{1}{2}}{300}\right)=\lambda p$$

如果 $p_{11}=1$，则 $\lambda=\frac{1}{60}$。因此：

$$p=\left(1,\frac{1}{2},\frac{4}{5},\frac{1}{8}\right)$$

(c) 如果利率为零，则现货价格向量为 $p_1=\left(1,\frac{1}{2}\right)$，未来的现货价格向量为 $p_2^{fs}=(1+r)p_2=p_2=\left(\frac{4}{5},\frac{1}{8}\right)$。现货价格不再是未来的现货价格的指导。就是说，代表性消费者很难预测到这一经济未来的现货价格。

习题 5.5－5：两时期模型中的瓦尔拉斯均衡

(a)

$$U(x)=\ln x_{11}+2\ln x_{21}+\delta\ln x_{12}+2\delta\ln x_{22}$$

如果没有储存服务，则禀赋点上的梯度向量肯定与瓦尔拉斯均衡价格向量成正比。就是说：

$$\frac{\partial U}{\partial x}(\omega)=\left(\frac{1}{\omega_{11}},\frac{2}{\omega_{21}},\frac{\delta}{\omega_{21}},\frac{2\delta}{\omega_{22}}\right)=\left(\frac{1}{2},1,\delta,2\delta\right)=\lambda p$$

因此，$p=\left(\frac{1}{2},1,\delta,2\delta\right)$ 是瓦尔拉斯均衡价格向量。

(b) 现货价格向量为 $p_1=\left(\frac{1}{2},1\right)$，期货价格向量为 $p_2=(\delta,2\delta)$，未来的现货价格向量为 $p_2^{fs}=(1+r)(\delta,2\delta)=(1+r)2\delta\left(\frac{1}{2},1\right)$。当 $(1+r)2\delta=1$ 时，即 $1+r=\frac{1}{2\delta}$ 时，现货价格与未来的现货价格相等。

(c) 储藏 z_{11} 件商品 1 和 z_{21} 件商品 2，所能实现的利润为：

$$(p_{12}-p_{11})z_{11}+(p_{22}-p_{21})z_{21}$$

最优配置为瓦尔拉斯均衡配置。就是说，如果最优配置涉及储存，则利润肯定在 $z\gg 0$ 上达到最达。因此，$p_{12}=p_{11}$，$p_{22}=p_{21}$。

(d) 如果没有储存，则瓦尔拉斯均衡价格为 $p=\left(\frac{1}{2},1,\delta,2\delta\right)$。储藏 z_{11} 件商

品 1 和 z_{21} 件商品 2，所能实现的利润为：

$$(p_{12}-p_{11})z_{11}+(p_{22}-p_{21})z_{21}=\left(\delta-\frac{1}{2}\right)z_{11}+(2\delta-1)z_{21}$$

就是说，利润最大化选择为无储存当且仅当 $\delta\leqslant\frac{1}{2}$。

5.6 规模收益固定时的均衡

习题 5.6-1：市场调整过程

设投入品 1 是劳动力，则相对于商品 B，商品 A 是劳动力密集型。设 r 是瓦尔拉斯均衡投入品价格向量。如果投入品 1 的供给量上升，就存在超额供给，导致 r_1 向下移动，降低了两个行业中的平均生产成本与边际生产成本，因此，这两个行业都有动机扩张。增加劳动力投入，提高了两个行业中投入品 2 的边际产出，所以，存在对投入品 2 的超额需求。投入品 2 的价格因此肯定上升，直至对其中一个行业而言，紧缩能增加利润。由于行业 1 是投入品 1 密集型产业，它的单位成本下降更多；因此，行业 2 紧缩。行业 2 的紧缩和行业 1 的扩张持续下去。这给投入品 1 的价格造成上升压力，给投入品 2 的价格造成下降压力。根据命题 5.6-3，如果两种商品都被生产，则在长期里，两种投入品的价格肯定回到它们的初始水平上。

如果劳动力供给量增加很多，则产业 B 完全消失，这个经济专业于生产商品 A。如图 5.6-5 所示，均衡成本线与等产量线在 $\bar{z}$ 上相切。在规模收益固定时，斜率在射线上固定；就是说，随着劳动力供给量上升，工资-租赁价格肯定下降。

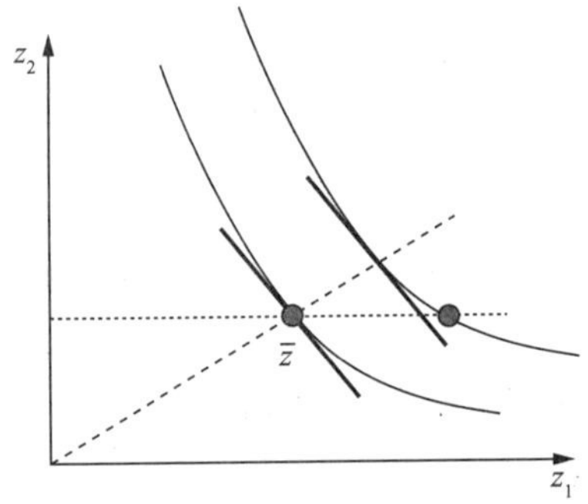

图 5.6-5 存在专业化时，投入品价格的变化

习题 5.6-3：罗伯津斯基定理的推论

从罗伯津斯基定理的推导中，我们知道，$q_A v_{A1}+q_B v_{B1}=\hat{z}_1$。因此：

$$dq_A v_{A1}+dq_B v_{B1}=d\hat{z}_1$$

根据罗伯津斯基定理，$dq_B<0$。因此，$dq_A v_{A1}>d\hat{z}_1$。于是：

$$\frac{\hat{z}_1}{q_A}\frac{dq_A}{d\hat{z}_1}>\frac{\hat{z}_1}{q_A v_{A1}}=\frac{dq_A v_{A1}+dq_B v_{B1}}{q_A v_{A1}}>1$$

习题 5.6-5：哪个投入品价格向量？

(a) 由于 $F_A(v_A)=F_A(8,8)=1$，所以，我们得到了单位等产量线。由于

$r \cdot v_A = 1 = p_A$，我们得到了单位支出等产量线。对商品 B，成本份额相等——这是对称柯布-道格拉斯生产函数的标准结论。由于当投入品向量为 $v_B = (5,20)$ 时，每种投入品的总成本为 $\frac{1}{2}$，所以，它有效率。由于产量为 1 并且商品 B 的价格为 1，所以，它是商品 B 的单位支出等产量线。图 5.6－6 画出了两种商品的单位支出等产量线和每一元钱支出的成本线。

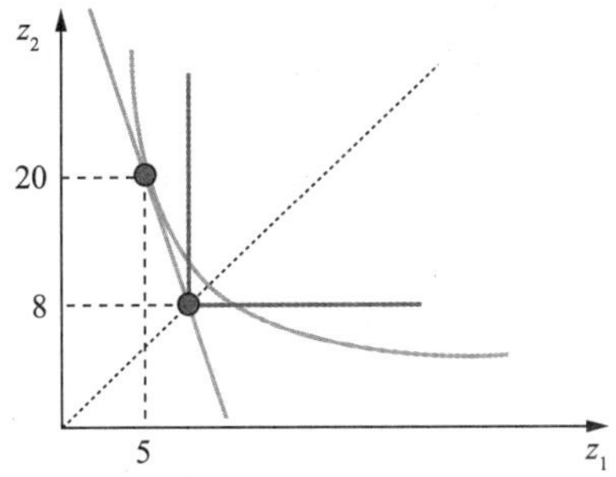

图 5.6－6　一元钱支出的等产量线与等成本线

(b) 图 5.6－7 画出了另一条均衡成本线。由于等产量线对称，因此，均衡投入品价格向量肯定为 $r' = \left(\frac{1}{40}, \frac{1}{10}\right)$。

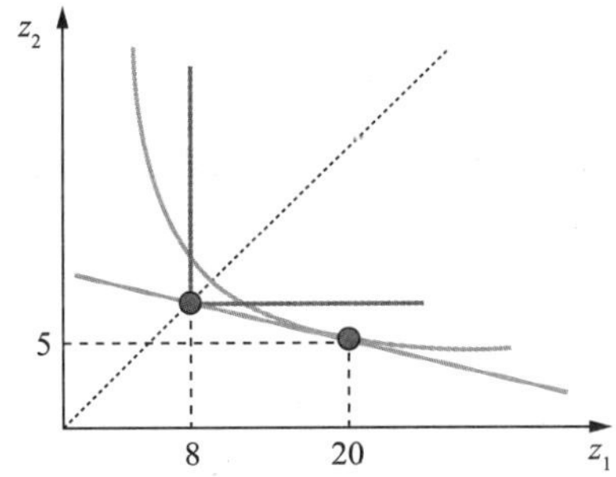

图 5.6－7　另一条均衡等成本线

(c) 给定(a)中得到的单位投入品需求，对投入品的总需求为：

$$\begin{bmatrix} 8 & 5 \\ 8 & 20 \end{bmatrix} \begin{bmatrix} q_A \\ q_B \end{bmatrix} = q_A \begin{pmatrix} 8 \\ 8 \end{pmatrix} + q_B \begin{pmatrix} 5 \\ 20 \end{pmatrix}$$

就是说，投入品需求是斜率为 1 和 4 的两个向量的正加权平均。给定(a)中得到的单位投入品需求，对投入品的总需求为：

$$\begin{bmatrix} 8 & 20 \\ 8 & 5 \end{bmatrix} \begin{bmatrix} q_A \\ q_B \end{bmatrix} = q_A \begin{pmatrix} 8 \\ 8 \end{pmatrix} + q_B \begin{pmatrix} 20 \\ 5 \end{pmatrix}$$

就是说，投入品需求是斜率为 1 和 1/4 的两个向量的正加权平均。由于供给比率为 1/2，所以，只有第二种情况与均衡一致。

(d) 现在,供给比率为 2,所以,只有第一种情况与均衡一致。因此,$r=\left(\frac{1}{10},\frac{1}{40}\right)$。

第六章　动态优化

6.1　生命周期消费与财富

习题 6.1-1:最优财富积累

(a) 图 6.6-1 画出了相位图 6.1-2。我们看始自 B 点满足增长方程和一阶条件 $u'(x_t)=u'(x_{t+1})(1+r)\delta$ 的列 $\{x_t,W_t\}$。对这条路径和 B 点上方虚线上开始的所有路径,(在相位 II 中),财富在下降。对于自 B 点下方开始的那些路径,财富在开始时上升。

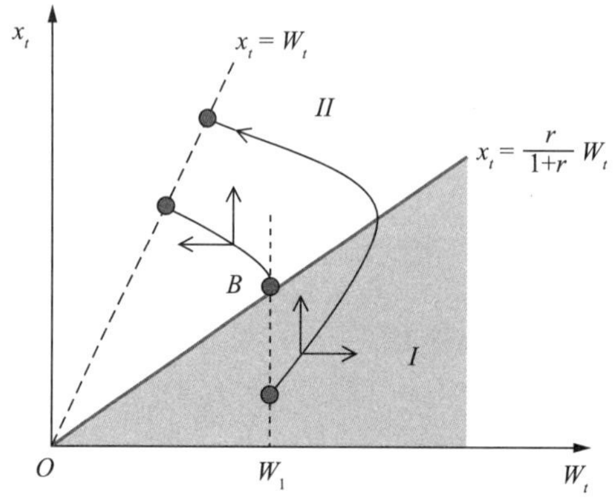

图 6.6-1　$(1+r)\delta>1$ 时的消费-财富相位图

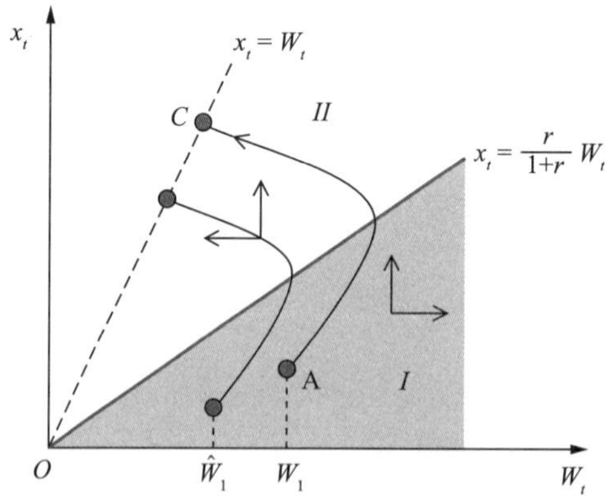

图 6.6-2　$(1+r)\delta>1$ 时的消费-资本相位图

(b) 在最后时期,$x_T=W_T$,就是说,最优路径肯定结束于虚线上。这里要看到,如果第一个时期的消费更高,则在所有时期里,消费都更高。财富因此下降得更快。因此,自 B 点上方开始的路径更快地到达终点线,并因此是时域很短的路径。因此,存在唯一的时期 1 消费使得 $x_T=W_T$。在图 6.6-2 中,最优路径为曲线 AC。这里还要看到,因为优化问题是凹的,所以,一阶条件既是必要也是充分条件。正如(a)中的答案所指出的，长时域路径始自 B 点右下方，所以，如果 T 足够大，则财富在开始时增长。

(c) 设在 $R=T$ 时，$\{x_t, W_t\}$ 最优；在 $R<T$ 时，$\{\hat{x}_t, \hat{W}_t\}$ 最优。考虑到退休，初始总财富更低，就是说，$\hat{W}_1<W_1$，见图 6.6－2。根据一阶条件，$\{\hat{x}_t\}\geqslant\{x_t\}$ 或者 $\{\hat{x}_t\}<\{x_t\}$。由于消费的现值必须等于第一时期的财富，所以，$\{\hat{x}_t\}<\{x_t\}$。因此，$\hat{x}_T<x_T$。最后要看到，最后时期的消费与财富相等。因此，$\hat{W}_T<W_T$。

习题 6.1－3：多种商品和对数偏好条件下的最优储蓄

(a) 总财富增长方程为：

$$W_{t+1}=(1+r)(W_t-p\cdot x_t)=(1+r)(W_t-c_t)$$

最优支出列因此为：

$$\{\bar{c}_t\}_{t=1}^{T}=\underset{\{c_t\}}{\arg\max}\left\{\sum_{t=1}^{T}\delta^{t-1}v(p_t,c_t)\mid W_{t+1}=(1+r)(W_t-c_t)\right\}$$

时期 t 间接效用函数为：

$$v(p_t,c_t)=\max_{x_t}\left\{\sum_{j=1}^{n}\alpha_j\ln x_{jt}\mid p_t\cdot x_t\leqslant c_t\right\}$$

对这一柯布-道格拉斯优化问题，解满足：

$$p_{jt}\bar{x}_{jt}=\alpha_j c_t$$

因此：

$$v(p_t,c_t)=\sum_{j=1}^{n}\alpha_j\ln\left(\frac{\alpha_j}{p_{jt}}c_t\right)=\ln c_t+\sum_{j=1}^{n}\alpha_j\ln\left(\frac{\alpha_j}{p_{jt}}\right)$$

右边第二项为常数。因此，上述优化问题可以写为：

$$\max_{\{c_t\}}\left\{\sum_{t=1}^{T}\delta^{t-1}\ln c_t\mid W_{t+1}=(1+r)(W_t-c_t)\right\}$$

(b) 由于 $\overline{W}_{T+1}=0$，约束条件可以合并为一个终生预算约束条件：

$$\sum_{t=1}^{T}\frac{c_t}{(1+r)^{t-1}}=W_1$$

于是：

$$\{\bar{c}_t\}_{t=1}^{T}=\underset{\{c_t\}}{\arg\max}\left\{\sum_{t=1}^{T}\delta^{t-1}v(p_t,c_t)\;\middle|\;\sum_{t=1}^{T}\frac{c_t}{(1+r)^{t-1}}=W_1\right\}$$

一阶条件简化为：

$$c_{t+1}=(1+r)(1+r)c_t$$

代入到预算约束中，得到：

$$\sum_{t=1}^{T}c_1\delta^{t-1}=c_1\frac{1-\delta^T}{1-\delta}=W_1$$

得到：

$$\bar{c}_1=\frac{1-\delta}{1-\delta^T}W_1$$

于是：

$$\bar{c}_t=((1+r)\delta)^{t-1}\frac{1-\delta}{1-\delta^T}W_1$$

由于：

$$p_{jt}\bar{x}_{jt}=\alpha_j\bar{c}_t$$

我们于是能求解出时期 t 的最优消费束。

（c）第一时期的消费为：

$$\bar{c}_1=\frac{1-\delta}{1-\delta^T}W_1>(1-\delta)W_1$$

由于消费以 $(1+r)\delta$ 的速度增长，t 时期的总支出因此为：

$$c_t=((1+r)\delta)^{t-1}\bar{c}_1>((1+r)\delta)^{t-1}(1-\delta)W_1$$

给定固定的现货价格，每种商品的消费随着 t 的增长而增长且无上界。

6.2 一族动态优化问题

习题 6.2－3：线性效用

（a）有限时域问题为：

$$\max_c\left\{\sum_{t=1}^{T}\delta^{t-1}c_t\,|\,W_{t+1}=(1+r)(W_t-c_t)\right\}$$

我们可以合并所有的财富积累约束条件为一个终生预算约束：

$$\sum_{t=1}^{T}\frac{c_t}{(1+r)^{t-1}}\leqslant W_1$$

这一优化问题的拉格朗日函数为：

$$\mathcal{L}=\delta^{t-1}c_t+\lambda\left(W_1-\sum_{t=1}^{T}\frac{c_t}{(1+r)^{t-1}}\right)=\sum_{t=1}^{T}\frac{1}{(1+r)^{t-1}}[((1+r)\delta)^{t-1}-\lambda]+\lambda W_1$$

这是个凹函数，所以，必要条件亦是充分条件。一阶条件为：

$$\frac{\partial\mathcal{L}}{\partial c_t}=\frac{1}{(1+r)^{t-1}}[((1+r)\delta)^{t-1}-\lambda]\leqslant 0;\text{如果 } c_t>0,\text{则}\frac{\partial\mathcal{L}}{\partial c_t}=0$$

这个条件对所有的 t 都成立；因此，$((1+r)\delta)^{T-1}-\lambda\leqslant 0$。于是，对所有的 $t<T$，这一不等式为严格不等式；因此，对 $t<T$，$\bar{c}_t=0$。就是说，消费者积攒所有财富直至最后一个时期，然后在最后一个时期，将其全部消费完。

（b）但是，这不可能是无限时域问题的解，因为它意味着消费者得永远等待下去。和消费者在时期 1 消费掉全部财富相比，这显然是个更糟的结果。因此，对无限时域优化问题，无解。

6.3 拉姆齐问题

习题 6.3-1：最优投资

(a) 给定资本存量 K^i，设 z^i 最优，$i=0,2$。定义凸组合 z^λ 与 K^λ。则：

$$N(K^\lambda)=\max_z\{R(K^\lambda,z)-r\cdot z\}\geqslant R(K^\lambda,z^\lambda)-r\cdot z^\lambda$$

由于 $R(K,z)$ 是严格凹函数，$-r\cdot z$ 是凹函数，所以，$R(K,z)-r\cdot z$ 是严格凹函数。因此：

$$\begin{aligned}R(K^\lambda,z^\lambda)-r\cdot z^\lambda &>(1-\lambda)(R(K^0,z^0)-r\cdot z^0)+\lambda(R(K^1,z^1)-r\cdot z^1)\\&=(1-\lambda)N(K^0)+\lambda N(K^1)\end{aligned}$$

合并这两个不等式，我们看到，$N(K)$ 是严格凹函数。

(b) 企业求解如下最大化问题：

$$\max_{\{x_t,K_t\}}\left\{\sum_{\tau=1}^{\infty}\left(\frac{1}{1+r}\right)^{\tau-1}(N(K_t)-C(x_t))\mid K_{t+1}=(1-\theta)K_t+x_t,t=1,\cdots,T\right\}$$

(c) 从增长方程两边同减去 K_t，得到：

$$K_{t+1}-K_t=x_t-\theta K_t$$

就是说，资本增长当且仅当 $x_t-\theta K_t>0$。

(d) 如果 K^*_{T+1} 是最优的，则解肯定也是如下 T 阶段优化问题的解：

$$\max_{\{x_t,K_t\}}\left\{\sum_{t=1}^{T}\left(\frac{1}{1+r}\right)^{t-1}(N(K_t)-C(x_t))\mid K_{t+1}=(1-\theta)K_t+x_t,t=1,\cdots,T,K_{T+1}\geqslant K^*_{T+1}\right\}$$

构造拉格朗日函数：

$$\mathcal{L}=\sum_{t=1}^{T}\left(\frac{1}{1+r}\right)^{t-1}(N(K_t)-C(x_t))+\sum_{t=1}^{T}\lambda_t((1-\theta)K_t+x_t-K_{T+1})$$

给定我们的假定，投资严格为正。一阶条件因此为：

$$\frac{\partial\mathcal{L}}{\partial x_t}=-\left(\frac{1}{1+r}\right)^{t-1}C'(x_t)+\lambda_t=0 \qquad (6.6-1)$$

$$\frac{\partial\mathcal{L}}{\partial K_t}=\left(\frac{1}{1+r}\right)^{t-1}N'(K_t)-\lambda_{t-1}+\lambda_t(1-\theta)=0 \qquad (6.6-2)$$

我们很容易求得必要条件：

$$N'(K_t)=(1+r)C'(x_{t-1})-(1-\theta)C'(x_t) \qquad (6.6-3)$$

从上式两边同减去 $(r-\theta)C'(x_t)$，得到：

$$N'(K_t)-(r-\theta)C'(x_t)=(1-\theta)(C'(x_{t-1})-C'(x_t))$$

由于成本函数严格凸，所以：

$$x_t>x_{t-1}\Leftrightarrow N'(K_t)<(r+\theta)C'(x_t)$$

(e) 图 6.6-3 画出了相位图。

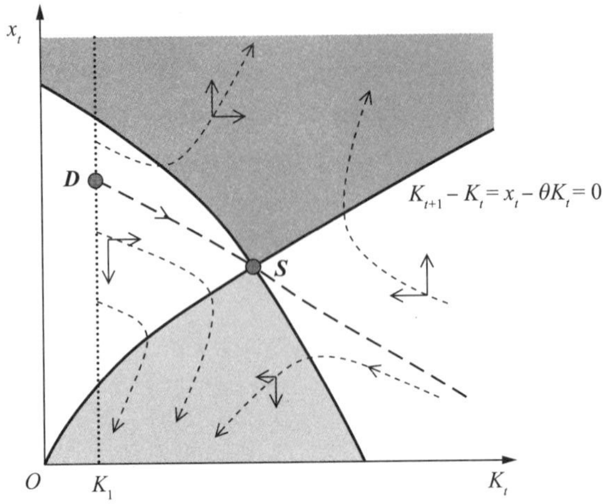

图 6.6-3　相位图

(f) 从相位图中可以看出,存在唯一的路径趋向稳态点 S。根据(6.6-1),沿着这条路径,影子价格下降,趋于零。就是说,横截性条件得到满足。因此,路径 DS 画出了无限时域问题的解。

这背后的道理很好理解。由于更快的投资速度意味着更高的成本,所以,应该把资本积累分摊到许多个时期中。但是,投资的收益在开始时——当资本品的边际产出收益最高时——最大。所以,投资在开始时最高。

稳态分析

在无限时域时,有唯一路径收敛于鞍点 S。对此还有另一种理解方式。假设我们只比较稳态路径。就是说,企业选择稳态路径$(\bar{K},\bar{x})$,在这一路径上,新投资正好抵消折旧。于是,在每个时期里,产量相同,价格也相同。于是就有一个很容易回答的问题:对 $t=1,2,\cdots$,什么样的稳态资本存量 $K_t=\bar{K}$ 产生最高的稳定(或稳态)利润。为回答这一问题,我们看资本存量上升一个单位所实现的边际收益和边际成本。要维持稳定状态,每个时期的毛投资需要增加 $\theta C'(\bar{x})$,从而抵消与更高资本存量相联系的更高折旧。理解这一成本的最简单的方式是假定企业借入资金进行新增投资。于是,在每个时期,它得支付利息成本 $rC'(\bar{x})$,同时还要发生额外折旧。在收益一方,所增加的资本实现边际净收入 $N'(\bar{K})$。因此,利润最大化的稳态$(\bar{K},\bar{x})$满足:

$$N'(\bar{K})=(r+\theta)C'(\bar{x})$$

其中,$\bar{x}=\theta\bar{K}$。这就是鞍点 S。

习题 6.3-3:最优投资的比较动态特征

在每一种情况中,我们首先确定参数变化对相位边界曲线的影响。消费增长相位的边界为:

$$N'(K_{t+1})=(r+\theta)C'(x_t) \tag{6.6-4}$$

资本增长的相位边界为 $x_t=\theta K_{t+1}$。

(a) 投资成本上升，抬高了(6.6-4)右边的项。因此，保持 K_{t+1} 不变，x_t 肯定下降。因此，消费增长相位边界向下移动。新的稳态 S' 因此位于 S 的右下方，见图 6.6-4。因此，长期资本存量与投资都更低。新的最优路径向下倾斜，因此位于 S 下方。就是说，在短期中，对意外参数变化的初始反应是投资下降得更大。然后，投资稳步上升。

这背后的道理很简单。当资本更新成本上升时，长期资本存量必须下降直至资本品的边际产出上升得足够高，足以抵消更高的边际成本。在长期中，投资下降的幅度小，因为随着资本存量下降，资本品的边际产出上升。

(b) 利率上升，也抬高消费增长方程右边的项。因此，这种情况中的分析与(a)几乎完全一样。

(c) 如果折旧率下降，则资本增长相位边界向下移动，消费增长相位边界向上移动。因此，新的稳态资本存量更高。投资在开始时增长得最快。随着资本存量不断增加，资本品的边际产出下降，因此，进一步增加资本存量的动力下降。就是说，投资速度在时间上稳步下降。

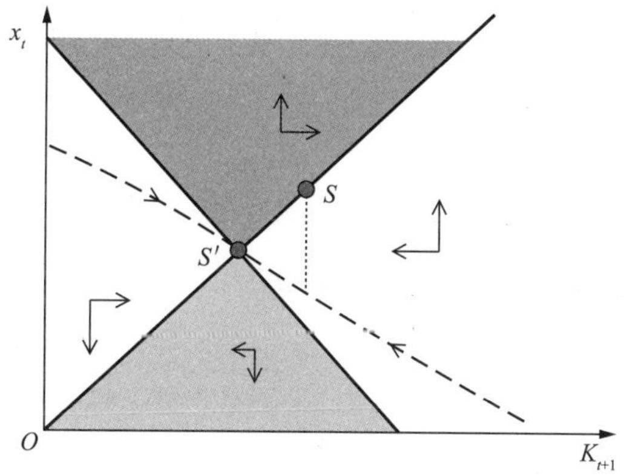

图 6.6-4　资本更新成本上升

6.4　动态优化

习题 6.4-1：求解值函数

(a)

$$V(K_1)=\max_{c_1,K_2}\{\ln c_t+\beta\delta\ln K_2 \mid c_1+K_2=K_1^\alpha\}$$

把约束条件代入目标函数中，得到：

$$V(K_1)=\max_{c_1}\{\ln c_t+\beta\delta\ln(K_1^\alpha-c_1)\}$$

一阶条件为：

$$\frac{1}{c_1}=\frac{\alpha\beta\delta}{K_2}=\frac{\alpha\beta\delta}{K_1^\alpha-c_1}=\frac{1+\alpha\beta\delta}{K_1^\alpha}$$

得到：

$$c_1=\frac{1}{1+\alpha\beta\delta}K_1^\alpha,K_1^\alpha-c_1=\frac{\alpha\beta\delta}{1+\alpha\beta\delta}K_1^\alpha$$

(b) 将这些结果代入目标函数中，得到：

$$V(K_1)=\ln K_1^{\alpha}+\beta\delta\ln K_1^{\alpha}+\text{常数}=\alpha(1+\beta\delta)\ln K_1+\text{常数}$$

如果 $\alpha(1+\beta\delta)=\beta$，就是说，如果 $\beta=\dfrac{\alpha}{1-\alpha\delta}$，这一猜测就是正确的。

根据一阶条件，$c_1=\dfrac{1}{1+\alpha\beta\delta}K_1^{\alpha}$。替换其中的 β，得到：

$$c_t=\frac{1-\alpha\delta}{1+\alpha\delta(1-\alpha)}K_t^{\alpha}$$

习题 6.4-3：求解 *AK* 模型

(a) 根据增长方程，得：

$$x_t=AK_t-K_{t+1}$$

$$x_{t+1}=AK_{t+1}-K_{t+2}\Rightarrow\frac{x_{t+1}}{A}=K_{t+1}-\frac{K_{t+2}}{A}$$

$$x_{t+2}=AK_{t+2}-K_{t+3}\Rightarrow\frac{x_{t+2}}{A^2}=K_{t+2}-\frac{K_{t+3}}{A^2}$$

在 t 上求和，得到：

$$x_t+\frac{x_{t+1}}{A}+\cdots+\frac{x_T}{A^{T-t-1}}=AK_t$$

(b) 有限时域模型的拉格朗日函数因此为：

$$\mathcal{L}=\sum_{t=1}^{T}u_t(x_t)+\mu\left(AK_1-x_1-\frac{x_2}{1+r}-\cdots-\frac{x_T}{(1-r)^{T-1}}\right)$$

其中：

$$u_t(x_t)=\frac{\sigma}{\sigma-1}\delta^{t-1}x_t^{1-\frac{1}{\sigma}}$$

$\sigma\neq1$。

一阶条件为：

$$\frac{\partial\mathcal{L}}{\partial c_t}=\delta^{t-1}x_t^{\frac{1}{\rho}}-\frac{\mu}{A^{t-1}}=0$$

因此：

$$\left(\frac{x_{t+1}}{x_t}\right)^{\frac{1}{\sigma}}=A\delta$$

得到：

$$\frac{x_{t+1}}{x_t}=(A\delta)^{\sigma}\equiv1+\gamma$$

(c) 在时点 t 上，消费者面对的约束为：

$$x_t+\frac{x_{t+1}}{A}+\cdots+\frac{x_T}{A^{T-t-1}}=AK_t$$

于是：

$$x_t 1+\frac{1+\gamma}{A}+\cdots+\left(\frac{1+\gamma}{A}\right)^{T-t-1}=AK_t$$

利用几何级数公式，得到：

$$x_t=\frac{1-\frac{1+\gamma}{A}}{1-\left(\frac{1+\gamma}{A}\right)^{T-t}}AK_t$$

(d) 如果：

$$\frac{1+\gamma}{A}=\frac{(A\delta)^{\sigma}}{A}<1$$

上式的分母收敛于 1。根据假定，$\delta<1$ 且 $A\delta>1$。因此，如果 $\sigma\leqslant 1$，则：

$$\frac{(A\delta)^{\sigma}}{A}<\frac{A\delta}{A}=\delta<1$$

因此，在 $T-t$ 足够大时，有：

$$x_t\approx\left(1-\frac{1+\gamma}{A}\right)AK_t=(A-1-\gamma)K_t$$

但是，如果 σ 足够大，则：

$$\frac{1+\gamma}{A}=\frac{(A\delta)^{\sigma}}{A}>1$$

因此：

$$x_t=\frac{\frac{1+\gamma}{A}-1}{\left(\frac{1+\gamma}{A}\right)^{T-t}-1}AK_t$$

于是，随着 T 上升，x_t 收敛于零。

(e) 我们现在证明无限时域的解是有限时域的解的极限；就是说：

$$x_t=\left(1-\frac{1+\gamma}{A}\right)AK_t=(A-1-\gamma)K_t$$

如果确实如此，则：

$$K_{t+1}=AK_t-x_t=(1+\gamma)K_t$$

其中，$1+\gamma=(A\delta)^{\sigma}$。

并且，根据一阶条件，$c_{t+1}=(1+\gamma)c_t$。现在需要证明 $V(K_1)=\sum_{t=1}^{\infty}u_t$ 存在。

我们想证明：

$$u_{t+1}=\frac{1+\gamma}{A}u_t$$

我们可以把 u_t 和 u_{t+1} 写为：

$$u_t=\delta^{t-1}x_t^{1-\frac{1}{\sigma}}=\frac{\delta^{t-1}x_t}{x_t^{\frac{1}{\sigma}}}$$

$$u_{t+1}=\frac{\delta^t x_{t+1}}{x_{t+1}^{\frac{1}{\sigma}}}$$

由于 $x_{t+1}=(1+\gamma)x_t$，因此：

$$x_{t+1}^{\frac{1}{\sigma}}=(1+\gamma)^{\frac{1}{\sigma}}x_t^{\frac{1}{\sigma}}=A\delta x_t^{\frac{1}{\sigma}}$$

于是：

$$u_{t+1}=\frac{\delta^t x_{t+1}}{x_{t+1}^{\frac{1}{\sigma}}}=\frac{\delta^t(1+\gamma)x_t}{A\delta x_t^{\frac{1}{\sigma}}}=\frac{1+\gamma}{A}u_t$$

我们得到：

$$\sum_{t=1}^{\infty}u_t=\sum_{t=1}^{\infty}u_1\left(1+\frac{1+\gamma}{A}+\left(\frac{1+\gamma}{A}\right)^2+\cdots\right)=\left(\frac{A}{A-1-\gamma}\right)x_1^{1-\frac{1}{\sigma}}$$

由于 $x_1=(A-1-\gamma)K_1$，因此：

$$V(K_1)=\sum_{t=1}^{\infty}u_t=\left(\frac{A}{A-1-\gamma}\right)(A-1-\gamma)^{1-\frac{1}{\sigma}}K_1^{1-\frac{1}{\sigma}}=\frac{A}{(A-1-\gamma)^{\frac{1}{\sigma}}}K_1^{1-\frac{1}{\sigma}}$$

6.5 最优控制

习题 6.5－1:最大负债

(a) 增长方程为：

$$\frac{dk}{dt}=rk(t)+w-x(t)$$

哈密尔顿方程为：

$$H=e^{-\delta t}u(x)+\lambda(rk+w-x)$$

于是：

$$\frac{d\lambda}{dt}=-\frac{\partial H}{\partial k}=-r\lambda$$

$$\frac{\partial H}{\partial x}=e^{-\delta t}u'(x)-\lambda=0$$

把关于 λ 的微分方程积分，得到：

$$\lambda(t)=\lambda(0)e^{-rt}$$

于是：

$$u'(x)=\lambda(t)e^{\delta t}=\lambda(0)e^{(\delta-r)t}$$

就是说，边际效用以速度 $\delta-r>0$ 增长。因此，$x(t)$ 递减。

从增长方程中可以看出：

$$\frac{dk}{dt}=rk+w-x\geqslant 0 \text{ 当且仅当 } x\leqslant rk+w$$

相位图因此如图 6.6-5 所示。给定初始资本存量 $k(0)$，最优路径 $(\bar{c}_t,\bar{k}_t)$ 不可能始自相位 1 中，因为终点条件 $k(T)$ 被违背。所以，消费 $c(0)$ 位于相位 2 中。由于 $u'(x)=u'(x(0))e^{(\delta-r)t}$，更高的初始消费意味着所有时点 t 上的消费更高，因此资本存量更低。$k(t)$ 因此是初始消费的减函数。

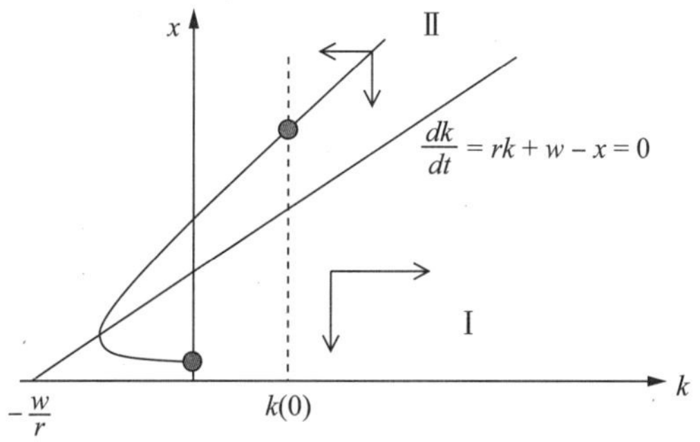

图 6.6-5　相位图

假设对某个 T，图中所画出的路径最优。则对所有更低的 $c(1)$，在时点 T 上，资本存量为正，因此，终点条件无法得到满足。因此，时域越长，初始消费越高。由于最优路径必须结束于 $k(T)=0$，所以，这一路径必须如图所示从相位 II 进入相位 I。设 $k(t^*)$ 是发生相位转换时的资本存量。则 $k(t^*)>-\frac{w}{r}$。工资流的现值为$\frac{w}{r}$。因此，消费者的债务有下界，$\frac{w}{r}$就是其下界。这一结论显然成立，因为如果消费者想借更多钱，则他永远无法偿还债务。

(b) 在最初，$\frac{dk}{dt}=rk(t)+w-x(t)<-\varepsilon$。要满足总负债上的约束条件，这一关系只能在某个时点 t_1 成立。假设在时点 t_2，$\frac{dk}{dt}=rk(t)+w-x(t)>\varepsilon$。相位 I 收紧；因此，这一不等式必须对所有更高时点 t 成立。由于 $k(T)=0$，所以，$T-t_2$ 有界。因此，随着 $T\to\infty$，$t_2-t_1\to\infty$。

图 6.6-6 画出了这种情况。消费者深陷债务中，借债额几乎到达负债上界。在很长时期里，他保持这种状态；在接近生命终点时，他偿还全部负债。

习题 6.5-3：遗赠动机

(a) 增长方程为：

$$\frac{dk}{dt}=rk(t)+w-x(t)$$

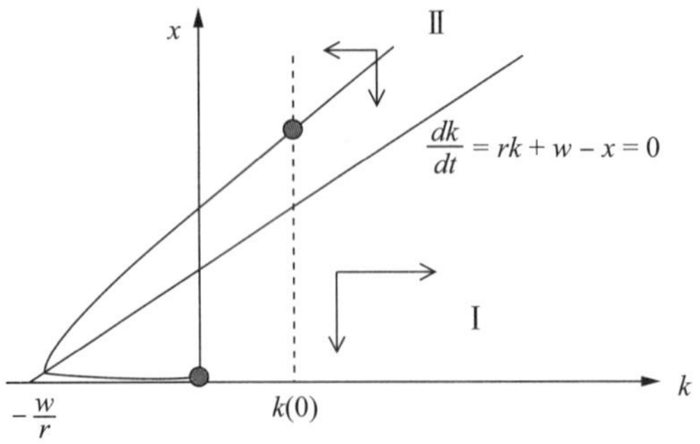

图 6.6-6　相位图

哈密尔顿方程为：

$$H=e^{-\delta t}u(x)+\lambda(rk+w-x)$$

于是：

$$\frac{d\lambda}{dt}=-\frac{\partial H}{\partial k}=-r\lambda$$

$$\frac{\partial H}{\partial x}=e^{-\delta t}u'(x)-\lambda=0$$

$$\lambda(T)=e^{-\delta T}V'(K(T))$$

把关于 λ 的微分方程积分，得到：

$$\lambda(t)=\lambda(0)e^{-rt}$$

于是：

$$u'(x)=\lambda(t)e^{\delta t}=\lambda(0)e^{-(r-\delta)t}=u'(x(0))e^{-(r-\delta)t}$$

就是说，边际效用以速度 $r-\delta>0$ 下降。因此，$x(t)$递增。我们看满足初始条件与所有的 $t\in[0,T]$上的必要条件的任意路径$(x(t),k(t))$。初始消费 $x(0)$越高，对所有的 $t>0$，$x(t)$越高，资本存量 $k(t)$因此越低。因此，映射 $x(0)\to(x(T),k(T))$隐含地定义了递减函数 $x(T)=g(k(T))$。

终点条件为$\lambda(T)=e^{-\delta T}V'(k(T))$。并且，$u'(x(T))=e^{\delta T}\lambda(T)$。所以，终点条件可以写为 $u'(x(T))=e^{\delta T}V'(k(T))$。由于 $u(\cdot)$与 $V(\cdot)$都是凹函数，所以，这一条件隐含地定义了增函数 $x(T)=m(k(T))$。由于 $g(\cdot)$是减函数，$m(\cdot)$是增函数，所以，存在唯一的$(x(T),k(T))$同时满足必要条件和终点条件。

(b) 由于贴现因子大于利率，$x(t)$是减函数而非增函数。但是，这里的分析基本上与(a)中的分析相同。

第七章　不确定性

7.1　风险选择

习题 7.1-1：两个独立性公理的等价性

(a) 设 $\pi^m\geqslant\hat{\pi}^m$，$m=1,\cdots,M$。

对 $M=2$，很容易证明 IA 蕴含 IA′。从 IA 出发，对任意概率向量(p_1,p_2)，有：

$$\pi^1 \succcurlyeq \hat{\pi}^1 \Rightarrow (p_1, p_2 : \pi^1, \pi^2) \succcurlyeq (p_1, p_2 : \hat{\pi}^1, \pi^2)$$

并且：

$$\pi^2 \succcurlyeq \hat{\pi}^2 \Rightarrow (p_1, p_2 : \hat{\pi}^1, \pi^2) \succcurlyeq (p_1, p_2 : \hat{\pi}^1, \hat{\pi}^2)$$

因此，$\pi^1 \succcurlyeq \hat{\pi}^1$ 和 $\pi^2 \succcurlyeq \hat{\pi}^2 \succcurlyeq (p_1, p_2 : \pi^1, \pi^2) \succcurlyeq (p_1, p_2 : \hat{\pi}^1, \hat{\pi}^2)$。

(b) 定义 $\pi^* = \left(\frac{p_1}{1-p_k}, \cdots, \frac{p_{k-1}}{1-p_k}; \pi^1, \cdots, \pi^{k-1}\right)$，$\hat{\pi}^* = \left(\frac{p_1}{1-p_k}, \cdots, \frac{p_{k-1}}{1-p_k}; \hat{\pi}^1, \cdots, \hat{\pi}^{k-1}\right)$。

根据假说，对 $M=k-1$，等价性成立。就是说，$\pi^* \succcurlyeq \hat{\pi}^*$。同时要看到：

$$(p_1, \cdots, p_k : \pi^1, \cdots, \pi^k) = (1-p_k, p_k : \pi^*, \pi^k)$$
$$(p_1, \cdots, p_k : \hat{\pi}^1, \cdots, \hat{\pi}^k) = (1-p_k, p_k : \hat{\pi}^*, \hat{\pi}^k)$$

由于对 $M=2$，IA′成立，所以：

$$(1-p_k, p_k : \pi^*, \pi^k) \succcurlyeq (1-p_k, p_k : \hat{\pi}^*, \hat{\pi}^k)$$

习题 7.1-3：线性转换和单调转换

(a) 任取两个概率分布 (c, π) 和 $(\hat{c}, \hat{\pi})$。如果前者被(弱)偏好，则 $\sum_{s=1}^{S} \pi_s v(c_s) \geqslant \sum_{s=1}^{S} \hat{\pi}_s \hat{v}(c_s)$。因此，$A + B\sum_{s=1}^{S} \pi_s v(c_s) \geqslant A + B\sum_{s=1}^{S} \hat{\pi}_s \hat{v}(c_s)$。由于概率和等于 1，我们可以将这个关系表示为：

$$\sum_{s=1}^{S} \pi_s (A + Bv(c_s)) \geqslant \sum_{s=1}^{S} \hat{\pi}_s (A + B\hat{v}(c_s))$$

(b) 效用函数的递增单调转换是偏好的等价表示。把 U 进行对数转换，得到 $\ln U = \sum_{s=1}^{S} \pi_s (c_s) \ln c_s$。由于这是个期望效用函数，所以这个消费者的偏好与期望效用公理一致。

7.2 风险态度

习题 7.2-1：风险厌恶与状态索取权市场上的交易

定义：

$$\bar{x} = \underset{x}{\arg\max}\{\pi_1 v(x_1) + \pi_2 v(x_2) \mid p \cdot x \leqslant I\}$$

一阶条件为：

$$\frac{\pi_1 v'(\bar{c}_1)}{\pi_2 v'(\bar{c}_2)} = \frac{p_1}{p_2}$$

设 $\frac{p_1}{p_2} > \frac{\pi_1}{\pi_2}$。则 $v'(\bar{c}_1) > v'(\bar{c}_2)$，因此，$\bar{c}_2 > \bar{c}_1$。

我们看边际替代率 MRS 的自然对数。

$$\ln MRS(c_1, c_2) - \ln MRS(c_1, c_1) = \int_{c1}^{c2} \frac{d}{dc} \ln MRS(c_1, c)\, dc = \int_{c1}^{c2} \frac{d}{dc} \ln \frac{v'(c_1)}{v'(c)} dc$$
$$= \int_{c1}^{c2} \frac{v''(c)}{v'(c)} dc = \int_{c1}^{c2} A(c)\, dc$$

就是说，绝对风险厌恶程度越高，MRS 上的变化就越大。并且，在确定性直线上，MRS 等于概率之比率并因此独立于风险厌恶程度。我们因此证明了在确定性直线上方的所有点上，绝对风险厌恶系数越高的人，MRS 越高。因此，更加厌恶风险的人所选择的最终消费束(c_1,c_2)更接近确定性直线。

7.2－3：两种商品时的风险选择

(a) 在每种状态上，消费者有柯布-道格拉斯效用函数。从第二章中我们知道，消费者的间接效用函数为：

$$V(p,I)=\left[\frac{I}{\alpha+\beta}\right]^{\alpha+\beta}\left(\frac{\alpha}{p_x}\right)^{\alpha}\left(\frac{\beta}{p_y}\right)^{\beta}$$

这个函数在收入上是凹函数当且仅当它对收入的二阶导数非正；就是说，$\alpha+\beta\leqslant 1$。

(b) 容易验证，这个间接效用函数对 p_x 的二阶导数为正。因此，保持收入固定，根据 Jensen 不等式，具有这类偏好的消费者在不确定的价格与期望价格之间，严格偏好前者。

(c) 在市场经济中，价格不确定性源于(技术)冲击。这种冲击既影响每种状态上的收入，也影响价格。因此，研究价格不确定性的影响，没有很大意义。

习题 7.2－5：财富变化对资产份额的影响

(a) 设某个消费者把 z 比例的财富投资于风险资产上，则在状态 s，他的消费为 $c_s=(W-Wz)(1+r_1)+Wz(1+r_{2s})$。他的期望效用为：

$$U(z)=E\{V(W(1+r_1)+Wz\theta_s)\}$$

其中，$\theta_s=r_{2s}-r_1$。

(b) 此消费者的风险资产占财产的份额为 z。增加这一份额，边际效用为：

$$U'(z)=\sum_{s=1}^{S}\pi_s\theta_s WV'(W(1+r_1)+Wz\theta_s)$$

我们探讨财富增长对投资于风险资产的边际效用的影响。

$$\frac{d}{dW}U'(z)=\sum_{s=1}^{S}\pi_s\theta_s V'(c_s)+\sum_{s=1}^{S}\pi_s\theta_s WV''(c_s)(1+r_1+z\theta_s)\quad(7.5-1)$$

其中 $c_s=W(1+r_1)+Wz\theta_s$。

就是说：

$$\frac{d}{dW}U'(z)=\sum_{s=1}^{S}\pi_s\theta_s V'(c_s)+\sum_{s=1}^{S}\pi_s\theta_s V''(c_s)c_s=\sum_{s=1}^{S}\pi_s\theta_s V'(c_s)-\sum_{s=1}^{S}\pi_s\theta_s R(c_s)V'(c_s)\quad(7.5-2)$$

设 z^* 是最优风险资产份额。如果$\frac{d}{dW}U'(z^*)>0$，则增加财富，增加了投资于风险资产的边际效用。在更高财富水平上，此人投资更多财富份额于这一风险资产上。根据(7.5－1)，如果 $z=z^*$，(7.5－2)中的第一项为零。而且，如果相对风险厌恶系数为常数，则第二项也为零。因此，$\frac{d}{dW}U'(z^*)=0$。就是说，财富变化对最优投资没有任何影响。

(c) 这里的技巧是使用相对风险厌恶系数递增(IRRA)假定。重新排列各状态以使θ_s递减,则存在某个状态t使得$\theta_1>\cdots>\theta_t\geqslant 0>\theta_{t+1}>\cdots>\theta_S$。由于$R(c)$递增,所以:

$$\sum_{s=1}^{t-1}\pi_s\theta_s R(c_s)V'(c_s)\geqslant\sum_{s=1}^{t-1}\pi_s\theta_s R(W(1+r_1))V'(c_s)\qquad(7.5-3)$$

$$\sum_{s=t}^{S}\pi_s(-\theta_s)R(c_s)V'(c_s)\leqslant\sum_{s=t}^{S}\pi_s(-\theta_s)R(W(1+r_1))V'(c_s)$$

后一不等式乘以-1,将其与(7.5-3)相加,得到:

$$\sum_{s=1}^{S}\pi_s\theta_s R(c_s)V'(c_s)\geqslant\sum_{s=1}^{S}\pi_s\theta_s R(W(1+r_1))V'(c_s)$$

于是,类似(a)中的逻辑,从(7.5-2)中,得到$\frac{d}{dW}U'(z^*)\leqslant 0$。

7.3 比较风险选项

习题 7.3-1:证券组合选择

(a) 最终消费为$c=(w-x)+x(1+\tilde{\theta})=w+x\tilde{\theta}$,所以,期望效用为:

$$U(x)=E\{u(w+x\tilde{\theta})\}$$

(b) 对x求导,得到一阶条件:

$$U'(x^*)=E\{\tilde{\theta}u'(w+x\tilde{\theta})\}=0$$

$$\frac{\partial u}{\partial x}=\theta v'(w+x\theta)$$

(c) 因此:

$$\begin{aligned}\frac{\partial^2 u}{\partial x\partial\theta}&=v'(w+x\theta)+\theta x v''(w+x\theta)\\&=v'(w+x\theta)\left(1+\theta x\frac{v''(w+x\theta)}{v'(w+x\theta)}\right)\\&=v'(c)\left(1+c\frac{v''(c)}{v'(c)}-w\frac{v''(c)}{v'(c)}\right)\\&=v'(c)(1-R(c)+A(c))\end{aligned}$$

(d) 如果我们能证明$\frac{\partial u}{\partial x}(x,\theta)$是$\theta$的凹函数,我们就能利用命题 7.3-6。根据(c),得:

$$\frac{\partial}{\partial\theta}\frac{\partial}{\partial\theta}\frac{\partial u}{\partial x}=v''(c)(1-R(c)+A(c))+v'(c)(-xR'+xA')$$

如果$R\leqslant 1$、$R'(c)\geqslant 0$且$A'(c)>0$,则右边的项为负。

习题 7.3-3:平均效用值保持不变的风险上升

(a) $\theta=h(u)$是反函数;就是说,$u=v(w+xh(u))$。对u求导,得到:

$$1 = xh'(u)v'(w + xh(u))$$

(b) $G(u) = \Pr\{\tilde{u} \leqslant u\} = \Pr\{v(w + x\tilde{\theta}) \leqslant v(w + x\theta)\} = \Pr\{\tilde{\theta} \leqslant \theta\} = F(\theta)$。

(c)

$$\frac{\partial}{\partial x}v(w + xh(u)) = h(u)v'(w + xh(u))$$

因此：

$$\frac{\partial}{\partial u}\frac{\partial}{\partial x}v(w + xh(u)) = h'(u)v'(w + xh(u)) + h(u)xh'(u)v''(w + xh(u))$$

利用(a)，得到：

$$\begin{aligned}\frac{\partial}{\partial u}\frac{\partial}{\partial x}v(w + xh(u)) &= \frac{1}{x}\left(1 + xh\frac{v''(w + xh)}{v'(w + xh)}\right)\\ &= \frac{1}{x}\left(1 + (w + xh)\frac{v''(w + xh)}{v'(w + xh)} - w\frac{v''(w + xh)}{v'(w + xh)}\right)\\ &= \frac{1}{x}(1 - R(w + xh) + wA(w + xh))\end{aligned}$$

(d) 就是说，如果相对风险厌恶系数递增且绝对风险厌恶系数递减，$\frac{\partial}{\partial x}v(w + xh(u))$是 u 的凹函数。

(e) $U(x) = E\{v(w + xh(u))\}$是x 的严格凹函数。根据命题 7.3-6，如果 A 的分布是 B 的保持均值展开型，则 $U'_B(x) > U'_A(x)$，因此，$x_A^* < x_B^*$。

习题 7.3-5：简单的保持均值展开型

(a) $\ln\frac{F(\theta_2)}{F(\theta_1)} = \ln F(\theta_2) - \ln F(\theta_1) = \int_{\theta_1}^{\theta_2}\frac{F'(x)}{F(x)}dx$。

(b) 对每一个 $x > \theta^*$，$\frac{F'_A(x)}{F_A(x)} > \frac{F'_B(x)}{F_B(x)}$。根据(a)，对每一个 $\theta \in [\theta^*, \beta]$，有：

$$\ln\frac{F_A(\beta)}{F_A(\theta)} \geqslant \ln\frac{F_B(\beta)}{F_B(\theta)}$$

因此，对每个 $\theta \in [\theta^*, \beta)$ 有：

$$F_B(\theta) > F_A(\theta)$$

(c) 由于两个分布有相同均值，所以，肯定存在 $\underline{\theta}$ 和 $\hat{\theta}$，$\underline{\theta} < \hat{\theta}$ 使得 $F_A(\underline{\theta}) - F_B(\underline{\theta}) = F_A(\hat{\theta}) - F_B(\hat{\theta}) = 0$ 并且在$(\underline{\theta}, \hat{\theta})$上，$F_A(\theta) - F_B(\theta) > 0$。我们假定 $\alpha < \underline{\theta}$，推导出矛盾结论。由于 $\hat{\theta} < \theta^*$，则：

$$\ln\frac{F_A(\hat{\theta})}{F_A(\underline{\theta})} = \int_{\underline{\theta}}^{\hat{\theta}}\frac{F'_A(x)}{F_A(x)}dx < \int_{\underline{\theta}}^{\hat{\theta}}\frac{F'_B(x)}{F_B(x)}dx = \ln\frac{F_B(\hat{\theta})}{F_B(\underline{\theta})}$$

因此，$\frac{F_A(\hat{\theta})}{F_A(\underline{\theta})} < \frac{F_B(\hat{\theta})}{F_B(\underline{\theta})}$，所以，$\frac{F_A(\hat{\theta})}{F_B(\hat{\theta})} < \frac{F_A(\underline{\theta})}{F_B(\underline{\theta})}$。但是，这是不可能的，因为两个累

积分布函数在 $\underline{\theta}$ 和 $\hat{\theta}$ 上取相同的值。

(d) 于是,唯一的可能性是 $\underline{\theta}=\alpha$。所以,(ⅱ)成立。

7.4 委托代理问题

习题 7.4-1:递增或然率与随机占优

(a) $\dfrac{\pi_1(x')}{\pi_1(x)}\leqslant\cdots\leqslant\dfrac{\pi_t(x')}{\pi_t(x)}$,因此,对每一个 $s=1,\cdots,t-1$,有:

$$\pi_s(x')<\frac{\pi_t(x')}{\pi_t(x)}\pi_s(x)$$

加总这些不等式,得到:

$$\sum_{s=1}^{t}\pi_s(x')\leqslant\frac{\pi_t(x')}{\pi_t(x)}\sum_{s=1}^{t}\pi_s(x)$$

因此:

$$\frac{\sum_{s=1}^{t}\pi_s(x')}{\sum_{s=1}^{t}\pi_s(x)}\leqslant\frac{\pi_t(x')}{\pi_t(x)}$$

(b) 定义 $\Pi_t(x)=\sum_{s=1}^{t}\pi_s(x)$ 和 $\Pi_t(x')=\sum_{s=1}^{t}\pi_s(x')$。根据(a),得:

$$\frac{\Pi_t(x')}{\Pi_t(x)}\leqslant\frac{\pi_t(x')}{\pi_t(x)}$$

因此:

$$\frac{\pi_t(x)}{\Pi_t(x)}\leqslant\frac{\pi_t(x')}{\Pi_t(x')}$$

根据命题 7.3-5,行动 x' 下的产量分布条件随机优于行动 x 下的产量分布。

习题 7.4-3:委托人的虚拟成本函数

(a) 代理人得到他的保留效用,因此:

$$\overline{U}_A=v(w)-C(x)$$

对 x 求导,为诱使代理人选择更高的行动所需增加的工资为:

$$v'(w(x))\frac{dw}{dx}=C'(x)$$

得到:

$$\frac{dw}{dx}=\frac{C'(x)}{v'(w(x))}$$

为诱生更高的行动所需增加的成本因此为:

$$w(x_2)-w(x_1)=\int_{x1}^{x2}\frac{dw}{dx}dx=\int_{x1}^{x2}\frac{C'(x)}{v'(w(x))}dx$$

(b) 由于 $v(w(x))=\bar{U}_A+C(x)$，因此，保留效用越高，为诱生行动 x 所需的工资 $w(x,\bar{U}_A)$ 就越高。$v'(w(x,\bar{U}_A))$ 于是越低。根据(a)，$w(x_2)-w(x_1)$ 越高。

第八章　金融市场均衡

8.1　阿罗-德布鲁均衡

习题 8.1-1：有 CES 偏好的经济中的不确定性

(a) $u(kc)=k^{1-\frac{1}{\sigma}}u(c)$，所以，偏好是位似的。瓦尔拉斯均衡价格因此是代表性消费者不想进行交易时的价格。让价格比率等于边际替代率，得到：

$$\frac{p_1}{p_2}=\frac{\pi_1}{\pi_2}\left(\frac{\omega_2}{\omega_1}\right)^{\frac{1}{\sigma}}$$

(b) $R(c)=\dfrac{1}{\sigma}$。

(c) 风险厌恶程度越大，较不丰裕的状态索取权的相对价格越高。

(d) 当 $\sigma\to 0$(就是说，相对风险厌恶系数收敛于无穷大)，u 的等值集收敛于里昂提夫(L 型)等值集。在极限，相对丰裕的状态索取权的价格收敛于零。

习题 8.1-3：时间、不确定性和生产

(a) 根据一阶条件，均衡现货价格和每种状态上的状态依赖性期货价格为：

$$\frac{p_{21}}{p_1}=\delta\pi_1\frac{\omega_1}{\omega_{21}},\frac{p_{22}}{p_1}=\delta\pi_2\frac{\omega_1}{\omega_{22}}$$

(b) 利用题目中的提示。代表性消费者通过选择 z 最大化 $U(z)=\ln(100-z)+\pi_1\ln(2z)+\pi_2\ln\left(\frac{1}{2}z\right)$。这一最大化问题的一阶条件为：

$$\frac{1}{100-z^*}=\frac{1}{z^*}\Rightarrow z^*=50$$

因此，$x^*=(50,100,25)$。利用(a)中得到的均衡价格的表达式，得到价格向量：

$$(p_1,p_{21},p_{22})=\left(1,\frac{\pi_1}{2},2\pi_2\right)$$

8.2　证券市场均衡

习题 8.2-1：市场为什么不完全？

如果人们要买卖状态索取权，则必须有第三方能够验证所涉及的状态确实发生。所买卖的状态越奇特，验证成本越高。这类交易成本最终抵消贸易收益。如果所涉及的状态只与少数人有关，则问题更复杂。直接收益于交易的人数很少，所以，阿罗-德布鲁均衡所依赖的接受价格假定不再可行。

习题 8.2-3：有相同位似偏好的经济中的证券市场均衡

(c) 由于效用函数是位似的，所以，我们可以只考虑代表性消费者。在均衡中，这个消费者不再进行交易；因此：

$$\omega=\underset{x}{\arg\max}\{U(x)\mid p\cdot x\leqslant W\}$$

一阶条件为：

$$\frac{\frac{1}{2}\pi_1}{p_1\omega_1^{1/2}}=\frac{\frac{1}{2}\pi_2}{p_2\omega_2^{1/2}}=\frac{\frac{1}{2}\pi_3}{p_3\omega_3^{1/2}}$$

总禀赋为 $\omega=(100,400,900)$。代入到一阶条件中，得到：

$$p=\left(\pi_1,\frac{1}{2}\pi_2,\frac{1}{3}\pi_3\right)$$

它就是一个阿罗-德布鲁均衡价格向量。

(d) 无风险资产的价值为 $P_1=100\left(\pi_1+\frac{1}{2}\pi_2+\frac{1}{3}\pi_3\right)$，风险资产的价值为 $P_2=400p_1+900p_2=100(2\pi_2+3\pi_3)$。代表性消费者持有市场组合。由于所有消费者有相同的位似效用函数，所以，每个人都想持有一些市场组合。他们可以在证券市场上进行交易，实现这一目的。市场组合的成本为 P_1+P_2。消费者 h 可以用所持有的两种资产 $\bar{\xi}^h$ 交换 ξ_M^h 数量的市场组合，使得：

$$(P_1+P_2)\xi_M^h=P\bar{\xi}^h$$

习题 8.2-5：股票市场均衡

(a) 企业购买投入品，出售“股息”向量 d。最大利润或者说企业的“价值”为：

$$\hat{\Pi}^f=\max_{y^f}\{p_0y_0^f+p_1y_1^f\mid y^f\in Y^f\}$$

消费者也在第 0 天买卖商品和股息。消费者 h 选择 $\hat{x}^h$：

$$\hat{x}^h=\underset{x^h}{\arg\max}\{U^h(x^h)\mid px^h\leqslant p_0\omega_0^h+\bar{\xi}^{hf}\hat{\Pi}^f\}$$

其中，$\bar{\xi}^{hf}$ 是他的初始组合。

(b) 在阿罗-德布鲁均衡中，消费者买卖对所有 $S+1$ 种索取权。

(c) 阿罗-德布鲁均衡配置是 $S+1$ 维商品空间中的所有的可行配置中的帕累托效率配置。股息交易均衡只生成两维子空间。根据第一福利定理，瓦尔拉斯均衡配置是商品空间的这个两维子空间中的帕累托效率配置。

(d) 设 $\hat{y}^f$ 是股息交易均衡中的利润最大化生产方案。就是说，对所有的 $y^f\in Y^f$，有：

$$py^f\leqslant p\hat{y}^f=\hat{\Pi}^f$$

这里要看到，即使不存在明确的股息价格，依然存在隐性价格。因此，对 $\hat{y}^f$ 的任何偏离，都无法提高企业的股票市场价值。

购买组合 ξ^h 的消费者在时期 2 的消费为：

$$x_1^h=\sum_{f=1}^{F}\xi^{hf}\hat{y}_1^f d$$

在消费者上求和，得到：

$$\sum_{h=1}^{H} x_1^h = \sum_{h=1}^{H} \xi^{hf} \sum_{f=1}^{F} \hat{y}_1^f d$$

如果股票市场上存在均衡,则:

$$\sum_{h=1}^{H} \xi^{hf} = 1$$

于是:

$$\sum_{h=1}^{H} x_1^h = \sum_{f=1}^{F} \hat{y}_1^f d$$

就是说,所有时期 2 市场出清。股票市场上的交易因此复制了股息市场上的交易。

(e) 设 F_1 个企业生产股息向量 d_1,F_2 个企业生产股息向量 d_2。上述分析依然成立。在股息市场均衡上,对每种股息都存在价格。瓦尔拉斯均衡配置是 $\mathbb{R}^{S+1}$ 的三维子空间中的帕累托效率配置。在股票市场均衡中,每个企业的利润(市场价值)反映了每种股息的隐性价格。

8.3 资本资产定价模型

习题 8.3-1:独立资产的定价

(a) 根据命题 8.3-3,消费者 h 的期望效用可以写为:

$$U^h(\mu,\sigma) = \mu - \frac{1}{2}\alpha^h \sigma^2$$

组合 ξ 的均值为:

$$\mu(\xi) = \xi_0(1+r) + \sum_1^A \xi_a \mu_a$$

方差为:

$$\sigma^2(\xi) = \sum_1^A \xi_a^2 \sigma_a^2$$

组合约束为:

$$\xi_0 + \sum_1^A P_a \xi_a \leqslant W^h$$

代入 ξ_0,均值为:

$$\mu(\xi) = W(1+r) + \sum_1^A \xi_a(\mu_a - (1+r)P_a)$$

于是,这个消费者选择 $\hat{\xi}$:

$$\hat{\xi} = \underset{\xi}{\arg\max}\left\{\sum_1^A \xi_a(\mu_a - (1+r)P_a) - \frac{1}{2}\alpha^h \sum_1^A \xi_a^2 \sigma_a^2\right\}$$

一阶条件为:

$$\frac{\partial U}{\partial \xi_a}=\mu_a-(1+r)P_a-\alpha^h\xi_a^h\sigma_a^2=0$$

因此：

$$\xi_a^h=\frac{\mu_a-(1+r)P_a}{\alpha^h\sigma_a^2}$$

在消费者上加总(令 $\alpha^h=\alpha$)，得到：

$$1=\frac{H}{\sigma_a^2}(\mu_a-(1+r)P_a)$$

因此，

$$\mu_a-(1+r)P_a=\alpha\frac{\sigma_a^2}{H}$$

(b) 这里要看到，当 $H\to\infty$时，上式等号右边的项收敛于零。就是说，平均收益率近似等于投资于无风险资产的收益率。原因是，随着人数增加，每个人购买的市场组合的份额越来越小。在极限上，每个人持有的组合的风险性收敛于零。因此，每个人在所有状态上——除最极端状态外——的财富大致相等，因此，每种状态上的边际效用与每种状态的发生概率成正比。因此，在极限上，人们对待风险资产的态度，就好像他是风险中性者一样。

(c) 这里还要看到，资产的价格独立于资产种类数或它们的方差。原因是，在绝对风险厌恶系数固定且相互独立时，持有无风险资产与持有风险资产 a 之间的替代关系独立于对其他资产的持有。

(d) 不管有多少种资产，每个人对某种资产的持有随着这种资产变大而趋于零。因此，(b)中的结论依然成立。

(e) 假设有两种风险资产。期望效用为：

$$\begin{aligned}U(\xi)&=-E_z\{\exp(-\alpha(\xi\cdot z))\}\\&=-E_{z0,z1}\{\exp(-\alpha(\xi_0(1+r)+\xi_1z_1))\}E_{z2}\{\exp(-\alpha(\xi_2z_2))\}\end{aligned}$$

这里要看到，$MRS_{0,1}(\xi)$独立于ξ_2。在消费者的最优选择上，$MRS_{0,1}(\xi)=P_1$。

根据(a)，得：

$$\xi_a^h=\frac{\mu_a-(1+r)P_a}{\alpha^h\sigma_a^2}$$

在消费者上加总，得到：

$$1=\bar{\alpha}\frac{\mu_a-(1+r)P_a}{\sigma_a^2}$$

其中：

$$\bar{\alpha}=\sum_h^H\frac{H}{\alpha^h}$$

因此：

$$\mu_a-(1+r)P_a=\bar{\alpha}\frac{\sigma_a^2}{H}$$

8.4 套利定价理论

习题 8.4-1：三种状态和两种资产

(a) 组合 ξ 的股息向量为：

$$d=\mathbf{D}\xi=\begin{bmatrix}-1&1\\1&1\\2&0\end{bmatrix}\begin{bmatrix}\xi_1\\\xi_2\end{bmatrix}=\begin{bmatrix}-\xi_1+\xi_2\\\xi_1+\xi_2\\2\xi_1\end{bmatrix}$$

因此，股息向量 $d>0$ 的组合集为：

$$\Xi=\{\xi|-\xi_1+\xi_2>0,\xi_1+\xi_2>0,2\xi_1>0\}$$

这就是图 8.5-1 中的阴影区域。

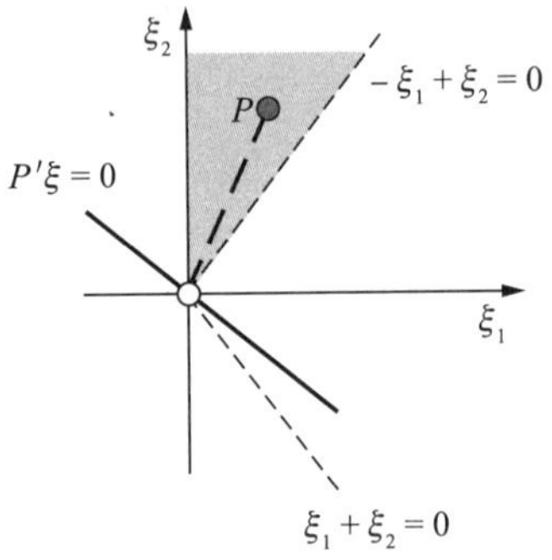

图 8.5-1 无套利

(b) 在无套利时，价格线 $P'\xi$ 肯定是支持线。资产价格向量 P 与价格线垂直。因此，它肯定位于阴影区域中。因此，$P_1<P_2$，所以，$P=(2,6)$ 不产生套利机会。

选择 $\xi^*=(1,1)$。则：

$$d^*=\mathbf{D}\xi^*=\begin{bmatrix}-1&1\\1&1\\2&0\end{bmatrix}\begin{bmatrix}1\\1\end{bmatrix}=\begin{bmatrix}0\\2\\2\end{bmatrix}$$

前两行线性无关；就是说，这些组合生成子空间 W^2。定义：

$$d^{**}=d^*+\mathbf{1}_3$$

阶段 1：

$$X=\{\xi|\mathbf{D}\xi^*<d^{**}\}=\left\{\xi\left|\begin{bmatrix}-1&1\\1&1\\2&0\end{bmatrix}\begin{bmatrix}\xi_1\\\xi_2\end{bmatrix}=\begin{bmatrix}-\xi_1+\xi_2\\\xi_1+\xi_2\\2\xi_1\end{bmatrix}<\begin{bmatrix}0\\2\\3\end{bmatrix}\right.\right\}$$

见图 8.5-2。

阶段 2：

$$Y=\{\xi\,|\,\mathbf{D}\xi^{*}>d^{**}\}=\left\{\xi\,\middle|\,\begin{bmatrix}-1&1\\1&1\\2&0\end{bmatrix}\begin{bmatrix}\xi_1\\\xi_2\end{bmatrix}=\begin{bmatrix}-\xi_1+\xi_2\\\xi_1+\xi_2\\2\xi_1\end{bmatrix}>\begin{bmatrix}0\\2\\3\end{bmatrix}\right\}$$

见图 8.5 - 3。

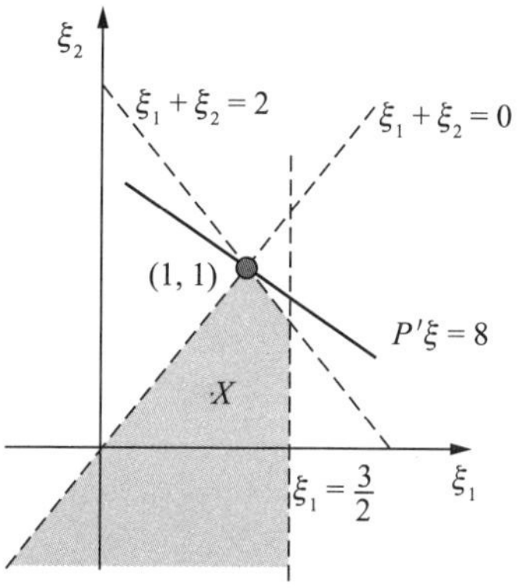

图 8.5 - 2　无套利

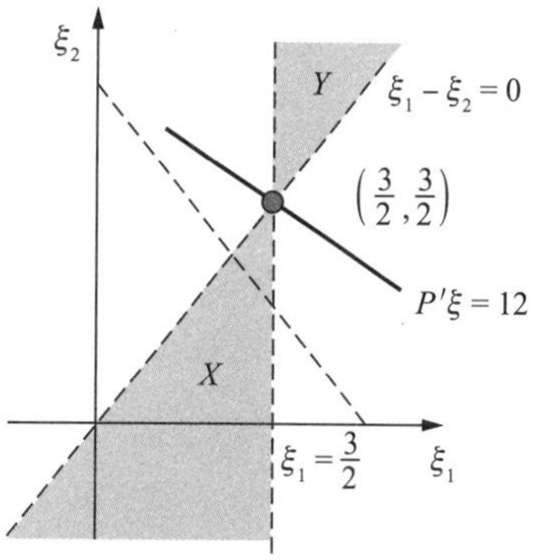

图 8.5 - 3　无套利

(c) 因此，如果 $8<P^{**}<12$，则 $(P_1,P_2,P^{**})=(2,6,P^{**})$ 不产生套利机会。因此 $(P_1,P_2,P^{**})=(2,6,11)$ 不产生套利机会。

(d) 由于 $\mathbf{1}_3=d^{**}-d^{*}=d^{**}-\mathbf{D}\xi^{*}$，所以，$r_3=P^{**}-P'\xi^{*}=3$。并且，$P'=r'\mathbf{D}$。因此：

$$[2,6,11]=[r_1,r_2,3]\begin{bmatrix}-1&1&0\\1&1&2\\1&0&3\end{bmatrix}$$

因此，$2r_2+9=11$，所以，$r_2=1$。由于 $r_1+r_2=6$，因此，$r_1=5$。

习题 8.4 - 3：所有的资产价格都不产生套利机会

(a) 组合 ξ 的股息向量为：

$$d-\mathbf{D}\xi-\begin{bmatrix}1&1\\1&-2\\-2&1\end{bmatrix}\begin{bmatrix}\xi_1\\\xi_2\end{bmatrix}=\begin{bmatrix}\xi_1+\xi_2\\\xi_1-2\xi_2\\-2\xi_1+\xi_2\end{bmatrix}$$

因此，股息向量 $d>0$ 的组合集为：

$$\Xi=\{\xi\,|\,\xi_1+\xi_2>0,\xi_1-2\xi_2>0,-2\xi_1+\xi_2>0\}$$

其中，第二个和第三个不等式无法同时满足。

(b) 无套利条件因此得到满足。

(c) 阶段 1。

令 $\xi^{*}=(1,1)$，$d^{**}=d^{*}+\mathbf{1}_3$。

$$X=\{\xi\mid \mathbf{D}\xi^{*}<d^{**}\}=\left\{\xi\left|\begin{bmatrix}1 & 1\\ 1 & -2\\ -2 & 1\end{bmatrix}\begin{bmatrix}\xi_1\\ \xi_2\end{bmatrix}=\begin{bmatrix}\xi_1+\xi_2\\ \xi_1-2\xi_2\\ -2\xi_1+\xi_2\end{bmatrix}<\begin{bmatrix}2\\ -1\\ 0\end{bmatrix}\right.\right\}$$

X 的顶点为点$(1,1)$、$\left(\frac{2}{3},\frac{4}{3}\right)$和$\left(\frac{1}{3},\frac{2}{3}\right)$。

阶段 2。

集合 Y 是空集。

阶段 3。

定义 $\hat{\xi}=\underset{\xi}{\arg\max}\{P'\xi\mid\xi\in X\}$。对 $P_1>P_2$,$\hat{\xi}=(1,1)$。因此:

$$\max_{\xi}\{P'\xi\mid\xi\in X\}=P_1+P_2$$

因此,第三种资产的价格肯定满足 $P^{**}>P_1+P_2$。对于 $P_1<P_2$,$\hat{\xi}=\left(\frac{2}{3},\frac{4}{3}\right)$。因此:

$$\max_{\xi}\{P'\xi\mid\xi\in X\}=\frac{2}{3}P_1+\frac{4}{3}P_2$$

第三种资产的价格肯定满足 $P^{**}>\frac{2}{3}P_1+\frac{4}{3}P_2$。

第九章　策略:偏好与历史皆为共同知识的博弈

9.1　策略均衡

习题 9.1-1:有利参与者 2 的剪刀石头布游戏

(a) 如果参与者 1 采取完全混合策略$(p_1,q_1,1-p_1-q_1)$,参与者 2 从各个纯策略中获得的期望收益为:

$$\begin{bmatrix}u_2(\text{布})\\ u_2(\text{剪刀})\\ u_2(\text{石头})\end{bmatrix}=[p_1\quad q_1\quad 1-p_1-q_1]\begin{bmatrix}0 & 24 & -12\\ -12 & 0 & 12\\ 12 & -12 & 0\end{bmatrix} \tag{9.5-1}$$

如果参与者 2 也使用完全混合策略,则在各个纯策略上,他肯定实现相同期望收益。令 $u_2(\text{布})=u_2(\text{石头})$,得到 $q_1=\frac{4}{12}$。令 $u_2(\text{布})=u_2(\text{剪刀})$,得到 $p_1=\frac{3}{12}$。于是,参与者 1 以概率$\frac{5}{12}$使用"石头"。

(b) 把上述均衡概率代入(9.5-1),得到参与者 2 的期望收益为 1。由于这是个固定和博弈,所以,参与者 1 的期望收益为-1。

(c) 要玩这个游戏,参与者 2 愿意放弃至多 1 元钱,参与者 2 则要求得到至少 1 元钱。

(d) 分析步骤同上。

$$\begin{bmatrix} u_1(\text{布}) \\ u_1(\text{剪刀}) \\ u_1(\text{石头}) \end{bmatrix} = \begin{bmatrix} 0 & -24 & 12 \\ 12 & 0 & -12 \\ -12 & 12 & 0 \end{bmatrix} \begin{bmatrix} p_2 \\ q_2 \\ 1-p_2-q_2 \end{bmatrix}$$

让参与者 1 使用三个纯策略分别得到的期望收益相等，得到 $p_2=\frac{4}{12}, q_2=\frac{3}{12}$。

9.1-3:古诺双寡头博弈与重复严格占优

(a) 参与者 i 的收益为：

$$u_i(q_i, q_{-i}) = p(q_i, q_{-i})q_i = (1-q_i-q_{-i})q_i = (1-q_{-i})q_i - q_i^2$$

这是 q_i 的严格凹函数，在 $q_i=\frac{1}{2}(1-q_{-i})$ 上取得最大值。因此，对 $q_{-i}\in A_{-i}=[0,1]$，有：

$$BR_i(q_{-i}) = \frac{1}{2}(1-q_{-i})$$

(b) 因此，在纳什均衡中，$q_1=\frac{1}{2}(1-q_2)$，$q_2=\frac{1}{2}(1-q_1)$。求解，得到 $q^N=\left(\frac{1}{3},\frac{1}{3}\right)$。

(c) 我们已经证明对 $q_{-i}\in A_{-i}=[0,1]$，有：

$$BR_i(q_{-i}) = \frac{1}{2}(1-q_{-i})$$

因此：

$$BR_1(q_1) \leqslant \max_{q-i\in A-i}\left\{\frac{1}{2}(1-q_{-i})\right\} = \frac{1}{2}$$

而且，根据严格凹性，对所有的 $q_i>\frac{1}{2}(1-q_{-i})$，$u_i(q_i,q_{-i})$ 严格递减。但是，$q_{-i}\in A_{-i}=[0,1]$，因此，对所有的 $q_i>\frac{1}{2}$，对所有的 $q_{-i}\in A_{-i}$，有：

$$u_i\left(\frac{1}{2}, q_{-i}\right) > u_i(q_i, q_{-i})$$

因此，$q_i>\frac{1}{2}$ 劣于 $q_i=\frac{1}{2}$。

剔除劣策略，我们证明了参与者 i 将选择 $q_i\in\left[0,\frac{1}{2}\right]$。

(d) 定义 $A(\alpha)=\left[\frac{1}{3}-\alpha,\frac{1}{3}+\alpha\right]$。根据(c)，如果 $\alpha=\frac{1}{3}$，则不在 A_α 中的所有策略都是严格劣策略。仿照(c)中分析，对所有的 $q_i<\frac{1}{2}(1-q_{-i})$，$u_i(q_i,q_{-i})$ 严格递增；对所有的 $q_i>\frac{1}{2}(1-q_{-i})$，$u_i(q_i,q_{-i})$ 严格递减。设 $A_{-i}\subset A(\alpha)=\left[\frac{1}{3}-\alpha,\frac{1}{3}+\alpha\right]$。

则对所有的

$$q_i < \min_{q_{-i} \in A(\alpha)} \left\{ \frac{1}{2}(1-q_{-i}) \right\} = \frac{1}{3} - \frac{1}{2}\alpha$$

$u_i(q_i, q_{-i})$严格递增;对所有的

$$q_i > \max_{q_{-i} \in A(\alpha)} \left\{ \frac{1}{2}(1-q_{-i}) \right\} = \frac{1}{3} + \frac{1}{2}\alpha$$

$u_i(q_i, q_{-i})$严格递减。因此,所有的

$$q_i \notin A\left(\frac{1}{2}\alpha\right) = \left[\frac{1}{3} - \frac{1}{2}\alpha, \frac{1}{3} + \frac{1}{2}\alpha\right]$$

都是严格劣策略。

剔除这些策略,参与者 i 将从区间$A\left(\frac{1}{2}\alpha\right) = \left[\frac{1}{3} - \frac{1}{2}\alpha, \frac{1}{3} + \frac{1}{2}\alpha\right]$中做出选择。

(e) 重复上述过程,重复 k 次,得到:参与者 i 将从区间

$$A\left(\frac{1}{2^k}\alpha\right) = \left[\frac{1}{3} - \frac{1}{2^k}\alpha, \frac{1}{3} + \frac{1}{2^k}\alpha\right]$$

中做出选择。通过选择足够大的 k,任何 $q_i \neq \frac{1}{3}$都能以这种方式被剔除。就是说,反复剔除严格劣策略后剩下的唯一产量为 $q_i = \frac{1}{3}$。

9.2 包含历史的博弈

习题 9.2-1:蜈蚣博弈

(a) 共有三个子博弈。首先看始自参与者 2 的第二个行动节点的博弈。他应该选择"不要",子博弈精炼均衡收益因此为(5,5)。再看始自参与者 1 的第二个行动节点的博弈。如果她选择"不要",则得到的均衡收益为 5。她的最优反应因此是"不要"。重复这一过程。唯一的子博弈精炼策略都是"不要",因此,均衡收益为(5,5)。

(b) 在除第一个节点外的每个节点上,参与者都选择"拿走",则此前节点上的参与者的最优反应是"拿走"。如果在第一个节点上,参与者 1 选择"拿走",则在后面的节点上的收益不再重要,因此,在后面的节点上选择"拿走"是最优反应。因此,另一个纳什均衡结果为(1,0)。

(c) 参与者 2 在其第二个行动节点上,选择"拿走"。于是,根据(b)中的逻辑,所有人在此前的决策节点上都将选择"拿走",因此(1,0)是子博弈精炼均衡结果。

(d) 在第二次轮到自己行动时,参与者 2 在两个行动之间无差异。如果他以足够高的概率选择"不要",则此前所有节点上的参与者都应该选择"不要",均衡结果因此为(6,4)。如果在第二次轮到自己行动时,参与者 2 以足够高的概率选择"拿走",则此前所有节点上的参与者都将选择"拿走",(1,0)因此也是子博弈精炼均衡结果。

(e) 首先看始自最后决策节点的子博弈。当 $v=4$ 时,参与者 2 在两个行动之间无差异。因此,任何混合策略都是最优反应。如果参与者 2 以 1/2 的概率选择

“不要”，则参与者1的期望收益为3。因此，参与者1对倒数第二个决策节点上的两个行动无差异。这一结论对每个决策节点都成立。因此，在这一博弈中，存在唯一一个完全混合的混合策略子博弈精炼均衡。

习题 9.2-3：鲁宾斯坦讨价还价博弈

(a) 设参与者2在时期2的要价为 x_2。如果参与者1拒绝，则其子博弈精炼均衡收益的现值为 δu_{13}。就是说，对参与者1而言，其最优反应为“接受”当且仅当 $v-x_2\geqslant\delta u_{13}$。于是，参与者2的最优反应是选择：

$$\bar{x}_2=\arg\max\{x_2 \mid v-x_2\geqslant\delta u_{13}\}=v-\delta u_{13}$$

在时期2，参与者2的子博弈精炼均衡收益于是为：

$$u_{22}=\bar{x}_2=v-\delta u_{13}$$

(b) 对参与者1在时期1的选择，我们也可以做类似分析，证明：

$$\bar{x}_1=\arg\max\{x_1 \mid v-x_1\geqslant\delta u_{22}\}=v-\delta u_{22}$$

于是：

$$u_{11}=\bar{x}_1=v-\delta u_{22}$$

(c) 始自 $t=3$ 的子博弈与原始无限次重复博弈完全相同。

(d) 令 $u_{13}=u_{11}$，得到包含两个未知数的两个方程。消除 u_{22}，得到：

$$u_{11}=\frac{1}{1+\delta}v$$

于是：

$$u_{12}=v-u_{11}=\frac{\delta}{1+\delta}v$$

(e) 如果参与者1在每个奇数时期中要求得到项目的全部价值，则参与者2的一个最优反应是接受所有的这种要求。在参与者2接受要求的前提下，参与者1的最优反应是在每一个奇数时期中要求得到项目的全部价值。如果参与者2在每个偶数时期中要求得到项目的全部价值，则参与者1的最优反应是在时期1结束整个博弈。由于参与者2的时期2要求的现值为 δv，因此，参与者1的要价为 $\bar{x}_1=v-\delta v$。

9.3 双寡头博弈

习题 9.3-1：产品之间替代程度不断上升时的轮流行动定价博弈

(a) 根据(9.3-3)，得：

$$\theta p_2=\frac{\theta}{2(1+\theta)}(1+\theta p_1)$$

因此：

$$z_2=\frac{\theta}{2(1+\theta)}(1+z_1)$$

根据(9.3-5)，得：

$$\theta p_1=\frac{2\theta+2\theta^2}{4+8\theta+\theta^2}(1+\theta p_2)$$

因此：

$$z_1=\frac{2\theta+2\theta^2}{4+8\theta+3\theta^2}(1+z_2)$$

(b) 取极限。当 $\theta\to\infty$ 时，得：

$$z_2=\frac{1}{2}(1+z_1)$$
$$z_1=\frac{2}{3}(1+z_2)$$

解得：

$$(z_1,z_2)=\left(\frac{6}{4},\frac{5}{4}\right)$$

(c) 由于：

$$q_i=1-p_i+\theta(p_j-p_i)=1-\frac{z_i}{\theta}+(z_j-z_i)$$

取极限，当 $\theta\to\infty$ 时，得：

$$(q_1,q_2)=\left(\frac{3}{4},\frac{5}{4}\right)$$

习题 9.3-3：存在竞争边缘(Competitive Fringe)的古诺生产博弈

(a) 和前一题的证明思路一样。

$$U_j(q)=(a-c_j-q_1-q_2)q_j$$

在只有企业 1 生产的均衡 $q^N=(q_1^N,q_2^N)$ 中(就是说，$q_2^N=0$)，必然有：

$$\frac{\partial}{\partial q_1}U(q^N)=0$$
$$\frac{\partial}{\partial q_2}U(q^N)\leqslant 0$$

就是说：

$$a-c_1-2q_1^N=0$$
$$a-c_2-2q_1^N\leqslant 0$$

根据第一个条件，得到：

$$q_1^N=\frac{1}{2}(a-c_1)$$

这是垄断产量。因此，均衡价格为垄断价格：

$$p=\frac{1}{2}(a+c_1)$$

把 q_1^N 的表达式代入第二个条件中，得到：

$$c_2\geqslant\frac{1}{2}(a+c_1)$$

就是说，企业 2 将进入当且仅当它的单位成本小于垄断价格。如果这个条件成立，则企业 2 的一阶条件为：

$$\frac{\partial}{\partial q_2}U(q^N)=0$$

纳什均衡产出向量因此肯定满足如下一阶条件：

$$a-c_1-2q_1-q_2=0$$
$$a-c_2-q_1-2q_2=0$$

求解，得到：

$$q_1^N=\frac{2}{3}(a-c_1)+\frac{1}{3}(a-c_2)$$
$$q_2^N=\frac{2}{3}(a-c_2)+\frac{1}{3}(a-c_1)$$

(b)

$$\frac{\partial U_j}{\partial q_j}=\left(a-c_2-\sum_{i=1}^{n}q_i\right)-q_j=p-c_2-q_j$$

就是说，如果价格高于 c_2 即每个边缘企业的单位成本，所有这 $n-1$ 家企业都生产严格正的产量。如果价格低于 c_2，这些企业都不生产。进入行业的充分必要条件因此和只有两个企业时的情况完全相同。给定这一结论，企业 1 的一阶条件为：

$$\frac{\partial U_1}{\partial q_1}=(a-c_1-s)-q_1=0$$

其中：

$$s=\sum_{i=1}^{n}q_i$$

其他每个企业的一阶条件为：

$$\frac{\partial U_j}{\partial q_j}=(a-c_2-s)-q_j=0$$

在这 n 个企业上加总，得到：

$$(a-c_1-s)+(n-1)(a-c_2-s)=s$$

得到：

$$s=\frac{1}{n+1}(a-c_1)+\frac{n-1}{n+1}(a-c_2)$$

因此：

$$p-c_2=a-c_2-s=\frac{2}{n+1}\left[(a-c_2)-\frac{1}{2}(a-c_1)\right]$$

(c) 这里要看到，随着边缘企业数量增加，纳什均衡价格下降，趋向边缘企业的单位成本。

习题 9.3－5:3 个企业序贯进入市场时的生产博弈

(a) 企业 j 的利润为：

$$U_j(q)=(p(q)-c)q_j$$

企业 3 看到前两个企业的行动，通过选择自己的产量最大化：

$$U_3(q)=(p(q)-c)q_3$$

一阶条件为：

$$\frac{\partial}{\partial q_3}U_3(q)=(p(q)-c)+\frac{\partial p}{\partial q_3}q_3=a-c-q_1-2q_2-2q_3=0$$

得到：

$$q_3^{BR}=\frac{1}{2}(a-c-q_1-q_2)$$

(b) 企业 2 预见到企业 3 的最优反应，因此，它的利润为：

$$U_2(q_1,q_2)=(p-c)q_2=(a-c-q_1-q_2-q_3^{BR})q_2=\frac{1}{2}(a-c-q_1-q_2)q_2$$

(c) 令 $\frac{\partial U_2}{\partial q_2}=0$，得到：

$$q_2^{BR}=\frac{1}{2}(a-c-q_1)$$

(d) 利用(a)中答案，得到：

$$q_3^{BR}=\frac{1}{2}(a-c-q_1-q_2)=\frac{1}{4}(a-c-q_1)$$

于是得到：

$$U_1=(a-c-q_1-q_2^{BR}-q_3^{BR})q_1=\frac{1}{4}(a-c-q_1-q_1)q_1$$

在 $q_1^N=\frac{1}{2}(a-c)$ 时，$U_1(q_1)$ 取得最大值。

(e) 利用(c)中的答案，得到：

$$q_2^N=\frac{1}{4}(a-c)$$

利用(a)中的答案,得到:

$$q_3^N=\frac{1}{8}(a-c)$$

总产量因此为:

$$s=\left(\frac{1}{2}+\frac{1}{4}+\frac{1}{8}\right)(a-c)$$

均衡价格与单位成本之间的差为:

$$p-c=a-c-s=\left(1-\left(\frac{1}{2}+\frac{1}{4}+\frac{1}{8}\right)\right)(a-c)=\frac{1}{8}(a-c)$$

说明:每个企业的产量都为直接在其前行动的企业的产量的一半。应用这一结论,我们能够证明在有四个企业时,第四个企业的产量为$\frac{1}{16}(a-c)$。如此等等。因此,在极限上,有:

$$p-c=a-c-s=\left(1-\left(\sum_1^{\infty}\frac{1}{2^n}\right)\right)(a-c)=0$$

习题 9.3-7:消耗战

(a) 根据(9.3-9),得:

$$u_1(t,\bar{s}_2)=(1-\mu(t))\left[aB(t)+e^{-rt}\frac{m}{r}\right]+\int_0^t\left[aB(s)+e^{-rs}\frac{n}{r}\right]\mu'(s)ds$$

因此:

$$\frac{\partial}{\partial t}u_1(t,\bar{s}_2)=(1-\mu(t))\left[aB'(t)-re^{-rt}\frac{m}{r}\right]-\mu'(t)\left[aB(t)e^{-rt}\frac{m}{r}\right]+\left[aB(t)+e^{-rt}\frac{n}{r}\right]\mu'(t)$$

代入 $B'(t)=e^{-rt}$,得到:

$$\frac{\partial}{\partial t}u_1(t,\bar{s}_2)=e^{-rt}\left[(1-\mu(t))(a-m)-\mu'(t)\frac{n-m}{r}\right]$$

让上式等于零,得到条件(9.3-8)。

(b) 由于 $\mu(0)=0$,所以,$u_1(0,\bar{s}_2)=\frac{m}{r}$。就是说,对称均衡期望利润为行动者的收益。消耗战消除了不行动所能实现的任何额外收益。

(c) 根据本章的分析,我们知道,在均衡中,有:

$$\frac{\mu_1'(t)}{1-\mu_1(t)}=p=\frac{\mu_2'(t)}{1-\mu_2(t)}$$

因此,对 $i=1,2$,有:

$$\mu_i(t)=1-k_i e^{-pt}$$

并且,我们知道,在 $t>0$ 上,不可能有密度点。几乎相同的分析能证明双方都不可能以正概率选择零。但是,均衡的所有的充分必要条件得到满足,如果:

$$\min\{k_1,k_2\}<1=\max\{k_1,k_2\}$$

(d) 设 $\mu(t)$ 是对称均衡混合策略。设 $\nu(t)$ 是至少一个企业在时点 t 之前行动的概率。则:

$$1-\nu(t)=(1-\mu(t))^2$$

和前面的分析相同,企业 i 在行动和在每个时刻都不行动之间无差异,如果它面对着由下式给出的概率:

$$1-\nu(t)=e^{-pt}$$

因此:

$$1-\mu_1(t)=(1-\nu(t))^{1/2}=e^{-pt/2}$$

9.4 无限次重复博弈

习题 9.4-1:重复进行的古诺生产博弈

(a) 给定产量向量 q,企业 $j=1,2$ 的收益为:

$$u_j(q)=(p-c-q_1-q_2)q_j=(12-q_1-q_2)q_j \tag{9.5-2}$$

于是:

$$u_1(q)+u_2(q)=(12-q_1-q_2)(q_1+q_2)$$

在 $q_1+q_2=6$ 时,上式取最大值。

(b) 如果企业 2 选择 q_2,则企业 1 的最优反应是如下最大化问题的解:

$$\max_{q1}\{u_1(q_1,x)=(12-q_1-q_2)q_1=(12-q_2)q_1-q_1^2\}$$

解得:

$$q_1^*=\frac{1}{2}(12-q_2) \tag{9.5-3}$$

根据对称性,企业 2 的最优反应为:

$$q_2^*=\frac{1}{2}(12-q_1)$$

在纳什均衡上,两个企业的产量都是最优反应。求解,得到:

$$q^N=(4,4)$$

因此:

$$u_j(q^N)=16$$

(c) 现在看对称合作产出向量 $q=(x,x)$。根据(9.5-2),得:

$$U_1^C=u_1(x,x)=(12-2x)x$$

如果企业1选择背叛，它将通过选择其最优反应 $q_1^D=\frac{1}{2}(12-x)$ 而最大化其短期收益。则背叛行为的短期收益为：

$$U_1^D=u_1(q_1^D,x)=\frac{1}{4}(12-x)^2$$

根据(9.4-1)，背叛行为无利可图，如果：

$$\delta\leqslant\frac{N(x)}{D(x)}$$

其中：

$$\frac{N(x)}{D(x)}=\frac{U_1^C-U_1^N}{U_1^D-U_1^C}=\frac{(12-2x)x-16}{\frac{1}{4}(12-x)^2-(12-2x)x} \tag{9.5-4}$$

因此，对称效率结果 $q^C=(3,3)$ 是重复博弈的均衡，如果在 $x=3$ 时，这一不等式成立。把 $x=3$ 代入上式，得到：

$$\delta>\frac{9}{17}$$

(d) 定义：

$$\frac{N(x)}{D(x)}=\frac{\frac{1}{4}(12-x)^2-(12-2x)x}{\frac{1}{4}(12-x)^2-16}$$

当 $x\to4$ 时，分子和分母都收敛于零。根据洛必达法则，得：

$$\lim_{x\to4}\frac{N(x)}{D(x)}=\lim_{x\to4}\frac{N'(x)}{D'(x)}=\lim_{x\to4}\frac{7x-12}{12-x}=2$$

因此，所有的合作向量 $q^C=(x,x)$ 要足够接近 $q^N=(4,4)$，要求 $\frac{N(x)}{D(x)}>1$ 从而使得对所有的贴现因子，合作能够维持下去。

习题 9.4-3：存在 T 个时期威胁的古诺博弈

根据第9.3节的讨论，所有背叛行为都无利可图当且仅当

$$U_j^D-U_j^C-\frac{\delta-\delta^T}{1-\delta}(U_j^C-U_j^N)\leqslant0$$

根据(D-15)，在 $x=3$ 时，有：

$$\frac{U_1^C-U_1^N}{U_1^D-U_1^C}=\frac{(12-2x)x-16}{\frac{1}{4}(12-x)^2-(12-2x)x}=\frac{8}{9}$$

就是说，背叛无利可图当且仅当

$$\frac{1-\delta}{\delta-\delta^T}\leqslant\frac{8}{9}$$

第十章 不对称信息博弈

10.1 不完全信息博弈

习题 10.1-1:蝙蝠侠与乔克(Joker)

(a) 图 10.4-1 画出了这一博弈的扩展形式。

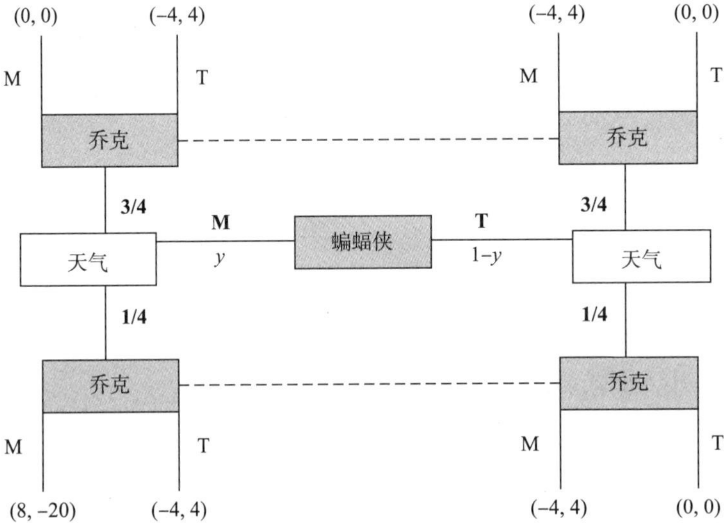

图 10.4-1 博弈树

(b) 假设蝙蝠侠选择守塔楼(T)。则乔克的最优反应是攻击博物馆(M)。如果乔克选择博物馆,则蝙蝠侠的最优选择是守博物馆。因此,对蝙蝠侠而言,守塔楼不是均衡策略。同理,对蝙蝠侠而言,守博物馆也不是均衡策略。

(c) 设 y 是蝙蝠侠选择博物馆(M)的概率。假设天气恶劣。我们看乔克的收益:

$$U_J^{Bad}(M)=y(-20)+(1-y)4=4-24y$$

$$U_J^{Bad}(T)=4y$$

当 $4-24y=4y$ 时(就是说,当 $y=\frac{1}{7}$ 时),乔克可以使用混合策略;如果 $y>\frac{1}{7}$,则选择攻击塔楼。假设天气很好,乔克的收益为:

$$U_J^G(M)=4(1-y)$$

$$U_J^G(T)=4y$$

当 $y=\frac{1}{2}$ 时,他可以使用混合策略;如果 $y>\frac{1}{2}$,他可以选择攻击塔楼。因此,对混合策略均衡,存在两个可能的 y 值。

(d) 我们看 $y=\frac{1}{2}$。如果天气很好,则乔克选择攻击塔楼。假设蝙蝠侠选择防守博物馆。当天气恶劣时,乔克使用混合策略,则蝙蝠侠的期望收益为:

$$U_B(M)=\frac{3}{4}(-4)+\frac{1}{4}(x8+(1-x)(-4))=3x-4$$

如果他选择守卫塔楼，则他的收益为：

$$U_B(T)=\frac{1}{4}x(-4)=-x$$

要存在均衡，蝙蝠侠必须在两个选项之间无差异，就是说，$3x-4=-x$。因此，$x=1$。

习题 10.1-3：全支付拍卖

(a) 设 $B(\theta)$ 是对称均衡报价函数。如果其他所有人都按照均衡策略报价，则价值认定为 θ_i 的买方 i 赢得商品，如果他的价值认定最高的话。因此，他的胜出概率为：

$$w(\theta_i)=F^{n-1}(\theta_i)$$

如果他的价值认定为 θ 但是他的报价为 θ_i，则他的收益为：

$$u=w(\theta_i)\theta-B(\theta_i)$$

这是其均衡收益 $u=w(\theta)\theta-B(\theta)$ 的一个下界。根据此前的分析，有：

$$\frac{du}{d\theta}(\theta_i)=w(\theta_i)=F^{n-1}(\theta_i)$$

在只有两个买方且他们的价值认定服从均匀分布时，有：

$$\frac{du}{d\theta}=F(\theta)=\theta$$

积分，得到：

$$u(\theta)=\frac{1}{2}\theta^2$$

并且：

$$u(\theta)=w(\theta)\theta-B(\theta)=\theta^2-B(\theta)$$

因此：

$$B(\theta)=\frac{1}{2}\theta^2$$

(b) 在有 n 个买方时，有：

$$\frac{du}{d\theta}=w(\theta)=\theta^{n-1}$$

积分，得到：

$$u(\theta)=\frac{1}{n}\theta^n$$

并且：

$$u(\theta)=w(\theta)\theta-B(\theta)=\theta^n-B(\theta)$$

因此：

$$B(\theta)=\frac{n-1}{n}\theta^n$$

(c) 在一般情况中，有：

$$\frac{du}{d\theta}=w(\theta)=F^{n-1}(\theta)$$

因此：

$$u(\theta)=\int_0^\theta F^{n-1}(x)dx=w(\theta)\theta-B(\theta)=F^{n-1}(\theta)\theta-B(\theta)$$

于是：

$$B(\theta)=F^{n-1}(\theta)\theta-\int_0^\theta F^{n-1}(x)dx$$

10.2 对贝叶斯纳什均衡的精炼

习题 10.2－1：多个序贯均衡

(a) 在贝叶斯纳什均衡中，推断是共同知识。就是说，参与者 2 知道两种类型的发生概率相同，而做出反应。如果两种类型都选择不进入，则博弈结束，所以，参与者 2 的最优反应是选择高价。如果情况确是如此，则两种类型 1 参与者选择进入而非选择反击的话，收益将降低。因此，第一行中的策略是贝叶斯纳什均衡策略。

如果两种类型都进入，则参与者 2 选择高价，能实现期望收益为 $\left(\frac{1}{2}\right)(5)+\left(\frac{1}{2}\right)(-2)=\frac{3}{2}$；参与者 2 选择中间价，能实现期望收益 $\left(\frac{1}{2}\right)(-1)+\left(\frac{1}{2}\right)(1)=0$。如果她选择低价，则她的收益为 2。因此，低价是最优反应。如果她选择了低价，则两个进入者选择进入，能实现高收益。

在所探讨的均衡路径上，只有实力强型参与者 1 进入。给定共同知识推断，参与者 2 知道这一点，因此她的最优反应是低价。但是，如果参与者 2 选择低价，则参与者 1 在自己为实力弱型时的最优反应是进入。因此，不进入不是最优反应。

(b) 在精炼贝叶斯均衡中，在博弈树的每个节点上都肯定有个策略。并且，肯定存在与贝叶斯法则一致的推断使得每个节点上的策略是最优反应。我们看第一个均衡。假设实力弱型参与者以概率 ε 颤抖，实力强型参与者以概率 ε^2 颤抖。则如果参与者 1 进入，他为实力弱型的条件概率是：

$$\Pr\{w\mid E\}=\frac{p\varepsilon}{p\varepsilon+(1-p)\varepsilon^2}=\frac{p\varepsilon}{p\varepsilon+(1-p)\varepsilon}$$

随着 $\varepsilon\to 0$，这一概率收敛于 1。因此，当 ε 足够小时，选择高价是参与者 2 的最优反应。因此，这一均衡是颤抖的手精炼均衡，因此是序贯均衡。

(c) 我们看两个潜在进入者都不进入的均衡。假设与均衡相反，实力强型进入者选择进入并宣称自己是实力强型。他说，参与者 2 的反应应该为中间价而非高价。如果参与者 2 真得照他所说的那样做了，则参与者 2 的收益为 −1 而非 −2，参与者 1 的收益为 1 而非 −1。而且，如果参与者 2 被预料到会做出这种反应，则参与者 1 在自己为实力弱型时选择了进入，收益就会降低。因此，这一均衡不满足直觉标准。

习题 10.2-3：两种类型时的信号揭示均衡

(a) 在精炼贝叶斯均衡中，最低期望产出为 1；因此，在分离均衡中，低类型的工资为 1。如果这一均衡为分离均衡，则企业就会争抢选择了 $z>0$ 的工人，把他的工资抬高到 $w(z)=2$。类型 1 工人肯定不愿意发出信号。就是说：

$$u_1(z,w(z))=w(z)-z=2-z\leqslant 1$$

因此，$z\geqslant 1$。类型 2 工人肯定偏好分离结果而非不发信号。就是说：

$$u_2(z,w(z))=2-z(1-\varepsilon)\geqslant 1$$

因此：

$$z\leqslant\frac{1}{1-\varepsilon}$$

(b) 如果没有人发信号，则期望生产率为：

$$1p+2(1-p)=2-p$$

均衡工资率因此为 $2-p$。

(c) 我们看图 10.4-2 中的精炼贝叶斯均衡和不在均衡行动路径上的 $\hat{z}$。不管自己的类型被认为是什么，选择 $\hat{z}$ 都降低类型 1 工人的收益。类型 2 工人如果选择 $\hat{z}$，则自己的收益上升，如果她被认为不可能是类型 1 工人（因此肯定被认为是类型 2 工人）。因此，这一精炼贝叶斯均衡不满足直觉标准。最后，如果 $z=1$，则对任何的 $\hat{z}<1$，则类型 1 工人应该选择 $\hat{z}$，如果推断足够有利的话。

(d) 在信号 $z=1$ 时，精炼贝叶斯均衡收益为 $u_1(1,1)=1$ 和 $u_2(2,z)=1+\varepsilon$。就是说，两种类型的收益都收敛于 1。在混同精炼贝叶斯均衡中，均衡工资为 $w(p)=2-p$。就是说，混同精炼贝叶斯均衡工资水平收敛于 2。在完全信息下，两种类型工人的工资水平分别为 1 和 2。随着 $(p,\varepsilon)\rightarrow 0$，则工人几乎肯定是高生产率类型。就是说，在分离均衡和其他均衡之间，在极限上，存在高度不连续性。

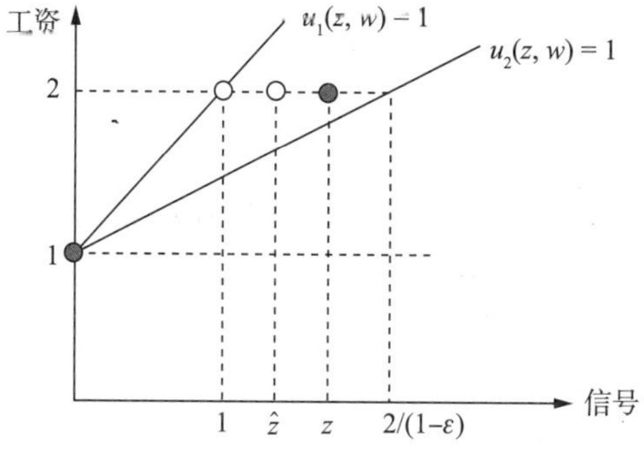

图 10.4-2　分离精炼贝叶斯均衡

10.3　策略无法被观察到但有公开信号的博弈

习题 10.3-1:含私人策略的单阶段偏离原理

(a) 对参与者 i,博弈的历史是他所使用过的策略的历史和公开信号的历史。在阶段 t,一个策略是一个 $s^t(h^t)=(s_1^t(h_1^t),\cdots,s_I^t(h_I^t))$。假设 $\bar{s}=\{\bar{s}^t(h^t)\}_{t=1}^{\infty}$ 满足单阶段偏离原理。设 $s=\{s^t(h^t)\}_{t=1}^{\infty}$ 是其他某个策略组合。定义 $\bar{s}(\theta)$是在 $t<\theta$ 时与 s 一致和在 $t\geqslant\theta$ 时与 $\bar{s}$ 一致的策略组合;就是说:

$$\bar{s}(\theta)=(s^1(h^1),\cdots,s^{\theta-1}(h^{\theta-1}),\bar{s}^{\theta}(h^{\theta}),\cdots)$$

由于对 $\bar{s}$ 的任何单阶段偏离都不会让任何人收益,所以,对 $t\geqslant\theta$ 的任意的阶段t 子博弈,没有对 $\bar{s}(\theta)$的单阶段偏离。

我们看参与者 i 的有限个阶段上的偏离。假设阶段 a 是这个参与者发生偏离的最后一个阶段。则对 $t\geqslant a+1$,策略组合 s 与$\bar{s}$ 一致从而使得$s=\bar{s}(a+1)$。接下来的证明与命题 9.2-2 的证明完全一样。

(b) 这里的证明与命题 9.4-4 的证明完全一样。

第十一章　激励一致性与机制设计

11.1　激励一致性

习题 11.1-1:单交叉性质的充分条件

任取(q^0,r^0)和(q^1,r^1),其中 $q^1>q^0$,使得 $u(\theta,q^1,r^1)-u(\theta,q^0,r^0)\geqslant 0$。如必要性证明中那样,选择 $\hat{r}$ 使得$u(\theta,q^1,\hat{r})-u(\theta,q^0,r^0)=0$。我们看穿过$(q^0,r^0)$的无差异曲线上的点$(q(\lambda),r(\lambda))$使得 $q(\lambda)=q^0+\lambda(q^1-q^0)$。依然如必要性的证明中那样,对任意的 $\varphi>\theta$,有:

$$\frac{d}{d\lambda}u(\varphi,q(\lambda),r(\lambda))=(q^1-q^0)u_r[MRS(\varphi,q,r)-MRS(\theta,q,r)]$$

根据假定,对 $\varphi>\theta$, $MRS(\varphi,q,r)>MRS(\theta,q,r)$。就是说,对所有的 $\lambda\in[0,1]$,有:

$$\frac{d}{d\lambda}u(\varphi,q(\lambda),r(\lambda))>0$$

因此:

$$u(\varphi,q^1,\hat{r})=u(\varphi,q(1),r(1))>u(\varphi,q^0,r^0)$$

根据假定,$u(\cdot)$是增函数并且 $\hat{r}\leqslant r^1$,因此:

$$u(\varphi,q^1,r^1)>u(\varphi,q^0,r^0)$$

习题 11.1-3:类型服从连续分布时教育的信号揭示功能

(a) 设$\{q(\theta),r(\theta)\}_{\theta\in\Theta}$(分段)可微。在分离均衡中,咨询专家的工资将被抬高至其具有的价值上,就是说,$r(\theta)=k\theta$。要满足激励一致性(IC),要求:

$$u(\theta,q(x),r(x))\leqslant u(\theta,q(\theta),r(\theta))$$

就是说:

$$u(\theta,q(x),kx)=kx-\frac{q(x)}{\theta^2}$$

在 $x=\theta$ 上取得最大值。

（b）一阶条件为：

$$k-\frac{q'(\theta)}{\theta^2}=0$$

定义：

$$V(\theta)=u(\theta,q(\theta),r(\theta))=k\theta-\frac{q(\theta)}{\theta^2}$$

则：

$$V'(\theta)=\frac{d}{d\theta}\left(k\theta-\frac{q(\theta)}{\theta^2}\right)=\left(k-\frac{q'(\theta)}{\theta^2}\right)+\frac{2q(\theta)}{\theta^3}$$

根据一阶条件，上式等号右边括号中的项为零，因此：

$$V'(\theta)=\frac{2q(\theta)}{\theta^3}$$

（c）根据上式，得到：

$$\frac{1}{2}\theta V'(\theta)=\frac{q(\theta)}{\theta^2}$$

代入到 $V(\theta)$ 的表达式中，得到：

$$V(\theta)=k\theta-\frac{1}{2}\theta V'(\theta)$$

因此：

$$2\theta V(\theta)+\theta^2V'(\theta)=k\theta^2$$

（d）积分，得到：

$$\theta^2V(\theta)=\frac{2}{3}\theta^3+k$$

由于 $V(0)=0$，所以，$k=0$，因此：

$$V(\theta)=\frac{2}{3}\theta$$

（e）

$$u(\theta,q(x),r(x))=u(\theta,q(x),R(q(x)))=R(q(x))-\frac{q(x)}{\theta^2}$$

一阶条件为：

$$R'(q(\theta))q'(\theta)-\frac{1}{\theta^2}q'(\theta)=0$$

于是：

$$R'(q(\theta))=\frac{1}{\theta^2}$$

(f) 并且，在均衡中，$R(q(\theta))=k\theta$。于是，$[R(q)]^2R'(q)=k^2$。

(g) 积分，得到$\frac{1}{3}[R(q)]^3=k^2q$。因此：

$$R(q)=(3k^2q)^{1/3}$$

11.2　信息显示、逆选择和信号揭示

习题 11.2－1：对信号的选择

(a) 有两种类型。类型 1 的价值为 a，因此，应该不发信号，赚取外部工资 $r_0>a$。我们寻找满足直觉标准的分离均衡。则局部向上约束条件肯定起作用。

(ⅰ) 均衡收益为 $\{(0,r_0),(x,2a)\}$。在信号为 x 时，发信号而实现的收益为：

$$u_1(\theta,r_2,x)=u_1(\theta,2,x)=2a-C(\theta,x)=2a-x/\theta$$

局部向上约束条件肯定起作用。因此：

$$u_1(1,2,x)=2a-x=r_0$$

就是说，$x=2a-r_0$，因此类型 2 的均衡收益为：

$$u_1(2,2,x)=2a-\frac{1}{2}x=a+\frac{1}{2}r_0$$

(ⅱ) 在信号为 y 时，发信号而实现的收益为：

$$u_2(\theta,r_2,y)=2a-C(\theta,y)=2a-y/\theta$$

类型 1 在发信号与接受外部机会之间肯定无差异。因此，

$$u_2(1,2,y)=2a-y^2=r_0。$$

就是说，$y^2=2a-r_0$，因此类型 2 的均衡收益为：

$$u_2(2,2,y)=2a-\frac{1}{2}y^2=a+\frac{1}{2}r_0$$

这个结果与信号 x 的结果完全一样。这很容易解释。我们实际上在开始时可以定义新变量 $x=y^2$，则(ⅱ)与(ⅰ)自然就完全一样。

(ⅲ) 在信号为 z 时，发信号而实现的收益为：

$$u_3(\theta,\theta_2,z)=2a-C(\theta,z)=2a-z/\theta^2$$

类型 1 在发信号与接受外部机会之间肯定无差异。因此：

$$u_3(1,2,z)=2a-z=r_0$$

就是说，$z=2a-r_0$，因此类型 2 的均衡收益为：

$$u_2(2,2,z)=2a-z/\theta^2=2a-z/4=\frac{3}{2}a+\frac{1}{4}w_0$$

(b)

$$u_2(2,2,z)-u_1(2,2,x)=\left(\frac{3}{2}a+\frac{1}{4}w_0\right)-\left(a+\frac{1}{2}w_0\right)=\frac{1}{4}(2a-w_0)>0$$

就是说，高类型使用信号 z 而非信号 x（或 y）能实现最大收益。原因是，在信号为 z 时，高类型的信号成本是低类型的四分之一；在信号为 x 时，高类型的信号成本是低类型的二分之一。就是说，在信号 x 下，低类型要模仿高类型，就需要发生相对更高的成本。

习题 11.2－3：最小信号

(a) 在精炼贝叶斯均衡中，最低类型要满足直觉标准，局部向上约束条件就必须起作用。就是说，如果 θ_t 是最低类型，则类型 θ_{t-1} 在发信号与不发信号之间必须无差异。因此：

$$r_0=u(\theta_{t-1},r_t,q_t)=m(\theta_t)-C(\theta_{t-1},q_t)$$

(b) 如果 $m(\theta_{t-1})>r_0$，则存在某个 $\bar{q}\in(0,q_t)$ 使得：

$$r_0=u(\theta_{t-1},m(\theta_{t-1}),\bar{q})=m(\theta_{t-1})-C(\theta_{t-1},\bar{q})$$

由于类型越高，信号成本越低，因此：

$$u(\theta_{t-2},m(\theta_{t-1}),\bar{q})<r_0$$

并且，从(a)中我们知道：

$$u(\theta_t,m(\theta_{t-1}),\bar{q})<u(\theta_t,m(\theta_t),q_t)$$

于是，存在足够小的 $\delta>0$ 使得：

$$r_0<u(\theta_{t-1},m(\theta_{t-1}),\bar{q}-\delta)$$
$$u(\theta_t,m(\theta_{t-1}),\bar{q})<u(\theta_t,m(\theta_t),q_t)$$
$$u(\theta_{t-2},m(\theta_{t-1}),\bar{q}-\delta)<r_0$$

因此，如果类型 θ_{t-1} 采取了不在均衡路径上的行动 q 并被认为是类型 θ_{t-1}，则这一类型的收益变高，而模仿它的其他一切类型的收益都变低。就是说，这一精炼贝叶斯均衡不满足强直觉标准。因此，$m(\theta_{t-1})\leqslant r_0$。

(c) 合并这些结果，得到 $C(\theta_t,q_t)=m(\theta_t)-r_0\leqslant m(\theta_t)-m(\theta_{t-1})$。取极限。在 $\theta_t-\theta_{t-1}\to 0$ 时，$C(\theta_t,q_t)\to 0$，因此，$q_t\to 0$，$m(\theta_t)\to 0$。

习题 11.2－5：教育的信号揭示功能

(a)

$$u(\theta,q,r)=r-B(q)/A(\theta)$$

要满足激励一致性，要求 $u(\theta,q(x),r(x))$ 在 $x=\theta$ 上取得最大值。就是说：

$$V(\theta)=\theta-B(q(\theta))/A(\theta)$$

(b) 根据包络定理，最大值函数 $V(\theta)=\max_x u(\theta,q(x),r(x))$ 的导数目标函数的偏导数，就是说：

$$V'(\theta)=u_\theta(\theta,q(\theta),r(\theta))=\frac{A'(\theta)B(q(\theta))}{A^2(\theta)}$$

把 $V(\theta)$ 表达式乘以 $A'(\theta)$，把前一表达式乘以 $A(\theta)$，再把因此得到的两个表达式相加，得到：

$$A(\theta)V'(\theta)+A'(\theta)V(\theta)=\theta A'(\theta)$$

(c) 把上式两边积分，得到：

$$A(\theta)V(\theta)+A(\alpha)V(\alpha)=\int_\alpha^\theta xA'(x)dx$$

(d) 对等号右边项分部积分，整理得到：

$$V(\theta)=\theta-\int_\alpha^\theta\frac{A(x)}{A(\theta)}dx$$

(e) 由于$\frac{A_2(\theta)}{A_1(\theta)}$严格递增，因此，对所有的 $x<\theta$，$\frac{A_2(\theta)}{A_1(\theta)}>\frac{A_2(x)}{A_1(x)}$。整理得到：对所有的 $x<\theta$，$\frac{A_1(x)}{A_1(\theta)}>\frac{A_2(x)}{A_2(\theta)}$。根据(d)，对所有的 $\theta>\alpha$，$V_1(\theta)<V_2(\theta)$。

习题 11.2-7：选择信号技术

(a) 这是第 11.1 节探讨过的情况。均衡收益为 $V_1(\theta)=\frac{1}{2}\theta$。

(b) 类型为 θ 的工人，如果选择结果 $(z(x),r(x))=(z(x),x)$，则得到的效用为：

$$u(\theta,z(x),r(x))=x-\frac{z(x)}{1+\theta^2}$$

因此：

$$V_2(\theta)=\theta-\frac{z(\theta)}{1+\theta^2}$$

根据包络定理：

$$V_2'(\theta)=\frac{2\theta z(\theta)}{(1+\theta^2)^2}$$

消除 $z(\theta)$，得到：

$$(1+\theta^2)^2V_2'(\theta)+2\theta V_2(\theta)=2\theta^2$$

积分，得到：

$$V_2(\theta)=\frac{2\theta^3}{3(1+\theta^2)}$$

(c) 不难验证，在[0,1]上，$\frac{V_2(\theta)}{\theta}<\frac{V_1(\theta)}{\theta}$。因此，第一种技术更好。

(d) 第二种技术现在对高类型工人更好。这里要解决的问题是确定选择第一种技术的类型集$[0,\hat{\theta}]$。

习题 11.2-9:有限类型与连续类型

(a) 由于局部向下约束条件起作用,所以,$V(\theta_{t+1})=u(\theta_{t+1},q_{t+1},r_{t+1})\geqslant u(\theta_{t+1},q_t,r_t)$。并且,$V(\theta_t)=u(\theta_t,q_t,r_t)$。因此:

$$V(\theta_{t+1})-V(\theta_t)\geqslant u(\theta_{t+1},q_t,r_t)-u(\theta_t,q_t,r_t)$$

(b) 这里的分析思路与(a)基本相同。

(c) 把两个不等式同除以 $\theta_{t+1}-\theta_t$。

(d) 在连续下假定下,取极限。

11.3 机制设计

习题 11.3-1:三种类型时的利润最大化方案

(a) 首先要看到:

$$B_t(q)=140q-\frac{1}{2}b_t q^2$$

因此,类型 2 的信息租金为:

$$B_2(q_1)-B_1(q_1)=\frac{1}{2}(b_1-b_2)q_1^2=q_1^2$$

类型 3 的信息租金为:

$$[B_2(q_1)-B_1(q_1)]+[B_3(q_3)-B_3(q_3)]=\frac{1}{2}(b_1-b_2)q_1^2+(b_2-b_3)q_2^2=q_1^2+\frac{1}{2}q_2^2$$

根据(11.2-6)至(11.2-8),三种类型的收入分别为:

$$R_1=140q_1-2q_1^2$$
$$R_2=140q_2-q_2^2-q_1^2$$
$$R_3=140q_3-\frac{1}{2}q_3^2-\left(q_1^2+\frac{1}{2}q_2^2\right)$$

减去成本,得到总利润:

$$\begin{aligned}U_0&=\sum_{t=1}^{3}f_t(R_t-C_t)\\&=f_1(120q_1-2q_1^2)+f_2(120q_2-q_2^2-q_1^2)+f_3\left(120q_3-\frac{1}{2}q_3^2-\left(q_1^2+\frac{1}{2}q_2^2\right)\right)\end{aligned}$$

求导得到:

$$\frac{\partial U_0}{\partial q_1}=f_1(120-4q_1)-2f_2q_1-2f_3q_1=f_1(120-4q_1)-2(1-f_1)q_1$$

$$\frac{\partial U_0}{\partial q_2}=f_2(120-2q_2)-2f_3q_2$$

$$\frac{\partial U_0}{\partial q_3}=f_3(120-q_2)$$

总利润 U_0 最大化问题的解为：

$$\bar{q}=\left(\frac{60f_1}{1+f_1},\frac{60f_2}{f_2+f_3},120\right)=\left(\frac{60f_1}{1+f_1},\frac{60f_2}{1-f_1},120\right)$$

这里要看到，$\bar{q}_2$ 的分母小于 $\bar{q}_1$ 的分母。因此，$\bar{q}_2\geqslant\bar{q}_1$。并且，$1-f_1=f_2+f_3\geqslant f_2$，因此，$\bar{q}_2\leqslant 60<\bar{q}_3$。就是说，单调性约束得到满足，$\bar{q}$ 是最优产量向量。

(b) 这里要看到，固定 f_1 和增加 f_2，只影响方案 2 的产量。$\bar{q}_3$ 不受影响，因为类型 3 得到社会最优产量。并且，其他所有类型的收入都收到类型 2 的信息租金相同的影响。因此，增加 q_1 而实现的边际利润为：

$$\frac{\partial U_0}{\partial q_1}=f_1\frac{d}{dq_1}(B_1(q_1)-C_1(q_1)-(1-f_1))[B_2'(q_1)-B_1'(q_1)]$$

从中可以看出，q_1^* 独立于 f_2 和 f_3。

说明：这是个一般性质。不管有多少种类型，类型 t 的最优数量决定于$(f_1,\cdots,f_t)$而与更高类型的分布无关。

习题 11.3-3：垄断与产品质量

(a) 不失一般性，我们假定每一种类型的买方只有一人。则总剩余为：

$$\sum_{t=1}^{3}(B_t(q_t)-6q_t)$$

不难验证，总剩余最大化的质量向量为 $q^*=(4,7,8)$。

(b) 最低类型没有任何信息租金，所以，他的收益为：

$$R_1=B_1(q_1)=10q_1-\frac{1}{2}q_1^2$$

中间类型有信息租金，等于他对低质量商品的价值认定和最低类型买方的价值认定之间的差，就是说：

$$U_2=B_2(q_1)-B_1(q_1)=10q_1-\frac{1}{2}q_1^2=B_1(q_1)$$

因此：

$$R_2=B_2(q_2)-U_2=B_2(q_2)-B_1(q_1)$$

类型 3 还有另一块信息租金：

$$B_3(q_3)-B_2(q_2)=10q_2-\frac{1}{2}q_2^2=\frac{1}{2}B_2(q_2)$$

因此：

$$R_3=B_3(q_3)-U_3=B_3(q_3)-B_1(q_1)-\frac{1}{2}B_2(q_2)$$

不失一般性，我们假定每种类型的买方只有一人。垄断企业的利润为：

$$U_0=\sum_{t=1}^{3}(R_t-6q_t)$$

代入每一种类型的收入，整理得到：

$$U_0=[B_1(q_1)-6q_1]+\left[\frac{1}{2}B_2(q_2)-6q_2\right]+[B_3(q_3)-6q_3]$$

我们不考虑单调性条件而求解。对类型 1 买方，如果她购买，则 $B_1(q_1)\geqslant 0$。因此，令 $q_1=0$，第一个括号内的项达到最大。对类型 2，其收益为 $\frac{1}{2}B_2(q_2)-6q_2=\left(10q_2-\frac{1}{2}q_2^2\right)-6q_2$。在 $q_2^M=4$ 时，它达到最大。对类型 3，其收益为 $B_3(q_3)-6q_3=24q_3-\frac{3}{2}q_3^2$。在 $q_3^M=8$ 时，它达到最大。

(c) 把结果代回到 R_2 与 R_3 的表达式。

习题 11.3－5：无拟线性偏好时的间接差别定价

(a) 如果配置 $(q(\theta),r(\theta))$ 具有效率，则给类型 θ 带来甚至更高收入的其他配置，都无法实现更高利润。这一优化问题的拉格朗日函数为：

$$\mathcal{L}=r-cq+\lambda(u(\theta,q,r)-u(\theta,q(\theta),r(\theta)))$$

一阶条件为：

$$-\frac{u_q}{u_r}=c$$

(b) 由于 $r=R(\theta,q,V)$ 是 $V=u(\theta,q,r)$ 的反函数，因此：

$$V=u(\theta,q,R(\theta,q,V))$$

对 q 求导，得到：

$$u_q+u_rR_q=0$$

效率的必要条件于是为：

$$R_q(\theta,q(\theta),r(\theta))-c=0$$

等号左边项是这个消费者的边际支付意愿。就是说，对类型 θ 的供给不足，如果：

$$R_q(\theta,q(\theta),r(\theta))-c>0$$

(c) 设 $(q(\theta),r(\theta))_{\theta\in\Theta}$ 是激励一致的配置规则，设 $V\theta=u(\theta,q(\theta),r(\theta))$ 是收益函数。应用标准分析方法，得到：

$$\frac{dV}{d\theta}=u_\theta(\theta,q(\theta),r(\theta))=u_\theta(\theta,q(\theta),R(\theta,q(\theta),r(\theta)))$$

垄断企业的利润为：

$$R(\theta,q(\theta),r(\theta))-cq(\theta)$$

垄断企业于是寻找激励一致性机制来最大化总利润：

$$\int_\alpha^\beta R(\theta,q(\theta),r(\theta))f(\theta)d\theta$$

其中：

$$\frac{dV}{d\theta}=u_\theta(\theta,q(\theta),R(\theta,q(\theta),r(\theta)))$$

(d) 给定我们的假定，配置规则 $q(\theta)$ 满足激励一致性当且仅当它是非递减的。这是个标准的控制问题。哈密尔顿函数为：

$$H=R(\theta,q,V)-cq+\lambda g(\theta,q,V)$$

(e) 定义：

$$g(\theta,q,V)=u_\theta(\theta,q,R(\theta,q,V))$$

等号右边项是 $u(\theta,q,R(\varphi,q,V))$ 在 $\varphi=\theta$ 的偏导数值。因此：

$$g_q(\theta,q,V)=\frac{\partial}{\partial q}\frac{\partial}{\partial\theta}u(\theta,q,R(\varphi,q,V))\bigg|_{\varphi=\theta}=\frac{\partial}{\partial\theta}\frac{\partial}{\partial q}u(\theta,q,R(\varphi,q,V))\bigg|_{\varphi=\theta}$$

以下步骤与最优所得税讨论中的步骤完全相同。得到：

$$g_q(\theta,q,V)=u_r\frac{\partial}{\partial\theta}\left(\frac{u_q}{u_r}\right)>0$$

(f) 影子价格满足：

$$\frac{d\lambda}{d\theta}=-\frac{\partial H}{\partial V}=-R_V-\lambda g_V$$

由于 $R_V<0$，因此，$\frac{d\lambda}{d\theta}>0$，如果 $\lambda(\theta)=0$。于是，如果 $\lambda(\theta)>0$，则对所有更高类型，影子价格严格为正。但这不可能，因为这是个自由终点问题，所以，$\lambda(\beta)=0$。因此，对所有的 $\theta<\beta$，$\lambda(\theta)<0$。

(g) 在单调性约束条件不起作用的点上，一阶条件为：

$$R_q-c+\lambda(\theta)g_q=0$$

我们已经说过，$g_q>0$，$\lambda(\theta)\leqslant 0$。而且，除非 $\theta=\beta$，否则 $\lambda(\theta)<0$。因此：

$$R_q(\theta,q(\theta),V(\theta))-c\geqslant 0$$

并且，除非 $\theta=\beta$，否则，这一不等式为严格不等式。

就是说，除最高类型外，垄断企业对所有类型都供给不足。假设存在某个区间 $[\theta_1,\theta_2]$，在这个区间上，单调性约束条件起作用，使得 $q(\theta)$ 在这个区间上为常数。根据上述分析，垄断企业对这一区间端点上的类型供给不足，因此，对这个区间中的所有类型都供给不足。

第十二章　拍卖和公共品

12.1　拍卖

习题 12.1-1：当卖方规定保留价格时的报价行为

(a) 设均衡报价函数为 $B(\cdot)$。价值认定超过保留价格的人都将报价，报出价格在保留价格 r 与他们的价值认定之间，因为如果他们是唯一的买方，他们就能胜出。所以，$B(r)=r$。

(b) 设 $V(\theta)=u(\theta,w(\theta),B(\theta))$ 是价值认定为 θ 的买方的均衡收益。如果其他所有人都依照均衡策略报价，则不管自己的价值认定是多少，买方 i 报价如果为 $B(\theta_i)$，则他的胜出概率是 θ_i 为最高价值认定的概率。就是说：

$$w(\theta_i)=F^{n-1}(\theta_i)$$

他的收益为：

$$u=F^{n-1}(\theta_i)(\theta-B(\theta_i))$$

这个函数的图是斜率为 $F^{n-1}(\theta_i)$ 的直线。由于 $B(\theta)$ 是买方 i 在价值认定为 θ 时的最优反应，因此：

$$V(\theta)\geqslant F^{n-1}(\theta_i)(\theta-B(\theta_i))$$

并且：

$$V(\theta_i)\geqslant F^{n-1}(\theta_i)(\theta_i-B(\theta_i))$$

均衡收益函数与上面所说的这条直线于是有相同斜率，就是说：

$$\frac{dV}{d\theta}(\theta_i)=F^{n-1}(\theta_i)$$

(c) 我们说过，$V(\theta)>0$ 当且仅当 $\theta>r$。因此：

$$V(\theta_i)=V(\theta_i)-V(r)=\int_r^{\theta_i}F^{n-1}(\theta)\,d\theta$$

并且：

$$V(\theta_i)=F^{n-1}(\theta_i)(\theta_i-B(\theta_i))$$

因此：

$$B(\theta_i)=\theta_i-\int_r^{\theta_i}\frac{F(\theta)}{F(\theta_i)}d\theta$$

(d) 在 CSD 下，对所有的 $x<v$，有：

$$\frac{F(x)}{F(v)}\leqslant\frac{F(x)}{F(v)}$$

因此：

$$\bar{B}(\theta)\geqslant B(\theta)$$

(e) 最大报价为：

$$B(1)=1-\int_r^1 F(x)^{n-1}dx$$

如果 $\bar{F}(v)\leqslant F(v)$，则最大报价将更高。

习题 12.1-3：价值认定的分布上的变化

根据标准分析程序，得：

$$B(\theta_i)=\theta_i-\int_{\alpha}^{\theta_i}\frac{F^{n-1}(\theta)}{F^{n-1}(\theta_i)}d\theta$$

并且,对 $\theta_i \in [\alpha+\kappa,\beta+\kappa]$,有:

$$\overline{B}(\theta_i)=\theta_i-\int_{\alpha+\kappa}^{\theta_i}\frac{\overline{F}^{n-1}(\theta)}{\overline{F}^{n-1}(\theta_i)}d\theta=\theta_i-\int_{\alpha+\kappa}^{\theta_i}\frac{\overline{F}^{n-1}(\theta-\kappa)}{\overline{F}^{n-1}(\theta_i-\kappa)}d\theta$$

定义 $\upsilon=\theta-\kappa$,则对 $\theta_i \in [\alpha+\kappa,\beta+\kappa]$,有:

$$\overline{B}(\theta_i)=\theta_i-\int_{\alpha}^{\theta_i-\kappa}\frac{\overline{F}^{n-1}(\upsilon)}{\overline{F}^{n-1}(\upsilon_i)}d\upsilon$$

习题 12.1-5:赢家的诅咒

(a) 如果买方 1 的报价为 $B(y)$,其他所有买方 $j=2,\cdots,n$,都报出其均衡报价 $B(t_j)$,则买方 1 的期望收益为:

$$\frac{1}{n}E\{t_1+t_2+\cdots+t_n \mid t_2,\cdots,t_n \leqslant y\}$$

期望支付为:

$$F(y)^{n-1}B(y)$$

由于类型相互独立,所以:

$$\frac{1}{n}E\{t_1 \mid t_2,\cdots,t_n \leqslant y\}=t_1F(y)^{n-1}$$

$$\begin{aligned}E\{t_2 \mid t_2,\cdots,t_n \leqslant y\}&=\int_{t2=\alpha}^{y}\cdots\int_{t_n=\alpha}^{y}t_2f(t_2)\cdots f(t_n)dt_2\cdots dt_n\\&=\int_{t2=\alpha}^{y}t_2f(t_2)dt_2F(y)^{n-2}\end{aligned}$$

根据对称性,得:

$$\frac{1}{n}E\{t_1+t_2+\cdots+t_n \mid t_2,\cdots,t_n \leqslant y\}=\frac{1}{n}t_1F(y)^{n-1}+\frac{n-1}{n}F(y)^{n-2}\int_{t2=\alpha}^{y}t_2f(t_2)\,dt_2$$

买方 1 的期望收益于是为:

$$u_1(t_1,y)=\frac{1}{n}t_1F(y)^{n-1}+\frac{n-1}{n}F(y)^{n-2}\int_{t2=\alpha}^{y}t_2f(t_2)\,dt_2-F(y)^{n-1}B(y)$$

当类型服从均匀分布时,上式可以写为:

$$u_1(t_1,y)=\frac{1}{n}t_1y^{n-1}+\frac{n-1}{2n}y^n-y^{n-1}B(y)$$

(b) 对 y 求导,得:

$$\frac{\partial}{\partial y}u_1(t_1,y)=\frac{n-1}{n}t_1y^{n-2}+\frac{n-1}{2}y^{n-1}-\frac{d}{dy}(y^{n-1}B(y))$$

要具有激励一致性，在 $y=t_1$ 时，上式必须等于零。就是说：

$$0=\frac{n-1}{n}y^{n-1}+\frac{n-1}{2}y^{n-1}-\frac{d}{dy}(y^{n-1}B(y))$$

整理得到：

$$\frac{d}{dy}(y^{n-1}B(y))=\frac{n-1}{2n}(n+2)y^{n-1}$$

在 y 上积分，由于 $B(0)=0$，所以，得到均衡报价函数。

(c) 对 $x>0$，定义：

$$a(x)=(1-x)(1+2x)$$

证明它是增函数当且仅当 $x\leqslant 1/4$。

习题 12.1-7：在闭标最高价格拍卖中，更厌恶风险的买方的报价更高

(a) 如果 $h(x)$，则：

$$h(y)\leqslant h(x)+h'(x)(y-x)$$

令 $y=0$，便得到想要的结果。

(b) 我们使用直接显示原理。对厌恶风险的买方，如果其他所有人都按照 $B_A(\theta)$报价而买方 i 的报价为 $B(x)$，则他的胜出概率为：

$$w(x)=F^{n-1}(x)$$

他的期望效用于是为：

$$u=F^{n-1}(x)U(\theta_i-B(x))$$

由于 $B(\theta_i)$ 是他的均衡最优反应，所以：

$$\theta_i=\underset{x}{\operatorname{argmax}}\{F^{n-1}(x)U(\theta_i-B(x))\}$$

一阶条件为：

$$f(x)U(\theta-B_A(x))-F(x)U'(\theta-B_A(x))B_A'(x)\,|_{x=\theta_i}=0$$

因此：

$$B_A'(\theta)=\frac{f(\theta)}{F(\theta)}\frac{U(\theta-B_A(\theta))}{U'(\theta-B_A(\theta))}$$

在风险中性时，上式简化为：

$$B_N'(\theta)=\frac{f(\theta)}{F(\theta)}(\theta-B_N(\theta))$$

(c) 根据(a)，对 $\theta>0$，有：

$$B_A'(\theta)>\frac{f(\theta)}{F(\theta)}(\theta-B_A(\theta))$$

假设 $B_N(\theta^*)>B_A(\theta^*)$。由于 $B_N(0)>B_A(0)=0$，所以，一种可能性是在区间

$(0,\theta^*]$上，$B_N(\theta)>B_A(\theta)$。或者，存在某个$\theta^{**}\in(0,\theta^*)$使得在$(\theta^{**},\theta^*)$上，有：

$$B_N(\theta^{**})=B_A(\theta^{**})\text{ 且 }B_N(\theta)>B_A(\theta) \qquad (*)$$

于是：

$$B_A(\theta^*)-B_A(\theta^{**})=\int_{\theta^{**}}^{\theta^*}B'_A(\theta)\,d\theta$$

根据(c)，有：

$$\int_{\theta^{**}}^{\theta^*}B'_A(\theta)d\theta>\int_{\theta^{**}}^{\theta^*}\frac{f(x)}{F(x)}(x-B_A(\theta))d\theta>\int_{\theta^{**}}^{\theta^*}\frac{f(x)}{F(x)}(x-B_N(\theta))d\theta=B_N(\theta^*)-B_N(\theta^{**})$$

就是说：

$$B_A(\theta^*)-B_A(\theta^{**})>B_N(\theta^*)-B_N(\theta^{**})$$

(d) 但这与(＊)矛盾。因此，不存在这样的θ^*。我们于是证明了$B_N(\theta)\leqslant B_A(\theta)$。最后证明对所有的$\theta>0$，这一不等式为严格不等式。假设对$\theta^*>0$，$B_N(\theta^*)=B_A(\theta^*)$。我们比较报价函数在$\theta^*$的斜率，证明$B'_A(\theta^*)>B'_N(\theta^*)$，借此得到矛盾结论。

12.2 收入等价性定理

习题 12.2－1：只有有限个类型时的最优拍卖

(a) 在闭标次高价格拍卖中，买方的占优策略是报出自己的心理价位。这种情况下，最大报价为 1，所以，$V(1)=0$。价值认定高的买方以概率p在价格 1 上赢的商品或者必须支付 2。因此，$V(2)=1-p$。

在闭标最高价格拍卖中，价值认定低的买方报价为 1，而价值认定高的买方则使用混合策略，支持为$[1,\bar{b}]$，累积分布函数为$G(b)\in\mathbb{C}^1$。对所有的$b>1$，他的期望收益为：

$$V(2)=(1-p+pG(b))(2-b)$$

由于$G(b)=0$，$G(\bar{b})=1$，我们可以解得：

$$V(2)=1-p$$

(b) 如果卖方设置保留价格，则他将把这一价格定为 2。他在这一价格上出售商品，除非两个买方的价值认定都低于保留价格。他的期望收益为：

$$U_0(2)=2(1-(1-p)^2)=2p(2-p)$$

在无保留价格的闭标次高价格拍卖中，胜出价格为 2，如果两个买方的价值认定都高的话；否则，就为 1。因此，卖方的期望收益为：

$$U_0(1)=2p^2+1(1-p)^2=1+p^2$$

因此：

$$U_0(1)-U_0(2)=1-4p+p^2$$

上式为负当且仅当$p<\hat{p}=2-3^{1/2}$。

(c) 我们寻找一个均衡，价值认定高的买方的报价为b，价值认定低的买方的报价为 1。卖方于是选择 b 从而使得高价值认定的买方在报价为 1 和报价为 b 之间无差异。如果他的对手按照均衡策略报价，并且买方 I 的报价为 1，则他以概率 $1-p$ 与对手报出相同价格。根据打破平局的规则，他以概率 $\frac{1}{2}(1-p)$ 赢得商品，得到期望收益：

$$\frac{1}{2}(1-p)(2-1)=\frac{1}{2}(1-p)$$

如果买方 I 的报价为 b，如果他的对手的价值认定低，则他赢得商品；如果对手的价值认定高，则他以 $\frac{1}{2}$ 的概率赢得商品。就是说，他的胜出概率为：

$$w(b)=1-p+\frac{1}{2}p=1-\frac{1}{2}p$$

他的期望收益因此为：

$$\left(1-\frac{1}{2}p\right)(2-b)$$

就是说：

$$V^*(2)=\frac{1}{2}(1-p)=\left(1-\frac{1}{2}p\right)(2-b)$$

12.3 最优拍卖

习题 12.3-1：最优保留价格

(a) 根据命题 12.3-1，有：

$$E_\theta\{U_0(\theta)\}=\theta_0+E_\theta\left\{\sum_{i=1}^{n}q_i(\theta)J_i(\theta_i)\right\}$$

其中：

$$J_i(\theta_i)=\theta_i-\theta_0-\frac{1-F_i(\theta_i)}{f_i(\theta_i)}$$

如果卖方的价值认定为零并且价值认定服从 $[0,\beta]$ 上的均匀分布，上式简化为：

$$E_\theta\{U_0(\theta)\}=E_\theta\left\{\sum_{i=1}^{n}q_i(\theta)(2\theta_i-1)\right\}$$

如果所有的价值认定都低于 $\frac{1}{2}$，通过令 $q_i=0,i=1,\cdots,n$，上式达到最大。如果至少一个人的价值认定大于 $\frac{1}{2}$，则把这件商品配置给有最高价值认定的人，上式达到最大。委托人把保留价格定为 $\frac{1}{2}$ 并使用常见两种拍卖形式中的任何一种，就能执行这一配置规则。

(b) 随着分布上的变化，委托人的期望收益变为：

$$E_\theta\{U_0(\theta)\} = E_\theta\left\{\sum_{i=1}^{n} q_i(\theta)(2\theta_i - \beta)\right\}$$

如果 $\beta<2\alpha$，则 $2\theta_i-\beta<0$，这种情况下，确定保留价格会降低期望收入。如果 $\beta>2\alpha$，则最优保留价格为$\frac{\beta}{2}$。

(c) 如果委托人的价值认定为 θ_0，则委托人的期望收入变为：

$$E_\theta\{U_0(\theta)\} = \theta_0 + E_\theta\left\{\sum_{i=1}^{n} q_i(\theta)(2\theta_i - \beta - \theta_0)\right\}$$

则期望收入最大化的保留价格为$\frac{1}{2}(\theta_0+\beta)$。

习题 12.3-3:最优不对称拍卖

(a)

$$\frac{d}{d\theta}\ln(1-F_1(\theta)) = -\frac{f_1(\theta)}{1-F_1(\theta)} > -\frac{f_2(\theta)}{1-F_2(\theta)} = \frac{d}{d\theta}\ln(1-F_2(\theta))$$

积分。由于 $F_1(0)=F_2(0)=0$，因此，对所有的 $\theta\in(0,1)$，有：

$$\ln(1-F_1(\theta)) > \ln(1-F_2(\theta))$$

因此：

$$F_1(\theta)<F_2(\theta)$$

(b) 这里的证明和此前完全一样。买方 1 的期望剩余为：

$$\bar{u}_1 = \int_0^1\int_0^1 [q_1(\theta)(1-F_1(\theta_1))] f_2(\theta_2)\, d\theta_1 d\theta_2$$

(c) 买方 1 产生的期望社会剩余为：

$$\int_0^1\int_0^1 q_1(\theta)\theta_1 f_1(\theta_1) f_2(\theta_2)\, d\theta_1 d\theta_2$$

参与者 1 产生的期望收入为：

$$\int_0^1\int_0^1 q_1(\theta) J_1(\theta_1)\, dF(\theta_1)\, dF(\theta_2)$$

其中：

$$J_1(\theta) = \theta - \frac{1-F_1(\theta)}{f_1(\theta)}$$

上式加上买方 2 产生的期望收入，就得到了总收入。

如果 $J_2(\theta_2)>J_1(\theta_1)$，商品就卖给了弱买方。由于买方 2 的失灵率更高，所以，$J_2(\theta)>J_1(\theta)$；因此，即使买方 2 的价值认定低，她仍然应该得到这件商品。就是说，竞争规则应该有利弱买方。

12.4　设计效率机制

习题 12.4－1:有限个类型

(a) 表 12.7－1 给出了最大社会剩余。

表 12.7－1　社会剩余

$S(\theta_1,\theta_2)$		θ_2	
		0	10
θ_1	5	0	9
	12	6	16

表 12.7－2　对社会剩余的边际贡献

参与者 1		θ_2		参与者 2		θ_2	
		0	10			0	10
θ_1	5	0	0	θ_1	5	0	9
	12	6	7		12	0	10

减去每种类型的收益,在价值认定最低时,得到每个人对社会剩余的边际贡献。见表 12.7－2。在 V-C-G 机制中,每个人得到的均衡收益等于其对社会剩余的边际贡献。因此,均衡收益之和如表 12.7－3 所示。这里要看到,在边际贡献之和表中,每个格子中的数字都不小于社会剩余,并且在右下方的格子里,比社会剩余更大(超出数额为 1)。就是说,这一机制让机制设计者亏钱。表 12.7－4 给出了有效率提供公共品时的私人收益。最后,从对社会剩余的边际贡献中减去私人收益,得到表 12.7－5。我们然后对一切可能的价值认定和所宣布的价值认定,计算两个人的收益。(表 12.7－6 和表 12.7－7)。不难验证,每个人的占优策略都是宣布自己的真实类型。

表 12.7－3　边际贡献之和

u_1+u_2		θ_2	
		0	10
θ_1	5	0	9
	12	6	17

表 12.7－4　私人收益

参与者 1		θ_2		参与者 2		x_2	
		0	10			0	10
θ_1	5	0	5	x_1	5	0	10
	12	12	12		12	0	10

表 12.7-5　给每个人的净支付

$N_1(x_1,x_2)$		x_2		$N_2(x_1,x_2)$		x_2	
		0	10			0	10
x_1	5	0	−5	x_1	5	0	−1
	12	−6	−5		12	0	0

(b) 从前面对收益之和的分析中可以看出，V-C-G 机制并不赚钱。

表 12.7-6　在价值认定都很低时，每个人得到的净收益

$u_1(5,x_1,x_2)$		x_2		$u_2(0,x_1,x_2)$		x_2	
		5	10			0	10
x_1	5	0	0	x_1	5	0	−1
	12	−1	0		12	0	0

表 12.7-7　在价值认定都很低时，每个人得到的净收益

$u_1(12,x_1,x_2)$		x_2		$u_2(10,x_1,x_2)$		x_2	
		0	10			0	10
x_1	5	0	7	x_1	5	0	9
	12	6	7		12	0	10

表 12.7-8　新收益矩阵

$u_1(12,x_1,x_2)$		x_2	
		0	10
x_1	5	0	7
	12	6	$7-\alpha$

(c) 但是，假设两个人都宣布自己的价值认定很高。第一个人的支付因此增加 α。表 12.7-8 给出了第一个人在自己的价值认定高时的收益矩阵。只要 $\alpha<6$，如果第二个人始终报告真相，第一个人如果宣布自己的价值认定高，就有更高的期望收益(因为各个价值认定值等概率发生)。当 $\alpha>1$ 时，右下角格子里的收益之和下降，下降不止一个单位，此时，这个机制给机制设计者带来利润。

习题 12.4-3：通过对轴心参与者收费而有效率地供给公共品

(a) 如果买方 i 报出自己的机制认定 θ_i，并且，$\theta_i+\sigma(x_{-i})<k$——就是说，$\sigma(x_{-i})<k-\theta_i$——则这件商品不会被生产，$p=0$。因此，买方 i 的收益为零。如果 $\sigma(x_{-i})\geqslant k-\theta_i$，这件商品会被生产出来，买方 i 支付：

$$p(x_{-i})=\max\{0,k-\sigma(x_{-i})\}$$

买方 i 的收益因此如图 12.7-1 所示。

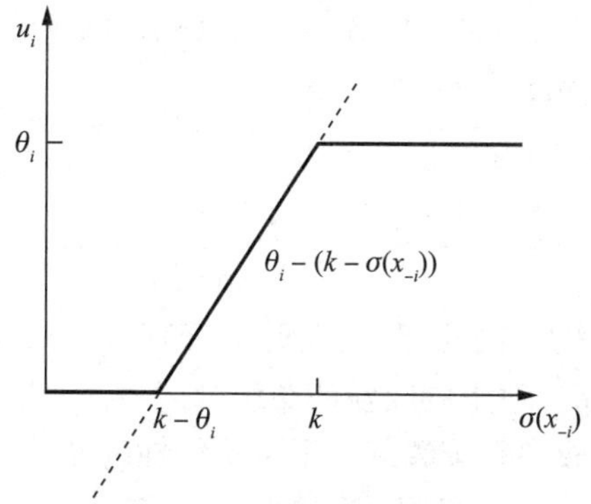

图 12.7-1　最大社会剩余

(b) 如果买方 i 宣布的是 x_i 而 $x_i > \theta_i$，如果 $x_i + \sigma(x_{-i}) \geqslant k$，就是说，$\sigma(x_{-i}) \geqslant k - x_i$。则公共品被生产。并且，$k - x_i < \theta_i - x_i$。新的收益函数因此如图 12.7-2 所示。这里要看到，如果 $\sigma \in [k - x_i, k - \theta_i)$，买方 i 的收益为负；在其他情况下，买方 i 的收益不受影响。就是说，如果买方 i 宣布 x_i 而 $x_i > \theta_i$，他的期望收益严格更低。同理可证明：如果买方 i 宣布 x_i 而 $x_i < \theta_i$，则他的期望收益亦严格更低。

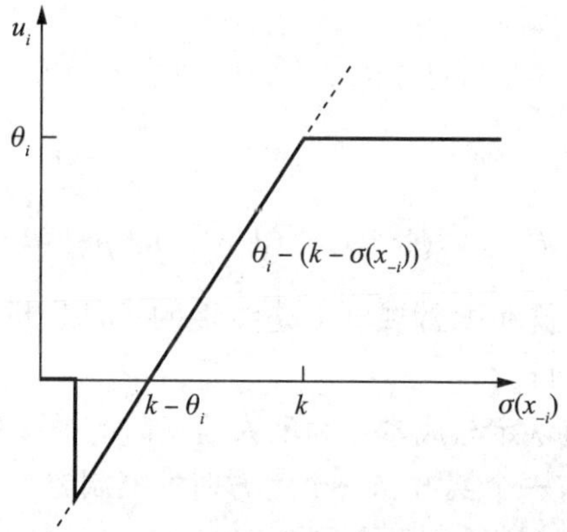

图 12.7-2　在选择 $x_i = \theta_i$ 时，参与者的收益

(c) 不管其他人所宣布的价值认定是什么，这一结论都成立。就是说，说真话是占优策略。

12.5　效率与设计者的利润之间的替代关系

习题 12.5-1：抵制者

(a) 在这种情况中，每个人都可以宣布价值认定为零。于是，不管另一人所宣布的价值认定是什么，所宣布的总价值小于成本，因此，每个人都是抵制者。由于抵制者必须得到全部剩余，所以，有效率的机制肯定导致损失，损失额至少等于总剩余。

(b) 两个人都能以 1 的概率抵制，所以，损失至少必须等于期望社会剩余。

(c) 每个人都以 1 的概率抵制。于是，每个人得到的期望支付至少必须等于社会剩余。因此，三个人得到的总支付必须是社会剩余的3倍。

习题12.5-3：社会选择集的凸性

(a)

$$E_\theta\{U_i(\theta)\}=\int_{\alpha i}^{\beta i}E_{\theta-i}\{q(\theta)(1-F_i(\theta_i))\}d\theta_i$$

它在配置规则上是线性的。因此，配置规则 $q^\mu(\theta)=(1-\mu)q^0(\theta)+\mu q^1(\theta)$ 下的收益是配置规则 $q^0(\theta)$ 和 $q^1(\theta)$ 下的收益的凸组合。

(b) 机制设计者的收益在配置规则下也是线性的，所以，上述结论成立。

(c) 根据命题12.5-1，对机制 m^0，有：

$$\frac{dU_i^0}{d\theta_i}=E_{\theta-i}\{q^0(\theta_i,\theta_{-i})\}$$

对机制 m^1，有：

$$\frac{dU_i^1}{d\theta_i}=E_{\theta-i}\{q^1(\theta_i,\theta_{-i})\}$$

要满足激励一致性，$E_{\theta-i}\{q^0(\theta_i,\theta_{-i})\}$ 与 $E_{\theta-i}\{q^1(\theta_i,\theta_{-i})\}$ 都必须是增函数。则对任意的 $\mu\in(0,1)$，有：

$$\frac{dU_i^\mu}{d\theta_i}=E_{\theta-i}\{(1-\mu)q^0(\theta_i,\theta_{-i})+\mu q^1(\theta_i,\theta_{-i})\}$$

是增函数。就是说，配置规则

$$q^\mu(\theta_i,\theta_{-i})=(1-\mu)q^0(\theta_i,\theta_{-i})+\mu q^1(\theta_i,\theta_{-i})$$

是激励一致的。由于收益在配置规则上是线性的，所以，机制 m^0 与 m^1 下的配置的所有的凸组合都是可行的。

12.6 价值认定与成本皆为私人信息时的效率生产与交换

习题12.6-1：只有一个买方和一个卖方时的抵制者

(a) 定义 $\theta_2=6-c$。则最大社会剩余为：

$$S^*(\theta_1,\theta_2)=\max\{0,\theta_1-c\}=\max\{0,\theta_1-(6-\theta_2)\}=\max\{0,\theta_1+\theta_2-6\}$$

其中，$\theta_1\in[3,5]$，$\theta_2\in[0,2]$。这里还要看到：

$$S^*(3,\theta_2)=\max_{\theta 2\in\Theta 2}\{0,3+\theta_2-6\}=0$$
$$S^*(\theta_1,0)=\max_{\theta 1\in\Theta 1}\{0,\theta_1-6\}=0$$

因此，每个人都能通过宣布最低类型而抵制交换。

(b) 在V-C-G机制中，有：

$$u_1(\theta)=S^*(\theta_1,\theta_2)-S^*(3,\theta_2)=S^*(\theta_1,\theta_2)$$
$$u_2(\theta)=S^*(\theta_1,\theta_2)-S^*(\theta_1,0)=S^*(\theta_1,\theta_2)$$

因此：

$$S^*(\theta)-u_1(\theta)-u_2(\theta)=-S^*(\theta)$$

图 12.7－3 描述了使最大剩余为正时的参数值的取值范围。

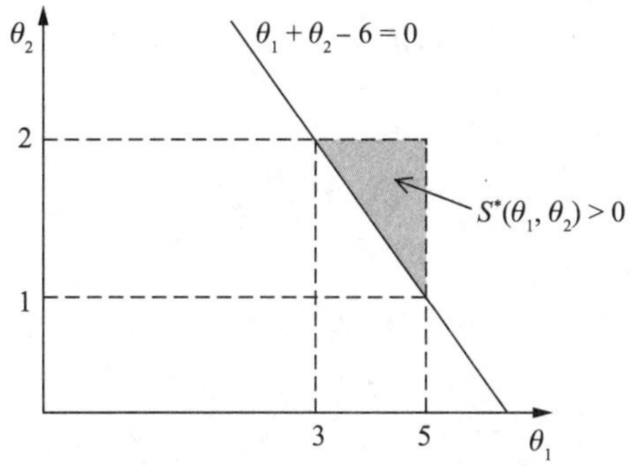

图 12.7－3　在选择 $x_i > \theta_i$ 时，参与者的收益

表 12.7－9　机制设计者的期望收益

$E\{u_0\}/E\{SS\}$		M					
		1	2	3	4	5	6
n	1	−1	−0.67	−0.15	−0.4	−0.33	−0.28
	2	−0.67	−0.27	−0.08	0.04	0.12	0.17
	3	−0.15	−0.08	0.12	0.25	0.32	0.38
	4	−0.4	0.04	0.25	0.36	0.44	0.49
	5	−0.33	0.12	0.32	0.44	0.51	0.56
	6	−0.28	0.17	0.38	0.49	0.56	0.6

在均匀分布时，有：

$$S^*=\int_0^2 \frac{1}{2}d\theta_2\int_3^5 \frac{1}{2}\max\{\theta_1+\theta_2-6\}\,d\theta_1$$

$$=\frac{1}{4}\int_0^2 d\theta_2\int_{6-\theta_2}^5 (\theta_1+\theta_2-6)\,d\theta_1=\frac{1}{8}\int_1^2 (\theta_2-1)^2 d\theta_2=\frac{1}{24}$$

习题 12.6－3：双边竞争

(a) 不失一般性，我们可以假定 $[\alpha,\beta]=[0,1]$。在均匀分布时，$F(x)=x$。我们用有限均匀分布逼近连续的累积分布函数。设类型值为 $\{0,x_1,\cdots,x_{100}\}=\left\{0,\frac{1}{100},\cdots,\frac{99}{100},1\right\}$。对每个值，计算：

$$I(m,n,x_i,1-x_i)$$

机制设计者的收入为：

$$\sum_{i=0}^{100} I(m,n,x_i,1-x_i)\frac{1}{100}$$

如果 $m+n=5$ 他的收入为负。

(b) 如果 $m+n>3$,则对所有的 $i=1,\cdots,99$,有:

$$I(m,n,x_i,1-x_i)>0$$